RODRIGO
FAOUR

HISTÓRIA DA MÚSICA POPULAR BRASILEIRA
sem preconceitos

DE FINS DOS EXPLOSIVOS ANOS 1970
AO INÍCIO DOS ANOS 2020

VOL. 2

RODRIGO FAOUR

HISTÓRIA DA MÚSICA POPULAR BRASILEIRA

sem preconceitos

DE FINS DOS EXPLOSIVOS ANOS 1970
AO INÍCIO DOS ANOS 2020

VOL. 2

2ª edição

EDITORA RECORD
RIO DE JANEIRO • SÃO PAULO
2023

CIP-BRASIL. CATALOGAÇÃO NA PUBLICAÇÃO
SINDICATO NACIONAL DOS EDITORES DE LIVROS, RJ

F223h Faour, Rodrigo
v. 2 História da música popular brasileira, sem preconceitos: de fins dos
2. ed. explosivos anos 1970 ao início dos anos 2023, vol. 2 / Rodrigo Faour. - 2. ed. - Rio de Janeiro: Record, 2023.

Inclui bibliografia e índice
ISBN 978-65-5587-554-6

1. Música popular - Brasil - História. I. Título.

22-78647 CDD: 782.421640981
CDU: 78.011.26(81)

Meri Gleice Rodrigues de Souza – Bibliotecária – CRB-7/6439

Design de capa: Leonardo Iaccarino
Projeto gráfico do encarte: Leandro Laurino Arraes

Texto revisado segundo o novo Acordo Ortográfico da Língua Portuguesa de 1990.

Direitos exclusivos desta edição reservados pela
EDITORA RECORD LTDA.
Rua Argentina, 171 – Rio de Janeiro, RJ – 20921-380 – Tel.: (21) 2585-2000

Impresso no Brasil

ISBN 978-65-5587-554-6

Seja um leitor preferencial Record.
Cadastre-se no site www.record.com.br e
receba informações sobre nossos lançamentos
e nossas promoções.

Atendimento e venda direta ao leitor:
sac@record.com.br

EDITORA AFILIADA

Assim como o primeiro volume, dedico este livro aos
intérpretes, músicos, arranjadores, produtores,
técnicos, divulgadores, projetistas gráficos e
figuras do audiovisual que ajudaram a
fazer da música popular brasileira
aquele que acredito ser o nosso
maior patrimônio cultural.

E também...

Aos meus mestres na pesquisa, Jairo Severiano,
e no jornalismo musical, Tárik de Souza;

ao produtor e engenheiro de som Carlos Savalla
pelos 20 anos de amizade e parceria;

a outros amigos que a música me trouxe, o produtor
Rodrigo de Araújo e os multifacetados
Marcel Chapman, Rody Martinez
e Rogério Augusto Oliveira (SP);

ao casal Haroldo Costa e Mary Marinho, por sete décadas de
contribuição cultural ao nosso país;

ao "Homem das mil faces" Victor Berbara e sua esposa
Amália, ex-bailarina do Teatro Colón,
(ambos *in memoriam*);

e a toda a "MPB" dos anos 70 e 80,
incluindo as grandes cantoras
que consolidaram minha
paixão pela música.

Sumário

Introdução

No primeiro volume deste livro, já havia dito e repito aqui: não existe uma música popular brasileira. Existem várias. Cada um faz de um jeito. Por prazer, diversão, dinheiro, afirmação política, desabafo ou tudo ao mesmo tempo.

O período enfocado no segundo volume dessa história da música popular brasileira compreende pouco mais de quarenta anos, mas foi de uma intensidade sem igual: do final transgressor dos explosivos anos 1970, quando houve um grande *boom* criativo e libertário em nossa música — inclusive com o aparecimento de inúmeras cantoras e compositoras simultaneamente, como nunca antes visto —, até precisamente 2022, numa cena dividida entre a massificação da produção em série de uma indústria muito poderosa do segmento "sertanejo" e o mercado independente, nos mais variados graus, subnichos, com mais ou menos visibilidade (e dinheiro para investimento).

Neste pequeno período, houve um número recorde de artistas, devido à facilidade de gravação, sobretudo a partir do aparecimento do CD, no fim dos anos 1980, que foi aos poucos substituindo o LP e a fita K7, catapultando a produção independente, antes um tanto tímida, por ser muito onerosa. Neste quesito, claro que nada se compara ao que se deu a partir do século XXI, quando o lançamento de artistas e gravações inéditas passou a ser diretamente via internet, não dependendo mais do suporte físico.

A grande novidade deste trabalho que chega agora ao segundo volume é que o leitor poderá ter acesso não apenas aos estilos que a maioria dos estudiosos do assunto e da mídia culta costuma valorizar, e que aqui também estão bem representados, como a chamada "MPB", o samba e o rock nacional, mas também aos diversos gêneros (e subgêneros) que outrora eram considerados de menor valor, seja por: 1) estarem alinhados a interesses mais comerciais, como boa parte da música de linhagem mais popular, rotulada de "cafona", depois "brega"; 2) por não chegarem com muita força ao Rio de Janeiro (a capital cultural e da indústria fonográfica do país, no século XX), como as canções caipiras/sertanejas e outros fenômenos "regionais" — neste volume há, por exemplo, minicapítulos sobre o cancioneiro do Pará, Maranhão, Pernambuco, Bahia e Rio Grande do Sul, além de fenômenos de São Paulo mais restritos ao estado, como o punk rock e a vanguarda paulista; ou 3) por serem em tese "menos brasileiros", como o pop mais despretensioso, o soul, a disco e a dance music, a axé-music, o forró eletrônico, o funk carioca e o hip-hop.

Também fiz questão de colocar alguns estilos musicais entre aspas. A "MPB" é um bom exemplo. Por ser um termo inventado por volta de 1965 como sinônimo de música brasileira moderna, seu significado hoje, para muitos, é bem mais amplo, embora sua acepção original ainda seja válida, pois é normalmente associada aos artistas consagrados até o início dos anos 1980, com uma certa sofisticação e conceito no som e nas letras, antes da invasão dos modismos massificados em escala industrial mais constante, a partir da segunda metade daquela década. O "sertanejo" também vem entre aspas, já que hoje muito pouco tem de seu sentido original, a não ser o fato de ser muitas vezes cantado em duplas. A música "brega" idem, pois sua gênese foi outra a mudar muito no decorrer dos anos, desde que o termo foi cunhado nos 80, e quando a palavra "funk" aparece condicionada ao funk carioca também, pois o mesmo não tem nada a ver com a soul music norte-americana, tornando-se com o tempo nossa experiência mais bem-sucedida com a música eletrônica.

Sem preconceitos estéticos, esta obra mostra todo tipo de artista e estilo musical, destaca suas canções ou atos mais relevantes, deixando o leitor livre para que ele próprio possa tirar suas conclusões em relação à qualidade ou importância dos mesmos e às intensas transformações pelas quais nossa música popular e, mais que isso, nosso mercado musical passou nas últimas décadas. Aliás, tais mudanças foram tão radicais que mereceram um epílogo, a fim de debater ou esclarecer questões ainda um tanto polêmicas sobre sua nova dinâmica de produção, divulgação e consumo, ou sobre o próprio conceito mais amplo do que vem a ser "música" hoje.

Assim como no volume anterior — "dos primórdios, em 1500, aos explosivos anos 1970" —, todos os personagens citados neste livro tiveram alguma relevância a seu tempo e por isso merecem seu lugar de direito na história. Inclusive os compositores dos mais variados estilos. A propósito, todas as canções citadas aqui são creditadas, ainda que algumas apareçam somente nas notas de fim de capítulo de modo a dar mais frescor à narrativa. A viagem continua. Preparados?

Rodrigo Faour, 2022

1.

A "MPB" *sensualiza* e cruza com o pop, o soul e o rock (1978-1985)

Em 1979, dois acontecimentos políticos influíram decisivamente na história de nossa música: em 1º de janeiro caiu o Ato Institucional nº 5, ficando um pouco mais fácil liberar as músicas a serem gravadas e executadas em discos e shows, e em 28 de agosto foi instituída a Lei da Anistia, numa votação apertadíssima, de 206 a 201 votos, marcando a volta ao Brasil de inúmeros presos políticos, ainda que livrando os militares do julgamento pelos seus crimes que perseguiram, torturaram e mataram muitos dos que lutaram pela democracia. A propósito, no mesmo dia da aprovação da Lei, o Congresso Nacional admitiu que vários presos políticos dados como "desaparecidos" tiveram seus restos mortais encontrados em escavações.[1] Essa contradição combinava com o período final da ditadura, aquele em que o general Figueiredo, o último de nossos presidentes militares, afirmava: "Quem for contra a abertura política, eu prendo e arrebento."

Nesse contexto, quatro canções inundavam as paradas de sucesso abordando o tema da anistia no correr do ano de 1979. Duas intencionalmente e duas por casualidade. Uma foi o samba "O bêbado e a equilibrista", obra-prima de **João Bosco** e **Aldir Blanc**, na voz de **Elis Regina**: "Meu Brasil que sonha com a volta do irmão do Henfil / Com tanta gente que partiu num rabo de foguete..." A outra foi a versão de **Gilberto Gil** para o clássico reggae "No, woman, no cry", do repertório de Bob Marley, que estaria de visita ao país no ano seguinte, pouco antes de sua morte: "Amigos presos / Amigos sumindo assim / Pra nunca mais / As recordações / Retratos do mal em si / Eu sei a barra de viver / Mas se Deus quiser / Tudo, tudo vai dar pé." As demais eram sambas românticos que pelo crivo do momento caíram como luva à nova conotação, a começar por "Tô voltando", de **Maurício Tapajós** e **Paulo Cesar Pinheiro**, na voz de **Simone**: "Pode ir armando o coreto / E preparando aquele feijão-preto / Eu tô voltando", seguido por "Senhora liberdade", de **Wilson Moreira** e **Nei Lopes**, com a "cantriz" **Zezé Motta**: "Abre as asas sobre mim / Oh! Senhora liberdade / Eu fui condenado / Sem merecimento / Por um sentimento / Por uma paixão."

Não foi um período fácil. Só em 1979 eclodiram cerca de 400 greves em 23 estados do país. Os tempos do "milagre econômico" estavam enterrados, com o Brasil experimentando uma terrível dívida externa, com uma inflação de 77% ao ano (chegando a 110% em 80). E, enquanto os exilados chegavam, houve uma resposta da linha dura, com uma série de atentados à bomba contra entidades democráticas, políticos da oposição, imprensa alternativa, escolas e bancas de jornal.[2] E quase que parte do primeiro time de nossa música foi dizimado, pois um grupo terrorista da extrema-direita do Exército decidiu explodir várias bombas no *Show do trabalhador*, conhecido como *Show 1º de maio*, realizado na noite do dia 30 de abril de 1981, no Riocentro, zona oeste carioca, organizado pelo Cebrade (Centro Brasil Democrático), ligado ao PCB e presidido pelo arquiteto Oscar Niemeyer. O show tinha roteiro e coordenação de **Chico Buarque**, reunindo cerca de 20 mil pessoas.

Era a sua terceira edição consecutiva. Na do ano anterior, porém, já haviam explodido uma bomba numa loja do Rio que vendia ingressos para o evento, mas desta vez o objetivo era atingir seu palco, e a tragédia só não foi consumada porque um dos artefatos explodiu no colo do sargento que o manuseava, no estacionamento do centro de convenções, matando-o no ato.[3] Algum anjo da guarda deve ter tido pena de tirar de cena de uma só vez **Chico Buarque**, **Gal Costa**, **Luiz Gonzaga** (homenageado no evento), **Gonzaguinha**, **Clara Nunes**, **Cauby Peixoto**, **João Nogueira**, **Simone**, **Beth Carvalho**, **Elba Ramalho**, **Djavan**, **Ivan Lins**, **Alceu Valença**, **Moraes Moreira**, **Fagner**, **MPB-4**, **Ney Matogrosso**, **João Bosco**,

Francis Hime, João do Vale, Paulinho da Viola, Roberto Ribeiro, Dona Ivone Lara, Novelli, Miúcha, Cristina Buarque e artistas da nova geração, como **Angela Ro Ro, Zizi Possi, Joanna** e os grupos **As Frenéticas, A Cor do Som, Roupa Nova** e **Céu da Boca**. A negligência das autoridades em relação ao episódio fez o general Golbery do Couto e Silva pedir demissão da Casa Civil da Presidência da República. A partir daí, a força da ditadura começou a arrefecer.

As canções sensuais e libertárias

Ainda assim, desde o final da década anterior, vivíamos uma época esperançosa e de viés cada vez mais libertário no país refletida diretamente no imenso número de canções alegres e de aura sexy produzidas em todos os gêneros musicais. As letras pouco a pouco ficaram mais diretas — menos metafóricas — e as performances cada vez mais sensuais ou carnavalizadas, dando espaço, inclusive, para as minorias sexuais. Apesar da queda do AI-5 ter melhorado bastante a situação dos compositores, ainda era preciso ter um carimbo da censura para se gravar uma música, mas até meados dos anos 80 isto não conseguiu deter uma geração excepcional de intérpretes que produziu uma enxurrada de sambas, frevos, forrós, funks, rocks, canções afro-baianas, outras existenciais e até mesmo uma onda de boleros da melhor qualidade que invadiram rádios e TVs do país inteiro, consagrando uma série de artistas que conjugaram muito bem a "MPB" tradicional com o nascente pop brasileiro, com arranjos influenciados pela música americana da época, bem funkeada. Até que essa fórmula de arranjos se esgotasse, mais para o meio da década, o resultado foi bastante positivo.

Uma das musas-síntese desse período foi **Rita Lee**. Depois de revolucionar as estruturas do rock nacional, ao lado dos **Mutantes** e do **Tutti-Frutti**, numa época em que o rock ainda era marginalizado, ela agora dava uma forma bem acabada ao pop brasileiro, sendo também finalmente respeitada e incorporada à chamada "MPB", compondo um repertório irresistível com o marido, o guitarrista e tecladista **Roberto de Carvalho**. Passou a ser a artista número um da gravadora Som Livre, quando reinou absoluta nas paradas de sucesso com canções sexy, maliciosas, positivas e dançantes. A balada algo tropical "Mania de você", composta em 79 após uma transa do casal, compartilhava o momento com o público: "A gente faz amor por telepatia / No chão, no mar, na lua / Na melodia." No ano seguinte, o pop carnavalesco "Lança perfume" ia mais fundo: "Me deixa de quatro no ato / Me enche de amor." Ambas permaneceram cerca de um ano, cada uma, nas paradas. Até 1984, as rádios não deixaram um dia de tocar seus rocks ("Papai me empresta o carro", "Flagra", "On the rocks"), "rockarnavalescos" ("Chega mais"), canções de tempero latino ("Baila comigo", "Caso sério"), pops ("Saúde", "Atlântida"), pop românticas ("Doce vampiro", "Mutante", "Barata tonta", "Desculpe o auê").[4] Isto para não falar no tema (feminista e divertido) de abertura do revolucionário programa *TV Mulher*, da TV Globo, "Cor-de-rosa choque". Haja hits.

Às vezes a censura ainda exigia a troca de diversas palavras em suas canções, como em "Banho de espuma" (1981), que originalmente se chamava "Afrodite" e narrava as delícias de um casal numa banheira, mas que na hora do enxague, ao invés de dizer "em qualquer posição" e "bolinando com água e sabão", teve de mudar para "com toda disposição" e "esfregando com água e sabão", curiosamente, um verso de teor bem mais explícito. Já em 1983, seu LP *Bombom* chegou a ter cinco músicas censuradas até às vésperas do lançamento e algumas ainda saíram com indicação de "proibida à execução pública". Sim, porque a censura arrefecia um pouco nos temas políticos, mas ainda arrochava nos costumes. Mesmo sendo a mais censurada da fase pós-AI-5, isso não impediu que **Rita Lee** virasse um modelo de mulher e mãe avançada, sem medo de falar do próprio prazer sexual com seu marido, mais jovem, alcançando fãs de todas as classes sociais e faixas etárias, inclusive dos públicos infantil e infantojuvenil, que adoravam seu lado mais palhaça e suas letras safadinhas, como a de "Tatibitati" ("Sempre fui levada da breca / Brincar de médico é melhor que boneca").

Outro casal icônico desse tempo foi aquele formado pelos cantores, compositores e performáticos **Baby Consuelo e Pepeu Gomes** — este também um guitarrista cada vez mais prestigiado. Egressos dos **Novos Baianos**, eles mostraram que podiam ter uma penca de filhos e não perder a "loucura", apresentando-se com roupas chamativas, cabelos coloridos, desconstruindo as visões de "masculino" e "feminino", e injetando energia roqueira aos nossos ritmos nacionais com raro talento, sem esquecer momentos zen, "paz e amor", em shows (e discos) solo ou em dupla.

Baby recriou choros antológicos do repertório de **Ademilde Fonseca** ("O que vier eu traço", "Apanhei-te, cavaquinho", em duo com a própria, e "Brasileirinho"), cantou a beleza do surfista carioca ("Menino do Rio", de **Caetano**, com solo de guitarra memorável de **Pepeu** na introdução), defendeu a cultura indígena ("Todo dia era dia de índio",[5] de **Jorge Ben**), popularizou uma canção de Bob Marley ("É amor [Is this love]"), e como compositora, levou seu misticismo às últimas consequências ("Telúrica", com **Jorginho Gomes**, irmão de **Pepeu** e ex-baterista dos **Novos Baianos**, e "Cósmica"), falou de temas sensuais ("Ele mexe comigo", com **Pepeu** e **Galvão**, "Um auê com você", "Sem pecado e sem juízo", com **Pepeu**), feministas ("Toda donzela", com **Pepeu** e **Jorginho Gomes**), e ainda fez sucesso junto ao público infantil, sempre escalada para especiais do gênero da TV Globo, consagrando, entre outras, "Emília, a boneca gente" (dela com **Pepeu**) e "Barrados na Disneylândia" (outra com **Pepeu** e a filha **Riroca**), esta sobre um episódio dos mais pitorescos, em que ela e o marido foram barrados no famoso parque temático americano por suas figuras excêntricas chamarem mais a atenção do público que as suas atrações: "Barrados na Disneylândia / Eu e Pepeu / Ele e eu."

Pepeu também não ficava atrás. Além de gravar diversos números instrumentais com sua guitarra incendiária, baiana e universal, mostrou que era bom também de gogó, em canções pop zen românticas ("Planeta Vênus", "Deusa do amor", "Mil e uma noites de amor" — todas dele com **Baby**), ou suingadas, com elementos afro-brasileiros em levadas funkeadas ("Um raio laser", "Fazendo música, jogando bola", ambas com **Baby**; "Eu também quero beijar", com **Moraes Moreira** e **Fausto Nilo**, "Meu coração", com **Gilberto Gil**) ou roqueiras ("Ela é demais", outra com **Baby**). Emérito heterossexual, provocou imensa polêmica ao gravar, em 1983, munido de um visual superandrógino, a bem sacada "Masculino e feminino", assinada com **Baby** e **Didi Gomes** ("Ser um homem feminino / Não fere o meu lado masculino / Se Deus é menina e menino / Sou masculino e feminino"), enquanto a esposa ostentava as axilas cabeludas.

Outro Novo Baiano, **Moraes Moreira** viveu o auge de sua popularidade nesse tempo, com hits (escritos com vários parceiros) em sua própria voz, como o samba "Lá vem o Brasil descendo a ladeira", o "Forró do ABC", a canção "Meninas do Brasil", a afro-baiana "Grito de guerra" e o frevo "Coisa acesa", ou nas vozes de outros grandes artistas, como **Gal Costa** (as marchas-frevo "Festa do interior" e "Bloco do prazer"), **Simone** (o samba "Pão e poesia"), **Ney Matogrosso** (as canções pop "Vida, vida" e "Promessas demais"), **MPB-4** (o xote "Olhar de cobra") ou assinando a abertura da novela de maior sucesso da década, *Roque Santeiro*, da TV Globo, em 1985 ("Santa Fé").[6]

Os baluartes baianos também viveram dias de glória. Se **Maria Bethânia** obteve mais êxito comercial entre 1978 e 80, com três álbuns best-sellers lançados anualmente, **Gal, Caetano** e **Gil** viveram seus maiores picos de vendagem entre 79 e 86.

Bethânia começou seu triunfo popular com o LP *Álibi*, o primeiro de uma cantora brasileira a vender 1 milhão de cópias, puxado pelo bolero "Explode coração", de **Gonzaguinha**, e pelo samba "Sonho meu", de **Ivone Lara e Délcio Carvalho**, em dueto com **Gal Costa**, que acabou por catapultar a carreira da sambista veterana, que lançava no mesmo ano seu primeiro e ótimo LP *Samba, minha verdade; samba, minha raiz*. Na sequência, **Bethânia** veio com o álbum *Mel* e excitou o público com o jingle de motel baiano adaptado "Cheiro de amor" (Duda Mendonça/ Jota/Ribeiro/Paulo Sérgio Valle) ("De repente fico rindo à toa / Sem saber por que / E vem a vontade de sonhar de novo, te encontrar"), apunhalou o coração da galera com a balada abolerada "Grito de alerta", de **Gonzaguinha**, e ainda flertou com sons caribenhos na sofisticada "Mel", do mano **Caetano** com o poeta **Waly Salomão** ("Ó abelha rainha / Faz de mim / Um instrumento de teu prazer"), que lhe valeu o apelido de "Abelha Rainha da MPB".

Em 80, no LP *Talismã*, **Bethânia** consagrava um samba de roda que se tornaria eterno, mais um de **Dona Ivone Lara**. Era "Alguém me avisou", em dueto com **Gil** e **Caetano** ("Foram me chamar / Eu estou aqui, o que é que há? / Eu vim de lá, eu vim de lá pequenininho / Alguém me avisou pra pisar nesse chão devagarinho"). Em 1982, foi a primeira cantora a participar de um álbum do líder de vendas, **Roberto Carlos**, na balada "Amiga", justamente a faixa de trabalho nas rádios. Irritada, porém, com o excesso de tecladaria eletrônica nos arranjos de nove entre dez artistas nativos, passou boa parte da década na contramão do mercado, radicalizando no álbum *Ciclo*, de 83, todo acústico, que já previa com sete anos de antecedência tal saturação sonora, e ainda assim fez sucesso com a balada cortante "Fogueira", de **Angela Ro Ro**, compositora que ela lançara no LP *Mel*, quatro anos antes, com a não menos visceral "Gota de sangue".

Caetano Veloso e **Gilberto Gil**, embora sempre regravados por meio mundo da "MPB" e com discos e shows que serviam de farol a seus contemporâneos, como, aliás, continuariam sendo por muitos anos, viveram um período excelente, no amadurecimento como intérpretes, na renovação visual de suas imagens e no casamento de grandes canções autorais (ou não) consumidas por plateias cada vez maiores, inclusive internacionais, pois passaram a intensificar a agenda de shows neste mercado. Tudo isso os tornaram pouco a pouco grandes vendedores — **Gil** antes de **Caetano**, mas o outro também chegou lá. Outro dado interessante é que foi a fase na qual, sempre na vanguarda, brincaram muito com a ambiguidade sexual. **Caetano** costumava beijar os músicos de sua banda na boca ao apresentá-los no palco e fez um ensaio de batom vermelho para a sessão de fotos do LP *Uns*. **Gil**, no LP *Extra*, do mesmo ano de 1983, adotou visual andrógino e ainda compôs a canção "O veado", cujo animal aparecia, inclusive, desenhado na capa do álbum. Numa fertilidade a toda prova, ambos criaram canções que exaltavam a alegria e o despudor sexual, com uma poesia de rara sensibilidade, sem esquecer as alfinetadas políticas, as reflexões existenciais e abrindo-se mais contundentemente a gêneros que já lhe eram caros há tempos, como o rock, o pop e o reggae (além do novato rap).

Após o sucesso de "Sampa" em 1978, um tributo à capital paulista que se tornou tão clássica quanto "Ronda", de **Paulo Vanzolini**, que a inspirou, **Caetano** lançou vários álbuns que se tornaram eternos e, pela primeira vez, mais vendidos, como *Cinema transcendental* (79), de "Trilhos urbanos", "Lua de São Jorge", "Cajuína" e também "Oração ao tempo", que à época não fez sucesso, mas o etéreo "tempo" tratou de consagrar. *Outras*

(81) aconteceu com "Rapte-me camaleôa" e principalmente com o grande sucesso "Lua e estrela", de seu guitarrista **Vinicius Cantuária**: "Menina do anel de lua e estrela / Raios de sol no céu da cidade", indefectível nas rodinhas de violão, o fazendo chegar pela primeira vez ao Disco de Ouro por 135 mil cópias vendidas, feito repetido nos dois LPs seguintes. *Cores, nomes* (82) foi puxado por "Queixa", tema de abertura da novela das seis global *O homem proibido* ("Um amor assim delicado / Nenhum homem daria..."), "Trem das cores" e "Sina" ("Pai e mãe / Ouro de mina / Coração / Desejo e sina") em duo com o autor **Djavan**, que a compôs em sua homenagem, inventando o verbo "Caetanear" ("o que há de bom"). Neste disco, sua releitura de um sucesso "brega" de **Peninha**, "Sonhos", logo virou o cult da temporada.

O álbum *Uns* (1983), cujo título já dizia tudo, "artigo indefinido plural", trouxe o rock "Eclipse oculto", em que confessava uma "broxada" ("Mas na hora da cama / Nada pintou direito / É minha cara falar / Não sou proveito / Sou pura fama"), ao mesmo tempo que esbanjava lirismo na balada "Você é linda" e caía no suingue numa bela regravação do samba-enredo "É hoje" (Didi/Mestrinho), da **União da Ilha do Governador**. A seguir, o álbum radicalmente pop *Velô* (84) eternizava ao menos três obras-primas. Do contundente rock de protesto "Podres poderes" ("Será que nunca faremos senão confirmar / A incompetência da América católica / Que sempre precisará de ridículos tiranos?"), ao baião estilizado existencial (e dialético) "O quereres", que pode ser visto como uma canção-síntese de sua obra: "Onde queres revólver / Sou coqueiro / E onde queres dinheiro / Sou paixão." Ainda lançava "Língua", um dos pioneiros rap nativos. Inspirada no próprio novo gênero, que priorizava as palavras em detrimento da melodia, criou uma das letras mais ricas da história da "MPB", embaralhando referências e sotaques do nosso idioma português, ressignificando termos e criando neologismos. De quebra, resgatou a então meio esquecida **Elza Soares**, para entoar seu refrão em ritmo de samba: "Flor do lácio sambódromo / Lusamérica latim em pó / O que quer, o que pode essa língua?"

Gilberto Gil não ficava para trás. Para início de conversa, gravou seu disco de maior sucesso em 1979, *Realce*, no qual o produtor **Mazzola** o pôs em contato com músicos americanos, dando uma internacionalizada em seu som, o que causou algumas reações iradas da crítica. Em compensação, o público adorou, consagrando quase todas as faixas, como a que dá nome ao álbum, com arranjo à la disco music, que tinha tudo a ver com o clima hedonista do período, no mundo, e de alvoroço pós-AI-5 no país ("Realce / Quanto mais purpurina melhor"). À época foi interpretado também como sutil referência à droga da moda, a cocaína, cuja gíria dos usuários era "dar um realce". "Super-homem, a canção", lida equivocadamente por alguns como uma confissão homossexual do cantor ("Um dia vivi a ilusão de que ser homem bastaria"), era, em verdade, uma elegia à "alma da mulher", dando continuidade à filosofia já presente em sua canção "Pai e mãe", de 75. Havia ainda uma polêmica releitura pop e vibrante para o velho samba-canção "Marina", de **Dorival Caymmi**; o explosivo afoxé "Toda menina baiana" e o já citado reggae "Não chore mais (No, woman, no cry)", num misto de frustração com o nosso passado ditatorial e tentativa de esperança com a abertura política, cujo compacto que precedeu o álbum alcançou o recorde de 1 milhão de cópias.

Até meados da década, **Gil** continuou conjugando sua musicalidade inventiva com uma poesia afiada, em pérolas pop dançantes, entre funk ("Palco"), afoxé ("Andar com fé"), pop rock ("A gente precisa ver o luar", "Punk da periferia", "Pessoa nefasta") e reggae ("Extra" e "Vamos fugir", esta em parceria com seu novo produtor, **Liminha**) ou românticas, em levada blues ("Deixar você"), pop romântica ("Lente do amor", "Seu olhar") e carnavalesca ("Marcha da tietagem", com **As Frenéticas**). Nos sensibilizou com letras pungentes, como a do xote estilizado "Drão", em que a separação é vista com enfoque transgressor ("O nosso amor é como um grão / Uma semente de ilusão / Tem que morrer pra germinar"), e a de duas canções que filosofam de forma comovente sobre a existência ("Se eu quiser falar com Deus" e "Tempo rei"). Ainda traçou um painel com precisão cirúrgica da corrupção e desigualdade social no país, no reggae funkeado "Nos barracos da cidade" (outra a quatro mãos com **Liminha**), hit entre 1985 e 86: "O governador promete / Mas o sistema diz não / Os lucros são muito grandes / Mas ninguém quer abrir mão/ Mesmo uma pequena parte / Já seria a solução / Mas a usura dessa gente / Já virou um aleijão / Ôôôôô gente estúpida/ Ôôôôô gente hipócrita."

Quem não ficava para trás foi sua colega **Gal Costa**. Em seu álbum *Água viva* (1978), seu canto se mostrava mais apurado e ela se abria a outros compositores, como **Chico Buarque**, estourando o bolero "Folhetim", e **Gonzaguinha**, com o xote "O gosto do amor", em dueto com o próprio, além de imortalizar o clássico "Paula e Bebeto", de **Milton** e **Caetano**, um libelo a favor da diversidade sexual: "Qualquer maneira de amor vale a pena." A seguir, o álbum e o show *Gal Tropical* (1979) foram um verdadeiro divisor de águas em sua carreira. Deixando o figurino e a postura hippies para trás, ela mantinha a flor no cabelo, mas agora aparecia de saia e top dourados, plumas, saltos altos, numa *mise-en-scène* menos brejeira, misturando teatro de revista, **Carmen Miranda** e Broadway, e ficou mais de um ano em cartaz, munida de um repertório que tinha de tudo um pouco. Mesclava grandes canções da Era do Rádio com novidades de seus contemporâneos, vestidos por envolventes arranjos do pianista (e dentista) **Perna Fróes**, incluindo uma releitura apoteótica de "Meu nome é Gal", duelando agudos com a guitarra de **Robertinho do Recife**. Com isso, virou também diva absoluta do público gay, que já a admirava fazia tempo, revezando sua idolatria com a performance expressionista da colega **Bethânia**.

Se o LP *Água viva* lhe rendeu o primeiro Disco de Ouro, a cantora repetiu a façanha com *Gal Tropical*, puxado por uma velha marchinha de **João de Barro [Braguinha]** e **Alberto Ribeiro**, gravada sem sucesso por **Carmen Miranda** para o carnaval de 1937, mas que agora chegava ao topo das paradas com arranjo mais chegado ao frevo, "Balancê": "Ô balancê, balancê / Quero dançar com você / Entra na roda, morena pra ver / O balancê, balancê." A Pequena Notável também foi lembrada em outros dois números do álbum e do show, "Samba rasgado" (Portello Juno/Wilson Falcão) e "A preta do acarajé" (Dorival Caymmi). Era um repertório basicamente de regravações, mas que parecia inédito, tal a força da intérprete e dos arranjos renovados para as canções, como "Força estranha", presente de **Caetano** para o rei **Roberto Carlos** no ano anterior, e que agora ganhava uma versão voz e violão arrebatadora, que nada deixava a dever à original. De inédito mesmo só a letra de **Hermínio Bello de Carvalho** para o eterno choro de **Jacob do Bandolim** "Noites cariocas", lançado nos idos de 57 e que voltava renovada com vocal caloroso.

Embora **Gal** já registrasse canções para o carnaval desde o início da década de 70, o sucesso de "Balancê" fez com que ela se tornasse um expoente do gênero, gravando marchas-frevo com maior frequência que tiveram muito êxito, como "Massa real" (Caetano Veloso), as já citadas "Festa do interior", também estourada na época das festas juninas, e "Bloco do prazer", além das releituras de outros hits da Era do Rádio, como ("Meu coração amanheceu") "Pegando fogo" e "Onde está o dinheiro?" ("O gato comeu, o gato comeu"), lançadas respectivamente pelo **Bando da Lua** e **Aurora Miranda**,[7] nos anos 1930. Entre 1979 e 84, foi também de canções femininas/feministas, como a balada "Mil perdões", que **Chico Buarque** compôs para o filme *Perdoa-me por me traíres*, de Braz Chediak, baseado na obra de Nelson Rodrigues, e o bolero "Dom de iludir", que **Caetano** dera originalmente para **Maria Creuza** gravar em 77, mas somente agora estourava.

No mesmo período, álbuns como *Fantasia* (81), *Minha voz* (82), *Profana* (84) e *Bem-bom* (85) venderam muito, com a cantora prestigiando desde canções de vanguarda ("Vaca profana", também de **Caetano**), canções pop ("Açaí", de **Djavan**), mas também boleros ("Meu bem, meu mal", outra de **Caetano**, "Verbos do amor", de **João Donato** e **Abel Silva**), canções solares ("Azul", de **Djavan**, "Luz do sol", de **Caetano**) e pop românticas com letras de **Ronaldo Bastos**, como "Chuva de prata" (dele com o jovem-guardista **Ed Wilson**), "Sorte" (com o estreante **Celso Fonseca**, violonista, futuro cantor cult e produtor) e a versão para o hit "Lately", de **Stevie Wonder**, que virou "Nada mais", numa interpretação singular, que certa vez fez ir às lágrimas **Liza Minnelli**, presente na plateia de um show da cantora. Também não faltaram grandes sambas, predominantes na recriação da obra de **Ary Barroso** no primoroso LP *Aquarela do Brasil* (80), que ganhou Disco de Ouro com apenas uma semana de lançado, e depois um Disco de Platina, recriando pérolas do compositor mineiro, como "No tabuleiro da baiana" (em duo com **Caetano**) e a faixa-título, cuja interpretação foi a mais famosa desde que fora lançada por **Francisco Alves**, em 39, se tornando um hino nacional informal do país. Um ano depois, outro samba-exaltação também lançado pelo Rei da Voz voltava à baila em sua voz cristalina, "Canta, Brasil".

Repertório à parte, **Gal** continuava um símbolo sexual e virou nesta década de 80 a cantora de maior número de músicas nas paradas, dividindo o posto com **Simone**, a absoluta campeã de vendas entre as cantoras desse tempo, tornando-se igualmente *sex symbol*. Se a primeira já era sucesso desde o final dos anos 60, foi em 1979, com apenas seis anos de carreira, após dois bem-sucedidos álbuns — *Face a face* (77) e *Cigarra* (78) —, que **Simone** chegava ao primeiro time da "MPB", ao lançar o antológico LP *Pedaços*, mostrando o perfil da nova mulher brasileira. Corroboravam para isso seu porte alto, a beleza algo andrógina, a interpretação confidente e segura e o fato de nesta época ter escolhido um cancioneiro transgressor, com temas caros à emancipação feminina e à situação política do país, sem esquecer o romantismo sensual.

"Começar de novo", de **Ivan Lins** e **Vitor Martins**, era logo a primeira faixa do álbum e sintetizava as intenções do trabalho, sendo não por acaso o tema de abertura do seriado *Malu Mulher*, da TV Globo, um marco em nossa teledramaturgia, que tocava em temas tabus, como o dia a dia de uma mulher separada com filhos e até mesmo o mito do orgasmo feminino. Apesar de incluir uma metáfora sobre a ditadura, com referência até às "esporas" do general Figueiredo, então presidente da República, que era militar da cavalaria, acabou entrando para a história mesmo como um hino de libertação feminina: "Começar de novo e contar comigo / Vai valer a pena... (...) Sem as tuas garras / Sempre tão seguras / Sem o teu fantasma / Sem tua moldura..." Ainda no LP, destacaram-se o samba-canção machucado "Saindo de mim", da mesma dupla, o bolero "Sob medida" (Chico Buarque), o já comentado samba "Tô voltando" e um petardo contra a ditadura, "Cordilheira", de **Sueli Costa** e **Paulo Cesar Pinheiro**: "Eu quero crer na solução dos evangelhos / Obrigando os nossos moços ao poder de nossos velhos."

O show de lançamento deste disco no Canecão, no Rio — a mais importante casa de shows do país dos anos 70 aos anos 2000 —, virou um álbum gravado ao vivo, lançado em 1980, em que emplacou outro hino, desta vez de esperança do país, outro da dupla de **Ivan Lins** e **Vitor Martins**: "Desesperar, jamais" ("Aprendemos muito nesses anos / Afinal de contas não tem cabimento / Entregar o jogo no primeiro tempo"). Foi neste mesmo espetáculo que ela teve coragem de ser a primeira a regravar "Pra não dizer que não falei das flores", de **Geraldo Vandré**, depois de dez anos censurada. Acompanhando-se ao violão, provocou uma catarse geral de um grito calado na garganta quando explodia no refrão "Vem, vamos embora / Que esperar não é saber / Quem sabe faz a hora / Não espera acontecer". Mesmo recebendo ameaças de morte e, por este motivo, sendo escoltada do Canecão até sua casa todas as noites, a ousadia valeu a pena e a música voltou às rádios e TVs do país em sua voz.

Contratada a peso de ouro pela CBS, em 1981, quando gravou o LP *Amar*, **Simone** ganhou uma Mercedes da gravadora, e nesta década virou sua cantora mais popular. Até se tornar com o tempo uma intérprete predominantemente romântica, seu repertório radiofônico neste período, até 85/86, foi bem diversificado. Estourou músicas fortes existenciais, como "Encontros e despedidas" (Milton Nascimento/Fernando Brant), o samba "Pão e poesia" (Moraes Moreira/Fausto Nilo) e "Alma" (Sueli Costa/Abel Silva), sendo esta um de seus emblemas vida afora, encabeçando o popular LP *Corpo e alma* (82): "A minh'alma tem / Um corpo moreno / Nem sempre sereno / Nem sempre explosão / Feliz desta alma / Que vive comigo / E vai onde eu sigo / O meu coração." Do mesmo álbum, a divertida e funkeada "Tô que tô" (Kleiton/Kledir) foi tema de abertura da novela *Sol de verão*, da TV Globo.

O lado romântico ficou a cargo de temas como "Pequenino cão", esta com uma dupla leitura política; "Um desejo só não basta", cujo videoclipe se tornou um clássico no programa de variedades dominical *Fantástico*, com a cantora entre uma banheira de espuma e numa motocicleta varando um outdoor; "Você é real" — as três do grande letrista e arquiteto/urbanista cearense **Fausto Nilo**, com música de vários parceiros — e "Princesa" (Flavio Venturini/ Ronaldo Bastos). Interessante também a canção "A outra" (Ivan Lins/ Vitor Martins), um dos temas mais tocados na novela *Roque Santeiro*, também da Globo, sobre a dualidade dos sentimentos de uma mulher por um homem (na linha de "Atrevida", dos mesmos autores, que ela já havia emplacado em 80). As três últimas fizeram parte do LP *Cristal*, que chegou perto de 1 milhão de cópias na virada de 1985 para 86, emplacando ainda o rock "Água na boca" (Tunai/Abel Silva) e o samba-enredo "Amor no coração",[8] em duo com o puxador **Carlinhos de Pilares**. A propósito, de 83 ao final da década, sempre incluía em seus álbuns um exemplar do gênero, graças ao sucesso de sua releitura para "O amanhã" (João Sérgio), da **União da Ilha do Governador**: "Como será o amanhã? / Responda quem puder / O que irá me acontecer / O meu destino será como Deus quiser." Em paralelo, sua sensualidade explodia, seja adotando um cabelo cheio, muito imitado à época pelas mulheres, ou nas ousadias em cena, como a que, dirigida por Flávio Rangel, cantava sobre uma cama com lençóis em cetim rosa no show *Delírios, delícias* (83). Sim, antes de **Madonna**, a nossa **Simone** já colocava uma cama no palco.

Fechando o quarteto das grandes divas da "MPB", da virada dos 1970 para os 80, **Elis Regina** trocou três vezes de gravadora neste período, buscando o sucesso em disco, já que, embora tocasse muito no rádio e na TV, e tivesse os shows sempre lotados, vendia pouco. Ficava furiosa por saber que a rebolativa **Gretchen** vendia mais do que ela. Pois seu LP *Elis, essa mulher* (79), na Warner, chegou ao Disco de Ouro, com um repertório explosivo. Além de grandes sambas, como "O bêbado e a equilibrista", havia dores de cotovelo de primeira, como "Altos e baixos" (Sueli Costa/ Aldir Blanc) e "As aparências enganam", esta consagrando seu autor, **Tunai** — irmão de **João Bosco**, com o poeta **Sérgio Natureza**, que no correr da década emplacaria como intérprete de suas canções, como "Frisson" e "Sintonia". De quebra, sempre visionária, resgatava **Cauby Peixoto**, com quem gravou em dueto o "Bolero de satã", do iniciante **Guinga**, com **Paulo Cesar Pinheiro**, chamando a atenção para o fato de que um de nossos maiores cantores, em sua melhor forma vocal, estava jogado às traças pelo mercado, o que ajudou a provocar uma reviravolta em sua carreira que se daria dali em breve.

Elis também tentava renovar sua imagem, tornar-se mais jovial para concorrer com a nova linguagem pop crescente dos ídolos do momento e das cantoras que invadiram a cena brasileira. Estreou seu show *Saudade do Brasil* (1980), uma superprodução, cujo disco não vendeu muito, mesmo estourando nas rádios uma inédita de sua amiga **Rita Lee**, com **Roberto de Carvalho**, a debochada "Alô, alô, marciano" ("Pra variar estamos em guerra / Você não imagina a loucura / O ser humano tá na maior fissura porque / Tá cada vez mais *down* no *high society*"). Depois, na EMI-Odeon, gravou com **Adoniran Barbosa** o seu delicioso samba "Tiro ao álvaro", a faixa que puxou o derradeiro álbum do sambista, e no LP *Elis*, do mesmo ano, pediu ao novato **Guilherme Arantes** uma música que a fizesse chegar à alma popular. Ele lhe deu então "(Vivendo e) Aprendendo a jogar", uma canção irônica que virou uma sonzera da melhor qualidade entre o pop, o funk e o jazz, num arranjo moderníssimo vocal e instrumental do marido, **César Camargo Mariano**.

Também se notabilizou em rádios mais segmentadas com outras joias viscerais da turma mineira, como "Vento de maio" (Telo & Márcio Borges) e "Trem azul" (Lô Borges/Ronaldo Bastos) — esta acabou batizando seu derradeiro espetáculo, no qual trajava um modelo semelhante ao vestido que **Rita Lee** usava na capa de seu LP de 1980, o do hit "Lança perfume". A seguir, no fatídico 19 de janeiro de 1982, morreria aos 36 anos, vítima de uma mistura de álcool e cocaína, logo ela que até o fim dos anos 1970 era totalmente avessa às drogas. Sua morte causou comoção no país inteiro e seu corpo foi velado por milhares de pessoas no Teatro Bandeirantes, em São Paulo. A seguir houve um cortejo de 15 quilômetros entre o Centro e a zona sul da cidade com seu caixão levado pelo corpo de bombeiros até o Cemitério do Morumbi, onde outra multidão esperava por ela. Recém-contratada da Som Livre, **Elis** deixou sua última gravação (e que já fazia sucesso na trilha da novela *Brilhante*, da Globo), uma versão de **Paulo Coelho** para um bolero do mexicano **Armando Manzanero**, "Me deixas louca", numa interpretação pra lá de pessoal, como sempre, com uma pitada jazzística.

Aliás, inesperadamente, de meados da década de 1970 a início dos 80, houve uma invasão de arranjos abolerados nos discos de "MPB", bem como de boleros literais. A própria **Elis** já havia aberto a porteira em 74 com "Dois pra lá, dois pra cá", de **João Bosco** e **Aldir Blanc**. Em 79, **Simone** e **Fafá de Belém** gravaram quase que simultaneamente "Sob medida", de **Chico Buarque**, dando provas de que era o nosso compositor que melhor assumia o eu-lírico feminino, sendo cada vez mais idolatrado pelo mulherio: "Sou bandida, sou solta na vida / E sob medida pros carinhos seus / Meu amigo, se ajeite comigo / E dê graças a Deus." Um ano antes, **Gal**

Costa também gravava **Chico** pela primeira vez, com "Folhetim" ("Se acaso me quiseres / Sou dessas mulheres / Que só dizem sim"), escrito para o musical *Ópera do malandro*, também concebido por ele, que virou um memorável álbum duplo, com vários intérpretes.

Outro bolero cunhado para a mesma peça foi "O meu amor" ("Tem um jeito manso que é só seu / De me fazer rodeios / De me beijar os seios / Me beijar o ventre / Me deixar em brasa"), em que duas mulheres disputavam o amor do "malandro" enfocado na trama, merecendo duas gravações, uma da estreante **Elba Ramalho** com a então esposa de **Chico**, a atriz **Marieta Severo**, e outra que **Maria Bethânia** convidava **Alcione**, até então vista pela gravadora apenas como uma sambista, para registrarem juntas em seu álbum best-seller, *Álibi*. A própria **Bethânia**, como já foi dito, deitou e rolou em boleros de **Gonzaguinha** e outros que regravou dos tempos da Era do Rádio. Os exemplos são numerosos e não foram apenas as cantoras, mas, sem dúvida alguma, eles serviram de trampolim para que especialmente as nossas intérpretes mostrassem sua sensualidade e seus sentimentos de forma mais direta, sem pudores, nessa fase de transição de costumes na sociedade brasileira.

Além de **Gal** e **Simone**, outro símbolo sexual da "MPB" da virada da década de 1970 para a seguinte foi **Fafá de Belém**. Para se ter uma ideia, em 80, o carro mais popular do país de então, o Fusca da Volksvagen, foi apelidado de "Fusca Fafá" por causa dos grandes faróis dianteiros, em alusão ao tamanho dos (fartos) seios da cantora — ela chegou a posar nua três vezes em ensaios requintados para revistas masculinas, um deles, na *Status*, com apresentação de **Tom Jobim**. Como intérprete, também destilou sensualidade nos belos versos do poeta **Cacaso** (com música de **Sueli Costa**) em "Dentro de mim mora um anjo", e da atriz e poeta **Bruna Lombardi** (com **David Tygel**) em "Que me venha esse homem" ("E me machuque um pouco"). Esbanjou brejeirice no xote "Carrinho de linha", de **Walter Queiroz**, e na canção "O gosto da vida", que o "cantautor" carioca **Péricles Cavalcanti** fez para homenageá-la ("Se você não sabe ainda, eu sou Fafá"). Saudou ainda a democracia em ritmo afro na canção "Bicho homem", de **Milton Nascimento** e **Fernando Brant** ("O meu canto sempre vai ser / Minha vida o que eu sou / O meu canto chuta o traseiro do ditador"), e estourou com a regravação de "Bilhete", pungente canção de separação de **Ivan Lins** e **Vitor Martins**, acompanhada do piano de **César Camargo Mariano**: "Quebrei o teu prato / Tranquei o meu quarto / Bebi teu licor / Já arrumei a sala / Já fiz tua mala / Pus no corredor..."

Sem tanto sucesso comercial, pulando de gravadora em gravadora, tivemos a voz sexy desta vez de um "varão", a do ainda cult **Luiz Melodia**, que aparecia aqui e ali navegando pelo funk/soul ("Mistério da raça" e na recriação de "Negro gato", de Getúlio Côrtes), samba-funk ("O sangue não nega"), blues ("Segredo") ou fox em dueto com **Zezé Motta** ("Dores de amores"). E uma das cantoras mais prestigiadas e queridas de um público mais seleto, **Nana Caymmi** assinou com a EMI-Odeon em 1979 e passou pela década de 80 com uma bela discografia, sendo lentamente mais notada, principalmente depois que sua regravação do samba-canção "Se queres saber", registrada em 77, foi incluída na minissérie *Quem ama não mata*, da TV Globo, em 82. Seu álbum de voz e piano com **César Camargo Mariano**, *Voz e suor* (83), foi um dos cults da época — e pensar que o mesmo foi feito apenas por ser um produto barato, com apenas um músico (algo incomum à época), pois estava prestes a ser despedida do elenco da companhia. Ainda que afeita a canções mais tristes e melancólicas, também brilhou com a sensual/feminista "Mudança dos ventos", que **Ivan Lins** e **Vitor Martins** fizeram inspirados no seu casamento com **Cláudio Nucci**, do grupo **Boca Livre**, um homem 20 anos mais moço: "Ah, vem cá, meu menino / Pinta e borda comigo / Me revista, me excita / Me deixa mais bonita."

Também dessa linhagem incorruptível era **Nara Leão**, que seguiu com relativo sucesso nos anos 80, igualmente para um público seleto, com quatro canções refrescantes: "Nasci para bailar" (João Donato/Paulo André Barata), duas com versos de **Fausto Nilo**, "Laranja da China" (com **Fagner**) e "Amor nas estrelas" (com **Roberto de Carvalho**), todas, no clima caribenho-brazuca, e o frevo "Tô com o diabo no corpo", de **Sivuca** e **Paulinho Tapajós**.

Seu colega de geração, **Marcos Valle**, foi mais longe. Após viver desde 1975 nos Estados Unidos, participando na faixa "Something" (George Harrison) do álbum que **Sarah Vaughan** cantava **Beatles** e a convencendo a gravar um disco só com músicas brasileiras — que se desdobraram em três —, enturmou-se com os integrantes chegados ao soul e rhythm & blues da banda **Chicago** e o músico, produtor e ícone da soul music **Leon Ware**, com quem compôs diversas canções. Na volta ao Brasil, uma das que trouxe na bagagem ganhou letra de seu irmão, **Paulo Sérgio Valle**, e virou o saboroso funk (soul) "Estrelar".

Com uma imagem renovada, de galã saudável, posando com vários sucos naturais na capa de seu LP de 83, o "cantautor" agora pegava carona na onda das academias de ginástica, que faziam a cabeça dos cariocas naquela altura, e saudava a nova gíria para se exercitar — "malhar": "Tem que correr / Tem que suar / Tem que malhar / Vamos lá! / Musculação, respiração, ar no pulmão / Vamos lá..." E pensar que, décadas depois, tornaria-se sua música mais cultuada pelos DJs de todo o planeta. No ano seguinte, de 84, bisou a dobradinha "forma física" e *groove* pop, noutra pérola também assinada com o irmão **Paulo** e arranjada pelo mago **Lincoln Olivetti**, a refrescante "Bicicleta" que agradou crianças e marmanjos: "Pedalando com você / Numa bicicleta..." Eram mais dois irresistíveis sucessos alegres e sensuais que se alinhavam à "MPB" positiva e festeira que dominou as paradas até meados da década de 80.

Os grandes cantores

Djavan foi uma promessa dos anos 1970 que se concretizou nos 80. Assim como **Gilberto Gil**, internacionalizou seu som, abrindo também um mercado exterior para sua obra, mas de forma ainda mais radical, passou a compor numa fusão muito particular de blues e funk, com acabamento pop, eventualmente jazzístico. Assim, após o grande sucesso de "Seduzir", "Serrado", "Faltando um pedaço" e principalmente "Meu bem querer", trocou a EMI-Odeon pela CBS em 82, virando *popstar*, a bordo de hits autorais com títulos, na maioria, minimalistas, como "Luz", a já referida "Sina", "Esquinas", "Infinito", "Miragem" e os megahits "Samurai" (com direito à gaita de **Stevie Wonder**), "Pétala" e "Lilás", continuando a explosão até a década de 90. No entanto, de vez em quando mostrava seu lado mais "brasileiro-raiz", voltando ao samba ("Capim", "Obi", com sua poesia "percussiva") ou sertanejo/nordestino e brejeiro, arrasador, como na referida "Faltando um pedaço": "O amor é um grande laço / Um passo pr'uma armadilha / Um lobo correndo em círculo / Pra alimentar a matilha." Nesse meio-tempo, ainda investiu em sua carreira internacional e deu uma de ator no filme *Para viver um grande amor*, de Miguel Faria Jr., em que cantava sambas, bossas e a caribenha "Tanta saudade", dele com **Chico Buarque.**

Ainda no clima da "MPB" pop, os amigos cariocas **Erasmo Carlos, Tim Maia** e **Jorge Ben**, que na adolescência se cruzavam no mesmo bar, Divino, na esquina da rua do Matoso com Haddock Lobo, entre a Tijuca, o Rio Comprido e o Estácio, zona norte do Rio, reapareciam vinte anos depois emparelhados nas paradas de sucesso.

Na primeira metade dos anos 1980, **Erasmo** teve um pico de popularidade apenas comparável à Jovem Guarda. Após um disco gravado em dueto com um elenco estelar da "MPB" (*Erasmo convida...*, em 80), no qual se destacaram nas paradas seus encontros com **Maria Bethânia** em "Cavalgada" e com o parceiro **Roberto Carlos** em "Sentado à beira do caminho", ele deixava o machismo das canções autoafirmativas masculinas do início de carreira para fazer a elegia feminina ("Mulher", em parceria com a esposa, **Narinha**, e "Minha superstar") e se jogar no pop romântico de qualidade ("Mesmo que seja eu [Um homem pra chamar de seu]", "Amar pra viver ou morrer de amor"), numa marchinha de carnaval irresistível disfarçada de pop rock ("Pega na mentira") e nos rocks "Meu boomerangue não quer mais voltar" e "Close", todas com o fiel parceiro **Roberto.** Essa última, após um clipe gravado com a então travesti Roberta Close, no auge da juventude e beleza, foi alvo de muitas fofocas maledicentes, mas a verdade é que a música foi um estrondo: "Não fosse o gogó e os pés / A minha lente tava na dela / No conto da mulher nota dez / Dá um close nela."

Tim Maia, após uma incursão pela disco-soul "Sossego" e pelo funk tradicional "Acenda o farol" em 78 no clássico álbum *Tim Maia Disco Club*, e pelo suingue indomável da disco-funk "Eu e você, você e eu (Juntinhos)", em 80, viveu um período de baixa. Voltou a aparecer em 1983, vendo sua popularidade finalmente voltar ao nível do início da década anterior, apesar do temperamento brigão, irascível, sempre processando Deus e o mundo, com ou sem razão — suas constantes brigas com a TV Globo entraram para a história. Ao mesmo tempo, era dono de um humor desconcertante, rápido, um frasista de marca maior em suas entrevistas, além de pioneiro do mercado independente desde os anos 70, produzindo muitos de seus discos na própria gravadora, a Vitória Régia ("a única que paga aos sábados, domingos e feriados após às 21 horas", costumava dizer) e registrando as canções em sua própria editora musical, Seroma, algo bastante incomum à época. Sua volta triunfal às paradas se deu com o funk "O descobridor dos sete mares" (Gilson/Michel Mendonça), seguido das românticas "Bons momentos" (ambas do mesmo **Michel** com **Marquinhos**), "Bem-vinda" (Valmir), "Pede a ela" (Ed Wilson/Carlos Colla) e principalmente "Me dê motivo" e "Leva", ambas de **Michael Sullivan** e **Paulo Massadas**, que logo se tornariam os maiores hitmakers da década, antevendo em seu repertório uma fase forte de baladas populares falando de amor.

Jorge Ben, ao formar a **Banda do Zé Pretinho** em 1978, renovou-se mais uma vez. Agora sua levada era ainda mais funkeada, com referência forte da disco music e muitos metais, flagrante em faixas autorais como a própria canção que mostrava seu novo conjunto, "A Banda do Zé Pretinho" e "Salve simpatia". Até 82, principalmente, vieram vários outros hits fortes, como "Amante amado", "Berenice", a solar "Santa Clara clareou", o belíssimo samba romântico que emulava um samba-enredo "O dia em que o sol declarou seu amor pela Terra" ("Eu sou o sol / Sou eu que brilho / Pra você, meu amor") e um delicioso dueto com **Caetano Veloso**, no samba-funk "Ive Brussel", de contornos homoeróticos: "Não sei, não / Assim você acaba me conquistando / Não sei, não / Assim eu acabo me entregando", bem ao sabor da onda liberal de costumes que acenava no horizonte. Aliás, um tema outrora tabu que virou recorrente nesse tempo.

Nesta seara, ninguém ousou mais que **Ney Matogrosso**, que prosseguiu cada vez mais abusado, em shows, clipes, capas de discos e parte do repertório. Em 78, seu LP *Feitiço* precisou ser recolhido das lojas porque, ao abrir a capa dupla, ele aparecia totalmente nu, apenas escondendo seu sexo entre as pernas. Ao decorar uma vitrine inteira do magazine Mesbla, no Centro do Rio, a censura vigente não aguentou. Mandou recolher o álbum das lojas, que deveriam retornar embalados num plástico. Mas o tiro saiu pela culatra. Assim como ocorrera com o disco *Índia*, de **Gal Costa**, em 73, o fato aumentou ainda mais a curiosidade do público, que não hesitou em comprá-lo, ainda mais porque duas faixas não paravam de tocar em toda parte: a teatral "Bandolero", com ares flamencos, da dupla **Luli & Lucinha**, e a versão *discothèque* de "Não existe pecado ao sul do equador", de **Chico Buarque** e **Ruy Guerra**, tema da novela das sete global, *Pecado rasgado*. Em 1979, contrariando as expectativas, o cantor fez sua primeira experiência de cara limpa, aparecendo sem fantasia na capa do LP *Seu tipo*, cujo fox-título de **Eduardo Dussek** e **Luiz Carlos Góes** foi um belo hit sexy: "Me diz que eu sou seu tipo / Me diz, neném, que eu acredito."

Foi em 1981, porém, que **Ney** teria sua maior consagração, gravando seu álbum (homônimo) mais popular. Foram cinco grandes hits: a balada "Viajante" (Thereza Tinoco), as dançantes "Vida, vida" (Moraes Moreira/Zeca Barreto/Guilherme Maia) e "Amor objeto" (Rita Lee/Roberto de Carvalho), o frevo sensual "Folia no matagal" (outra de Eduardo Dussek/Luiz Carlos Góes) e o xote "Homem com H", de **Antonio Barros.** Esta última tem uma história pitoresca. Seu autor já queria lhe dar esta música desde os tempos em que o viu no **Secos & Molhados.** A letra foi inspirada numa fala do personagem Zeca Diabo, um cangaceiro vivido por Lima Duarte, na novela *O bem amado*, de Dias Gomes, em 73: "Eu nunca vi rastro de cobra nem couro de lobisomem",[9] que depois o autor complementou: "Se correr o bicho pega / Se ficar o bicho come / Porque eu sou é homi... e como sou." Quando finalmente o forró chegou às suas mãos, ainda ficou receoso em gravar um estilo tão distante de seu universo, mas **Gonzaguinha**, que estava no estúdio ao lado, ao encontrá-lo e ouvir a música, foi taxativo: "Só você pode gravar isso." **Ney** então desencanou e o resultado foi o maior sucesso de sua carreira solo. Sempre seminu e rebolativo, cantava essa letra que virava um grande deboche em sua voz para multidões ensandecidas que se acotovelavam em seus shows em grandes palcos, inclusive o do circo Tihany, na Praça Onze carioca, no qual estreou *Destino de aventureiro* (1981) — e continuariam a fazê-lo pelas próximas décadas.

A ambiguidade sexual estava explícita em outro xote impagável do mesmo autor, "Por debaixo dos panos", no álbum de 82, e na hilariante balada "Calúnias" ou "Telma, eu não sou gay", uma paródia de "Tell me once again", do velho grupo brasileiro **The Light Reflections**, que a registrou em 1972 como se fosse americano. Convidado pela banda gaiata de rock retrô **João Penca e seus Miquinhos Amestrados**, do qual falaremos adiante, o cantor a registrou em seu disco *Pois é* (1983) por certa chantagem de um *big boss* da gravadora Barclay (ex-Ariola), pois, caso contrário, os meninos não poderiam gravar seu próprio álbum. Mesmo contrariado, a música estourou: "Telma, eu não sou gay / O que falam de mim são calúnias / Meu bem, eu parei." Piadas à parte, o cantor também soube ser sexy e lânguido na caribenha "Tanto amar" (Chico Buarque) e em faixas gravadas para duas novelas, a balada "Jeito de amar" (Piska/Mauro Kwitko), para a trilha de *Sétimo sentido*; e a inusitada recriação pop do bolero "Vereda tropical" (Gonzalo Curiel) para abertura do folhetim homônimo. **Ney** foi ainda um dos primeiros astros da "MPB" a emplacar um rock, o grande movimento midiático desta década, gravando em 83 "Pro dia nascer feliz", um clássico instantâneo, consagrando uma nova e promissora dupla de autores, o guitarrista **Roberto Frejat** e o poeta **Cazuza**.

Os grupos vocais, arranjadores, uma dupla e a vanguarda paulista

Esta fase de abertura da nossa música ao pop e a temáticas mais leves coincidiu com a chegada de quatro grandes grupos vocais-instrumentais e uma dupla à "MPB". O primeiro a entrar em cena, em 1977, foi o quinteto pós-tropicalista **A Cor do Som**, fundindo rock, tempero afro-pop e algo de música clássica, cujo nome foi sugestão de **Caetano Veloso**. Surgiram da banda que acompanhava **Moraes Moreira** após sua saída dos **Novos Baianos**, com integrantes cariocas e baianos, incluindo **Armandinho**, o mestre das guitarras tradicional e baiana, esta inventada por ele, e outros músicos da pesada, como o baixista **Dadi**, seu irmão, o tecladista **Mú Carvalho**, o baterista **Gustavo Schroeter** (ex-**A Bolha**) e, após o segundo disco, em 78, o percussionista **Ary Dias** (este o primeiro músico do gênero a subir num trio elétrico baiano). Inicialmente, o grupo surgiu como um renovador do choro e até participou do 1º Festival Nacional do Choro, na TV Bandeirantes, em 77, com "Espírito infantil" (de Mú), que chocou os puristas do estilo — até hoje muito refratários a inovações — usando guitarras e outros instrumentos pouco afeitos ao gênero.

Se seus dois primeiros álbuns foram instrumentais, a partir do terceiro, *Frutificar* (79), incluíram algumas faixas cantadas, justamente as primeiras a fazer sucesso nacional, "Beleza pura" (do padrinho **Caetano**) e "Abri a porta" (de **Gilberto Gil** e **Dominguinhos**). Depois, sempre alternadas a temas instrumentais, vieram pérolas autorais, como "Zanzibar", "Zero", ambas de **Armandinho** e **Fausto Nilo**, e "Mudança de estação", do músico, escritor e poeta vanguardista **Paulo Leminski**, mais "Menino Deus", outra de **Caetano**, e "Palco", outra de **Gil**, que depois seria novamente sucesso com seu autor. Um som que exalava juventude, saúde, paz e brisa tropical por todos os poros.

Em seguida, em 1978, surgiu outro quinteto em Belo Horizonte, o **14 Bis**, um grupo que conjugou a "MPB" mineira do Clube da Esquina com as estéticas roqueiras estilo country, progressivo e "Beatle". Seu vocalista e compositor principal era **Flavio Venturini**, que juntamente com o baixista **Sérgio Magrão** deixou a banda de rock prog **O Terço** para formar esse novo conjunto, ao lado de seu irmão e guitarrista **Cláudio Venturini** (que tocava com **Lô Borges**), o baterista **Hely Rodrigues** e o tecladista **Vermelho** (ex-banda **Bendengó**). Juntos, estouraram uma enxurrada de hits assinados por **Flávio** e seus parceiros: o místico rock de ares prog "Planeta sonho" (com Vermelho/Márcio Borges), as country "Nova manhã" (com Vermelho/Tavinho Moura) e "Natural" (só com Tavinho), a balada romântica "Todo azul do mar" (com Ronaldo Bastos) e a canção nostálgica "Linda juventude" (só com Márcio), feita em homenagem a **Milton Nascimento**.

Curiosamente, o **14 Bis** estourou duas canções de **Milton** que eram originalmente instrumentais e que Bituca não pensava em botar letra. Daí que a banda, sem que ele soubesse, encomendou-as ao seu parceiro de fé **Fernando Brant**, virando, com o tempo, clássicos da "MPB". São elas: a "Canção da América", que originalmente o cantor havia registrado em seu disco americano de 79, batizando-a de "Unencounter", e o maracatu pop "Bola de meia, bola de gude", escrita originalmente para o espetáculo *O último trem*, do Grupo Corpo, em 80. Muito afinado e musical, o grupo abria vozes e o resultado era impactante, mais bem resolvido vocalmente que **A Cor do Som**, ainda que ambos fossem bastante originais e tenham feito muito sucesso na faixa de público jovem.

O próximo a entrar em cena foi o quarteto carioca **Boca Livre**, em 1979, que também trazia algo do Clube da Esquina entre as suas referências, chegando até mesmo a gravar com **Milton Nascimento** e **Toninho Horta**, e que começaram dividindo o palco com **Edu Lobo**, ainda mais erudito, numa excursão do Projeto Pixinguinha. Menos pop e mais "MPB", foi pioneiro a fazer sucesso com um disco independente, no ano de sua estreia, vendendo mais de 100 mil cópias de seu álbum homônimo a bordo de sucessos como "Quem tem a viola" (Zé Renato/Cláudio Nucci/Xico Chaves/Juca Filho), "Diana" (Toninho Horta/Fernando Brant) e o mega hit "Toada (Na direção do dia)" (Zé/Nucci/Juca): "Vem, morena, ouvir comigo esta cantiga / Sair por esta vida aventureira..." Sua formação trazia alguns dos autores dessas canções, como os cantores/violonistas **Zé Renato** e **Cláudio Nucci**, que anos mais tarde gravaram um disco em dupla (incluindo "Pelo sim, pelo não"), além de **Maurício Maestro** (contrabaixo/vocal/arranjos) e **David Tygel** (viola de 10 cordas/vocal), que caprichavam nas harmonizações vocais dissonantes, variando os solistas. Em 80, já com **Lourenço Baeta** no lugar de **Cláudio Nucci**, gravaram "Bicicleta", só com vocalizes; "Neném" e, três anos depois, uma recriação da tropicalista "Panis et circenses", lançada pelos **Mutantes**. O membro dissidente, por sua vez, obteve êxito em carreira solo com as canções "Quero, quero" e "Amor aventureiro".

Com menos visibilidade que os citados, também viveram bons momentos dois grupos vocais cariocas. Um foi o **Céu da Boca**, de dez integrantes, formado em 1979, com estrutura de canto coral, regidos pelo maestro **Jaques Morelenbaum**, revelando as cantoras **Paula Morelenbaum**, sua esposa, **Maúcha Adnet** e **Verônica Sabino**, além de **Dalmo Medeiros**. Emplacou com relativo sucesso a canção "Clarissa", de **Paulinho Malagutti**, que também fazia parte do conjunto. O outro grupo foi o **Garganta Profunda**. Criado em 85 e regido por **Marcos Leite**, originalmente chegou a ter 24 vozes. Mas nenhum dos aqui citados teve uma carreira mais longeva e de tamanho êxito quanto o sexteto vocal-instrumental **Roupa Nova**, que de novo mesmo só tinha o nome, inspirado na canção homônima do padrinho **Milton Nascimento**, com **Fernando Brant**: "Todos os dias, toda manhã / Sorriso aberto e roupa nova..."

Sua história começou no início da década de 1970, quando quatro de seus integrantes entraram numa banda cover que animava bailes interpretando sucessos nacionais e estrangeiros. Eram **Os Famks**, com o tecladista **Cleberson Horsth**, o guitarrista **Kiko**, o cantor **Paulinho** e o baixista **Nando**, chegando a registrar dois compactos e dois LPs, entre 74 e 78. Ainda em 74, formaram outra, **Os Motokas**, gravando simultaneamente uma dúzia de LPs, já com o reforço do tecladista e guitarrista **Ricardo Feghali** e do baterista **Serginho Herval**. Mas o sucesso chegou mesmo em 81, quando foram rebatizados pelo produtor **Mariozinho Rocha**. Dessa vez, logo ficaram conhecidos soltando um hit atrás do outro, como "Clarear", "Bem simples", "Canção de verão", "Sapato velho", "Anjo", "Whisky a go-go", "Dona", "Seguindo no trem azul", "Sonho" e, a partir de "Linda demais",[10] entre 1985 e 86, alinhando-se a um estilo mais popular. Outra curiosidade é que, em 1983, a banda gravou a pedido da TV Globo o instrumental "Tema da vitória" (Eduardo Souto Neto), que tocava sempre que um piloto brasileiro ganhava uma corrida de Fórmula 1 transmitida pela emissora. Com o tempo, o craque Ayrton Senna passou a vencê-lo tantas vezes que a canção acabou vinculada a ele.

Independentemente das estéticas adotadas, os músicos do **Roupa Nova** sempre foram reconhecidos como excelentes músicos de estúdio e arranjadores vocais, razão pela qual chegaram a fazer arranjos de base de discos inteiros de artistas importantes nos anos 80, como **Rita Lee, Simone, Gal Costa, Fafá de Belém** e o próprio **Milton**. Por ter dois tecladistas, **Horsth** e **Feghali**, o **Roupa Nova** usou muito os teclados sintéticos como cabeça estética de seu som em seus álbuns e dos artistas com quem trabalhou — uma das marcas sonoras desse tempo.

Um dos grandes responsáveis por esta sonoridade neste período foi o mago dos teclados, o carioca **Lincoln Olivetti**, que substituiu o piano pelos teclados de vários timbres, algo que com o tempo saturou nossos discos, pela repetição exaustiva da fórmula, tornando-os um tanto pobres e datados, mas que num primeiro momento era sinônimo de modernização (e sofisticação). Ele chegou à absurda marca de 360 arranjos num só ano, o de 1982.[11] Foram dele os arranjos de alguns dos maiores hits divertidos ou esperançosos do período, como "Festa do interior" (**Gal Costa**), "Lança perfume", "Saúde", "Caso sério" e "Baila comigo" (**Rita Lee**), "Palco" e "Não chore mais" (**Gilberto Gil**), "Banho de cheiro" (**Elba Ramalho**), "Tô que tô" (**Simone**), "Brincar de viver" (**Maria Bethânia**), "Amor objeto" (**Ney Matogrosso**), "Salve simpatia" e "Ive Brussel" (**Jorge Ben**), "Acenda o farol" e "Eu e você, você e eu (Juntinhos)" (**Tim Maia**). Ele também gravou seus *grooves* com o parceiro multi-instrumentista **Robson Jorge** no início da década, chegando a frequentar o hit parade com "Eva", "Aleluia" e "Babilônia rock".[12]

Tal expediente foi utilizado também por outros arranjadores/tecladistas do período, como **Erich Bulling**, americano radicado no país, **Julinho Teixeira**, **Ricardo Cristaldi**, o também cantor-compositor **Nico Rezende** e outros que vinham das décadas anteriores, como **César Camargo Mariano**. Alguns cantores-compositores tecladistas também, fascinados pelas novas possibilidades dos teclados, usaram-nos às últimas consequências, como **Ivan Lins**, **Guilherme Arantes** e **Flavio Venturini**. Em meados da década, houve ainda um modismo de se gravar a caixa de bateria com um eco — "sala e reverb", como se dizia no jargão dos músicos. Uma tendência importada dos Estados Unidos, que fica bem clara principalmente a partir do lançamento do LP *Lilás* (1984), de **Djavan**, produzido pelo americano **Ronnie Foster**.

O **Roupa Nova** também fez sucesso com "Lumiar", lançada no primeiro álbum solo de **Beto Guedes**. O astro mineiro, filho direto do Clube da Esquina, foi outro a estourar nessa época, morando nas paradas radiofônicas entre 1977 e 87, com hits dele com **Ronaldo Bastos**, no estilo "paz e amor", repletas de metáforas de natureza, como "Sol de primavera", "O sal da Terra", "Amor de índio", "Tudo em você" e ainda uma versão de **Ronaldo** para um velho sucesso dos anos 50, imortalizado pelos Beatles, "Quando te vi (Till there was you)" ("Nem o sol, nem o mar / Nem o brilho das estrelas / Tudo isso não tem valor / Sem ter você..."). A dupla também compôs, inconformada com o assassinato de seu líder, John Lennon, em 1980, a "Canção do novo mundo" ("Me diz como pode acontecer / Um simples canalha mata um rei / Em menos de um segundo / Oh! Minha estrela amiga / Por que você não fez a bala parar?"). Eventualmente **Beto** também entoava canções engajadas, como "Vevecos, canelas e panelas", de **Milton** e **Fernando Brant** ("Para quem não me conhece / Eu sou assim mesmo / De um povo que ainda olha com pudor / Que ainda vive com pudor"), atento às incertezas políticas de 1981.

Seu colega **Lô Borges** também voltou a gravar um disco solo em 1979, sete anos após o primeiro, com "A Via-Láctea" (dele com o irmão **Márcio Borges**), "Chuva na montanha" (Fernando Oly), "Vento de maio" (Telo/ Márcio Borges), que registrou com a irmã **Solange Borges**, logo regravada em duo com **Elis Regina**. Nos anos seguintes, apareceu recriando algumas canções do Clube que voltaram ao sucesso, como "Nuvem cigana", batizando seu LP de 82, e outras que lançou e nunca mais saíram do repertório atribuído ao movimento, como "Sonho real", que também deu nome a um álbum seu, de 84 — ambas parcerias com **Ronaldo Bastos**. Assim como **Beto**, teve uma carreira regular em disco até 87.

Flavio Venturini, ainda no **14 Bis**, lançou simultaneamente alguns discos solo, com sucessos autorais atemporais. Em 1981, o álbum *Nascente* trazia agora em sua voz seu maior sucesso autoral até então, a faixa-título, que **Milton Nascimento** havia lançado no *Clube da Esquina 2* (78), e ainda "(Te amo) Espanhola" (com **Guarabyra**) e "Princesa" (com **Ronaldo Bastos**), que seria um grande sucesso de **Simone** quatro anos depois, e em 85, no segundo disco solo, "No trem do amor" (da mesma dupla), esta com a participação de seu grupo, até que o deixou definitivamente em 88, após a gravação de um álbum ao vivo.

Outro cantor-compositor e músico mineiro de primeira dessa turma, **Tavito**, que já havia composto "Casa no campo" com **Zé Rodrix** no início dos anos 1970, entrou para a história como cantor apenas em função de um álbum homônimo memorável, registrado em 79, e cujo maior hit foi a nostálgica "Rua Ramalhete", dele com **Ney Azambuja**. A canção ganhou as rádios do país evocando a beatlemania e a adolescência da turma nos anos dourados: "No muro do Sacré-Coeur / De uniforme e olhar de rapina / Nossos bailes do Clube da Esquina / Quanta saudade! // Muito prazer, vamos dançar / Que eu vou falar no seu ouvido / Coisas que vão fazer você tremer dentro do vestido / Vamos deixar tudo rodar / E o som dos

Beatles na vitrola // Será que algum dia eles vêm aqui / Cantar as canções que a gente quer ouvir?" Mais tarde, **Tavito** tornou-se compositor de jingles publicitários e produtor.

Todavia, nem só de mineiros, cariocas e baianos vivia a "MPB" desse tempo. Os gaúchos **Kleiton & Kledir** vieram do grupo **Os Almôndegas**, com quem gravaram quatro álbuns, entre 1975 e 78, incluindo joias como a visionária "Androginismo" (Kledir). A seguir, a dupla se impôs a partir do êxito da bela canção com ares fadistas "Vira virou" (Kleiton) em 80, gravada inicialmente pelo **MPB-4**, para o qual abriam seus shows à época, e logo relida pela própria dupla com a participação de **Ivan Lins**. Depois vieram hits românticos de cunho sensual, como convinha àquele tempo, como "Paixão" ("Amo tua voz e tua cor / E o teu jeito de fazer amor") e "Fonte da saudade" ("Essa boca muito louca / Pode me matar / Se isso é coisa do demônio / Eu quero pecar"), ambas de **Kledir Ramil**, além das divertidas (repletas de gírias gaúchas) assinadas pela dupla "Maria Fumaça", um vanerão típico dessa região, e "Deu pra ti", além de "Nem pensar" e "Tô que tô", esta um outro retumbante hit de **Simone**. O irmão deles, **Vitor Ramil**, também "cantautor", ficou mais restrito a seu estado natal, ainda que tenha tido algumas músicas gravadas por **Gal Costa** e **Zizi Possi**. Com um trabalho consistente, o criador da chamada "estética do frio" defendia que o clima dos pampas gerava um novo tipo de sonoridade/atitude/poesia, muito ligada aos países vizinhos, e foi um dos grandes renovadores da milonga, ao lado do conterrâneo **Bebeto Alves**.

Mas seus irmãos **Kleiton & Kledir** foram de fato a única nova dupla de "MPB" que realmente deu certo, depois dos veteranos **Sá & Guarabyra**, que a propósito prosseguiram uma carreira de sucesso. Continuaram na sua mescla única de canções românticas e rocks rurais, alguns de inspiração nordestina. Foi a fase de "Sete Marias", "Dona" (também gravada pelo **Roupa Nova**), "Cheiro mineiro de flor" e duas na emblemática trilha da novela *Roque Santeiro*, a canção-título do protagonista vivido por José Wilker e "Verdades e mentiras".

Havia ainda artistas em atividade na capital paulista, na maioria de classe média (e alta) e formação universitária, que nunca tiveram o alcance midiático merecido, mas que criaram um movimento transgressor, de grande importância estético-musical, ocorrido sobretudo entre 1979 e 85, consagrado com o nome de "vanguarda paulista" — numa alusão aos modernistas de 1922 — ou "vanguarda paulistana", esta uma referência aos experimentalismos do Teatro Lira Paulistana, em frente à Praça Benedito Calixto, em Pinheiros, zona oeste de São Paulo, que a seguir viraria um selo musical e uma editora. O dono do teatro era Wilson Souto Júnior, que não cobrava aluguel dos artistas, dividindo com eles a bilheteria dos shows, e em coisa de um ano criou um público cativo, ávido por novidades, as mais diferentes, inusitadas e provocativas possíveis.

A jornalista Marília Pacheco Fiorillo definiu o movimento à época como "um tanto insolente, pouco afeito à utilização da música como jingle ideológico ou sentimental, de compenetrada formação musical e impecável senso de absurdo". Seus ícones foram os cantores-compositores **Arrigo Barnabé** — paranaense, que largou a arquitetura para estudar música de vanguarda no terreno erudito, na ECA-USP — e **Itamar Assumpção** — raro artista negro (e pobre, oriundo da periferia) a se integrar nessa turma. Ele chegou a estudar contabilidade, mas largou tudo para fazer teatro e shows em Londrina, coincidentemente a cidade onde o colega **Arrigo** nasceu, até optar pela música, sendo multi-instrumentista, fluente no violão, baixo e guitarra. A imagem que passava para os amigos era a de um sujeito bravo, irrequieto, com um quê de loucura, mas de criatividade transbordante.

Arrigo marcou época com seu LP *Clara crocodilo* (1980), acompanhado da banda **Sabor de Veneno**, com canções dodecafônicas e atonais, e letras inspiradas em histórias em quadrinhos, narrando a vida neurótica das nossas grandes metrópoles, como "Orgasmo total", "Diversões eletrônicas" (com Regina Porto) e a que deu nome a seu grupo, "Sabor de veneno". Depois, seguiu caminho semelhante com "Tubarões voadores" (84), além de assinar a trilha do filme *Cidade oculta*, de Chico Botelho (86). A vida inteira seguiu à margem do mercado, com seu trabalho bem particular. Já **Itamar**, num misto de funk, samba, rock e reggae, gravou discos como *Beleléu, Leléu e eu* (com a **Banda Isca de Polícia**, 80), *Às próprias custas S. A.* (ao vivo, 83), *Sampa midnight — Isso não vai ficar assim* (86) e *Intercontinental! Quem diria! Era só o que faltava* (88), apresentando canções com uma poética de verve crítica e ácida, e um humor muito peculiar, flagrante em composições como "Nego Dito", "Nega música", "Fico louco" (todas do primeiro álbum), "Denúncia dos Santos Silva Beleléu" (de 83), "Mal menor" e "Filho de Santa Maria" (esta com Paulo Leminski, ambas de 88). De 93 a 2004, ainda gravaria mais seis álbuns, sempre surpreendentes.

Com maior destaque apareceram diversos conjuntos, munidos igualmente de irreverências muito particulares, como o **Grupo Rumo** (dos irmãos **Paulo** e **Luiz Tatit**, este depois também professor e ensaísta da USP, e do hit "Ladeira da memória", de Zé Carlos Ribeiro, em 83), **Premeditando o Breque** (de **Mário Manga**, com músicos de formação erudita, lançando a rara canção gay "Rubens", de autoria dele, em 86), **Língua de Trapo** (com músicos-compositores que vieram do jornalismo, chegando a editar uma revista e um programa na Rádio USP, ambos com o nome de Matraca), **Patife Band**, além de (José Roberto) **Aguilar** (também artista plástico e multimídia) e (sua) **Banda performática** (que teve entre seus integrantes os futuros **Titãs Arnaldo Antunes** e **Paulo Miklos**, além do guitarrista **Lanny Gordin**).

Em carreira individual, destacaram-se o "cantautor" **Hermelino Neder** e diversas cantoras, como **Cida Moreira**. Ela debutou como atriz de teatro e musicais em 1977, incluindo a primeira montagem de *Ópera do malandro*, de **Chico Buarque**, e estreou na música em 80 no show *Summertime*, dirigido por José Possi Neto, no Lira Paulistana, lançado num álbum ao vivo em 81. Foi a vida inteira uma intérprete teatral, por vezes histriônica, criando discos e espetáculos de repertório ímpar, calcados em pesquisas muito cuidadosas, alternando jazz, blues e canções de cabaré na linha brechtiana. Também se notabilizaram **Eliete Negreiros** (consagrando "Sonora garoa", espécie de hino da cidade de São Paulo, composta pelo cantor e violeiro **Passoca**), **Ná Ozzetti** (ex-Grupo **Rumo**), além de **Suzana Salles**, **Vânia Bastos**, **Virgínia Rosa** (as três ex-backing-vocals da banda **Isca de Polícia**, de **Itamar Assumpção**) e (a matogrossense) **Tetê Espíndola**, de voz agudíssima, que começou ainda em Campo Grande na banda **Luz Azul** ao lado dos irmãos artistas, **Geraldo**, **Marcelo** e **Alzira Espíndola**, depois rebatizado já em Sampa, de **Tetê e o Lírio Selvagem**, que durou de 78 a 79. A seguir, **Tetê** gravou seu primeiro álbum solo *Piraretã* (1980), no qual foi a primeira cantora a registrar uma canção de **Arrigo Barnabé**, "Tamarana", dele com o irmão **Paulo Barnabé**. Se ela começou gravando na multinacional Philips, a maioria de seus pares, de forma pioneira, conseguiu criar um mercado lançando discos independentes, numa época em que isto ainda era uma aventura.

A consagração da "MPB" nordestina, além Bahia

Sucesso comercial, entretanto, foi o que não faltou à turma que veio do Alto Nordeste, para além da Bahia, nos anos 1970 e se reafirmou na virada para os anos 80, a começar por **Zé Ramalho** (da Paraíba). Filho de **Beatles**, da geração Woodstock e dos conjuntos de baile dos anos 60, ele largou a faculdade de Medicina para viver de música. Após muitos altos e baixos, reafirmou suas raízes nordestinas ao entrar em contato com cordelistas e repentistas locais ao fazer a direção musical de um documentário a esse respeito, em 74 — mesmo ano em que grava o hoje cultuado e raríssimo álbum duplo "Paêbirú", com o pernambucano **Lula Côrtes**, na gravadora Rozenblit, em que já misturava rock (psicodélico) com a cultura de sua terra. O álbum passou em brancas nuvens. Tal fusão de elementos continuava em seu primeiro LP solo e foi consagrada na faixa de abertura, "Avôhai" (1978). Lançada sem maior repercussão por **Vanusa** no ano anterior, a canção voltava agora com toda a força, narrando a saga de um homem que foi ao mesmo tempo "avô" e "pai", pois criou seu neto como filho. Com sua voz grave e interpretação de contornos proféticos, messiânicos, **Zé** marcou época com canções autorais de viés surrealista, repletas de misticismo e imagens cinematográficas, como "Vila do sossego", "Chão de giz", "A terceira lâmina" e "Mistérios da meia-noite", fora o petardo de crítica social "Admirável gado novo" ("Ê, ô, ô, vida de gado / Povo marcado ê / Povo feliz"), que explodiu entre 79 e 80, numa alusão ao romance inglês *Admirável mundo novo*, de Aldous Huxley, que fez a cabeça de toda uma geração interessada em drogas alucinógenas.

Sua esposa à época, a brejeira **Amelinha**, já vinha dos anos 70, mas só estourou de fato em 1980. Ora com a quase piegas, mas sincera "Foi Deus que fez você" (Luiz Ramalho) (2º lugar no Festival MPB 80, da Globo) e antes disso, no carnaval, ganhando o país inteiro com "Frevo mulher", do próprio **Zé Ramalho**, um clássico instantâneo da folia, de letra surrealista ("Um olho cego vagueia procurando por um"). Também de autoria do marido (com Otacílio de Souza) era a pitoresca "Mulher nova, bonita e carinhosa faz o homem gemer sem sentir dor", inspirada na Guerra de Troia, que adubou seu repertório radiofônico do início da década de 80, juntamente com outras canções vibrantes nordestinas, como "Coito das araras" (Cátia de França), "Romance da lua, lua" (Flaviola sobre poema de García Lorca) e "Gemedeira" (Robertinho do Recife/Capinan), além da romântica "Água e luz" (Tavito/Ricardo Magno).

Antes mesmo do casal **Zé Ramalho** e **Amelinha**, o primeiro dos nordestinos contratado da CBS pelo diretor artístico **Jairo Pires foi Fagner**, em 1976, na maior parte das vezes indicados pelo produtor **Carlos Alberto Sion**. A seguir, vieram também o guitarrista **Robertinho do Recife**, **Ednardo** (que estourou o baião "Enquanto engoma a calça", dele com Climério, lá, em 79), **Geraldo Azevedo** e **Elba Ramalho**. Como os baianos estavam todos na Philips/Phonogram e os mineiros da EMI-Odeon, **Jairo** percebeu que seria uma oportunidade desse time fazer a força na CBS. A coisa só não foi ainda mais forte porque eles não eram tão unidos entre si — por motivos diversos — quanto os artistas das outras turmas citadas.

Quanto a **Fagner**, depois de um trabalho um tanto experimental, a partir do estouro de "Revelação" (Clodo/Clésio) em 78, o cantor vivenciou enfim o sucesso popular. Nem por isso deixou de emplacar canções de poesia sofisticada, como duas existenciais em 79, "Quem me levará sou eu" (Dominguinhos/Manduka), vencedora do Festival 79 de Música Popular — É Hora de Cantar, da TV Tupi, no Anhembi (SP), o primeiro após a queda do AI-5, e "Noturno" (dos irmãos cearenses **Graco** e **Caio Silvio**), tema de abertura da novela das oito da TV Globo *Coração alado*, escrita pela legendária Janete Clair.

A seguir, vieram "Eternas ondas", do colega **Zé Ramalho**, e "Fanatismo" (dele sobre poema da portuguesa **Florbela Espanca**): "Minha alma de sonhar-te, anda perdida / Meus olhos andam cegos de te ver / Não és sequer a razão do meu viver / Pois que tu és já toda minha vida." Esta última foi registrada no LP *Traduzir-se* (1981), no qual musicou letras desta e de outros grandes poetas nacionais e estrangeiros, e seguindo o caminho aberto pelo Clube da Esquina, uniu-se a artistas da América Latina, como a argentina **Mercedes Sosa** — com quem registrou em dueto o sucesso "Años" —, o cubano **Pablo Milanés** —, mas também os espanhóis **Camarón de La Isla** e **Joan Manuel Serrat**. Em 83, veio "Guerreiro menino" ("Um homem também chora"), de **Gonzaguinha**, depois a caribenha "Cartaz" (Francisco Casaverde/Fausto Nilo), chegando ao fim da década com uma linha mais romântico-popular.

Enquanto seu primeiro parceiro, **Belchior**, começava a desaparecer das paradas nos anos 1980 (o último grande hit é "Medo de avião", em 79), **Geraldo Azevedo** seguia o caminho inverso, tendo maior visibilidade com canções autorais, em parceria com **Renato Rocha** ("Dia branco"), **Carlos Fernando** ("Canta coração"), **Capinan** ("Moça bonita"), **Fausto Nilo** ("Dona da minha cabeça" — esta também gravada com sucesso por **Fagner**, em 86) e ainda mais com "Táxi lunar" (Geraldo/Alceu Valença/Zé Ramalho) e "Bicho de 7 cabeças" (Geraldo/Zé/Renato Rocha), esta gravada em duo com **Elba Ramalho**. Mais tarde, integrou o projeto coletivo "Cantoria", ao lado do paraibano **Vital Farias** ("Sete cantigas para voar", "Ai que saudades d'ocê", esta também um hit de **Geraldo** e **Elba Ramalho**) e dos baianos do interior **Elomar** (também arquiteto, violeiro de formação erudita, avesso à superexposição na mídia, autor de "Arrumação", "Campo branco", "O violeiro" e "O pedido") e **Xangai**, cujo encontro rendeu dois LPs, em 1984 e 88.

Alceu Valença já era bem conhecido num circuito mais cult, mas estourou nacionalmente mesmo quando o produtor **Mazzola** lhe convidou para integrar o cast da multinacional mexicana Ariola, que começava a se estabelecer por um breve período no Brasil, entre 1980 e 1982, juntamente com um *dream team* de artistas, cujos passes foram negociados a peso de ouro, incluindo **Chico Buarque**, **MPB-4**, **Ney Matogrosso**, **Milton Nascimento** e outros pesos-pesados. Daí que em 80, no seu quinto LP, a faixa-título, "Coração bobo", composta em tributo a **Jackson do Pandeiro**, e que ele e o homenageado já haviam apresentado juntos no Festival 79 da Tupi, ganhou o país. Um dos compositores mais profícuos e de maior sucesso de sua geração, teve uma coleção de mais de 20 grandes sucessos autorais, cunhados principalmente na primeira metade da década de 80, como "(Morena) Tropicana", "Cabelo no pente", "Pelas ruas que andei" (as três com o baiano **Vicente Barreto**), "Como dois animais", "Cavalo de pau", "Na primeira manhã", "Anunciação" e "Estação da Luz".

Completa esse time **Elba Ramalho**, prima distante de **Zé Ramalho**, que conheceu em 1967, quando ela foi morar em João Pessoa e o acaso os apresentou. Ela, aos 16, estudava com a irmã de um dos integrantes dos **Quatro Loucos**, uma das primeiras bandas de que **Zé** participou. Daí ele, aos 18, foi o diretor musical de sua segunda banda (de rock), **The Golden Girls. Elba** chegou ao Rio e foi atuar como atriz em musicais. Até que foi escalada na peça musical *Ópera do malandro*, de **Chico Buarque**, em 1978, participando do álbum subsequente do compositor com uma das músicas do espetáculo, o bolero "O meu amor", em duo com a atriz **Marieta Severo.** Isso lhe abriu as portas para o primeiro LP, *Ave de prata* (1979). Sua voz rascante, agreste, um diamante belo e bruto levou ao sucesso outra pérola buarqueana, o baião "Não sonho mais", composto para a protagonista do filme *República dos assassinos*, de Miguel Faria Jr. — uma travesti que narra ao policial o seu sonho de vingança pelo mal que o próprio havia feito a ela: "Foi um sonho medonho / Desses que às vezes a gente sonha / E baba na fronha / E quer sufocar." Continuou evocando as tradições nordestinas com letras fortes e teatrais, como "Banquete de signos" (Zé Ramalho) e "Caldeirão dos mitos" (Bráulio Tavares), além da tristonha "Veja (Margarida)" (Vital Farias).

O primeiro grande estouro de **Elba**, porém, viria com o xote "Bate coração" (Cecéu), no quarto LP, *Alegria*, de 1982, quando passou a ser considerada a cantora mais popular do Brasil, também famosa pela teatralidade e sensualidade. Esse álbum batizou ainda um de seus espetáculos grandiosos, entre o pastoril nordestino, o teatro de revista e algo de Broadway, que ficavam meses em cartaz com a casa lotada, onde ela podia unir magistralmente seus dois talentos, de atriz e cantora, fora o de bailarina, que se superava a cada apresentação. O seguinte, "Coração brasileiro", disco e show, foi um marco, trazendo o frevo "Banho de cheiro" (Carlos Fernando), cujo arranjo de **Lincoln Olivetti** incluía (assim como na gravação de **Gal Costa** de "Festa do interior") um pedal de *discothèque* para reforçar a marcação binária do frevo, acoplando teclados de modo a ampliar o naipe de sopros, e ainda uma bandinha estilo fanfarra e coral, reproduzindo no estúdio o festivo ambiente dos discos carnavalescos da **Banda do Canecão**, famosos nas décadas de 1960 e 70 — tudo arregimentado pelo produtor **Mazzola.**[13] Esse frevo foi seu maior sucesso juntamente com a toada "De volta pro aconchego" (Dominguinhos/Nando Cordel), seguidos dos forrós "Toque de fole" (Bastinho Calixto/Ana Paula) e "Do jeito que a gente gosta" (Severo/Jaguar), do frevo "Energia" (Lula Queiroga) e da romântica "Canção da despedida", que **Geraldo Azevedo** fez com **Geraldo Vandré**, antes do seu exílio, permanecendo inédita até então. Entre 1982 e 85 só dava **Elba.**

O frevo invade a "MPB" e se renova em Recife, com o Galo da Madrugada

O carnaval pernambucano sempre se destacou dos demais do Brasil por ter características próprias, inclusive musicais, desde o início do século XX, com três ritmos preponderantes: o frevo (principalmente), o maracatu, do qual falaremos mais adiante, e o caboclinhos — que desfila com trajes indígenas, acompanhado de inúbia (pequeno flautim de taquara), caracaxás ou mineiros (espécie de reco-reco), tarol e surdo, com uma sonoridade pouco conhecida no resto do país, mas que está presente, por exemplo, nos discos de **Elba Ramalho**, em faixas como "Essa alegria" (Lula Queiroga), de 1982, e "Leão do Norte" (Lenine/Paulo Cesar Pinheiro), de cadência mais acelerada, que ela também lançaria na década seguinte, em 96.

Voltando ao frevo, foi em 1978 que o carnavalesco Enéas Freire e sua família criaram o Clube de Máscaras Galo da Madrugada. Seu início coincidiu com um *boom* midiático musical do frevo neste período que vai até meados dos anos 80. Mas, para se entender esta manifestação tão genuinamente brasileira, vale voltar um pouco no tempo.

Se o passo do frevo já existia desde o século XIX como dança, cuja origem se deu entre o bailado dos capoeiras, abrindo caminho para as bandas militares que desfilavam pelas ruas do Recife em diversas épocas do ano (com direito à famosa sombrinha, que era usada como arma), o gênero musical tem como marco inicial, para alguns estudiosos, o ano de 1907. Pode ser instrumental ou cantado. Nos desfiles dos chamados clubes de frevo, como o das Pás, Misto Vassourinhas, Lenhadores ou Batutas de São José, que sempre mantiveram torcidas calorosas, com direito a brigas entre os rivais, como no futebol, o som sempre foi estritamente instrumental. É o chamado "frevo de rua", com direito a orquestra de instrumentos de sopro e percussão, enfatizando metais, como trombone, saxofone e clarinete. Por outro lado, o frevo-canção ou cantado aparece nos blocos, acompanhados de orquestra de pau e corda, a saber: cavaquinhos, violinos, banjos, bandolins e contrabaixo. Nos mais humildes, as troças, uma espécie de bloco de sujo sem a obrigação de fantasias, o povo desfila ao som de uma banda mais simples com instrumentos de sopro.

Com o passar do tempo, o chamado "frevo de rua" (instrumental) ganhou subdivisões, como o "frevo de abafo" (quando duas orquestras se cruzam no carnaval e ambas tocam no maior volume possível de modo a abafar o som da agremiação rival), o "frevo-coqueiro" (com andamento acelerado, notas agudas e curtas) e o "frevo-ventania" (com muitos floreios, normalmente de saxofone e clarinete).[14] Ao final dos cortejos, entretanto, quando voltam para as suas sedes, os grupos tradicionalmente executam as chamadas marchas-regresso, um tipo específico de frevo de bloco composto para tal momento, exaltando melancolicamente o carnaval que termina e renovando a esperança e a alegria para as festas que virão.[15]

É curioso perceber que o nome "frevo" (que vem do verbo "ferver") para identificar o gênero musical só começa a aparecer no selo dos discos a partir dos anos 1930. Antes, vinha grafado "marcha", "marcha pernambucana" ou "marcha nortista". O primeiro a gravar um exemplar do gênero foi justamente um dos pioneiros cantores de nossa discografia, o **Bahiano,** que registrou "Borboleta não é ave" (Nelson Ferreira), na Casa Edison do Rio de Janeiro, em 1922. Como as gravadoras inicialmente eram todas do Rio, quem gravava frevos-canção, muitas vezes especificamente para o mercado pernambucano, eram nomes como **Carlos Galhardo, Francisco Alves, Almirante, Dircinha Batista, Aracy de Almeida, Joel & Gaúcho, Zaccarias e sua orquestra, Carmélia Alves** e outros ases da Era do Rádio.

Entre os anos 1930 e 70, diversos compositores tornaram-se referências do gênero. Os principais, que transcenderam seu nicho local, foram **Ca-**

piba e Nelson Ferreira. Ambos nasceram em famílias de músicos, começaram tocando piano na época do cinema mudo e dirigiram orquestras; o primeiro, a **Jazz-band-Acadêmica**, que formou com **Sivuca e Hermeto Pascoal**, em 1950, e o segundo, entre outras, a **Orquestra de Frevos Nelson Ferreira**, além de reger inúmeras gravações a partir de 1954 na gravadora Rozemblit, a primeira com sede em Recife, que editava o selo Mocambo, da qual foi diretor. Com isso, deu oportunidade a intérpretes locais que se tornaram ídolos, como **Claudionor Germano, Expedito Baracho**, entre muitos outros.

Compondo em vários ritmos, mas tendo o frevo como destaque, **Capiba** marcou seu nome para sempre no coração dos pernambucanos com frevos-canção, como "É de amargar", "De chapéu de sol aberto", "Frevo e ciranda", "Madeira que cupim não rói", "Cala a boca, menino", entre outros, e **Nelson Ferreira**, com os frevos de rua "Gostosão", "Gostosinho", "Dedé", "Isquenta muié", "Frevo no bairro do Recife" e os frevos-canção "Frevo de saudade" e "Evocação", este antológico, cujo sucesso chegou até o carnaval carioca em 1957, um fato inédito até então numa folia dominada por sambas e marchas: "Felinto / Pedro Salgado / Guilherme, Fenelon / Cadê teus blocos famosos?" Com o tempo, tal frevo ganharia o sufixo de "nº 1", para diferenciá-lo dos outros seis que compôs na sequência. **Nelson** também se notabilizou por ter composto hinos informais de clubes de frevo, que se tornaram mais famosos que os seus oficiais, como "Casá-casá", do Sport Club do Recife, e "Come e dorme", do Clube Náutico Capibaribe.

Nos anos 1950 apareceu **Luiz Bandeira**, que, além de cantor, foi outro compositor eclético pernambucano a marcar seu nome com frevos-canção imortais, como "É de fazer chorar", "Novamente", "Sedução", "Bom danado" (com Ernani Seve) e, principalmente, "Voltei, Recife", o mais famoso no estado após o velho "Vassourinhas" (Matias da Rocha/Joana Batista), de 1909: "Voltei, Recife / Foi a saudade que me trouxe pelo braço / Quero ver novamente vassouras na rua abafando / Tomar umas e outras e cair no passo." Na mesma década, o jornalista e radialista **Antônio Maria** iniciava uma carreira de compositor indo radicar-se no Rio, mas sem esquecer sua terra natal, cunhando três pérolas homônimas do frevo-canção, a começar pelo memorável "Frevo nº 1 do Recife" (1951): "Ai, ai, saudade / Saudade tão grande / Saudade que sinto do Clube das Pás, dos Vassouras / Passistas traçando tesouras / Nas ruas repletos de lá…"

Aliás, letras nostálgicas como a deste frevo e a da citada "Evocação" fazem parte da tradição dos frevos de bloco, normalmente cantados por vozes femininas, acompanhados por uma orquestra de pau e corda. Aos poucos, instrumentos de percussão, palhetas em metais foram incorporados às orquestras, além eventualmente das vozes masculinas no coro.[16] **Getúlio Cavalcanti** foi um desses compositores que se especializaram nesse tipo de frevo-canção, destacando os clássicos "Último regresso" e "O bom Sebastião", do seu Bloco da Saudade. Tal gênero ainda conserva características de pastoris natalinos, ranchos de Reis, serenatas e saraus, todas manifestações culturais e religiosas muito populares em Pernambuco.

Outro artista que extrapolou fronteiras dando voz ao frevo nesta década foi o paraibano **Jackson do Pandeiro**, que emplacou "Micróbio do frevo" (Genival Macedo), que com arranjo de **Clóvis Pereira** se tornou um marco no carnaval de 1955, por seu ritmo de marcação mais rápida e contagiante, matriz dos seguintes a partir de então. Em 62, também se notabilizou pelo "Frevo do bi" (Braz Marques/Diógenes Ferreira), por ocasião do bicampeonato da seleção brasileira de futebol, no Chile. Nesse meio-tempo, os cariocas **Tom Jobim e Vinicius de Moraes** compuseram o "Frevo (de Orfeu)" para a película *Orfeu negro*, de Marcel Camus (1959), que rodou o mundo, ganhando a Palma de Ouro em Cannes e o Oscar de melhor filme estrangeiro, e posteriormente foi regravado por pesos-pesados da "MPB", como **João Gilberto, Elis Regina, Astrud Gilberto, Chico Buarque** e **Gal Costa**: "Vem, vamos dançar ao sol / Vem, que a banda vai passar / Vem, ouvir o toque dos clarins / Anunciando o carnaval…"

Houve, entretanto, outros especialistas no frevo, mais conhecidos pelos foliões pernambucanos e estados vizinhos ao longo das décadas, desde o final dos anos 1920, como os **Irmãos Valença** (que compuseram o frevo--canção "A mulata", que adaptada por **Lamartine Babo** virou o grande sucesso do carnaval carioca de 1932, "O teu cabelo não nega") e diversos regentes-compositores, como **Carnera** ("Frevo da meia-noite", de rua) — cujo apelido foi inspirado num ídolo internacional da época, o pugilista italiano Primo Carnera, bem baixinho e musculoso como ele —, **Edgar**

Morais (os frevos-canção "A dor de uma saudade" e "Valores do passado"), seu irmão **Raul Morais** ("Marcha da folia", "Regresso", ambos de rua), **João Santiago** ("Hino dos Batutas de São José", de rua), **Levino Ferreira**, o Mestre Vivo ("Último dia", "Mexe com tudo", "Lágrimas de folião", todos de rua), **Sérgio Lisboa** ("Fogão", de rua), **Lídio Macacão** ("Três da tarde", de rua), **Alcides Leão** ("Mordido", de rua), **Antônio Sapateiro** ("Luzia no frevo", de rua), **Gildo Branco** (o frevo-canção "Você está sozinha", com Valdemar de Oliveira), **Lourival Oliveira** ("Corisco" e "Cocada", ambos de rua) e **Severino Araújo**, líder da **Orquestra Tabajara** ("Relembrando o Norte", mais um de rua).

A partir de meados do século XX, foram aparecendo outros regentes e compositores, que lançaram mais uma enxurrada de belos frevos de rua, o referido **Clóvis Pereira**, notório grande arranjador (autor de "Aninha no frevo"), **Edson Rodrigues**, também jornalista e professor (de "Duas épocas"), **José Menezes** (homônimo do multi-instrumentista cearense, sendo um dos autores de frevos mais gravados, de temas como "Freio a óleo" e "Galo de ouro"), **Senô** ("Duda no frevo"), além de **Ademir Araújo** (o **Formiga**, que sempre acreditou na quebra de fronteiras entre o erudito e o popular), **Guedes Peixoto** e mais dois nomes extremamente populares até o início do século XXI: os maestros **Nunes** (de "Cabelo de fogo", um dos frevos de rua mais tocados de todos os tempos nas ruas da cidade, e "Bala doida") e **Duda** ("Nilinho no passo", "Nino, o pernambuquinho"), que trabalhou como arranjador nos discos de **Alceu Valença** nos anos 1980.

Porém, até que houvesse esse novo *boom* do frevo pernambucano no período de 1979-1985, houve uma baixa de prestígio do gênero no estado devido a mudanças estruturais no carnaval de rua; enquanto isso, foram os "rivais" baianos que começaram a renová-lo, tornando-os sucesso não apenas no período da folia de Momo, mas no ano inteiro, e tocando-o também com o acompanhamento da famosa guitarra eletrizada, depois estilizada por **Armandinho Macedo** como "guitarra baiana". A história do encanto dos compositores da Bahia pelo frevo era um caso de amor antigo. **Dorival Caymmi**, ainda em 1945, após uma visita a Recife, compôs o clássico "Dora" ("Os clarins da banda militar / Tocam para anunciar / Sua Dora agora vai passar / Venham ver o que é bom"), cuja introdução era justamente no andamento que o fez se enfeitiçar pela musa-passista, "rainha do frevo e do maracatu". Anos depois, em 51, foi a vez de uma caravana pernambucana do clube Vassourinhas invadir as ruas de Salvador, às vésperas do carnaval, motivando **Dodô e Osmar** a imitarem aquele som, tocando frevos instrumentais pelas ruas de Salvador sobre uma fobica (assunto que falaremos mais adiante), gerando imitadores que seriam batizados de trios elétricos, virando uma tradição na folia soteropolitana. Foi assim que a partir do final dos anos 60, já com essa informação cultural em seus DNAs, diversos autores talentosos de lá decidiram criar frevos lembrados até os dias atuais.

É o caso de **Gilberto Gil** ("Frevo rasgado", com Bruno Ferreira), em 1968, e principalmente de **Caetano Veloso**. A partir do sucesso de seu "Atrás do trio elétrico" ("Só não vai quem já morreu") nas ruas de Salvador no carnaval de 69, passou a compor todos os anos novos frevos para a folia, caindo nas graças do povo com "Chuva, suor e cerveja", uma das obras-primas do gênero, e ainda "Um frevo novo", "A filha da Chiquita Bacana" e tantos outros. Quem o sucedeu nesta seara foi o não menos inventivo **Moraes Moreira** — que, no período de 1977 a 1985, emplacou cerca de uma dúzia deles, a partir do momento em que se desligou dos **Novos Baianos** e passou a trabalhar, em paralelo à sua carreira solo, com o **Trio Elétrico Armandinho, Dodô e Osmar**, sendo inclusive o primeiro cantor da história dos trios elétricos. Os mais marcantes em sua voz foram "Pombo-correio" (com Dodô e Osmar), "Vassourinha elétrica", "Chão da praça", "Coisa acesa" (os dois últimos com Fausto Nilo) e "Chame gente" (com Armandinho Macedo). Outros ele consagrou nas vozes de **Gal Costa** ("Festa do interior", "Bloco do prazer") e **Elba Ramalho** ("Boca do balão").

Além dos baianos, alguns compositores da "MPB", muitos inclusive cariocas, também se aventuraram no gênero nessa época. É o caso de **Gonzaguinha**, que compôs "O preto que satisfaz" em 1978, denunciando o racismo da sociedade brasileira, com gravação memorável das **Frenéticas,** em arranjo mais pop, e depois ele mesmo o regravou em 80. Bem antes disso, o maranhense **Chico Maranhão** emplacou o frevo "Gabriela" em 6º lugar no III Festival da Record, de 1967, em meio a um elenco apinhado de luminares, nas vozes do **MPB-4**. Os irmãos cariocas **Marcos Valle** e **Paulo Sérgio Valle** fizeram com o pernambucano **Novelli** "Pelas ruas do

Recife" em 68 e, no ano seguinte, "Frevo novo", com este último e **Taiguara.** Também do Rio, **Edu Lobo** emulou a terra de seu pai, **Fernando Lobo**, compondo "No cordão da saideira" (67), "Frevo de Itamaracá" (70) e já nesse tempo dos anos 80, "Frevo diabo", com letra de **Chico Buarque.**

Em 73, o mesmo **Chico** e **Ruy Guerra** criaram a debochada e crítica "Não existe pecado ao sul do equador" para a peça *Calabar.* Depois de algumas tesouradas da censura na letra, ganhou gravações de **Chico** e estourou com **Ney Matogrosso** cinco anos depois em disco music, sem o sabor original do frevo. **Ney**, contudo, prestigiou o ritmo, veiculando de Norte a Sul do país a divertida "Folia no matagal", dos cariocas **Eduardo Dussek** e **Luiz Carlos Góes**, em 1981: "O mar passa saborosamente / A língua na areia / Que bem debochada, cínica que é / Permite deleitar desses abusos do mar." Por essa época, o sanfoneiro paraibano **Sivuca** gravou quatro LPs da série *Forró e frevo*, enquanto o colega alagoano **Hermeto Pascoal** escrevia o "Frevo em Maceió" e décadas depois ainda homenagearia o colega em "Sivucando no frevo".

O novo *boom* do frevo nas rádios nessa virada dos anos 70 para os 80 veio acompanhado da retomada definitiva do carnaval de rua pernambucano, outrora engessado pelos prefeitos biônicos impostos pela ditadura militar, que nos anos 1960 e 70 incentivavam os bailes de salão (e passarelas montadas pela prefeitura) de modo a evitar aglomerações que pudessem resvalar em manifestações contrárias ao regime — algo que afetou bastante também o carnaval carioca do mesmo período. No caminho aberto desde meados dos anos 70 por blocos fundados em Olinda, como Nóis Sofre mais Nóis Goza e Siri na Lata, a coisa começou a mudar. A seguir, o Galo da Madrugada, em cuja estreia em 78 desfilou com apenas 75 foliões, foi rapidamente tomando proporções impressionantes. Com o apoio da Fundação de Cultura Cidade do Recife (que também passou a promover concursos de frevos, maracatus [Frevança] e introduzindo a Frevioca, uma espécie de trio elétrico pernambucano), ele virou o maior bloco de rua da capital e o ponto alto de seu carnaval.

Em paralelo, estouram **Alceu Valença**, sendo a partir de então um dos principais embaixadores da cultura local, **Amelinha** e **Elba Ramalho.** Os três foram intérpretes que deram visibilidade nacional em seus discos a compositores de frevo de sua geração. A começar por **Carlos Fernando**, autor de "Banho de cheiro" — megahit de **Elba** em todo o país —, mas também **J. Michiles**, como "Bom demais" e "Me segura senão eu caio", gravados por **Alceu**, e ainda **Lula Queiroga** ("Energia") e **Nando Cordel** ("Quero mais"), ambos registrados por ela. O mesmo **Alceu** compôs sozinho alguns frevos de sucesso, como "Chego já" e "Bicho maluco beleza" — este já em 92. Da mesma geração, **Zé Ramalho** compôs "Frevo mulher", primeiro estrondo nas paradas de sua então esposa **Amelinha**, que também batizou seu álbum de 79. Na sequência, ela emplacou também as já citadas "Gemedeira" e "Romance da lua-lua", dois frevos-galope da pesada.

Geraldo Azevedo foi outro filho ilustre de Pernambuco que prestigiou o gênero, gravando "Tempo folião" em 80, que nunca mais deixou de cantar em seus shows. Este frevo era uma composição sua em parceria com o mesmo **Carlos Fernando**, um incansável entusiasta do estilo, que além de "Banho de cheiro", emplacou na folia de lá "Cravo na lapela", "Lenha no fogo", "Flor da lira", "Sou eu o teu amor", "Pátria amada" e "Homem da meia-noite", os dois últimos compostos a quatro mãos com **Alceu**, sendo que o último em homenagem a um famoso clube carnavalesco local. Ele também foi o idealizador de projetos, como *Asas da América* — uma série de cinco LPs que levou o primeiro time da "MPB" aos estúdios da CBS e BMG-Ariola (ex-RCA Victor) para registrar o melhor do repertório contemporâneo de frevos-canção, entre 1979 e 89 —, e *Recife frevo é* — já na era do CD, entre 1996 e 2000, de forma independente, com o mesmo propósito. Mesmo sem obter a repercussão merecida, tais projetos se somaram a outras inúmeras iniciativas bem-sucedidas e o surgimento de novos artistas do gênero, entre intérpretes, compositores e regentes, que fizeram com que a capital do frevo retomasse sua liderança pelas próximas décadas.

O *boom* feminino

Elba Ramalho e Amelinha fizeram parte de um *boom* feminino de pelo menos 40 cantoras e/ou compositoras importantes que invadiram a "MPB" entre 1977 e 1981. Elas se lançaram ou chegaram ao grande público quase simultaneamente com outras que avançaram em relação às duas citadas numa característica especial — foram, na grande maioria, também compositoras (ou letristas) constantes ou eventuais, mostrando que havia vida poética feminina além de **Rita Lee, Vanusa, Anastácia, Martinha, Lilian (Knapp), Isolda, Elizabeth, Claudia Barroso, Diana, Miriam Batucada** e **Sueli Costa** no Brasil dos anos 1970. As cariocas **Marina (Lima), Angela Ro Ro, Sandra (de) Sá, Joyce** e **Fátima Guedes**, a fluminense **Joanna** e a já referida **Baby Consuelo** (que seguiu vitoriosa carreira solo a partir de 78) se juntaram à primeira dama do samba carioca, **Dona Ivone Lara**, veterana que começou a lançar discos solo nessa época. Todas se consagraram como cantoras, compositoras e/ou letristas de sucesso. A elas somaram-se outras que também compunham, porém tiveram mais êxito como intérpretes, como a paulista **Zizi Possi**, a baiana **Diana Pequeno**, sem contar as do universo "brega-romântico" (**Kátia, Julia Graciela**, a futura estrela **Rosana**) e dançante (as efêmeras **Lady Zu** e **Miss Lene** e o fenômeno **Gretchen**), fora **Lucinha Lins, Zezé Motta** e o sexteto **As Frenéticas**, todas cantrizes.

Houve ainda outras que se mantiveram à margem do mercado na maior parte de suas carreiras, mas com público cativo, como as cariocas **Olivia (Byington)** (que brilhou com "Lady Jane", de Nando e Geraldo Carneiro, em 78, depois fez álbuns cults, um deles em parceria com o pianista **João Carlos Assis Brasil**, em 90), **Olivia Hime** (craque em repertório), **Tania Alves** (que obteve mais sucesso como atriz, mas entre 1985 e 86 alcançou certa visibilidade com a mística "Pagã", o afoxé "Amor de matar" e o bolero "Dança do amor"),[17] **Clara Sandroni, Clarisse Grova** e ainda **Thereza Tinoco** e **Fernanda** (depois **Fhernanda Fernandes**) — ambas também fizeram fama como compositoras. Somam-se a essas a paraense **Jane Duboc**, a potiguar **Terezinha de Jesus**, as paraibanas **Glorinha Gadelha** e **Cátia de França**, a cearense **Marlui Miranda** (pesquisadora da cultura indígena), a baiana **Rosa Passos**, as paulistas **Lucia Turnbull**, do hit primordial "Aroma" (Gilberto Gil), em 1980, e **Celeste** (grande cantora da noite nessa época), a acriana radicada em Paris **Nazaré Pereira**, ex-backing vocal de **Luiz Gonzaga**, que passeou por vários estilos da música nortista, nordestina e brasileira em geral, e algumas da chamada vanguarda paulista, como as já comentadas **Cida Moreira** e (a matogrossense) **Tetê Espíndola**.

Completam o time uma dupla *sui generis* formada pela carioca **Luli** (depois **Luhli**, revelada na época da bossa nova, com um LP em 1965) e a matogrossense **Lucinha** (que já foi também **Lucinda** e **Lucelena**, até fixar-se como **Lucina**, atuando em festivais dos anos 1960, inclusive como uma das vocalistas do **Grupo Manifesto**). Pois a dupla **Luli & Lucina**[18] se notabilizou em 72, no VII FIC, com a canção "Flor lilás". Embora tivessem um trabalho experimental expressivo, sendo também multi-instrumentistas, ficaram mais famosas como compositoras, cujas canções chegaram ao grande público na voz de **Ney Matogrosso**, em hits como "O vira" (Luli/ João Ricardo) e "Bandolero", das duas. Filhas da contracultura, foram transgressoras na vida e na obra. Além de terem gravado, produzido e distribuído sozinhas seus dois primeiros LPs, de 1979 e 82, viviam um casamento poliamoroso com um fotógrafo por 15 anos, que deu dois filhos a cada uma, e depois de sua morte seguiram juntas por muitos anos e artisticamente até 98.

Por fim, alternativa de forma distinta, a capixaba criada em Recife **Teca Calazans** trilhou um caminho próprio fora do circuito massivo. Após dez anos na França com o parceiro **Ricardo Vilas**, gravou dois discos no Brasil com ele, que foi anistiado em 1979, assinando **Teca & Ricardo**, incluindo canções autorais da dupla de alto vigor político-social, como "Gabriel", sobre um negro da Guiné que foi clandestino para a França "e nunca mais pisou de volta em seu país natal". A partir de 82, **Teca** também partiu para a carreira solo, privilegiando autores e ritmos nacionais. **Ricardo**, por sua vez, teve sua composição "Estrela da canção" gravada num memorável dueto de **Simone** e **Angela Maria** em 80.

Entre as mais midiáticas, a primeira de todo esse timaço a emplacar foi a também atriz fluminense **Zezé Motta**. Estourada no filme *Xica da Silva*, de Cacá Diegues, em 1976, ela ganhou fama internacional, virando também uma pioneira *sexy symbol* negra (e andrógina) do cinema brasileiro. Só não era conhecida como cantora, embora já tivesse atuado como crooner em São Paulo na virada dos anos 60 para os 70, e até feito um álbum em 75, sem qualquer repercussão, em dupla com o ex-**Secos & Molhados Gerson Conrad**. Manifestou então ao seu empresário, **Guilherme Araújo**, que seu maior sonho naquele momento era gravar um disco solo. Como um gênio da lâmpada, ele a atendeu. Reuniu a fina-flor da "MPB" em sua casa e cada um lhe presenteou com uma pepita melhor que a outra, resultando num antológico álbum, homônimo, lançado em 78, com interpretações bem teatrais de "Muito prazer, Zezé", de **Rita Lee** e **Roberto de Carvalho**; "Dores de amores", em dueto com seu autor, **Luiz Melodia**; "Crioula", de **Moraes Moreira**; "Rita baiana", do maestro **John Neschling** com **Geraldo Carneiro**; e uma canção abolerada de **Caetano**, a freudiana "Pecado original", que ele havia composto para o filme *A dama do lotação*, de Neville D'Almeida: "Mas a gente nunca sabe mesmo o que é que quer / Uma mulher." Seguiram-se mais dois discos na Warner, mas sua carreira de cantora foi eclipsada pela de grande atriz, sendo, além disso, um mito para a negritude do país e dona de uma rara simpatia.

Vinda da Baixada Fluminense, **Joanna**, que já fazia o circuito de festivais alternativos pelo Sudeste no fim da década, gravou seu primeiro LP na RCA Victor, *Nascente*, em 1979. Nessa época, as gravadoras costumavam fazer alguns discos só para descontar no Imposto de Renda. O dela seria um deles, não estava previsto para ser trabalhado. Mas um divulgador gostou e resolveu levá-lo para as rádios. Em pouco tempo, "Descaminhos" virou sucesso nacional, uma balada romântica de sua autoria, com sua parceira à época, **Sarah Benchimol** ("Te queria sem pressa, sem medo / Na loucura de um dia qualquer / Te tragar no silêncio da noite / Nos teus braços me sentir mulher..."). Em pouco tempo, virou uma de nossas maiores intérpretes românticas, com belos sucessos autorais na linha de **Roberto Carlos**, como "Momentos" (também com **Sarah Benchimol**), que os maldosos chamavam de "Melô da pulga" ("Vou te caçar na cama sem segredos / E saciar a sede do desejo") ou de outros autores, como **Gonzaguinha** ("Quarto de hotel", "Uma canção de amor"), o pernambucano **Geraldo Amaral** ("Chama", com Aristides Guimarães; "Espelho", com Graco e a própria Joanna) e **Renato Teixeira**, que lhe deu em 84 o mega hit "Recado" ("Mandei um recado pro meu namorado / Nos classificados de um grande jornal..."), uma toada meio urbana, meio sertaneja, até adotar a partir de 1986 uma linha mais popular, triplicando seu público.

Paulista, descendente de napolitanos, radicada por um longo período em Salvador, a afinadíssima **Zizi Possi** estudou piano dos cinco aos 17 anos, depois se formou em composição e regência na UFBA. Chegou a lecionar música para meninos de rua do Pelourinho, cantou em bares e participou de um musical, orientada pelo seu irmão, o diretor José Possi Neto. Chegou ao Rio em 1978 e foi logo gravando um disco equivocado pela Philips. Mas logo conheceu **Chico Buarque**, que a convidou para dividir a faixa "Pedaço de mim", de seu álbum daquele ano. Seus LPs foram melhorando, sendo notada por gravações como "Meu amigo, meu herói" (Gilberto Gil) e "Caminhos de sol" (Herman Torres/Salgado Maranhão), até a consagração no quinto álbum, de 82, com "Asa morena" (do gaúcho **Zé Caradípia**), seguida de uma versão de **Beto Fae** para o rock "Love comes to everyone", do beatle **George Harrison**, "O amor vem pra cada um".

De caminho mais tortuoso, a baiana **Diana Pequeno** começou bem, mas pagou um preço alto por escolher um tipo de música delicada, de acabamento acústico, na contramão da tecladaria eletrônica comum aos arranjos dessa década. Já se destacava nos palcos universitários em fins dos anos 1970, quando era estudante de Engenharia Elétrica. Ao decidir viver de música, buscou um repertório calcado nas raízes da música brasileira, além de referências medievais, orientais e africanas, e vez por outra uma pérola mais pop, com classe. Musicou poetas como **Mário Quintana** e **Cecília Meireles** e já no primeiro LP de 78 ganhou boas críticas, assinando uma versão para o clássico "Blowin' in the Wind", de Bob Dylan. No segundo, estourou nas FMs do país com o maracatu "Engenho de flores" (Josias Sobrinho) e lançou "Trem do pantanal" (Geraldo Roca/Paulo Simões), depois regravada por **Almir Sater e Sérgio Reis**. Seguiu até 85, registrando ritmos folclóricos ou pouco divulgados do país na RCA Victor, depois teve atuação mais esporádica, no mercado independente.

Uma que já começou se consagrando tanto como cantora como autora foi **Angela Ro Ro**. Ela já era bastante conhecida da juventude *desbundada* de Ipanema, quando veio o ano de 1979 e **Maria Bethânia** gravou "Gota de sangue" em seu LP *Mel*, com ela ao piano, e logo a seguir, em dezembro, de 29 para 30 anos, apareceu com um LP homônimo autoral antológico, pioneiro em explorar o blues nativo, mas também baladas e rockabilly, seguido de outro mais diversificado em levadas, *Só nos resta viver* (80), também de sucesso.

Ro Ro marcou definitivamente a primeira metade dos anos 1980 com sua voz quente, suas tiradas geniais na imprensa e nos shows, seu romantismo de (rara) lésbica assumida na "MPB" daquele tempo e temperamento irrequieto, com direito a porres homéricos em que quebrava bares, batia com o carro e arrumava confusão com suas namoradas. O turbulento romance com a colega **Zizi Possi** foi emblemático numa época em que a sociedade ainda se espantava com o amor entre iguais. Tal separação traumática e "escandalosa" motivou **Caetano Veloso** a lhe dar de presente justamente o belíssimo blues "Escândalo", que batizou seu LP de 81 ("Se ninguém tem dó / Ninguém entende nada / O grande escândalo sou eu / Aqui só"). Em seus shows, o humor corrosivo da sua prosa com o público, incluindo piadas hilariantes entre uma música e outra, contrabalançava a intensidade de suas canções autorais apaixonadas que ganharam as rádios do país, como "Amor, meu grande amor", seu primeiro hit, feito com a grande letrista **Ana Terra**, também revelada nessa fase do *boom* feminino. Seguiram-se os petardos autorais "Tola foi você", "Só nos resta viver" e "Came e case", mais "Simples carinho", de **João Donato** e **Abel Silva**, e canções em inglês (do rock ao jazz), francês e italiano, que sempre gostou de cantar ao vivo, às vezes acompanhando-se ao piano.

Outra que já circulava muito pelo Baixo Leblon e pela praia de Ipanema era **Marina**. Inicialmente contratada da Warner, foi lançada como uma espécie de *femme fatale*, que cantava com uma voz pequena e sexy, algo falada, além de compor, o que em 1979 ainda era uma novidade que acometeria também várias de suas contemporâneas. Aliás, nessa época, só assinava com o sobrenome **Lima** nos selos dos discos como compositora. Depois, na Ariola, fez seus primeiros sucessos com músicas que **Gilberto Gil** ("Corações a mil") e **Caetano Veloso** ("Nosso estranho amor") compuseram para ela, inspirados em sua figura de mulher moderna, versando sobre o amor livre. Esta última, gravada em dueto com o autor, foi a que primeiro apareceu: "Não importa com quem você se deite / Que você se deleite seja com quem for / Apenas te peço que aceite / O meu estranho amor."

Entretanto, foi a partir do sucesso da faixa-título de seu quinto LP, *Fullgás* (1984), que **Marina** alcançou a maturidade, dando prosseguimento ao pop refinado e romântico aberto pela dupla **Rita Lee** e **Roberto de**

Carvalho: "Meu mundo você é quem faz / Música, letra e dança / Tudo em você é full-gás..." Sua veia de compositora foi ficando mais madura em parcerias, na maioria com o irmão mais velho, **Antonio Cícero**, poeta e filósofo (que em 2018 chegou à Academia Brasileira de Letras), como esta "Fullgás" e mais "Transas de amor", "Charme do mundo", "Difícil (Sexo é bom)", em que ambos se afinavam no discurso libertário, anticaretice e já com leves contornos homoeróticos, que foram ficando mais explícitos com o passar do tempo.

Oriunda da geração dos grandes festivais, ou seja, com mais de dez anos de carreira e de formação mais ligada à bossa nova, Clube da Esquina e "MPB" em geral, a cantora e compositora **Joyce** finalmente chegava ao sucesso em 1980 com o samba-jazz autoral "Feminina", em que criticava os clichês comportamentais atribuídos à mulher ("Ó mãe, me explica, me ensina, me diz / O que é feminina? / Não é no tempero ou no dengo ou no olhar / É ser menina por todo o lugar"), sendo melhor compreendida do que no II FIC de 67, quando ousou se expressar no feminino na sua canção "Me disseram", chamando o protagonista dos versos de "meu homem", sofrendo uma saraivada de vaias.

Após alguns discos (incluindo um com **Nelson Angelo**), shows experimentais e uma turnê pela América Latina e Europa com **Vinicius de Moraes** entre 1975 e 76, a partir de 78 começou a ser descoberta como compositora de grande qualidade musical e poética, sendo gravada pela nata da "MPB", como **Milton Nascimento** e **Nana Caymmi** ("Mistérios", com Maurício Maestro), **Ney Matogrosso** ("Ardente"), **Bethânia** ("Da cor brasileira", com Ana Terra) e **Elis Regina** ("Essa mulher", outra com Ana, batizando assim também seu álbum de 79). Emplacou em sua própria voz, entre outras, a zen-budista "Monsieur Binot" ("Comer de tudo que for bem natural / E só fazer muito amor / Que amor não faz mal"), também de sua autoria, e a partir do fim dos anos 80 se exercitou como intérprete de grandes compositores em álbuns dedicados a **Wilson Batista**, **Tom Jobim** e **Vinicius de Moraes** em selos alternativos. Tudo isso porque, após ela processar sua gravadora, a EMI-Odeon, pelo uso indevido do instrumental de uma de suas músicas no disco de outra cantora, sem autorização, virou *persona non grata* no ambiente, algo "mafioso" das gravadoras, que detinham o poder absoluto sobre o que era gravado e divulgado, sendo obrigada a virar independente num tempo em que isso poderia ter aniquilado a sua carreira. Também por isso, a partir de então, investiu fundo no mercado internacional, como grande intérprete de bossa nova e sambas jazzísticos, alcançando um sucesso extraordinário em países tão distintos quanto Inglaterra, Dinamarca e Japão.

Assim como **Joyce**, outra grande cantora e compositora, **Fátima Guedes**, consagrou-se em definitivo ao ser cantada por **Elis Regina** ("Meninas da cidade", "Onze fitas"). Ambas também concorreram com sucesso no MPB 80, um dos festivais que a TV Globo voltava a promover após a abertura política. Se **Joyce** estourou no mesmo evento com a sua "Clareana", falando de maternidade com graça e leveza, foi também ali que o Brasil tomou conhecimento daquela jovem de 22 anos, cantando uma música sofisticada com uma letra impressionantemente madura, munida de uma crítica social contundente sob a ótica feminina, "Mais uma boca": "Quem de vocês / Se chama João? / Eu vim avisar / A mulher dele deu à luz / Sozinha num barracão (...) É o pai de mais uma boca (...) Vai correndo ver como ela está feia / Vai ver como está cansada / E teve o seu filho sozinha, sem chorar / Porque a dor maior o futuro é quem vai dar".) Como a colega, ganhou o coração de um público seleto com canções de teor zen, como "Cheiro de mato", "Arco-íris" e "Lápis de cor", e também passou a frequentar o repertório de grandes divas, entretanto, com músicas de alta carga passional ou sensual, como **Simone** ("Condenados"), **Nana Caymmi** ("Chora brasileira", com Djalma Tinoco e Rosane Lessa), **Leny Andrade** ("Pelo cansaço", "Eu te odeio", "Absinto", esta última também gravada por **Alaíde Costa**), e mais tarde, a partir de 1990, de **Maria Bethânia** ("Flor de ir embora") e **Alcione** ("Tanto que aprendi de amor" e "Sete véus").

O mesmo festival MPB 80 revelou a diva negra **Sandra Sá** (anos depois "de Sá") com a autoral "Demônio colorido". Numa mescla da "MPB" com a soul music americana, na trilha aberta por **Tim Maia**, **Jorge Ben** e pela **Banda Black Rio**. Seu maior sucesso, entretanto, viria em 1982, em seu segundo LP: o funk/soul "Olhos coloridos" (Macau), das pioneiras composições a falar abertamente de racismo: "Você ri da minha pele / Você ri do meu sorriso / A verdade é que você / Tem sangue crioulo / Tem cabelo duro / Sarará crioulo." No ano seguinte, gravou com o ídolo **Tim Maia** o petardo "Vale tudo", desta vez um funk que abolia preconceitos (homo) sexuais, e finalmente, em 84, lançou "Enredo do meu samba", de **Dona Ivone Lara** e **Jorge Aragão**, num arranjo entre o samba e o funk tradicional, para a abertura da novela *Partido alto*, da TV Globo. Desagradou a xiitas de ambos os lados, mas a música foi um sucesso que entrou para a história: "Não entendi o enredo desse samba, amor / Já desfilei na passarela do teu coração / Gastei a subvenção do amor que você me entregou / Passei pro segundo grupo e com razão..." Mas isto era apenas o começo.

Os novos festivais da TV Globo

Os festivais MPB 80, MPB Shell 81 e MPB Shell 82 da TV Globo não tiveram a mesma força daqueles dos anos 60, contudo não fizeram feio, revelando ou consagrando não só grandes expoentes femininos, como também alguns intérpretes masculinos, a começar pelo irreverente **Eduardo Dusek** (antes Duardo Dusek, hoje **Eduardo Dussek**, com dois esses), que começou menino em peças de besteirol carioca e, embora não tenha ficado entre os primeiros colocados, marcou a competição por ter ido se apresentar fantasiado de anjo, cantando uma canção autoral que debochava do Apocalipse ("Nostradamus"), no MPB 80. Logo gravou um memorável primeiro LP, *Olhar brasileiro*, em 1981, misturando samba, blues, choro, bolero e seresta à la velha guarda com canções de cabaré de estilo brechtiano, atitude rock'n'roll e molho brazuca.

Outro intérprete que não venceu, mas abocanhou o prêmio de melhor intérprete no MPB 80, foi **Jessé**, com a apoteótica "Porto solidão" (Zeca Bahia/Gincko). Antes, tentou a carreira com pseudônimos estrangeiros e depois fundou a banda de baile **Placa Luminosa**. Apesar de ter gravado regularmente nos anos 80 e ter uma ótima voz, o cantor não conseguiu a projeção merecida, falecendo precocemente aos 41 anos, em 1993. Também se destacaram no pleito, com o afoxé pop (autoral) "Rasta pé", os baianos **Jorge Alfredo** e **Chico Evangelista** (este, desde 1972, atuava em sua **Banda Arembepe**, uma das primeiras a explorar o reggae no Brasil), enquanto o mineiro **Zé Geraldo**, após ser revelado no ano anterior com "Cidadão"

(Lúcio Barbosa), também participou de duas edições do festival, em 80 e 81, sem se classificar nas primeiras colocações.

Após emplacar "Leo e Bia" nas paradas, o carioca **Oswaldo Montenegro** venceu o MPB 80 com a canção "Agonia" (Mongol). Como **Dussek**, era um cantor-compositor muito ligado ao teatro e que teve um fã-clube fiel vida afora, apesar de ter sido sempre bombardeado pela crítica. Na mesma época, a autoral "Bandolins", em dueto com **Zé Alexandre**, que ele já havia classificado em 3º lugar no Festival 79 da Tupi, tornou-se um dos maiores e mais belos hits do ano de 1980, evocando o tempo dos trovadores medievais ("Como fosse um par que nessa valsa triste / Se desenvolvesse ao som dos bandolins..."). Depois, do meio para o fim da década, seguiu compondo e gravando novos hits, como "Drops de hortelã" (em dueto com a atriz **Glória Pires**) e "Lua e flor", além de dirigir musicais de sucesso de sua autoria, como *A dança dos signos* e *Aldeia dos ventos*.

Amelinha ficou em segundo lugar no MPB 80, com a já referida "Foi Deus que fez você" (Luiz Ramalho), que vendeu 800 mil compactos e não parava de tocar nas rádios. Em terceiro, a embolada "A massa", com o baiano **Raimundo Sodré** (dele com Jorge Portugal) também teve êxito, mas depois o intérprete sumiu da grande mídia. A maior polêmica do festival ficou por conta de **Baby Consuelo** e **Pepeu Gomes**, que defenderam "O mal é o que sai da boca do homem", cantando os versos "Você pode fumar baseado / Baseado em que você pode fazer quase tudo". Foram detidos e processados devido ao pedido de um curador a um Juiz de Menores por supostamente "incentivar e difundir o uso indevido de drogas" e, dois meses depois de apresentada e lançada em disco, a canção foi proibida pela Censura Federal. Somente depois de um ano a dupla foi absolvida, mostrando os abusos daquela época, mesmo após a queda do AI-5. Na verdade, a música falava de liberdade, contra a hipocrisia.

Quem venceu o MPB Shell 82 foi o já bastante conhecido **Emílio Santiago**, com o samba funkeado "Pelo amor de Deus" (Paulo Debétio/ Paulinho Rezende), e quem ganhou "melhor intérprete" foi **Cauby Peixoto**, com a canção "Ria de mim", de um compositor que saiu consagrado na edição do ano anterior. Sim, o MPB Shell 81 estourou o cantor, compositor e tecladista **Guilherme Arantes**, que vinha do rock progressivo e já acumulava alguns sucessos autorais, como "Meu mundo e nada mais" (1976) e "Amanhã" (78). Craque em baladas e rocks variando entre temas existenciais e românticos, classificou-se em segundo lugar com a sua canção ecológica, algo progressiva, "Planeta água", a preferida do público, que, sob protesto, vaiou a campeã **Lucinha Lins** por cerca de 10 minutos, que defendera a delicada "Purpurina" (Jerônimo Jardim). Com um hit atrás do outro, **Arantes** marcou os anos 80 com suas canções autorais pop-chiclete, geralmente com um olhar positivo sobre a vida e o amor, como a romântica "Êxtase", as animadas "Lance legal", "Deixa chover", "O melhor vai começar", "Cheia de charme", "Fã número um" e a rara dor de cotovelo "Pedacinhos". Como autor, teve ainda grandes sucessos nas vozes de **Elis Regina** ("Aprendendo a jogar"), **Maria Bethânia** ("Brincar de viver", com Jon Lucien), **Fafá de Belém** ("Aconteceu você") e do grupo **MPB-4** ("Labirinto").

O pop romântico dá novos frutos

Guilherme Arantes dividiu com o carioca **Lulu Santos**, revelado ao grande público em 1982, o posto de maior "cantautor" masculino do pop nacional. Este último, entretanto, acabou mais identificado com a turma da nova geração do rock dos anos 80, assim como **Leo Jaime** e **Kiko Zambianchi**, dos quais falaremos mais adiante. Nesta mesma seara do pop romântico que os três e a já comentada **Marina (Lima)** militavam, exaltando o prazer sem culpa e conjugando o pop rock internacional com sabor brasileiro em letras bem talhadas, tiveram muito êxito nessa virada dos anos 70 para os 80 mais quatro jovens cantores-compositores.

O amazonense **Vinicius Cantuária** começou no grupo **O Terço**, tocou guitarra na banda de vários baluartes da "MPB", inclusive **Caetano Veloso**, que pela primeira vez teve uma vendagem expressiva graças ao êxito da balada "Lua e estrela", de sua autoria, em 81. Isto acabou levando-o à carreira solo, emplacando "Coisa linda", em 82, "Só você" ("Demorei muito pra te encontrar / Agora eu quero só você"), em 84, e "Na canção" ("Isso é pra quem não acredita / Na força do coração..."), em 85, e mais tarde seguindo carreira internacional.

Fluminense de Niterói, **Dalto**, que já vinha de um sucesso isolado em 1974, "Flash-back", volta em 82 com "Muito estranho" ("Cuida bem de mim / E então misture tudo / Dentro de nós"), esta uma das músicas mais ouvidas no país na época, e no ano seguinte com "Pessoa" ("O meu medo é uma coisa assim..."). Mas a música que lhe abriu as portas para uma segunda tentativa como cantor foi sua parceria com o conterrâneo **Biafra** (depois **Byafra**), em 1981, "Leão ferido" ("Fecha os olhos / Não te quero mais / Dentro do coração"), que chegou ao primeiro lugar no país, consagrando seu parceiro como cantor, numa fronteira tênue entre o "brega" e o chique. De voz pequena, nasalada e chegada ao falsete, ele apareceu entre 79 e 80 nas paradas com "Helena" e, depois de "Leão ferido", ainda se notabilizou com "Sonho de Ícaro" (Piska/Cláudio Rabello) ("Voar, voar, subir, subir..."), em 84, e "Seu nome" (dele com Piska) no próximo ano.

Outro indício de que **Dalto** poderia ter uma nova chance no mercado foi sua parceria com **Cláudio Rabello**, em "Bem-te-vi" ("todo verão / Voa livre por entre os jasmins / Pousa no meu coração"). Foi mais um grande hit de 81 e o maior sucesso do também músico e futuro produtor **Renato Terra**. No ano seguinte, outro carioca, **Marcos Sabino**, numa linha semelhante de paz, amor e natureza, fez um novo e efêmero hit, o autoral "Reluz": "Brilha no céu de novo uma estrela / Soltando a luz que reluz seu olhar."

Atingindo um público mais popular, como **Biafra**, exatamente na mesma época surgiram novos dois "cantautores" galãs e também atores. O primeiro a emplacar foi o carioca **Marcelo**, que estreou num compacto em 1976 com "Morena", dele com o irmão **Ney Costa Santos**, mas aconteceu mesmo gravando uma versão *discothèque* de "Tempo de estio" (Caetano Veloso) ("Quero comer, quero mamar, quero preguiça / Quero querer, quero sonhar, felicidade"). Isto se deu em 78, mesmo ano em que brilhou num dueto com **Gal Costa** na balada "De fogo, luz e paixão" (outra dele com o irmão): "Faça um pedido ao silêncio / Se alguma vez lhe encontrar". Seguiram outras canções pop românticas, como o megahit "Abre coração" (com Jim Capaldi), em 81; "Nós dois" (Carlão), em 83, e a autoral "Estrela do meu clip", em 85.

Porém, quem começava neste mesmo gênero uma carreira de sucesso fulgurante por várias décadas era o paulista **Fábio Júnior**. Após tentar a sorte como cantor com os nomes de **Mark Davis** e **Uncle Jack**, e de atuar desde cedo em programas de TV, estourou nacionalmente primeiro como ator no seriado *Ciranda cirandinha*, da TV Globo, em 1978. A consagração como intérprete se deu logo a seguir, em 79, com duas canções autorais, a melodramática "Pai", tema de abertura da novela global das oito *Pai herói*, e a bela e existencial "Vinte e poucos anos": "Nem por você / Nem por ninguém / Eu me desfaço dos meus planos / Quero saber bem mais / Que os meus vinte e poucos anos." A partir de então, vieram ótimas baladas, como as autorais "Quero colo" (80) e "O que é que há" (dele com **Sérgio Sá**, 82), e ainda uma versão, "Senta aqui (Sientate)" (84),[19] além de canções pop mais vibrantes, entre 81 e 82, como "Eu me rendo" (Sérgio Sá), tema de abertura de uma novela em que atuou; "Seu melhor amigo" e "Enrosca" (ambas de **Guilherme Lamounier**, também cantor, que lançou as duas anos antes). Em paralelo, como ator, participou de um filme emblemático do cinema nacional, *Bye, Bye, Brasil*, de Cacá Diegues (1979), e das novelas *Cabocla* (79), *Água viva* (80), *O amor é nosso* (81), *Louco amor* (83) e *Roque Santeiro* (85) — todas na TV Globo.

A retomada do rock nacional

A partir de 1982, surgiu uma geração marcante que renovou o rock brasileiro. Inicialmente com integrantes radicados no Rio de Janeiro, depois com turmas de São Paulo, Brasília e outras regiões, eram, em sua maioria, jovens universitários brancos que queriam falar, num primeiro momento, de sexo e liberdade, sem motivações político-partidárias. Assim como ocorreu duas décadas antes, na fase Jovem Guarda, ansiavam uma liberdade meio irresponsável, ora mais lúdica, ora mais suja, dependendo do gosto. Só que diferentemente da geração lúdica, algo alienada, dos anos 60 e da "maldita" dos 70, não sofreram patrulhamento ideológico nem de progressistas nem de reacionários, e conseguiram cair no gosto de jovens de todas as regiões do país, das mais variadas classes sociais, com diferentes graus de escolaridade.

Ligados nas bandas alternativas inglesas (e algumas americanas) do momento, incluindo o rock new wave em voga neste início de década (que por sua vez dialogava com o punk e o jamaicano ska), e cansados das metáforas intrincadas da "MPB" engajada da época mais repressora da ditadura, o som dos novos roqueiros que chegava à grande mídia nos primeiros anos da década de 1980 era um tanto leve e irreverente, falando mais abertamente de sexo e de seu cotidiano de classe média. Curiosamente não muito diferente do que parte da música adulta da "MPB" estava colocando para jogo no mesmo momento — canções mais festivas, positivas, sensuais e provocantes. A diferença estava no ritmo e na linguagem, mais simples e direta, *moleca* e com outro modo de provocar.

Um marco desta retomada do rock nativo foi "Perdidos na selva", com o grupo **Gang 90 e As Absurdetes**, do vocalista/compositor malucão **Júlio Barroso** (que começou como jornalista de música e DJ). O nome da banda era uma referência à velha gíria "Pedra 90" (pessoa de grande valor). Classificado para a final do festival MPB Shell 81, em setembro, este rock, embora assinado por **Júlio**, teve seu refrão criado pelo autor do arranjo, **Guilherme Arantes**, que saiu sem o crédito por estar concorrendo com outra música na competição. Esse rock, juntamente com o mais romântico "Garota dourada", grande hit do grupo **Rádio Táxi** — incluído no filme *Menino do Rio*, de Antônio Calmon, e que depois inspirou outra película homônima do mesmo diretor —, antecipavam um movimento muito forte que eclodiria dali a um ano e modificaria para sempre a face da "MPB", fazendo ainda mais a cabeça da juventude desse tempo do que o surfe e a asa-delta, os esportes da moda abordados nessas películas.

A propósito do filme *Menino do Rio* (1981), foi ali que apareceu o primeiro hit de um jovem de 28 anos que, até o ano anterior, atendia pelo nome de **Luís Maurício**, mas que a partir de então assinou com o nome artístico que o Brasil estava prestes a consagrar: **Lulu Santos**. Vale rebobinar sua trajetória, desde os 12 anos, quando começou a tocar guitarra, pois seu sucesso não veio logo de mão beijada. No início dos anos 70, aos 19, saiu de casa, indo morar em comunidade, bem no espírito *hippie* daquela época. A seguir, formou o **Veludo Elétrico**, de rock e blues, depois o famoso **Vímana**, de rock progressivo, no qual também começaram **Lobão** e **Ritchie**. Ainda tocou com **Arnaldo Baptista** num outro grupo, até que decidiu investir na carreira solo, gravando um compacto em 80.

Em parelelo, escrevia resenhas críticas de música internacional para a revista especializada *Som 3* e empregou-se na Som Livre para pesquisar repertório para suas novelas, tentando eventualmente incluir suas músicas, o que chegou a fazê-lo e acabou demitido. Mandou então para o produtor, jornalista e agitador cultural **Nelson Motta** algumas canções suas para que as letrasse. Ele gostou e fez logo três. Nesse meio-tempo, foi contratado da Warner, gravando novos compactos, já rebatizado de **Lulu**, e jogou essas e outras músicas em várias frentes para ver se dava certo.

"Areias escaldantes", por exemplo, foi inscrita no festival MPB Shell 81, mas não chegou a ser premiada; "Tesouros da juventude", criada no dia da morte de John Lennon, entrou na trilha do referido filme *Menino do Rio* e também "De repente, Califórnia", todas de **Lulu** e **Nelson**, mas esta última não aconteceu em sua voz, mas na do ator **Ricardo Graça Mello**, e pode-se dizer que foi o seu primeiro sucesso como compositor, pois chegou a tocar em rádio e TV. Em paralelo, gravou uma versão para uma canção dos **Beatles**, criada e lançada por **Rita Lee** e **Gilberto Gil** no álbum *Refestança* (77), "De leve (Get back)", que foi incluída na novela *Brilhante*, da Globo, também de 81, tendo alguma repercussão. A fama estava a um passo de acontecer, pois ele conseguiu a chancela da gravadora para gravar seu primeiro LP.

Em janeiro de 1982, o palco do Circo Voador — primeiro no Arpoador, e a partir de outubro na Lapa — abrigava jovens bandas cariocas que dali a alguns meses se tornariam célebres. A rádio Fluminense FM, "a Maldita", também estreava em março daquele ano, no Rio, uma programação dedicada às novidades do rock mundial, com direito à locução feminina da jovem Selma Boiron, de 19 anos, na qual estrearam em fitas "demo" alguns de nossos mais relevantes artistas deste segmento. A verdade é que uma bomba estava prestes a explodir. Não como a bomba do Riocentro, desta vez, com efeito positivo. Era a **Blitz**.

Liderada pelo vocalista e compositor **Evandro Mesquita** (à época um ator de 30 anos, que de certa forma adaptou para seu conjunto a linguagem irreverente de seu grupo teatral, Asdrúbal Trouxe o Trombone, de falar de jovem para jovem, sem ranços) e, como na banda americana The B-52's e na própria **Gang 90**, recrutou duas backing vocals, **Fernanda Abreu** e

Márcia Bulcão, para dialogar com ele, contando ainda com o baixista **Antônio Pedro** (ex-Mutantes), o tecladista **William "Billy"** (ex-Gang 90), inicialmente **Lobão** (ex-Vímana) na bateria, logo substituído por **Juba**, além dos guitarristas **Ricardo Barreto** (outro grande compositor do grupo) e **Guto Barros**.

Os dois últimos, juntamente com **Evandro** e o surfista **Zeca Mendigo**, assinaram o rock minimalista "Você não soube me amar", que foi lançado em compacto em julho de 1982 pela EMI-Odeon. Originalmente composto para o besteirol teatral *A incrível história de Nehemias Demutcha*, do grupo Banduendes,[20] rapidamente se tornou mania em todo o país, trazendo uma nova linguagem para o rock nativo: "Sabe essas noites que você sai caminhando sozinho / De madrugada, com a mão no bolso / Na rua // E você fica pensando naquela menina / Você fica torcendo e querendo que ela tivesse / Na sua // Aí finalmente você encontra o broto / — Que felicidade! (que felicidade!) / (...) Você convida ela pra sentar (— Muito obrigada) / — Garçom, uma cerveja! (— Só tem chope) / — Desce dois, desce mais / — Amor, pede uma porção de batata frita? / — Okay, você venceu, batata frita!" A letra trazia uma história longa (e pop), mais falada que cantada (como a vanguarda paulistana já testara, mas com despojamento carioca), de um jovem que conversava num bar com a garota que acabava de conhecer, mas na verdade queria mesmo era levá-la para a cama. A harmonia era calcada em apenas um acorde na maior parte do tempo e o arranjo vocal, com perguntas e respostas, era surpreendente. Do outro lado do compacto, uma piada hilária: "nada, nada, nada..." — nada mais que uma palavra da mesma música apresentada no "lado A" repetida à exaustão.

Logo depois, os LPs *As aventuras da Blitz* (82), *Radioatividade* (83) e *Blitz 3* (84) mostraram letras de apelo semelhante, evocando o humor carioca imortalizado no teatro besteirol em voga desde o fim dos anos 70, com algo de linguagem de revista em quadrinhos. Ocorre que, apesar de inofensivo, o álbum de estreia teve duas faixas censuradas por causa de bobagens nas letras. O produtor **Mariozinho Rocha** decidiu que o LP sairia com ambas riscadas manualmente para inutilizar o sulco do vinil de modo a escancarar que, apesar da abertura política, a censura ainda cometia abusos. Nesta primeira metade da década, a **Blitz**, embora de sucesso efêmero, cujo auge foi entre 1982 e 84 (até se dissolver, em março de 86),[21] foi o grupo de rock mais influente do país, com suas deliciosas crônicas musicais, como "Mais uma de amor (Geme, geme)", "O romance da universitária otária", ainda em 82; "Weekend", "Betty Frígida" e "A dois passos do paraíso", em 83, e "Egotrip",[22] em 84. De algumas delas saíram bordões que viralizaram na boca do povo, como "Ok, você venceu" e "Calma, Betty". No mais, abriram a porteira para toda uma geração de roqueiros.

Num rock de sabor pop, entre o romântico e o irreverente, seguia o pioneiro **Rádio Táxi**, quarteto formado em São Paulo no ano anterior com o já comentado hit "Garota dourada". Trazia, entre outros, o vocalista, violonista, guitarrista e pianista **Wander Taffo** e o baixista **Lee Marcucci**, que foi do grupo **Tutti-Frutti**, ganhando da madrinha **Rita Lee** (e de **Roberto**) o hit romântico "Coisas de casal", em que ela dava uma canja no vocal em seu primeiro LP, de 82. Este álbum trouxe ainda a divertida "Dentro do coração": "Põe devagar / Põe devagarinho que é pra não machucar..." Em 83, emplacaram seus três últimos grandes sucessos: a gaiata "Sanduíche de coração", tema de abertura da novela das seis *Pão-pão, beijo-beijo* ("Eu vou pegar um novo regime / Espaguete à bolonhesa é um crime / Só natural, vou sobreviver de amor"), a sensual "Um amor de verão" e uma versão da italiana "Eva", uma balada rock bem *kitsch*, que vinte anos depois viraria um hit, quem diria, do carnaval baiano: "Eva / O nosso amor na última astronave / Além do infinito eu vou voar/ Sozinho com você."[23]

Na mesma linha, aparecia no Rio o grupo **Herva Doce**, de **Renato Ladeira** (teclado e vocais) e **Marcelo Sussekind** (guitarra e vocais), com a regravação de "Erva venenosa (Poison Ivy)", em 1982, dos tempos da Jovem Guarda. Mais tarde, já em 85, ainda cairiam no gosto do público com o rock gaiato "Amante profissional", cuja letra, inusitada para a época, narrava as qualidades de um michê masculino, até então uma categoria um tanto invisibilizada no imaginário coletivo. Ainda em 82, consagrava-se **Eduardo Dussek**, quando largou a "MPB" de viés teatral e levadas mais ecléticas para carnavalizar o rock, com letras de puro besteirol inteligente, deliciosamente debochadas, como "Barrados no baile", seu primeiro grande sucesso roqueiro. Com letra do dramaturgo **Luiz Carlos Góes**, este rock foi lançado no Festival MPB Shell 1982 no lugar de "Valdirene, a paranormal", que havia sido inscrita. Na maior cara de pau, o cantor se dirigiu ao público dizendo que recebera "orientações de extraterrestres" e por isso não poderia cantar a canção oficial, e que em seu lugar apresentaria este rock new wave versando sobre um casal metido a grã-fino barrado pelo segurança numa festa VIP.[24] Desclassificada no festival e lançada em compacto, virou um hit instantâneo: "Barrados no baile, uou, uou /Só viviam dando detalhe / Mas isso é que dá / Cê querer frequentar."

No início de 1983, **Dussek** lançava seu segundo LP *Cantando no banheiro*, que estourou a faixa-título (autoral), a romântica "Cabelos negros", feita em parceria com o diretor teatral **Luiz Antônio de Cássio**, e o "Rock da cachorra", primeiro sucesso de **Leo Jaime** como autor, que se tornaria um astro pop dali a pouco: "Troque seu cachorro por uma criança pobre / Sem parente, sem carinho / Sem rango, sem cobre / Deixe na história de sua vida / Uma notícia nobre..." A propósito, o irreverente grupo **João Penca e seus Miquinhos Amestrados**, formado por nove colegas de escola do Leblon, zona sul carioca, com jaquetas de couro e cabelo gomalinado, do qual **Leo** fazia parte no início, o acompanhou nos vocais retrô tanto no festival quanto neste álbum — sempre com aquele inevitável corinho (pá--pá-tiu-bá) que caracterizava o rock de fins da década de 1950. Nos anos seguintes, seguiu alternando a linha do deboche, como em "Brega-chique (O vento levou black)" (conhecida como "Doméstica", gravada com **As Gatas**) e baladas de amor, como "Eu velejava em você" e "Aventura", esta última já em 86 — todas letradas por **Góes**.

Numa vertente que ia do rock ao pop romântico, **Lulu Santos** finalmente chegava ao sucesso em outubro de 82, com o LP *Tempos modernos*, que estourou a faixa-título ("Eu vejo a vida melhor no futuro / Eu vejo isso por cima de um muro / De hipocrisia que insiste em nos rodear"), "Tudo com você", letrada por **Fausto Nilo** ("Não vá para Nova York, amor, não vá / Eu faço tudo com você...") e "De repente, Califórnia", que, já testada por **Ricardo Graça Mello**, voltava ao sucesso em sua voz. Compondo sempre com uma visão positiva da vida e dos romances, mesmo quando suas músicas tinham parceiros, ele reinou na década inteira com um hit atrás do outro. Em 83, seu LP *O ritmo do momento* trouxe três músicas que nunca mais saíram das FMs: "Adivinha o quê", "Um certo alguém", com letra de **Ronaldo Bastos**, inspirada em "Ilusão à toa", de **Johnny Alf**, e finalmente "Como uma onda", com versos de **Nelson Motta**, que se tornou o carro-chefe de sua carreira: "Nada do que foi será / Igual ou do jeito que já foi um dia / Tudo passa / Tudo sempre passará / A vida vem em ondas como o mar / Num indo e vindo infinito..." Sua trilogia básica se fecha com o álbum *Tudo azul* (84), que emplacou a faixa-título e a bela balada "Certas coisas" (as duas também com **Nelson Motta**), "Lua de mel", "Tão bem" (ambas só dele) e "O último romântico" (com **Antonio Cícero** e **Sérgio Souza**). Onze músicas em apenas três anos. E **Lulu** estava apenas começando.

Nesse ínterim, em 1983, também foram lançados diversos artistas e grupos de carreira e/ou sucesso efêmeros. De São Paulo, o **Magazine**, do radialista e vocalista **Kid Vinil**, emplacando os hilariantes rock-crônicas na linha da **Blitz** e/ou da vanguarda paulista, "Sou boy" e "Tic-tic nervoso",[25] e do Rio, veio inicialmente o **Sempre Livre**, formado só por mulheres, incluindo a vocalista **Dulce Quental**, que depois seguiu carreira solo. Em sua voz, "Eu sou free" (Ruban/Patrícia Travassos) foi um dos primeiros rocks de grande sucesso dessa fase da retomada. A letra transbordava uma deliciosa irresponsabilidade — moral, política e sexual: "Não sou do tipo que faz comício / Tenho horror a compromisso / Você pode fazer o que quiser comigo / Eu não ligo." E o refrão, em forma de justificativa, trazia um duplo sentido carregado de significado simbólico, sobre as barras do passado: "Eu sou free, sempre free / Sou free demais." Já no ano seguinte, o grupo lançou um LP com mais dois hits, o rock "Fui eu" (Herbert Vianna) e a balada "Esse seu jeito sexy de ser" (Evandro Mesquita/Luli/Patrícia Travassos). Diferentemente de outros, embora o **Sempre Livre** nunca mais tenha feito sucesso, jamais parou, tendo seguido com outras formações para seu público cativo em pequenos espaços.

Ainda mais efêmeros foram a carreira de uma intérprete e mais quatro grupos da época entre 1983 e o verão de 84. A socialite e dublê de cantora **Neusinha Brizola**, filha do político Leonel Brizola, apareceu com os inacreditáveis hits "Mintchura" e "107, interurbano a cobrar", ambas dela com o produtor **Joe Euthanázia**, que assim como nas letras da **Blitz**, evocava a cultura pop das histórias em quadrinhos revestidas pelo mais puro som do rock new wave. Alinhados igualmente com new wave inglês, teve sucesso a já citada **Gang 90 & as Absurdetes**, com "Telefone" (Júlio Barroso) e "Nosso louco amor" (Júlio/Herman Torres) — esta, sendo tema de abertura da novela *Louco amor*. O **Grafite** emplacou apenas "Mamma Maria", versão de um rock italiano, discorrendo sobre uma matriarca careta, anacrônica às mudanças comportamentais/sexuais da juventude: "Ela não deixa eu sair assim / Manda a vizinha atrás de mim / Periga mesmo pintar na transa / Lembrando a hora do rango na mesa..." O **Absyntho** conquistou o público infantojuvenil com "Meu ursinho blau-blau".[26] Por fim, o **Brylho** foi outro a fazer fama com um hit majoritário. Tendo entre os integrantes o vocalista (soul) **Cláudio Zoli**, o baixista **Arnaldo Brandão** e o guitarrista **Paulo Zdanowski**, todos eram muito talentosos e também autores da romântica e sexy "Noite do prazer", de pegada blueseira, que virou sinônimo de música de cantor de barzinho e nunca mais foi esquecida nas programações noturnas das FMs do país: "A noite vai ser boa / De tudo vai rolar...", que os menos perspicazes a certa altura da letra, ao invés de "Na madrugada, a vitrola tocando um blues / 'Tocando B.B. King sem parar'", entendiam "Trocando de biquíni sem parar".

Depois da **Blitz**, o segundo grupo que se tornaria muito importante na nova fase do nosso rock foi o carioca **Kid Abelha e os Abóboras Selvagens**. Teve três características marcantes: o único com uma vocalista mulher que vingou, **Paula Toller** (além de rara e ótima letrista neste meio roqueiro essencialmente masculino), um sax como solista (**George Israel**, também violonista e compositor) e ter emplacado, em três décadas de sucesso, essencialmente hits pop sobre amor e comportamento dos amantes. Completavam a banda o baixista, vocalista e compositor **Leoni** e o tecladista e compositor **Bruno Fortunato**, na formação que o consagrou.

Muito subestimado pela crítica, foi um dos mais longevos e um dos recordistas de músicas em parada de sucesso, compostas, na grande maioria, por eles próprios. "Pintura íntima" (Leoni/Paula Toller) ("Fazer amor de madrugada / Amor com jeito de virada") foi o hit inicial, em 1983, seguindo de "Por que não eu?", ambos roquinhos juvenis de refrão-chiclete, incluídos no LP *Seu espião* (84). O álbum emplacou sete das dez faixas, a começar pela balada "Como eu quero", outra de **Leoni** e **Paula**, que jamais parou de tocar nas FMs, além da faixa-título, de "Nada tanto assim", "Alice (Não me escreva aquela carta de amor)" e da hipnótica "Fixação". No ano seguinte, do segundo LP *Educação sentimental*, as rádios estouraram "Lágrimas e chuva", "Os outros", "Educação sentimental II" e "Garotos".[27] Esta última era uma raridade; uma letra sob a ótica feminina de **Paula**, criticando o comportamento sexual dos tais "garotos": "Garotos perdem tempo pensando / Em brinquedos e proteção / Romances de estação / Desejos sem paixão / Qualquer truque contra a emoção."

Ainda em 1983, surge o "cantautor" **Ritchie** (ex-**Vímana**) — um inglês radicado no Rio, cujo fenômeno pode ser resumido principalmente a um disco, *Voo de coração*. Lançado pela CBS, foi a única vez entre os anos 60 e 80 que um artista da gravadora vendeu num ano mais que o "rei" **Roberto Carlos**, ou seja, soma superior a um milhão de cópias, com o estouro estrondoso de "Menina veneno", que só o *single* vendeu 500 mil cópias em três meses, seguido de "A vida tem dessas coisas", "Casanova", a faixa-título e "Pelo interfone", todas, em parceria com **Bernardo Vilhena**. Com sons eletrônicos inéditos no país, mesclados a uma superbanda, o roqueiro era uma tradução do *new-romantic* inglês à brasileira, um "humanoide apaixonado, um David Bowie tropicalizado, um homem-máquina romântico, um progressivo vanguardista", nas palavras do especialista Ricardo Alexandre.[28] Três motivos levaram sua estrela a se apagar antes do tempo: o roqueiro não quis compactuar com alguns esquemas do showbiz da época (como o promovido por um dos filhos de **Chacrinha**, incluindo participações dos artistas no programa do pai na TV Globo em troca de shows coletivos de playback em clubes e ginásios suburbanos); maus passos na divulgação do seu segundo LP e uma crise de identidade que levou sua música a um público mais popular, diferente do que almejava.

Tão importante quanto a **Blitz** e o **Kid Abelha**, o próximo grupo a estourar foi o também carioca **Barão Vermelho**, liderado inicialmente por **Cazuza**. Era uma banda de rock'n'roll castiço, com influência de **Rolling Stones**, vocal rascante e irreverente que evocava o blues negro, a gritaria de

Janis Joplin e a estética punk, e letras que uniam marginalidade à la **Lou Reed** com as dores de cotovelo de **Dolores Duran** e **Lupicínio Rodrigues**, pois **Cazuza**, diferentemente de todos os seus colegas de geração, teve em casa uma vivência musical ouvindo o melhor da música brasileira, já que seu pai, **João Araújo**, foi um homem ligado à indústria do disco desde a década de 1950 e a mãe, **Lucinha Araújo**, uma cantora bissexta fascinada pelos ícones de nosso cancioneiro que chegou a gravar um compacto e dois LPs, entre 1978 e 82.

Embora tenham lançado o primeiro álbum na mesma época da **Blitz**, em 82, nada aconteceu. Mas, no ano seguinte, **Ney Matogrosso**, velho amigo e ex-namorado do vocalista **Cazuza**, resolveu dar um empurrãozinho. Gravou "Pro dia nascer feliz", que logo a seguir seria também a faixa de trabalho do segundo LP do **Barão**. Resultado: as duas versões fizeram sucesso. Em 84, emplacaram "Bete balanço" (tema do filme homônimo, de Leal Rodrigues, com Débora Bloch, que marcou a juventude da época), um dos maiores hits do ano, e "Maior abandonado", todas excelentes parcerias de **Cazuza** com o guitarrista **Roberto Frejat**. A formação original trazia o baixista **Dé Palmeira**, o tecladista **Maurício Barros** e o baterista **Guto Goffi**, que sugeriu batizar a banda com o codinome de um aviador alemão que foi um dos principais inimigos dos Aliados na Primeira Guerra Mundial.

Quem começou bem em 1983, com o *single* "Vital e sua moto" de seu primeiro LP *Cinema mudo*, mas só estourou mesmo no ano seguinte e não parou mais foi o grupo **Os Paralamas do Sucesso**. Formado no Rio, é um dos mais longevos do rock nacional, mantendo o trio da formação original, com o vocalista-compositor **Herbert Vianna** (um paraibano com passagem por Brasília, autor de quase todas as músicas da banda, sozinho ou com parceiros), o baixista **Bi** e o baterista **João Barone**. E que estouro! Seu som vinha do **The Police** e de outras bandas new wave inglesas com influência do ska e caiu no gosto do público de um jeito que quase todas as faixas do LP *O passo do Lui* (1984) aconteceram, a começar por "Óculos", seguida de "Meu erro" ("Eu quis dizer, você não quis escutar / Agora não peça, não me faça promessas"), "Romance ideal", "Ska" e "Me liga",[29] todas sobre a descoberta do sexo e dos romances.

Da mesma forma, o carioca **Lobão**, que chegou a tocar bateria em grupos como **Vímana** e **Blitz**, começou a gravar em 82, mas ficou nacionalmente conhecido dois anos depois, com a balada pop autoral "Me chama" ("Chove lá fora e aqui tá tanto frio / Me dá vontade de saber / Aonde está você? / Me telefona / Me chama, me chama..."), faixa de seu segundo disco, virando um clássico romântico do rock nacional. Anos depois, a canção foi regravada duas vezes por **Marina (Lima)**, depois por **Simone** e, quem diria, até por **João Gilberto**, em versão bossa nova, para a trilha sonora da novela *Hipertensão* (86), da Globo, e na década seguinte, pelo veteraníssimo **Nelson Gonçalves**. Do mesmo álbum de "Me chama" era o divertido rock tropical "Corações psicodélicos", outra dele com **Bernardo Vilhena**, ainda assinando **Lobão e os Ronaldos**. Já em carreira solo, destacou-se inicialmente, em 85, com a autoral "Décadence avec élégance".

Para um nicho de público igualmente jovem, porém chegado aos blues e rocks da década anterior, surgia em 84 o cantor e guitarrista virtuose **Celso Blues Boy**, com "Aumenta que isso aí é rock'n'roll", seu maior hit, e "Blues motel", sempre lotando o Circo Voador, no Rio, com uma plateia ávida por ouvi-lo, fumando seus becks, no maior clima. Ainda obteve relativo êxito na segunda metade da década com "Marginal", em duo com **Cazuza**, e "Sempre brilhará", todos de sua autoria.

Ainda em 1984, se a nova onda do rock perdia seu precursor, **Júlio Barroso**, da **Gang 90**, que caiu da janela do 11º andar de seu apartamento em agosto, despedindo-se da vida aos 30 anos, entravam em cena grupos de hits efêmeros ou de um único álbum relevante, caso do conjunto carioca de estética um tanto adolescente **Dr. Silvana & Cia.** ("Eh! Oh", "Serão extra") e do paulista alinhado à new wave **Metrô**, composto por franceses ou descendentes de franceses — que por sua vez vinham do grupo de rock progressivo **A Gota Suspensa**. Liderados pela vocalista de registro *cool* **Virginie**, estouraram o pop rock "Beat acelerado", que pisava forte na liberação sexual das garotas. A seguir, diversas faixas do LP *Olhar* (85) aconteceram, como "Tudo pode mudar", a recriação de "Ti ti ti", de **Rita Lee** e **Roberto**, que foi tema de abertura da novela homônima da Globo, e a balada "Johnny Love", que marcou época na trilha sonora de mais um filme de estética jovem daquele tempo, *Rock estrela*, de Leal Rodrigues.[30] Depois, a banda mudou de formação e nunca mais voltou às paradas.

Dos que vingariam no futuro, apenas o paulista **Titãs** começava a botar seu bloco na rua em 1984. Inicialmente eram os nove "Titãs do Iê-Iê", numa linguagem roqueira diferente, provocativa, esquisitona e conceitual, com uma performance algo inspirada no grupo americano **Devo**. Musicalmente, utilizavam-se de uma espécie de brega estilizado, em números pop românticos, como "Sonífera ilha". No ano seguinte, produzidos por **Lulu Santos**, a faixa "Insensível" ainda seguia a mesma trilha, mas o rock "Televisão",[31] embora bem-humorado, já sinalizava que o aspecto crítico seria uma das tônicas do trabalho da banda, que se remodelaria a partir de 86. Agora um octeto, era formada por **Arnaldo Antunes** (voz e principal letrista da banda), **Branco Mello** (voz), **Sérgio Britto** (teclados e voz), **Nando Reis** (baixo e voz), **Paulo Miklos** (sax e voz), **Tony Bellotto** (guitarra), **Charles Gavin** (bateria) e **Marcelo Fromer** (guitarra), todos também compositores.

Em 1985, foi a vez de se consagrarem definitivamente os "cantautores" **Leo Jaime** e **Kiko Zambianchi**, e os grupos **Legião Urbana**, **RPM**, **Ultraje a Rigor**, **Ira!**, **Biquíni Cavadão**, **Camisa de Vênus**, **Tokyo** e **João Penca e seus Miquinhos Amestrados**. Esses últimos chegaram a acompanhar **Eduardo Dussek** e seguiram na mesma linha performática, de rock retrô, mas agora enxugando a formação, virando um trio com **Bob Gallo**, **Selvagem Big Abreu** e o baixo cantante **Avellar Love**. Igualmente irreverente, meio cafajeste, com humor bem carioca e visual tropical havaiano, incluindo topetes gomalinados à la anos 50, numa estética visual propositalmente kitsch/brega, estouraram com "Popstar" (de **Leandro**, um dos integrantes da formação original da banda), sobre o sonho de um garoto em vencer na vida como surfista ("Peguei uma onda maneira / Dei *cutback*, *hang-five*, *hang-ten* / Eu sou o melhor surfista da minha rua") e a impagável "Como o macaco gosta de banana (eu gosto de você)", que **Leandro** adaptou do português **José Cid**.

Egresso do **João Penca**, o goiano **Leo Jaime** foi um raro garoto que não era de classe média ou alta nessa nova fase do rock, ao contrário, veio do interior de uma família desestruturada, saindo de casa aos 16 anos e depois de ser office boy e faxineiro foi trabalhar com teatro, dança e música. Assim como seu grupo de estreia, não emplacou no primeiro álbum, no seu caso, por ter sofrido muito nas garras da censura. Seu LP *Phoda C* (uma brincadeira com o navio *Eugênio C*) teve de ser vendido envolto num plástico e com várias músicas vetadas à execução pública, ainda assim apareceu um pouco a versão muito cínica do rock sessentista "Sunny", de Bobby Hebb, cunhada por ele e **Leandro**: "Sonia ('Não fica me excitando que eu tô de sunga')", aliás, a versão da versão. Pois a letra que entrou no disco falava abertamente até de sexo anal, algo impensável para 1983. Daí, gravou uma "versão família" que foi para rádio e TV.

Já seu novo LP, *Sessão da tarde* (1985), mesclava lascívia adolescente com temas como os desvarios amorosos de um menino pobre, sem carro e sem namorada, sempre em ritmo de rock retrô. Assim, explodiu quase todas as faixas autorais, como as baladas "Só" e "A vida não presta" (com **Leandro**) e os rocks "A fórmula do amor" (com **Leoni**), gravada com o **Kid Abelha**), "O pobre" (com **Herbert Vianna**) ("Ela não gosta de mim / Mas é porque eu sou pobre") e "As sete vampiras". Essa última e o single "Rock estrela", outro de sua autoria, foram canções-temas de filmes de sucesso da época, destinados ao público jovem, sendo o primeiro de Ivan Cardoso (86) e o segundo de Leal Rodrigues (85). Finalmente, "Solange" era mais uma versão gaiata dele e de **Leoni** para "So lonely" (Sting), hit do **The Police**, zombando da famosa censora[32] que ainda insistia em atrapalhar a vida dos compositores.

Outro álbum fundamental da retomada do rock nacional e que também estourou quase todas as faixas no mesmo ano de 1985 foi *Nós vamos invadir a sua praia*, do grupo paulista **Ultraje a Rigor**. Liderado pelo vocalista e compositor **Roger Moreira**, trazia em seu primeiro LP um humor ácido que nada deixava a dever a seus colegas cariocas, em rocks de sua autoria como a faixa-título, além de "Eu me amo", "Ciúme", "Rebelde sem causa" e o hit inicial, "Inútil". Lançado em 83, este último foi lentamente sendo descoberto pelo grande público, inclusive durante a campanha "Diretas Já", chegando às paradas no ano seguinte, tornando-se um clássico do rock dessa geração: "A gente não sabemos escolher presidente / A gente não sabemos tomar conta da gente / A gente não sabemos nem escovar os dentes / Tem gringo pensando que *nóis* é indigente / Inútil, a gente somos inútil."

Também de São Paulo, mas longe da estética do humor cínico, apareceram a banda **Ira!**, do vocalista **Nasi** e do guitarrista e compositor **Edgard Scandurra**, autor de seu hit de estreia, "Núcleo base" ("Eu tentei fugir / Não queria me alistar / Eu quero lutar / Mas não com esta farda"), e o "cantautor" e guitarrista **Kiko Zambianchi**, que fez um sucesso efêmero, mas marcante, com seu pop urbano de alta categoria, seja de pegada roqueira, presente em "Primeiros erros", "Rolam as pedras" e "Choque", além de "Eu te amo você", estourada na voz de **Marina**, ou funkeada, já a partir de 86, em faixas como "Alguém" e "Você perde". Mais tarde, em 89, emplacou uma versão em português de "Hey, Jude", dos Beatles.

Igualmente despretensioso foi o quinteto carioca **Biquíni Cavadão**, do vocalista **Bruno Gouvcia**, que lançou no início de 1985 um Disco Mix com duas faixas (um formato que substituiu os velhos compactos, no tamanho de um LP, mas com uma faixa de cada lado, com os *singles*, que existiam desde os anos 70 para os DJs tocarem em discotecas), estourando os dois lados. Inicialmente "Tédio" ("Sabe esses dias em que horas dizem nada / Que você nem tira o pijama / Preferia estar na cama") e "No mundo da lua" ("Quando os astronautas foram à lua / Que coincidência, eu também estava lá"). O álbum que lançaram na sequência foi bem, emplacando ainda outro rock soturno, "Timidez", que, para não fugir à regra, retratava desabafos do universo adolescente/juvenil.[33]

Por sua vez, em 1985, **Cazuza** deixava o **Barão Vermelho** logo após gravar com o grupo a corrosiva balada "Eu queria ter uma bomba", com letra e música assinada por ele, incluída em mais um filme "jovem" da época, *Tropclip*, de Luiz Fernando Goulart — a propósito, na mesma trilha que estreava ainda incógnita a futura grande estrela da "MPB" pop, **Marisa Monte**, aos 18 anos, numa das faixas. A súbita saída estremeceu a sua bem-sucedida parceria com **Frejat**, somente retomada dois anos depois, mas o fato é que a decisão pela carreira solo foi um acerto. Seu primeiro álbum homônimo, lançado em novembro de 85, explodiu a balada "Codinome Beija-Flor" (dele com Reinaldo Arias e Ezequiel Neves) e logo de cara o divertido rock "Exagerado" (com Leoni e Ezequiel): "E por você eu largo tudo / Vou mendigar, roubar, matar / Até nas coisas mais banais / Pra mim é tudo ou nunca mais." Sua antiga banda seguiu em frente com **Frejat** nos vocais, gravando o irado rock "Declare guerra" ("a quem finge te amar / A vida anda ruim na aldeia / Chega de passar / A mão na cabeça de quem te sacaneia"), numa parceria do novo vocalista com **Guto Goffi** e seu produtor e principal incentivador, o também jornalista — polêmico — **Ezequiel Neves.**

Neste ano de 85, novamente, houve uma profusão de grupos efêmeros, que não passaram de um LP, com roquinhos ou baladas de alma adolescente, como o **Cheque Especial** ("Pronta pra estudar", "Náufragos do amor"), **Eletrodomésticos** ("Choveu no meu chip"), **Cinema a Dois**, do tecladista **Fábio Fonseca** ("Não me iluda"), **Degradée**, do futuro produtor **Dudu Marote** ("Mais que um sonhador"), **Os Melhores** ("Emoções baratas") e **O Espírito da Coisa** ("Ligeiramente grávida", em que a vocalista explica à mãe que está grávida de um motoqueiro, fruto de um sexo casual: "Mamãe, eu acho que estou ligeiramente grávida / Mamãe não fique pálida / A coisa não é ruim / Se lembre um dia / Você já ficou assim").[34] Numa linha mais rebelde, mas igualmente adolescente, num cruzamento de punk e new wave, vieram na mesma época os rapazes do **Tokyo**, liderado pelo vocalista **Supla**, filho dos políticos Eduardo e Marta Suplicy, da alta sociedade paulista, um belo louro platinado à la **Billy Idol**, cujo sucesso ficou mais restrito ao primeiro álbum da banda, que estourou "Humanos" em 1985, e no ano seguinte "Mão direita" e "Garota de Berlim", esta em dueto com a roqueira alemã **Nina Hagen**, e de quebra ainda trouxe um outro inusitado duo, com **Cauby Peixoto** ("Romântica"), que, se não fez sucesso, ao menos rendeu um clipe hilariante no *Fantástico*. Bem mais agressiva, a banda baiana **Camisa de Vênus**, formada em 80, do vocalista e compositor **Marcelo Nova**, começou numa estética mais punk, depois abraçou o pop, emplacando num circuito alternativo a indigesta "Bete morreu" (sobre um estupro, seguido de assassinato) e uma releitura desconstruída do hit de **Nelson Gonçalves** "Negue", em 83, mas chegou ao *mainstream* com "Eu não matei Joana D'Arc", em 85.[35] Todas de estilo bem mais agressivo que a maioria dos êxitos de seus contemporâneos.

Ainda de Sampa, aterrissou entre 1984 e 85 nas rádios o pop rock do **RPM**. Turbinado pela voz arfante e a imagem sexy do vocalista (e ex-jornalista musical) **Paulo Ricardo**, rapidamente eles ocuparam as primeiras colocações nas paradas com sucessivos rocks, quase todos dele, em parceria com o tecladista **Luiz Schiavon** (este chegado aos sintetizadores e ao rock progressivo), como o safadinho "Louras geladas", depois "Rádio pirata", o vigoroso "Olhar 43", (o que dava nome ao grupo) "Revoluções por minuto" e a balada "A cruz e a espada". Seu estilo já trazia uma preocupação grande com conceito, imagem e encenação, pois **Paulo** havia morado há pouco em Londres, absorvendo o know-how da terra dos **Beatles**. Içados ao sucesso em 85, já venderam 600 mil cópias do primeiro LP, *Revoluções por minuto*, e estavam a um passo de baterem o recorde geral de vendagem de discos no Brasil. Se a **Blitz**, até então, era a banda que tinha ido mais longe ao vivo em termos de produção, o **RPM**, empresariado por Manoel Poladian (que já trabalhara em megaproduções com **Ney Matogrosso**, **Rita Lee** e **Roberto Carlos**), foi a primeira banda a ganhar um aparato de nível internacional de superprodução nos shows, causando comoção de crítica e público, lançando moda e virando mania nacional, abafando a concorrência (que não era pouca).

O punk rock emerge dos guetos paulistas

Mas nem tudo era *mainstream* no mundo do rock nativo. Além das bandas que se consagraram num som comercial de bastante apelo popular, havia um *underground* pulsando desde o fim da década anterior, com um público nada insignificante. Era o movimento punk paulistano, formado por jovens da periferia, entre 15 e 25 anos, que não curtiam samba nem soul, mas bailes ao som de **Stooges, New York Dolls, Sex Pistols, Ramones, The Jam** (e eventualmente outros artistas pré-punk como **Alice Cooper** e **Black Sabbath**), enquanto enchiam a cara e arrumavam briga com grupos rivais. Aos poucos importaram a estética de se vestir de preto, com jaquetas cheias de *buttons*, tachas, correntes, pulseiras com *rebites*, alfinetes nas orelhas, cabelo moicano ou curto e arrepiado. Eram estudantes, balconistas, office boys, vendedores, artesãos...[36] que circulavam pelas ruas do Centro de São Paulo e batiam ponto na escadaria da estação do Metrô São Bento e na Punk Rock Discos, numa galeria da rua 24 de Maio.

O primeiro show de punk ocorreu em dezembro de 1978, com o **Restos de Nada** (do então baixista e ex-office boy **Clemente Nascimento**) e o efêmero **AI-5** (do balconista **Sid**, da loja de discos Wop Bop) no bairro Jardim Colorado, zona leste paulistana, exatamente no porão da casa de **Kid Vinil**,[37] que à época, além de participar de várias bandas, divulgava inúmeros conjuntos nacionais e estrangeiros do gênero em seus programas de rádio e TV. A partir de então, a megalópole viu surgir em suas entranhas os **Inocentes** (com integrantes das bandas **Condutores de Cadáver** e **Restos de Nada**), **Cólera** (do vocalista e baixista **Redson**, também ex-office boy, cujo grupo, em 1987, chegou a excursionar à Europa), **Olho Seco**, **Lixomania**, afora a longeva e uma das mais bem-sucedidas, **Ratos de Porão**, que dali a alguns anos seria liderada pelo vocalista **João Gordo**, depois passando do punk hardcore ao metal *crossover*, de álbuns cultuados como *Brasil* (1989).

Essas foram algumas que chegaram ao legendário I Festival Punk do Sesc-Fábrica da Pompeia, que ficou conhecido como O Começo do Fim do Mundo. Organizado em novembro de 1982 pelo diretor **Antonio Bivar** e por **Calegari**, guitarrista dos **Inocentes**, o evento reuniu 20 bandas punks da capital e do ABC paulista, ainda que os públicos das duas regiões se estranhassem e não raro partissem para a violência mútua. Este festival sucedeu o Grito Suburbano, o primeiro do gênero, de menores proporções, cujas primeiras edições se deram no ano anterior, e que batizou também a primeira coletânea de punk nacional, trazendo **Inocentes**, **Cólera** e **Olho Seco**. Lançada em junho de 82 pelo selo (da loja) Punk Rock Discos, incluía "Pânico em SP" (Clemente) ("As sirenes tocaram / As rádios avisaram / Que era pra correr / As pessoas assustadas / E mal-informadas / Se puseram a fugir / Sem saber por quê"), dos **Inocentes**, e "Subúrbio geral" (Pi R/Val Pinheiro) ("Viajante pedindo esmola / Com a perna ferida / Carrega a pistola / Que vai tirar sua vida"), do **Cólera**.[38] No final desse ano, surgia uma das mais representativas do gênero, **Garotos Podres**, do ABC Paulista, que três anos depois gravaria as corrosivas autorais "Papai Noel filho da puta", que, devido à censura, teve de ser gravada como "Papai Noel, Velho Batuta", criticando o bom velhinho que só presenteava os ricos, e "Vou fazer cocô": "Enquanto você de paletó e gravata / Aparece na TV e diz coisas que não consigo entender / O que eu faço? / Vou fazer cocô."

Em 1983, o movimento já era tão forte que inspirou **Gilberto Gil** a compor o rock "Punk da periferia" ("Sou punk da periferia / Sou da Freguesia do Ó / Ó! Ó ó ó ó ó ó! / Aqui pra vocês / E sou da Freguesia"), que foi um grande sucesso, porém, radiografando o fenômeno de forma enviesada. Os punks não gostaram nada. Aliás, se gostassem, não seriam punks. Enfim, todas essas bandas tinham em comum a rebeldia contra o sistema, o som cru, pesado, e letras bem feitas de crítica ao governo e à sociedade, em forma de discurso. O próprio comportamento anárquico desses jovens, bem como a violência e o radicalismo de alguns punks, resultaram em algumas mortes e muita perseguição policial, ainda mais porque ainda estávamos no regime militar. Isso enfraqueceu o movimento. Muitos grupos acabaram terminando ou mudando de estilo a partir justamente desse ano de 83, surgindo o pós-punk, domando a anarquia generalizada, mas sem jamais menosprezá-la.

Essa cena independente dos roqueiros foi fomentada por lojas de discos, que viraram selos fonográficos. Sucedendo a Punk Rock Records, vieram a Wop Bop e a Baratos Afins.[39] O selo desta última, cunhado pelo produtor **Luiz Calanca** (na Galeria do Rock, no Centro de São Paulo), foi visionário ao lançar no mercado, durante toda a década de 1980, nomes do punk e pós-punk, como **Voluntários da Pátria** (de **Nasi**, que depois formou o **Ira!**), **Fellini**, **Gueto** (pioneiro na fusão com rap e outros ritmos nacionais e estrangeiros), **Vultos**, **365**, **Nau** (da vocalista **Vange Leonel**), **Mercenárias**, **Smack**, **Akira S e As Garotas que Erraram**, **Muzak**, além de bandas de rockabilly (**Coke Luxe**), hard rock (**Golpe de Estado**) e *hard*/progressivo (lançou três dos quatro LPs iniciais da **Patrulha do Espaço**). Como se não bastasse, foi igualmente pioneiro em lançar álbuns de heavy metal nativos, as coletâneas *SP Metal* — volumes 1 e 2, reunindo bandas como **Korzus**.

Em paralelo, pintaram ainda **Não Religião**, **365**, **Azul 29**, **Agentss**, **Cabine C**, **Patife Band** (identificada ao povo da vanguarda paulista, do vocalista, compositor e percussionista **Paulo Barnabé**, irmão de **Arrigo**), **Violeta de Outono** e mais tarde **Invasores de Cérebros** e até **Claudia Wonder**, a primeira transsexual a cantar numa banda de rock (**Trabalho**

Sujo) que incendiava a cena roqueira com suas clássicas apresentações no clube paulistano Madame Satã.

Se em São Paulo ser punk era uma questão muitas vezes de sobrevivência à opressão social, em outras cidades brasileiras ele surgiu de motivações diversas, de uma resposta contra fórmulas gastas da música pop ou mesmo uma afirmação juvenil.[40] De Porto Alegre vieram **Os Replicantes** (de **Wander Wildner**, do hit underground "Surfista calhorda", de Carlos Gerbase/Heron Heinz, em 86); do Rio, a **Coquetel Molotov** (nascida em torno de uma pista de skate, na periferia, em Campo Grande, zona oeste); de Recife, os **Devotos** (inicialmente **Devotos do Ódio**) e, de Brasília, mais quatro. A **Plebe Rude**, mais famosa na fase pós-punk ao emplacar nacionalmente os rocks "Proteção" (Philippe Seabra), sobre os abusos da PM para manter a reputação do governo, e "Até quando esperar" (Philippe/André X/Gutjie), uma crítica à concentração de renda no país; e também **Finis Africae** (com título retirado do livro *O nome da rosa*, de Umberto Eco), **Detrito Federal** e a legendária **Aborto Elétrico**, cujo carismático vocalista **Renato Russo** a deixaria em 1982 para formar o primeiro grupo da capital federal a estourar nacionalmente, o **Legião Urbana.**

Renato, um sujeito esquisitão, de óculos, com uma imagem nerd e uma cultura vasta e eclética, que passava por ópera, rock inglês (**Joy Division, The Smiths**) e filosofia, tornou-se, como ocorrera com **Raul Seixas** nos 70, uma espécie de messias para muitos jovens da geração 80, que passaram a cultuar a banda liderada por ele de forma quase religiosa. Colaborava para isso sua voz grave e imponente e sua poesia muito elaborada nas canções do grupo, cunhadas só por ele ou em parceria com o baterista **Marcelo Bonfá** e o guitarrista **Dado Villa-Lobos**, que, principalmente nos quatro primeiros discos, formaram uma coleção de hits. O de estreia, em 1985, seguindo uma tendência comum à maioria das bandas do período, ainda versava sobre temas bem juvenis, como os rocks românticos "Será", "Teorema" (ambas de Dado/Renato/Bonfá), "Ainda é cedo" (dos três, mais Ico Ouro Preto), "Por enquanto", só de **Renato**, mais o irônico "Geração Coca-Cola", também dele: "Somos os filhos da revolução / Somos burgueses sem religião / Somos o futuro da nação / Geração Coca-Cola", que já apresentava uma (auto)crítica social. A partir de 86, porém, a cena do rock nativo iria se alterar sensivelmente.

A música infantil e adolescente vira um mercado

Ao mesmo tempo que os roqueiros estavam em alta, o filão da música infantil também começava a se revelar um bom negócio para as gravadoras. Depois do sucesso de trilhas de seriados infantis da TV Globo, como *Vila Sésamo* (1974), assinada pelos irmãos **Marcos Valle** e **Paulo Sérgio Valle**, e da antológica *Sítio do pica-pau amarelo* (1977), interpretada por figurões da "MPB" como **Gilberto Gil**, apareceram grupinhos de garotas, como **A Patotinha** e **As Melindrosas**, na virada dos 70 para os 80, gravando inclusive versões de rocks estrangeiros e algumas canções clássicas brasileiras com arranjos pop. Nada, porém, que se comparasse ao fenômeno **A Turma do Balão Mágico**, içada ao sucesso a partir de 1982, tendo entre os integrantes iniciais **Simony, Tobi e Mike Biggs** e mais tarde com a adesão de **Jairzinho** (futuro **Jair Oliveira**) e **Ricardinho**.

O grupo foi uma criação do visionário presidente da CBS, **Tomás Muñoz**, que numa viagem à Europa no ano anterior percebeu que em países como França, Espanha e Itália a música infantil estava prestes a explodir. Daí trouxe ao Brasil uma série de canções e pediu a **Cláudio Condé**, diretor artístico da companhia na ocasião, que contatasse o compositor **Edgard Poças** para criar letras em português para tais canções. A seguir, recrutou o experiente produtor **Mauro Motta** para o trabalho, finalizado pela cozinha instrumental do onipresente **Lincoln Olivetti**. O álbum homônimo de estreia do grupo foi um êxito comercial tão impressionante, a bordo de sucessos como "A galinha magricela" e "O trenzinho (Cin cin pon pon)", que a TV Globo decidiu contratá-lo e transformar o **Balão Mágico** num programa matinal diário, apresentado a princípio por **Simony** e pelos humoristas Castrinho e Orival Pessini (na pele do alienígena adorável Fofão), que estreou em março de 1983. É digno de nota que sua abertura trazia a bela canção "Depende de nós" (Ivan Lins/ Vitor Martins), com o pianista/cantor **Sergio Mendes** e um coral infantil.

O que colaborou para o sucesso nos seus próximos três álbuns da fase áurea, entre 1983 e 85, foi a participação de figurões do *cast* da gravadora, como **Djavan** ("Superfantástico"), **Roberto Carlos** ("É tão lindo"), **Fábio Jr.** ("Amigos do peito") e **Erasmo Carlos** ("Barato bom é da barata"),[41] este cedido pela Polygram à CBS, que acabou agradando também aos adultos. No rastro do **Balão Mágico**, o programa *Clube da criança*, da TV Manchete, transformou **Xuxa**, então uma modelo bem-sucedida, em apresentadora, e produziu em 1984 um disco coletivo de sucesso na RCA Victor, com artistas de vários gêneros (o veterano palhaço **Carequinha**, o sertanejo **Sérgio Reis**, a popular **Vanusa**, o sambista **Martinho da Vila** e até o jogador e dublê de músico **Pelé**, que teve um romance com ela à época), estourando dois rocks "É de chocolate" e "Carrossel de esperança", ambas dos hitmakers **Michael Sullivan** e **Paulo Massadas**, com as crianças **Patrícia** (futura **Patrícia Marx**) e **Luciano**, sendo que a última também com **Roupa Nova** e **Xuxa**, estreando ainda tímida, no coro.

O êxito do LP, 300 mil cópias, motivou a RCA a criar um grupo infantil no ano seguinte, com **Patrícia e Luciano**, agregando também **Juninho Bill**. Era o **Trem da Alegria**, que já em seu disco de estreia bateu 400 mil unidades, graças às músicas-chiclete criadas pelos seus idealizadores, justamente **Michael Sullivan e Paulo Massadas**, como "Uni-duni-tê" (com a participação dos **Fevers**), e outras nos seis anos seguintes, como "He-man" e "Fera neném" (86), cujo álbum bateu 1 milhão de unidades vendidas, "Thundercats" e "Piuí abacaxi" (87) e "Io-iô" (88), as duas últimas com reforço vocal de uma **Xuxa** já consagrada. Até 85, porém, ela teve apenas uma primeira experiência no álbum solo *Xuxa e seus amigos*. A convite de **Roberto Menescal**, registrou, na maior parte, duetos de mentirinha com figurões da "MPB", como **Caetano Veloso** ("O leãozinho") e **Nara Leão** ("Pra mode chatear"), sobre gravações originais com apelo infantil presentes no catálogo da Polygram. O álbum vendeu bem, mas seu *boom* viria somente a partir de 86 na Som Livre, selo que, a propósito, frente ao fenômeno **Trem da Alegria**, contra-atacou inicialmente com o trio **Os Abelhudos**, do qual falaremos mais adiante. Somente no ano seguinte, porém, quando este transferiu-se para a EMI-Odeon, que a gravadora ligada à TV Globo deu sua cartada de mestre, contratando **Xuxa**, tranformando-a numa estrela da música sem precedentes neste mercado a reboque de seu sucesso na telinha com seu programa matinal diário.

Antes deste fenômeno, quem teve um estrondoso êxito no Brasil, enchendo "maracanãs", foi o grupo *teen* porto-riquenho **Menudo**, sobretudo entre 1982 e 85. Enlouquecia as adolescentes (e pré-adolescentes) com seu pop meloso feito sob medida para arrebatar seus corações virgens, a ponto dos cinco garotos terem feito um álbum em português, *Menudo mania*, em 1984, que bateu recordes de venda, puxado pelo rock "Não se reprima (No te reprimas)" e pela balada "Quero ser". Descoberto o filão das *boy bands*, algumas bandas foram lançadas seguindo o mesmo modelo: jovens — brancos na maioria — e bonitos cantando músicas de forte apelo popular para garotas na fase da descoberta do sexo, como **Bombom** ("Vamos à la playa") e o **Ciclone** ("Tipo one way"), que não passaram de um disco, e o mais bem-sucedido, **Dominó** (de hits como "Companheiro"),[42] criado pela produtora do apresentador Gugu Liberato, do SBT.

Na contramão do comercialismo excessivo, o desenhista e cartunista carioca **Daniel Azulay** criou em 1975 os personagens da **Turma do Lambe-Lambe**, que no ano seguinte passaram a animar seu programa na TV Educativa (hoje TV Brasil), inicialmente apenas para o Rio de Janeiro, depois para todo o país pela TV Bandeirantes, até 86. Com seu sucesso, surgiram tirinhas de jornal, revistas em quadrinhos e, a partir de 1979, alguns compactos e LPs, destacando, no de estreia, a autoral "Algodão-doce": "Corre, corre, corre / Curriola, curriola / Corre, corre / Vem chegando o algodão-doce / Bate o sino / o que é que trouxe? / Algodão-doce, algodão-doce." Na mesma época, em 1980, a cantora, compositora e educadora fluminense **Bia Bedran** fundou o **Bloco da Palhoça**, que gerou o LP *Música para brincar e cantar*, marcando a infância de muita gente, lançando a seguir, ela mesma, uma série de livros, CDs e DVDs visando este público. Anos mais tarde, também teve seu programa na TV Educativa, *Canta conto*.

Inesquecíveis também foram os especiais infantis — de apenas uma hora, exibidos uma única vez — que a TV Globo produziu, sobretudo nesta primeira metade da década de 1980, mas que repercutiam belas trilhas musicais, como alguns elaborados por **Toquinho**, *A arca de Noé* — 1 e 2 (1980/81), incluindo parcerias com **Vinicius de Moraes**), como "A casa" (Vinicius), com o **Boca Livre** e "O pato" (Toquinho/Vinicius/Paulo Soledade), com o **MPB-4**, e *Casa de Brinquedos* (83), destacando "O caderno" (com **Mutinho**), na voz de **Chico Buarque**; *Tem criança no* *samba* (84), com grandes sambistas; e *Plunct, plact, zum* — 1 e 2, com elenco variado, inclusive ressuscitando **Raul Seixas**, que andava sumido, entoando a canção-tema "O carimbador maluco", de sua autoria ("Plunct, plact, zum / Não vai a lugar nenhum"), e revelando algumas canções que se tornaram sucessos radiofônicos, como "Sereia" (Lulu Santos/Nelson Motta), com **Fafá de Belém**, e a já citada "Brincar de viver" (Guilherme Arantes/Jon Lucien), com **Maria Bethânia**, no primeiro volume, de 1983, e "A verdadeira história de Adão e Eva" (Evandro Mesquita/Ricardo Barreto/Chacal), com a **Blitz**, no segundo, de 84.

A *Turma do Pirlimpimpim*, baseada na obra de Monteiro Lobato, foi outra trilha a marcar época. Mais uma vez **Guilherme Arantes** brilhava, assinando a canção-tema, "Lindo balão azul", cantada pelo elenco de cantores do especial, e "Emília, a boneca gente", com **Baby Consuelo**, composta por ela e o marido, **Pepeu**. Afora isso, o grupo humorístico **Os Trapalhões** lançou diversos discos que, até meados da década, ainda não abriam mão de ritmos brasileiros, como o LP *O forró dos Trapalhões* (1981), além das trilhas sonoras dos seus filmes, lançados sempre durante as férias infantis, que bateram recordes de bilheteria nos cinemas durante pelo menos uma década, destacando *Os saltimbancos Trapalhões* (também de 81), o melhor deles, com algumas canções inéditas de **Chico Buarque**.

A "MPB" roqueira e além do rock

Em 1985, foi realizado o primeiro Rock in Rio, um festival que reuniu as maiores figuras do rock nativo (**Blitz, Eduardo Dussek, Lulu Santos, Kid Abelha, Paralamas do Sucesso, Barão Vermelho**, além dos veteranos **Erasmo Carlos** e **Rita Lee**) e internacional de então (**Queen, Rod Stewart, Nina Hagen, Yes, Iron Maiden, AC/DC, Scorpions** etc.). Foi a coroação de um tempo em que o pop e o rock de fato chegaram ao grande público brasileiro, tornaram-se o maior filão comercial das gravadoras e influenciaram decisivamente os rumos da "MPB". **Caetano** ("Eclipse oculto", "Podres poderes"), **Gil** ("Punk da periferia", "Pessoa nefasta"), **Gal Costa** ("Vaca profana"), **Pepeu Gomes** ("Ela é demais"), **Baby Consuelo** ("Barrados na Disneylândia"), **Ney Matogrosso** ("Não faz sentido", "Pro dia nascer feliz") e **Simone** ("Água na boca") foram alguns dos artistas que incluíram rocks com sucesso em seus repertórios nesta época.[43] Já **Ivan Lins** tirou a barba e renovou sua imagem no festival, com arranjos mais pop e a adesão do guitarrista **Heitor T.P.** em sua banda. Nomes da "MPB" enérgica com influência da atitude rock também fizeram bonito no evento, como **Moraes Moreira, Alceu Valença, Elba Ramalho** e os citados **Gilberto Gil, Baby & Pepeu** e **Ney Matogrosso,** que fez o show de abertura do primeiro dia.

No mesmo ano, a TV Globo realizou seu último concurso musical importante, o Festival dos Festivais, revelando nacionalmente **Tetê Espíndola** e **Leila Pinheiro.** Até então restrita ao cenário cult da vanguarda paulista e já tendo interpretado a valsa "Londrina", de **Arrigo Barnabé,** obtendo o prêmio de melhor arranjo (de **Cláudio Leal**) no MPB Shell 81, **Tetê** desta vez venceu com uma interpretação deliciosamente histriônica de "Escrito nas estrelas" (Arnaldo Black/Carlos Rennó), uma balada pop romântica turbinada por sua voz agudíssima e atingindo o clímax no verso "Pois sem você, meu 'tesão' / Não sei o que eu vou ser", pois a palavra grifada ainda causava frisson. Em terceiro ficou a cantora (e pianista) paraense **Leila Pinheiro,** com "Verde", uma bossa nova assinada pelos autores paulistas **Eduardo Gudin** e **Costa Netto.** O grupo infantil **Os Abelhudos,** que tinha entre os integrantes **Rodrigo** e **Diego,** filhos de **Renato Corrêa** (dos **Golden Boys,** também grande produtor musical e hitmaker), destacaram-se com a canção "O dono da terra", dele com **Nair Cândia,** levando uma breve carreira de sucesso no segmento infantil até o fim da década. **Emílio Santiago** ficou com o prêmio de melhor intérprete ("Elis, Elis")[44] e, embora sem classificar-se entre os vencedores, **Oswaldo Montenegro** deu o que falar ao levar o **Coral Raça,** de 25 vozes negras, para dar peso à sua composição "Condor".

Apesar de toda a onda eletrônica nos arranjos dos discos desse tempo e da invasão da nova geração de roqueiros, ainda havia espaço para os ritmos tradicionais do país nas paradas. Em 1981, **Beth Carvalho** gravou o samba "Virada", de **Noca da Portela** e **Gilper,** avisando "E quem tem muito tá querendo mais / E quem não tem tá no sufoco / Vamos lá, rapaziada / Tá na hora da virada / Vamos dar o troco!". Sim, já estava mais do que na hora de enterrar de vez a ditadura. Que o digam **Milton Nascimento** e **Chico**

Buarque, que escreveram canções de sabor bem brasileiro para coroar o momento delicado de abertura política. Entre 1983 e o início de 84, boa parte da "MPB" se engajou no movimento em prol das eleições diretas para presidente, o "Diretas Já", participando com discursos ou canjas em diversos comícios. Nesta época, **Fafá de Belém** era onipresente, ganhando o epíteto de Musa das Diretas e costumava cantar "Menestrel das Alagoas", de **Milton** e **Fernando Brant**, homenagem ao político mineiro Teotônio Vilela. Esta faixa entrou também no álbum *Milton Nascimento ao vivo* no Anhembi, em São Paulo (1983), juntamente com a catártica "Coração de estudante", dele com **Wagner Tiso**, da qual falaremos mais adiante, vendendo mais de 750 mil cópias. Apesar da emenda que visava instituir o voto direto para presidente não ter passado no Congresso, mantendo a votação indireta, **Chico Buarque** escrevia em 84 com **Francis Hime** o samba "Vai passar", encerrando uma série de canções de cunho político sobre a fase da ditadura militar, exorcizando seu fim: "Ai que vida boa, ô, lê, lê / Ai que vida boa, ô, lá, lá / O estandarte do sanatório geral vai passar..."

Após um álbum homônimo em 78, um de seus mais vendidos, no qual estourou praticamente todas as faixas, como "Trocando em miúdos", "Pivete" (ambas com Francis Hime), os sambas "Homenagem ao malandro" e "Feijoada completa", e a divertida "Até o fim", e inclusive algumas há tempos censuradas e finalmente liberadas, como "Apesar de você", "Cálice" (com Gilberto Gil) e "Tanto mar", **Chico** continuou compondo uma montanha de canções imortais, algumas lançadas por ele próprio, como a existencial "Vida", o samba malandro "Deixe a menina" e outras contextualizadas para cinema ("Eu te amo", com **Tom Jobim**, gravada em duo com **Telma Costa** para o filme homônimo de Arnaldo Jabor; "Bye, bye Brasil", com **Roberto Menescal**, para a película de mesmo nome de Cacá Diegues e o futuro clássico "Samba do grande amor", incluída em *Para viver um grande amor*, de Miguel Faria Jr.). Arrasou corações com "As vitrines" ("Eu te vejo sumir por aí / Te avisei que a cidade era um vão / Da tua mão / Olha pra mim / Não faz assim / Não vai lá não"), que virou tema de abertura da novela global das oito *Sétimo sentido*, em 82, e mais uma vez pintou o retrato da infância dos meninos da periferia em "Brejo da cruz" e no samba "O meu guri", este, do ponto de vista matriarcal: "Quando, seu moço, nasceu meu rebento / Não era o momento dele rebentar / Já foi nascendo com cara de fome / E eu não tinha nem nome pra lhe dar..."

Criou ainda duas trilhas inteiras com **Edu Lobo**, a antológica *O grande circo místico*, para o Balé Teatro Guaíra (83), e *O corsário do rei*, para a peça de Augusto Boal (85), na qual foi lançada o clássico "Choro bandido" ("Mesmo que os cantores sejam falsos como eu / Serão bonitas / Não importa, são bonitas as canções"). Assinou também novas músicas para a versão cinematográfica de sua *Ópera do malandro*, dirigida por **Ruy Guerra**, que saíram em dois discos entre 85 e 86, afora a citada trilha do filme *Os saltimbancos Trapalhões*, do veterano J. B. Tanko. Todas viraram álbuns coletivos com a participação da nata da "MPB". Entretanto, foi a primeira trilha citada que entrou para a história, com pelo menos três clássicos, nas vozes de **Gal Costa** ("A história de Lily Braun"), **Gilberto Gil** ("Sobre todas as coisas") e **Milton Nascimento** (o mais célebre de todos, "Beatriz"). Entretanto, nenhuma tocou muito no rádio à época. Foram, aos poucos, descobertas e queridas pelo público. **Edu** também gravou um belo álbum com **Tom Jobim** — *Edu & Tom — Tom & Edu*, lançado em 82, no qual foi incluída a valsa "Luiza", que **Jobim** compôs para a trilha da novela *Brilhante*, inspirado na beleza da protagonista, a atriz Vera Fischer, tornando-se um clássico de nosso cancioneiro. A letra falava em "raio de sol nos seus cabelos", referindo-se à sua *lourice*. Ao estrear o folhetim, surpreendeu-se: a musa havia tingido os cabelos de negro.

Ainda sobre **Milton**, após o apoteótico álbum duplo *Clube da Esquina 2* (1978), em que lançou um dos maiores hits de sua carreira, "Maria, Maria" (logo apropriada pelo nascente movimento feminista nacional, que faria toda a diferença no texto final da Constituição Brasileira de 88), ele viveu sua década de maior sucesso comercial, seja como intérprete apenas ("Caçador de mim", de **Luiz Carlos Sá** e **Sérgio Magrão**) ou "cantautor" de pérolas assinadas com **Tunai** ("Certas canções"), **Zé Renato** ("Ânima") e o parceiro mais constante, **Fernando Brant**. Este em pelo menos três obras-primas: a existencial "Encontros e despedidas", que primeiro foi hit com **Simone** ("A hora do encontro é também despedida / A plataforma desta estação é a vida desse meu lugar / É a vida"); e dois verdadeiros hinos, um aos cantores e músicos da noite, "Nos bailes da vida" ("Foi nos bailes da vida ou num bar / Em troca de pão / Que muita gente boa / Pôs o pé na profissão...”), que por muitos anos se tornou obrigatória no repertório desses artistas, e outro à amizade e à fraternidade, “Canção da América” (“Amigo é coisa pra se guardar / Debaixo de sete chaves / Dentro do coração”).

Esta última foi um êxito avassalador em 1980, mesmo ano de outro sucesso estrondoso e de letra igualmente forte que arrebatou os brasileiros na voz de seu autor, **Gonzaguinha**, “Sangrando” (“Quando eu soltar a minha voz, por favor entenda / Que palavra por palavra eis aqui uma pessoa se entregando...”). Ela fazia parte do LP *De volta ao começo*, seu álbum de maior vendagem, que estourou também o bolero sobre a infidelidade masculina (“Ponto de interrogação”) e o samba engajado “E vamos à luta”: “Eu acredito é na rapaziada / Que segue em frente e segura o rojão...” Era a sua melhor fase e de maior popularidade, iniciada no final da década anterior com sucessos autorais em sua voz, como o samba “Recado”, ou nas vozes de **Maria Bethânia** (“Explode coração”, “Grito de alerta”, “Infinito desejo”), **Frenéticas** (“A felicidade bate à sua porta” e o petardo antirracista “O preto que satisfaz”, tema de abertura da novela *Feijão maravilha*), **Simone** (“Petúnia Resedá”, “Diga lá, coração”), **Nana Caymmi** (“De volta ao começo”, “Palavras”) e **Elis Regina** (“Redescobrir”).

Tendo, há pouco, feito as pazes com o pai, **Luiz Gonzaga**, com quem sempre teve uma relação turbulenta, por ser filho adotivo e divergências políticas — o velho Lua era simpatizante do governo, por ter sido militar na juventude —, regravaram em dueto a antiga toada “A vida do viajante” (Gonzaga/Hervé Cordovil): “Minha vida é andar por este país / Pra ver se um dia descanso feliz / Guardando as recordações / Das terras por que passei / Andando pelos sertões / E dos amigos que lá deixei.” Seguindo o ensinamento da própria canção, saíram em turnê em 1981, gravando um álbum ao vivo. Nesse tempo, escreveu ainda diversas canções feministas, lançadas por **Angela Maria** e, logo a seguir, por **Simone** (“Mulher, e daí? [Apenas mulher]”), **Wanderléa** (“Eu apenas queria que você soubesse”) e pela apresentadora e dublê de cantora **Marília Gabriela** (“Ser, fazer e acontecer”) — as duas últimas, entretanto, acabaram virando sucessos em sua própria voz. Um belo momento em que os compositores, sobretudo os de origem universitária, vestiam a camisa das mulheres, compondo para elas canções autoafirmativas num tempo em que ainda havia poucas compositoras e letristas consagradas.

Mas o melhor ainda estava para vir. Após à queda do AI-5, **Gonzaguinha** compôs uma série de sambas otimistas, e em 1982, o mais esfuziante de todos, "O que é, o que é", que deu para **Bethânia** cantar em seu novo show, mas que acabou puxando o seu próprio álbum *Caminhos do coração*, virando sua música mais conhecida: "Viver e não ter a vergonha de ser feliz / Cantar e cantar e cantar / A beleza de ser um eterno aprendiz / Eu sei que a vida devia ser bem melhor e será / Mas isso não impede que eu repita / É bonita, é bonita e é bonita." Também obteve notabilidade com outras canções leves e sensuais ao longo da década em sua própria interpretação, como "Feliz", "Mamão com mel" e "Lindo lago do amor". É bem verdade que eventualmente ainda dava seus cascudos, como na corrosiva "Um homem também chora (Guerreiro menino)", até então um dos três maiores sucessos de **Fagner**. Um de seus subtextos parecia ser o desabafo sobre a dor dos exilados, que, ao serem anistiados pelo governo após à ditadura, não foram automaticamente reempossados em seus empregos de origem. Dizia que "guerreiros são fortes", mas também "frágeis" e "precisam de um descanso": "Um homem se humilha / Se castram seu sonho / Seu sonho é sua vida / E a vida é trabalho / E sem o seu trabalho / Um homem não tem honra / E sem a sua honra / Se morre, se mata / Não dá pra ser feliz..."

Outros autores combativos do regime militar também se abriram cada vez mais a outras temáticas. Após a esperançosa "Novo tempo" ("No novo tempo / Apesar dos castigos / De toda fadiga / De toda injustiça / Estamos na briga / Pra nos socorrer / Pra nos socorrer..."), **Ivan Lins** se lançou ao romantismo denso com seu fiel parceiro, **Vitor Martins** ("Depois dos temporais", "Doce presença"), não sem antes fazer as pazes com a consciência, em "Daquilo que eu sei": "Não fechei os olhos / Não tapei os ouvidos / Cheirei, toquei, provei / Ah, eu usei todos os sentidos / Só não lavei as mãos / E é por isso que eu me sinto / Cada vez mais limpo." Isso até meados da década, quando, como já foi dito, deu uma virada em relação a um som mais roqueiro, mas mantendo o foco nas letras fortes.

João Bosco teve seus últimos sucessos ao lado de **Aldir Blanc** na virada da década de 1970 para 80: os sambas "Linha de passe", "Coisa feita", "Nação" — os três últimos também tendo **Paulo Emílio** na parceria —, o imortal "O bêbado e a equilibrista" e o não menos genial "A nível de", sobre uma troca de casais héteros que, de repente, se veem gays e lésbicas, com direito à conclusão sarcástica de que, independentemente de orientação sexual, "o relacionamento continua a mesma bosta". A partir de 1983, houve uma briga jamais esclarecida entre os dois, que se estenderia pelas próximas duas décadas. Nesse ínterim, **João** compôs então uma série de canções românticas, que se tornaram igualmente célebres, como "Papel machê", em parceria com **Capinan**, abrindo cada vez mais o leque de parceiros.

Enquanto isso, **Toquinho**, após à morte de **Vinicius**, além de dedicar-se a projetos infantis, veio com o megahit "Aquarela (Acquarello)" (Mauricio Fabrizio/Guido Morra com Toquinho/Vinicius), em 83, de atmosfera algo infantojuvenil, mas que ganhou o público adulto: "Numa folha qualquer eu desenho um sol amarelo / E com cinco ou seis retas é fácil fazer um castelo", e seguiu com a romântica "Ao que vai chegar" (com **Mutinho**). E o sempre engajado **MPB-4** também viveu dias de repertório mais leve, emplacando as já citadas "Vira, virou", "Olhar de cobra", "Labirinto", a infantil "O pato", de **Toquinho e Vinicius** ("Lá vem o pato / Pato aqui, pato acolá / Quá quá"), do projeto *A arca de Noé*, e ainda a rascante "Cebola cortada", dos cearenses **Clodô e Petrúcio Maia**, e a lírica "A lua", do pernambucano **Renato Rocha**: "A lua / Quando ela roda / É nova / Crescente ou meia-lua / É cheia..."

Entretanto, no meio de todo esse entusiasmo, uma grande tristeza se abateu aos brasileiros. Muito embora a volta das eleições diretas não tenha sido aprovada, era grande a expectativa pela posse do primeiro presidente civil em 21 anos, Tancredo Neves, sucedendo o general João Figueiredo, mas ele adoeceu e morreu. A regravação do Hino Nacional em ritmo lento pela Musa das Diretas, **Fafá de Belém**, foi a trilha sonora de um imenso clipe que acompanhou a cobertura do féretro pelas câmeras da TV Globo. E a música "Coração de estudante", cuja melodia fora cunhada por **Wagner Tiso** para o documentário *Jango*, de Silvio Tendler, sobre o ex-presidente João Goulart, e ganhara letra de **Milton Nascimento**, inspirada no estudante Edson Luiz, morto por agentes da ditadura em março de 1968, voltou a ser tocada, espelhando, num misto de tristeza e esperança, os caminhos errantes do Brasil em 21 de abril de 1985: "Coração de estudante / Há que se cuidar da vida / Há que se cuidar do mundo / Tomar conta da amizade / Alegria e muito sonho / Espalhados no caminho / Verdes, planta e sentimento / Folhas, coração/ Juventude e fé."

A renovação do samba carioca e a grande fase de suas escolas

Alheio às excitações e tristezas do momento político, **Agepê** foi o primeiro sambista a ultrapassar a marca de um milhão de discos vendidos, graças ao samba romântico "Deixa eu te amar", dele com **Ismael Camillo,** que puxava o LP *Mistura brasileira* (1984): de versos como "Quero te pegar no colo, te deitar no solo e te fazer mulher", mostrando que as letras alegres e sensuais mais diretas estavam de fato cada vez mais claras e em voga. E a geração de ouro do samba da década anterior ainda teve boa munição de hits, principalmente **Beth Carvalho.**

Após renovar a sonoridade do próprio samba ao lançar os músicos/ compositores do bloco Cacique de Ramos em seu LP *De pé no chão* (1978), aperfeiçoado no posterior *No pagode* (1979), a sambista jamais deixou de tê-los em seu repertório. Que o diga **Jorge Aragão**, que, após ser consagrado por ela nos respectivos citados álbuns com "Vou festejar" (dele com Dida e Neoci) e "Coisinha do pai" (com Almir Guineto e Luiz Carlos), formaria com seus colegas ilustres da mesma agremiação o **Grupo Fundo de Quintal** em 80, além de comparecer novamente ao menos com mais três sucessos nos discos da "madrinha": a romântica "Tendência" (com Ivone Lara) ("Não, pra que lamentar / Se o que aconteceu / Era de esperar)" e as carnavalescas "Suor no rosto" (com Dida e Nilton Barros) e "Toque de malícia". Ela também emplacou a festiva "Firme e forte" (Efson/Nei Lopes) e o partido alto "Malandro sou eu" (Arlindo Cruz/Sombrinha/Franco): "Segura teu santo, seu moço / Teu santo é de barro / Que sarro, dei volta no mundo / E voltei pra ficar."

Sempre atenta a novidades, **Beth** teve a primazia de lançar mais uma cria do Cacique, aquele que seria o maior nome do samba a partir da década seguinte, **Zeca Pagodinho**, no partido "Camarão que dorme a onda leva" ("Hoje é dia da caça / Amanhã do caçador"), dele com **Arlindo Cruz** e **Beto Sem Braço**. Nesse mesmo disco, *Suor no rosto* (1983), foi das pioneiras cantoras a divulgar em disco o jongo da Serrinha, praticado na comunidade próxima a Madureira, num pot-pourri com participação da legendária **Vó Maria Joana**.

A nota dissonante na comunidade foi a partida precoce de **Clara Nunes** em abril daquele mesmo ano de 1983, após uma malsucedida operação de varizes, aos 40 anos. No auge do sucesso, com dois ou três sambas sacudidos por disco nas paradas, como "Morena de Angola" (Chico Buarque), já estava numa fase em que emplacava também outros gêneros nas rádios, como dois forrós de **Sivuca** e **Glorinha Gadelha** ("Feira de Mangaio" e "Como é grande e bonita a natureza"), a romântica "Sem companhia" (Ivor Lancellotti/Paulo Cesar Pinheiro) e um belo afoxé do baiano **Edil Pacheco** ("Ijexá (Filhos de Gandhi)"), esta presente em seu último álbum, *Nação* (1982), cuja faixa-título era uma radiografia agridoce do país numa letra algo surrealista cunhada por **Aldir Blanc** e **Paulo Emílio** sobre melodia de **João Bosco**, numa interpretação arrepiante da cantora: "Jêje tua boca do lixo / Escarra o sangue / De outra hemoptise no Canal do Mangue / O uirapuru das cinzas chama / Rebenta a louça, Oxum-Maré / Dança em teu mar de lama."

No ano anterior, **Clara** havia começado um projeto de todo ano homenagear uma grande escola de samba carioca com sambas-tributo cunhados por **Mauro Duarte** e **Paulo Cesar Pinheiro** (então marido da cantora). Os dois que teve tempo de gravar foram sucessos estrondosos. Abriu saudando sua escola do coração, "Portela na avenida" ("Portela / Eu nunca vi coisa mais bela / Quando ela pisa a passarela / E vai entrando na avenida..."), seguido de "Serrinha", ode ao **Império Serrano**. Com sua morte, o intento continuou na voz da amiga **Alcione**. Foi também a Marrom quem gravou com um imenso coro de artistas amigos o samba-testamento em homenagem à colega "Um ser de luz", assinado pelos mesmos autores com **João Nogueira**: "Canta, meu sabiá / Voa, meu sabiá / Adeus, meu sabiá / Até um dia!"

Seus colegas de geração seguraram a bandeira do samba, pontualmente nas paradas até meados da década, cantando composições próprias e de outros bambas, como o próprio **João Nogueira** ("Minha missão", "Boteco do Arlindo"). Ele também abriu em 1979 uma casa de shows voltada exclusivamente para os sambistas, o Clube do Samba (inicialmente no Méier, depois na Barra), que gerou um samba de sucesso homônimo nas rádios em 83 em duo com seu compadre **Martinho da Vila**. O sempre elegante **Paulinho da Viola** apareceu com os requintados "Onde o amor não tem razão", "Só o tempo" e "Rumo dos ventos". **Roberto Ribeiro** emprestou seu vozeirão aos românticos e suingados "Algemas" e "Amar como eu te amei". Por fim, o referido **Martinho** veio com a autoral "Ex-amor" e regravando o partido alto "Na aba [do meu chapéu]", de Ney Silva, Trambique e Paulinho Corrêa, que **Bezerra da Silva** havia lançado sem maior repercussão em 82, incluindo-o num antológico álbum somente com sambas alusivos à sua escola do coração, *Martinho da Vila Isabel* (84). No mesmo ano, também deu de presente a **Alcione** "Roda ciranda", um samba de roda que ela gravou em duo com **Maria Bethânia**, alusivo às cidades natais de ambas.

A "Marrom" **Alcione** também frequentou rádios e TVs com muitos sucessos. Teve inclusive seu próprio programa de TV, *Alerta geral*, na Globo, entre 1979 e 81, um libelo a favor da "MPB" e do samba contra os modismos importados que infestavam as rádios, sobretudo a *discothèque* (disco music), que foi uma febre, mas defenestrada pela crítica. À época estava estourada com sambas românticos, "Sufoco" (Chico da Silva/ Antônio José), "Pode esperar" (Roberto Corrêa/Sylvio Son) e "Gostoso veneno" (Wilson Moreira/Nei Lopes). Nos anos 80, apareceu cantando sambas vibrantes, como "Força do amor" (Rodolpho/David da Vila), "Vendaval da vida" (Noca da Portela/Délcio Carvalho), o saboroso "Forró do Xenhenhém" (Cecéu), que não foi *single* em FMs, mas virou um clássico do gênero ("Xenhenhém, xenhenhém, xenhenhém / Vou fazer tudo pra ganhar no xenhenhém") e "Qualquer dia desses" (Reginaldo Bessa), prenúncio de sua fase mais romântica que viria dali a pouco.

Repetindo de certa forma o fenômeno que se dera com **Clementina de Jesus** nos anos 1960, a veteraníssima **Ivone Lara** começava uma carreira vitoriosa de cantora aos 56 anos. Nascida em 1922, venceu o machismo de seu tempo por ser de uma família de músicos ligados a escolas de samba, mas isso não a impediu de ter que ceder seus sambas aos primos **Hélio** e

Mestre Fuleiro na quadra da extinta **Prazer da Serrinha**, pois não era bem visto uma mulher compor num meio essencialmente masculino, além de ter que vencer as cobranças de um marido ciumento, mesmo sendo ele filho do dono da agremiação. Ainda assim, estudou canto com **Lucília Guimarães**, esposa do maestro **Villa-Lobos**, e aprendeu cavaquinho com um tio, surpreendendo a todos sendo a única mulher a tocar choro, depois samba no instrumento nas festas da comunidade. Foi igualmente a primeira a se destacar nacionalmente na ala de compositores de uma escola, quando assinou o memorável samba-enredo "Os cinco bailes da história do Rio" com **Silas de Oliveira** e **Bacalhau**, levado à avenida pela **Império Serrano** no carnaval de 65. Passou a gravar em discos coletivos a partir de 70, quando foi chamada pela primeira vez de **"Dona" Ivone Lara**, ao ser apresentada pelo locutor e agitador cultural **Osvaldo Sargentelli** num LP coletivo de samba comandado por ele em que literalmente a apresentava dessa forma antes dela cantar "Sem cavaco não" (de sua autoria com **Mano Décio da Viola**). O radialista e produtor **Adelzon Alves**, em novas produções com ela, bateu o pé pelo "dona", pois a artista ainda se achava jovem demais para tal alcunha. O tempo mostrou que estavam certos. Sua nobreza já parecia atemporal desde essa época.

Antes de chegar ao primeiro disco solo, já estava fazendo sucesso como compositora nas vozes de **Clara Nunes** ("Alvorecer"), **Roberto Ribeiro** ("Acreditar" e "Liberdade"), entre outros. Aposentada como enfermeira e assistente social em 1978, começou a gravar seus próprios álbuns, divulgando em sua voz sambas memoráveis, como "Minha verdade" (já lançado por **Elizeth Cardoso**), "Sorriso de criança" e "Nasci pra sonhar e cantar" (todas com o parceiro mais constante, **Délcio Carvalho**), e as autorais e sacudidas "Andei para corimá" e "Axé de Ianga (Pai maior)". Não chegou a ter tanto suceso radiofônico, mas, curiosamente, quando tocou, foi com sambas de outros autores, como "Sorriso negro" (Jorge Portela/Adilson Barbado/Jair Carvalho), em duo com **Jorge Ben** — seu maior êxito como intérprete —, "O samba não pode parar" (Fabrício do Império/Paulo George) e "Se o caminho é meu" (Paulinho Mocidade/Jurandir Bringela).

Ao mesmo tempo, suas músicas continuavam ganhando o país em vozes de prestígio. **Maria Bethânia e Gal Costa** estouraram aquele que seria o maior sucesso de sua carreira, "Sonho meu", dela com Délcio Carvalho, no fim de 78. Dois anos depois, a mesma **Bethânia** chamava o mano **Caetano e Gilberto Gil** para entoarem o seu samba de roda "Alguém me avisou" ("Foram me chamar / Eu estou aqui, o que é que há?). Outro estrondo. **Beth Carvalho**, que já a gravava desde 75, também virou freguesa. Foi de "Não chora neném"; "Tendência", de Ivone com Jorge Aragão; "Força da imaginação", dela com Caetano Veloso; e "Nos combates desta vida", com Délcio Carvalho. **Paulinho da Viola** lançou a dolente "Mas quem disse que eu te esqueço", parceria com o poeta e produtor Hermínio Bello de Carvalho. Por fim, **Sandra (de) Sá** gravou a já citada "Enredo do meu samba" (outra com Jorge Aragão) para a abertura da novela das oito global *Partido alto*, em 84, em que o personagem do ator José Mayer nunca conseguia emplacar um samba-enredo na disputa de sua escola, e ao fim do folhetim finalmente triunfava — e a música era também da dupla **Ivone** e **Jorge**, "Carlos Drummond de Andrade", em homenagem ao poeta. Longeva, **Dona Ivone Lara** atuaria ainda por mais quatro décadas. Quando tirava as sandálias e dançava o "miudinho", era um show à parte. Foi uma unanimidade no meio musical, uma figura doce, simples e generosa, cujos contracantos com "lararis" ficaram também famosos em inúmeras gravações.

Do universo das escolas de samba, outro veterano, o ex-diretor de bateria da **Portela**, **Mestre Marçal** (filho de **Armando Marçal**, parceiro de **Bide**), nascido em 1930, também começava a gravar discos solo como cantor nessa época, destacando "Peço a Deus" (Dida/Dedé da Portela), em duo com **Caetano Veloso**, em 85, depois "Facho de esperança" (Sereno/Moysés Santana/Julinho), chegando a 87 com o LP *A incrível bateria do Mestre Marçal*, que no futuro seria *sampleado* à exaustão por DJs de todo o mundo. Até nos deixar em 1994, foi destaque na banda de **Chico Buarque**, como percussionista e cantando com ele pérolas como "Sem compromisso" (Geraldo Pereira/Nelson Trigueiro).

Bem mais jovem, desse mesmo universo das escolas, **Neguinho da Beija-Flor**, o criador do bordão "Olha a Beija-Flor aí, gente", ao puxar os desfiles de sua agremiação, também estreava em disco solo nesse período, precisamente em 1980. Já em 82, teve seu samba "O campeão (meu time)", cantado pelas torcidas cariocas a todo vapor em dia de jogo, virando uma tradição a partir de então: "Domingo eu vou ao Maracanã / Vou torcer pro time que sou fã." Três anos depois vieram o também autoral "Bem melhor que você", "Dinheiro do PIS" (Oró do Pandeiro) e o romântico "(Negra) Angela" (Serginho Meriti/Alexandre).

Num estilo mais politizado, irônico e destemido, consagrava-se o pernambucano **Bezerra da Silva**, que viveu muitos anos no Morro do Cantagalo, onde descobriu um Rio de Janeiro bem diferente do cartão-postal. Como havia estudado violão clássico, era um raro percussionista que lia partitura, e por isso foi contratado por oito anos da orquestra da TV Globo, além de atuar na banda de músicos famosos. Enquanto isso, foi parceiro de **Jackson do Pandeiro** em diversas composições e, em 1973 e 76, gravou dois álbuns como "Rei do coco", sem maior repercussão, até se dar conta de que se daria melhor trocando os improvisos de seu gênero nordestino preferido pelo similar carioca, o partido alto. E foi justamente o que aconteceu num dos volumes da série *Partido alto nota 10*, da CID, com o hit "Pega eu (que eu sou ladrão)" em 79.

Bezerra tinha predileção por sambas cunhados por compositores na maioria não profissionais — bombeiros, pedreiros, serviçais em geral —, enfim, gente comum que gostava de compor baseada no seu cotidiano marginalizado, ou seja, o dia a dia das favelas e da periferia carioca como um todo, sem papas na língua. Certa vez um desses sujeitos lhe perguntou: "Você vai ter coragem de gravar esse samba?", ao que respondeu: "Ué? Você teve coragem de fazer, por que eu não teria coragem de gravar?" Esse estilo foi apelidado pelo crítico Tárik de Souza no *Jornal do Brasil* de "sambandido", que inicialmente rechaçou, mas depois entendeu que isso traria até um charme subversivo ao gênero que militava, ao produzir pérolas como "Bicho feroz" ("Você com revólver na mão é um bicho feroz, feroz / Sem ele, anda rebolando, até muda de voz"), "Malandro rife" e "Defunto caguete", e ainda outras criticando as *mutretas* no universo afro-religioso ("Pai véio 171") e familiar ("Minha sogra parece sapatão").[45] Ele, que assim como **Dona Ivone** e **Marçal** já não era nenhum garoto, ao contrário, estava na faixa dos 50 anos (nasceu em 1927), enfim começava a decolar. Dos três, foi disparado o mais popular como intérprete.

A dobradinha "paixão nacional", samba e futebol, novamente deu certo neste período da nossa história musical. Nas copas do mundo de 1982 e 86, o Brasil ostentava uma seleção espetacular, capitaneada por craques como Zico, Sócrates, Falcão e Júnior. Ninguém até hoje entende como conseguiram perder tais campeonatos, mas não foi por falta de incentivo musical. O último citado, o jogador **Júnior**, provou ser também um bamba de primeira. Na Copa de 82, da Espanha, arrebatou a torcida com "Povo feliz (Voa canarinho)" (Alceu Maia/Júnior), um sucesso absoluto, e o "Pagode da seleção" (Memeco/Nonô) — lançadas em compacto simples. No mesmo campeonato, **Luiz Ayrão** também acertou com a apoteótica "Meu canarinho": "Dá-lhe, dá-lhe bola / Meu canarinho vai deixar a gaiola / Vai pra Espanha de mala e viola / Vai dar olé à espanhola / E rola e rola e rola / E rola essa bola..." Quatro anos depois, na Copa do México, **Júnior** apostou em "Vibrar de novo" (Memeco/Tuninho Branco), lançado num mix, trazendo do outro lado a gaiata "Macarrão na feijoada" (Júnior/Alceu Maia/Toninho Nascimento), que já havia gravado no ano anterior, numa referência à Itália, onde passou a morar quando deixou o Flamengo pelo Torino italiano. Não fizeram o mesmo sucesso, mas eram ótimos sambas. **Gal Costa** também fez um barulho nesta Copa com "70 neles" (Antonio Gianullo/Vicente Salvia), numa referência à vitória do Brasil no campeonato de 70, também sediado pelo México. Só não era em ritmo de samba, mas de frevo.

Correndo por fora, um nome que ficou mais conhecido pelo seu trabalho autoral do que como intérprete: o carioquíssimo **Nei Lopes**. Além de grande escritor, autor de mais de 40 livros, e ativista negro, ele é acima de tudo um poeta maior de nossa música. Os temas incomuns de suas canções conjugados às rimas ricas, indo buscar palavras diferentes, muitas evocando nossas raízes africanas, são notáveis e estão sempre a serviço de uma portentosa lista de ritmos bem brasileiros para bamba nenhum botar defeito — "do maracatu ao jongo, xiba, toada, congada, choro, calango, afoxé, partido alto, curimba, samba de breque, de gafieira, coco, merengue, samba-enredo, samba-canção, samba-rock e variados formatos do gênero ancestral e suas ramificações, desde o lundu e o semba da matriz africana", como bem descreveu o crítico Tárik de Souza num ensaio ainda inédito sobre seu legado.

Nei compôs sua obra com uma infinidade estelar de parceiros de vários estilos e gerações, cujo mais constante foi o não menos ilustre **Wilson Moreira**, com quem gravou dois LPs, em 80 e 85, compondo canções que se tornaram eternas, como "Gostoso veneno", "Goiabada cascão", "Candongueiro", "Ao povo em forma de arte", "Só chora quem ama", "Te segura", "Coisa da antiga", "Jongo do Irmão Café", "Fidelidade partidária", "Morrendo de saudade", "Gotas de veneno", "Sapopemba e maxabomba", "Como lutei", "Senhora liberdade" e tantas outras. Suas parcerias iniciais, entretanto, foram com **Reginaldo Bessa** — "Tem dendê" e "Figa de guiné", gravadas em 1972 por uma iniciante **Alcione**, que se tornaria sua intérprete mais constante. Fez também algumas sozinho, como "Tempo de Don Don" e "Afoxé pra Logun", e ainda "Tia Eulália na xiba", com **Cláudio Jorge**; "Firme e forte", com **Efson**; "Boteco do Arlindo", com **Maria do Zeca**, e o impagável samba-de-breque "Baile no Elite" com **João Nogueira**: "Tomei minha Brahma, levantei, tirei a dama / E iniciei meu bailado (No puladinho e no cruzado) / Até Trajano e Mário Jorge que são caras que não fogem / Foram embora humilhados (Eu tava mesmo endiabrado!)." Criou também alguns êxitos para um grupo de sambistas de raiz, os últimos a revolucionar a história do gênero, sem descaracterizá-lo.

Trata-se do **Grupo Fundo de Quintal**, cujo nome remete ao local das casas cariocas onde se batucava o samba, como a da velha **Tia Ciata**, nos anos 1910. Com sua nova roupagem rítmica, graças à adesão de novos instrumentos (banjo com afinação de cavaquinho, repique de mão e o tantã na marcação), caprichava nas harmonias, utilizando-se de técnicas como a polirritmia e dando ao cavaquinho uma nova função, com alterações de sétimas e diminutas, e nem por isso deixou de ser muito popular.

O conjunto foi numa escalada crescente de sucesso a partir do primeiro LP, *Samba é no fundo do quintal* (1980), com "Você quer voltar" (Gelcy do Cavaco/Pedrinho da Flor), "Gamação danada" (Almir Guineto/Neguinho da Beija-Flor), "Bar da esquina" (Jorge Aragão/Jotabê), entre outros, e nos anos seguintes consagraram os autorretratos "Doce refúgio", de **Luiz Carlos da Vila** ("Sim, é o Cacique de Ramos / Planta onde em todos os ramos / Cantam os passarinhos nas manhãs / Lá o samba é alta bandeira

/ E até as tamarineiras são da poesia guardiãs") e "Caciqueando", de **Noca da Portela** ("Deixa o desamor, caciqueando na Avenida"), além de sambas românticos, como "Parabéns pra você" (Mauro Diniz/Sereno/Ratinho), e divertidos, como "E eu não fui convidado", de Zé Luiz com o referido **Nei Lopes**: "Eu não sou culpado meu bem / Que seu novo amor tem pavor do passado / Comprei camisa de seda, terno de linho importado / Dei molho no meu cabelo, pus um pisante invocado / Mas você se casou e eu não fui convidado."

Em 1981, a formação do grupo era **Bira Presidente, Sereno, Sombrinha, Ubirany** com **Valter Sete Cordas** (depois **Cleber Augusto**, em 83) e **Arlindo Cruz** entrando no lugar de **Neoci**, que faleceu, e de dois que seguiram carreiras solo, **Jorge Aragão** e **Almir Guineto**, este último coautor (com Gelcy do Cavaco) de outro hit inicial do conjunto, o partido alto "Boca sem dente", cuja letra lembra os sambas-canção de **Lupicínio Rodrigues**, discorrendo sobre o homem provedor que tirava a mulher da pobreza absoluta e ela lhe respondia com ingratidão. Nascido e criado no Morro do **Salgueiro**, o ex-mestre de bateria da escola, filho de **Iraci**, violonista do **A Fina Flor do Samba**, e irmão de **Chiquinho**, um dos fundadores dos **Originais do Samba**, **Almir Guineto** não tinha como fugir à sina de grande bamba.

Após atuar como cavaquinista no grupo do irmão, logo se integrou à turma do Cacique de Ramos, ajudando a fundar o **Grupo Fundo de Quintal**, no qual introduziu o banjo com afinação de cavaquinho nos pagodes, no lugar dos próprios cavacos, pois isso potencializava seu som, compensando a ausência de microfones em muitas rodas de samba. Nessa época já era coautor de "Coisinha do pai" (com Jorge Aragão/Luiz Carlos) e "Pedi ao céu" (com Luverci Ernesto), sucessos de **Beth Carvalho**. Começou a aparecer quando gravou num álbum coletivo, em 1980, o sarcástico "Saco cheio", de autoria de sua mãe, **Dona Fia do Salgueiro**, com Marcos Antônio, sobre os que rogam a Deus por qualquer motivo banal: "Tudo que se faz na Terra / Se coloca Deus no meio / Deus já deve estar de saco cheio..." A seguir, tirou o terceiro lugar no MPB Shell 81, com "Mordomia" (Ari do Cavaco/Gracinha): "Ô Maria, Ô Maria / Vamos parar já com essa mordomia."

Em 1985, **Almir** vivia o ápice de sua popularidade, arrebatando o país com sucessos como o partido alto "Jiboia" (Vilani Silva Bombril), do hilário refrão "Depois que mataram a jiboia/ Jararaca deita e rola", o romântico "Rendição" (dele com Capri/Adalto Magalha) — "Nada me faz sofrer/ Quando estou estendido em suas mãos" — e o desesperado "Insensato destino" (Chiquinho/Maurício Lins/Acyr Marques), que clamava aos céus: "Destino, por que fazes assim? / Tenha pena de mim / Por favor não mereço sofrer / Quero apenas um dia poder / Viver numa de felicidade / Com alguém que me ame de verdade", um clássico, como outros que estavam por vir. Todos do LP *Sorriso novo*, o primeiro que chegou a Disco de Ouro dessa geração de pagodeiros.

No mesmo ano, o produtor **Milton Manhães** — que já fazia produção na pequena K-Tel de discos de diversos sambistas entre 1980 e 81, como o **Exporta Samba** (incluindo o sucesso "Reunião de bacana", mais conhecido como "Se gritar, pega ladrão") e o referido **Almir Guineto** — produziu os primeiros discos do **Fundo de Quintal** na RGE. Graças a este sucesso e à boa recepção crescente do samba no Rio de Janeiro, tendo a Rádio Tropical FM como grande aliada, convenceu os executivos da gravadora a investir no próprio **Almir** e no álbum coletivo *Raça brasileira*, que revelou uma pá de bambas que já eram bem conhecidos nos pagodes (rodas de samba) cariocas. Que pagodes eram esses? A lista é longa.

Havia o do Cacique de Ramos, em Olaria, mas também o Pagode do **Arlindinho (Arlindo Cruz)**, Sambola e o da Mulher Solteira, na Piedade; os Pagodes da Tia **Doca**, do **Sapo** e do **Wellington**, em Madureira; de **Bandeira Brasil** (e da mesma **Doca**), da Adega e do Barbas, em Botafogo; o Pagode da Beira do Rio, liderado por **Mauro Diniz** (filho de **Monarco**) e **Adilson Victor**, e da Resistência, em Osvaldo Cruz; de **Reinaldo**, na Pavuna; do **Renan**, na Estrada Velha da Pavuna, em Inhaúma; do Pagofone, da Tia **Gessy** e do Ferro de Engomar, no Cachambi; da Sardinha e da **Anita**, no Centro (depois, no Bar Fundo de Quintal, em Vista Alegre), da rua da Quitanda (na própria, no Centro), do Cinquentinha, em Irajá; dos Boleiros (com a turma do **Grupo Raça**), no CCIP de Pilares; do Caldeirão Sem Fundo, no Tuiuti; o do trailer Sumaré, na Praia da Barra da Tijuca, e dezenas de outros. Todos regados a boas doses de cerveja, petiscos e sopa de ervilha ou caldo verde tomados no copo.

Sendo assim, o LP *Raça brasileira* reuniu **Elaine Machado** (que defendeu a faixa-título), o referido **Mauro Diniz**, também arranjador do álbum ("Ingrata paixão"), **Pedrinho da Flor** ("Pedra no caminho")[46] e principalmente **Zeca Pagodinho** e **Jovelina Pérola Negra**, em partidos como "Bagaço da laranja" (Zeca/Arlindo Cruz), o maior sucesso do disco cantado em dueto, projetando ambos: "Fui num pagode / Acabou a comida / Acabou a bebida / Acabou a canja / Sobrou pra mim / O bagaço da laranja." A seguir, "Feirinha da Pavuna" (só de **Jovelina**), na voz da autora, também estourou. Vendeu mais de 100 mil cópias, outro Disco de Ouro. Com isso, **Manhães** teve carta branca para produzir discos individuais de seus pupilos.

Nem tão romântico como **Agepê**, nem tão marginal quanto **Bezerra**, o gênero dessa turma era uma natural evolução do velho samba, com ênfase no partido alto, no estilo aberto pelos futuros integrantes do **Fundo de Quintal** no final da década anterior, com banjo, repique e tantã. Mas agora o ritmo assumia a nomenclatura que só o pessoal do ramo conhecia: "pagode". Coroando esse bom momento do samba, **Leci Brandão**, após cinco anos sem gravar LPs, voltava também em 1985, agora adotando um viés mais popular, com "Papai vadiou" (Rody & Gaspar do Jacarezinho) e uma espécie de hino dessa nova geração de sambistas: "Isto é fundo de quintal", dela com Zé Maurício: "O que é isso, meu amor, venha me dizer / Isto é fundo de quintal / É pagode pra valer / Eu falei pra você..." Tudo conspirava para que o próximo ano, de 1986, fosse o grande ano da explosão do "pagode". E foi mesmo, como veremos mais adiante.

Ao mesmo tempo, no carnaval, os sambas de enredo das escolas cariocas continuavam sendo a grande música massiva da folia no país, embora vários hits alegres da "MPB" e dos sambistas tradicionais também disputassem as paradas com eles, além de um *revival* de canções carnavalescas à moda antiga de **João Roberto Kelly** na voz de **Chacrinha**, que as difundia em seu programa, como a marchinha "Maria Sapatão" (no carnaval de 1981) e o gaiato samba "Pacotão" (de 84): "Olha o pacotão / Olha o pacotão da nega..."[47] Na avenida, em 1980, a **Portela** ganhou com "Hoje tem marmelada" (David Corrêa/Jorge Macedo/Norival Reis), sobre o universo circense, empatada com a **Beija-Flor** e a **Imperatriz Leopoldinense.** Uma das vice-campeãs, igualmente empatada com a **União da Ilha** e a **Mocidade Independente**, foi a **Vila Isabel** com o antológico "Sonho de um sonho" (Martinho da Vila/Rodolpho/Tião Graúna), inspirado no poema de Carlos Drummond de Andrade: "Sonhei / Que estava sonhando um sonho sonhado..."

Em 1981, foi a vez de "O teu cabelo não nega — Só dá Lálá" (Gibi/Serjão/Zé Katimba), homenagem da **Imperatriz Leopoldinense** a **Lamartine Babo** ("Nesse palco iluminado / Só dá Lalá / És presente, imortal / Só dá Lalá...") e da **Portela**, com "Das maravilhas do mar, fez-se o esplendor de uma noite" (mais uma vez de **David Corrêa** e **Jorge Macedo**): "Deixa-me encantar / Com tudo teu, e revelar, lalaiá lá / O que vai acontecer nesta noite de esplendor." Em 82, apareceram dois dos maiores clássicos do gênero, "Bum bum paticumbum prugurundum" (Aluízio Machado/Beto Sem Braço), com que a **Império Serrano** venceu o carnaval, contando as origens das escolas de samba, e "É hoje" (Didi/Mestrinho), que a **União da Ilha** ficou em quinto: "Diga, espelho meu / Se há na avenida alguém mais feliz que eu", a seguir regravado por **Caetano Veloso.**

Em 1984 foi inaugurado o sambódromo, na rua Marquês de Sapucaí, próximo à Praça Onze, berço do samba carioca, onde a **Mangueira** foi supercampeã com o enredo "Yes, nós temos Braguinha" (Jurandir/Hélio Turco/Comprido/Arroz/Jajá), homenageando o grande compositor: "Vem... / Ouvir de novo o meu cantar / Vem... ouvir 'As Pastorinhas'..." A **Portela** ficou em segundo com "Contos de areia" (Dedé da Portela/Norival Reis), associando três grandes orixás aos seus maiores baluartes — o fundador **Paulo da Portela** (Oranian), o presidente de honra, **Natal** (Oxóssi) e **Clara Nunes** (Iansã): "Bahia é um encanto a mais / Visão de aquarela / E no ABC dos orixás / Oranian é Paulo da Portela..." Em terceiro, a **Mocidade Independente de Padre Miguel** vinha com o hilariante "Mamãe eu quero Manaus" (Edson Show/Romildo), sobre "muamba, Zona Franca (de Manaus) e carnaval". E o **Salgueiro** ficou marcado com outro samba dos ex-portelenses **David Corrêa** e **Jorge Macedo**, que nunca foi esquecido, "Skindô, skindô" ("Oiá, oiá / Água de cheiro pra Ioiô / Vou mandar buscar na fonte do Sinhô").

Finalmente em 1985, a **Caprichosos de Pilares** começa a se firmar com seus enredos e sambas humorísticos, puxados pela voz inconfundível de **Carlinhos de Pilares**, também coautor de "E por falar em saudade",[48] obtendo o quinto lugar: "Tem bumbum de fora pra chuchu / Qualquer dia todo mundo nu", em que criticava a inflação, satirizava políticos e apoiava o movimento das "Diretas Já". Mas quem venceu o pleito foi a **Mocidade** com "Ziriguidum 2001, carnaval nas estrelas" (Gibi/Tiãozinho da Mocidade/Arsênio), sobre uma folia no astral: "Quero ser a pioneira / A erguer minha bandeira / E plantar minha raiz... / Desse mundo louco / De tudo um pouco / Eu vou levar pra 2001." A **Mangueira** ficou em nono, mas marcou com seu enredo sobre **Chiquinha Gonzaga**, "Abram alas que eu quero passar" (Jurandir/Hélio Turco): "Roda a baiana / Levanta a poeira do chão / Roda a baiana nas cores do meu coração."

Os gêneros populares e o fim de um ciclo

Quem também continuava vivendo uma boa fase contínua como cantor e autor de boas canções populares (sempre com **Erasmo**) e líder absoluto de vendas, na casa de 1 milhão de cópias anuais, era **Roberto Carlos**. Até meados dos anos 1980 viveu seu último *boom* criativo, com as canções de motel "Cama e mesa", "O côncavo e o convexo" e "Tudo para" ("quando a gente faz amor"), a ecológica "As baleias", a mística "A guerra dos meninos", a gospel "Ele está pra chegar", a machucada "Fera ferida" e as românticas mais comportadas "Eu preciso de você", "O amor é a moda", "Eu e ela" e "Amante à moda antiga". Esta última e o futuro clássico "Emoções" ("Quando eu estou aqui / Vivendo este momento lindo/ Olhando pra vocês / E as mesmas emoções sentindo...") resgatavam o velho ritmo do fox-canção — por coincidência, **Rita Lee** teve êxito na mesma época com o foxtrote "Só de você". Teve ainda o presente de **Djavan**, a delicada "A ilha", e o megahit "Caminhoneiro", antecipando a invasão sertaneja que aconteceria no fim da década, batendo recordes de execução. Tocou 3.287 vezes só no dia 19 de novembro de 1984, data de seu lançamento. Esta, entretanto, deu certa dor de cabeça aos autores, pois foi comprovado na justiça ser uma adaptação do country americano "Gentle on my mind"

(John Hartford), gravada inclusive por Elvis Presley, e seu crédito se tornou obrigatório nas novas tiragens do álbum.

O sertanejo propriamente dito continuava sendo um nicho de mercado, com divulgação restrita à sua região de consumo, a Centro-Oeste e parte da Sudeste e Sul, porém estava ficando cada vez mais descaracterizado de suas raízes. A virada dos anos 1970 para os 80 foi um momento da retomada da música caipira autêntica por alguns artistas que arregaçaram as mangas e foram à luta. **Rei do Gado e Boiadeiro**, rebatizados e apadrinhados por **Tonico e Tinoco** como **Cacique e Pajé**, "dois índios que cantavam" (mas que nada tinham de indígenas, a não ser a semelhança física), estreavam em 1978, gravando com viola, a verdadeira música de raiz, como "Pescador e catireiro" (Cacique/Carreirinho) e "Caçando e pescando" (Cacique/Tangará).[49] **Dino Franco** (o mesmo que adotou os nomes artísticos de **Pirassununga**, nos anos 1950, e **Junqueira**, nos 60, sempre em dupla com diversos parceiros, e que no fim da década seguinte faria dupla com **Mouraí**) e **Liu e Leo** foram além. Montaram a gravadora Tocantins em 1980, especializada no sertanejo de raiz, trazendo duplas do interior paulista, como **Zé do Cedro e João do Pinho, Taviano e Tavares, Ronaldo Viola e João Carvalho**, além dos irmãos mais velhos (de **Liu e Leo**) **Zico e Zeca**. Na mesma linha, o selo Globo Gravações, do compositor **Vicente P. Machado**, lançou, entre outros, **João Mulato e Douradinho** e **Camões e Camargo**, e trouxe de volta à cena veteranos como **Duo Glacial, Zilo e Zalo, Mensageiro e Mexicano** e até mesmo **Pedro Bento e Zé da Estrada**, que nos anos 60 mesclaram a música caipira com a influência dos mariachis mexicanos, cantando até de sombreros.

Outras figuras renovadoras do caipira tradicional foram os irmãos **Pena Branca e Xavantinho**, raros artistas negros deste segmento, nascidos em Uberlândia, onde trabalharam na roça. Entre 1977 e 80 atuavam na Orquestra Violeiros de Osasco, até que apareceram nacionalmente no Festival MPB 80, da Globo, aos poucos conseguindo um feito que nenhuma outra dupla alcançou, chegar à inacessível "MPB", participando de projetos e álbuns importantes com essa turma e até gravando "O cio da terra", com **Milton Nascimento**. O sucesso começou em agosto de 1981, quando foram apadrinhadas pelo ex-ator e "cantautor" **Rolando Boldrin**, uma figura fundamental a engrossar o caldo da música caipira (e regional) de raiz neste início de década, idealizando e apresentando o *Som Brasil* na TV Globo, nas manhãs de domingo, justamente promovendo a aproximação do sertanejo "de raiz" com a "MPB", sem concessões a "influências estrangeiras" no instrumental ou "cafonices" nas letras ou na indumentária dos artistas. Ele também assinava e cantava seu tema de abertura, "Vide vida marvada", até que, entre 84 e 87, o programa teve seu comando substituído pelo ator Lima Duarte, pois o apresentador queria ir para o horário nobre, o que se daria na Bandeirantes, por um ano, em 84. Depois, só voltaria à telinha entre 89 e 90, com o *Empório Brasil*, no SBT.

Enquanto isso, em 82, **Sérgio Reis** fazia parte do elenco da novela *Paraíso*, na Globo, sendo um dos raros a furar o bloqueio de algumas rádios para este tipo de música no ano seguinte, com "Panela velha" (Moraezinho/ Ari Silvestre) ("Não importa se ela é coroa / Panela velha é que faz comida boa"), e já em 87 o vanerão (estilo gaúcho) "Pinga ni mim" (Elias Filho) ("A minha casa tem goteira / Pinga ni mim..."). Nesta pegada do sertanejo sulista, o **Gaúcho da Fronteira** marca seu nome entre os cultores do gênero, entre 1980 e 81, com as autorais "Nheco vari, nheco fum", "Ainda morro disso" e "Isto que é gaiteiro bom". Em 87, foi a vez do SBT escalar **Tonico e Tinoco** para apresentar o *Festa na roça* aos domingos, além de investir em outros do gênero em sua programação. Mas o primeiro deles a trazer a cultura caipira de volta à telinha foi o *Viola, minha viola*, exibido pela TV Cultura a partir de março de 1980. Inicialmente apresentado por **Nonô Basílio e Moraes Sarmento**, depois por este último e **Inezita Barroso**, e mais tarde só por ela, tornou-se o mais perene do segmento.

O Rio de Janeiro, cuja mídia até então era bastante refratária aos caipiras, pela primeira vez abrigou um grande evento de música sertaneja, *A grande noite da viola*, no ginásio do Maracanãzinho, em 20 de junho de 1981, reunindo os maiores ícones do gênero, com a prevalência dos tradicionais, provocando uma adesão surpreendente do público, que motivou um segundo show extra. Quem o promoveu foi a gravadora paulista Chantecler, líder do segmento, vendo que seus discos estavam tendo boa aceitação entre os cariocas, e na sequência lançou um LP com a gravação ao vivo do show, incluindo os pesos-pesados **Tonico e Tinoco**, **Milionário e**

José Rico, além de **Tião Carreiro e Pardinho**, **Irmãs Galvão**, **Matogrosso & Mathias**, **Teixeirinha** e (sua sanfoneira e cantora) **Mary Terezinha**, **Vieira & Vieirinha**, entre outros, além de novos artistas, como a gaúcha **Berenice Azambuja**, que começou a gravar em 77 e estourou com "É disso que o velho gosta" (dela com Gildo Campos), e o cantor e violeiro matogrossense **Almir Sater**, que desistiu de estudar Direito e se tornou um virtuose na viola de 10 cordas, estreando em disco solo neste mesmo ano.

As citadas **Irmãs Galvão** voltaram às paradas em 1985 com "No calor de seus abraços", e o **Trio Parada Dura** equilibrava-se entre canções mais típicas, como a guarânia "Telefone mudo", a toada "Barco de papel", o balanço "As andorinhas" e outras mais "moderninhas", como o irreverente xote "Bobeou, a gente pimba" (Jotha Luis/César Augusto/Barrerito) ("Todo dia acontece / Anoitece ou amanhece / Bobeou, a gente pimba"), este já em 87, além de abordar o tema do racismo ("Homem de cor") e das diferenças sociais ("O doutor e a empregada") nas relações amorosas. E, de fato, nem tudo era caipira raiz. Muito pelo contrário. Ainda em 81, começou a dupla **Alan e Aladim** (de carreira meteórica, devido à morte do segundo, em 92), e duas outras que vinham dos anos 70 se consagravam: **Cézar e Paulinho** (filhos de **Craveiro**, da dupla **Craveiro e Cravinho**), com "Noite maravilhosa" e **Gilberto e Gilmar**, com a canção rancheira "Assino com X" e depois com a guarânia "Capa de revista".[50]

Também em 1981 começaram **Teodoro & Sampaio** — que três anos depois ganhariam o público com a guarânia "Vestido de seda" (Alcino Alves/Teodoro) e mais tarde com o batidão "Cunhada" (José Fortuna/Paraíso) — e chegava finalmente ao sucesso aquela que viria a ser a matriz de muitas duplas pelas próximas duas décadas, **Chitãozinho & Xororó**. Ainda que os dois irmãos tenham começado adolescentes no fim da década de 1960 e a gravar em 70, ganham visibilidade maior a partir de 79, com "60 dias apaixonado" (Darci Rossi/Constantino Mendes). Depois o LP *Amante amada* (1981) surpreendeu e lhes rendeu Disco de Platina, mas a guarânia "Fio de cabelo", outra de **Darci**, com **Marciano**, içou o LP *Somos apaixonados* (82) a inacreditáveis 1,5 milhão de cópias: "Quando a gente ama / Qualquer coisa serve para relembrar (...) E hoje o que encontrei me deixou mais triste / Um pedacinho dela que existe / Um fio de cabelo no meu paletó." Ainda não haviam chegado às rádios do Brasil inteiro, mas muitas FMs e TVs já abriam espaço para seu estilo chorado de interpretação, ostentando então grande influência mexicana e paraguaia.

No mesmo ano de 1982, começam as atividades **Chrystian & Ralf**, goianos que passaram a juventude na Vila Gustavo, em São Paulo, depois cantaram em inglês com pseudônimos. Agora, caprichando na afinação, mesclavam humor, romantismo e raiz, estourando a autoral "Chora peito" em 86. Em paralelo, **Suzamar**, que já havia deixado o duo **Irmãs Souza** no fim dos anos 60, continuava numa carreira ascendente de sucesso desde a década de 70. Mergulhou nas guarânias e bolerões descabelados de inspiração mexicana, como "Fim de noite", em 83,[51] e ainda serviria de inspiração a outras estrelas de rodeios nas décadas seguintes, as também louras e belas **Nalva Aguiar** e **Jayne**. Por essa época, davam seus primeiros passos **Ataíde e Alexandre**, em 83, e **João Paulo e Daniel**, em 85.

Em meio a tamanho romantismo, houve artistas desse ramo que se embrenharam pelos ares democráticos da campanha pelas eleições diretas para presidente e começaram a defendê-la, como os ex-apoiadores do golpe militar de 64 **Teixeirinha** e a dupla **Tião Carreiro e Pardinho**, que gravou em 1983 "A coisa tá feia" (Tião/Lourival dos Santos): "Quem mamava no governo, agora secou a teta / A coisa tá feia, a coisa tá preta." **Chico Rey & Paraná** e **Mary Terezinha** também se engajaram. Mas nenhum deles superou os "Leões da música sertaneja" ("brega") **Duduca** (goiano) **e Dalvan** (paranaense, este o único de nível universitário dessa geração, formado em Direito). Além de regravar a icônica "Caminhando" de **Geraldo Vandré**, fizeram muito sucesso com a toada "Espinheira" e a canção "Massa falida". A primeira, de 84, sobre a troca de políticos no poder que em nada melhoravam a vida do povo, chegando a ser usada no ano seguinte pelo futuro presidente Lula na campanha de seu primeiro mandato como deputado federal, pois ele a punha para tocar na porta das fábricas do ABC paulista. A outra, apesar do linguajar mais rebuscado, os levou à marca dos 500 mil discos vendidos, em 85: "O operário do lucro expoente e a parte excedente não lhe é revertida / Se aderirmos aos jogos políticos seremos síndicos da massa falida".

Ainda em 1985, numa virada estilística, **Jair Rodrigues** deixava o samba por instantes, para terçar vozes com **Chitãozinho & Xororó** em "Majestade o sabiá". A toada era de autoria de uma paraibana de origem humilde, também cantora, que vinha tentando um lugar ao sol. Era **Roberta Miranda**. Pouco antes, ela teve a outra música gravada por **Matogrosso & Mathias**, "De igual pra igual", em parceria com o primeiro ("Você fingiu, você brincou com minha sensibilidade / É o fim do nosso caso na verdade / Só nos restam recordações"), outro sucesso muito mais cabareteiro que caipira que antecedeu sua estreia como cantora, o que se deu em 86 com muito êxito. **Zezé Di Camargo**, futuro astro "sertanejo", também se celebrizou primeiro como autor, durante toda a década de 80,[52] antes de formar a dupla com **Luciano**. Falando nisso, cada vez mais, as duplas de gênero mais pop e romântico apareciam, como **Leandro & Leonardo**, no mesmo ano de **Roberta**, em 86 (gravando pouco depois "Solidão", de **Zezé**). A propósito, as duas duplas, mais **Alan e Aladim** nessa época tiveram o mesmo empresário (Romildo Pereira) e todas sofreram grande influência de **Amado Batista**,[53] um autêntico artista do chamado "brega", epíteto que passou a ser empregado nesta década em substituição a "cafona", um termo consagrado desde o final dos 60.

Reza a lenda que o termo nasceu em território baiano. Teria derivado do "Nóbrega" da rua Manuel da Nóbrega, em Salvador, onde havia casas de baixo meretrício. A placa com o nome da rua foi se desgastando e todo mundo só lia "Brega", diziam: "Vamos lá no brega!" Isso acabou se tornando sinônimo de música sem maior sofisticação. Há também o termo "chumbrega" (que remete a um antigo político que vivia alcoolizado) dedicado a algo "ruim", "ordinário". Nunca saberemos ao certo a origem, mas fato é que o termo pegou. Pois essas três duplas que estavam a um passo de estourar beberam muito na fonte dos cantores "brega-românticos" da virada dos anos 70 para os 80, como **Odair José**, **José Augusto**, bem como na de outros dois que estavam despontando nesse tempo, o galã **Gilliard** e o brega-chique **Biafra**, mas principalmente na de **Amado Batista**, cujos arranjos e o teor romântico-sensual foram copiados para o álbum de estreia de **Leandro & Leonardo** na pequena 3M, a ponto do empresário Romildo contratar o mesmo arranjador dos discos do cantor, o maestro **Otávio Basso**, para a empreitada e jovens compositores dessa linhagem, como **César Augusto** (futuro produtor da dupla), para lhes fornecer repertório, enquanto **Zezé** passou a compor na linha pop romântica e melodramática, também muito inspirada em **Amado** e congêneres.

O maior hit sertanejo desse tempo que transcendeu qualquer nicho de público foi "Fuscão preto" ("Você é feito de aço / Fez o meu peito em pedaço / E também aprendeu matar"), de **Atílio Versuti** e **Jeca Mineiro**, que já havia sido gravada por outros caipiras, mas emplacou mesmo com **Almir Rogério**, entre 1981 e 82, e por sua vez inspirou "Bicicleta envenenada",[54] hit de **Ismael Carlos**, em 83 ("Não tenho fuscão preto / Também não sou motoqueiro / Mas não troco ela por nada") — mais dois autênticos exemplares do "brega".

Vale dizer que, até meados da década de 1980, o "brega" mais rasgado ainda não havia invadido as FMs. Ele reinava na frequência AM das rádios do país e ainda era bem parecido com a estética dos anos 1970, com interpretações e enredos melodramáticos ou mais caricatos, destacando-se nomes como os veteranos **Moacyr Franco** ("Pedágio", "O milagre da flecha"), **Márcio Greyck** com "Aparências" ("Nada mais / Sustentaram nossas vidas..."), o referido **Amado Batista** ("Folha seca", "Meu ex-amor"), mas também novatos, como o pernambucano Ademir Rodrigues, o **Ovelha** ("Voa andorinha", autoral, e diversas versões do pop rock internacional, como "Te amo, que mais posso dizer"? [More than I can say]", mais conhecida como "Sem você não viverei"), o paulista **Marcos Roberto** ("Última carta"),[55] o já comentado potiguar **Gilliard**, cantor-galã que a partir da gravação de "Aquela nuvem" ("que passa / Lá em cima sou eu"), de sua autoria, em 79, vive seu período áureo, frequentando muito os programas populares de TV na virada da década de 70 para 80, assim como duas cantoras latino-americanas radicadas no Brasil, a argentina **Julia Graciela** ("Anúncio de jornal", dos versos "Precisa-se de moça / Boa aparência / Pra secretária"), de retumbante e efêmero sucesso, e a paraguaia **Perla**, com "Pequenina (Chiquitita)" do **ABBA**, entre outros hits, um ícone do "brega-pop" que atravessou décadas, gravando e cantando com seu vozeirão, carisma teatral e seus longos cabelos de índia.

Entre os "bregas" animados, o paraense **Alípio Martins** deitou e rolou com músicas muito pitorescas desde a década anterior, com carimbós, como "Meu negócio é peixe (A piranha)", e nesta fase já em ritmo de lambada, *chacundum* e congêneres, como "Gozar a vida", "Tira a calcinha", "Garota", "Decisão", "Lá vai ele", "Oh! Darcy" e outras, ainda que mais restrito ao mercado Norte/Nordeste, caso igualmente do potiguar **Paulo Márcio** ("Num quarto de hotel") — num estilo semelhante ao do irmão **Carlos Alexandre** e de **Reginaldo Rossi** — que duas décadas depois, nos anos 2000, iria fixar residência em Recife. Na linha de baladas e *chacunduns* bem "brega-românticos", estouraram nestas regiões os pernambucanos **Tarcys Andrade**, com canções autorais, como "Não chore, amor" ("Eu ainda gosto de você"); **Augusto César**, com "Escalada" (Jorge Silva/Carlos Sérgio), ostentando um timbre parecido com o do "Rei" **Roberto Carlos**, de quem era fã incondicional, e ainda **Leonardo (Sullivan**, irmão de **Michael Sullivan**, não confundir com o astro sertanejo e irmão de **Leandro)**, autor e lançador do hit "Memórias", de **Fafá de Belém**, ainda em 1982, e de "Mãe, um pedaço do céu", dele com **Carlos Colla**, um hit nordestino no Dia das Mães desde seu lançamento em 86.

Outros artistas "bregas", entretanto, estouraram nacionalmente, como o exótico trio **Los Angeles**, formado por um cantor (**Márcio Mendes**) e duas vocalistas (sua irmã **Ana Maria** e **Cléo Ferreira**), que sempre se apresentavam com alguma coreografia, frequentando tudo que era programa popular de TV, como os de Silvio Santos e Raul Gil, na TVS (SBT), com "Vamos dançar mambolê" e a canção-tema da novela global *Transas e caretas*. Falando em aberturas de novela, os **Fevers** emplacaram duas nesse tempo, "Elas por elas (Coisas da vida)" e "Guerra dos sexos". E o nosso sambista de linhagem mais popular dos anos 70, **Benito Di Paula** após "Ah! Como eu amei", entre 81 e 82, reapareceu também em duas novelas da Globo, ambas de 85. Em *A gata comeu*, com um sucesso bissexto que transcendeu a trama, "Amigo do sol, amigo da lua": "E ê / Criança presa em / Brinquedos de trapaças / Quase sem história pra contar...", e em *Tititi*, com o delicioso samba "A vida é dura", ao lado dos **Demônios da Garoa**, tema do divertido personagem do ator Luiz Gustavo: "Inventa sempre um plano infalível o tempo inteiro / Só pensa em rios de dinheiro / Mas quando chega a hora de fazer o que ele quer / É com a mesada da mulher".[56]

O humorista **Sérgio Mallandro** chegou ao primeiro lugar na parada AM em 82 com "Vem fazer glu-glu", enquanto o apresentador **Gugu Liberato** animava seu programa de auditório *Viva a noite*, aos sábados, no SBT, com o "Baile dos passarinhos (Tchip tchip, el baile de los pajaritos)",[57] e o cantor-galã **Nahim** sacudia os programas da mesma emissora com uma pérola de **Mister Sam**, "Melô do tacka-tacka". Mas a maior invenção desse DJ/produtor argentino que atuava desde 1973 na Copacabana Discos foi **Gretchen**. Ela era *crooner* do maestro **Zaccaro**, que trabalhava com o apresentador Silvio Santos. Um belo dia, foi ao *Show de calouros* em sua emissora para cantar o hit disco "Dance a little bit closer", da espanhola Charo. Vendo sua figura na telinha, em casa, ficou doido. Procurou-a e pediu que não cantasse mais a sério, que fizesse apenas gemidos e entoasse só as músicas que, a partir de então, faria para ela, como "Freak le boom boom" (1979), "Conga, conga, conga" (80) e "Melô do piripipi" (81).

Usando a sensualidade sem subterfúgios, indo direto à libido, apresentando-se em trajes sumários, na linha *femme fatale*, com músicas dançantes que agradavam pelo inusitado, fossem pelas letras que mesclavam várias línguas ou o apelo para que os auditórios batessem palmas, **Gretchen** virou uma estrela em 1978, mas não sem antes ser censurada no programa *Almoço com as estrelas*, de Aírton e Lolita Rodrigues, na TV Tupi de São Paulo. Como nessa época todo programa precisava de análise prévia para serem liberados à exibição, os censores não acreditaram naquela mulher seminua e rebolativa diante do videoteipe que receberam; afinal, o programa estava previsto para ir ao ar meio-dia. O jeito foi convencer o gaiato **Carlos Imperial** a escalá-la às onze da noite, ao final de seu programa na Tupi, quando a censura era mais branda. Deu certo! O sucesso foi tanto que ele a coroou "Rainha da Disco Music". Tamanho êxito também fez com que aparecesse em seu rastro diversas outras cantoras-dançarinas rebolativas e gemedeiras, mas de sucesso efêmero, como a catarinense **Sol** em "Sonho colorido", a carioca, e mais famosa chacrete da *Discoteca do Chacrinha*, **Rita Cadillac**, com "É bom para o moral (C'est bom pour le moral)", e a curitibana **Sharon**, ex-modelo e dançarina dos programas da TV de Silvio Santos, que cantava a lasciva "(Vem cá, meu bem, fazer uma) Massage for men".[58]

Ex-estrelas da época do rock dos anos 60, **Rosemary** e **Wanderléa** apareceram nessa época com pérolas populares irresistíveis assinadas pela griffe **Roberto & Erasmo**. A primeira, após uma década de shows superproduzidos por **Haroldo Costa** e **Abelardo Figueiredo**, tributo a Carmen Miranda (engajada, inclusive, na criação de seu museu), papel de destaque no teatro em "Promessas, promessas", dirigida por Victor Berbara, turnês pelo México, China, Marrocos e EUA, incluindo apresentação para o presidente americano Jimmy Carter, grandes musicais na TV Globo e alguns hits como "Um caso meu" (Robson Jorge/Mauro Motta) em 77, chegou aos anos 80 com "Joia", do refrão "Sou uma mulher / Preciso ser amada", precisamente em 82. E a segunda, após shows desbundados e experimentalismos, incluindo parcerias com o então seu marido **Egberto Gismonti** nos pouco compreendidos álbuns *Vamos que eu já vou* (77) e *Mais que a paixão* (78), voltou às paradas em 81 com a cabareteira "Na hora da raiva" ("Não pensei em nada, perdi a cabeça e descontrolada / Peguei minhas coisas / Gritei 'Vou-me embora' / Te disse outras tantas só pra te agredir / Mas você me pegou / Com aquele seu jeito / Me puxou com força, me apertou no peito / E como acontece quando a gente ama / Me esqueci da raiva e acabei na cama..."). Quatro anos depois, foi a vez da releitura de "Menino bonito", de **Rita Lee**, que só tocou, como as demais, nas emissoras AM, mais populares.

Ainda mais veteranos, alguns dos cantores da Era do Rádio de viés bem popular estavam batendo um bolão nesse tempo. O aval (tardio, mas oportuno) de **Elis Regina** foi o empurrão que faltava para que um executivo da Som Livre fizesse uma aposta com seu diretor, **João Araújo**. "Você é capaz de estourar qualquer artista de seu elenco?" Respondeu que sim. Logo, o outro retrucou: "Então por que você não estoura o **Cauby** que já é seu contratado e está jogado às traças?" Mordido, o executivo tratou de cumprir a promessa. Colocou três produtores para conseguir um repertório renovado para ele, e em 1980 o cantor em seu esplendor vocal era relançado no mercado num esquema de marketing parecido com o que o projetara há três décadas. Seu lançamento no restaurante Assirius, do Theatro Municipal, do Rio, reuniu a nata da alta sociedade e do meio cultural e o cantor surgiu vindo de limusine com batedores por toda a avenida Rio Branco.

O LP *Cauby! Cauby!* (1980) trazia canções de **Caetano** (a faixa-título), da novata **Joanna** ("Loucura", com Sarah Benchimol e Tony Bahia) e de **Chico** Buarque ("Bastidores", cujo refrão entoou até seus últimos dias: "Cantei! Cantei! Jamais cantei tão lindo assim / E os homens lá pedindo bis / Bêbados e febris / A se rasgar por mim") — esta última, graças à petulância do esperto produtor **Ezequiel Neves**, que a surrupiou em surdina, pois era prevista para ser lançada pela irmã do compositor, **Cristina Buarque**. A seguir, **Cauby** ganhou especial no horário nobre noturno da TV Globo, como todos os grandes astros da "MPB" do momento. Seu ressurgimento foi tão forte que dali por diante ele nunca mais foi esquecido, sendo sempre prestigiado pela mídia culta do país. A seguir, em 1982, gravou seu primeiro álbum com sua alma gêmea musical, **Angela Maria**, iniciando uma longa temporada de shows a seu lado durante boa parte da década.

Outro veteraníssimo de popularidade inabalável, **Nelson Gonçalves**, aos 65 anos, a partir de 1984 passou a ser produzido pelo ex-cantor **José Milton**, realizando belos discos com clássicos de nosso cancioneiro e muitos duetos com os maiores ícones da "MPB", do samba e da velha guarda, voltando igualmente à grande mídia, destacando um velho poema de **Dolores Duran** musicado postumamente por **Carlos Lyra**, o samba lento "O negócio é amar". Lançado sem maior repercussão por **Marisa Gata Mansa** em 81, obteve maior visibilidade após tê-lo registrado em dueto com **Fafá de Belém**. De sua geração, cujo auge foi nos anos 50, poucos ainda gravavam com certa regularidade. **Angela Maria, Cauby Peixoto, Dick Farney, Jamelão** e **Elizeth Cardoso** estavam entre as raras exceções. Esta última voltaria ao Japão em 82 para registrar um novo álbum ao vivo, este porém lançado apenas para aquele mercado.

E por falar em astro popular, quem viveria o seu clímax da carreira na próxima metade da década foi **Wando**, que após brilhar em 1983 com a balada autoral "Coisa cristalina", gravou no selo Arca Som — a convite do amigo **Ary Carvalho**, empresário, dono do jornal O Dia (RJ) e compositor nas horas vagas — o LP *Vulgar e comum é não morrer de amor*, em 85, que vendeu mais de 850 mil cópias, graças a faixas como "Chora coração", incluída na trilha do folhetim *Roque Santeiro*, e o *chacundum* "Fogo e paixão",[59] que dominaria as paradas até o ano seguinte, virando o maior sucesso de sua carreira: "Você é luz / É raio, estrela e luar / Manhã de sol / Meu Iaiá, meu Ioiô / Você é sim / E nunca meu não / Quando tão louca / Me beija na boca / Me ama no chão." Ainda sobre essa novela, pela primeira vez, ao invés de uma trilha nacional e outra internacional, foram editadas duas (e ótimas) trilhas somente com canções brasileiras, por se tratar de uma trama passada no interior nordestino, destacando pelo menos 18 grandes hits com a nata da "MPB" de então, entre os quais o forró "Isso aqui tá bom demais", de **Dominguinhos** com **Nando Cordel**, maior sucesso do sanfoneiro como cantor numa gravação em dueto com **Chico Buarque.**

No âmbito forrozeiro, surgiram diversos "cantautores" mais restritos ao Norte/Nordeste e pequenos nichos pelo país. De Pernambuco, o referido **Nando Cordel**, parceiro de Dominguinhos em pelo menos mais três obras-primas ("De volta pro aconchego", "Gostoso demais" e "Dedicado a você") e onipresente no repertório de **Elba Ramalho**, destacou-se como intérprete com "É de dar água na boca". **Jorge de Altinho**, com "Petrolina e Juazeiro"; **Petrúcio Amorim, Maciel Melo** e **Alcymar Monteiro** (este natural do Ceará, mas consagrado em Recife) pelo conjunto da obra, e ainda os cantores **Josildo Sá, Cristina Amaral** e **Nádia Maia.** De Alagoas, foram revelados **Edson Duarte** e **Durval Vieira.** Da Paraíba, **Biliu de Campina**, que trocou a advocacia pelo forró (com "Galope diferente") e **Fuba de Taperoá** (com "Mexe, mexe"), este zabumbeiro e percussionista, primo do veterano **Zito Borborema**, além dos sanfoneiros **Severo** e o também futuro produtor e maestro **Marcos Farias**, filho de **Abdias** (dos 8 Baixos) e **Marinês**, por acaso nascido no Rio. Com a morte de **Lindú** em 1982, o cantor e sanfoneiro alagoano **Gennaro** assumiu os vocais do **Trio Nordestino.** Já o **Trio Sabiá** (liderado pelo baiano **Joca**, irmão de **Pedro Sertanejo**) iniciava suas atividades em 1986.

E vinte anos depois de sua estreia, **Clemilda** finalmente se consagrava com forrós de duplo sentido, como os impagáveis ("Seu delegado") "Prenda o Tadeu" ("Ele pegou a minha irmã / E nham!"), dela com **Antônio Sima**, em 85, e "Forró cheiroso" ("Talco no salão / Talco no salão / Pro forró ficar cheiroso / E ter mais animação"), dela, com **Miraldo Aragão**, dois anos depois. A irreverente **Maria Alcina** também faria sucesso com "Prenda o

Tadeu", mas bem antes disso já se esbaldava nesse gênero — em 79 com "É mais embaixo" (domínio público) e desde 80 com a "Bacurinha", também de domínio público, em adaptação de seu produtor, **Jorge Gambier**: "Papai, ai que calor / Calor na bacurinha / Calor não é na sua / Ai, papai, só é na minha." Sua performance cantando esse forró, abanando as partes íntimas com um gigantesco leque em programas populares como os de **Chacrinha**, ficou na memória de todos.

Nesse meio-tempo, em 86, veio o alagoano **Sandro Becker**, que já gravava desde 1970, e agora estourava com um forró cheio de falsas rimas safadas, "Julieta (tá / Tá me chamando)". No ano seguinte, começava o pernambucano **Zé Duarte** com "Velho sapeca" ("Mas que beleza, que legal / Tá nascendo cabelo na cabeça do meu pai"), seguido da veterana **Marivalda (Kariri)**, cantora cearense que fez sucesso nesta década nos beiradões, seringais e garimpos nos confins de Rondônia, lugares onde não havia sequer onde comprar comida, emplacando a inenarrável "Toco cru pegando fogo", em 88. E até **Ney Matogrosso** consagraria nesse tempo forrós apimentados, antes lançados no mercado regional por **Marinês** ("Por debaixo dos panos"), **Zenilton** ("Primeiro de abril") e **Os 3 do Nordeste** ("Homem com H", "Pra virar lobisomem").[60]

Se o Rei do Ritmo **Jackson do Pandeiro** nos deixou em 1982, pouco depois de gravar incógnito com **Elba Ramalho** como pandeirista a sua última composição (com **Kaká do Asfalto**), o sucesso "No som da sanfona" ("Ouvi o toque da sanfona me chamar..."), o Rei do Baião **Luiz Gonzaga**, antes de partir em 89, ao contrário, teve um último *boom* de sucesso nesta década. Desta vez, intensificando as parcerias com o conterrâneo **João Silva**, que agora se renovava com a moda do "forró" — sim, uma palavra que significava baile passou a designar, desde o fim da década de 70, também o ritmo vibrante o qual se dançava,[61] fosse baião, xote, xaxado, coco, rojão ou quadrilha. O Rei do Baião nos últimos anos andava com vendas modestas, foi aí que a RCA trocou seu produtor, que passou a ser **Oséas Lopes**, deixando de lado arranjos mais sofisticados, apostando na simplicidade que lhe consagrou e seus discos foram para o selo mais popular da companhia, barateando seu custo. O resultado foi que suas vendas passaram de uma média de 25 mil para 200 mil por álbum.

O LP *Danado de bom* (1984) emplacou três pérolas de **Gonzaga** com o novo parceiro **João Silva**: a faixa-título do álbum, a regravação do velho "Pagode russo" (com deliciosa letra de duplo sentido para o tema outrora apenas instrumental: "Dança cossaco / Cossaco dança fora / Na dança do cossaco / Não fica cossaco fora") e a brejeira "Sanfoninha choradeira", em duo também com **Elba Ramalho**, justamente a faixa que puxou seu LP, que lhe deu os dois primeiros Discos de Ouro de sua carreira. O fato se repetiu com *Sanfoneiro macho* (1985), chegando ao clímax em 86, quando recebeu Disco de Platina do LP *Forró de cabo a rabo*, graças ao sucesso da faixa-título. Manteve-se em alta até 87, com outro hit da dupla, "Nem se despediu de mim". Neste período, por causa da fama do filho **Gonzaguinha**, ganhou o apelido de **Gonzagão.**

Falando em Nordeste, para surpresa geral, na região do sertão, famosa pelos longos períodos de seca, houve uma inusitada enchente em 1985. À moda dos americanos que se reuniram para gravar a o disco *USA for Africa*, do sucesso "We are the world", **Aquiles** do **MPB-4**, que era do Sindicato dos Músicos Profissionais do Município do Rio de Janeiro, teve a ideia de fazer algo semelhante, de modo a angariar fundos para os desabrigados. Com a ajuda fundamental de **Chico Buarque**, o projeto foi batizado de *Nordeste já* e juntou um elenco inacreditável, mais de 150 artistas de vários estilos ("MPB", samba, canção nordestina, pop rock, instrumental) e gerações, deixando de lado possíveis rusgas, para interpretar "Chega de mágoa", uma criação coletiva em ritmo de reggae pop capitaneada por **Gilberto Gil**, que ficou famosa, destacando o arranjo vocal com belos contracantos soul de **Tim Maia**, que se meteu no arranjo de **Dori Caymmi**, fazendo a sua festa anárquica habitual. Também foi gravada neste projeto outra composição coletiva, desta vez sobre o poema de **Patativa do Assaré**, o xote "Seca d'água". As duas faixas foram lançadas num compacto independente vendido pela Caixa Econômica Federal.

Na porta do estúdio, um aviso: "Deixe seu ego do lado de fora". O resultado foi um clima amistoso, com os maiores medalhões de nossa música a certa altura se abraçando ou apenas sentados no chão, em confraternização. Em "Chega de mágoa", solaram **Djavan, Rita Lee, Gal Costa, Gonzaguinha, Elba Ramalho, Chico Buarque, Fafá de Belém,**

Caetano Veloso, Simone, Roger Moreira (Ultraje a Rigor), Paula Toller (Kid Abelha), Maria Bethânia. Elizeth Cardoso, Gilberto Gil, Tim Maia, Fagner, Roberto e **Erasmo Carlos**, além de **Milton Nascimento** e **Tom Jobim**, não estavam presentes no dia e gravaram posteriormente uma introdução com suas partes. Em "Seca d'água", foi a vez de **Roberto Ribeiro, Alcione, João Nogueira, Amelinha, Paulinho da Viola, Olivia Byington, Ivan Lins, Elza Soares, João do Vale, Terezinha de Jesus, Luiz Carlos da Vila, MPB-4, Carlinhos Vergueiro, Rosemary, Beth Carvalho, Ednardo, Tania Alves, Belchior, Bebeto, Mauro Duarte, Marlene, Telma Costa, Silvio César**, o ícone nordestino **Luiz Gonzaga** e novamente **Gil, Fagner, Elba** e **Gonzaguinha**.

Alguns pesos-pesados ficaram apenas no coro, como **Nana Caymmi, Pepeu Gomes, Baby Consuelo, Emilinha Borba, Nara Leão, Joyce, Fátima Guedes, Marina (Lima), Kleiton & Kledir, Alceu Valença, Hermínio Bello de Carvalho, Verônica Sabino, Sandra (de) Sá, Eduardo Dussek, Geraldo Azevedo, Cristina Buarque, Miúcha** e **Zé Ramalho**, isto sem contar todo um naipe de músicos, como o maestro **Wagner Tiso**. Um momento antológico que, visto aos olhos de hoje, parecia fechar um ciclo, o da diversidade musical mais criativa com visibilidade na mídia. Ou seja, artistas de diversas vertentes que privilegiavam mais a música que o entretenimento puro e simples, prestigiando com mais ênfase os ritmos brasileiros e letras criativas — as duas coisas ou, ao menos, uma das duas características. Não necessariamente campeões absolutos de vendas, mas com alguma mídia. Se não nas paradas de sucesso radiofônicas, mas em algum programa de TV. Se não na TV, mas na imprensa escrita de grande circulação ou nas programações das boas casas de espetáculos. Um tempo que foi ficando cada vez mais na lembrança, dando lugar, na maior parte das vezes, aos modismos massificados produzidos em série com retorno comercial cada vez mais imediato.

2. A "MPB" rumo ao "brega", rock de protesto e novos carnavais (1986-1991)

Após ter tomado posse, em março de 1985, o nosso primeiro presidente civil em mais de duas décadas, José Sarney era o símbolo de uma transição democrática contraditória, pois até poucos anos ele fora o presidente do PDS, o partido da ditadura, sendo apenas um aliado de última hora à redemocratização, quando o movimento pelas "Diretas Já" foi se agigantando. Com sua posse, ninguém foi punido pelos mandos, desmandos, mortes e torturas do antigo regime. A chamada "Nova República" seguiu com figuras imbuídas de restaurar a democracia, mas sem um programa comum e eficaz para enfrentar outros grandes problemas nacionais, como inflação, dívida externa, política salarial ou reforma agrária. A herança da ditadura trazia um PIB insatisfatório e uma inflação galopante que só seria domada dez anos depois, mas que, em fevereiro de 86, ele tentou resolver, implementando o Plano Cruzado, que criava uma nova moeda, o Cruzado, congelava aluguéis, o câmbio e preços dos gêneros de primeira necessidade, enquanto os salários eram sempre recalculados à média do último trimestre, acrescido de um bônus de 8%, além do chamado gatilho salarial, a ser acionado sempre que a inflação acumulada superasse 20%, algo que se tornou corriqueiro.

A população, eufórica, pelo menos durante o ano de 1986, viu seu poder de compra crescer efetivamente, e partiu para as portas dos supermercados a fim de, incentivadas pelo presidente, serem "fiscais do Sarney", ou seja, tentando impedir as remarcações de preços, gerando em poucos meses uma terrível crise de abastecimento e o surgimento de um mercado clandestino. Isto se refletiu diretamente na indústria fonográfica. Com um crescimento de 43% em relação ao ano anterior,[1] quase todos os nossos grandes artistas alcançaram cifras inéditas no mercado. Não foram poucos os que venderam entre 100 mil e um milhão de cópias, ou seja, quem nunca tinha ganhado o Disco de Ouro (que desde a sua criação oficial no país, em 1978, até 1980, eram por 150 mil e, a partir de 81, passaram a ser por 100 mil unidades vendidas)[2] ou de Platina (por 250 mil), pregou alguns deles na parede de casa.

É justamente a partir de 1986 que há uma mudança de interesse quantitativa (e muitas vezes também qualitativa) da indústria do disco. Ao invés de um investimento a longo prazo, buscava-se cada vez mais o lucro imediato, com contratos de menor duração com seus elencos. Todos os artistas que não chegavam a 100 mil cópias foram demitidos das grandes gravadoras, e como o mercado independente ainda demoraria quinze anos para começar a se organizar direito, muita gente ficou sem gravar, ou sendo obrigada a gravar o que não queria, seguindo alguma tendência de mercado para sobreviver.

Muitas dessas transformações aconteceram devido ao sucesso do segmento pop rock, que alcançou uma cifra inédita com o álbum *Rádio Pirata ao vivo*, do **RPM**, em 1986, gravado durante uma megaturnê de 270 shows em 15 meses,[3] com direção de **Ney Matogrosso**. Foram mais de dois milhões e meio de cópias vendidas,[4] o recorde do mercado até então, massificando hits, como a politizada "Alvorada voraz", a regravação de "London, London" (Caetano Veloso) e "Flores astrais" (do repertório dos **Secos & Molhados**) e, novamente, a "tesuda" "Olhar 43": "Seu corpo é fruto proibido / É a chave de todo o pecado / E da libido / E prum garoto introvertido como eu / É a pura perdição." Em outubro daquele ano, uma matéria do jornal *O Globo* dava pistas dessa euforia: "Se mais discos do **RPM** houvesse nas lojas, mais estariam nas casas de milhares de brasileiros — a CBS estima que hoje existam no mínimo 80 mil pedidos de elepês do conjunto em permanente falta no mercado (são postos à venda, mas imediatamente adquiridos sem conseguir recuperar o fosso entre demanda e fornecimento)".[5]

O ano de 1986 terminou numa crise impressionante de abastecimento. Faltava carne, leite e... papel fonográfico para prensar discos. O governo não queria conter o frenesi consumista antes das eleições de novembro. Deu no que deu. Elegeu 22 governadores em 23 estados, mas a conta veio logo a seguir: inflação acumulada de 365,99% no ano, lojas saqueadas, manifestações com ônibus depredados e muitos presos. Em 87, o poder público ainda conviveu em paralelo com outras desgraças que deixaram vítimas fatais, como o primeiro grande massacre no Presídio do Carandiru, em São Paulo, deixando 31 mortos (o maior até então registrado oficialmente no país, que desgraçadamente seria superado no mesmo local dali a cinco anos) e um gravíssimo acidente radioativo em Goiânia,[6] conhecido como "césio-137", um ano após o maior da história, ocorrido na usina nuclear de Chernobyl, onde hoje é a Ucrânia. O clima de esperança que se anuviava desde a queda do AI-5, reforçado pela campanha das "Diretas Já", que deu origem a um otimismo patriótico, desta vez de oposição ao regime ditatorial, cujo clímax podia ser sentido no verão de 86 com o sucesso "Verde e amarelo" na voz de **Roberto Carlos**, tocando de Norte a Sul do país, em plena euforia do governo Sarney, começava a esmerilhar.

Rock de protesto

Talvez antevendo que esse crescimento súbito da economia faria logo o Brasil entrar em colapso e caindo na real que, apesar dos avanços, o país ainda mantinha um ranço reacionário, o movimento do rock brasileiro deu sinais de mudanças evidentes neste ano de 1986, que perdurariam até o final da década. Com raras exceções, abandonou o teor ingênuo e divertido dos primeiros tempos e investiu em letras agressivas, com instrumental mais pesado. Isso ficou bem evidente no novo trabalho dos **Titãs**, que teve uma motivação curiosa para deixar o ecletismo e a performance não convencional dos primeiros tempos. Em novembro de 85, **Tony Bellotto** foi detido portando alguns miligramas de heroína comprados por **Arnaldo Antunes**. Este também ficou preso por cerca de um mês, acusado de "tráfico de drogas". Enquanto **Tony** cumpriu pena de seis meses em regime de prisão-albergue domiciliar, **Arnaldo** terminou de cumprir a pena de três anos no mesmo sistema.[7] O trauma mexeu bastante com toda a banda, motivando uma virada radical na sonoridade e temáticas abordadas. Eles, jovens de classe média, passaram pelo que os punks (e jovens em geral) da periferia sabiam de cor e salteado.

Eis que em setembro de 1986 os **Titãs** lançavam seu álbum mais importante, *Cabeça dinossauro*, trazendo no título um paradoxo entre o desenvolvimento tecnológico (a cabeça) e o primitivo (dinossauro), polos positivo e negativo que envolvem o ser humano.[8] Com uma pegada de punk rock ou hardcore, ainda que flertando eventualmente com o reggae e o funk, derrubavam uma série de instituições sem papas na língua — "Igreja", "Família" e a emblemática "Polícia" ("Para quem precisa de polícia") —, culminando com "Homem primata" e a inenarrável "Bichos escrotos" (censurada, depois liberada), duas corrosivas críticas ao capitalismo.[9] Com a produção do álbum a cargo de **Liminha**, o grande baixista ganhava agora a alcunha de "Midas do novo rock Brasil", pois havia estourado nos últimos quatro anos **Lulu Santos, Kid Abelha, Ultraje a Rigor** e agora os **Titãs**, cujas vendas chegaram ao Disco de Platina.

No ano seguinte, lançavam uma canção emblemática de protesto, "Comida", que chegou a entrar no repertório de diversos artistas de "MPB" da época: "Bebida é água / Comida é pasto / Você tem sede de quê? / Você tem fome de quê? / (...) A gente não quer só comida / A gente quer comida / Diversão e arte / A gente não quer só comida / A gente quer saída / Para qualquer parte",[10] e as devastadoras "Lugar nenhum" e "Desordem". O octeto gravaria ainda um registro ao vivo em Montreux, com a faixa-título, "Go back", e "Marvin (Patches)", que passaram desapercebidas em seus primeiros discos e pareciam fazer mais sentido agora, regravadas. Em 89, as corrosivas "Miséria" e "Flores" confirmavam que seu estilo estava enfim definido e consagrado.[11]

Liminha também pilotou o disco que fez a virada estética de outra superbanda, **Os Paralamas do Sucesso**, a partir do álbum *Selvagem?*, abrindo-se a influências que iam dos ritmos caribenhos aos brasileiros menos manjados. Seu líder, **Herbert Vianna**, foi um dos grandes autores do pop dos anos 80, e a partir de 86, veio com letras mais politizadas, sobre desigualdade social, como a faixa-título ("A polícia apresenta suas armas"), "Alagados", com direito à guitarrada do Pará e reforço de **Gilberto Gil** nos vocais ("A arte de viver da fé / Só não se sabe fé em quê"), o reggae "A novidade" (essa coassinada pelo mesmo **Gil**) ("Oh, mundo tão desigual!") e "O beco" ("No beco escuro explode a violência / (...) Mas nada perturba o meu sono pesado / Nada levanta aquele corpo jogado / (...) Nada mais me deixa chocado").[12]

"Perplexo", de autoria do trio, era um retrato do país à deriva em 1989, com hiperinflação e recessão econômica e que nem o fim da censura no ano anterior causava alento: "Desempregado, despejado, sem ter onde cair morto / Endividado sem ter mais com que pagar / Nesse país (...) / Que alguém te disse que era nosso." Para compensar, algumas românticas logo incorporadas pela "MPB", como "Lanterna dos afogados", "Quase um segundo" e "Uns dias", e as regravações de "Você", de **Tim Maia**, e de "Caleidoscópio". Esta última já havia sido lançada com êxito pela ex-**Sempre Livre Dulce Quental**, cantora *cool* que iniciou sua carreira solo em 86, cantando uma saborosa versão do hit de Michael Jackson, "Human nature" ("Natureza humana"), assinada pelos irmãos poetas **Jorge** e **Waly Salomão**: "E se eles dizem: Why, why? / É a natureza humana."[13]

A **Legião Urbana** também atingia o clímax de sua popularidade e vendas a partir de 1986, chegando a 900 mil cópias do álbum *Dois*, ancorada no carisma, organização, senso de marketing e talento de **Renato Russo**. Seu grupo e suas canções abordavam relacionamentos amorosos e familiares ("Tempo perdido", "Daniel na cova dos leões", "Eduardo e Mônica", "Quase sem querer", "Eu sei", "Vento no litoral"), preocupações sociais, ecológicas e existenciais ("Índios", "Angra dos Reis") e espirituais ("Monte Castelo"), além de bissexualidade ("Meninos e meninas") e até suicídio ("Pais e filhos")[14] — as três últimas do quarto álbum, *As quatro estações*, que ultrapassou a marca de 1 milhão de cópias.

Em 1987, **Renato** desencavou duas músicas que compôs à época de seu antigo grupo punk, **Aborto Elétrico**, e ambas fizeram enorme sucesso.

A primeira detonava o Brasil pós-Plano Cruzado e se encaixava perfeitamente àquele momento político do país, "Que país é esse?": "Nas favelas, no Senado / Sujeira pra todo lado / Ninguém respeita a Constituição / Mas todos acreditam no futuro da nação / Que país é esse?" A outra foi a interminável "Faroeste caboclo", talvez a música de letra mais longa e de maior duração que tenha feito sucesso radiofônico no país, mesmo com trechos censurados, camuflados na gravação original. Trata-se de um épico trágico com mais de 160 versos à moda dos repentistas nordestinos com nove minutos de duração — sendo impossível também não remeter à toada "A triste partida", de **Patativa do Assaré**, um lamento sertanejo em forma de toada narrando o êxodo rural brasileiro, gravada por **Luiz Gonzaga** em 65, numa faixa de oito minutos e meio. Não parece coincidência inclusive que no manuscrito original de "Faroeste" houvesse uma anotação do autor informando que imaginava a música como um baião justamente cantado por **Gonzagão**. Quase 20 anos depois, a saga dos personagens criados por ele viraram um longa-metragem de René Sampaio.

Igualmente talentoso, **Cazuza** seguia uma carreira solo de sucesso estrondoso, triunfando num turbilhão de hits, como "Solidão, que nada" e "O nosso amor a gente inventa", no mesmo ano de 1987, em que foi diagnosticado com o vírus do HIV (em abril). Logo desenvolveu aids, que àquela altura ainda não possuía tratamento adequado. Prova disso é que, um ano depois, perdia os músculos, aparecendo bem mais magro, com a cor de pele mais escura, fruto dos medicamentos agressivos que utilizava. Passou então a usar um lenço na cabeça, de modo a forjar um visual diferente e despojado. Sua obra foi logo também afetada. Deixou um pouco de lado suas peripécias vividas no Baixo Leblon e passou a escrever sobre a vida de outros personagens e do próprio país, pois sabia que a sua própria não iria muito longe, como é flagrante em músicas que, 30 anos depois de sua partida, ainda se mantiveram frescas na memória das novas gerações.

Alguns bons exemplos são as corrosivas e politizadas "Ideologia" ("Eu quero uma pra viver") — assinada com **Frejat**, com quem fez as pazes em 1987 — e "O tempo não para" ("Te chamam de ladrão, de bicha, maconheiro / Transformam o país inteiro num puteiro / Pois assim se ganha mais dinheiro") — feita com **Arnaldo Brandão** — que intitularam seus discos, a primeira o de estúdio e a outra um álbum ao vivo, ambos gravados em 88 e que juntos venderam 1 milhão de cópias. Outros petardos, com diversos parceiros, foram "Blues da piedade" ("Vamos pedir piedade / Pra essa gente careta e covarde"), "Brasil" ("Mostra a tua cara / Quero ver quem paga pra gente ficar assim") e "Burguesia" ("A burguesia fede / A burguesia quer ficar rica / Enquanto houver burguesia / Não vai haver poesia"). De ameno, apenas a regravação em ritmo de bossa nova de um rock que havia composto para o **Herva Doce** em 86, "Faz parte do meu show".[15]

Cazuza morreu em 1990, aos 32 anos, ajudando a discussão em torno da aids, até então um tabu. Sua coragem, na vida e nas mensagens das letras, foi tão reconhecida que seu legado transcendeu o rock, tendo no fim da vida a admiração de artistas das mais variadas tribos da música brasileira. Alguns se tornaram seus parceiros, como **Gilberto Gil** ("Um trem para as estrelas"), **Rita Lee** ("Perto do fogo"), **João Donato** ("Doralinda"), **Angela Ro Ro** ("Cobaias de Deus") e **Joanna** ("Nunca sofri por amor"), e outros medalhões o gravaram, como **Simone** (que lançou "O tempo não para" e regravou "Codinome Beija-Flor") e **Gal Costa**, que marcou época com sua gravação de "Brasil", em 88, sendo abertura da histórica novela *Vale tudo* de Gilberto Braga. Ela e **Caetano Veloso** também já haviam feito gravações anos antes de "Todo amor que houver nessa vida" (dele com Frejat).

Seis anos depois dele, em 96, **Renato Russo** se foi pela mesma trágica doença, aos 36. Em paralelo à **Legião**, seguiu em carreira solo nos últimos anos de vida num álbum com canções que evocavam Stonewall, marco zero do movimento gay, nos EUA, e outro recliclando de forma chique o pop "brega" italiano, *Equilíbrio distante*. Ambos os artistas viveram o auge da popularidade na segunda metade dos anos 1980 sem que houvesse grandes especulações sobre seus relacionamentos homossexuais. Tanto um quanto o outro só iriam dar pistas disso a partir de 89. O próprio "Russo", sobrenome artístico de **Renato**, foi inspirado no do ativista gay americano Vito Russo (1946-1990), autor do livro *The celluloid closet* (81), sobre a história da homossexualidade no cinema. Mas como isto era um grande tabu à época, achou melhor dizer que veio de nomes de filósofos europeus com sonoridade semelhante (Bertrand Russell, Jean-Jacques Rousseau e Henri Rousseau).[16]

Com o vocal de **Frejat**, o **Barão Vermelho** mostrou a que veio com canções pulsantes, como "Pense e dance", e românticas, como o blues "Quem me olha só". O paulista **Ira!** seguiu com as apoteóticas "Pobre paulista" e "Envelheço na cidade", a soturna "Dias de luta", em contraste com a lírica "Flores em você",[17] com direito a arranjo sinfônico, depois gravou um álbum experimental cultuado no circuito alternativo, *Psicoacústica* (1988). Já **Lobão** viveu também seus melhores momentos como "cantautor", com a balada de crítica social "Revanche" e rocks divertidos ("Blá, blá, blá... Eu te amo [Rádio blá]"),[18] existenciais ("Vida louca vida", também sucesso na voz de **Cazuza**) e agressivos ("Vida bandida", esta uma alusão à sua prisão de três meses por porte de maconha e cocaína em fevereiro de 1987). Também se notabilizou por canções mais suaves ("Esta noite não", "Chorando no campo") e foi pioneiro em quebrar o gelo com a turma do samba — tocando na bateria da **Mangueira** e gravando com **Elza Soares** ("A voz da razão") — e com a velha guarda do rádio, realizando um dueto improvável com seu antecessor em infringir padrões normativos **Nelson Gonçalves** (para quem fez "A deusa do amor", com **Bernardo Vilhena**). Também vociferou contra o presidente Sarney no rock "O eleito",[19] em que o critica pelo fato de que, mesmo com toda a crise insustentável do país e de não ter sido eleito pelo voto direto, abriu mão de apenas um ano (e não dois) de seu mandato de seis anos, ainda uma herança do regime militar.

Não foram apenas **Cazuza** e **Lobão** que se celebrizaram por cunhar rocks, blues e baladas enérgicos. Diversas bandas falaram de política e outros assuntos com ironia sarcástica. Que o diga o **Ultraje a Rigor**. Chegando ao segundo LP, *Sexo!* (1987), criticavam a "moral, os bons costumes e a censura" na faixa-título, bem como na divertida "Pelado" ("Proibido pela censura / O decoro e a moral / Liberado e praticado / Pelo gosto geral / Pelado todo mundo gosta (...) Todo mundo é / Pelado, pelado / Nu com a mão no bolso"), que chegou à abertura da novela *Brega & chique*, da TV Globo, causando polêmica. Sua abertura trazia ao final o modelo Vinícius Manne inteiramente nu, de costas, mostrando as nádegas. O que restava da censura no país foi logo posto em prática, sendo necessário exibir uma folhinha de árvore sobre o local polêmico de sua anatomia. O clipe do grupo que saiu logo a seguir no programa *Fantástico* da mesma emissora tratou também de colocar folhinhas sobre sacos de dinheiro da corrupção e outras verdadeiras imoralidades do país. Assistindo à ascensão da visibilidade gay na sociedade, a banda estourou também neste álbum a irônica "Eu gosto de mulher".[20] O resultado foi uma vendagem superior a 400 mil discos.

O baiano **Camisa de Vênus** também não estava para brincadeiras e em seu LP ao vivo de 1986, *Viva*, trazia uma energia visceral e um humor tão corrosivo que algumas rádios tocavam colocando "bips" no lugar dos palavrões, como no rock machista, lascivo e gaiato "Silvia", em que conclamava a plateia a dizer em coro um adjetivo para "qualificar" sua mulher: "Vive dizendo que me tem carinho / Mas eu vi você com a mão no pau do vizinho / Ô Silvia / (coro: Piranha!)." Nem mesmo a apreensão do LP nas lojas pela Polícia Federal o fez deixar de ser o mais vendido da banda. Ainda faria sucesso até o ano seguinte com "Simca Chambord", "Deus me dê grana" e a mordaz "Só o fim": "Sempre acorda angustiado / E apressado você vai pra rua / Mas mesmo assim acordado / O pesadelo continua / Ô crianças / Isso é só o fim / Isso é só o fim."[21]

Três anos depois, seu vocalista, **Marcelo Nova**, resgataria um dos precursores do rock sarcástico e destruidor da velha "moral" e dos "bons costumes", o conterrâneo **Raul Seixas**, gravando juntos o derradeiro álbum do roqueiro, *A panela do diabo* (1989). Isto não sem antes o eterno "maluco beleza" emplacar seu último hit, o country "Cowboy fora da lei", dele com Cláudio Roberto, na mesma trilha da novela *Brega & chique*, em 87, em que o **Ultraje** polemizava na abertura. Após uma década praticamente no anonimato, ele deixava a vida para tornar-se um mito, com uma legião de seguidores fanáticos, duas décadas antes da mania das redes sociais.

Sarcasmo também sobrava ao ex-integrante da banda **Brylho**, o baixista e compositor carioca **Arnaldo Brandão**, assumindo com sua voz rouca o **Hanói-Hanói**, das divertidas "Nem Sansão nem Dalila" e "Totalmente demais" (logo regravada por **Caetano Veloso**): "Linda como um neném / Que sexo tem? / Que sexo tem? / Namora sempre com gay / Que nexo faz? / Tão sexy gay." Fechando a tampa do humor, o trio feminino **Afro-**

dite **Se Quiser**, em seu único hit, perguntava "O que que ela tem que eu não tenho?", em 87, e o trio masculino, igualmente carioca, **João Penca e seus Miquinhos Amestrados** seguia firme com seu besteirol anárquico, nas hilariantes "Lágrimas de crocodilo", "Romance em alto-mar", "Universotário", além do tema principal homônimo do filme *Banana split* e de "Rockabilly", música de abertura do programa infantil de **Angélica** na TV Manchete, *Milk Shake* (ambos em 88). Seus derradeiros e grandes hits vieram logo em 1989, o rock-balada retrô "Matinê no Rian", em duo com **Paula Toller**, tema de abertura da novela das seis *O sexo dos anjos*, da TV Globo, e o medley, ou melhor, "Merdley", como vinha grafado no disco, "S.O.S. Miquinhos", com paródias infames de rocks famosos, com participações ilustres de **Erasmo Carlos, Evandro Mesquita, Leo Jaime, Roger** e **Lulu Santos.**[22]

Entre os que estrearam em disco a partir de 1986, houve grupos de Brasília, como o **Capital Inicial**, cujo nome surgiu da penúria financeira que reinava nos primórdios da carreira do quarteto liderado pelo vocalista **Dinho Ouro Preto**, sendo a própria banda o único aporte de "capital inicial" para trazer alguma renda profissionalmente aos rapazes. Fizeram história alternando rocks mais dançantes ("Música urbana"), irônicos ("Psicopata") e críticos do sistema ("Fátima") e do país ("Independência"). Outro do Planalto Central foi o efêmero **Obina Shok**, que não se restringiu ao rock, com reggae, ska e outros sons jamaicanos e caribenhos mais leves. Formado por filhos de diplomatas de vários países africanos, como o gabonês **Roger** e o senegalês **Jean Pierre Senghor** e alguns brasileiros, fez apenas dois LPs e um único hit, "Vida", com participações mais que especiais de **Gal Costa** e **Gilberto Gil.**[23]

De São Paulo, o também efêmero **Zero** congregou integrantes da extinta banda de punk/jazz/new wave **Ultimato** e da **Voluntários da Pátria**, do qual saiu o vocalista **Guilherme Isnard.** Embora formada em 1983, ganhou a grande mídia apenas entre 1985 e 86, com dois grandes hits, destilando dores de cotovelo em ritmo de pop rock romântico algo sombrio, "Agora eu sei" (em duo com **Paulo Ricardo**, do **RPM**) e "Formosa".[24]

Do Rio Grande do Sul, surgiu o trio **Engenheiros do Hawaii**, do vocalista e compositor **Humberto Gessinger**, com uma linha de canções politizadas, românticas e existenciais que caíram no gosto da juventude, mesmo sendo mais hostilizado pela crítica que o **Kid Abelha**. A saber: "Toda forma de poder", "Segurança", "Somos quem podemos ser", "Pra ser sincero", "Terra de gigantes", "Refrão de bolero", a hipnótica "Infinita Highway" (de seis minutos) e a irreverente "O papa é pop" ("O papa levou tiro à queima-roupa / O pop não poupa ninguém"). Outro êxito marcante foi a recriação do hit do grupo jovem-guardista **Os Incríveis** "Era um garoto que como eu amava os Beatles e os Rolling Stones".

Também de Porto Alegre, surgiram mais quatro bandas relevantes. **Os Garotos da Rua**, de viés bem adolescente, estourou com o hit "Tô de saco cheio", em 86. O **Nenhum de Nós**, mais conceitual, formado por três universitários, incluindo o vocalista e baixista **Thedy Corrêa**, chegou às paradas com "Camila, Camila", narrando um episódio violento na vida de uma mulher, em 87, e dois anos depois, "O astronauta de mármore", uma versão do hit "Starman", de **David Bowie**. No circuito *underground*, mais duas bandas locais se destacaram. A **De Falla** lotava shows para este público com sua performance anárquica — seu vocalista, **Edu K**, por exemplo, adorava usar vestidos em apresentações no conservador interior gaúcho. Outra de suas características era a mistura de sons pouco usuais, sendo pioneira em unir samba e hip-hop, chegando a fazer um hit extemporâneo, em 2000, "Popozuda rock'n'roll (Cavaleiro Jedi)". Por fim, **Os Cascavelletes**, com integrantes de outros dois grupos da capital, **TNT** e **Prisão de Ventre**, foi um estouro local com seu rock de garagem, safado, adolescente, mas só resvalou para o resto do país em 89, quando "Nega bombom" entrou na trilha da novela *Top Model*.[25] E parou aí.

Já do Rio de Janeiro vieram **Hojerizah**, do cantor **Toni Platão** (do hit "Pros que estão em casa"), **Picassos Falsos** (do vocalista **Humberto Effe**, com "Carne e osso") e, num estilo mais chegado ao pop romântico, os **Heróis da Resistência**, ancorados pelo vocalista e baixista **Leoni**, logo estourando em 1986 a balada onanista "Só pro meu prazer", que nunca mais deixaria as FMs na madrugada: "Eu tiro a roupa pra você / Minha maior fixão de amor / E eu te recriei / Só pro meu prazer." Sua banda original, o **Kid Abelha** (já sem o sufixo "e os Abóboras Selvagens"), se reinventou com parcerias de **George Israel** e **Paula Toller**, entre outras, em canções como "No meio da rua", "Amanhã é 23", "Agora sei", "No seu lugar" e "Grand' Hotel",[26] sendo uma das bandas mais bem-sucedidas do rock brasileiro, com atuação marcante até 2016.

Artistas solo e "cantautores" da mesma linha chegada ao rock e ao pop romântico, como **Guilherme Arantes** e **Leo Jaime**, viveram seus últimos dias como hitmakers. O primeiro, com o roquinho "Loucas horas", a balada "Muito diferente", o funk "Ouro" e, sobretudo, com a balada "Um dia, um adeus" e a bossa pop (ou new bossa) "Coisas do Brasil" (esta em parceria com **Nelson Motta**). **Leo Jaime** veio com o pop politizado "Nada mudou", a regravação mais romântica da paralâmica "Mensagem de amor" (Herbert Vianna) e o rockabilly "Conquistador barato", tema da novela das seis global *Bambolê*, ambientada nos "anos dourados". Mais chegado à soul music, outro ex-membro do grupo **Brylho, Cláudio Zoli**, reapareceu emprestando sua voz negra a dois únicos hits, ambos em 1986, o funk "Livre pra viver" (dele com Bernardo Vilhena) e o pop soul "Cada um, cada um (A namoradeira)" (Ronaldo Barcellos).

Em compensação, **Evandro Mesquita**, pioneiro a detonar definitivamente toda a retomada do rock nativo, teve um contrato de quatro discos com a Polygram, porém seu estilo de ironia despretensiosa já estava um pouco defasado nessa fase menos ingênua e irreverente de nossa produção roqueira. Apareceu apenas com dois pálidos hits, "Greg e sua gang" (com Guto Barros/Chacal, 86) e "Babilônia maravilhosa" (com Paulo Henrique) — esta tocando mais na novela das sete *Top model* (89), na qual também participou como ator na pele do boa-praça Saldanha. Continuou participando de outras novelas e seriados na TV Globo e, na música, preferiu então retomar a **Blitz**, com nova formação, e cantar para seus fãs, voltando a gravar com o grupo em 94.

Já **Lulu Santos** e **Marina** triunfaram efetivamente como artistas pop seguindo com sucesso crescente até meados da década seguinte. O primeiro, assim como de 1982 a 84, voltou a colecionar hits autorais, como "Casa", "Minha vida", "Condição" e "Um pro outro", todas de 86. Dois anos depois, "(Consideramos justa) Toda forma de amor" antecipava sua saída do armário, o que só se daria 30 anos depois; "A cura" clamava pela superação da malfadada aids, e "Satisfação" entrava para sua galeria de hits romântico-dançantes. Enquanto isso, explodia o pop da colega **Marina** (**Marina Lima** a partir de 1991), que de musa alternativa da zona sul do fim dos anos 70 e início de 80, vira uma estrela nacional e símbolo sexual, consagrando-se com os álbuns *Todas ao vivo* (86) e *Virgem* (87), em rocks como "Ainda é cedo" (da **Legião Urbana**)[27] e "Uma noite e ½" (em dueto com seu autor, o baixista **Renato Rocketh**), este o hit do verão 1988 ("Vem chegando o verão / Um calor no coração"), a canção político-existencial "Pra começar" ("Quem vai colar / Os tais caquinhos do Velho Mundo?"), e ainda a balada autobiográfica "Virgem" ("As coisas não precisam de você / Quem disse que eu tinha que precisar"), depois a funkeada "À francesa" — todas dela, com versos do irmão, **Antonio Cícero**, menos a última, com música do *soul man* **Cláudio Zoli**.

Ainda do Rio, desde as batatas fritas da **Blitz** não surgia nada tão coloquial e de sabor tão carioca quanto **Fausto Fawcett** (**e Os Robôs Efêmeros**), o primeiro artista nacional a investir no gênero "rap rock" num álbum inteiro — embora à época não fosse considerado nem rap nem dance music pelos puristas, mas visto como um pop rock. Ele teve um único hit nacional, mas avassalador. Todo mundo decorou a imensa letra de "Kátia Flávia, a Godiva de Irajá" (Fausto Fawcett/Carlos Laufer), que narrava as estripulias de uma "louraça belzebu, provocante", destemida e que desacatava as leis: "Alô, polícia, eu tô usando / Um *exocet* / Calcinha!"

Quem estava cada vez mais descolada do movimento roqueiro dos anos 1980 era sua precursora, **Rita Lee**. Mais convertida ao pop, ao lado de **Roberto de Carvalho**, lançou álbuns bombardeados pela crítica no final da década. Ainda assim, em 1987, emplacou os hits "Bwana" e "Pega rapaz", de autoria do casal, seguindo numa turnê que anunciava ser sua despedida dos palcos (o que só se daria efetivamente 15 anos depois, em 2012). Mais tarde, em 1990, veio a bela (e já referida) balada "Perto do fogo", uma derradeira parceria com **Cazuza**, que chegou às paradas logo após a sua morte. A seguir, separou-se um tempo do marido, e mesmo sendo vez por outra internada para curar problemas de dependência química, deu a volta por cima apelando para a simplicidade, acompanhada apenas de dois violões de aço — o seu mesmo e o de **Alexandre Fontanetti**. No show *Bossa'n'roll* (1991 a 92), relia seus principais hits e algumas canções de

Beatles, **Rolling Stones** e **Julie London**, que gostava de cantar em versões intimistas, algumas até em bossa nova, fazendo jus à sua voz pequena, elogiada por **João Gilberto**, com quem, aliás, já havia gravado duas canções. A turnê deu origem a um álbum ao vivo que vendeu 500 mil discos e foi um dos precursores de uma onda acústica que tomaria conta da "MPB" e do rock nacional na década de 1990.

As últimas bandas de rock que ainda não haviam emplacado a ter alguma relevância no fim da década foram as cariocas **Uns e Outros** (de "Carta aos missionários"), **Egotrip** ("Viagem ao fundo do ego") e o septeto **Inimigos do Rei** (do futuro astro da "MPB" pop **Paulinho Moska**), com duas canções paródicas, "Uma barata chamada Kafka" e a inacreditável "Adelaide", versão de "You'll be illin", do **Run-DMC**, sobre uma anã paraguaia que soltava pum no elevador. Tocaram até dizer chega na virada de 1989 para 90, caindo também no gosto das crianças,[28] mas não passariam do segundo disco. Entre os alternativos, três grupos performáticos paulistas. O de funk-pop **Luni** (da cantriz **Marisa Orth**) ainda gravou um álbum com o sarcástico rock "The best" e emplacou o "Rap do rei" na abertura da novela *Que rei sou eu?*, da TV Globo. O duo "pop experimental" **Os Mulheres Negras**, de **André Abujamra** (voz, guitarra e teclados) e **Maurício Pereira** (voz e sax), chegou a gravar dois LPs esbanjando irreverência. Por fim, o **Skowa e A Máfia**, cujo vocalista vinha do efêmero **Sossega Leão**, apareceu com números como "Atropelamento e fuga".[29] A banda misturava rap, funk, soul e mil outras referências, antecipando um hibridismo que seria caro a muitos grupos do pop rock nacional dos anos 90.

A verdade é que o rock da geração 80 não chegou muito bem ao fim da década. O formato de superprodução imposto pelo **RPM** gerou uma rivalidade entre os grupos que antes não havia. O aumento do nível de consumo no ano da implementação do Plano Cruzado não condizia com a realidade, daí que era quase impossível manter aqueles patamares de vendas quando as máscaras caíram. Quem queria fazer um som mais despretensioso não se encontrou no estilo do novo tipo de rock internacional que estava sendo consumido no mundo naquele momento. Outros roqueiros elevaram demais seus padrões de vida e se distanciaram das demandas de seu público. Outros ainda ficaram obsessivos com as novidades do rock inglês, virando as costas para o Brasil.

Entre os grandes vendedores, depois de **Ritchie** ter durado apenas um disco e da **Blitz** acabar sua fase áurea em 86, **Leo Jaime** não resistiu e no quinto álbum, de 89, já vivia à sombra do que foi um dia. **Ultraje a Rigor** a mesma coisa. Não resistiu ao terceiro, de 89. **Lobão** foi bem até 90, encerrando a década com um CD ao vivo, mas demorou para voltar a uivar. O **Camisa de Vênus** estourou dois álbuns entre 86 e 87 e acabou no ano seguinte, despedindo-se com um álbum duplo, pois a fama e a grana destruíram o grupo. O mesmo aconteceu com aquele que colocou nosso rock oitentista em outro patamar. Um ano após a megaturnê que gerou o LP recordista em vendas, *Rádio Pirata ao vivo*, o **RPM** já estava destruído, mergulhado em drogas, disputa de egos, projetos delirantes, gastos faraônicos e crise criativa. Ainda tentaram juntar os cacos, gravando duas faixas num disco mix com **Milton Nascimento** ("Feito nós") e o álbum *Quatro coiotes* (1988), mais experimental, incluindo até uma saudável aproximação com o sambista **Bezerra da Silva** numa faixa,[30] mas seu fracasso comercial fez a banda encerrar as atividades em 1989.[31]

No mercado brasileiro, porém, o golpe fatal em boa parte do rock da geração 80 (e também na "MPB" e todos os outros gêneros criativos com algum poder de fogo) foi uma onda que vinha se estabelecendo desde meados da década tão forte quanto ela, e virou o jogo por um tempo. Era o "brega-romântico" armado pela indústria do disco, que, de repente, se tornou um filão ainda mais lucrativo que o próprio rock. Tanto assim que mesmo alguns grupos ou músicos, outrora ligados até ao movimento roqueiro de vanguarda, aderiram ao popular. Um bom exemplo é o guitarrista virtuose **Robertinho de Recife**. Após cunhar álbuns azeitados, experimentais (*Jardim da infância*, 77), de frevo com a participação de **Hermeto Pascoal** (*No passo*, 78), com tempero latino (*E agora com vocês... suingues tropicais*, 79), pops (*Satisfação*, 81, com o sucesso "O elefante", dele com **Fausto Nilo**, numa referência ao bloco olindense homônimo que caiu no gosto das crianças, época também em que fez parceria com **Emilinha**, então sua esposa, numa onda new wave); outro em que solava a *Bachiana nº5* de Villa-Lobos na guitarra (*Ah! Robertinho do mundo*,

83) e um inteiro de heavy metal (*Metal mania*, 84), formava agora em 88 o "superbrega" **Yahoo**, emplacando duas inacreditáveis versões de *babas gringas*, "Mordida de amor (Love bite)" e "Anjo (Angel)". Da mesma forma, veteranos que vinham dos bailes apareciam agora bem diferentes. O **Placa Luminosa**, com a balada diabética "Fica comigo" ("O nosso amor é lindo / Tão lindo"),[32] e o **Roupa Nova**, que, após flertar com o Clube da Esquina, o progressivo e a "MPB", se tornava uma potência, mas agora num pop "família".

A "MPB" adere ao "brega-romântico"

Se a partir de 1986 o segmento pop rock brasileiro teve uma evolução interessante, com letras contundentes sobre comportamento e política, em boa parte da "MPB" ocorreu uma idiossincrasia. A abertura às novas tecnologias eletrônicas, que trouxe alguma oxigenação em nossos arranjos no início dos anos 80, evoluiu para uma pasteurização sonora, conferindo uma estrutura "pop internacional" a tudo que era ritmo. A sutileza de nossas canções românticas, com poesias refinadas e uma abertura temática a outras formas de amar, saudando a sensualidade e priorizando o prazer sexual, com raras exceções, viraram baladas de apelo popular e, não raro, até com temas machistas do passado que já pareciam enterrados, sempre repisando os clichês do amor romântico idealizado. E as mais vibrantes ganharam igualmente uma quantidade imensa de teclados sintéticos que passaram a reproduzir sons de outros instrumentos, além do recurso já comentado aqui de se gravar a caixa da bateria com um eco que fazia tudo ficar com a mesma cara. Isto afora a moda de incluir solos de guitarra e sax alto em tudo que era música. Salvava-se, contudo, a pujança interpretativa e o estilo próprio de nossos cantores, numa fase ainda sem aparelhos que afinassem a voz e a todos padronizasse também nesse sentido.

É claro que havia grandes "cantautores", maestros e pianistas que trocaram o piano pelos teclados, encantados com as suas novas possibilidades, e ainda conseguiram aqui e ali alguma originalidade. Mas o sucesso, entre 1983 e 85, de algumas canções retrô, eventualmente emulando uma Jovem Guarda romântica fora de época (como "Chuva de prata", com **Gal**

Costa, e "Whisky a go go", com **Roupa Nova**), ou algo de "brega" castiço, como "Me dê motivo" ("Pra ir embora..."), com **Tim Maia** (incluindo recitativo), dava um sinal ao mercado de que o público respondia bem a *babas* românticas melodiosas, até mesmo cantadas por artistas tidos como sofisticados ou irreverentes.

Eis que, num dado momento, entre fins de 1985 e início de 86, a balada "Um dia de domingo" chega ao primeiro lugar das paradas,[33] trazendo a bombástica dupla **Gal Costa** e **Tim Maia**, levando a cantora pela primeira vez ao patamar dos 500 mil discos vendidos. Os autores de todas as citadas (menos "Chuva de prata", do jovem-guardista **Ed Wilson**, com **Ronaldo Bastos**, ex-Clube da Esquina) eram o pernambucano **Michael Sullivan** e o carioca **Paulo Massadas**, que se tornaram a partir de então os maiores hitmakers dos anos 80, tal qual **Evaldo Gouveia** e **Jair Amorim** na década de 1960.

Eram, ambos, produtores, músicos e compositores profissionais competentes. De origem humilde, **Sullivan** começou adolescente, cantando e tocando na noite de Recife, depois participou de conjuntos do estilo "Jovem Guarda", como **Os Nucleares**, em 69, e do **Renato e seus Blue Caps**, e por fim foi da geração que o crítico Tárik de Souza chamou de "falsos importados", artistas que se passavam por americanos, gravando em inglês, época em que adotou seu nome artístico. Estorou "My life" em 76 e gravou alguns discos. No início da década de 80, integrava o **The Fevers** quando viu sua carreira de compositor e produtor superar a de músico e intérprete. **Massadas** começou na música em 72, convidado por **Lincoln Olivetti** a tocar em seu conjunto de baile como contrabaixista, depois estudou publicidade. A parceria com **Sullivan** começou em 78 e, como foi dito, aconteceu pra valer em 83, e foi até 94 sem tirar o pé do acelerador.

Passaram então a criar canções com a cara de cada artista, estudando muitas vezes o tipo de encadeamento harmônico que mais dava certo nas paradas para que o produto fosse perfeito comercialmente. E na maioria das vezes realmente era mesmo! Em especial na RCA Victor, depois BMG Brasil, onde desde 1983 o diretor artístico era o amigo de **Sullivan**, que no passado igualmente fez parte dos **Fevers**, o romeno **Miguel Plopschi**, também parceiro oculto em todas as canções da dupla com **Massadas** nesse tempo. Aliás, era praticamente uma regra que todos os seus contratados incluíssem canções dos dois, ou melhor, do trio em seus álbuns, e muitas delas viraram hit nas vozes dos referidos **Gal Costa, Tim Maia** e **Roupa Nova**, mas também de **Sandra de Sá, Fagner, Joanna, Alcione, Fafá de Belém** (que antes de ingressar na RCA passou pela Som Livre e Polygram), além de astros que então gravavam na CBS, como **Roberto Carlos, Simone** e **Rosana.** No caso de vários deles, as canções da dupla/trio foram fundamentais para que estourassem num nicho de público maior e/ou virassem ídolos da música romântica, consagrando-se como grandes vendedores.

Sullivan e **Massadas** também dominaram o lucrativo segmento infantil. Além de criarem o **Trem da Alegria** (compondo os bem sacados hits "Uni-duni-tê", "He-Man", "Fera neném", "Thundercats"), e de serem os principais fornecedores nos três primeiros álbuns de **Patrícia** (futura **Patrícia Marx**), que deixou o grupo em 1987 para seguir carreira solo produzida por eles (os rocks à la Jovem Guarda "Certo ou errado", "Festa do amor", "Sonho de amor" e a balada "Te cuida, meu bem"), eles compuseram para **Xuxa**, o maior fenômeno comercial da década ("Lua de cristal", "Brincar de índio", o infalível "Parabéns da Xuxa" etc.), para suas **Paquitas** ("Bate na madeira") e até para as rivais **Angélica** e **Mara Maravilha**, para os veteranos **Os Trapalhões**, a banda *teen* **Menudo**, a dupla de palhaços **Atchim & Espirro**, o fenômeno **Bozo** (do SBT), e já na década seguinte temas para novos sucessos da TV, como a *Família Dinossauro*, *Os Cavaleiros do Zodíaco* e a *TV Colosso*.

Em sua esteira vieram outros autores de sua geração que militaram no mesmo estilo, enfileirando um sucesso atrás do outro, em geral com baladas ou eventualmente funks à brasileira e roquinhos para o público infantojuvenil. Eram eles os fluminenses **Carlos Colla** (ex-advogado, coautor de "Falando sério", hit setentista de **Roberto Carlos**), **Chico Roque** e **Altay Veloso** (versátil, com canções de vários gêneros, inclusive, futuramente, a ópera negra *O Alabê de Jerusalém*), o paulista **César Augusto** (que enveredou pelo universo "sertanejo" pop nos anos 90), os pernambucanos **Paulo Debétio** (também produtor) e **Leonardo (Sullivan)**, os cariocas **Paulinho Rezende** (letrista de inúmeros sucessos de **Alcione** desde 1975, inclusive bons sambas, como o inicial "O surdo"), **Augusto César** (vocalista do **The Fevers** nos anos 1970 e 80, não o cantor brega pernambucano), **José Augusto** (que gravava como cantor na RCA/BMG), eventualmente o também produtor **Mauro Motta**, e até os ex-bossa-novistas **Marcos Valle** e **Paulo Sérgio Valle**, parceiros de vários dos supracitados, sobretudo o segundo, com uma vasta produção.

Nesta fase, quase todas as nossas grandes cantoras bateram recordes de vendas, com músicas de dor de cotovelo ou de apelo sensual bem popular, como **Fafá de Belém**, que deixou as canções politizadas e sobre a força da mulher para cair no cabaré a partir da balada "Memórias" ("Vou recomeçar / Vou tentar viver / Vou tirar você da minha vida / E pra não chorar / Antes de partir / Vou tentar sorrir / Na despedida"), de **Leonardo**. A seguir, emplacou uma parceria deste com o irmão **Sullivan** ("Meu dilema") e mais duas da grife **S&M**, "Amor cigano" e "Amor da minha vida" ("Dói demais aqui por dentro..."), mais "Sozinha" ("Pela primeira vez sem dono") (José Augusto/Paulo Sérgio Valle) e três de **Carlos Colla** com parceiros diferentes — "Personagem" ("do meu drama / Faz o teu, que eu faço o meu papel") (com **Mauro Motta**), "Meu disfarce" (com **Chico Roque**, lançada pouco antes por **Chitãozinho & Xororó**) e "Será" ("que você está pensando em mim agora") (com **Marcos Valle**). Em seu repertório, havia lugar para uma versão de "Nobody does it better", hit de **Carly Simon**, que virou ("Ah") "Meu homem" ("Você é demais!")[34] e uma canção de amor mais sofisticada, "Coração do agreste", composta para a trilha da novela *Tieta*, por **Moacyr Luz** e **Aldir Blanc**. Ela também antecipou nessa década a moda da lambada e do "sertanejo" em nível nacional, como veremos adiante.

A cantora que mais vendeu desde o início dessa década, **Simone**, focava mais no repertório romântico e equilibrava-se entre temas de autores populares e mais pop. Do primeiro estilo, registrou várias das duplas especializadas em "bregas" de sucesso: **José Augusto** e **Paulo Sérgio Valle** ("Separação", dos versos "Melhor assim / A gente já não se entendia muito bem...", e "Tudo por amor"), **Sullivan & Massadas** ("Amei demais") e **Paulo Debétio** e **Paulinho Rezende** ("Uma nova mulher", mais refrescante, outra para a novela *Tieta*). De autores mais refinados, porém de pegada popular, havia a cubana "Iolanda" (Pablo Milanés em versão de **Chico Buarque**), que gravou com **Chico** em 84 e dois anos depois sozinha, finalmente alcançando sucesso; "Amor explícito" (Nico Rezende/Paulinho Lima/Antonio Cícero) e "Raios de luz" (Cristóvão Bastos/Abel Silva) — esta tema de abertura da novela das oito *De corpo e alma*, já em 91.

Também regravou uma bela versão do hit de Nat King Cole ("Em flor [Too Young]"), entremeada a duetos azeitados com **Tom Jobim e Milton Nascimento** em algumas canções e dois ícones da canção espanhola, **Julio Iglesias** ("Brigas") e o tenor **Plácido Domingo** ("Apaixonou [Till I Loved you]"). As duas últimas em sintonia com sua carreira paralela no mercado latino, que nesta fase foi muito estimulada pela sua gravadora CBS/Sony e depois pela Polygram, vindo a registrar na década seguinte cinco álbuns em espanhol, entre 91 e 98. Em seus discos brasileiros dos anos 80, para contrastar com o romantismo predominante, havia sempre um samba-enredo e todos tocaram no rádio, mas nenhum dos inéditos fez mais sucesso que "Disputa de poder", estourado no carnaval de 89. Criado pela turma da **Caprichosos de Pilares**, fazia uma dura crítica à política do governo Sarney: "Piuí, piuí / Puá, puá / Eu quero ver onde essa zorra vai parar"[35].

Continuadora do movimento Black Rio, **Sandra Sá** agora finalmente virava uma estrela em nível nacional com pelo menos seis hits da dupla **S&M**, as românticas "Retratos e canções" ("Hoje eu me peguei / Pensando em você..."), "Entre nós" (em duo com o próprio **Sullivan**), o samba-funk "Não vá"[36] e o funk "Joga fora (no lixo)", que dominaram as paradas entre 1986 e 87, seguida em 88, quando seguindo orientações de um numerólogo, passou a assinar "**Sandra de Sá**", das baladas "Amanhã" (em dueto com **Billy Paul**) e "Alma gêmea". Somava-se ainda mais duas de **Carlos Colla**, "Solidão" ("Dá um tempo e vá saindo / De repente eu tô sentindo / Que você vai se dar mal") (com **Chico Roque**) e "Bye, bye tristeza" (com **Marcos Valle**). Para contrabalançar, fez um inusitado dueto pop com **Titãs** ("Tempo", de **Arnaldo Antunes** e **Paulo Miklos**). Após um CD sofisticado, *Sandra!* (90), que destacou "Quem é você", versão do produtor **Nelson Motta** para "Love will lead you back" (Diane Warren), hit da americana **Taylor Dayne**, voltou ao "brega" no ano seguinte em dueto com **Tim Maia** ("Não tem saída", de **Augusto César** e **Paulo Sérgio Valle**).

E o que dizer de **Joanna**? A cantora de voz doce e dicção perfeita conheceu seu ápice comercial com seus álbuns homônimos de 1986 e 88, trazendo várias da dupla de hitmakers **S&M**, como a balada "Amanhã talvez", que grudava no ouvido devido à melodia adocicada e as rimas fáceis ("E amanhã quem sabe a gente outra vez / Só mais uma vez / Amanhã talvez / Só mais uma vez / O amor que a gente fez"), seguida da não menos envolvente "Um sonho a dois", esta cantada com o **Roupa Nova**, além da mais apelativa, "Amor bandido" ("Pode o mundo se acabar / Que vontade de te dar..."), da balada LGBT disfarçada "Teu caso sou eu" (Maurício Duboc/Carlos Colla), cuja palavra "caso" em geral era adotada por essa turma na época para denominar companheiro(a), e "Tua fera" (só de Colla).

A sambista **Alcione** também deu uma virada estética, iniciando-se num repertório cabareteiro, na maioria das vezes encarnando a mulher submissa que pelo seu homem estava disposta a qualquer sacrifício. O primeiro hit nesse novo estilo se deu igualmente a partir de uma balada de **Sullivan** e **Massadas**, "Nem morta" ("Eu só digo o que dizes / Foi assim que aprendi a ser tua menina"), na virada de 1985 para 86, seguido do samba romântico "Garoto maroto" (Marcos Paiva/Franco) e mais três baladas, "O que eu faço amanhã?" (José Augusto), "Meu vício é você" (Chico Roque/Carlos Colla), chegando ao clímax em "Estranha loucura", outra da grife **S&M**, em 87 ("Te dar sempre razão / E assumir o papel de culpada bandida / Ver você me humilhar / E eu num canto qualquer / Dependente total do seu jeito de ser / Minha estranha loucura / É tentar descobrir que o melhor é você").

"Ou ela ou eu" e "A outra", ambas dos novatos **Flávio Augusto** e **Carlos Rocha**, escancaravam o tema da infidelidade em 1990, chegando a 92 com um de seus CDs mais vendidos, *Pulsa, coração*, destacando outro samba romântico, "Delírios de amor", mais uma de **Chico Roque** e **Carlos Colla**, alinhada ao som do novo pagode romântico que vinha chegando com a nova década, e a balada "Chora coração", de **Altay Veloso**. Mesmo sendo criativa e ousada, gravando tudo quanto era ritmo em todos os seus discos e jamais esquecendo a cultura e a música de sua terra, o Maranhão, nessa fase não houve jeito. Os sambas tradicionais, afoxés, forrós e bumbas meu boi que gravava não aconteciam. Só fez sucesso mesmo com as faixas "bregas".

Isto não foi um fato isolado. Outras cantoras afinadas e sofisticadas só ficaram mais conhecidas do grande público quando abraçaram simpáticas canções pop românticas com arranjos beirando ou mergulhados no "brega". É o caso de **Jane Duboc**, que em 1987 estourou "Sonhos" ("E eu sou feliz assim / Com você perto de mim"), dos tecladistas **Robson Jorge** e **Lincoln Olivetti** com **Mauro Motta**, e "Chama da paixão" ("O amor é uma luz / Que acende e faz brilhar / E eu te quero sem pudor / Sempre mais e mais"), de **Cido Bianchi**, do velho **Jongo Trio** com o também produtor e publicitário **Thomas Roth** — e **Zizi Possi**, emplacando duas de **Nico Rezende**, "Perigo" ("É ter você perto dos olhos / Mas longe do coração"), em 86, seu maior sucesso até então (com letra de **Paulinho Lima**) e, no ano seguinte, "Noite" (com **Jorge Salomão**). Em contrapartida, apareceu também com a delicada "A paz" (João Donato/Gilberto Gil), que prenunciava uma grande virada estética em sua carreira que começou a ensaiar no álbum *Estrebucha baby* (89), quando gravou uma canção que já era um hit de seu show *Amor e música* em 87 — "Meu erro" (Herbert Vianna), dos **Paralamas**, em ritmo de balada, com voz e piano.

Enquanto isso, a jovem-guardista **Adriana** ressurgia em 1986 com a versão do hit do grupo **The Manhattans**, "Forever by your side" ("Pra sempre vou te amar") e "I love you baby" (Gilson/Joran) ("Difícil é viver sem teu amor / Eu era tão feliz junto contigo"), mais dois agradáveis hits "bregas" que o público adorou. E **Rosana**, embora já estivesse na ativa desde os anos 70, só se tornou popular mesmo nesse tempo,[37] a partir de "Nem um toque", um hit estrondoso em 86 e 87, e "Custe o que custar", ambas de **Sullivan** e **Massadas**, e entre uma e outra, aquela que a fez marcar seu nome na história da música pop e "brega" brasileira, uma versão de **Cláudio Rabello** para o hit da cantora americana **Jennifer Rush** "The Power of love", que virou "O amor e o poder", em 87.

Com um refrão jamais esquecido, "Como uma deusa / Você me mantém / E as coisas que você me diz / Me levam além..." foi impulsionada ao ser o tema romântico de Felipe Camargo e Vera Fischer na novela das oito *Mandala*, da TV Globo, numa trama que evocava o mito de Édipo e Jocasta, e que acabou se transformando num romance na vida real. Trajando figurinos exóticos e cantando de maneira performática, seu vozeirão soul bem americanizado foi um emblema desse tempo. No ano seguinte, gravou um álbum ao vivo, incluindo outra versão de **Rabello** para o hit que trouxera **Tina Turner** de volta às paradas, em 83, "Let's stay together" ("Vício fatal").[38] Em 89, foi a vez de "Direto no olhar", outra dele com **Nico Rezende.**

Na ala masculina, **Tim Maia** apostou fundo nas baladas e — sinal dos tempos — nunca teve tantas ao mesmo tempo nas paradas, como a já citada "Leva", da dupla dinâmica **S&M**, que originalmente era um jingle de fim de ano de uma rádio, "Pudera" e "Onde está você" (ambas de Marquinhos/ Michel), "Brilho" (Irinéa Maria/Suely Ribeiro), "Telefone" ("Eu bem que te avisei / Pra não levar a sério / O nosso caso de amor") (Nelson Kaê/ Beto Corrêa), "Amiga" (Edson Trindade/Cleonice), "Carinhos" (Prêntice/ Gabriel O'Meara) e a envolvente "Paixão antiga" ("sempre mexe com a gente"), dos irmãos **Marcos** e **Paulo Sérgio Valle**, contra apenas um funk (soul), "Do leme ao Pontal", de sua autoria. De todas, por estar alheia aos modismos, foi a única que ficou para a posteridade desde o seu lançamento em 86, enfileirando as belezas do litoral carioca e as delícias dos sabores brasileiros: "Tomo guaraná / Suco de caju / Goiabada para sobremesa."[39]

O galã **Fábio Jr.** abandonou as canções enérgicas da juventude e abraçou diversas versões de baladas "bregas" estrangeiras, de estilo "arrasa quarteirão", ainda que bem produzidas, muitas vezes gravadas e/ou mixadas no exterior (aliás, um modismo dos artistas "top" do período), como "Felicidade" ("brilha no ar / Como uma estrela / Que não está lá"), "Quando gira o mundo" ("E alguém chega ao fundo / De um ser humano"), "Sem peso e sem medida" ("Quando a noite desce com um beijo..."), "Vida" e "Sem limites para sonhar" ("Há uma chance da gente se encontrar...")[40] — esta em dueto com a galesa **Bonnie Tyler** —, e nacionais, como "Caça e caçador" (Erich Bulling/Cláudio Rabello) e "Desejos e Delírios" (Lula Barbosa/ Ana Lúcia/Rubens Alarcon). Encarnando um Don Juan carismático no palco, seus shows só rivalizavam com os de **Wando**, sempre rodeado por um público feminino fiel.

Alguns de estética assumidamente "brega", como **José Augusto** e o referido **Wando**, amplificaram substancialmente seu público, chegando a outras faixas sociais. O primeiro com dores de cotovelo monstruosas, como as autorais "Fantasias" e "Sábado" (essa com **Paulo Sérgio Valle**), mais a regravação de "De igual para igual" (Roberta Miranda/Matogrosso), "Chuvas de verão" (Antonio José) e "Aguenta coração" (Prêntice/Ed Wilson/Paulo Sérgio Valle), e o segundo, sempre criativo, a partir do sucesso de "Fogo e paixão", virou um grande vendedor de discos, incluindo "Viver é deixar rolar o sentimento" (Prêntice/Heitor Valente) e outras mais eróticas, como as autorais "Eu já tirei a tua roupa" e "Obsceno" (com parceiros),[41] e "Tenda dos prazeres" (Altay Veloso), que o içaram ao patamar de "Rei das calcinhas", pois as mulheres passaram a atirar peças íntimas no palco, e ele a colecioná-las e até criar uma grife exclusivamente para distribuí-las durante os seus shows.

Entre as novidades deste segmento, surgiram três nomes no Rio de Janeiro. Para começar, o novato **Elymar Santos**. Nascido numa família pobre, no Morro do Alemão, vinha tentando a carreira desde o início dos anos 1970, gravando alguns compactos, sem repercussão, quando num rasgo de ousadia alugou o Canecão em 85 e a partir daí conseguiu se promover com um público fiel e shows com três horas de duração, num repertório pra lá de eclético, cultuado igualmente por um imenso fã-clube feminino, emplacando entre 1990 e 91 as cabareteiras "Subindo pelas paredes", de sua autoria; "Taras e manias" (Marcos Valle/Carlos Colla) e ("Eu e você / A dois, a três...") "Escancarando de vez" (Mauro Motta/Paulo Sérgio Valle).

Também apareceram dois de sucesso mais efêmero. O novato cearense **Markinhos Moura**, que começou imitando **Elis Regina** em programas populares logo após a sua morte e estourou em 1987 com "Meu mel", versão de **Paulinho Rezende** para "Music", do cantor franco-tunisiano **F. R. David**,[42] e "Anjo azul" (Paulo Debétio/Paulinho Rezende/Norival de Paula). O outro foi o veterano **Elson do Forrogode**, que deixou a "MPB" (participações no FIC de 1971 e 72 e discos com arranjos de **Wagner Tiso**) pelo "brega", consagrando-se em 89 com o samba romântico "Talismã", outra da dupla de hitmakers S&M: "Só você que me ilumina / Meu pequeno talismã / Como é doce essa rotina / De te amar toda manhã / Nos momentos mais difíceis / Você é o meu divã."

O infalível **Roberto Carlos** aderiu a um cancioneiro cada vez mais popular, gravando duas da grife **S&M**, "Amor perfeito" (da dupla com

Robson Jorge e **Lincoln Olivetti**) ("Fecho os olhos pra não ver passar o tempo / Sinto falta de você") e "Meu ciúme", as latinas "Se o amor se vai" (Roberto Livi/Bebo Silveti/Carlos Colla) e "Por ela (Por ella)",[43] e diversas autorais (com o eterno parceiro **Erasmo Carlos**), como a ufanista (em tempos de Plano Cruzado) "Verde e amarelo", as ecológico-humanitárias "Apocalipse" e "Amazônia", a religiosa "Luz divina", as baladas românticas "Do fundo do meu coração", "Da boca pra fora", "Tolo", "O careta" (de 1987, pela qual foi processado por plágio, depois banida de sua discografia) e "Se diverte e já não pensa em mim". Em 88, faturou um Grammy de Melhor Cantor Pop Latino por seu álbum *En español* e já em 91 flertou com o "sertanejo", abraçando o mercado promissor deste segmento (que ele tanto influenciara desde os anos 60) com "Todas as manhãs", bisando a temática do "Caminhoneiro" já testada alguns anos antes com imenso êxito: "Chuva fina no meu para-brisa / (...) Visibilidade distorcida / Pela lágrima caída / Pela dor da solidão."

Também no clã masculino da "MPB", nomes outrora mais sofisticados conquistaram os maiores sucessos de suas carreiras, com canções de letras simples de amor, como o referido grupo **Roupa Nova**, que a partir do êxito de "Linda demais" (Kiko/Tavinho Paes), entre 1985 e 86, optou pelas desbragadamente românticas autorais "Volta pra mim", "Força do amor", "Vício" e a recriação de "Começo, meio e fim" (Tavito/Ney Azambuja/Paulo Sérgio Valle), salvo, vez por outra, por uma encomenda de novela que os fazia sair da curva mais pop "brega", como no hit "Coração pirata", de **Nando** e **Aldir Blanc**, para a *Rainha da sucata*, em 90: "Quando a paixão não dá certo / Não há por que me culpar / Eu não me permito chorar / Já não vai adiantar / E recomeço do zero sem reclamar."

O mesmo aconteceu a **Fagner**, que, em 1986, após vender 300 mil do LP homônimo puxado pelo reggae "Dona da minha cabeça" e a balada "Lua do Leblon" (ambas de **Fausto Nilo**, a primeira com **Geraldo Azevedo**, que depois a regravou, e a segunda com a pianista **Lisieux Costa**, irmã de **Sueli** e **Telma Costa**), chegou a um milhão no disco seguinte, graças ao êxito de uma pérola "brega" da dupla S&M, "Deslizes" ("Não sei por que / Insisto tanto em te querer"), um sucesso avassalador em 1988, divisor de águas em sua carreira. Foi lançada um ano antes no LP *Romance no* *deserto*, cuja faixa-título, versão de **Levy** e **Fausto Nilo** para uma canção de **Bob Dylan** ("Romance in Durango"), também apareceu, assim como "À sombra de um vulcão" (Fagner/Fausto Nilo). Esta descrevia o tesão ensandecido de um homem apaixonado, em pleno ato sexual, sem subterfúgios: "Nunca houve uma mulher como você (...) Eu gozo com a tua voz / Esse amor arrebenta com tudo!", já antevendo o fim da censura, em agosto de 1988. E ia além... "Quem sonha contigo molha a cama / Quem te ama vive à sombra de um vulcão".

Após um segundo álbum em dueto com **Luiz Gonzaga**, em 1988, e releituras das guarânias "Cabecinha no ombro" (em dueto com **Roberta Miranda**) e "Meu primeiro amor (Lejania)" (com **Joanna**),[44] foi a vez de **Fagner** vir com outro hit massacrante, abrindo a nova década, em 91: "Borbulhas de amor", versão do poeta **Ferreira Gullar** para a canção caribenha do dominicano **Juan Luis Guerra**: "Quem dera ser o peixe / Para em seu límpido aquário mergulhar / Fazer borbulhas de amor pra te encantar / Passar a noite em claro / Dentro de ti." No ano seguinte, um refresco no cabaré romântico. O cantor defendeu "Pedras que cantam", o tema de abertura da novela das oito global *Pedra sobre pedra*, que o Brasil todo cantou, mas poucos prestaram atenção na letra de cunho político--social de **Fausto Nilo**, eclipsada pela música sacudida de **Dominguinhos**: "Quem é rico mora na praia / Mas quem trabalha não tem onde morar (...) Ô tempo duro no ambiente / Ô tempo escuro na memória / O tempo é quente / E o dragão é voraz."

Moraes Moreira foi outro a conquistar o maior sucesso de sua carreira solo nesse tempo, precisamente entre 1986 e 87 com "Sintonia", um tema de amor, assinado com **Zeca Barreto** e **Fred Góes**, que de certa forma fazia uma metalinguagem da música "brega-romântica" que dominava as paradas naquele tempo: "Escute esta canção / Que é pra tocar no rádio / Do lado do seu coração." Ajudou sua popularização a inclusão na novela das sete da Globo *Hipertensão*, a mesma que, conforme foi dito, trouxe **João Gilberto** de volta aos estúdios, numa impensável regravação de "Me chama", de **Lobão**, em bossa nova.

Se **Moraes** sacou que era preciso brincar com a linguagem dominante da música de então para criar uma que fosse de forte apelo popular, sem que para isso sacrificasse seu estilo, a saída para **Emílio Santiago**, uma de nossas melhores vozes masculinas e exclusivamente intérprete, foi mais radical e não se restringiu a um hit. Com quase 20 anos de carreira, até então amargando um terrível ostracismo, há quatro anos sem gravar, estourou finalmente em 1988, graças ao produtor **Roberto Menescal**. Na verdade, graças a um guru que, consultado por ele, lhe disse que naquele final de século ninguém lançaria nada de muito relevante na música, que o momento seria de reciclar o passado. Assim, nasceu o álbum *Aquarela brasileira*, que se desdobrou em sete volumes, lançados anualmente até 94.

A fórmula era a de regravar o melhor de nosso cancioneiro do século XX em medleys temáticos (de gêneros musicais e compositores), com ênfase em canções românticas, mas sempre também trazendo bons sambas de enredo. Devido ao sucesso do primeiro, a partir do próximo havia sempre ali no meio uma ou duas faixas desconhecidas do grande público, de bandeja para as rádios populares, como os sambas românticos "Saigon" (Cláudio Cartier/Carlão/Paulo César Feital), seu hit maior, em 89; e pelo menos de 90 a 93 uma por ano aconteceu, a saber: "Verdade chinesa" (Gilson/Carlos Colla), "Perfume siamês" (Altay Veloso/P. C. Feital), "Lesões corporais" (Gilson/Joran) e "Flamboyant" (Jota Maranhão/P. C. Feital). O sofisticado **Emílio** foi obrigado a se curvar às canções populares ou às belas canções com arranjos mais comerciais, com muito tecladinho sintetizado, para chegar ao coração do público, caso contrário ficaria esquecido ou sem gravar como tantos de sua geração e anteriores à sua.

O sucesso via trilha de novelas, as revelações e os primeiros CDs

Da turma da "MPB", quem não aderiu ao "brega" ou não tinha um "plano b" na manga, como **Moraes Moreira** e, sobretudo, **Emílio Santiago** (via **Menescal**), no geral, só tinha uma possibilidade de fazer suas criações virarem hits: ter a sorte de incluir uma nova canção numa trilha de novela ou minissérie de TV e rezar para que ela caísse no gosto do público. **Ivan Lins** emplacou várias assim. À exceção de "Vieste", do ótimo LP *Mãos* (1987), que ainda apareceu sem o empurrão dos folhetins (só seria incluída numa novela seis anos depois, em *Sonho meu*), teve neste momento três temas românticos consagrados em função das trilhas da TV Globo, sucessivamente: "Sede dos marujos", em *Selva de pedra* (86), "Iluminados", em *Direito de amar* (87), e o maior de todos, que os antecedeu, "Vitoriosa", em *Roque Santeiro* (85), um hit que varou o ano inteiro de 86 e puxou seu LP homônimo daquele ano, em que o parceiro **Vitor Martins** aborda pela primeira vez numa letra o orgasmo feminino: "Quero sua alegria escandalosa / Vitoriosa por não ter / Vergonha de aprender como se goza").

João Bosco, também muito romântico, teve três canções popularizadas assim. "Desenho de giz", na trilha da novela *Hipertensão*, da Globo (86) — mesma que **Moraes Moreira** estourou "Sintonia" —, "Memória da pele", na de *Pantanal*, na TV Manchete, e "Jade", em *O salvador da pátria* (89), novamente na Globo, e celebrizou em shows "Quando o amor acontece", que chegou às rádios e mais tarde até a uma minissérie.[45] E **Gonzaguinha,** mais político, ainda mostrou aqui e ali a sua *Geral* ("Assim não dá / Não é mole, não / Vamos dar uma geral nessa tal de transição"), detonando a Nova República, mas sucesso mesmo — e derradeiro hit — foi o samba autoral "É" ("A gente não tem cara de babaca (...) A gente quer é ser um cidadão") na trilha da global *Vale tudo* (88). Viria a falecer aos 45 anos, num acidente de automóvel em 91, no meio de uma turnê pelo Sul do país, apenas dois anos depois da morte do pai, **Luiz Gonzaga.**

Outros ainda conseguiram romper um bloqueio radiofônico aqui e ali, alternando hits que vieram ou não de novelas. **Alceu Valença** viveu um *boom* criativo autoral, consagrando xotes lentos, mais tradicionais, como "Amor covarde" e "Tesoura do desejo" (com **Zizi Possi**), e mais vibrantes, como "Bobo da corte" e "La belle de jour" — que certa vez uma fã mais humilde pediu que cantasse, referindo-se como "A véia Biju" —, além do frevo "Bicho maluco beleza". **Elba Ramalho** foi de marcha-frevo junino ("Boca do balão", em 86), toada ("Vem ficar comigo", 87), canção funkeada ("Felicidade urgente", em 91), além da romântica "Imaculada", gravada especialmente para a trilha da novela *Tieta*, da Globo (89), além de algumas lambadas, que serão comentadas mais adiante, e êxitos mais restritos ao mercado nordestino.

Djavan desafiou a mesmice radiofônica com sua harmonia intrincada de "Asa" e o romantismo blue de "Topázio", ambas do LP *Meu lado* (1986).

A funkeada "Dou, não dou" entrou na trilha de *Mandala* (87) e seu LP homônimo de 89 estourou nada menos que quatro faixas em produções televisivas da Globo — a balada "Oceano" ("Vem me fazer feliz / Porque eu te amo / Você deságua em mim / E eu oceano") na trilha de *Top model*, talvez o maior sucesso de sua carreira, com direito a solo de violão flamenco do espanhol **Paco de Lucia**; e o blues pop "Cigano", em *Rainha da sucata*; ambas ainda em 89, depois o bolero "Vida real", versão de "Déjame ir", na novela *Barriga de aluguel* (90), e outro blues pop, "Mal de mim", na minissérie *O sorriso do lagarto* (91).[46]

Após vários discos de repercussão mais discreta, **Maria Bethânia** fez seu único álbum mais comercial da década, sem perder a qualidade, lançando o bolero "Anos dourados". Inicialmente um tema instrumental de **Tom Jobim** para a minissérie homônima da TV Globo, que ganhou letra de **Chico Buarque** e foi lançada no álbum *Dezembros* (86), numa alusão ao verso "Parece dezembro / De um ano dourado". Não foi um estouro de rádio, mas aquele caso de música que vai se tornando um clássico com o tempo, de boca em boca. A que puxou o LP foi a toada algo sertaneja "Gostoso demais" (Dominguinhos/Nando Cordel): "Tô com saudade de tu, meu desejo / Tô com saudade do beijo e do mel." Lançada sem repercussão por **Peninha**, a canção "Tá combinado" ("Então tá combinado / É quase nada / É tudo somente sexo e amizade"), do mano **Caetano**, foi a mais popular de seu LP *Maria* (88), quase todo intimista e "acústico", cuja letra versava sobre uma relação aberta.

Gal Costa, mais para o fim da década, voltou aos holofotes repaginada, mais sofisticada. Após o estouro de "Brasil", na trilha de *Vale tudo*, ressurgiu com o LP e o show *Plural* (90), dirigida por **Waly Salomão**, destacando o funk "Cabelo" (Jorge Ben Jor/Arnaldo Antunes), a regravação do bolero "Alguém me disse" (Evaldo Gouveia/Jair Amorim), incluso em *Tieta* (89), e a caribenha "Nua ideia" (João Donato/Caetano Veloso), tema de *Rainha da sucata* (90), enquanto no show arrepiava com temas dos blocos afro-baianos que estouravam à época em Salvador.

Caetano Veloso era outro a antecipar o *boom* da axé-music para todo o país, transformando num megahit os batuques de "Meia-lua inteira", incluída na trilha de *Tieta* (1989), projetando nacionalmente o percussionista **Carlinhos Brown**, até então desconhecido fora da Bahia, enquanto **Chico Buarque** passava a alternar a música com a literatura, iniciando-se como romancista, no livro *Estorvo* (91). Ainda assim, lançou algumas obras-primas, como a canção "Todo o sentimento" (com **Cristóvão Bastos**) e a caribenha "Ludo real" (com **Vinicius Cantuária**), ambas em 87. Longe dos palcos desde *Chico e Bethânia*, em 75, voltava após 13 anos ao mesmo Canecão, em 88, com o show *Francisco*, batendo recorde de público, culminando no fim da temporada com o público implorando bis por 30 minutos. O artista foi para o camarim, tomou banho, e na volta, ainda teve de cantar "Bastidores" para saciar o público: "E os homens lá pedindo bis / Bêbados e febris a se rasgar por mim..."

Entre as revelações da segunda metade da década de 1980, tivemos **Verônica Sabino**, filha do escritor Fernando Sabino e ex-integrante do **Céu da Boca**, com a versão de "Yes, it is", do repertório dos Beatles ("Demais", em 86), outra pinçada do espetáculo da Broadway *O fantasma da ópera*, em duo com **Emílio Santiago**, "Tudo que se quer" ("All I ask for you"), sendo ainda a primeira a celebrizar a buarqueana já citada "Todo o sentimento".[47] Para não fugir à regra, as três foram incluídas em trilhas de novelas globais famosas — *Selva de pedra*, *Tieta* e *Vale tudo*, respectivamente. A cantora fluminense de vozeirão, **Selma Reis**, embora tentasse a sorte desde meados da década, obteve visibilidade em shows com "Emoções suburbanas" (Altay Veloso/Paulo César Feital), mas o grande público só a conheceu por causa da minissérie *Riacho doce* (90), também da Globo, quando emplacou "O que é o amor", de **Dudu Falcão e Danilo Caymmi**. Este último, depois de mais de duas décadas como músico e compositor, também obteve boa repercussão como cantor e/ou autor de canções originais para trilhas de minisséries da emissora no início da década de 1990, como em *Tereza Batista* (92), com "O bem e o mal" (outra com **Dudu Falcão**) e "Vamos falar de Tereza", em parceria com o pai **Dorival**. Igualmente a seu lado e dos irmãos **Dori** e **Nana**, participou de três discos e shows que a **Família Caymmi (Dorival, Dori, Danilo** e **Nana**) realizou neste período, entre 1986 e 91, o último deles gravado ao vivo no Festival de Montreux.[48] Em 94, também apareceu com "Nada a perder" (Lenine/Dudu Falcão) na trilha da novela global *Pátria minha*.

De sucesso mais efêmero, o tecladista, arranjador e produtor **Nico Rezende** teve seus dias de cantor a partir de 87, com "Esquece e vem" e "Penso nisso amanhã", parcerias dele com o produtor, empresário, ator, editor musical e letrista **Paulinho Lima**. A dupla também brilhou nas vozes de **Zizi Possi** ("Perigo") e **Ritchie** ("Transas"). Com o poeta **Jorge Salomão**, assinou "Pseudoblues" para **Marina**.

A versátil **Ithamara Koorax**, ligada à bossa nova e ao jazz, estreou na trilha da mesma minissérie que popularizou **Selma Reis**, *Riacho doce*, da Globo (1990), com "Iluminada (Balada nº1 em sol menor)", um tema de Chopin adaptado por **Ary Sperling** e **Aldir Blanc**. A seguir, focou sua carreira e discografia para o mercado internacional de jazz e bossa nova, enquanto sua irmã, **Soraya Ravenle**, despontaria mais para o fim da década no Rio como grande "cantriz" de musicais. No mesmo ano de 90, deu-se a estreia do "cantautor" **Orlando Morais**, marido da atriz Glória Pires, outro que teve a ajuda dos folhetins para consagrar as autorais "Divinamente nua, a lua", com **Caetano Veloso** (em *Pantanal*, na Manchete); "Cruzando raios", com **Toni Costa** (em *Mico preto*), logo no ano de sua estreia e "A montanha e a chuva" (em *Explode coração*, 95) — ambas na Globo —, além da bela parceria com **Djavan**, "A rota do indivíduo" ("Bela luz / Que invade a tarde cinzenta...").

Por sua vez, a voz negra da mineira **Rosa Maria**, que vinha dos anos 60 e passou as próximas duas décadas no mercado independente, só teve sua grande chance em 88, cantando "California dreamin'", do **The Mamas & The Papas**, não numa novela, mas num comercial de TV da loja de departamentos C&A. Sua interpretação foi tão marcante que logo conseguiu um contrato de três álbuns na Polygram, incluindo *Rosa in blues* (90), que não aconteceu, mas merece registro por trazer majoritariamente blues compostos para ela em português. Todavia, ficou mesmo marcada por suas interpretações em inglês de baladas, blues, jazz e gospel. Trabalhando paralelamente em musicais teatrais, anos depois passaria a assinar **Rosa Marya Colin**. Na mesma época que a cantora enfim despontou para o grande público, surgiu o *soul man* **Ed Motta**, sobrinho de **Tim Maia**, gravando a partir de 88 funks sob medida para as rádios, como "Vamos dançar", "Manuel" (ambos com a **Conexão Ja-**

peri) e "Solução",[49] cujo sucesso continuou pela década seguinte, porém cada vez mais burilado.

Nenhuma revelação da "MPB", contudo, foi tão impactante quanto a carioca **Marisa Monte**, uma cantora de estilo *cool*, com uma imagem muito sofisticada, que interpretava também clássicos do jazz, do samba de raiz e um pop refinado, ideais para a mídia que o mercado estava começando a implementar — o *compact disc*, vulgo CD, que prometia um som puro, digital, sem os ruídos dos velhos vinis. Desde 1987, começava-se a se falar dela. Sabia-se que tinha ido para a Itália estudar canto lírico, mas após uma canja cantando "MPB" num bar em Veneza, onde foi vista por **Nelson Motta** e uma pequena multidão que se aglomerou nos arredores, as coisas tomaram um outro rumo. De volta ao Rio, seus shows aos poucos se tornaram comentadíssimos, mas o disco de estreia, homônimo, gravado ao vivo em 1988 e ansiosamente aguardado, só foi lançado em janeiro de 89. Foi o primeiro CD que virou objeto de desejo do grande público, incluindo uma faixa a mais que no LP, por comportar mais tempo de som gravado que a velha mídia. A romântica "Bem que se quis (E po' che fa')" foi seu primeiro grande sucesso radiofônico e suas regravações de **Tim Maia** ("Chocolate") e do samba-enredo do **Império Serrano** (de 76), "Lenda das sereias, as rainhas do mar", entraram para a história. Seguiu pela década seguinte como a maior diva da nova geração da "MPB", abrindo o mercado para um novo *boom* feminino, assim como ocorrera dez anos antes na indústria, sobre o qual falaremos no próximo capítulo.

Antes do álbum ao vivo na EMI que marcou a estreia de **Marisa Monte** e virou um CD-fetiche de um público mais abastado financeiramente, a primeira gravadora a investir no formato CD por aqui foi a Philips/Polygram. Na virada da década de 1980 para 90, todos os novos lançamentos já eram encontrados em LP e CD. Inicialmente, o CD saía alguns meses depois do LP, o que só foi normalizado a partir de 1992. Na verdade, tudo foi muito rápido. Criado com tecnologia holandesa na segunda metade dos anos 70, o produto ficou pronto em 79, quando a Philips e a Sony uniram forças. Dali a três anos, em 82, a primeira lançaria o primeiro álbum na nova mídia, enquanto a segunda lançou o pioneiro CD player. No mesmo ano, a mesma empresa, agora Polygram, fabricou na Alemanha um CD no fim do ano com 16 artistas do cast brasileiro da companhia, que nessa época acabava de incorporar a Ariola. Já em 84, **Elba Ramalho** foi a nossa primeira artista a ter um trabalho já gravado, *Coração brasileiro*, lançado neste formato, porém apenas no mercado japonês. Aqui e em boa parte do planeta ninguém ainda nem sabia ainda do que se tratava. Tanto que, em 85, **Nara Leão** e **Roberto Menescal** gravaram no Japão a pedido dos executivos locais um disco que, a seu ver, seria editado como os outros, mas na verdade seria o primeiro de gravações originais de artistas nacionais já gravado para ser lançado na nova mídia. Era um disco em que regravavam clássicos da bossa nova, intitulado *Garota de Ipanema*, precursor de uma revalorização do gênero que estava prestes a eclodir.

O Brasil começou a ouvir falar no *compact disc* em 1987, com a série de coletâneas *Personalidade*, da Polygram, enfocando seis artistas de ponta de seu acervo — **Gal, Bethânia, Caetano, Gil, Chico** e **Elis**, trazendo capas brancas com fotos clássicas dos artistas recriadas pelo ilustrador Mario Bag, e seleção de repertório de **Roberto Menescal**, que deixava a companhia em 85 para voltar a ser músico, mas passou a colaborar em projetos como este e a série *On the road* (89/90) — de CDs para ouvir no carro, por gêneros musicais nacionais e estrangeiros. Aos poucos, todas as gravadoras foram aderindo ao formato digital, e as pessoas substituindo seus velhos aparelhos de som e LPs pela nova tecnologia, a maior novidade do mercado fonográfico em três décadas. Foram criadas coletâneas e reedições em CD dos álbuns mais importantes dos principais artistas de cada gravadora. Finalmente, em 91, **Rosa Passos** foi a primeira artista brasileira a ter um álbum, *Curare*, exclusivamente lançado neste formato por aqui, ou seja, sem sair também em vinil, uma produção independente.

A grande propaganda era o som cristalino, sem chiados, com capacidade para até 74 minutos de música, mas a verdade é que no início as adaptações do som analógico original para o digital eram muito toscas. Somente a partir de 93 é que começou uma cultura de "remasterizações" bem feitas e tudo isso começou a melhorar, pouco a pouco. Do mesmo modo, as adaptações dos projetos gráficos dos imensos LPs para o pequeno espaço do CD também eram um caso de polícia para os colecionadores. Haviam tarjas horrorosas, novas capas, encartes mutilados, até que, após inúmeros processos na justiça de capistas gráficos e fotógrafos dos álbuns originais, as gravadoras tomaram jeito.

A bossa nova ressurge e segue abrindo caminhos no exterior

A novidade do *compact disc*, somada à tendência aos modismos massificados do rock e do "brega", sinalizava que o mercado para a "MPB" mais criativa e elaborada, a partir de então, já banida da grande mídia, buscaria muito mais regravar sucessos já testados no passado do que novidades, pois era a maneira mais eficaz dos discos não mofarem nas prateleiras, já que rádios e programas musicais nas TVs estavam cada vez mais hostis a canções inéditas mais refinadas, a não ser que eventualmente as novelas e seriados televisivos as incorporasse. Por isso, projetos como revisões de carreira dos próprios artistas, regravando seus repertórios ao vivo ou em estúdio, e outros como o referido *Aquarela brasileira*, de **Emílio Santiago**, revisitando a "MPB" em medleys gravados com tecladaria sintética, começaram a ser a salvação de muitos artistas alijados pelo mercado ou de novos que ainda não haviam estourado.

Entre os novos, **Leila Pinheiro**, capitaneada pelo mesmo **Roberto Menescal**, que criou o projeto das "Aquarelas", realizou a primeira grande homenagem ao movimento que ele ajudou a fundar e que realmente caiu no gosto popular. Seu álbum *Bênção, bossa nova* (89), recheado de medleys com clássicos bossanovistas, foi um estouro em vendas, e antecipou o livro *Chega de saudade*, de Ruy Castro, do ano seguinte. Ambos ajudaram a trazer de volta artistas então já ligados a outras tendências ou esquecidos pelo mercado, como **Claudette Soares, Os Cariocas e Wanda Sá**, que retomaram a carreira após longo hiato. Além deles, voltaram aos estúdios com discos à la **Emílio Santiago** a suave **Maria Creuza**, com *Da cor do pecado* (1989) e *Todo sentimento* (91), também produzida por **Menescal**, e a vedete **Watusi**, ex-primeira estrela do Moulin Rouge de Paris. De 1983 a 95, estourada com shows para turistas como *Golden Brasil*, no Scala Rio, realizando mais de 1.500 apresentações, chegava à Era do *compact disc* com *Por causa de você* (93) e *Um amor demais* (95), na mesma linha da "MPB" revisitativa com arranjos coalhados de teclados que tentavam emular cordas e sopros de verdade.

O próprio **Menescal**, após 15 anos na Phonogram/Polygram dedicados à produção de discos, voltou, como já foi dito, a atuar como artista. Entre 1985 e 89, porém, os primeiros novos trabalhos como músico foram com a velha amiga **Nara Leão**, que em 1979 começava a ter dores de cabeça e sucessivos esquecimentos, até que, em 86, descobriu portar um tumor cerebral, ainda que não verbalizasse isso na mídia. Passaram então a gravar discos e até uma fita de VHS pela efêmera Manchete Vídeo (mídia precursora do DVD). Ela nos deixou em 1989 e ele seguiria numa produção intensa, inclusive em dupla com **Wanda Sá** — cantora e violonista contemporânea de **Nara**, que retomou sua carreira inclusive internacional deixada em 66, gravando mais regularmente, inclusive álbuns focando o mercado japonês.

Antes desta retomada, apenas os dois maiores ícones do movimento reapareceram com belíssimos álbuns pontuais e foram bem recebidos pelo público. Um foi **João Gilberto**, em 1986, com um LP duplo gravado no Festival de Montreux, que desencavou sambas antigos dos anos 40, como "Isso aqui o que é" (Ary Barroso) e "Pra que discutir com Madame?" (Janet de Almeida/Haroldo Barbosa), transformando-os em clássicos da "MPB", originalmente lançados por intérpretes pouco conhecidos mesmo a seu tempo, respectivamente, **Morais Neto**, em 42, e o próprio autor **Janet de Almeida**, em 45. Mais tarde, em 91, o papa da bossa nova gravaria seu primeiro CD, numa superprodução da Polygram, com novas pérolas do seu baú, como "Eu sambo mesmo", do repertório dos **Anjos do Inferno,** sendo outra composição de **Janet de Almeida**, irmão de **Joel de Almeida,** da dupla **Joel & Gaúcho**, lançada em 46, e "Una mujer" (Paul Misraki/ Carlos Olivari/Sixto Pondal Ríos), um bolero composto para uma comédia musical em Buenos Aires nos idos de 44. Aliás, uma das melhores lições que **João** nos ensinou é que música boa não tem tempo e que arranjo e divisão rítmicas bem talhadas transformam velharias em doces novidades. Muitos dos clássicos atribuídos à bossa nova são canções que ele foi pinçar em sua memória afetiva nos anos 30, 40 e quando muito 50.

Outro que veio forte antes da bossa nova voltar ao noticiário foi **Tom Jobim**, com seu piano inconfundível e sua voz pequena, no LP *Passarim* (87), destacando a faixa-título, e a suíte "Gabriela", ambas autorais. Esta última era uma reunião de vários temas que havia composto para o filme homônimo de Bruno Barreto, em 83, incluindo o "Tema de amor de Gabriela", merecendo à época uma gravação antológica em dueto com **Gal Costa**: "Chega mais perto, moço bonito / Chega mais perto, meu raio de sol..." A propósito, no mesmo ano de 87, gravaria ainda um novo disco ao vivo com a cantora em Los Angeles, *Rio revisited*. Nos dois álbuns — e pelos próximos shows e gravações até seus últimos dias —, uma **Nova Banda** acompanhava o maestro. A formação incluía **Paulo Jobim** (violão e vocais), **Danilo Caymmi** (flauta e vocais), **Titão Neto** (baixo), **Paulo Braga** (bateria), **Jacques Morelenbaum** (violoncelo) e sua esposa **Paula Morelenbaum**, uma das cinco vozes femininas do coro e que depois seguiu carreira solo. Acompanhado da mesma banda, que esteve a seu lado em shows e nos estúdios até seus últimos dias, gravaria ainda um disco ao vivo com **Gal Costa** em Los Angeles, no mesmo ano, *Rio revisited*.

Por falar no mercado americano, nessa época começa a aparecer por lá a pianista (depois também vocalista) de jazz **Eliane Elias**. Baiana de nascimento, fez seus primeiros estudos em São Paulo e se mudou para Nova York em 82, formando o **Steps Ahead**, um incrível grupo de jazz, ao lado de **Michael Brecker, Peter Erskine, Mike Mainieri** e **Eddie Gómez**, com quem gravou um álbum já em 83. A seguir, um breve casamento com o trompetista de jazz **Randy Brecker** rendeu um LP duplo que recebeu o nome da filha deles, *Amanda* (85). No ano seguinte, começou a carreira de *bandleader*, sempre acompanhada por trios. Contratada do prestigioso selo Blue Note, lançou em 89 o álbum *So far so close*, muito bem acompanhada de músicos, como o nosso **Eumir Deodato, Don Alias** e outros com quem já trabalhava, e no ano seguinte, em *Eliane Elias plays Jobim*, além de tocar, passou também a cantar. Era o início de um triunfo internacional que muito poucos brasileiros conseguiram.

Bem antes de **Eliane, Sergio Mendes** foi quem abriu esse mercado para os pianistas de jazz/bossa. E nunca parou de fazer sucesso. Após seus sete discos com o grupo **Brasil 66** terem vendido feito água, puxado pela gravação de "Mas que nada" (Jorge Ben), justamente em 1966, na década seguinte, embora seus álbuns vendessem um pouco menos, estabeleceram uma ligação muito forte com a soul music e r&b norte-americana.

Sua forte ligação com **Stevie Wonder** foi fundamental nesse sentido, pois gravou inéditas dele, como "The real thing", que fez muito sucesso na parada soul de 77. Três anos antes, quando o *soul man* quis gravar um trecho em português do samba "Bird of beauty", do próprio **Stevie**, foi ele quem traduziu os versos para ele. Nos anos 80, uma baladinha mais careta empolgou o público americano, "Never gonna let you go", em 83. Na década seguinte, o pianista volta com um som renovado em *Brasileiro* (92), pelo qual ganhou um Grammy na categoria "world music". Desta vez, com o tempero afro-baiano que inundava a cena brasileira à época, dando um banho de loja nos novos ritmos de Salvador. A canção "Magalenha", de **Carlinhos Brown**, cantada pelo próprio, que arregimentou uma poderosa percussão de tambores do grupo **Vai que Tem**, tornou-se um novo clássico de seu repertório e continuou sendo tocada pelos DJs pelas próximas duas décadas.

Além dos eternos **Sergio Mendes, Tom Jobim, João Gilberto e Astrud Gilberto**, todos mitos pioneiros no mercado de bossa e jazz internacional, sobretudo nos EUA, que continuavam com suas carreiras inabaladas, algumas figuras foram muito importantes e também uma escola para um sem número de estrangeiros que, graças a elas, descobriram a nossa música a partir dos anos 1970. Extremamente influente na cena americana e europeia desse tempo foi a cantora e pianista maranhense **Tania Maria**. Desde 74 radicada em Paris, passou a gravar regularmente no exterior. Em 81, fixou residência em Nova York e, ao assinar com a Concord Jazz, decidiu gravar alguns temas também cantando em inglês, sem abrir mão de seus *grooves* bem brasileiros. O resultado viria já em 83, quando estourou a faixa-título (dela com Regina Werneck) de seu LP *Come with me*, o seu sétimo para o mercado internacional. No ano seguinte, a autoral "Funky tamborim" também foi bem executada.

Quem também fez história foi **Flora Purim**, muitas vezes em parceria com o marido — percussionista e baterista —, **Airto Moreira**, outro ás dessa cena. Desde os 22 anos radicada em Nova York, mesmo sem ter dotes vocais como o de contemporâneas como **Elis Regina**, soube fazer seu nome, cantando e gravando acompanhada pelos maiores mitos do jazz planetário, como **Thelonious Monk, Dizzy Gillespie, Chick Corea,**

Gil Evans, **Carlos Santana**, o nosso **Hermeto Pascoal** e inúmeros outros. Nem mesmo a prisão por porte de cocaína entre 1974 e 75, no auge da contracultura daqueles tempos, foi capaz de abalar sua carreira. Pressionada para delatar companheiros também usuários, jamais o fez. Tudo isso motivou protestos da classe artística que a elegeu por meio da crítica local Melhor Cantora de Jazz quatro anos consecutivos na *Downbeat Magazine*, na frente de **Ella Fitzgerald** e **Sarah Vaughan**.

Ao sair da prisão, **Flora** continuou gravando regularmente. Logo fez o hit "Open your eyes you can fly" (Chick Corea/Neville Potter) em 1976. Metade de seus álbuns continuava sendo ao lado de seu fiel escudeiro, **Airto**, incluindo os LPs *Humble people* (85) e *The magicians* (86), pelos quais recebeu duas indicações para o Grammy Awards referentes, respectivamente, às faixas "Vinte anos blues" (Sueli Costa/Vitor Martins) e "Esquinas" (Djavan). Até que, em 92, enfim faturou logo dois Grammy por participar dos álbuns *Planet drum*, de **Mickey Hart**, baterista do conjunto **Grateful Dead** (Melhor Disco na categoria World Music), e *The Dizzy Gillespie United Nations Orchestra* (Melhor Disco de Jazz).

Airto Moreira, por sua vez, também fez história na cena instrumental americana. Era do primeiro time do jazz-fusion, o jazz moderno e eletrizado com pitadas de rock e funk. Tal primeiro time se distingue pelo fato de que todos, inclusive ele, haviam tocado na banda do papa **Miles Davis**. Afora isso, foi um dos músicos de estúdio mais requisitados dos EUA, tocando em diversos hits pop mundiais, como "Me and Julio down by the schoolyard", de **Paul Simon**, no qual estava presente com a sua cuíca. Foram muitos os seus álbuns que caíram no gosto do público americano, tais como *Natural feelings* (70), *Fingers* (72), *Virgin land* (74), *Identity* (75), *I'm fine, how are you?* (77) e *Touching you touching me* (79). Na década seguinte, alguns foram muito tocados pelos DJs, como *Latino/Aqui se puede* (84) e *Samba de Flora* (89). Já *Däfos* (83), com o referido **Mickey Hart**, é também considerado um clássico, daqueles discos que todo mundo usava para testar na hora de comprar um novo aparelho de som caseiro, de tão bem gravado. Finalmente nesta década de 90, apareceu com alguns mais puxados para a seara da world music, como *The other side of this* (92). O casal só voltou a morar no Brasil, em Curitiba, a partir de 2016, quando ambos já estavam na casa dos 75 anos, fugindo da Era Donald Trump. Merece registro o fato de que foi por causa do sucesso de **Airto** a criação da categoria de "percussionista" nas premiações das revistas de jazz norte-americanas, em cujos primeiros lugares ele e **Naná Vasconcelos** sempre se revezavam.

Pioneira cantora brasileira a se especializar no *scat singing*, desde os anos 1960, **Leny Andrade** não teve a mesma inserção de **Tania Maria**, **Airto Moreira** e **Flora Purim**, nem dos músicos acima citados nesse mercado, mas também fez bonito. Iniciou-se no circuito internacional das grandes casas e festivais de jazz dos Estados Unidos, Europa e Japão a partir de 83, quando cantou na primeira de muitas apresentações no Blue Note, de Nova York, tendo em seu quarteto o trompetista **Cláudio Roditi**, outro músico brasileiro de muito prestígio no exterior. Chegou a ter um apartamento na cidade entre 94 e 2002. Nesta fase, já com a voz mais grave e quente, de suingue inigualável, entremeava as canções nos shows sempre com comentários muito engraçados e maliciosos, de tremenda gozadora que foi a vida toda. Considerada por muitos a número um do jazz brasileiro — já foi chamada de "Sarah Vaughan brasileira" pelo *New York Post* —, ganhou fãs ardorosos do quilate de **Tony Bennett**, **Paquito D'Rivera** e **Liza Minnelli**, que sempre prestigiaram seus shows. O primeiro inclusive gostava de desenhar suas caricaturas nos guardanapos durante suas apresentações.

No Brasil, **Leny** viveu um *boom* fonográfico após grande hiato neste momento revisionista do mercado nacional da virada dos anos 1980 para os 90, com uma bela trilogia na gravadora paulista Eldorado — *Luz neon* (89), *Eu quero ver* (90) e *Bossa nova* (91) —, com o pianista **João Carlos Coutinho**, que começou com ela, **Adriano de Oliveira** (bateria) e um revezamento de baixistas — **Jacaré**, **Luizão Maia** e **Lúcio Nascimento**, respectivamente —, incluindo gravações memoráveis de novidades como "Saigon" (Cartier/Carlão/Feital), "É" (Gonzaguinha) e "Eu quero ver" (Carlinhos Vergueiro/Landinho), clássicos como "Adeus, América" (Geraldo Jaques/Haroldo Barbosa), "Wave" (Tom Jobim) e "Nós" (Johnny Alf), além de outras só com improvisos em ritmo de bossa de "Night in

Tunisia" (Dizzy Gillespie), "Bluesette" (Toots Thielemans) e de seu velho hit "Batida diferente" (Durval Ferreira/Maurício Einhorn).

Também levou as obras de **Cartola** e **Nelson Cavaquinho** ao mundo do samba-jazz, além de dividir CDs caprichados com **César Camargo Mariano** (seu álbum *Nós*, de 93, tornou-se uma referência para muitos jazzistas) e o violonista e guitarrista **Romero Lubambo** nos anos 90. Este, outro nome de prestígio crescente no exterior, que em 86 havia formado nos EUA o **Trio da Paz**, com outros dois músicos muito requisitados: **Nilson Matta**, no baixo, e **Duduka da Fonseca**, na bateria e percussão. Começando a gravar em 92, com o CD *Brazil from the inside*, com as participações de **Herbie Mann** e **Joanne Brackeen.**

Antes deles, vale citar quatro instrumentistas que fizeram muito a cabeça dos aficionados em jazz e música instrumental. Para começar, **Baden Powell**, um expoente mundial, com dezenas de álbuns gravados nos EUA, Japão e Europa, sobretudo na Alemanha e França — onde ganhou até Disco de Ouro por um álbum somente instrumental (*Le monde musical de Baden Powell*, lançado pela Barclay em 1964, conquistando o prêmio em 67).[50] Outro baluarte é o trombonista **Raul de Souza**, que chegou a construir um instrumento próprio em 75, o souzabone, um trombone de pisto (com um quarto pisto a mais, geralmente usado com pedais de efeito). Isto impressionou muito os bambambãs do jazz com suas apresentações ao vivo e seus álbuns lançados pela Capitol nos anos 70 produzidos por **George Duke**, considerados clássicos pela turma black até hoje, a partir de *Colors* (75).

Por sua vez, muito pouco conhecido no Brasil, o saxofonista paulistano **Ivo Perelman**, radicado em Nova York desde os anos 1980 gravou seu primeiro disco solo em 89. Navegou pelo free jazz mais radical, tendo seu nome em nada menos de 100 álbuns com parceiros instrumentais de peso os mais diversos, como a pianista **Marilyn Crispell**, o baixista **William Parker** e o lendário baterista de John Coltrane **Rashied Ali**, só para citar alguns.

Prestígio redobrado teve o percussionista **Naná Vasconcelos**, que, desde cedo, se identificou com a linguagem universal da música. Suas colaborações com **Agustin Pereyra Lucena, Gato Barbieri** e **Don Cherry** lhe abriram portas para uma sólida carreira solo na Europa. Mais tarde, *Saudades* (79), que saiu no exterior pela conceituada gravadora ECM, também alcançou grande popularidade nesse mercado, mais ou menos na mesma época em que virou parceiro de **Pat Metheny** em vários discos do guitarrista. Se **Raul** a partir dos anos 80 ficou mais no Brasil, com atuação mais esporádica no exterior, vindo a falecer em 2021, **Naná** continuou gravando numa discografia que tem quase o dobro de títulos em relação ao colega, excursionando sem parar, até morrer em 2016, além de ter sempre colaborado com **Egberto Gismonti**. Nos anos 90, destacou-se com o álbum *Contando estórias (Storytelling)* (95).

Na seara percussiva, as baquetas dos bateristas **Dom Um Romão** — desde os anos 60 até sua morte em 2005, aos 79 — e **Edison Machado** —, de 1976 até o falecimento precoce em 90, aos 56 — também fizeram escola, pois foram alguns dos primeiros ao lado de **Milton Banana** a estilizarem a batida da bossa nova no instrumento. Segundo Tárik de Souza, **Dom Um** tinha um acento mais afro e criou "uma batida de baquetas cruzadas na caixa, acentuando o tempo fraco", enquanto **Edison** foi o "inventor do samba no prato" da bateria e **Milton** "o cara mais sambista da bossa", não à toa, o favorito de **João Gilberto**, que curiosamente sempre disse que não fazia bossa nova, mas samba do seu jeito. Todos tocaram em discos fundamentais da música brasileira, sendo que **Dom Um** e **Edison** a certa altura foram para os EUA. O primeiro gravou ou excursionou com um *dream team* de músicos do primeiro time, como **Sergio Mendes, Astrud Gilberto** e **Stan Getz, Tony Bennett, Tom Jobim** e **Frank Sinatra** (no famoso álbum de 67), **Weather Report** (pioneiro do jazz fusion), os saxofonistas **Cannonball Adderley** e **Stanley Turrentine**, o pianista **Gil Evans**, o roqueiro **Robert Palmer**, o baixista **Ron Carter**, além de ter seu próprio estúdio, Black Beans, em Nova Jersey. Já **Edison** trabalhou com o mesmo **Ron** e **Chet Baker**.

No Brasil, também misturando a nossa música com o jazz, militava desde 91 no país a **Banda Mantiqueira**, liderada pelo clarinetista e saxofonista paulista **Nailor Azevedo**, o **Proveta**, gravando cinco anos depois o primeiro álbum, *Aldeia*. É também louvável o esforço do **Grupo Kali** (na mitologia hindu, "a deusa da renovação"), formado em São Paulo, inicialmente como sexteto, depois quarteto, incluindo a baterista **Vera Figueiredo** e a baixista **Gê Cortes**, único exclusivamente feminino (até hoje) dedicado ao jazz instrumental, que fez história nos anos 1980. Ainda na seara feminina, começando a gravar em 1989, a violonista **Badi Assad**, também "cantautora", irmã do **Duo Assad**, **Sérgio** e **Odair**, violonistas eruditos, levou seus vocais e experimentalismos sonoros mundo afora.

Um mercado que se abriu cada vez mais à música brasileira, sobretudo à bossa nova, mas até mesmo ao choro, foi o japonês, a ponto de muitas de suas lojas de discos se parecerem com as nossas dos anos 60 e 70, a não ser pelo fato de que nesse momento a mídia CD já ser predominante. **Roberto Menescal** desde os anos 80 virou um astro no Japão, a ponto de terem aberto um bar com o título de sua canção mais famosa, "O barquinho", que acumula centenas de regravações pelo mundo. Virou figurinha carimbada, já tendo se apresentado por lá cerca de 30 vezes. Após uma forte demanda por novas produções do gênero, ele decidiu abrir no Rio a gravadora Albatroz com o produtor **Raymundo Bittencourt**, dedicada a discos basicamente de bossa nova ou de outros gêneros com arranjos bossanovistas, com foco especial no mercado nipônico.

Foi também no Japão que **Rosa Passos**, após passar a década de 1980 priorizando a educação dos filhos, retomou sua carreira, tendo a chance de voltar ao disco, abraçando definitivamente a bossa nova. O legendário produtor **Aloysio de Oliveira** foi quem primeiro acreditou na cantora, encaminhando uma fita que ela havia lhe enviado com seu repertório da época a **Alberto Contardi**, diretor da Microservice, a então principal fábrica de CDs do país. Encantado com o que ouviu, recomendou que o produtor **João Augusto** a assistisse num show que ela faria nesse meio-tempo num badalado nightclub no Japão. Regressando ao Brasil, este último já estava com a ideia fixa de gravá-la, o que se deu a partir de agosto de 1990 no famoso estúdio da Transamérica, no Rio. Por fim, em 91, chegava ao mercado o álbum *Curare*, que, como já foi dito, foi o primeiro lançado exclusivamente em CD no Brasil, no qual ela relia diversos clássicos da nossa música, definindo para todo sempre o seu estilo. Uma estética de bossanovista clássica, normalmente na base da voz e violão intimista, com um charme todo especial, talhada pela admiração incondicional desde os 11 anos a **João Gilberto** — quando ouviu seu compacto duplo com as canções do filme *Orfeu Negro* (também chamado *Orfeu do Carnaval*) (59), como *A felicidade* e *O nosso amor.* Imediatamente trocou o piano que já estudava pelo violão, sendo autodidata no instrumento. A seguir, ligou-se também no jazz americano e no repertório de *standars* de **Johnny Mathis** e passou a compor suas próprias canções. Estreou anos mais tarde, em 79, num disco autoral ainda com estilo indefinido, seguido de shows pontuais no correr da década de 80.

Nesta retomada dos anos 1990, após a badalação no circuito cult de *Curare*, **Rosa** foi chamada por **Vitor Martins** para gravar em seu recém--inaugurado selo Velas os CDs *Festa* (93), do qual a canção "Juras" (com Fernando de Oliveira) apareceu um pouco, e *Pano pra manga* (95). A partir de 96, iniciou efetivamente uma carreira internacional para lançar o repertório deste último álbum. O gatilho foi um convite do violonista **Oscar Castro-Neves** — um de nossos músicos e arranjadores mais requisitados no exterior — para um show no Hollywood Bowl, o legendário anfiteatro de Los Angeles, no qual também atuaram **João Bosco** e **Djavan** (este, a propósito, em 88 e 89, lançara dois álbuns em inglês no mercado americano). Dali, a cantora partiu para uma turnê por 40 países, firmando-se como uma das maiores artistas do mundo de bossa/jazz, beneficiada pelo fato de um espanhol, Alfredo Lorenzo, fã de seu trabalho, negociar seus discos com a Velas, passando a distribuí-los por toda a Europa.

Nesse mesmo terreno sofisticado e suingado, ninguém foi tão frenético em produtividade quanto **João Donato** a partir desta década de 1990. Se desde 73, quando voltou de uma longa estada nos EUA, atuava por aqui em inúmeros discos e shows como músico e competente arranjador, mas sem tanto protagonismo, a partir de 96 foi em busca do tempo perdido, gravando e trabalhando intensamente com artistas de todas as vertentes musicais, mesmo sem tocar no rádio, cristalizando o estilo inconfundível de seu piano e suas bossas de sabor caribenho. Também retomou sua carreira internacional, como veremos mais adiante. Um dos que mais apostaram tanto em **João Donato** quanto em **Rosa Passos**, produzindo alguns de seus novos álbuns por aqui, foi o violonista e produtor **Almir Chediak**, que desde 1987 resolveu inaugurar no Brasil o costume de se fazer "*songbooks*" dos nossos grandes compositores, patenteando inclusive este nome para a sua firma, Lumiar.

Dos livros partiu para os discos quando resolveu também editar CDs com o melhor das obras desses autores para acompanhar os livros, motivado pelo barateamento da produção fonográfica trazida pelo advento do CD, a começar pelo *Songbook Noel Rosa* (1991), um álbum duplo reunindo 22 faixas com intérpretes que iam de **Tom Jobim, Gal Costa** e **Chico Buarque** a **João Nogueira, Eduardo Dussek, Jards Macalé** e **Cassiano.** Até sua morte trágica, assassinado por bandidos na região serrana do Rio, em 2003, fez um importante trabalho para a memória do país, cifrando também as obras de **Caetano Veloso, Rita Lee, Cazuza, Tom Jobim, Carlos Lyra, Ary Barroso, Braguinha, Vinicius de Moraes, Gilberto Gil, Chico Buarque, Marcos Valle, Edu Lobo, João Bosco** e do próprio **João Donato** — quase todas também gerando CDs únicos ou em vários volumes.

Chediak começou como professor de vários grandes ícones da "MPB" e acabou admirado até pelo genioso **Tim Maia**, a quem convenceu gravar um álbum interpretando clássicos da bossa nova, em 91,[51] mas não sem o mesmo dizer que o fez "apenas para sacanear **João Gilberto**", numa brincadeira em relação ao contraste de seu vozeirão com o intimismo do colega que estilizara o gênero em 1958. O produtor também resgatou artistas à margem do mercado (ou mal aproveitados) para participar de seus *songbooks*, como **Angela Ro Ro**, que gravou em sete deles, e nesse tempo registrou apenas um ótimo álbum, *Nosso amor ao Armagedon, ao vivo* (1993), regravando sucessos e lançando algumas canções novas ótimas, como a faixa-título sarcástica, uma nova romântica e intensa com **Ana Terra** ("Quero mais") e sua única parceria com **Cazuza**, feita no limite do fim da vida do parceiro ("Cobaias de Deus").

Ela também fez um show antológico no Jazzmania, em Ipanema, que desgraçadamente não virou disco, com a única big band em atividade permanente no país, desde 73, a **Rio Jazz Orchestra**. Liderada pelo cirurgião plástico e saxofonista **Marcos Szpilman**, a banda jazzística marcou época no circuito alternativo, sobretudo carioca, assim como o grupo vocal-instrumental **Nouvelle Cuisine**, do vocalista **Carlos Fernando**; e as bandas blueseiras **Blues Etílicos, Baseado em Blues** e **Big Allanbik**. Além de **Ro**

Ro, outro "maldito" (que, aliás, detestava este rótulo) e igualmente chegado numa levada "blue" que voltava aos holofotes nesse início dos anos 90 foi **Luiz Melodia**. Após aparecer um pouco em 87 com "Decisão" ("Quem vai embora sou eu / Não tenho nada a perder / Meu coração se fechou, mulher"), regravou um hit do mesmo recém-referido **Cazuza**, "Codinome Beija-Flor", para a novela global *O dono do mundo* (91) e passou a ficar sempre em evidência a partir de então, lançando álbuns mais regularmente.

A "MPB" e a canção instrumental, na contramão dos modismos

Após chegar às paradas com a recriação de "Balada do louco", dos **Mutantes**, quem mais surpreendeu o público na "MPB" oitentista foi **Ney Matogrosso**. Naquele ano de 1986, cancelou os ensaios de um novo show, *Bugre*, em que mais uma vez apareceria fantasiado, com seus requebros, vestiu um terno branco e radicalizou criando um recital. *Pescador de pérolas* trazia um repertório clássico-popular, ao lado de **Arthur Moreira Lima** (piano), **Chacal** (percussão), **Paulo Moura** (clarinete) e **Raphael Rabello** (violão). Exausto tanto da mania roqueira quanto da breguice repetitiva que inundou as FMs, bem como dos arranjos baseados em teclados e sons sintéticos, ele também antecipou a tendência "acústica" da década seguinte, valorizando versões de instrumental mais enxuto de velhos sucessos. Mesmo à revelia da gravadora, a gravação ao vivo deste show lhe rendeu um Disco de Platina. Três anos depois, radicalizou ainda mais, e em duo apenas com o violonista **Raphael**, fez uma temporada de dois anos e meia do show *À flor da pele*, de receita musical semelhante, do qual resultou um CD de estúdio, em 91, sendo seu segundo álbum mais vendido até então.[52]

Por sua parte, o precoce **Raphael**, mesmo muito jovem, conquistou a admiração de veteranos, com quem dividiu discos, fossem músicos, em álbuns instrumentais (**Radamés Gnattali, Déo Rian, Paulo Moura, Armandinho** ou **Romero Lubambo**, este apenas sete anos mais velho que ele) ou os maiores cantores da velha guarda em atividade, seja no derradeiro show de **Elizeth Cardoso** (*Todo o sentimento*), dias antes de sua morte, aos 69 anos; ou participando em algumas faixas do último espetáculo importante de **Nelson Gonçalves** (*50 anos de boemia*), ambos em 1990, bem como de outro memorável que reuniu os mitos **Angela Maria** e **Cauby Peixoto** no Imperator carioca, em 1991 — todos registrados em CD. Após descobrir ser portador do vírus do HIV, o músico entrou num processo de autodestruição que o levou à bebida, às drogas e ao afastamento da família. Morreu aos 32 anos, não pela ação do vírus, mas em consequência de uma parada cardíaca após ser sedado em uma clínica de reabilitação.[53]

Enquanto uns muito jovens se foram, vítimas da tenebrosa epidemia, um time de seis veteranas da Era do Rádio teve uma igualmente imprevisível sobrevida artística num país tão negligente com a sua memória. Elas se reuniram em 1987, num show na Sala Funarte, no Rio, simulando um programa de auditório dos anos dourados, sendo batizadas pelo ator Érico de Freitas, então diretor do teatro, de **As Eternas Cantoras do Rádio.** Deu tão certo que decidiram levá-lo adiante, chegando a gravar dois álbuns com a formação original pela CID: A Rainha do Baião **Carmélia Alves**, a diva do samba-canção em tom falado e confidente **Nora Ney**, a eclética **Ellen de Lima**, a especialista em música latina **Rosita Gonzales**, a sambista **Violeta Cavalcanti** e a suave **Zezé Gonzaga** — esta também gravando em paralelo trabalhos solo até a década de 2000. Por incrível que pareça, **Violeta** e **Zezé** conquistaram nesta fase uma visibilidade maior do que quando começaram suas carreiras.

Voltando à cena instrumental, os anos 1980 trouxeram a moda dos solos de guitarra e saxofone. No caso do sax, mais melodioso, principalmente após o estouro comercial do americano **Kenny G** em 86, com a canção "Songbird", fez com que as nossas gravadoras abrissem os olhos para músicos como o carioca **Leo Gandelman**. Seu álbum homônimo de 87, *Ocidente* (88) e *Solar* (90) eram muito vistos em discotecas em casas de classe média, sobretudo após o advento do CD, quase como um sinônimo de status. **Leo** virou também produtor de estrelas como **Marina** e **Gal Costa**, e seguiu uma carreira vitoriosa nas décadas seguintes, conquistando inclusive um fã muito ilustre, o ex-presidente americano **Bill Clinton**, também dublê de saxofonista, com quem inclusive já dividiu o palco.

No circuito mais cult, o carioca **Ricardo Silveira** e o argentino radicado no Rio **Victor Biglione** foram guitarristas que conseguiram unir o estilo tradicional brasileiro de nomes como **Hélio Delmiro** com o roqueiro de outros como **Sérgio Dias.** O baterista mineiro **Pascoal Meirelles** formou com os cariocas **Mauro Senise** (sax), **Arthur Maia** (baixo, sobrinho de **Luizão Maia**) e **Rique Pantoja** (piano) o **Cama de Gato**, o mais bem-sucedido grupo instrumental dos anos 80, atuando aqui e no exterior, além dos quatro individualmente serem sempre requisitados em gravações de ases da "MPB". **Rique** também gravou com craques diversos da "MPB" e manteve carreira internacional, incluindo um álbum com **Chet Baker** em 1987. **Senise**, por sua vez, a partir de 88, pelas próximas três décadas, registrou cerca de trinta CDs solo ou com parceiros, como o saxofonista **Raul Mascarenhas**, o violonista **Romero Lubambo**, e nada menos que treze só com o pianista e arranjador **Gilson Peranzzetta** — outro ás da música instrumental do país, que a partir de 85 gravou inacreditáveis sessenta álbuns. Quem também teve uma produção intensa dos anos 80 até falecer em 2010, com duas dúzias de títulos no mercado, contemplando gêneros variados e as mais azeitadas parcerias musicais, foi o veterano clarinetista e saxofonista **Paulo Moura.**

Em São Paulo, o quinteto **Pau Brasil** se destacou, incluindo o pianista **Nelson Ayres** e o contrabaixista **Rodolfo Stroeter** (também produtor), permanecendo pelas próximas décadas com outras formações. E, diretamente de Minas, o grupo **Uakti** se impôs com sua sonoridade *cool* bem brasileira, baseada em instrumentos pouco convencionais criados pelo seu líder **Marco Antônio Guimarães**, logo chegando às trilhas de cinema e espetáculos de dança, aos discos de **Milton Nascimento** e depois de muitos outros astros da "MPB" e da música internacional, como **Paul Simon** e **Manhattan Transfer**, incluindo turnês por vários países do mundo.

No meio do choro se destacaram em primeiro lugar a **Camerata Carioca.** Criado em 1979, com um *dream team* de músicos liderados pelo veterano pianista, arranjador e maestro, mestre dos mestres, **Radamés Gnattali**, o grupo foi importantíssimo também por influenciar até mesmo a formação de novos chorões, que passaram a se aprimorar, estudando, para além das próprias vivências nas rodas de choro. No mesmo ano apareceu outro de grande relevância, o **Nó em Pingo D'Água** (com o bandolinista e multi-instrumentista **Rodrigo Lessa**, o flautista e saxofonista **Mário Sève**, o panderista e percussionista **Celsinho Silva**, entre outros em diferentes formações) e, mais para a virada da próxima década, **Água de Moringa** e **Rabo de Lagartixa**, afora o bandolinista **Joel Nascimento**, que vinha da década de 70 e que inclusive estava no mesmo espetáculo-tributo a **Jacob do Bandolim**, que motivou a formação da **Camerata Carioca**.

Vale mencionar ainda que o veterano virtuose **Canhoto da Paraíba**, que era destro e tocava o violão ao contrário, com os bordões para baixo, ainda estava em plena atividade, fazendo cair o queixo dos ouvintes por onde passasse, executando seus belos choros e canções nordestinas, da mesma forma que o acordeonista (e tocador de gaita-ponto) gaúcho **Renato Borghetti** também se sobressaiu mesclando folclore local e modernidade em suas composições, como veremos mais adiante.

Na ficha técnica dos discos da "MPB" desse tempo, músicos como **Zé Carlos Bigorna** (sax e flauta), **Zé Nogueira** (sax), **Serginho Trombone; Carlos Bala, Jurim Moreira, Marcelo Costa** e **Téo Lima** (bateria), **Torcuato Mariano, Toni Costa** e **Paulo Rafael** (guitarra) e **Nico Assumpção, Luizão Maia** e **Jamil Joanes** (baixo) estavam em todas, além dos percussionistas **Djalma Corrêa** e o pernambucano **Reppolho**, trabalhando com **Gilberto Gil, Milton Nascimento**, depois **Elba Ramalho** (e em 1989 lança seu primeiro álbum solo, *Tribal tecnológico*), sempre com seu cabelo rastafari e tocando sem camisa, suas marcas registradas. Entre os arranjadores-tecladistas, além do onipresente **Lincolin Olivetti**, seus já citados seguidores e dos que vinham das décadas anteriores comentados no primeiro volume deste livro,[54] destacam-se ainda **Cristóvão Bastos, Luciano Alves, Luiz Avellar, Zé Américo Bastos** e o uruguaio **Hugo Fattoruso**. E entre os arranjadores-violonistas, **Célia Vaz, Rosinha de Valença, Arthur Verocai, Jorge Simas, Hélio Delmiro, Ruy Quaresma, Edson José Alves**, além do saxofonista **Oberdan Magalhães** e do cavaquinista **Alceu Maia**.

Entre os álbuns instrumentais mais festejados e consagrados das últimas décadas está *Ouro negro* (2001), que apresentou às novas gerações a obra de um músico virtuose e vanguardista. Trata-se do arranjador, regente, compositor, professor (de vários monstros sagrados da "MPB") e multi-instrumentista **Moacir Santos**. Egresso da Era do Rádio, este pernambucano trocou o Brasil pelos EUA em 1967, não sem antes ter cunhado uma obra, entre o erudito e o popular, que valorizava a cultura negra por incorporar instrumentos de percussão pouco usuais à época, como atabaque, berimbau, kalimba, afoxé e agogô. Produzido e arranjado pelo violonista **Mário Adnet** e o saxofonista **Zé Nogueira**, o CD duplo teve participação do próprio maestro, de instrumentistas do primeiro time da nossa música e algumas faixas vocalizadas por nomes como **Milton Nascimento, Djavan, Joyce (Moreno), Gilberto Gil, João Bosco, Ed Motta** e **João Donato.**

A nova turma do pagode (de raiz)

Com toda massificação do rock e da música "brega", um dos últimos movimentos fortes dedicados a ritmos de matriz brasileira, até o lançamento deste livro, foi a nova onda de samba — rebatizada de pagode —, que, como já vimos no capítulo anterior, começou com o **Grupo Fundo de Quintal** em 1980 e chegou ao apogeu em meados de 85, após o lançamento do LP *Raça brasileira*, da RGE. O astro mais longevo revelado nessa geração foi **Zeca Pagodinho**. Nascido no subúrbio carioca de Irajá, numa família pobre, desde cedo já era fã do partido-alto que ouvia nas rodas de samba dos blocos Boêmios de Irajá e Cacique de Ramos, ganhando a vida como feirante, camelô, office boy e anotador de jogo do bicho. No início dos anos 1980, impõe-se como grande versador, e começa a ter suas primeiras composições gravadas pelo **Fundo de Quintal, Alcione** e **Beth Carvalho**, que, como já foi dito, o lançou como cantor em 83 em seu LP *Suor no rosto.*

Em 1986, o primeiro LP homônimo de **Zeca** estourou todas as faixas, vendendo cerca de um milhão de discos, ajudado também pela excitação consumista que o Plano Cruzado favoreceu, inclusive nas camadas menos favorecidas da população, justamente seu público-alvo. Quem viveu esse tempo, mesmo sem ser especialmente fã de seus pagodes, em alguma esquina do país ouviu alguma das várias pérolas autorais presentes neste álbum, seja em parceria com grandes bambas, como **Arlindo Cruz** ("SPC", do refrão "Eu vou sujar seu nome no SPC"), **Wilson Moreira** ("Judia de mim") e **Beto sem Braço** ("Brincadeira tem hora"), ou de autores amigos, como o mesmo **Beto** com **Serginho Meriti** ("Quando eu contar [Iaiá])" ou

Monarco e **Ratinho** ("Coração em desalinho"). O cantor caiu no gosto popular de forma arrebatadora, fazendo de três a quatro shows superlotados por noite, com a plateia cantando junto. Nos álbuns seguintes, continuou com outros sambas, como "Patota de Cosme", "Manera, mané", "Minha fama ninguém tira", "Talarico, ladrão de mulher", "Maneiras" e "Fiquei amarrado na sua blusinha",[55] até se reinventar e ter uma nova fase de ainda mais sucesso dez anos depois.

Almir Guineto (cujo apelido é uma derivação de "magnata", que evoluiu para "magneto" e, enfim, "Guineto") teve um apogeu rápido, mas intenso, concentrado principalmente em dois álbuns, *Sorriso novo*, de 1985, já comentado, que varou as 100 mil cópias, e outro homônimo, de 86. Este estourou "Caxambu" (Bidubi/Élcio do Pagode/Zé Lobo/Jorge Neguinho), em referência à tradição afro-carioca do jongo, "Lama nas ruas" (Almir Guineto/Zeca Pagodinho) e duas que nunca deixaram de ser lembradas — "Mel na boca", de **David Corrêa**, também grande autor de sambas-enredo ("Será que o amor é isso? / Se é feitiço, vou jogar flores no mar") e "Conselho" (Adilson Bispo/Zé Roberto) ("Tem que lutar, não se abater...").

A maior surpresa dessa geração, porém, foi **Jovelina Pérola Negra**, ex-empregada doméstica, assim como outras negras famosas da canção, como **Carmen Costa**, da Era do Rádio, **Carmen Silva**, do segmento "brega" dos anos 70 — que nessa época estourava os irresistíveis forrós "Fofurinha" e "O amor é um bichinho" ("que rói, rói, rói") — e sobretudo **Clementina de Jesus**, a quem a diva do pagode sempre foi comparada, também por ter começado a carreira já madura, no seu caso, aos 41 anos. Moradora do Pechincha, em Jacarepaguá, zona oeste carioca, nas horas vagas frequentava o botequim de sua escola, a **Império Serrano**, da qual era integrante da ala das baianas, e onde havia animadas rodas de partido-alto, sagrando-se exímia partideira, ou seja, boa de improvisos. A aproximação com **Almir**, **Zeca** e outros sambistas dessa geração se deu na sede do bloco Cacique de Ramos. Depois de estourar no *Raça brasileira* com "Feirinha da Pavuna" e "Bagaço da laranja", esta em duo com **Zeca Pagodinho**, seu primeiro LP *Pérola negra* (86) consagrou "Menina, você bebeu" (Beto Sem Braço/Arlindo Cruz/Acyr Marques) e "Pagode no serrado" (Zeca Sereno/Marquinhos Pagodeiro) — esta em homenagem a **Clementina de Jesus** e **Dona**

Ivone Lara. Até 88, seu período áureo, vieram "Luz do repente" (Arlindo Cruz/Franco/Marquinho PQD) e "Sorriso aberto" (Guará). Gravou sete álbuns regularmente até 96, mas dois anos depois faleceu precocemente, aos 54 anos.

Zeca, **Almir** e **Jovelina** se juntavam a uma série de bambas que estavam ou nas rádios a todo instante ou em grandes shows solo ou coletivos, sobretudo no eixo Rio-São Paulo, como o **Grupo Fundo de Quintal**, em grande fase ("Só pra contrariar", "Ô Irene", "Do fundo do nosso quintal", "O show tem que continuar", "A batucada dos nossos tantãs"), **Leci Brandão** ("Só quero te namorar", "Olodum, força divina", "As coisas que mamãe me ensinou"), **Jorge Aragão** ("Coisa de pele", "Ontem", "Papel de pão"), além de **Dona Ivone Lara** ("Se o caminho é meu" e seus eternos clássicos autorais), **Neguinho da Beija-Flor** ("Esse mundo tá todo mudado"), os grupos **Samba Som Sete e As Gatas** ("Gueri gueri")[56] e a outros novatos de sucesso pontual como intérpretes em seus nichos de público, como **Pedrinho da Flor** ("Dança no ar", "Fria solidão", "Perfume Cabochard", esta em duo com **Elza Soares**), **Mauro Diniz** ("José" [poema de Drummond musicado], "Tímida tentação", "Querubim [Rosa Flor mulher]") e **Dunga** ("Sem pintura"). Maior êxito teve **Marquinhos Satã** (depois, **Sathan**), estourando dois sambas nas paradas, "Falsa consideração" e o divertido "Me engana que eu gosto",[57] em dueto com o veterano **Roberto Ribeiro**, que tirava onda com a turma do rock e da "MPB": "A turma do rock se diz brasileira / E é sempre a primeira da MPB / Não sofre nenhuma influência estrangeira / É até filiada ao PMDB", numa referência àquele que foi inicialmente um partido de oposição (à Arena que deu sustentação ao golpe militar de 1964), fundado em 80.

O radialista Armando Campos, da Tropical FM, motivado pela liderança de audiência no Rio, deu o empurrão que faltava aos novos pagodeiros promovendo shows nas mais variadas praias cariocas — da Barra, zona sul e até de Ramos — e eventos periódicos nos principais clubes e quadras de escolas de samba da cidade (até festa junina com sambistas ele promoveu). Foram abertas também casas importantes que prestigiavam o samba, como o Asa Branca, na Lapa; Nega Fulô, em Botafogo; e Porão 80, na Tijuca; e as rodas de samba continuavam a pleno vapor diariamente, como bem flagrou em 1987 a letra de "Nos pagodes da vida" (Roberto Serrão/Guilherme Nascimento): "Tem pagode segunda-feira / Tem pagode na terça-feira / Quarta-feira tem Cacique... 'e vai chover' / Eu vou sair, me divertir // Tem pagode na quinta feira / Tem pagode na sexta feira / Já comprei sapato novo / Vou estrear no fundo de quintal."

Quem primeiro registrou este samba foi **Reinaldo**, o chamado Príncipe do Pagode, que largou uma bela carreira de bancário no Rio, "o primeiro negro contratado pelo americano Citibank", como ele costumava dizer, e se mudou para São Paulo, em 1982, fazendo um movimento semelhante ao carioca por aquelas bandas, com sambas românticos, como "Retrato cantado de um amor" (Adilson Bispo/Zé Roberto), seu primeiro hit, de 86. Por sinal, São Paulo é a cidade onde os bambas sempre conseguiram fazer seus pés de meia. Isto desde o tempo da Igrejinha e da Catedral do Samba nos anos 1970. Nesta fase dos 80, passou a lotar de leste a oeste e de norte a sul da capital dezenas de casas, ginásios e quadras de escolas, em produções de **Pelé Problema** e da dupla **Bira de Jesus** (neto de **Clementina**) e **João Lee**, que sempre contrataram os artistas cariocas na Terra da Garoa, os quais chegavam a cantar em três shows por noite em lugares diferentes, sempre lotados, sem que isso trouxesse qualquer problema de concorrência. A fidelidade da plateia paulistana foi tanta que, anos depois, **Leci Brandão** e o próprio **Fundo de Quintal** se mudaram para lá.

Madrinha de grande parte dessa turma, **Beth Carvalho** vez por outra tomava parte desses shows, além de ser, verdade seja dita, uma das únicas da geração de ouro do samba dos anos 70 a obter sucesso popular nessa fase sem apelar ao "brega", com os protestos "Corda no pescoço" ("E o povo como está? / Tá com a corda no pescoço") e "Sonhando eu sou feliz", além dos românticos "Dor de amor" (em dueto com o "afilhado" **Zeca Pagodinho**), "Fogo de saudade" e "Além da razão". **Martinho da Vila** marcou presença com um samba adaptado das **Bandas de Congo da Serra de Duas Barras**, "Madalena do Jucu", em 1989, que foi crescendo em seus shows e virou um clássico de seu repertório: "Madalena, Madalena / Você é meu bem-querer / Eu vou contar pra todo mundo / Que o que eu quero é você..." e, anos antes, em 86, "Pagode da saideira", este do veterano **Gracia do Salgueiro** (com Duque do Surdo). Autor incensado na década anterior, o mesmo **Gracia** emplacava o bissexto e hilário "Pagode do gago", em 87, e, no mesmo ano, **Agepê** vinha com seu típico samba romântico "Louca" ("No jeito gostoso de amar...").[58]

Mas explosão mesmo teve o azarão **Bezerra da Silva**, que, sozinho, formava um nicho à parte no mundo do samba, com seu sarcasmo para falar do cotidiano da periferia carioca. Ele lançava em 1986 o maior sucesso da sua carreira — na verdade já havia gravado antes, mas fora vetado pela censura. Era "Malandragem dá um tempo" ("Vou apertar / Mas não vou acender agora / Se segura, malandro, pra fazer a cabeça tem hora"), um "tapa", literalmente, na cara dos caretas, mostrando como se livrar de um flagrante por porte de maconha. O mesmo tema voltava no ano seguinte em "A semente".[59]

Até o início da década seguinte, sua fase áurea, **Bezerra** contou a história de um amigo "corno" que foi tirar satisfações com a mulher ("Quem usa antena é televisão"), defendeu traficantes do tempo em que os contraventores ajudavam a comunidade ("Meu bom juiz", "Se não fosse a ajuda da rapaziada"), exaltou os anônimos, nem sempre profissionais do ramo, que compunham músicas especialmente para ele ("Compositores de verdade"), tirava sarro das sogras ("Sequestraram minha sogra"), falava das duas drogas mais compradas nas bocas ("O preto e branco"), criticava pastores trambiqueiros ("O bom pastor"), os alcaguetes ("Se não avisar o bicho pega", "Cachorrinho de polícia"), políticos oportunistas ("Candidato caô, caô"), a política do Estado ("Eu sou favela", "Violência gera violência") e a corrupção em partidos, como "Quando o morcego doar sangue", dos versos: "Para tirar o Brasil dessa baderna / Só quando o morcego doar sangue / E o saci cruzar as pernas." Também se definiu em "Partideiro sem nó na garganta" e tirou sarro dos brancos no poder na provocativa "Não é conselho" ("Não foi o preto quem botou o Brasil no vermelho").[60] Uma corajosa aula de sociologia e antropologia muito bem explicada em ritmo de partido-alto para quem quisesse entender melhor os contrastes sociais do país.

Por conta desse repertório malcriado, embalado em capas de discos divertidas e provocativas, era visto com ressalvas por gente do próprio samba e da "MPB", e acabou atraindo por óbvias afinidades a turma rival do rock, e mais tarde do rap/hip-hop, que sempre o prestigiava, convidando-o para participações em programas e discos, como o referido **RPM**, e depois artistas que se revelariam na década seguinte, como **O Rappa** e **Marcelo D2**, além do **Barão Vermelho**, que também regravaria em 1996 o seu maior sucesso, "Malandragem, dá um tempo".

O novo sertanejo, mais pop e "brega", chega às FMs

Fafá de Belém, além de ter marcado presença constante na parada de sucessos nessa época, foi a primeira cantora da chamada "MPB" a trazer o segmento "sertanejo" para as rádios FM em nível nacional, pois, até então, os estilos mais populares eram de uma forma geral restritos às emissoras de frequência AM, principalmente no Rio de Janeiro. O sucesso da bela guarânia "Nuvem de lágrimas" (Paulo Debétio/Paulinho Rezende), em 1989, com participação de **Chitãozinho & Xororó**, foi a porta de entrada para o estilo invadir de vez as FMs. Nessa altura, o gênero ganhou da crítica o apelido de "breganejo", pois já trazia características mais urbanas chegadas ao country americano e arranjos pop românticos, usando e abusando de teclados, baixo, guitarra e bateria, geralmente com letras melodramáticas de dor de cotovelo e interpretações histriônicas, ainda que agora em superproduções, gravadas em grandes estúdios, muito longe da singeleza do passado. Vestiam-se como cowboys de grife, normalmente com o famoso corte de cabelo *mullet*, com fios arrepiados e curtos no topo da cabeça e longos na parte de trás, que virou mania.

Justamente nesse final dos anos 1980, rompe-se o elo entre "brega" e chique na "MPB" para o bem e para o mal. Se por um lado cai paulatinamente o preconceito de parte da classe média e alta com o "brega-romântico", por outro a nossa mídia radiofônica virava agora refém apenas de modas impostas pela indústria fonográfica, quase sempre mais chegadas justamente ao "brega". O novo sertanejo sucedeu o primeiro ataque da "MPB" embregada, tornando-se o mais poderoso modismo do país, a começar pela já veterana dupla **Chitãozinho & Xororó**. Por incrível que pareça, a música que a fez atingir todas as classes e quebrou definitivamente o preconceito nas FMs, inclusive na praça mais refratária ao estilo, o Rio de

Janeiro, foi uma toada sertaneja de raiz, "No rancho fundo", composta por **Ary Barroso** e **Lamartine Babo** num longínquo 1931, incluída numa das duas trilhas nacionais da novela *Tieta*, da TV Globo, que, aliás, estourou quase todas as ótimas faixas.[61]

De 1989 até a década seguinte, o novo sertanejo romântico dominaria as rádios do país, tendo o clímax na virada dos anos 80 para os 90, quando **Chitãozinho & Xororó** gravam "Evidências" (José Augusto/Paulo Sérgio Valle) ("E nessa loucura de dizer que não te quero / Vou negando as aparências / Disfarçando as evidências"), dividindo a preferência do público com **Leandro & Leonardo**, dos petardos "Entre tapas e beijos" (Nilton Lamas/Antônio Bueno), em 1989, e "Pense em mim (Chore por mim / Liga pra mim / Não, não liga pra ele)" (Douglas Maio/José Ribeiro/Mário Soares), esta um hit arrasador, entre 1990 e 91, "Desculpe, mas eu vou chorar", e a regravação de "Talismã" (Sullivan/Massadas) — as três últimas do LP *Leandro & Leonardo — vol. 4*, o terceiro álbum mais vendido da história do país, com suas 3.145.814 unidades; isto para não falar do anterior, que já havia vendido 1.800.000. A terceira dupla "top" do momento era **Zezé Di Camargo & Luciano**, que estreava já arrebatando as paradas em 91 com "É o amor" ("Que mexe com a minha cabeça / E me deixa assim..."), de **Zezé**, cujo álbum também passou de um milhão de cópias, e um dueto com a mesma **Fafá de Belém** em "Águas passadas" (Paulo Debétio/Paulinho Rezende).

Outros destaques foram **Gian & Giovani**, que estrearam já com sucesso em 1988, com "Espuma de cerveja" (Toni Gomide/Benedito Seviero) e "Amante anônimo" (Financeiro/Monetário), seguido por "Roupa de lua de mel" (Carlos Randall/Di Marco); **Chrystian & Ralf** (a autoral "Nova York", em 89, e "Bijuteria", de **Chico Roque** e **Carlos Colla**, em 91) e **Teodoro & Sampaio** (as guarânias "Passe Livre" (Tupi/Teodoro), em 88, "Paixão Proibida" (Itamaracá/Teodoro), com o veterano "brega" **Ricardo Braga**, em 90.

Nesse meio-tempo, o SBT passou a investir pesado em programas sertanejos. Em 1986, contratou **Chitãozinho & Xororó** para meia hora durante o horário do almoço dominical, e no ano seguinte, **João Mineiro & Marciano** e **Milionário & José Rico** também ganharam horários em sua grade, sendo importantes na nacionalização do gênero, especialmente nas regiões Norte e Nordeste.[62] Depois vieram *Musicamp* e já em 91 o popularíssimo *Sabadão sertanejo* nas noites de sábado, especialista no "breganejo", comandado por Gugu Liberato.

O grande expoente feminino desta geração foi a cantora e compositora **Roberta Miranda**. Seu primeiro LP homônimo foi lançado em 1986, já colecionando discos de ouro e platina, com "Chuva de amor" (Joel Marques/Ivone Ribeiro) e as autorais "Meu dengo" e "São tantas coisas". Em 87, a história se repetia com seu novo álbum, puxado por nova canção autoral, "Vá com Deus", e a partir de 89, virava um nome, de fato, nacional, sempre com vendagens milionárias e novos hits, como "Dói". Com suas interpretações derramadas de canções simples e diretas de amor, foi uma espécie de sucessora de **Claudia Barroso**, com repertório bem cabareteiro.

Além dela, fabricada para ser a "Rainha dos Caminhoneiros", a **ex-As Melindrosas** e irmã de **Gretchen**, **Sula Miranda** teve um grande sucesso no gênero, "Caminhoneiro do amor", do gaúcho **Joel Marques**, em 1986. Depois disso, apresentou programas de TV e, a partir de 2007, tornou-se evangélica, passando ao segmento gospel. Ainda assim, tem na bagagem a gravação de 17 álbuns. Também fabricada, a dupla sexy sertaneja **As Marcianas** (do sucesso "Vou te amarrar na minha cama") foram criadas pelo escritório de **João Mineiro e Marciano**, um expediente comum no meio "sertanejo", facilitando a venda de pacotes de shows dos mesmos contratados pelo interior do Brasil, que durou de 1984 a 92, quando a matriz encerrou suas atividades por divergências entre os dois integrantes, não sem antes emplacar nas paradas a balada "Seu amor ainda é tudo", de **Moacyr Franco**.

Finalmente, egressa da geração Jovem Guarda, migrando para o sertanejo, a mineira **Nalva Aguiar**, no início dos anos 80, regravou diversos clássicos caipiras de nomes consagrados, como **José Fortuna** e **Goiá**. Após o sucesso da popular "Dia de formatura" (outra de **Moacyr Franco**), veio a balada "Ainda existem cowboys" (Joel Marques), em 91, ficando conhecida como "A Rainha dos Rodeios". Isso a levou para os EUA, numa temporada cantando *country music*. Pouco depois, problemas com álcool e drogas a fizeram perder progressivamente seu trono para novatas como **Jayne**.

Igualmente egresso da época da Jovem Guarda, **Sérgio Reis** seguia sua trilha de prestígio no ramo sertanejo, inclusive na televisão. É que nesse meio-tempo a TV Manchete batia pela primeira vez a Globo apresentando novelas rurais, com muitas cenas de paisagem do interior do Centro-Oeste brasileiro e narrativa lenta. *Pantanal* (1990) e *A história de Ana Raio e Zé Trovão* (inspirada na Festa do Peão de Boiadeiro, de Barretos, em 91) marcaram época, trazendo como atores-cantores, além de **Sérgio** (na primeira), o também violeiro **Almir Sater**, que se consagrava nacionalmente em ambas, sendo ainda autor de várias músicas dessas trilhas.[63]

Nos dois volumes da trilha de *Pantanal*, o sertanejo de raiz dava as cartas. **Sater** obteve êxito com a regravação de "Chalana" (Mário Zan/ Arlindo Pinto) e duas parcerias com **Renato Teixeira**, "Um violeiro toca", e outra que se tornou clássica na voz de **Maria Bethânia**, "Tocando em frente" ("Ando devagar / Porque já tive pressa / E levo esse sorriso / Porque já chorei demais"). Nessas trilhas, também se notabilizaram, entre outros, o próprio **Renato Teixeira** ("Saudade", de Mário Palmério), **Sá & Guarabyra** (a autoral "Estrela natureza" e "Quem saberia perder", esta a três vozes com **Ivan Lins**) e o **Sagrado Coração da Terra** ("Pantanal", o tema de abertura, de **Marcus Viana**, autor de várias canções das trilhas). Em *Ana Raio*, já abriram exceção para o "sertanejo pop" de **Chitãozinho & Xororó** (o novo clássico "Cowboy do asfalto", de Joel Marques).

Os verões da lambada

Essas novelas repletas de belezas naturais foram um alento, uma providencial válvula de escape em especial para a classe média, que vivia um pesadelo proporcionado por mais um pacote econômico abominável, desta vez executado pela equipe do recém-empossado Fernando Collor de Mello, o primeiro presidente eleito pelo voto direto no país em 30 anos. Filiado a um partido inexpressivo (PRN), esbanjava uma imagem de esportista jovial e um discurso em prol do neoliberalismo econômico. Entretanto, a fim de conter uma inflação galopante que, acumulada ao final de 1989, chegou a 1.764,83%, implementou no ano seguinte o Plano Brasil Novo, mudando novamente a moeda, de Cruzado para Cruzeiro, e um pacote econômico que confiscava por 18 meses todos os depósitos em conta corrente e as cadernetas de poupança acima de 50 mil cruzeiros (que era muito pouco dinheiro à época) da população inteira.[64] Um pesadelo que nem o pior dos videntes poderia ter previsto, quebrando várias empresas, planos familiares e até matando pessoas que precisavam das economias para se curar de doenças.

No verão de 1990, além das babas românticas e alguns rocks que ainda agitavam as massas, as pessoas dançavam lambada em tudo que era lugar sem saber o pacote econômico que viria a pegá-las no contrapé a partir do dia 16 de março. Tal moda efêmera começou em 1988 e durou até o verão de 1992. O ritmo surgiu em Belém do Pará na década de 1970, de forma instrumental, a chamada guitarrada, com seu estilizador, **Mestre Vieira (Vieira e seu Conjunto)**, seguido de **Teixeira de Manaus, Os Populares de Igarapé-Mirí** (com a popular "Lambada do Tibúrcio"),[65] **Aldo Sena** (ou **Carlos Marajó**, da famosa série de LPs *Guitarradas*), **Oséas, Nonato do Cavaquinho** e **Pantoja do Pará**. O nome "lambada" acabou cristalizado apenas para peças cantadas do gênero, inicialmente difundidas também apenas em âmbito local, nas vozes de **Pinduca** (que logo se tornou o Rei do Carimbó, sendo um dos principais estilizadores do "carimbó urbano", com a adesão de instrumentos elétricos), **José Orlando** (de "Eu tenho pena de você" e "O andarilho"), **Betto Dougllas** (de "Lambada do galo gago" e "Lambada brasileira")[66] e, sobretudo, **Alípio Martins** e o perseverante **Carlos Santos.**

Egresso da Ilha de Marajó, **Carlos Santos** começou aos 13 vendendo discos no famoso mercado Ver-o-Peso da capital paraense e tendo uma recusa amorosa de uma moça "por ser pobre", decidiu enriquecer a todo custo, mirando-se na trajetória do apresentador Silvio Santos, que começou como camelô e construiu um império. Trabalhando 18 horas por dia, em 1971, enfim montou sua primeira loja de discos e, anos depois, passou a gravar os seus próprios compactos e LPs, e já na década seguinte batendo recordes de vendas no mercado do Norte-Nordeste, especialmente com lambadas como "Quero você (Melô do Bongoza)", versão de "Jamais voir ça", do grupo caribenho **Exile One**, assinada com o conterrâneo **Alípio Martins**, em 82. Chegou a dividir uma delas, "Dois amigos", com o mito do futebol **Pelé**, dublê de cantor e compositor nas horas vagas. Acumulou as funções de empresário, radialista e apresentador de TV em programas locais, passando posteriormente a acionista de algumas dessas emissoras, e fundou a gravadora Gravasom para registrar artistas de sua terra e também seus primeiros dez álbuns. Como se não bastasse, em 89, chegou a vice-governador do Pará na chapa de Jader Barbalho, tornando-se titular do posto por nove meses em 94, quando o colega deixou o cargo para candidatar-se a senador.

A lambada foi trazida ao "Sul maravilha" como uma novidade pela filha musical mais ilustre do Pará até então, a cantora **Fafá de Belém,** em três medleys lançados nos seus LPs anuais de 1985 a 87 — o terceiro deles, "Lambadas III", obteve relativo sucesso, incluído na trilha sonora da novela das sete *Sassaricando*, da TV Globo. As músicas desses medleys eram justamente sucessos locais (e autorais) de seus conterrâneos **Carlos Santos** (como "Bom barqueiro", "Remador", "Não chore não", "Só pra você" e "A carta"), **Alípio Martins** ("Só vai dar você", "Cheiro no cangote") e **Francis Dalva** ("Ovelha desgarrada"), e também do maranhense **José Orlando** ("Brincar com meu amor"), do potiguar **Carlos Alexandre** ("Fim de semana") e dos paraibanos **Fernando Lelis** ("Ti-ti-ti") e **Novinho da Paraíba** ("Forró fogoso"). Antes disso, em 1981, apenas **Gretchen** havia feito sucesso em âmbito nacional com um exemplar do gênero, "Melô do piripipi", em 1981, que era uma lambada também, mas ninguém havia se dado conta disso, mesmo com essa "advertência" estampada na capa do compacto.[67]

Do Pará, o ritmo veio descendo o mapa do Brasil, ancorando em Porto Seguro, logo incorporado ao carnaval baiano. Em dezembro de 1988, de férias no local, o cineasta francês Olivier Lorsac viu naquilo um grande negócio e, na sequência, com a ajuda do seu amigo, o produtor Jean Karakos, decidiram juntos arregimentar um grupo para correr o mundo ao som do novo modismo. Surgia o **Kaoma**, da vocalista **Loalwa Braz**, reunindo integrantes brasileiros, franceses, africanos e caribenhos, com os hits "Lambamour", "Dançando lambada" e, principalmente, "Chorando se foi" ("Quem um dia só me fez chorar"), uma febre à época. Esta, uma canção boliviana, lançada no Brasil como lambada em

86 pela mineira radicada em Brasília **Márcia Ferreira**, também autora da versão (com **José Ari**).[68] Seu sucesso regional foi abafado pela nova gravação, que consagrou não apenas a música, mas o ritmo, nacional e internacionalmente, gerando uma pendenga jurídica sobre seus direitos autorais que deu muito o que falar.

Lançado em 1989, o álbum *Worldbeat* do **Kaoma** conseguiu a proeza de vender 25 milhões de cópias, rivalizando com **Madonna** e **Michael Jackson**, angariando dezenas de Discos de Ouro, Platina e Platina Duplo em dezenas de países de todos os continentes. O grupo chegou a ter sete componentes fixos em sua fase áurea, fora os bailarinos convidados, e explodiu entre 1989 e 90 no mundo todo. Além do **Kaoma**, o primeiro artista solo a se projetar nacionalmente com o novo ritmo foi o paraense **Beto Barbosa**, atingindo o topo das paradas com as autorais "Adocica" ("Meu amor, a minha vida"), em 88, e "Preta" ("Olha pra mim / Fala o que você sente por mim"), em 90.

As academias de ginástica e dança se apressaram a promover cursos para se dançar a lambada, cujo apogeu era um movimento em que a dama era levantada acrobaticamente pelo parceiro, dando para ver a cor de sua calcinha, causando frisson. E algumas novelas da TV Globo colocaram temas de lambada em suas aberturas cristalizando o modismo em nível nacional, como *Tieta* (1989), cuja faixa-título assinada por **Paulo Debétio** com o todo-poderoso chefe de sua programação, **Boni**, foi um grande sucesso do baiano **Luiz Caldas**, e *Rainha da sucata* (90), que ressuscitou **Sidney Magal** com a lambada "Me chama que eu vou" (Torcuato Mariano/ Cláudio Rabello). Nesta mesma época, **Fafá de Belém** estourou "Conversa bonita" (Chico Roque/Paulo Sérgio Valle) ("Eu não sou mulher de momento / Quero é sentimento") e **Elba Ramalho** caiu no gênero, com "Doida", "Vê estrelas"; ambas de **Nando Cordel**, e "Ouro puro", do maranhense **Cecílio Nena** com o paulista **César Rossini**, autores de vários hits sertanejos — todas reunidas no aclamado show *Popular brasileira* (89/90), uma superprodução em que ela a certa altura dançava a lambada com o bailarino Carlinhos de Jesus, que a colocava de ponta à cabeça no palco para o delírio da plateia, enquanto entoava os versos sensuais: "Seu amor é uma luz / É um brilho no escuro / Ouro puro, ouro puro / Tô gamada em você / Você me assanha, me acende, me deixa em apuros / Ouro puro, ouro puro / Você me dá prazer / E faz brilhar todo meu querer...".

Houve ainda grupos baianos como **Cheiro de Amor**, com "Auê" (Marinho/Tonho Matéria) e "Lambada do remelexo" (Edil Pacheco/Marinho) e **Banda Beijo**, com "Beijo na boca" (João Guimarães/George Dias) e "Salvador pra você" (Evandro Terra), que fizeram muito sucesso gravando lambadas (ou canções afro-baiano-caribenhas "vendidas" como tal). Brevemente, seriam futuros expoentes daquela turma que o Brasil inteiro chamaria de axé-music.

No Norte/Nordeste, ainda se destacaram artistas que não eram exclusivamente lambadeiros, mas que caíram na boca do povo bebendo na fonte desse gênero desde o início da década. Eram nomes como **Raimundo Soldado** ("Abraçando você", 1980), **Sandro Becker** ("Melô da Ângela", 83), **Fernando Luiz** ("Garotinha", 84), **Alberto Kelly** ("Vamos fazer Tchi Tchi [Salada de Frutas]", 84), **Solano e Seu Conjunto** ("Americana", 85), **Cassiano Costa** ("Surra de amor", 87), **Hermelinda** ("Segredos", 88) e **Borba de Paula** ("Pra lá de Bagdá", 89). A maioria deles também enveredou por um repertório de merengues, cúmbias e canções "bregas" em geral. Nos anos 1990, apareceu **Kakau Góis** priorizando cúmbias, como as versões "Levantando poeira (La pollera colora)" e "A Paloma (La Paloma)",[69] além de merengues, fandangos e guarachas.

A lambada foi apenas um dos modismos que desaguariam em Salvador, reforçando o mito crescente da "cidade carnavalesco-festiva", que irradiava música e alegria para todo o país, um protagonismo, entretanto, que teve raízes plantadas desde a década de 1940.

Os afoxés, os trios elétricos e os blocos afro-baianos

Desde o fim do século XIX, os negros baianos criaram os afoxés, que eram uma espécie de candomblé de rua durante o carnaval,[70] remontando à cultura iorubá. Era quando esses negros ainda escravizados se reuniam, vestindo trajes de nobres africanos para dançar e cantar as canções de sua terra. O mais famoso e longevo deles nasceu em 1949, o afoxé **Filhos de Gandhy**, cujo nome era uma homenagem ao líder religioso indiano

Mahatma Gandhi (assassinado no ano anterior). Era composto por 40 estivadores do cais de Salvador. Um suspiro de autoafirmação da raça num momento em que isto ainda não era bem visto na sociedade, mesmo na Bahia, um estado de maioria negra. Por isso, para evitar perseguições policiais devido a possíveis excessos dos foliões, proibia-se a presença de mulheres e bebidas alcoólicas nos cortejos.

Os **Filhos de Gandhy** saíam munidos de colares de contas azuis e brancas (em homenagem a Oxalá e Ogum), turbante e vidros de alfazema, para borrifar pelas ruas durante o desfile,[71] com o ritmo dado pela batida do agogô nos seus cânticos de ijexá, originalmente na língua iorubá. Durante um tempo houve um esvaziamento do afoxé, mas **Gilberto Gil** o apadrinhou em 1972, e no ano seguinte compôs e gravou o ijexá homônimo que daria visibilidade nacional ao bloco: "Omolu, Ogum, Oxum, Oxumaré / Todo o pessoal / Manda descer pra ver Filhos de Gandhy." Virou um símbolo do carnaval baiano, mesmo já sem o caráter estritamente religioso, algo que já acontecia nos anos 1970 e 80 com outros afoxés, hoje extintos, como **Oju Obá, Badauê** e **Olori**.

Mesclando a batida matriz ijexá com o samba duro (derivado do samba de roda), apareceu em 1974, no bairro da Liberdade, na área do Curuzu — Cidade Alta de Salvador —, o primeiro bloco afro-baiano, o **Ilê Aiyê**, adotando as cores vermelha, amarela, preta e branca nas roupas e nos tambores. Desde então, a saída do bloco, aos sábados de carnaval, passou a recriar um ritual inspirado no universo religioso, o "padê" (que já era praticado pelos **Filhos de Gandhy**), momento em que uma mãe de santo espalha pipocas na área e um "pó santo" preparado ritualmente em seu terreiro para alcançar a harmonia, ao pé da ladeira, pedindo paz e proteção para seus filhos. Em seguida, são soltados pombos brancos, símbolos da paz, e é feito um minuto de silêncio antes do rufar dos tambores.[72] O chamado "O mais belo dos belos" passou a desfilar com enredos que buscavam expandir a cultura de origem africana no Brasil. Seu caráter engajado no começo era tanto que era vetada a entrada de brancos no desfile. Fez história a primeira música que levaram às ruas, "Que bloco é esse?", de **Paulinho Camafeu**: "*Somo* crioulo doido e *somo* bem legal / *Temo* cabelo duro, *somo black "pau"* / Que bloco é esse? Eu quero saber / É o mundo negro que viemos mostrar pra você."

Como grupo musical, o **Ilê Aiyê** gravou o primeiro LP em 1984. Mas nesse tempo, o estúdio WR, de **Wesley Rangel**, o único de Salvador, ainda não dispunha da tecnologia adequada para reproduzir com fidelidade a pressão dos tambores de blocos afro como esse, o que só se deu a partir de 87. Posteriormente, fariam mais quatro álbuns. No repertório, "Negrume da noite" (Paulinho do Reco/Cuiuba), "Depois que o Ilê Passar" (Miltão), logo regravada por **Caetano Veloso**, "Deusa do Ébano" (Geraldo Lima) e "O mais belo dos belos (O charme da Liberdade)" ("Não me pegue não / Me deixa à vontade / Deixa eu curtir o Ilê / O charme da Liberdade") (Adaílton Poesia/Valter Farias/Guiguio), esta um futuro grande hit da ainda desconhecida **Daniela Mercury**. Desde muito jovem atuando como crooner, entre 1986 e 88 ela era ainda uma das cantoras do bloco de trio elétrico **Banda Eva** (mas não a principal) e *backing vocal* de **Gilberto Gil**, de onde saiu para montar a **Companhia Clic**, em 89, com a qual gravaria dois discos.

Voltando ao carnaval de 1980, foi nesse verão que surgiu na região da Praia de Itapuã o **Malê Debalê**, que significa em iorubá "negros felizes islamizados", e é uma referência ao Levante dos Malês, uma das mais importantes revoltas de negros no Brasil, nos idos de 1835, quando imperava a escravidão. Precursor da organização de uma ala de dança em blocos afro, a cada folia usaria como tema uma África mística, misturando islamismo e candomblé. Nos anos 1990, incorporou um naipe de sopros à sua bateria, a partir da direção musical de **Cícero Antônio**, líder da banda afro-jazz **Agbeokuta**. De todos os blocos afro-baianos importantes, foi o único que não gravou discos.[73]

No ano seguinte, de 1981, em Periperi, na Cidade Baixa, foi criado o **Ara Ketu**, que em iorubá significa "povo do reino de Ketu", região da África Ocidental de onde vieram justamente os povos iorubá, na fronteira onde hoje estão a Nigéria e o Senegal. Com o predomínio das cores azul e branco de Oxossi, orixá protetor do bloco, seus desfiles passaram a trazer enredos que versavam sobre a história do povo negro e homenagens aos deuses africanos. Em 87, virou também um grupo, gravando seu primeiro álbum com o vocalista **Tatau**, destacando dois sambas-reggaes: "Uma história de Ifá (Elegibô)" (Ythamar Tropicália/Rey Zulu), que seria dali a dois anos um grande sucesso da futura estrela **Margareth Menezes**, e "Majestade real" (Tonho Matéria), logo regravada por **Beth Carvalho**. Dez anos depois de sua fundação, em 91, foi pioneiro em mesclar o som acústico dos tambores com a instrumentação elétrica.

O Pelourinho, no Centro histórico de Salvador, foi o bairro de origem do **Olodum**, cujo nome é um diminutivo de Olodumaré, que em iorubá significa "Deus dos deuses". Ele se organizou em 1979, mas sem despertar grande interesse. Dois anos depois, um racha o dividiu e uma parte fundou o **Muzenza**. Em 1983, esvaziado, nem desfilou no carnaval, levando-o a se reestruturar, com a entrada de dissidentes do **Ilê Aiyê**, como o mestre de bateria **Neguinho do Samba**, que transformou o som do bloco, pois até então fazia apenas samba duro.[74] No correr dos anos 1980, assim como o **Ilê Aiyê** e o **Ara Ketu**, o **Olodum** se transformou num grupo cultural, que visava o resgate da ancestralidade negra culta. Essa estratégia o levou a ser o mais influente da capital baiana.[75] Contra o racismo e a favor dos povos descendentes da África, desfilavam com as cores da diáspora africana, cada uma carregada de um simbolismo. O verde, as florestas equatoriais africanas; o vermelho, o sangue da raça negra; o amarelo, o ouro da África; o preto, o orgulho de sua raça; o branco, a paz mundial.[76]

Os temas do desfile a cada ano procuravam igualmente realizar esta ponte Brasil-África, exaltando a Tanzânia, país da África Oriental (1984); lutas de emancipação negra, como a Revolta dos Búzios e Moçambique (85), a história do povo negro de Cuba (1986), até explodir pra valer o "vulcão africano do Pelô", exaltando a cultura egípcia, consagrando "Faraó (Divindade do Egito)", de **Luciano Gomes**, a música mais tocada do carnaval de 87. Antes de ser lançado oficialmente pelo próprio grupo, este pioneiro samba-reggae espalhou-se pelas FMs de Salvador em quatro gravações improvisadas, distribuídas em fitas aos programadores, nas vozes de **Betão**, integrante do **Olodum**, e de alguns estreantes que falaremos mais adiante: **Banda Mel**, **Banda Reflexu's da Mãe África** e **Margareth Menezes** (com **Djalma Oliveira**) — esta última a mais marcante.

No mesmo ano de 1987, "Faraó" marcou também a estreia do **Olodum** como conjunto musical, lançada em seu primeiro álbum *Egito, Madagascar*, cujos versos traçam um paralelo entre os faraós do Egito Antigo e negros baianos, sugerindo que toda a grandeza da civilização antiga que a cultura branca eurocêntrica sempre tentou sequestrar para si era, na verdade, obra da raça negra:[77] "Eu falei Faraó / Êeeh Faraó! / É, eu clamo Olodum, Pelourinho / Êee Faraó! / É Pirâmide, a base do Egito (...) Pelourinho, uma pequena comunidade / Que porém Olodum unira / Em laço de confraternidade / Despertai-vos para a cultura egípcia no Brasil / Em vez de cabelos trançados / Veremos turbantes / De Tutancâmon / E nas cabeças, enchem-se de liberdade / O povo negro pede igualdade / Deixando de lado as separações."

Entre os maiores sucessos do **Olodum** estão ainda "Protesto do Olodum (E lá vou eu)" (Tatau), também sucesso da **Banda Mel** (depois **Bamdamel**) em 1988; "Salvador não inerte" (Bobôco/Beto Jamaica), "Ladeira do Pelô" (Betão) e "Revolta Olodum" (José Olissan/Domingos Sérgio), as três incluídas no show *Plural*, de **Gal Costa**, e regravadas por ela entre 90 e 92, e "Nossa gente" ("Avisa lá que vou chegar mais tarde / Vou me juntar ao Olodum que é da alegria") (Roque Carvalho), recriada por **Caetano** e **Gil** no CD *Tropicália 2* (93). Mas não foi só. Na mesma época de "Faraó", "Madagascar Olodum" (Rey Zulu) estourou nacionalmente não com o grupo, mas com a **Banda Reflexu's da Mãe África**. Criada pelo produtor **Antônio Fernandes** como um trio elétrico também naquele carnaval de 87, trazia uma vocalista negra, **Marinéz**. Este hit, juntamente com "Canto para Senegal" (Ythamar Tropicália/Valmir Brito), levaram a banda iniciante às 300 mil cópias vendidas, um êxito nacional que os blocos afro-baianos e **Margareth** ainda não faziam. Pois bem, no ano seguinte, 88, dois compositores ligados ao **Olodum**, **Betão** e **Tonho Matéria**, presentearam a velha militante negra **Leci Brandão** com "Olodum, força divina", em que a sambista ganhou as paradas de todo o país.

Finalmente, o **Muzenza** (do Reggae), que surgiu de um racha do bloco **Olodum** em 1981, foi fundado no bairro da Liberdade, o mesmo do **Ilê Aiyê**. O nome é um termo banto que significa "filha de santo" dos candomblés de Angola ou ainda a primeira dança pública dos recém-iniciados na religião. Seu grande diferencial foi fazer uso de diversos signos jamaicanos, como o ritmo do reggae, as cores da bandeira da Jamaica (verde, amarelo e preto) e a fidelidade à filosofia dos rastafáris,[78] com vários de seus membros originais usando cabelos em forma de gomos, trajando camisetas com fotos de Bob Marley e adotando a dieta vegetariana, além do uso ritualístico da maconha. O símbolo do bloco é o Leão de Judá (símbolo do imperador da Etiópia, endeusado pelos seguidores do rastafarismo).

O **Muzenza** foi um bloco de sucesso nos anos 80, começando a gravar como grupo musical a partir de 88 e montando uma banda para apresentações a partir de 96. Consagrou o samba-reggae "Brilho de beleza" (Nego Tenga): "O negro segura a cabeça com a mão e chora / E chora sentindo a falta do rei", outro regravado por **Gal Costa** e igualmente hit de seu show *Plural* (90), e "Swing da cor" (Luciano Gomes) ("Não me abandone / Não me desespere / Porque eu não posso ficar sem você"), que virou um carro-chefe de **Daniela Mercury**, na verdade seu primeiro sucesso em carreira solo, em 1991. Também se destacaram "A terra tremeu" (Sacramento),[79] "Dança de Yaô (Povo vem ver)" (Clóvis Cruz) e "Guerrilheiros da Jamaica (Rumpilé)" (Ythamar Tropicália/Roque Carvalho).

Todas essas canções citadas consagraram o ritmo do samba-reggae, nascido por volta de 1987, misto do samba duro com o reggae jamaicano, inicialmente também uma bandeira política dos negros baianos, que incluía ainda uma performance corporal dos percussionistas, com coreografias vigorosas, tambores multicoloridos e cabelos extravagantes. Se no reggae quem dava o tom eram a guitarra e um baixo imponente, neste os tambores é que reinavam, com surdos, taróis e repiques. Passou a haver uma banda (ou bateria) formada por vários tipos de tambores, em que cada membro realçava seu instrumento.[80]

O pioneirismo do novo gênero musical foi disputado por **Olodum**, **Muzenza** e **Malê Debalê**, já que o **Ilê Aiyê** mesclava samba com ijexá e não com reggae. É difícil, porém, creditar a um só músico tal invenção, que em geral é atribuída a **Neguinho do Samba** (que começou como mestre de bateria do **Ilê Aiyê**, e o deixou em 1983 para atuar no **Olodum**). Sempre houve troca de informações entre esses blocos e a maioria de seus compositores, como **Tonho Matéria**, **Tatau**, **Ythamar Tropicália** e **Rey Zulu**, fez canções para vários blocos afro.[81] Por outro lado, foi **Neguinho** quem estilizou o gênero, com a ajuda, sobretudo, de **Mestre Jackson**, modificando instrumentos percussivos, bem como a forma de tocá-los, e creditando um novo papel ao mestre de bateria, dispensando uso de apitos e adotando timbales.[82]

Foi só a partir de 1987 que alguns dos principais blocos afro-baianos conseguiram gravar seus discos de forma digna, com a técnica mais apurada, no estúdio de **Wesley Rangel**, e somente após a virada da próxima década que seu som percussivo e suas mensagens autoafirmativas de negritude alcançaram visibilidade nacional, além de mais respeito e divulgação dentro da própria Salvador. Até então, o mercado carnavalesco baiano era dominado pela atitude festiva — dançante e despretensiosa —, das bandas de blocos de trio elétrico, normalmente compostas por músicos brancos, muitas vezes se apropriando de algumas canções e de algumas inovações criadas pelos colegas dos blocos afro, e que não raro já conseguiam aqui e ali um alcance nacional.

A cultura do trio elétrico nasceu de maneira inusitada. Em 1951, o **Clube Carnavalesco Misto Vassourinhas**, de Recife, foi com seu maestro **João Cícero**, 65 músicos e diversos passistas, num total de 150 componentes, de navio rumo ao Rio de Janeiro, a fim de fazer uma apresentação de frevo por lá. Entretanto, passando por Salvador, foi convidado a desfilar na capital baiana. Ao som da "Marcha nº1 do Vassourinhas",[83] levou o povo a um delírio impressionante numa quarta-feira antes da folia. O impacto foi tanto que no domingo seguinte o radiotécnico **Dodô** (daqueles que consertavam rádios à base de válvulas) e o habilidoso técnico em engenharia **Osmar** resolveram sair às ruas em meio aos corsos, cordões, blocos e sociedades carnavalescas da cidade, sobre uma Fobica (um Ford Bigode 1929 de capota aberta) dirigido por um amigo, tocando o frevo à moda baiana (o "frevo novo"), amplificados por dois pequenos alto-falantes (na verdade, duas cornetas, uma na frente e outra atrás, ligadas à bateria do carro) — **Dodô** no violão e **Osmar** num instrumento construído por eles, o "pau elétrico",[84] até então um cavaquinho eletrificado com afinação de bandolim.[85] Pois já no carnaval seguinte outro amigo, **Temístocles Aragão**, foi convidado para tocar com eles o triolim (um tipo de violão tenor eletrificado), formando assim o "trio elétrico", ainda que este último nem sempre estivesse presente nos carnavais seguintes.

A engenhoca foi evoluindo e, no fim da década, os integrantes já desfilavam numa caminhonete, com 25 lâmpadas fluorescentes e dez projetores de som de 25 polegadas (nada comparado à futura carreta e ao caminhão das folias do século XXI que chegavam a pesar 35 toneladas), tocando frevos e marchas pernambucanos, baianos e sulistas por cerca de dez horas seguidas, com dois violões, dois cavaquinhos elétricos, acompanhados de oito ritmistas, com tantan, pratos, bombos, surdos e pandeiros.[86] Até então, chamava-se apenas **Trio Elétrico** e passou a ter o sufixo **Dodô e Osmar** somente a partir de 1974, devido aos esforços do filho deste último, **Armandinho**, em divulgar o pioneirismo dos dois, levando-os pelas mãos de **Moraes Moreira** inclusive aos estúdios de gravação pela primeira vez, ao lado dos outros três irmãos **Macedo**, todos músicos — **Betinho** (tocando o pioneiro contrabaixo de cinco cordas, construído por **Dodô**), **André** (surdo) e **Aroldo Macedo** (caixa de percussão, além de compositor e mais tarde cantor do trio) —, lançando o seu LP de estreia, *Jubileu de prata*, em 75.

Por insistência de **Osmar**, **Armandinho** acabou incorporando também seu nome ao Trio em 1976. Nada mais justo, pois foi ele quem aperfeiçoou o velho "pau elétrico" criado por seu pai, dando a forma definitiva ao que batizou de "guitarra baiana", um cavaquinho com afinação de bandolim, com cinco cordas, associado à estética da guitarra elétrica. Outra inovação proposta por ele foi introduzir o "som de banda" nos trios, em 75, pois as percussões foram tiradas das laterais e passadas para cima do carro — agora um grande palco —, juntando-se com os instrumentos de harmonia (cavaquinho e violão elétricos), acrescidos também de baixo e, posteriormente, bateria.

Até meados dos anos 1950, apareceram outros músicos tocando em cima de carros em Salvador e o povo providencialmente passou a chamá-los também de "trios". Eram apenas três ou quatro trios, incluindo o **Cinco Irmãos**, feitos com madeira e de som bem estridente. Em 56, apareceu Orlando Campos de Souza, que em pouco tempo ficaria conhecido como **Orlando Tapajós**, devido ao sucesso crescente de seu trio, que inicialmente saiu no bairro periférico de Periperi. Seis anos depois, revolucionou a história do carnaval baiano, ao criar um trio feito em chapa metálica, bem mais resistente, independente da carroceria do caminhão. O **Trio Tapajós** foi também o primeiro a gravar um LP e a percorrer o Brasil em eventos, do Festival Internacional da Canção à inauguração da TV em cores no país, ambos em 72, não deixando a peteca cair quando **Dodô e Osmar** se ausentaram do carnaval, entre 66 e 73. **Orlando** não era músico, mas sim, por muitos anos, o maior empresário do gênero.

Mais tarde, em 69, na época do Tropicalismo, pouco antes de partir para Londres, **Caetano Veloso** estourou "Atrás do trio elétrico", de sua autoria, popularizando a cultura do trio elétrico e o próprio "frevo baiano", que, diferentemente do pernambucano (acústico), era acompanhado daquela espécie de "guitarra eletrizada". Em 72, comemorando a volta do exílio do cantor e compositor, **Orlando** criou por um breve período a "Caetanave", um caminhão alegorizado como nave espacial que deu o que falar, levando inclusive todos os **Doces Bárbaros** para cima de seu trio numa grande festa. Até o início da década de 80, como já foi dito anteriormente, **Caetano** continuou compondo peças do gênero a cada folia, como o antológico "Chuva, suor e cerveja", no carnaval de 72; "Um frevo novo" ("A Praça Castro Alves é do povo / Como o céu é do avião)", na de 73; "Cara a cara" (75); "A filha da Chiquita Bacana" (76); "O bater do tambor" (79) e "Massa real" (80).

No período áureo de criação e desenvolvimento dos blocos afro-baianos — nos anos 1970 e início de 80 —, além de ter alcançado grande visibilidade o **Trio Elétrico Armandinho, Dodô e Osmar** e o próprio **Tapajós**, outros trios foram se profissionalizando e conseguindo notoriedade na Bahia, como o **Marajós**, e alguns patrocinados por marcas de bebidas, como o do **Aguardente Jacaré** (depois **Saborosa**) e o **Bacardi**. Ainda eram trios independentes e não associados a blocos, mas já patrocinados. Até então instrumentais, os trios passaram a trazer a figura do cantor, num caminho aberto por **Moraes Moreira** em 75, e a seguir pelo trio dos **Novos Baianos**, em 76, sendo **Baby Consuelo** a primeira mulher a cantar em cima de um trio. Em 78, era inaugurado o **Trio Camaleão**, quando o costume de usar máscaras no carnaval já estava caindo por terra.

Com efeito, como já foi dito na parte sobre a evolução do frevo no país, **Moraes Moreira** passou a ser um compositor marcante do gênero, sozinho ou com parceiros — nos carnavais de 78 ("Pombo correio"), 79 ("Chão da praça"), 81 ("Vassourinha elétrica"), 82 ("Festa do interior", "Incendiou o Brasil"), 83 ("Bloco do prazer"),[87] 84 ("Coisa acesa"), 86 ("Chame gente"), entre outros, incorporando também o ritmo ijexá dos afoxés aos trios após sua gravação de "Assim pintou Moçambique" (Moraes/Antonio Risério), em 79. A sonoridade pop e de ritmos caribenhos estourados no país todo pelo grupo **A Cor do Som**, de **Armandinho**, também foi influência marcante no som dos trios desse período.

Muitos futuros astros da música baiana começaram nesses trios, a começar pelo octeto (depois sexteto) **Chiclete com Banana**, de **Bell Marques** e **Missinho** (este depois saindo para carreira solo). Inicialmente, chamava-se **Scorpius.** Era uma banda de rock que tocava em bailes, que após 1980 já partiu para os trios, inicialmente o **Traz os Montes**, revolucionando o carnaval com seu aparato técnico, que trazia toda a lateral de seu trio fechada com caixas de som, utilizando equipamentos de potência transistorizada, deixando os músicos tocando na parte superior do carro. Começam a gravar em 1981, já adotando o nome inspirado no sucesso de **Jackson do Pandeiro**, e cinco anos depois, o LP *Gritos de guerra* foi um estouro comercial inédito no gênero até então, puxado pela faixa-título: "A esperança é uma flecha de fogo / Que faz arder no meu coração / Eu canto e grito de novo / Paz nesse mundo e união / Ê ô ê ô aiaiaiaiai." Ganharam três discos de platina e se apresentaram 23 vezes no *Cassino do Chacrinha*, na TV Globo, cantando a mesma música (!).[88] Era o início de um mito do carnaval, fazendo história como atração principal de trios famosos, como **Os Internacionais** e **Camaleão.** Colecionando sucessos, seus integrantes **Bell Marques** e **Wadinho** compuseram a pedido da apresentadora **Xuxa** até mesmo uma canção infantil, que se tornou um de seus maiores êxitos, "Festa do estica e puxa", em 87.

A seguir, **Luiz Caldas**, que veio do Trio Elétrico **Tapajós**, passou a se apresentar no **Bloco Beijo** com sua banda **Acordes Verdes** (onde **Carlinhos Brown** atuou como percussionista, após estrear em 1979 no grupo de rock **Mar Revolto**). Depois, passou ao bloco **Camaleão**, sendo um dos responsáveis por incluir teclados no instrumental (que aos poucos preteriram a guitarra baiana, outrora marca registrada da folia baiana) e criar coreografias, as chamadas "danças de trio".

Este ambiente musical do início dos anos 1980, com a salada rítmica baiana ainda longe de ser nacionalizada, foi radiografada nas primeiras coletâneas do gênero, *Alegria, alegria — Carnaval da Bahia*, produzidas no estúdio WR, lançadas pelo selo Baccarola, da Ariola, entre 1981 e 82, para os carnavais de 82 e 83, respectivamente. Ali, pode-se ouvir o som de blocos carnavalescos da época (como os afro **Ilê Aiyê** e **Ara Ketu**, antes do samba-reggae ser criado e deles se profissionalizarem como grupos musicais, e ainda outros de bairro, como **Apaches do Tororó** (de índio), **Cacique**, **Brilhaê**, **Barão** e **Jacú**), entremeados à batida dos afoxés (**Badauê**, **Filhos de Gandhy**) e do som eletrizado dos trios (**Tapajós**, **Traz os Montes** e **Tocantins**).

O primeiro artista que o selo local WR conseguiu negociar com uma grande gravadora, no caso a Polygram, em 1985, com retumbante êxito, foi justamente **Luiz Caldas**, estourando no carnaval do país inteiro, em 86, o "Fricote" (Luiz Caldas/Paulinho Camafeu) ("Pega ela aí / Pra quê? / Pra passar batom / De que cor / De violeta / Na boca e na bochecha"). Essa gravação inaugurava um novo ritmo, chamado fricote, mistura de frevo e ijexá, cuja dança era o "deboche", vendendo 380 mil cópias do LP *Magia*. Para muitos, este foi o marco zero da chamada "axé-music", ainda que este rótulo de "axé" (sem o "music") para a música de trio elétrico tenha surgido no início da década, quando ela deixava de ser o frevo eletrizado de **Armandinho, Dodô e Osmar**, incorporando cada vez mais as fusões com a música paraense e caribenha (merengue, galope, calypso etc.).[89]

A partir de então, esse tipo de música não ficou restrito apenas ao período carnavalesco e passou a ser ouvido o ano inteiro. O próprio **Luiz Caldas** seguiu com as autorais "Haja amor" (feita com o velho sambista **Chocolate da Bahia**), "Eu vou já", "Odé e Adão" e "Atual realidade (Não tá com nada)", tocando também em meio de ano. A seguir, **Sarajane**, que veio do **Trio Novos Bárbaros** (assim como **Simone Moreno**), emplacou nacionalmente duas "rodas", com duplo sentido, em 1987, "A roda" (com Robson de Jesus/Alfredo Moura) ("Vamos abrir a roda / Enlarguecer / Tá ficando apertadinha / Por favor, abre a rodinha"), e "Abre a roda, morena" ("Não deixe a roda fechar") (Édson Maravilha/Joccy), dois anos depois. **Luiz Caldas** e **Sarajane** foram alguns dos primeiros a levar para os trios elementos da musicalidade negra, até então restritos aos blocos afro da periferia.

Contudo, ainda que houvesse troca de informações, o som dos guetos negros saía em defasagem nesta equação com os artistas oriundos dos trios elétricos. O primeiro a denunciar o problema de forma mais contundente, em 1986, foi **Gerônimo**, e o fez em forma de música, "Eu sou negão" ("Meu coração é a Liberdade"), que em parte do arranjo já se vê a nascente batida do samba-reggae. Entretanto, no restante da letra, narrava um encontro fictício e nada amistoso entre um bloco afro e um trio elétrico, no meio do carnaval. Mais suave era a sua "É d'Oxum" (com **Vevé Calasans**), misturando o ijexá com a música caribenha, que era muito difundida em Salvador pela banda **Rumbaiana** (formada em 82 por instrumentistas europeus, que teve entre seus percussionistas futuros astros, como **Carlinhos Brown**, **Bastola**, **Tony Mola** e o argentino radicado na Bahia **Ramiro Musotto**).[90] Lançada pelo **MPB-4** na trilha da minissérie *Tenda dos milagres*, da TV Globo, em 85, a seguir teve cerca de 20 regravações, incluindo a de **Gal Costa**, e mais tarde, de **Elba Ramalho** e **Daniela Mercury**: "Nessa cidade todo mundo é d'Oxum / Homem, menino, menina, mulher."

Por essa época, surgiram os "cantautores" **Lazzo (Matumbi)**, **Tonho Matéria**, **Cid Guerreiro** e as bandas **Cheiro de Amor** (da vocalista **Márcia Freire**), **Beijo** (do vocalista **Netinho**), **Asa de Águia** (de **Durval Lelys**, do hit inicial "Bota pra ferver", de 1988), a **Banda Mel** (que regravou os hits do **Olodum** "Faraó", "Ladeira do Pelô" e "Protesto do Olodum") e o cantor-compositor **Zé Paulo** com a safada "Rala o pinto"[91] e a crítica social (autoral) "Feijão com arroz" ("A gente não pode comer arroz / A gente não pode comer feijão / Ainda tem que andar descalço / Sem ter que pisar no chão // Deixa de bobeira / Deixa de bobagem / Já virou sacanagem"), seus únicos grandes hits, em [92].

Uma azarona no meio deste mercado tão imprevisível foi **Margareth Menezes**. Depois de **Marinéz** da **Banda Reflexu's**, foi a primeira grande cantora negra da Bahia a fazer história na década de 1980. Após cantar em igreja, atuar em teatro e bares de Salvador, participou do *single* do colega **Djalma Oliveira** em 1987, gravando "Faraó (Divindade do Egito)", do **Olodum**, que mesmo de forma independente vendeu 100 mil cópias na Bahia, levando-a ao primeiro LP pela Polygram, em 88, incluindo a politizada "Alegria da cidade" (Lazzo/Jorge Portugal) e "Tenda do amor (Magia)", que flertava com a lambada, a moda do momento.

Seu público ainda era restrito, até que o videoclipe da música de maior êxito de seu álbum de estreia, "Uma história de Ifá (Elegibô)", gravado, mas por alguma razão não veiculado no programa *Fantástico*, da TV Globo, parou na Mango Records, selo do líder do **Talking Heads**, **David Byrne**.[93] Encantado com o que ouviu, a convidou para abrir sua turnê mundial de 1989/90 cantando o ritmo do samba-reggae, então uma novidade. Assim, **Margareth**, mesmo sem ser uma grande estrela em sua própria cidade ou país, acabou indo para o mundo, percorrendo 42 países, e concorrendo ao Grammy. No início de 1990, lançou *Um canto pra subir*, disco que à época poderia ser catalogado como *world music*, com uma irresistível mistura afro-pop de samba-reggae com funk, ijexá e rock, destacando "Marmelada (Bas moin laia)".[94] Foi considerado um dos cinco melhores do mundo nesta categoria pela revista *Rolling Stone* e ficou onze semanas na parada americana da *Billboard*. No ano seguinte, o mesmo "Elegibô" foi pano de fundo para um comercial da Dry Schweppes em Paris. A sorte estava lançada.

A seguir, quem também começava a extrapolar as fronteiras do país era o **Olodum**, como um grupo de percussão afro-brasileira, excursionando pela Europa, Japão e América do Sul. A força de seus tambores chegou aos ouvidos do cantor de folk rock americano **Paul Simon**, que convidou a bateria do grupo para tocar com ele na faixa (autoral) "The obvious child", cujo videoclipe foi gravado no Pelourinho. Seu álbum *Rhythm of the saints* ganhou o Grammy em 1991 na categoria *world music* e chegou a 1 milhão de cópias. Com esta repercussão planetária, o grupo e seu samba-reggae começaram a ser mais respeitados pela crítica brasileira, além de conquistarem um espaço expressivo no mercado internacional.

Embora a rivalidade entre as duas correntes carnavalescas — dos trios elétricos e dos blocos afro — jamais tenha sido totalmente dissipada, ambos passaram a se complementar,[95] inclusive nos repertórios de shows, passando a incluir sucessos mútuos. A união, neste caso, definitivamente, fez a força, e redimensionou o prestígio da Bahia no mapa do Brasil.

O carnaval carioca e o disco mais vendido da história

Até a explosão nacional da axé-music, em 1992, os sambas-enredo das escolas cariocas ainda tiveram bom poder de fogo, pois a lambada e os hits de **Luiz Caldas**, **Sarajane** e companhia ainda não configuravam uma ameaça. Em 1986, a **Mangueira** ganhou o carnaval com o refrão "Tem xinxim e acarajé / Tamborim e samba no pé", de "Caymmi mostra ao mundo o que a Mangueira e a Bahia têm", composto pelo estreante **Ivo Meirelles** (com Paulinho e Lula) em homenagem ao grande compositor baiano. A vice-campeã foi a **Beija-Flor** com "O mundo é uma bola". No ano seguinte, a **Estácio de Sá** brilhou com "O Ti-ti-ti do Sapoti" e, em 88, a **Vila Isabel** desfilou com um enredo histórico sobre o centenário da abolição da escravatura, entoando "Kizomba, festa da raça" ("Valeu, Zumbi") (Rodolpho/Jonas/Luiz Carlos da Vila) e sagrou-se vencedora pela primeira vez. Esse ano foi também o último carnaval de **Chacrinha**, que emplacou a derradeira marchinha de sucesso nacional "Bota a camisinha" ("... Bota, meu amor / Hoje está chovendo / Não vai fazer calor"),[96] outro golaço de **João Roberto Kelly**, que em plena epidemia do HIV/aids conseguiu compor uma música educativa e divertida sobre o uso do preservativo, um tema que à época assombrava a todos, pois, até então, tal diagnóstico era uma sentença de morte.

A **Imperatriz Leopoldinense**, em 1989, nos brindou com um dos refrões mais belos da história do carnaval, que remetia ao Hino da Proclamação da República: "Liberdade, liberdade / Abra as asas sobre nós / E que a voz da igualdade / Seja sempre a nossa voz", mesmo ano em que o carnavalesco Joãosinho Trinta criou para a **Beija-Flor** o antológico enredo "Ratos e urubus... larguem minha fantasia", num dos desfiles mais lembrados da história da Sapucaí, que ficou em segundo lugar por pelo menos uma injustiça. Um jurado tirou pontos do seu samba por considerar que a letra "tinha muitas palavras em iorubá", o que, na verdade, se resumia a um pequeno refrão: "Leba laro ô ô ô ô / Ebó lebará laiá laiá ô." Ainda nesse ano, a **União da Ilha** fez o sambódromo inteiro cantar a sua "Festa profana" ("Eu vou tomar um porre de felicidade / Vou sacudir, eu vou zoar toda a cidade"). A seguir, a **Mocidade Independente de Padre Miguel** produziu três sambas de enredo popularíssimos entre 1990 e 92, sendo bicampeã com "Vira, virou, a Mocidade chegou" e "Chuê, chuá... As águas vão rolar", e no último ano foi vice com "Sonhar não custa nada (ou quase nada)".[97]

Nessa época, de 1986 a 91, não foi qualquer gênero carnavalesco baiano ou carioca, nem a "MPB brega-romântica", o novo sertanejo ou a lambada quem mais vendeu discos, mas sim um fenômeno infantil. Tal mercado estava a pleno vapor com o **Trem da Alegria**, sua ex-integrante **Patrícia,** já comentados; as duplas **Jairzinho & Simony** (ex-**Turma do Balão Mágico**), com "Coração de papelão" e **Luan & Vanessa** ("Quatro semanas de amor [Sealed with a Kiss]"), além de duas apresentadoras de TV. Uma foi a paulista **Angélica**, que sucedeu **Xuxa**, na Rede Manchete, emplacando "Eu digo sim" e principalmente a versão da italiana "Joe le taxi" ("Vou de táxi"), com arranjo envolvente de **Lincoln Olivetti**, que falava muito sutilmente, acreditem, de uma masturbação no chuveiro.[98] Outra foi a baiana **Mara Maravilha**, preenchendo a lacuna deixada pelo palhaço **Bozo** nas manhãs do SBT, com "Vem brincar comigo", "Não faz mal" ("Eu tô carente, mas eu to legal") e "Curumim iê iê".

Em paralelo a tudo isso, a *boy band* **Dominó** continuava vendendo muito para o público adolescente, com temas ingênuos vertidos do pop europeu, como "Manequim" e "Com todos, menos comigo",[99] mas arriscava um rock de protesto em 87, "P. da vida", versão de **Edgard Poças** para "Toda la vida", do italiano **Lucio Dalla**, que no Brasil sobrou farpas até para o plano econômico de Sarney e seu "gatilho salarial", que prometia driblar a inflação galopante do período: "Tô p. da vida / Mas não me sinto derrotado / Não tem 'gatilho', nem 'cruzado' / Que vai me por nocauteado." Outra *boy band* produzida por **Gugu Liberato, Polegar**, teve seus dias de glória com o hit "Dá pra mim [Ámame hasta con los dientes]").[100] Na década seguinte, a apresentadora **Eliana**, no *Bom dia & Cia* do SBT, também fez sucesso cantando "Os dedinhos" (93). Mas nenhum fenômeno pôde ser comparado a **Xuxa**.

Quando a chamada Rainha dos Baixinhos trocou a Manchete pela Globo, em 1986, passou a dominar as manhãs da emissora com seu programa diário enfeitiçando as crianças, trazendo a reboque álbuns anuais lançados pela gravadora ligada à emissora, a Som Livre. Com isso, sem se dar conta, tornou-se uma das maiores vendedoras da história da indústria fonográfica, mesmo sem nunca ter sido cantora na vida, munida apenas de seu carisma, beleza e canções pop que grudavam nos ouvidos, como "Doce mel (Bom estar com você)", o tema de abertura do programa cunhado por **Renato Corrêa**, dos Golden Boys, com **Cláudio Rabello**, que com o arranjo de **Lincoln Olivetti** emulava na introdução o clássico infantil "Lindo balão azul", de **Guilherme Arantes.** Outras que as crianças tomaram para si foram duas de compositores baianos, a referida "Festa do estica e puxa" (Bell/Wadinho) e "Tindolelê" (Dito/Cid Guerreiro): "Todo mundo tá feliz / Todo mundo quer dançar (...) Todo mundo pede bis quando para de tocar."

Dos 10 álbuns mais vendidos da história no século XX, quatro são da apresentadora. Somando as vendagens dos quatro primeiros volumes de seu *Xou da Xuxa*, chegaremos a mais de 11 milhões de unidades. O primeiro, de 86, vendeu 2,6 milhões e ninguém acreditava que esta marca seria superada. Mas o *Xegundo Xou da Xuxa*, do ano seguinte, chegou a 2,7 milhões, e o terceiro, de 1988, puxado pelo sucesso "Ilariê" (Cid Guerreiro) e "Brincar de índio" (Sullivan/Massadas), bateu mais de 3 milhões e 200 mil cópias, o mais vendido da história da indústria fonográfica brasileira até então, chegando ao Guiness Book de disco infantil mais vendido de todos os tempos. E não parou por aí! O volume 4 chegou a 2,9 milhões. Isso sem contar os similares em espanhol gravados para o exterior e os projetos extras, como o *Karaokê da Xuxa* (87), de onde surgiram o clássico "Parabéns da Xuxa" (outra da grife S&M) e o octeto **As Paquitas**, de meninas que as acompanhava em seu programa, as quais chegaram a gravar três álbuns, incluindo o sucesso "Fada madrinha".[101] Foi a primeira artista brasileira a ganhar o Disco de Diamante, prêmio criado pela própria gravadora para selar 1 milhão de cópias vendidas, pois não era possível mais fabricar tantos Discos de Platina em tão pouco tempo para premiar tamanho pico de vendagem. **Xuxa** levou logo três, só por este álbum.

Ficava claro para quem ainda não havia entendido que, a partir de então, o mercado não era para amadores. Ou o artista vendia muitos discos logo de cara ou caía fora. Mesmo que não soubesse cantar. É bom lembrar que, nessa época, não havia programas que consertassem afinação e outras imperfeições, algo que se tornou corriqueiro nos trabalhos até mesmo dos mais consagrados intérpretes do século seguinte. Pois, segundo o produtor e ex-coordenador artístico da Som Livre **Max Pierre**, **Xuxa** precisou gravar verso por verso e sua voz precisava ser dobrada algumas vezes na mixagem para que o resultado ficasse interessante. E não é que deu certo?

3.

O império pop "brega", a força dos tambores e as reservas de tradição maranhense e gaúcha (1991-2000)

O clima era de crescente frustração. O governo do presidente Fernando Collor, que havia confiscado as reservas financeiras das pessoas, não resolveu os principais problemas do país. Apesar de ter aberto a economia aos produtos (e ao capital) estrangeiros, sua gestão foi mergulhada em terríveis denúncias de corrupção, envolvendo seu tesoureiro, PC Farias, e alguns familiares, numa trama que se revelou um tanto macabra com o tempo. Entretanto, a inflação e a economia como um todo abalaram um pouco o mercado fonográfico, que vivia entre altos e baixos, e após o *boom* de altas vendas da época do Plano Cruzado, culminando no álbum *Rádio Pirata ao vivo*, do RPM, em 1986, mudava progressivamente sua estratégia de ação — o que se sacralizou ainda mais nesta década de 90.

A maioria das gravadoras, desde meados dos anos 1980, e agora mais do que nunca, foi enxugando seus elencos e, ao invés de investir em talentos a longo prazo, exigia resultados comerciais cada vez mais rápidos. Também se desfez de seus próprios estúdios, já que mantê-los atualizados tecnicamente estava ficando cada vez mais caro, além do que cada contratado de maior prestígio e vendagem passou a querer gravar nos de sua preferência. Outra mudança é que o videoclipe foi ganhando importância cada vez maior na divulgação da música, e nisto há de se dar um crédito à MTV brasileira, inaugurada em 90, cuja programação era composta, inicialmente, de clipes de música pop estrangeira, mostrando que imagem e som, mais do que nunca, eram indissociáveis, e passou a investir também nos nossos artistas, sobretudo os mais ligados ao pop rock.

É sempre bom lembrar que até então os videoclipes de música nacional eram produzidos e exibidos apenas uma única vez no *Fantástico*, da TV Globo, como estratégia de lançamento de inúmeras canções, e em seguida arquivados. Fora isso, havia empresas pioneiras do setor, como a BB Vídeo, de **Billy Bond** (do grupo **Joelho de Porco**), que passou a produzir videoclipes para as gravadoras a partir da primeira metade da década de 80, mas de veiculação mais restrita. Nos anos 90, outra mudança fundamental foi o início do sistema de TVs por assinatura, logo encampado pelas classes média e alta, fazendo com que a TV aberta passasse a ter uma programação bem mais popularesca, inclusive musical.

As rádios desde o final da década anterior passaram igualmente por uma mudança significativa. Tudo começou em 1987. Enquanto era elaborada a nova Constituição brasileira (que entrou em vigor no ano seguinte), e houve a polêmica acerca da diminuição do mandato do presidente José Sarney, o ministro das Comunicações de seu governo, o baiano Antônio Carlos Magalhães, valendo-se de que as concessões públicas sempre foram moeda de pagamento de lealdade política no Brasil, distribuiu impressionantes 958 concessões de rádios (e algumas TVs). Concedeu quase 100 FMs para políticos que se posicionassem a favor do governo (só na Bahia, 73 rádios novas),[1] o que, segundo alguns especialistas, significou a institucionalização de algo que já vinha de forma velada há muitos anos, pagar para garantir a execução de músicas nas rádios. O popular jabá. Inicialmente pagos na surdina diretamente aos programadores, a partir de então se tornava oficial, com nota fiscal e tudo, com a renda indo diretamente ao primeiro escalão, comprometendo definitivamente a qualidade musical da programação radiofônica. Por estarem nas mãos de pessoas que nada entendiam de música, as novas estações ajudaram a enterrar a qualidade da mesma, fixando sua programação em modismos massificados empurrados pelas gravadoras.

Inicialmente, essa massificação foi iniciada nos anos 1980 com o rock mais comercial e a "MPB embregada", e depois com outros gêneros, que nesta década foram três em âmbito nacional, e um quarto mais difundido na região Nordeste. A saber: o sertanejo mais pop, urbano, americanizado e com letras "brega-românticas", normalmente cantado em dupla; o pagode romântico, também mais simplificado que o de "raiz" (termo inventado neste tempo para diferenciá-los), tendo a harmonia feita em teclados e sintetizadores, com letras igualmente tendendo ao "brega-romântico"; e a carnavalesca axé-music, que extrapolou os limites da folia de Momo, sendo sucesso o ano inteiro, agora fazendo uma interseção das músicas dos trios elétricos com a dos blocos afro-baianos, formando uma indústria muito bem organizada que promovia nacionalmente seus artistas, a ponto dos seus principais ícones não precisarem morar no eixo Rio-São Paulo para fazer sucesso, como acontecia até então. Afora isso, havia o fenômeno do forró eletrônico, que tomou conta do Nordeste, e ao diluir a sua essência, transformava-o num ritmo pop dançante próximo da lambada. Logicamente, no meio desse balaio, havia várias boas canções criativas que transcendiam o modismo descartável, mas a massificação e padronização estilística desses quatro gêneros mostrava que, após à queda do Muro de Berlim, em novembro de 1989, a linha de montagem capitalista estava agora sem concorrência para agir conforme a força do poder de mercado, ainda que boa parte da demanda do público fosse genuína.

A crítica musical e os formadores de opinião execraram todos eles, com um agravante para os "sertanejos": a grande maioria apoiou e/ou fez comícios para Fernando Collor (candidato rejeitado pela maioria da intelectualidade e meio artístico do momento), sendo o primeiro presidente até então a se declarar fã do gênero. Não tardou para que a tristeza chorada de boa parte do repertório desses artistas fosse tida como a "trilha sonora da malfadada Era Collor". Tudo isso motivou comentários irados em rede nacional de músicos como **Lulu Santos**, cujo discurso proferido em setembro de 1992 no *Domingão do Faustão*, da Globo, fazia justamente esse paralelo entre a política de então com o que ele chamava de "música breganeja" e tiradas sarcásticas, como a do jornalista e compositor **Ronaldo Bôscoli**, num artigo no jornal *O Dia*: "O jeito é comprar uma espingarda de dois canos e sair caçando essas duplas sertanejas que estão empesteando nosso cancioneiro." Toda essa agressividade se deu porque, nesse curto período, houve uma massificação inédita dessa estética musical "brega-kitsch" na mídia, como nunca se viu. Um outro Brasil que jamais chegara aos holofotes da mídia de forma tão contundente.

Por outro lado, ainda assim, foi um período em que a voz das periferias, neutras ou rebeldes, começavam a ser mais ouvidas — nem que fosse só pela visibilidade de seus corpos. As primeiras, produzindo um som de puro entretenimento despretensioso, encontraram espaço no mercado massificado do sertanejo, pagode romântico e parte da axé-music, e as outras apareceram na marra, de forma independente, pelos nascentes rap (paulista), funk carioca, samba-reggae e outras expressões musicais dos guetos negros baianos, essas últimas logo também incorporadas pela indústria fonográfica. Houve também uma geração criativa de origens sociais diversas que renovou o pop brasileiro, fundindo-o a novos gêneros, como a turma do manguebeat pernambucano. Além disso, nomes da "MPB", do samba, do forró e do sertanejo de raiz que em outras épocas dividiam espaço nas rádios, TVs e gravadoras com os artistas mais populares daqui e de fora tiveram alguns de seus últimos suspiros em nível nacional, quando conseguiram aqui e ali um espaço de destaque, muitas das vezes devido à sua divulgação em trilhas de novelas e seriados de TV, e no caso do forró, com o advento do ramo "universitário", devido a iniciativas privadas de empresários-fãs na divulgação do gênero.

O pagode romântico e o samba de raiz

Nos idos de 1991, as emissoras de rádio FM e AM e TVs foram tomadas por grupos de jovens estilosos, geralmente negros, oriundos das periferias de São Paulo, Rio e Minas, cantando sambas na grande maioria românticos e eventualmente maliciosos, que não dispensavam teclados sintéticos nos arranjos, com harmonia, no geral, mais simplificada. Poderiam até ter banjo, cavaquinho, repique e tantã, mas o som era completamente diferente do samba/pagode original, não só na levada, mas também na indumentária. Nada de terno branco e chapéu de palha. Agora entravam em cena roupas coloridas. Uns optavam por ternos, camisas de seda e calças de linho, com cada integrante de uma cor, e sapato de cromo alemão. Outros por camisetas baby look, coletinhos, meia-bota ou tênis bem transados. Também constantes eram as pequenas coreografias com passinhos ensaiados.

A verdade é que esses neopagodeiros não foram, em sua maioria, armação de produtores ou gravadoras, mas sim conjuntos que vinham se formando desde meados dos anos 1980, como três cariocas que vieram na esteira do sucesso e do estilo do **Grupo Fundo de Quintal**: o **Grupo Raça**, do subúrbio de Engenho de Dentro (com "Homem das ruas", "Seja mais você" e a releitura em samba do hit de **João Bosco** "Papel machê"), o **Só Preto Sem Preconceito** (com "Viola em bandoleira", "A coisa mais linda", "Tamarineira") — ambos cantando em uníssono, gravando seus primeiros álbuns em 1987 — e o **Grupo Pirraça**, de Nova Iguaçu, Baixada Fluminense, que estreou em 89 com as românticas "Sentimento de posse" e "Inigualável paixão".[2] Também, pudera. Os grupos **Raça** e **Pirraça** começaram acompanhando frequentadores do Cacique de Ramos, como **Zeca Pagodinho** e **Jovelina**. Todos eles gravavam compositores da fina flor do pagode (de raiz).

Os primeiros álbuns de dois conjuntos paulistas também seguiam essa mesma linha, respectivamente os do **Grupo Tempero**, formado por integrantes da escola **União Imperial de Santos**, e o **Grupo Sensação**, formado em 86, no bairro do Limão, zona norte de São Paulo, com integrantes da **Camisa Verde e Branco**, que revelou o vocalista **Luizinho SP**. Gravados respectivamente em 1991 e 92, até então não apresentavam sonoridade diferente do pagode de raiz. Outro paulista, **Dhema**, também já fazia suas parcerias com **Bebeto** desde 77 e começava a gravar em 88 ainda em ritmo de samba-rock. Três anos depois, emplacou "Doce tentação", dele com **Nilton Ribeiro**, desta vez na levada do neopagode.

Acontece que havia uma outra turma que gostava de samba, mas tinha um fraco pelo que os paulistas chamavam de swing, ou seja, a dança dos bailes black suburbanos, que incluíam soul music e o chamado "samba-rock", estilizado por **Jorge Ben**. Pois, alguns desses grupos, que já vinham se apresentando de forma mambembe desde o final da década de 1980, foram enfim descobertos pelas gravadoras. A começar pelo **Raça Negra**, formado em 83 em Vila Nhocuné, zona leste de São Paulo, que gravou o primeiro LP na RGE em 91, com uma sonoridade mais para o romantismo *à la* **Jorge Ben**, **Roberto Carlos** e **Tim Maia** do que para o som do **Fundo de Quintal**, ou nas palavras do vocalista e líder da banda, **Luiz Carlos**, "mais quadrado, menos dividido".[3] A formação instrumental com teclados Yamaha, guitarra, bateria, saxofone e, vá lá, violão, com pandeiro e tantan na marcação, estava mais para banda de baile à la Jovem Guarda que para samba. Mas o grande público não quis nem saber, adorou.

O primeiro álbum do **Raça Negra** já vendeu 100 mil cópias, puxado por "Caroline" (Luiz Carlos). A coisa deu tão certo que gravaram logo dois discos em 1992, explodindo com "Cigana" (outra de **Luiz Carlos**), "Jeito felino" e "Cheia de manias" (ambas de **Gabú**, pandeirista do grupo). Só com os três primeiros discos somados já haviam vendido um milhão de unidades. Para pavor dos puristas, além do jeito novo instrumental de tocar samba em canções autorais, sempre incluíam no repertório músicas de outros estilos, como a "sertaneja" "É o amor" (**Zezé Di Camargo & Luciano**) e o rock "Será" (**Legião Urbana**), esta última com muito sucesso — num expediente depois imitado por outros artistas do gênero. Até o fim da década, fizeram uma série de 20 hits, como "É tarde demais", "Quando te encontrei", "Me leva junto com você", "Maravilha",[4] entre outras, chegando a excursionar pelos EUA e Angola.

O **Raça Negra** é que carimbou o estilo, logo apelidado de "samba paulista" ou "pagode romântico". Na mesma linha, estourou o conterrâneo **Negritude Jr.**, formado em Carapicuíba, zona oeste paulistana. Seu carismático vocalista **Netinho de Paula** (que depois virou político) caprichava nas interpretações algo chorosas, embalado por harmonia solada em teclados e grande naipe de metais. O conjunto gravou um CD independente em 1992 e já em 93 estava na EMI, consagrado com os sambas românticos "Timidez" ("é minha covardia") (Délcio Luiz/Prateado) e "Conto de fadas" (Beto Corrêa/Pagom), atingindo o auge entre 1995 e 96, quando venderam meio milhão de discos de cada lançamento, destacando a romântica "Absoluta" (Altay Veloso) e a irreverente "Tanajura" ("Jura que me ama"), de **Netinho** com vários parceiros.[5]

Outra pioneira do estilo foi a paulistana **Eliana de Lima**, vendendo logo um milhão de cópias do álbum que a projetou, *Fala de amor* (1991), que incluía o antológico "Desejo de amar" ("Foi sem querer que derramei toda a emoção / Undererê / Que cerquei seu coração... (...) Agora estou sozinha, precisando de você / E você não está por perto para poder me ajudar...") (Gabú/Marinheiro). Antes desses nomes, o também paulista **Biro do Cavaco** já emplacava outro pagode romântico, ("O nome dela é") "Jéssica" (Tatá), em 89, talvez o que havia com sonoridade mais próxima do que esses grupos estavam fazendo nessa década de 90.

A seguir, veio o único grupo mineiro dessa geração, o **Só Pra Contrariar**, formado em 1989 em Uberlândia, cujo nome veio de um samba do **Grupo Fundo de Quintal**. Liderado pelo vocalista **Alexandre Pires** (em pouco tempo convertido em galã), o **SPC** foi o maior vendedor entre todos os grupos do gênero, a partir do CD de estreia de 93, com o partido alto estilizado de duplo sentido "A barata", de autoria de **Pires** ("Toda vez que eu chego em casa / A barata da vizinha tá na minha cama") e outro romântico, que definiria sua linha predominante, "Que se chama amor" (José Fernando) ("Como é que uma coisa assim machuca tanto..."), até chegar ao quinto CD homônimo, de 97, quando bateu o recorde em vendas de discos no Brasil até então, cerca de três milhões de unidades, com "Depois do prazer" (Chico Roque/Sérgio Caetano) ("Tô fazendo amor com outra pessoa / Mas meu coração vai ser pra sempre teu...") e o sacudido "Mineirinho" (Alexandre Pires/Lourenço). Até hoje este é considerado um dos cinco álbuns mais vendidos da música brasileira.

Muitos sucessos do **SPC** foram de compositores que já inundavam as paradas "brega-românticas" há tempos, como **Chico Roque** ("Essa tal liberdade", com **Paulo Sérgio Valle**, a própria "Depois do prazer" e "Dói demais", ambas com **Sérgio Caetano**), **Peninha** ("Nosso sonho não é ilusão", com Régis Danese) e **Altay Veloso**, que nesta década despontava como autor de hits populares, como "Interfone": "Mas o porteiro é novo, ele não me conhece / Tá cheio de suspeita, tá desconfiado / Pega o interfone diga pra ele / Que ele está falando com seu namorado."

Descoberto o filão, os olheiros das gravadoras ficaram mais atentos. Foi quando deslancharam os grupos paulistas **Katinguelê**, do vocalista

Salgadinho (com "No compasso do criador", "Recado à minha amada" e "Inaraí", todos dele com parceiros);[6] **Karametade**, formado em Santos, do vocalista **Vavá** (com os hits "Decisão", "Louca sedução" e "Nunca vou deixar você" — as duas últimas dos hitmakers **Chico Roque e Paulo Sérgio Valle**), e **Exaltasamba**, até então com vocal dos competentes **Chrigor** e **Péricles**. Esse é outro exemplo de grupo com longa estrada, dos bares do interior de São Paulo, depois acompanhando **Jovelina**, até chegarem à gravação de dois discos em pequenos selos e finalmente aos holofotes da mídia. Isto se deu em 1996 com "Luz do desejo" (Délcio Luiz/Adalto Magalha) ("Apague a luz / Deita ao meu lado / Vem, me seduz / Não é pecado"), cuja letra refletia uma tendência paralela aos sambas de dor de cotovelo desses conjuntos, os de temática sensual, antes mais restritos ao repertório de **Martinho da Vila**; presentes também em "Gamei" (Délcio/André Renato) ("Quando eu vi / Me amarrei / No teu sorriso sonhei") e "Telegrama" ("Me liga, me manda um telegrama / Uma carta de amor / Que eu vou até lá / Eu vou") — este pagode, de autoria de **Leandro Lehart**, líder de outro grupo paulista de pegada mais pop e eclética, o **Art Popular**, que também fez história.

Filho de alfaiate e manicure, **Lehart**, desde os 13 anos já estudava cavaquinho num conservatório, partindo a seguir para baixo, violão e teclado. Influenciado pelos pais, que curtiam samba e *black music*, formou o grupo em 1986, atuando em bares e boates paulistanas, até que no início da década seguinte gravou um CD independente, que vendeu 120 mil cópias. O conjunto foi descoberto pela EMI em 95, estourando a partir de então pagodes autorais de sua lavra, como "Valeu demais" (com **Valtinho**), depois "Temporal" e as gaiatas "Amarelinha" e "Pimpolho" ("Ela tá dançando e o Pimpolho tá de *ôio* / Cuidado com a cabeça do Pimpolho"). Ampliando os horizontes, antecipando uma tendência de mercado em mais de uma década, o **Art Popular** chegou a gravar com astros dos mais variados segmentos musicais. Fossem "sertanejos" (**João Paulo & Daniel**), do axé (**Olodum**), das escolas cariocas (bateria do **Salgueiro**), do soul e r&b americanos (**Billy Paul, Take 6**) e até um coro gospel da Pilgrim Church (Nova York). Por sua visão multifacetada, foi um raro conjunto de pagode a ter um clipe (de "Requebrabum") e um CD da série *Acústico* na MTV Brasil, em 2000.

Grupos que já gravavam antes do estouro do **Raça Negra** agora tinham seu grande momento, caso dos cariocas do **Só Preto sem Preconceito**, com sambas de pagodeiros de raiz — "É tanta" (Serginho Meriti/Kaká Franklin), "Quem tá duro reza pra chover" (Ronaldo Barcellos/Lourenço) —, **Grupo Pirraça** — "Quem de nós" (Pagom/Beto Corrêa) —, e do paulista **Grupo Sensação** ("Oyá [Canto de oração]", "Coral de anjos", "Pra gente se encontrar de novo", todas do cavaquinista **Carica** com **Prateado**, entre outros parceiros).[7] O grande destaque foi, sobretudo, o **Grupo Raça**, com o hit-chiclete "O teu chamego" (outra de Beto Corrêa/Pagom), em 92: "O teu chamego é meu xodó / O teu xodó me faz um bem / Quando estou perto de você / Não vejo mais ninguém." O conjunto chegou a excursionar pelos EUA e Europa e foi o maior vendedor da gravadora BMG em 94, já trazendo entre os integrantes **Délcio Luiz**, um hitmaker do pagode, gravado por vários grupos de então, também coautor, com **Ronaldo Barcellos**, de outro hit desse álbum, "Eu e ela".

Novas bandas cariocas vieram fortes em meados da década, como **Os Morenos** (dos vocalistas **Waguinho** e **Alex**, que cantavam a inesquecível e erótica "Marrom bombom" (Délcio Luiz/Ronaldo Barcellos), dos versos "Tira a calça jeans / Bota o fio dental / Morena, você é tão sensual", depois a "Mina de fé", em 99), e o **Grupo Molejo**, com vocal do irreverente **Anderson Leonardo**, filho do percussionista **Bira Haway**, o chamado Midas do Pagode, produtor de vários grupos de sucesso. Seguramente o mais irreverente de sua geração e com grande apelo também junto ao público infantil, emplacou "Doidinha por meu samba" (Lourenço/Franco) e "Caçamba" (Efson/Odibar) em 1994, depois "Cilada" (Délcio Luiz/Ronaldo Barcellos), "Brincadeira de criança" (Délcio Luiz/Wagner Bastos) e a impagável "Dança da vassoura" (Anderson Leonardo/Délcio Luiz): "Diga aonde você vai / Que eu vou varrendo / Vou varrendo, vou varrendo, vou varrendo", com direito a uma indefectível coreografia.

Além desses, também tiveram seus grandes momentos os cariocas do **Razão Brasileira** ("Eu menti", "Naturalmente"), **Banda Brasil**, formada por ex-músicos de **Tim Maia**, **Jorge Ben Jor**, **Black Rio** e **Sandra de Sá** ("Poderosa", "Olha pra mim"), o **Ginga Pura** ("Vergonha na cara", "Fruto dos deuses") e **Swing e Simpatia** ("Pra sempre na minha vida"). A turma de Sampa não ficou atrás com o **Cravo e Canella** (de seu único hit, em 94, "Lá vem o negão" ["cheio de paixão / Te catar, te catar, te catar"]), **Grupo Pixote** ("Brilho de cristal"), **Kiloucura**, de cariocas radicados em Sampa ("Pela vida inteira", "Meu casamento"), **Dhema**, agora mais alinhado ao pagode romântico (as autorais "Volta pra mim" e "Minha princesa") e ainda **Adryana Ribeiro**, que em 96 emplacou "Sempre sou eu", em duo com **Luiz Carlos do Raça Negra**, e três anos depois se tornou vocalista do efêmero **Adryana e a Rapaziada** ("Só faltava você", "Tudo passa").[8]

A propósito, mais para a virada dos anos 1990 para os 2000, após o ápice do gênero em 97, já na curva descendente, surgiram mais dois conjuntos paulistas que deram o que falar, com o apelo de seus líderes-galãs. O **Soweto** revelou o vocalista **Belo**, influenciado pelos artistas do soul e r&b americanos, vendendo só dos discos de 97 e 99 quase dois milhões e meio de unidades de seu pagode com harmonias e desenho melódico um pouco mais burilados,[9] em hits compostos por **Altay Veloso** — "Farol das estrelas" (com **Paulo César Feital**), "Refém do coração" e "Não foi à toa" (ambas com **Délcio Luiz**) — e **Antonio Fogaça** ("Derê"). O outro grupo começou como um conjunto infantil, **Toca do Coelho**, depois, em 92, se transformou no **Muleke Travesso** (do sucesso "Você em mim" [Leandro Lehart]), até que, em 96, houve uma dissidência. Uma parte se manteve no grupo e cinco integrantes debandaram, formando **Os Travessos**, com vocal de **Rodriguinho**. Seu primeiro CD colocou "Tô te filmando (Sorria)" (Arnaldo Saccomani/Thaís Nascimento) e "Meu querubim", de coautoria do colega **Alexandre Pires**, entre as mais ouvidas do ano de 99. A seguir, mais hits: "Quando a gente ama" (esta com introdução em *funky melody*), também com melodia do produtor **Arnaldo Saccomani**, e até uma balada, "Distância".[10]

Nos dez anos de explosão desses novos pagodeiros, entre 1991 e 2001, só para se ter uma ideia, o **Raça Negra** vendeu 16 milhões de discos e o **SPC** teve média anual de 1 milhão. Embora muitos rechacem essa tese, literalmente defendida pelo especialista Felipe Trotta, na UFRJ, esse movimento do pagode, apesar de bombardeado pela própria nata do samba de raiz (que julgava ter banalizado letras, melodias e o próprio engajamento do samba como um polo de crítica social e autoafirmação da negritude),[11] pode ter ajudado a jogar luz sobre esses mesmos bambas tradicionais. Fato é que diversos deles que há cerca de dez anos não tinham um grande estouro comercial (e outros que nunca haviam tido um real reconhecimento), vieram com tudo. Para começar, o veterano **Martinho da Vila** voltou a ser um campeão, com o CD *Tá delícia, tá gostoso* (Sony, 1995), vendendo 1,5 milhão de cópias, emplacando quatro sambas nas paradas: a faixa-título (Zé Catimba/Alceu Maia), "Devagar, devagarinho" (Eraldo Divagar), "Cuca maluca" (Gracia do Salgueiro) e o clássico "Mulheres" (Toninho Geraes). No ano seguinte, uma regravação de "Ex-amor", de sua autoria, em dueto com **Simone** puxou o primeiro de quatro volumes de um projeto vitorioso do produtor **Max Pierre** na Polygram, *Casa de samba*, que reunia sempre duetos de um sambista com um nome de fora desse universo. Logo a seguir, a cantora lançou um bem-sucedido tributo ao sambista, o CD *Café com leite*.

Após vários anos de certo apagamento na grande mídia, **Zeca Pagodinho** ressurgiu no mesmo ano que **Martinho** estourou, em 1995, com o álbum *Samba pras moças*, lançado pela Polygram, emplacando a faixa-título. Já em 96 chegava à marca de 1 milhão de cópias com o CD *Deixa clarear*,[12] transformando-se numa espécie de **Roberto Carlos** do samba, guardadas as devidas proporções, com grandes vendas anuais pelos próximos anos e tornando-se o sambista mais popular de sua geração. Fizeram história nesse final de década as suas gravações de "Verdade" (Nelson Rufino/Carlinhos Santana), "Não sou mais disso" (Zeca/Jorge Aragão), "Faixa amarela" (Zeca/Jessé Pai/Luiz Carlos/Beto Gago), "Vai vadiar" (Monarco/Alcino Corrêa), "Seu balancê" (Toninho Geraes/Paulinho Rezende) e "Posso até me apaixonar", esta última de autoria de **Dudu Nobre,** músico da banda do sambista desde os 19 anos e seu parceiro em sambas como "Vou botar teu nome na macumba". **Zeca** acabou apadrinhando sua carreira de cantor, cujo primeiro CD foi gravado em 1999, e a partir de então notabilizou-se com "No mexe mexe, no bole bole" e regravações de "A grande família" (Tom/Dito) — para o *remake* do seriado homônimo da TV Globo —, "Tempo de Don Don" (Nei Lopes) e "Goiabada cascão" (Wilson Moreira/Nei Lopes), num estilo bem semelhante ao do mestre.

No mesmo ano da explosão de **Zeca**, em 96, sem tanto estardalhaço, **Paulinho da Viola** rompia um jejum fonográfico de sete anos no país para lançar um álbum de primeira, *Bebadosamba*, incluindo três sambas que já nasciam com a alcunha de clássicos: a faixa-título e outros em parceria com **Hermínio Bello de Carvalho** ("Timoneiro") e **Elton Medeiros** ("Ame"). Três anos depois, se reuniria num show com o igualmente elegante cantor e violonista **Toquinho** para gravarem ao vivo o álbum *Sinal aberto*, revendo sucessos e apresentando a inédita parceria dos dois em "Caso encerrado". E um veterano descoberto nos anos 70 pelo mesmo **Paulinho da Viola**, que gravou três canções de sua autoria, **Walter Alfaiate**, como seu nome artístico atesta, ganhava a vida mesmo como alfaiate desde os 13 anos e cultivava o samba como hobby. Só ficou mais conhecido pelos cultores do gênero a partir de 96, ao participar de diversos álbuns coletivos e gravando dois anos depois o primeiro dos três CDs solo, *Olha aí*, pelo selo Alma, produzido por **Aldir Blanc** e **Marco Aurélio**. Da mesma forma, *O som sagrado* de ***Wilson das Neves*** (CID), também em 96, trazia pela primeira vez a faceta de (bom) cantor do legendário baterista, atuante desde os anos 60.

Ainda nessa década de 90, o carioquíssimo **Grupo Fundo de Quintal** era içado à condição de ídolo, sobretudo, quem diria, em São Paulo, onde passou a ter público cativo. Dois de seus componentes mais ilustres, **Arlindo Cruz e Sombrinha**, desligaram-se do conjunto e começaram a gravar em dupla, entre 1996 e 2002, para então seguirem em carreira solo. Outro ex-integrante, **Jorge Aragão**, embora seguisse solo desde o início dos anos 80, era muito mais lembrado como autor de hits de **Alcione, Beth Carvalho** e **Elza Soares**. Porém, eis que o inusitado acontece. Ele explode nas rádios em 99 com uma versão instrumental da "Ave Maria", de Gounod, de seu primeiro CD ao vivo, que adaptou para o ritmo de pagode tradicional, com ele no primeiro cavaquinho-base, e outro solado pelo músico **Marcão** de sua banda. O álbum vendeu cerca de 750 mil cópias. Dessa forma inesperada, virava um superastro, agora mais do que nunca também como cantor (!).

A gravadora que estourou **Jorge Aragão** foi a novata nacional Indie Records, dirigida pelo produtor **Líber Gadelha**, que nos anos 1990, juntamente com a Deck Disc, do produtor **João Augusto**; a MZA, do veterano

Marco Mazzola; a Velas, do também produtor **Paulinho Albuquerque**, com **Vitor Martins** e **Ivan Lins**; a Albatroz, de **Roberto Menescal** e **Raymundo Bittencourt** foram algumas das principais que seguiram uma trilha aberta pelas paulistas Eldorado, Kuarup e Som da Gente e pelas cariocas Pointer e Visom nos anos 80, e outras ainda mais antigas, como Festa, Elenco, Forma e Marcus Pereira, com um trabalho importante por catapultar a carreira de artistas novos ou veteranos de qualidade que já não interessavam tanto às multinacionais do disco, desejosas de lucros mais imediatos.

Era o início da organização do mercado "independente", que teve muitas frentes, já que gravar um CD era infinitamente mais fácil e barato que um LP, embora a divulgação esbarrasse no problema dessas gravadoras menores não terem tantos recursos para pagar jabá às rádios ou compromisso em criar um produto que se alinhasse às rédeas rígidas de suas programações, dominadas por modismos massificados. Ainda assim, neste primeiro momento, seus artistas saíam na frente dos que eram 100% independentes, no "bloco do eu sozinho", sem ninguém para ajudar a gravar, chancelar ou divulgar seus trabalhos, e algumas delas chamavam a atenção dos consumidores por terem um perfil específico de estilo musical ou de artistas que trabalhavam, despertando interesse, por exemplo, caso lançassem um nome menos conhecido.

Voltando ao samba nos anos 1990, nesta fase, as grandes escolas cariocas já apresentavam desfiles mais curtos que os usuais, de modo a dar conta do um número crescente de componentes em suas agremiações. Para tanto, seus sambas de enredo foram ficando cada vez mais acelerados (quase marchas), mas ainda assim tiveram fôlego para se manter no coração dos foliões, especialmente no início desta década. Não houve quem não cantasse o samba da **União da Ilha** de 1991, "De bar em bar, Didi um poeta" ("Hoje eu vou tomar um porre / Não me socorre / Que eu tô feliz"), o do **Salgueiro** de 93, "Peguei um ita no Norte" ("Explode Coração / Na maior felicidade / É lindo o meu Salgueiro / Contagiando sacudindo essa cidade") e o da **Mangueira** do ano seguinte, uma homenagem aos **Doces Bárbaros — Gal, Bethânia, Caetano e Gil**: ("Me leva que eu vou / Sonho meu") "Atrás da verde e rosa só não vai quem já morreu". Houve ainda belos sambas, nem tão estrondosamente populares, como "Gosto que me enrosco" (**Portela**, 1995) e "Verás que um filho teu não foge à luta" (**Império Serrano**, 1996),[13] mas já era uma época que poucos foram os que o Brasil inteiro tomou para si, sem esquecê-los no carnaval seguinte.

Neste período, além dos puxadores egressos do passado, alguns novos se fizeram notar, como **Nego**, irmão de **Neguinho da Beija-Flor**, na **Unidos da Tijuca** (depois **Grande Rio**, **Império Serrano** e outras); **Paulinho Mocidade** e **Wander Pires**, na **Mocidade**; **Wantuir** (em várias escolas) e **Ito Melodia**, que substitui o pai **Aroldo**, na **União da Ilha**, sendo intérprete titular a partir de 97. Um breve afastamento do mesmo **Aroldo**, no início da década, fez surgir o performático **Quinho**, na mesma **União da Ilha**, que se transferiu a seguir para o **Salgueiro**. Aos poucos, esta fidelidade dos intérpretes às escolas se tornaria cada vez mais rara.

Enquanto isso, a folia de São Paulo via seu prestígio ascender de forma inédita. Em 1991, foi criado o Sambódromo do Anhembi, para que os desfiles de suas escolas, oficializados desde 68, ganhassem, assim como no Rio, um local sacramentado, com a infra-estrutura que a festa merecia. Os desfiles que desde 87 vinham sendo televisionados pela Rede Manchete passaram à TV Globo para todo o país nesses anos 90, o que foi bom, por dar mais visibilidade nacionalmente às agremiações, e ruim, por interferir na própria data do desfile do grupo especial, deixando os dias de domingo e segunda para as cariocas. Isto prejudicou o afluxo de foliões, sobretudo na sexta, por ser um dia comum de trabalho.

A música "sertaneja" pop country e "brega-romântica" vira uma potência

Além do pagode romântico, o segmento "sertanejo" cada vez mais influenciado pelo country, pela estética "brega" e pelo pop romântico americano continuava dando as cartas na década de 1990. **Chitãozinho & Xororó**, **Leandro & Leonardo** e **Zezé Di Camargo & Luciano** encabeçaram o primeiro grande império do gênero, com a prevalência do que a crítica à época chamava de "breganejo". Arrebataram plateias em todo o país, chegando a fazer quatro especiais juntos de fim de ano, promovidos pela

TV Globo, entre 1995 e 98, intitulados *Amigos*. Os shows viraram quatro CDs coletivos ao vivo, gravados em grandes espaços, com capacidade de 60 a 100 mil pessoas. Seus hits individuais também dominaram as paradas. Não é exagero dizer que cada dupla emplacou, só nesta década, de 25 a 30 músicas nas rádios do país, e que cada uma delas vendeu uma média de 1 a 2 milhões de discos anualmente.

Os veteranos **Chitãozinho & Xororó**, primeiros a romper a barreira das rádios em outros estados fora de seu nicho habitual, viveram um período de superstars. Era, digamos, a dupla mais "classuda", apontando para várias direções. Podiam gravar nos estúdios de Nashville, berço do country americano, um repertório de franca inspiração americana, como o country rock "Na aba do meu chapéu", e diversas versões, tais como "Um homem quando ama (Have you ever really loved a woman?)", hit de **Bryan Adams**, e por vezes até com participação de artistas de lá, como **Billy Ray Cyrus** em "Ela não vai mais chorar (She's not crying anymore)" e os **Bee Gees** em "Palavras (Words)", esta para o disco *Tudo por amor* (1993), lançado em português e espanhol, chegando ao primeiro lugar do *Hot Latin Singles*, na parada da *Billboard*.[14]

Podiam também voltar às raízes, gravando o CD *Clássicos sertanejos* (1996), que bateu 1 milhão de cópias só com pérolas do gênero, recheado de participações de sertanejos veteranos (**Léo Canhoto e Robertinho**), de sonoridade mais tradicional (**Sérgio Reis, Almir Sater**) e pop (**Zezé Di Camargo & Luciano, Leandro & Leonardo, João Paulo & Daniel**) e até de artistas da "MPB", como **Simone, Fagner e Ney Matogrosso**. Ou podiam incluir no repertório uma rara crítica social, sobre os menores abandonados ("Os meninos do Brasil") ou ainda se esbaldar num repertório pop "brega-romântico", que estava mais em voga nesse tempo, estourando "Brincar de ser feliz", as baladas "Página de amigos" e "Alô", o bolero pop "Até que te conheci (Hasta que te conoci)", além de flertar com os amantes dos rodeios, em canções como o country rock "Bailão de peão" e a balada folk "Coração sertanejo", esta tema da novela *O rei do gado*.[15] Apesar de tudo, das três duplas de sucesso, era a que, vez por outra, e pelas próximas duas décadas, ainda resgataria algum resquício da tradição caipira.

Os rodeios são um capítulo à parte nessa história. Embora já existissem no país pelo menos desde a década de 1950, inicialmente todo o investimento e atenção da festa eram focados nos próprios bois. Com o tempo, montaram-se palcos no centro das arenas e as duplas modestamente davam seu recado. A Festa do Peão de Boiadeiro de Barretos (SP), a mais famosa, começou a crescer na década de 1980, quando ampliou seu patrimônio, com cerca de 40 alqueires para a instalação do Parque do Peão. Foi a fase também de sua internacionalização, com o início das montarias de touros, em 83. Dois anos depois, o evento já se dava num megaespaço e, em 89, foi inaugurado o estádio de Rodeios, projetado por Oscar Niemeyer, com capacidade para 35 mil pessoas.

Os empresários do setor já contratavam grandes astros da country music americana, ficando difícil para os nossos artistas competirem com tamanha tecnologia. Foram justamente **Chitãozinho & Xororó** os primeiros a investir pesado em estrutura de show, de luz e som, transformando um espetáculo outrora mais intimista num mega show de padrão internacional. Quando começaram a gravar com artistas americanos, o estilo country também ajudou que se tornassem reis ali naquele espaço, abrindo os olhos de outras duplas, até mais famosas que eles, como **Milionário e José Rico**, que tiveram também de modernizar sua estrutura de show para poder competir com eles em pé de igualdade. Assim, **C&X** deram um novo status profissional à música "sertaneja".

A força desta dupla era tanta que acabou apadrinhando, além de seus irmãos **Maurício & Mauri**, um novo produto fortíssimo no mercado pop infantil. Eram os filhos de **Xororó**, **Sandy & Júnior**, que se iniciaram bem crianças, em 1991, regravando a jocosa "Maria Chiquinha" (Guilherme Figueiredo/Geysa Bôscoli), originalmente lançada por **Evaldo Gouveia** em duo com a vedete **Sonia Mamede**, trinta anos antes. Em pouco tempo, dominaram a cena no segmento, deixando com o passar dos anos até mesmo **Xuxa** para trás. Até 2007 (quando **Sandy** partiu para carreira solo, lançando seu primeiro álbum dois anos depois), só deram eles, com "Dig-dig-joy", "Imortal (Immortality)",[16] culminando com o CD *As quatro estações ao vivo* (2000), que superou um milhão de discos vendidos, com músicas em todas as paradas, como a faixa-título e "A lenda", esta um presente de **Kiko**, **Nando** e **Ricardo Feghali**, do **Roupa Nova**.

Quase sempre na linha pop "brega-romântica" estavam **Leandro & Leonardo**, nascidos numa família de oito irmãos em Goianópolis (GO). Antes de formarem a dupla, em 1983, **Leandro** chegou a ser vendedor de sapatos e engraxate, até que decidiu montar uma banda, **Os Dominantes**, especialista em músicas dos Beatles e **Roberto Carlos**. O irmão **Leonardo**, dois anos mais novo, após ser boia-fria, foi trabalhar numa farmácia, quando foi demitido por receitar um remédio errado a uma cliente. Juntos pela música, seis anos depois estavam estourados. Seu repertório não raro caía num agradável cabaré, como nas safadinhas "Temporal de amor" ("Quando você chegar / Tira essa roupa molhada / Quero ser a toalha / E o seu cobertor // Quando você chegar / Manda a saudade sair / Vai trovejar, vai cair / Um temporal de amor"), "Paz na cama" ("É que nossas diferenças se acabam no quarto em cima da cama"),[17] "Mexe, mexe" ("À meia-noite nada é proibido / Mulher casada troca de marido / Um engraçadinho apaga o lampião / E o amassa mamão fica mais divertido"), "Mulher brasileira" ("Quando você passa sorrindo / Mostra esse olhar atrevido / Juro, dá vontade de te agarrar"), "Cumade e cumpade" ("Então requebra, esfrega / Requebra / Esfrega no cumpade / Que ele levanta e acende / E acende o fogo da cumade") (Rivanil) — as três últimas mais animadas, como também "Cerveja",[18] de 1997, antecipando uma tendência de temas mais festivos no universo "sertanejo".

Como **Chitãozinho & Xororó**, **Leandro & Leonardo** também fizeram sucesso com versões de hits americanos, caso de "Wonderful tonight", de **Eric Clapton**, que, na versão de **Paulinho Rezende**, virou "Esta noite foi maravilhosa", ganhando uma letra igualmente cabareteira sobre um encontro numa festa que acabou na cama, ou melhor, no carro ("As luzes se apagam, a festa acabou / Sobre o banco do carro fazemos amor"). Também beberam na fonte do country rock ("Festa de rodeio") e machucaram muito os cotovelos com baladas sentimentais, como "Não olhe assim", "Dor de amor não tem jeito" ("Tentei te trocar por alguém / Mas não sei gostar de ninguém"), "Deu medo", "Um sonhador" — todas de **César Augusto**, com vários parceiros[19] —, e a clássica, em ritmo mais folk, "Não aprendi dizer adeus", do já veterano **Joel Marques**.

Em junho de 1998, porém, **Leandro** morreu, vítima de um tumor maligno no pulmão direito. O último álbum da dupla, *Um sonhador*, alavancado pela comoção popular, considerado o nono disco mais vendido da história segundo levantamento da Abramus, com 2.732.735 unidades — lembrando que em 1990 eles já haviam vendido mais de três milhões de seu quarto disco, puxado pelo megahit "Pense em mim", obtendo terceiro lugar no mesmo ranking. Ou seja, a dupla têm dois na lista dos dez mais de todos os tempos, um recorde impressionante. Cinco anos depois, a TV Globo produziu o *Tributo a Leandro*, gravado no estádio Serra Dourada, em Goiânia, em seu estado natal, com a presença do irmão famoso e parceiro, seu próprio filho e o sobrinho, filho do falecido, que formavam, respectivamente, a dupla **Pedro & Thiago**, além de diversos astros do "sertanejo", axé e pagode.

Em 1999, **Leonardo** inicia uma triunfante carreira solo, com canções "brega-românticas" sucessivamente no hit parade dos anos 1990 e 2000, como "Mentira que virou paixão" (César Augusto/Pisca), quase como um sucessor em popularidade do veterano inspirador do estilo da dupla, **Amado Batista**, que, aliás, continuava na ativa com hits como "Eu sou seu fã" (dele, com Reginaldo Sodré).

Terceira dupla a estourar, os irmãos **Zezé Di Camargo & Luciano** tiveram uma história de vida muito curiosa. O pai, Francisco, um lavrador, acalentava o sonho de ter dois filhos formando uma dupla sertaneja e os incentivou muito, apesar da miséria em que viviam. Mirosmar (**Zezé**) chegou a ser office boy antes de optar pela música. Tentou cantar sozinho e com outras duas duplas, até recrutar o irmão, Welson, ou melhor, **Luciano**. A partir de 1991, com a vantagem do primeiro ser um hitmaker de primeira hora, ainda conseguiram emplacar mais músicas nas paradas que seus colegas. Foi uma verdadeira avalanche. "É o amor", que virou clássico regravado até por **Maria Bethânia**, foi apenas a primeira de uma lista interminável de hits. Dentre as três duplas, essa teve uma característica predominante mais "brega-romântica", com acabamento de música pop norte-americana ou latina e versos quase sempre sobre solidão e desencontros amorosos, menos cabareteiros e raramente caipiras. Vez por outra, **Zezé** compunha temas mais chegados à crítica social (as autorais

"Garoto de rua", "Bandido com razão") ou política ("Meu país", esta usada na campanha que elegeu Lula presidente no final de 2002, que a dupla apoiou, e na década seguinte repudiou).

Baladas aos borbotões, isso sim, tomaram o país, como "Coração está em pedaços", "Saudade bandida", "Pão de mel" ("Sou tão dependente de você (...) Ai, ai, ai, ai, ai / Esse amor é bom demais"), "Indiferença" ("É a sua indiferença que mata / Que me mata, que me mata / Coração divide em dois na sua falta / Na sua falta"), "Sem medo de ser feliz" ("E como um rio busca o mar / Você vem me procurar / E encontra esse amor que ele não quis te dar"), "Toma juízo" ("Não quero ser mais um na sua estrada / A sua salvação na madrugada") e "Coração na contramão", todas de **Zezé**, esta última com **César Augusto**, que, por sua vez, é autor de "Faz mais uma vez comigo" e de outras três com o ex-roqueiro **Piska** (autor de sucessos pop de **Ney Matogrosso**, **Simone** e **Biafra**): "Foi a primeira vez", "Preciso ser amado" e "Pare!" ("Solidão está matando a gente / Sufocando a nossa paixão / Então pare! / Liberta o meu coração").

De outros autores, eles emplacaram duas de tempero romântico-latino, com aqueles velhos clichês do amor romântico que sempre funcionaram: "Você vai ver" ("Você pode encontrar muitos amores / Mas ninguém vai te dar o que eu te dei") (Elias Muniz/Carlos Colla) e "Pior é te perder" (Álvaro Socci/Cláudio Matta) ("Quanta gente a gente vive deixando pra trás / Mas tem coisas nessa vida que não voltam mais"), e mais baladas, a masoquista "Cada volta é um recomeço" (Nenéo/Paulo Sérgio Valle) ("Mais uma vez / Meu coração esquece tudo que você me fez (...) Pra recomeçar, já sabendo o fim"), a lacrimejante "Dois corações e uma história" (Carlos Randall/Danimar) ("No meio da conversa / De um caso terminando / Um fala, o outro escuta / E os olhos vão chorando") e a ameaçadora "Muda de vida" ("Ou vai me perder") (Fátima Leão/Elias Muniz/Carlos Randall). Para não ficar de fora da animação dos rodeios, gravaram o rock country algo poliamorista "Mexe que é bom" (Lucas/Luan) ("Eu danço e tomo cerveja / Eu grito e subo na mesa / Eu agito a galera / Tô louco pela loirinha / De olho na mulatinha / Mas a morena me espera") e com o papa do country rock americano, **Willie Nelson**, releram um grande hit de **Elvis Presley**, "Always on my mind", que virou "Eu só penso em você".[20] Assim como

Chitãozinho & Xororó, além do country, investiram no mercado latino, gravando também em espanhol. Em 2005, a história da dupla inspirou o filme *Dois filhos de Francisco*, de Breno Silveira, um retumbante sucesso do cinema nacional, visto por mais de 5 milhões de expectadores.

Afora a única cantora expressiva do gênero, **Roberta Miranda**, que continuava em evidência com "Sol da minha vida" ("É um misto de ternura / É doença e não tem cura"), dela com Vera Veríssimo, a regravação de "Eu te amo, te amo, te amo" (Roberto/Erasmo Carlos) e versões do pop internacional, como "A mulher em mim (The woman in me)",[21] eram mesmo as duplas masculinas que invadiram as rádios e TVs nesta década. Mais duas delas, oriundas dos anos 1980, fizeram pelo menos dez grandes hits cada. **Chrystian & Ralf**, desde a já citada dor de cotovelo "Bijuteria" (Chico Roque/ Carlos Colla), em 91, na qual compara a ex-amada a uma pedra falsa, passando por "Cheiro de shampoo" (Cecílio Nena), em 93, sobre uma deliciosa transa no chuveiro, e a regravação da antiquíssima "Mia Gioconda" (Vicente Celestino) com **Agnaldo Rayol**, para a trilha da novela *O rei do gado*, em 96. Por sua vez, **Gian & Giovani** celebrizaram as fossas "Olha, amor" e "Eu busco uma estrela (Yo busco una estrella)"; uma espécie de "My way" festiva, "1, 2, 3"; e até o samba (!) "Amor de verdade", sobre um encontro que começou de forma prosaica: "Te convidei pra tomar um *chopinho* e você aceitou."[22]

Revelados para o sucesso em 1989, com "Aos trancos e barrancos", os paulistas (de Brotas) **João Paulo & Daniel** tiveram impulso definitivo ao serem produzidos pelo compositor **Mário Campanha**, emplacando em 93 a autêntica moda de viola "Dia de visita", do veterano **Moacyr Franco**. Embora já na fase do "sertanejo" romântico, foi uma dupla que começou a aparecer nacionalmente com música caipira tradicional, ainda que a galope viessem também no mesmo álbum canções mais pop, como "O cheiro dela" (Rick/Renner), sobre o odor "excitante" e "vicioso" da amada, e "Rosto molhado" ("Pra você não fica bem"), esta num ritmo dançante, moderno, mas composta pelos autores da velha guarda **José Fortuna** e **Ronaldo Adriano**. Em 95, explodiram de vez com o arrasta-pé "Eu me amarrei" (Waldir Luz/Tivas), o balanço "Hoje eu sei" (Rick/Alexandre) e ainda a moda de viola, em resposta à "Dia de visita", "Olhos Claros" (autoral em parceria com Rick).

O auge total chegou em 1996 com "Estou apaixonado", versão do hit internacional "Estoy enamorado", do duo latino **Donato y Estefano**, maior sucesso da dupla, além de "Minha estrela perdida" (César Augusto/Piska) e, novamente no estilo caipira tradicional, os chamamés[23] "Fazenda São Francisco" e "A loira do carro branco", ambas de **Jesus Belmiro e Paraíso.** Após o oitavo CD, em 97, que trazia a versão do hit de **Céline Dion,** "To love you more" ("Te amo cada vez mais"),[24] **João Paulo**, ao voltar para sua cidade natal, após um show em São Caetano do Sul, morre num acidente de automóvel na Rodovia dos Bandeirantes. **Daniel** então foi içado à alcunha de ídolo romântico, seguindo em carreira solo com "Adoro amar você" (Peninha/Elias Muniz), "Vai dar samba" (outra de Peninha) e "A gata do milênio" (Waldir Luz/Nana Nascimento/Marcos Maceió), gravando por vezes mais de um CD por ano, inclusive em espanhol, para o mercado latino.

Os irmãos naturais de Goiânia **Guilherme & Santiago** também foram lançados com sucesso nesta década, em 1994. Emplacaram de cara "Do outro lado da cidade" (Danimar/Carlos Randall), uma rancheira, gênero já quase em desuso nessa época. Mesclaram o "breganejo", com ênfase em temas de infidelidade conjugal com incursões interessantes na música caipira, como "Franguinho na panela", uma *querumana* de **Paraíso** e **Moacyr dos Santos**, além de canções safadinhas, como os arrasta-pés "Enrosca, enrosca" (Jefferson Farias/Waldir Luz) ("Quanto mais você me agarra / De você eu fico a fim") e "A outra" (Sebastian/Milton Moraes) ("Mas quem é que não tem uma outra / Pra equilibrar a vidinha / Arroz com feijão enjoa / Sempre é bom uma misturinha") já em 2002, década em que apresentaram o programa semanal *Terra nativa*, na Band, entre 2007 e 2008.

Falando nisso, nessa altura, toda essa geração já era amplamente difundida em atrações de TV exclusivas do gênero, como o *Especial sertanejo*, de Zé Russo, depois Marcelo Costa e, finalmente, Donizetti, às quartas à noite na TV Record (1983-2000), no referido *Sabadão sertanejo*, de Gugu Liberato, no SBT (1991-2002); em programas apresentados pelos principais ícones do gênero em várias emissoras, inclusive **Sérgio Reis**, com *Do tamanho do Brasil*, na Manchete e no SBT, e o citado *Terra nativa*, na Band.

O cantor também voltou às novelas no papel de Zé Bento (Saracura) em *O rei do gado*, da Globo, entre 96 e 97. A propósito, as duas trilhas desse folhetim, apinhadas de astros e estrelas do gênero, foram as mais vendidas da história, na casa dos três milhões de unidades, e trouxeram novamente à baila até mesmo artistas fora da mídia alheios ao meio sertanejo, como **Agnaldo Rayol** e **Zé Ramalho**. Por sinal, um ano antes, a emissora passou a exibir anualmente o já comentado especial *Amigos*, além de programas específicos para cada uma das três duplas. O mercado milionário "sertanejo" não parava de produzir artistas e hits. Tanto que, na segunda metade dos anos 90, mais cinco duplas também tiveram seu momento.

Os goianos **Cleiton** (ex-cantor de rap) **e Camargo** (irmão de **Zezé**) obtiveram alguma projeção. Seu maior hit foi "Agenda rabiscada" (Alexandre/Rick), em 1998. Mesmo sem o impulso familiar, as demais foram mais longe. Os mineiros José Divino e Luiz Felizardo, ou melhor, **Rionegro & Solimões** — cujo nome é inspirado na pororoca dos afluentes mais importantes do rio Amazonas — abandonaram seus empregos em uma fábrica de sapatos onde trabalhavam em Franca (SP) para viver de música. Tocaram em quermesses, bailes de roça, chacrinhas e botecos, até chegarem à Festa do Peão de Barretos, onde em 2005 cantaram para 150 mil pessoas. Após a romântica "Frio da madrugada", em 98, definiram-se por um estilo "arrasta-country", mais vibrante (antecipando uma tendência comum na década seguinte), em canções como "A gente se entrega", "Peão apaixonado", "De São Paulo a Belém" (todas de **Pinóchio**, a última com Nilma), "Bate o pé" (Rionegro/Dhermes) e "Na sola da bota" (Chico Amado), esta já em 2004.

Foi também somente em 1998 que a dupla reunida em Brasília desde os anos 80 **Rick & Renner** estourou seu primeiro hit, "Ela é demais" (Elias Muniz), seguido por "Cara de pau", "Muleca", "Nóis tropica, mais não cai" e "Nos bares da cidade".[25] **Rick** passou também a produtor (responsável pela volta ao sucesso de **Gino & Geno**, após duas décadas, na linha mais humorística) e tornou-se um dos compositores mais requisitados do "breganejo", ao lado de **Zezé Di Camargo** e da goiana **Fátima Leão**, uma das raras mulheres nesse meio essencialmente masculino. Por problemas com o alcoolismo, o parceiro **Renner** teve dois graves acidentes de carro, em

2001 (quando matou um homem, cumprindo a pena em liberdade) e em 2015. Com isso, a dupla se separou duas vezes. A última volta foi em 2018.

Também em 98, à beira das bodas de prata, **Cézar e Paulinho** mostraram que ainda tinham poder de fogo para competir na parada entre os novatos, com a irreverente "Pé de bode", do verso "PQP, pisa no freio, Zé", que virou um dos bordões da dupla, assim como "*Nóis é xique* no *úrtimo*, no *úrtimo* grau", do country rock "Nóis é caubói" (com **Daniel**), de 2000, resgatando o humor inerente dos paulistas de Piracicaba, terra natal da dupla.[26]

Outra dupla veterana, esta dos anos 1980, que foi cada vez mais para o caminho do humor, foi **Teodoro & Sampaio.** Até 1996, faziam sucesso com músicas românticas, daquelas pesadas, de traição e abandono. Após esse período, que culminou na saída do **Sampaio** original (**Gentil**, por **Alcino,** compositor e produtor da dupla), vieram as de duplo sentido, com temas que caíram no gosto do povo de boteco e festas de peão, o que passou a garantir à dupla uma agenda concorrida de shows, além de um programa de televisão semanal comercializado com várias emissoras, *Amigos do Teodoro & Sampaio.* São desta fase os arrasta-pés "Minha parte eu quero em pinga" e "Garanhão da madrugada" (ambas de Alcino Alves/Teodoro), seguindo a mesma linha com sucesso nas duas décadas seguintes.

Essa linha humorística do sertanejo, que **Teodoro & Sampaio** levaram às últimas consequências, é tão antiga quanto as velhas modas sobre o cotidiano do campo, que vinha desde os tempos dos "Milionários do riso", **Alvarenga e Ranchinho.** Afora isso, sempre foi praxe nos shows dos caipiras em circos do interior alternarem suas canções brejeiras com momentos de prosa com piadas e paródias de canções conhecidas que não chegavam a ser gravadas. E, quando nenhum dos dois da dupla tinha esse veio de humor, contratava-se um humorista para viajar com eles nas turnês, caso de **Tonico e Tinoco**, que lotavam tudo que era circo, mas não abriam mão de levar o irmão deles, **Chiquinho**, que além de cantor era exímio contador de *causos.* Isto se deu até o início da década de 1980. A partir dos anos 1990, porém, muitos artistas deste universo perderam o pudor de outrora, registrando músicas bem divertidas (e apelativas), como os citados **Cézar & Paulinho, Rick & Renner** ("Tira a roupa"), **Gino & Geno**

("Mulher que não dá voa")[27] e tantos outros. A diferença é que, a partir de então, os shows do gênero não eram mais locais para se ouvir sentadinho modas intercaladas a prosas de humor, mas sim superproduções pop, com muitos efeitos e barulho, para beber e confraternizar.

O "brega" e o "forró eletrônico" invadem o Nordeste

Apesar da concorrência do novo sertanejo e do pagode romântico, algumas figuras do "brega-romântico" continuaram firmes nas paradas, como **José Augusto** ("A noite mais linda", "Querer é poder", com **Xuxa**), **Wando** ("Minha tentação", "Safada", "Gostosa"), **Joanna** ("Tô fazendo falta") e **Fábio Jr.** ("Alma gêmea", regravações da toada "Ai que saudade d'ocê" e do rock "Só você", de **Vinicius Cantuária**), retomando vez por outra a carreira de ator em novelas como *Pedra sobre pedra* (1992). Quem também chegava ao ápice da popularidade era o veteraníssimo **Reginaldo Rossi**, que por volta de 98 foi redescoberto pela juventude pernambucana e seu velho hit "Garçon" se espalhou pelo país inteiro. Ganhou a alcunha de O Rei do Brega, tornando-se uma figura emblemática do gênero até sua morte em 2013, aos 70 anos.[28] Era um sujeito extremamente articulado e progressista, conquistando admiradores para além de seu segmento.

O Brasil, nessa altura já assumindo o gosto pelo "brega", fez nascer até um intérprete paródico do gênero, o desenhista, arquiteto, dublê de cantor e humorista cearense **Falcão**. Com suas roupas coloridas e seu jeitão irreverente, emplacou pérolas, como uma versão em "inglês" do cavalo de batalha de **Waldick Soriano** "Eu não sou cachorro, não", que virou "I'm not dog, no", e a "filosófica" "Holiday foi muito", que tenta explicar com naturalidade a homossexualidade ("Porque homem é homem / Menino é menino / Político é político / E baitola é baitola").[29]

Na década de 1990, muitas vezes o brega nordestino se confundia numa mistura de lambada, forró, sertanejo e *chacundum*, caso do som dançante do maranhense (consagrado na sonoridade paraense) **José Orlando**, o "Pistoleiro do Amor", cujo epíteto surgiu do título de um de seus maiores hits, e do seu conterrâneo **Lairton e seus teclados**. Ex-carregador de tijolos e vendedor de sorvetes, deixou seu nome na história em 98, lançando o megassucesso "Morango no Nordeste" (Walter Silva/Fernando Alves), depois regravado pelos pagodeiros do **Karametade**. Aliás, o brega no Maranhão ganhou o nome de "seresta", cujos adeptos, chegados numa dança de salão, criaram diversos ídolos locais, como **Adelino Nascimento**, "O Cantor Apaixonado do Povão" (a partir dos anos 1980); **Júlio Nascimento** (já nos 90, do hit autoral "Leidiane"), seguido de **Valfredo Jair** (que celebrizou "Noite fria")[30] e **Eugênia Miranda**. E o que dizer do piauiense **Frank Aguiar**?

O chamado "Cãozinho dos Teclados" ganhou o famoso apelido por uivar entre uma letra e outra em suas apresentações. Contrariando a vontade dos pais, que o queriam doutor, **Frank** chegou a São Paulo em 1992, onde começou a gravar, criando hits como "Casado também namora" (Chico Bezerra), e triunfou com seu forró de estética brega-eletrônica. Anos depois, virou também político, empresário e apresentador de TV. Já **Zezo (potiguar)** (e seus teclados) seguiu cartilha semelhante, mas lutou muito mais para alcançar o estrelato. Chegou a trabalhar num lixão e, ao ingressar na carreira artística, tocava seu teclado às vezes por um prato de comida. Depois, virou um ídolo em seu estado, cantando ritmos os mais variados.

Da mesma forma que o sertanejo contemporâneo foi ficando cada vez mais distante da música caipira tradicional, a não ser principalmente pelo costume de terçar vozes em duplas, o comboio de ritmos nordestinos estilizados como "forró" foi se transformando a olhos vistos. Alguns o faziam com mais critério, sem descaracterizá-lo de todo, como **Jorge de Altinho**, que vinha de um trabalho em bandas (ecléticas) de baile e, ao receber um convite da RCA Victor para cantar forró na década de 1980, juntou teclado, baixo e bateria, formando um mix da metaleira que via na banda **Vitória Régia**, de **Tim Maia**, com algo das letras urbanas de **Raul Seixas** e o suingue ensinado por **Luiz Gonzaga**. São dessa fase as autorais "Nem ligue" e "Doido pra vadiar".

Outros, contudo, já conferiam um aspecto mais simplório ao gênero, com letras menos elaboradas, temas restritos ao "amor" e muita sensualidade, como a cearense **Eliane**, em atividade desde 1983, então com 15 anos, e que com o tempo mereceu a alcunha de "Rainha do Forró", consagrando temas como "Sem você não dá" e, na década seguinte, "Brilho da lua" e "Amor ou paixão".[31] Era o início de um som que misturava baião com lambada, elementos de sertanejo, rock e axé-music, que nos anos 90 passou a atender pelo nome de "forró estilizado", "oxente music" e, a seguir, de forró eletrônico. Agora a sanfona dividia espaço com tecladaria sintética, guitarras, bateria e, inicialmente, o saxofone em primeiro plano.

O novo gênero virou fenômeno em Fortaleza, onde havia muitas bandas de baile na virada da década de 1980 para a de 90, tocando vários ritmos, com a prevalência da lambada, então no auge da moda em todo o país, surgindo então a figura do empresário **Emanoel Gurgel**. Ex-escriturário, juiz de futebol, professor de educação física e industrial do ramo de confecções, ele adorava curtir e dançar forrós nos bailes, mas ficava chateado porque só havia um pequeno set de meia dúzia de canções deste ritmo, justamente quando o salão enchia de verdade. Daí colocou na cabeça que queria montar uma banda exclusivamente dedicada ao forró, porém mais moderna. Começou como empresário da **Banda Aquarius**, mas esta não quis ser exclusiva do estilo que ele almejava. Daí foi descobrir no interior os integrantes do grupo que batizou como **Mastruz com Leite**, cujo nome é uma alusão à mistura que no Nordeste é usada para curar gripe, bronquite e fraqueza física.[32] Foi a primeira de oito bandas de sua empresa, SomZoom, que chegou a ter no final da década 46 produtos, entre cantores e grupos, uma gravadora, 150 CDs no mercado e uma rede de 70 emissoras FM para divulgar seus discos, além de quatro de TV, fora as que alugava espaço para promover seus artistas.

Nas capas dos discos, nada de foto dos grupos. Assim, caso mais de um contratante quisesse seus shows, ele poderia mandar um genérico que se passasse por eles. Afinal, na era pré-internet isto ainda era possível. O primeiro álbum do **Mastruz com Leite**, *Arrocha o nó* (1992), consagrou a fórmula de reler sucessos "bregas", sertanejos e do forró tradicional, adaptados ao novo estilo musical. Depois vieram os hits próprios "Minha verdade" e "Meu vaqueiro, meu peão". Em pouco tempo, também estavam sob seu comando diversas bandas que logo estouraram hits em boa parte do Nordeste. **Mel com Terra** ("Eu, você e o amor"), **Rabo de Saia** (a homônima ao nome do grupo e "Parceira de forró"), **Cavalo de Pau** ("Timidez"), **Catuaba com Amendoim** ("Saga de um vaqueiro", que na década seguinte foi ainda mais sucesso com a veterana **Mastruz com Leite**)[33] e ainda **Calango Aceso, Balaio de Gatos, Malícia, Styllus** e **Som do Norte** (da compositora **Rita de Cássia**, que assinou inúmeros êxitos da **Mastruz com Leite**). Todas com visual e repertório bem mais apelativo que as tradicionais, por outro lado, contando com um aparato de som e luz de "primeiro mundo", literalmente, que **Emanoel** mandava trazer dos Estados Unidos.

Em paralelo, formava-se mais uma banda cearense, **Brasas do Forró** (desde 1989, quando num contato com **Gaúcho da Fronteira** decidiram mesclar seu som com gêneros regionais sulistas, como o vanerão e o fandango, revelando o futuro cantor solo **Toca do Vale**). Também surgia a potiguar **Grafith** (formada em fins de 88, dos hits "O bode" e "Jungle people") e as pernambucanas **Limão com Mel** ("Anjo querubim"), **Brucelose** ("Sede de te amar") e a mais romântica **Noda de Caju** ("Pétalas neon", versão de "Hero", hit de **Mariah Carey**). O tema predominante nas letras nesse tempo era a vaquejada, sendo substituído lentamente pelo "brega-romântico" ou, digamos, "sexy brega".

Entre 1995 e 98, foi a vez de entrar em cena as cearenses **Líbanos** ("Tarde demais") e **Caviar com Rapadura** ("Estória de Corrinha", "Me namora"), as potiguares **Feras do Forró** e **Forró Café Torrado** (do hit inicial "Esse mundo gira")[34] e as paraibanas **Vereda Tropical, Metrópole, Laços de Amor** e **Magníficos**, esta uma das mais famosas, que pelo título dos três primeiros CDs já dava para sentir o teor apelativo crescente que deu a tônica de seu sucesso: o primeiro, independente, *Todo dia te querer*, vendeu 40 mil, o segundo, *Meu tesão é você*, 200 mil, e o terceiro, já pela Sony Music, *Me usa*, 700 mil, estourando a faixa-título.

Essa nova geração levou o forró eletrônico para o resto do país, apresentando-se em programas de TV, como o de Raul Gil. No total, havia cerca de 150 bandas do gênero atuando no Nordeste e dominando inclusive a famosa festa de São João de Campina Grande, outrora um território exclusivo de forró autêntico. A sonoridade e os vocais de todas, entretanto, eram tão semelhantes que era comum os vocalistas dizerem nas gravações o nome das bandas no início para que o público soubesse diferenciá-las. Nessa altura, nenhuma delas podia prescindir de versos engraçados, um refrão que grudasse no ouvido e um *riff* melódico viciante, no teclado ou na guitarra, com muita metaleira por cima. A estética do sertão, da saudade e do atraso de um Nordeste ou de um Brasil interiorano triste, pobre e castiço (porém criativo e humano, que nunca deixou de existir de todo) agora era para saudosistas resistentes ou gente de outro estrato social. Tanto no sertanejo quanto no forró, a estrada era asfaltada rumo a Miami ou Nashville, mas sem dispensar os cabarés pelo caminho, que talvez nem os deixasse chegar ao destino final.

O forró universitário revigora a música nordestina tradicional

Fazendo o caminho inverso, em paralelo ao surgimento do forró eletrônico, houve um crescente interesse pelo tradicional (que nesse tempo ganhou a alcunha de "pé de serra" justamente para se diferenciar do outro). Universitários de classe média do Sudeste, principalmente paulistas da USP e da PUC-SP, lá pelo meio da década, já se apertavam em filas gigantescas em inúmeras festas promovidas por Paulinho Rosa e Magno de Souza, universitários como eles, e logo após em casas que até mesmo eles próprios abriram para o gênero na capital, promovendo festas animadas para dançar e curtir o forró ao som de artistas tradicionais do estilo. O **Trio Virgulino** (de hits como "Forró e paixão"), **Trio Sabiá** (de "Pra te dar amor")[35] e a **(Banda) Mafuá** (do maranhense **Tião Carvalho**)[36] davam expediente em lugares como KVA, Equilíbrio e Remelexo, em São Paulo. O Rio não ficou para atrás e logo aderiu à moda. O legendário **Trio Nordestino** e o **Trio Forrozão** botavam todo mundo para dançar juntinho em locais como Lagoinha, Ballroom e Malagueta. Coroando o "movimento", o paulista **Miltinho Edilberto**, que animou muitas dessas festas, notabilizava-se com seu segundo CD, *Como alcançar uma estrela* (1999), um dos primeiros do estilo batizado de "forró universitário".

Curioso é saber que tudo começou quando alguns desses jovens iam passar férias em balneários badalados onde se tocava e dançava muito forró "pé de serra", como Jericoacoara, no Ceará; Trancoso, na Bahia e, sobretudo, em Itaúnas, no litoral capixaba — este graças ao emblemático Bar do Forró, aberto em 1989, que se transformou em ponto de encontro dos forrozeiros de todo o país, realizando até mesmo um festival do gênero, o Forró de Itaúnas. De meros espectadores, alguns passaram a músicos e criaram suas próprias bandas e composições, como o **Falamansa** (do vocalista **Tato**), cujo CD *Deixa entrar*, em 2000, chegou à marca de 1,5 milhão de cópias pela Deck Disc e içou o ritmo à moda nacional, estourando "Xote dos milagres" e "Rindo à toa".

A seguir, outros conjuntos surgiram com estilo próprio e novos hits, como **Rastapé** ("Colo de menina"); **Bicho de Pé**, com a voz suave de **Janaína Pereira** ("Nosso xote"), **Peixelétrico**, misturando forró com reggae, capoeira, blues e sons orientais ("Felicidade"),[37] **Banda Caruá** (que revelou **Mariana Aydar**), entre outras da capital paulista. E no Rio, **Forróçacana** (do vocalista **Duani**), **Paratodos** (um pouco mais pop, com **Lucas**, filho de **Geraldo Azevedo**, e alguns forrós do jovem compositor **Edu Krieger**) e o futuro sambista mineiro criado no subúrbio carioca **Moyseis Marques**, na banda **Forró na Contramão**. Todos marcavam presença no "resfulego" da sanfona até o sol raiar.

Ainda em 2000, **Gilberto Gil** estourou com o tema do filme *Eu, tu, eles*, de Andrucha Waddington, o xote "Esperando na janela", de **Manuca Almeida**, **Raimundinho do Acordeon** e do cantor e sanfoneiro pernambucano **Targino Gondim**, que a partir de então gravou diversos CDs. Sim, porque a música aconteceu de tal forma que ganhou logo a seguir cerca de 15 regravações de artistas dos mais diversos estilos, do forró ao sertanejo: "Por isso eu vou na casa dela, ai, ai / Falar do meu amor pra ela, ai, ai / Tá me esperando na janela, ai ai / Não sei se vou me segurar..." Outro destaque positivo deste momento foi o retorno de uma série de migrantes nordestinos para a música, que sem espaço para o forró autêntico no mercado haviam debandado para outras profissões, como **Fuba de Taperoá**, **Trio Xamego**, **Trio Cristalino**, **Tiziu do Araripe**, **Rouxinol (Paraibano)**, **Ferrinho das Alagoas** e muitos outros.

No Nordeste propriamente dito, além do já referido **Jorge de Altinho**, despontavam dois "cantautores" do forró tradicional. Um foi **Alcymar Monteiro**, também intérprete de frevos e cultor das vaquejadas, chegando a gravar discos e canções versando sobre o assunto, inclusive a recriação de "Cavaleiros do céu (Riders in the sky)". O segundo foi o paraibano, também sanfoneiro **Flávio José**, que emplacou "Tareco e mariola" (Petrúcio Amorim), "Que nem vem, vem" e "Caboclo sonhador" (ambas de **Maciel Melo**, outro ás do gênero). Mesmo à margem das grandes gravadoras, conseguiu triunfar em todo o Nordeste, sobretudo com seus xotes românticos. Foi também o primeiro a estourar por lá, antes de **Fagner**, "Espumas ao vento", de **Accioly Neto**. Este último foi outro criativo "cantautor" da "MPB" nordestina, que ficou longe dos palcos após um acidente de carro em 1991 e morreu aos 50 anos devido a um aneurisma cerebral, em 2000.

Numa outra onda, longe da mídia massiva de rádios e TVs, o trabalho do pernambucano **Antônio Nóbrega** começava enfim a ter mais visibilidade. Músico profissional de orquestras (de câmara e sinfônica) desde muito jovem, foi convidado por **Ariano Suassuna** para integrar como violinista em 1971 o **Quinteto Armorial**, um grupo precursor em conjugar a música de câmara com nossas raízes populares, com o qual gravou cinco álbuns entre 74 e 80. A seguir, montou diversos espetáculos teatrais, incluindo dança e música, nos quais cantava e chegava a tocar até sete instrumentos em cena, sempre recriando as tradições nordestinas com imensa sofisticação. Nestes anos 90, finalmente, tornou-se cult e premiado em cidades como Rio e São Paulo com espetáculos mais musicais, como *Brincante* (92), criado com **Bráulio Tavares**; *Na pancada do Ganzá* (96), assim como *Madeira que cupim não rói* (97), ambos marcos iniciais de sua depurada discografia solo.

Quanto ao carnaval de Recife, sua folia ia bem, obrigado. Entre os novos intérpretes do gênero, os mais populares na década de 1990 foram **Almir Rouche** e **Marron Brasileiro. Almir** começou na **Turma do Pinguim** em 87, que depois mudou de nome para **Banda Pinguim**, com hits como os frevos "Sabu" (Mano), "Ligado em você" (Ari Perciano/Presidente) e "A vida inteira te amar" (Almir/Marron) — estes dois últimos de sabor mais pop; até seguir com a **Banda Humm!** (98-99) e em carreira solo, emplacando o autoral "Galo, eu te amo". Seu conterrâneo **Marron Brasileiro** foi da **Banda Versão Brasileira**, que deu uma roupagem mais simples e direta aos ritmos locais, com um apelo semelhante aos das bandas baianas de axé-music, emplacando temas autorais como "Galera do Brasil" e "É tanto amor". Partiu a seguir para a carreira solo, cujo maior sucesso foi "Arrêa lenha", um frevo estilizado.

Houve ainda alguns talentos desta cena pernambucana carnavalesca que privilegiaram os ritmos da terra mais tradicionais nesta mesma década, tais como a cantora **Nena Queiroga**, irmã do compositor **Lula Queiroga**, e **André Rio**, que se tornou um dos principais cantores (e compositores) do Galo da Madrugada de Recife. Nesta década, seu desfile chegou a reunir 1,5 milhão de pessoas, garantindo seu nome no *Guiness book*, o livro dos recordes, em 95, como o maior bloco carnavalesco do mundo, levando adiante de forma irrefreável a tradição do frevo no carnaval da cidade. Além dos clássicos onipresentes no repertório ano após ano, o "Hino do Galo" (José Mário Chaves) e o "Frevo do Galo" (Paulo & Fernando Gama/ Fernando Azevedo) foram dois novos frevos que caíram no gosto dos foliões graças ao êxito deste bloco.

É bem verdade que a partir desse decênio de 1990 não houve uma renovação tão expressiva no repertório de frevos tocado e cantado nas ruas e shows, com variações de cerca de 30 clássicos do gênero que nunca se esgotam, num fenômeno semelhante ocorrido com as marchinhas cariocas dos anos 30 aos 60, por mais que tenham sido promovidos inúmeros concursos em busca de novos sucessos. **André Rio** foi dos poucos a emplacar frevos de linhagem tradicional, como os autorais "O bicho vai pegar" e "Sou teu amor". Mas nada que se compare a "Chuva de sombrinhas" (dele com Nena Queiroga/Beto Leal) lançado em 2000, tornando-se instantaneamente o maior clássico do frevo contemporâneo, pelas próximas duas décadas.

A axé-music e o novo pagode baiano: carnaval o ano inteiro

Dos modismos massificados nacionalmente nos anos 1990, o pagode (romântico) e o novo sertanejo eram um tanto masculinos. Quase todos os seus artistas mais expressivos eram homens. O forró eletrônico, com algumas exceções nesta década, também. As mulheres, no geral, até então eram mais coadjuvantes. Já o quarto estilo que chegou aos píncaros do sucesso na ocasião só aconteceu da maneira arrebatadora graças a uma mulher. Em 1992, em meio ao declínio do modismo da lambada, **Danie-**

la Mercury saiu de Salvador e chegou "chegando" ao Sul do país. Levou sua mistura de referências afro-baianas ao vão do MASP, Museu de Arte Moderna de São Paulo, promovendo um show ao ar livre e, sem que a organização nem sonhasse, 20 mil pessoas rapidamente apareceram para prestigiá-la e ela parou, em plena luz do meio-dia, o trânsito da Avenida Paulista. O show precisou ser interrompido, pois as obras de arte poderiam não resistir ao impacto do som dos tambores que trouxe consigo e da multidão que pulava animadamente no local comandadas por sua voz aberta, aguda e bem pronunciada.

Em setembro, lançou a música (dela com Tote Gira) "O canto da cidade" e o álbum de mesmo nome, que foi um divisor de águas naquele gênero, logo chamado de axé-music: "A cor dessa cidade sou eu / O canto dessa cidade é meu / O gueto, a rua, a fé / Eu vou andando a pé pela cidade, bonita / O toque do afoxé e a força de onde vem / Ninguém explica..." Um libelo autoproclamado da diversidade cultural e mística baiana. Daí que o termo "axé", do candomblé, seria mais apropriado para denominar uma música de terreiro, baseada no canto e na percussão da matriz religiosa afro-baiana do que para a mescla de ritmos caribenhos, baianos e paraenses, com as típicas guitarras baianas, baixo elétrico e teclado. Todavia, esta saudação que vinha dos terreiros entrou para o vocábulo popular. Era praxe no final dos anos 1970 as pessoas se despedirem com frases do tipo "Aquele axé pra você!", como significando muita força, energia. Todo mundo dava o seu "axé", inclusive os vocalistas de trio elétrico. Então, no início da década seguinte, em vez de se ouvir gritos de guerra como "sai do chão, galera!", se ouvia "axé, galera!", "axé, rapaziada!", "aquele axé!".

A turma do rock'n'roll, que achava bacana o frevo elétrico instrumental dos primeiros trios, considerava "brega" aquela mistura de ritmos *sacolejantes* e passou a odiar estes novos tempos do trio. E de tanto os cantores falarem "axé" pra lá, "axé" pra cá, começaram a chamar tal banda de "banda de axé" e tal cantor, "cantor de axé". E a palavra virou rótulo, não institucionalizado, mas informalmente, no submundo e entre a *intelligentsia*. Até que **Luiz Caldas**, em 1985, injetou elementos novos naquela música (e dança), que chamou de "deboche", cujo maior sucesso foi a música "Fricote", que o lançou. Alguns anos depois, na fase em que estilos moderninhos como "house music", "acid house" e "dance music" viraram uma febre internacionalmente, um jornalista (Hagamenon Brito) teve a grande sacada de pegar aquele "axé" que já existia, acrescentou o "music" numa crítica a um trabalho do mesmo **Luiz Caldas**. O que era apenas um apelido algo pejorativo no underground tornou-se pitoresco com esta nova roupagem. Principalmente, anos depois, em 92, quando **Daniela Mercury** estourava, o programa *Fantástico* da TV Globo fez uma matéria sobre a nova música baiana e soltou em alto e bom som: "E esta música já 'começa' a ser chamada de axé-music!" Pouco depois, um monte de gente da mídia de Salvador se engalfinhava pela paternidade do rótulo, enquanto a do gênero em si foi creditada ao pai do Fricote/deboche, **Luiz Caldas**.[38]

Rótulos à parte, em seis meses **Daniela Mercury** já era uma grande estrela nacional, com hits sucessivos, a partir da impactante "O canto da cidade", cujo sucesso precisa ser dividido com **Neguinho do Samba**, do **Olodum**, que cunhou seu belo arranjo. O repertório do álbum homônimo trazia composições deste e de outros famosos blocos afro-baianos de Salvador, e outras que também os enobrecia e divulgava. A sonoridade cruzava a percussão contundente dos tambores que marcava o estilo do samba-reggae com uma aura mais pop e tropical. Colaborava para isso a figura enérgica da cantora, esbanjando vitalidade com suas coreografias com elementos de passos de frevo, aeróbica e dança afro, também inspirada nos grupos negros baianos.[39]

Na sequência, vieram "Swing da cor" (do disco anterior, que agora ficava conhecido de todo o país), "O mais belo dos belos" (cujo clipe foi gravado na Ladeira do Curuzu, onde sai o bloco **Ilê Aiyê**),[40] e uma releitura de "Você não entende nada", de **Caetano Veloso**. Dois milhões de discos vendidos depois, seu êxito foi transcendendo as fronteiras, ganhando Disco de Platina até na Argentina, o que se confirmou em seu quarto álbum, *Feijão com arroz* (1996), puxado pelo hit "Rapunzel" (Carlinhos Brown/Alain Tavares). Novamente chegou a 2 milhões de cópias, com vendagem expressiva em Portugal e França, enquanto em Nova York, batia recorde de público no Festival de Artes Latinas do Lincoln Center. Além dela, muitos artistas do gênero tomaram de assalto o país e até o mundo com mensagens de amor, sensualidade, otimismo (ao contrário da maioria dos hits dos sertanejos e pagodeiros, ainda que houvesse honrosas exceções) e inicialmente também com uma ode à Bahia, suas tradições e principalmente a negritude — que se perdeu com o tempo. A música de carnaval do Brasil ficava a partir de então, pelo menos por uma década e meia, dominada pelos modismos baianos da axé-music.

Essa brisa de alegria e positividade parecia antever as mudanças nos rumos de nossa política. Em dezembro de 1992 o presidente Collor renunciou, ao ser submetido a um processo de *impeachment*, no qual foi considerado culpado pela prática de crime de responsabilidade. Ele deu lugar ao vice-presidente Itamar Franco, em cujo governo seu ministro da Fazenda e das Relações Exteriores, Fernando Henrique Cardoso, chefiou a implantação do Plano Real, que criava uma nova moeda, finalmente contendo a hiperinflação daqueles tempos — o que acabou por elegê-lo presidente a partir de 95 por dois mandatos. A gestão de Itamar, de certa forma, trouxe ao país uma dose de ânimo que se alinhava ao axé e boa parte do pop rock e da "MPB" dos anos 1990, que a partir de então contrabalançaram as paradas em termos temáticos.

Após este impulso dado por **Daniela**, outros artistas da cena baiana ganharam ainda mais visibilidade em suas carreiras num nível mais nacional. É o caso do **Chiclete com Banana** com incontáveis hits, lançados entre 1992 e 95, como "Cara caramba, sou camaleão", "Meu cabelo duro é assim", "Menina me dá seu amor", "Durvalino, meu rei", "Nana Banana", "Foi por esse amor" e "Nana ê". O **Asa de Águia** se notabilizou pela caribenha "Porto Seguro" (regravada por **Elba Ramalho**), "Dia dos Namorados", "(Dança da) Manivela" e a gaiata "Xô, satanás" de 95 ("Na casa do Senhor não existe satanás / Xô, satanás, xô, satanás"). Já **Ricardo Chaves** arrebatou multidões com "We are the world of carnaval", quando regravou em 91 a canção composta pelo publicitário Nizan Guanaes para a campanha das Obras Sociais Irmã Dulce originalmente gravada por um grande coral de artistas baianos em 88. Na folia de 93, entretanto, a sua "(É) O bicho" ("É o bicho, vou te devorar") virou um clássico instantâneo do gênero em nível nacional da mesma forma que o "Prefixo de verão" (Beto Silva), da **Banda Mel**, a partir do carnaval de 91: "Aê, aê, aê, aê / Ê, ê, ê, ê / Oô, oô, oô / Quando você chegar / Numa nova estação / Te espero no verão..."[41]

Alguns grupos seguiram relevantes, alterando integrantes. Um deles foi justamente a **Banda Mel**, que teve êxito com diferentes formações desde o primeiro LP em 87 e novos sucessos, como "Baianidade nagô" ("Já pintou verão / Calor no coração"), "Crença e fé" ("Vou dar a volta no mundo / Vou ver o mundo girar / Mas eu só saio daqui / Quando o coral negro passar") e "Bateu saudade". A **Banda Beijo** também mudou de vocalista. Inicialmente, em 1988, fez fama com **Netinho**, com alguns hits mais associados à lambada, como "Beijo na boca", até a época de "Estrela primeira" ("Amor eu fico / Nesse balanço você vai comigo") e "A vida é festa", lançadas em 92, ano em que foi o primeiro artista a comandar um trio elétrico no Rio, na Avenida Atlântica, em plena Praia de Copacabana. Após sua saída e um hiato de seis anos, retornou em 98, com a vocalista **Gilmelândia**, emplacando "Peraê" ("Tá pensando o quê?").

Em carreira solo, **Netinho** foi muito bem-sucedido e logo tornou-se também empresário de blocos carnavalescos. Até o fim da década, emplacou "Capricho dos deuses", a regravação de "Menina" (velho hit de **Paulinho Nogueira**) e, sobretudo, com "Milla", uma das músicas mais massificadas da história da axé-music, levando o CD ao vivo do cantor a 1 milhão de cópias, em 96: "Ô Milla! / Mil e uma noites de amor com você / Na praia, num barco, num farol apagado / Num moinho abandonado, em Mar Grande, alto astral (...) Eu e você / Na Ilha do Sol."[42]

Por conseguinte, a **Banda Cheiro de Amor**, que igualmente surfou na onda da lambada com o hit "Auê", seguiu sob o comando de **Márcia Freire** (com "Canto ao pescador" e as românticas "Doce obsessão" e "Pureza da paixão") e após 1996, com **Carla Visi** ("Vai sacudir, vai abalar [quando o meu amor passar]", "É demais, meu rei"). E a **Banda EVA**, que apareceu nacionalmente em 94 com "Adeus, bye, bye", revelando uma futura grande estrela do axé, **Ivete Sangalo**, e enfileirando hits: "Levada louca (pra dançar)", "Beleza rara" ("Hoje sou feliz e canto / Só por causa de você"), "Me abraça", "Arerê" ("Um lobby, um hobby, um love com você, iêê"), mais a recriação do antigo sucesso dos roqueiros do **Rádio Táxi**, "Eva", de letra surrealista ("O nosso amor na última astronave").[43] Em 97, seu álbum ao vivo já batia 2 milhões de CDs, até que no ano seguinte a cantora se despediu da banda, com o megassucesso "Carro velho" ("Quer andar de carro velho, amor / Que venha / Pois eu sei que andar a pé, amor / É lenha"),[44] para iniciar uma vitoriosa carreira solo. Depois dela, **Emanuelle Araújo** assumiu os vocais até 2002, quando foi substituída por **Saulo Fernandes**, considerado o último grande "contautor" revelado pelo movimento.[45]

A partir de 1999, a carismática **Ivete Sangalo** torna-se uma das figuras mais midiáticas do país. Nascida em Juazeiro, ainda menina começou cantando blues e funks em saraus familiares. Depois, já em Salvador, foi vocalista da **Banda EVA** a partir de 93, quando a mesma deixou de ser apenas um bloco de sucesso, fundada em 80, para ter seu próprio trio. Ao fim de cinco anos, conseguiu o que parecia impossível: desbancou a hegemonia de **Daniela Mercury** e fez uma carreira calcada em hits pop de fácil assimilação, fossem para a folia ("Canibal", de autoria dela própria) ou meio de ano, como a balada "Se eu não te amasse tanto assim" (Herbert Vianna/Paulo Sérgio Valle), além de virar garota-propaganda de tudo que se possa imaginar, se enfiar em tudo que fosse programa de TV e participar de qualquer projeto que houvesse algum tipo de apelo popular envolvido. Colaborou para isso ter substituído **Xuxa** em seu programa *Planeta Xuxa*, na TV Globo, em 98, enquanto a apresentadora estava grávida. Ali, a televisão descobria que além de boa intérprete era também uma *entertainer* divertida e carismática como poucas.

Completando a trinca das grandes divas baianas da década, **Margareth Menezes** seguiu uma trilha de prestígio, seja com turnês internacionais ou com mais público em sua própria terra, especialmente quando esteve à frente do bloco Os Mascarados, em Salvador. Pegou carona no axé, mas nunca negligenciou elementos afro-brasileiros em seu trabalho — até por ser negra e consciente —, aliando-os à "MPB", ao soul, ao reggae e ao pop, sendo a mais eclética e das mais criativas dessa geração, embora sem jamais atingir grandes patamares de vendas, como seus colegas. Seu som pop e híbrido tinha muita afinidade com o trabalho do percussionista e compositor **Carlinhos Brown**, que desde sempre foi um de seus autores de cabeceira e parceiro em algumas canções.

Após ter sido gravado por **Caetano Veloso** ("Meia-lua inteira"), em 1989, participou como autor (de cinco faixas) e cantor (atividade que passou a exercer a partir de então) no CD *Brasileiro* (1992), do "internacional"

Sergio Mendes, vencedor do Grammy de Melhor Álbum de *World Music* naquele ano. Pouco antes disso, em 91, ele reinventava a sonoridade do timbau (um tipo de tambor) ao reunir percussionistas do bairro pobre do Candeal, fundando o grupo **Timbalada**, que foi ao mesmo tempo uma banda afro e um bloco de carnaval, em que os integrantes (negros) davam especial ênfase ao gestual e ao uso do corpo, pintando-o com detalhes em branco, o que causava um grande efeito. De sabor bem pop e tecnológico, o som inovador da banda fez com que seu CD de estreia em 93 fosse eleito Melhor Álbum da América Latina pela revista *Billboard*, destacando o megahit "Beija-flor" com vocal de **Xexéu** ("Eu fui embora, meu amor chorou / Vou voltar / Eu fui nas asas de um passarinho / Eu vou nos beijos de um beija-flor..."), sucedidos por "Toneladas de desejo", "Mimar você", "Água mineral", "Margarida perfumada" e muitos outros.[46]

Em paralelo, **Carlinhos Brown** começou a gravar seus CDs solo em 96 com um trabalho mais sofisticado dentro do pop que, no geral, não obteve tanta repercussão quanto a **Timbalada** nesse mercado carnavalesco, embora ele próprio seja autor de diversos hits do gênero na voz de outros artistas nesta e na próxima década. Ainda assim, estourou com a pop autoral "A namorada (Tem namorada)" em seu álbum de estreia, que destacou também a faixa "Quixabeira", uma adaptação de um tema folclórico, dividindo vozes com os quatro **Doces Bárbaros**. Com o tempo ampliou seus domínios, sendo um ídolo na Espanha, conhecido como **Carlito Marrón**.

Voltando à axé-music, uma corrente que foi agregada a ela igualmente com muito êxito tem origem bem diversa, pois não vem nem do som dos trios, nem dos blocos afro. É um derivativo mais pop do samba de roda do Recôncavo Baiano, o chamado samba duro, com letras algo eróticas e coreografias apelativas. Essa onda já existia, mas se estilizou por acaso com uma gravação do **Olodum** em 93, "Requebra" (Pierre Onassis/Nego) ("Requebra, requebra assim / Pode falar, pode rir de mim"), e explodindo com o efêmero **Companhia do Pagode** em 95, entoando seu maior hit, "Na boquinha da garrafa",[47] acompanhado de um clipe em que uma das dançarinas do grupo se agachava e simulava um coito sexual rebolando justamente sobre uma garrafa. Foi o grupo **É o Tchan** que levou adiante tal ritmo contagiante, com danças sensuais, letras eróticas de duplo sentido e o inconteste carisma de seus integrantes.

Com uma longa carreira de 13 anos circunscrita a Salvador, inicialmente se chamava **Gera Samba**. Ao conquistar o sucesso em 1995, houve cisão no grupo, com direito a uma disputa judicial, passando a ser identificado pelo título de seu maior sucesso até então: "Segure o tchan / Amarre o tchan / Segure o tchan, tchan, tchan, tchan, tchan." A mudança de nomenclatura e o bombardeio da crítica não interferiram no sucesso arrebatador do **É o Tchan**, que vendeu algo em torno de sete milhões de discos só na segunda metade dos anos 1990, com hits como o referido "Pau que nasce torto / Melô do Tchan", "A dança do bumbum", "Paquerei", "A nova loira do Tchan" e "Ralando o Tchan (A dança do ventre)",[48] obtendo êxito até mesmo no Festival de Montreux, em 97. O quinteto tinha dois vocalistas, **Compadre Washington** (ex-**União do Samba**) e **Beto Jamaica** (ex-percussionista e letrista de samba-reggaes do **Muzenza** e do **Olodum**, para o qual compôs "Salvador não inerte" e "Ladeira do Pelô"); um dançarino, **Jacaré**; e duas dançarinas, **Débora Brasil** e **Carla Perez** (a grande estrela do grupo), que em determinado momento foram substituídas, respectivamente, por **Scheila Carvalho** e **Sheila Mello**, eleitas em concursos no *Domingão do Faustão*, da TV Globo.

A música baiana desse tempo batia um recorde atrás do outro. O Brasil inteiro comprou sua alegria e energia e não queria saber de outra coisa, inclusive de outros grupos na mesma linha do "pagode baiano" (ou pagodão), derivativo do velho samba duro. Que o diga o grupo **Terra Samba**. Formado, entre outros, por dois ex-integrantes do **Gera Samba**, chegaram ao disco em 1995, e já no fim da década, seu álbum *Terra Samba ao vivo e a cores* (98) tornava-se um dos dez álbuns mais vendidos da nossa indústria, alcançando a marca de 3 milhões de cópias, numa parceria entre a Globo e a Polydor, tocando ostensivamente "Liberar geral" ("Nada mal / Curtir o Terra Samba não é nada mal / Que legal / Só entrar no clima e liberar geral") e a lasciva e didática "Carrinho de mão" ("Empine o corpinho para a frente e os braços para trás / A onda do carrinho de mão é assim que se faz"),[49] seguido de "Banho de chuveiro", do ano seguinte, que dizia que "o samba quando é bom, bom, bom, a gente pode fazer no banheiro", na mesma linha erótica: "Agora estou lavando o seu cabelo / Deixando o sabonete escorrega...a...ar."

Esse *boom* do **É o Tchan** e congêneres acabou por influenciar os filhos do saudoso sambista **Monsueto, Marcelo** e **Nem Menezes**, que criaram em 1999, não na Bahia, mas no Rio de Janeiro, juntamente com a dançarina **Gracyanne Barbosa** (depois substituída por outras), o **Tchakabum**. Logo apareceram com "Avião" e a seguir, com o megassucesso "Tesouro de pirata" (do refrão "Andou na prancha / Cuidado, tubarão vai te pegar / Onda, onda / Olha a onda"), em 2001, mais "Dança da mãozinha" e "Explosão" nos anos subsequentes. Foi ainda em 99 que surgiu o último grupo de "pagode baiano" a despontar para o sucesso nacional em Salvador nesta década, o **Harmonia do Samba**. Seu vocalista, **Xanddy**, esbanjava apelo sensual em sua performance no palco, rebolando de maneira incomum, ao defender hits como "Vem, neném" e "Agachadinho",[50] inovando ao ser ele mesmo também o protagonista e dançarino do conjunto. Em 2001, casou-se com **Carla Perez**, já fora do **É o Tchan**, que viu sua vida retratada no filme *Cinderela baiana*, de Conrado Sanchez — da infância pobre à alcunha de símbolo sexual. Um clássico *kitsch* instantâneo.

O sucesso do "pagode baiano" e de toda essa mistura consagrada como axé-music foi decisivo na trajetória do **Ara Ketu**, que, assim como o **Olodum**, abriu mão de suas características originais de bloco afro, exaltando a negritude, passando a incluir no repertório temas românticos ou de apelo sensual, como "Ara Ketu bom demais" ("Não dá pra esconder / O que eu sinto por você, Ara / Não dá, não dá, não dá, não dá") (Dinha) lançada no álbum *Bom demais* (1994), que estourou nacionalmente em definitivo, e "Mal acostumada" ("Você me deixou mal acostumado / Com o seu amor") (Meg Evans/Ray Araújo), em 98.

Pouco antes disso, em 1993, o **Olodum** também dava aviso semelhante em "Alegria geral" (Alberto Pitta/Moço Pop/Ythamar Tropicália): "Olodum tá hippie / Olodum tá pop / Olodum tá reggae / Olodum tá rock / O Olodum pirou de vez." Para competir no novo mercado musical baiano, aderiu a instrumentos elétricos e de sopro, para além da voz e percussão, e se abrindo cada vez mais a outras temáticas fora do engajamento negro, como "Rosa" e "I miss her".[51] Se na Bahia e no Brasil foi perdendo um pouco de seu protagonismo a partir dos próximos anos, no mundo, entretanto, seguiu ainda por um bom tempo com bastante prestígio — aliás, o **Ara Ketu** também teve seu momento de glória internacional, acumulando diversas turnês mundiais.

Após gravar com **Paul Simon**, os convites pipocaram. O **Olodum** participaria de discos dos jazzistas **Wayne Shorter** e **Herbie Hancock**, do rei do reggae **Jimmy Cliff**, do duo pop gay **Pet Shop Boys** e até do popstar **Michael Jackson**, que também gravou um videoclipe no país em 96, acompanhado dos tambores do grupo. Dirigido por Spike Lee, o clipe de "They don't care about us", teve cenas no Pelourinho, coroando o ótimo momento da axé-music no país. O grupo registrou ainda um álbum ao vivo no Festival de Montreux em 97 e, neste mesmo ano, seu líder, **Neguinho do Samba**, apadrinhou e produziu um grupo (e uma escola) só de mulheres percussionistas radicadas no Pelô, a **Didá Banda Feminina**, que gravou um CD e participou da trilha do filme *Tieta do agreste*, de Cacá Diegues.

Todo esse investimento das gravadoras e da grande mídia somados ao talento empresarial e artístico dos artistas baianos tornaram a axé-music uma indústria poderosa e milionária que não se restringiu apenas ao período carnavalesco, instituindo as chamadas micaretas, ou seja, os carnavais fora de época. Inicialmente em Campina Grande (Micarande), depois Natal (Carnatal), Fortaleza (Fortal) e outras cidades nordestinas até chegar ao Sul e Sudeste (Carnasampa, Carnabelô). Na virada dos anos 1990 para 2000, havia 40 carnavais fora de época pelo país.[52] Um sucesso sem precedentes que ganhou até um tema da **Banda Mel**, "Carnafolia" (Davi Salles): "O meu Brasil é festa / É todo carnaval / Depois de Salvador / Te encontro no Fortal / E na Recifolia / Eu vou, eu vou / Pegar um trem, descer / Vou pro Carnabelô / Tenho Micarande / Tenho Carnatal / A Micarecandanga / É papo federal / A Micaru é linda / Eu vou, eu vou / No Precaju / Pular com meu amor."

O boi de Parintins, no Amazonas, e o caldeirão musical maranhense

O único gênero festivo que fez frente à axé-music por um curto período em termos nacionais foi o **boi de Parintins**, que produziu alguns hits poderosos de verão entre 1996 e 97. Embora o Festival (da Ilha) de Parintins (no Amazonas, a 420 km de Manaus) existisse desde 65, ele foi se transformando com o tempo, chegando aos anos 90 como um grande evento, sendo a partir de 94 transmitido pelas TVs locais. Realizado anualmente, no final de junho, apresenta diversas associações "folclóricas", culminando na disputa entre o **Boi Caprichoso**, de cor preta com uma estrela azul na testa, e o **Boi Garantido**, branco com um coração vermelho na testa — que, se diga de passagem, já existiam de forma rudimentar desde a década de 1910.

O **Garantido** foi imortalizado numa "toada amazônica" que ganhou o país, "Vermelho", de autoria do sambista natural de lá **Chico da Silva** (que gravava como cantor nos anos 1970 e deu o sucesso "Sufoco" a **Alcione**), nas gravações de **Márcia Freire** (ex-vocalista da **Cheiro de Amor**) e, principalmente, de **Fafá de Belém**, que a registrou *in loco*, ao vivo, em duo com o puxador de boi **David Assayag**: "A cor do meu batuque / Tem o toque, tem o som da minha voz / Vermelho, vermelhaço / Vermelhusco, vermelhante / Vermelhão / O velho comunista se aliançou / Ao rubro do rubor do meu amor / O brilho do meu canto tem o tom / E a expressão da minha cor / Vermelho..." Outra do gênero, "Tic, tic, tac", de autoria de um pescador local, Braulino Lima, foi também um estrondo graças à interpretação da **Banda Carrapicho**, do carismático vocalista **Zezinho Corrêa**. Chegou a alcançar o primeiro lugar nas paradas até mesmo em diversos países europeus, impulsionado por um divertido clipe, com muita gente fantasiada de cocares e toda uma indumentária indígena estilizada, dançando uma coreografia particular. Ganhou Disco de Diamante na França por um milhão de cópias vendidas por lá: "Bate forte o tambor / Eu quero é tic, tic, tic, tic, tac."

Essa festa do boi bumbá amazonense se originou com a chegada de migrantes maranhenses que foram trabalhar na extração da borracha no século XIX. Entretanto o boi bumbá do Amazonas e o bumba meu boi do Maranhão têm celebrações bem distintas, embora sejam ambas celebrações juninas[53] e tenham como enredo uma história da época do Brasil colônia, escravocrata, da criação extensiva de gado, mesclando elementos das culturas europeia, africana e indígena. Originalmente recriavam as etapas do "auto" (enredo) que relatava um embate entre um senhor e um escravo. Este último, com a esposa grávida, mata o boi mais caro da fazenda para saciar o desejo da mulher, de comer a língua do animal. O fazendeiro, quando descobre o sumiço, põe-se a investigar entre indígenas e escravizados quem o teria sacrificado e, ao descobrir o autor do delito, obrigava a este escravo a trazer seu boi de volta. Com a ajuda de entidades, como pajés e cazumbás (espécie de espíritos da floresta), ele é ressuscitado. A festa então tratava da comemoração deste milagre. Esse auto, apresentado como uma peça, é derivado de um antigo costume pagão de sacrificar um animal — no caso, um boi imaginário — no dia do solstício de verão, que no Hemisfério Norte coincide com o Dia de São João. Atualmente, os desfiles dos bois trazem o auto simplificado, segundo os críticos, por questões meramente comerciais, já que o grupo folclórico também virou uma empresa.

Porém, na prática, as festas do Amazonas e do Maranhão são diferentes em tudo — na dança, indumentária, instrumentos, tipo de canções e até na relação das pessoas com seus grupos favoritos. Nos festejos juninos do boi de Parintins há apenas duas agremiações relevantes, o **Garantido** e o **Caprichoso**, e ocorrem no Bumbódromo, uma arena especialmente construída para a festa, evitando as constantes brigas entre as torcidas rivais que havia no passado, quando os festejos eram de rua. Em São Luís, existem outros tambores igualmente poderosos, nada deixando a dever aos batuques amazonenses, nem das escolas de samba cariocas, dos maracatus pernambucanos ou dos blocos afro-baianos. O bumba meu boi é brincado na rua e sem nenhum tom de competição, em diversos arraiais nos bairros de São Luís e por cidades do interior do estado, com dezenas de grupos reunidos no dia 29 de junho, que amanhecem na Capela de São Pedro, pedindo bênção ao santo, que à tarde saem do Portinho, após uma imensa procissão marítima justamente em homenagem a este santo.

A propósito da música, como se vê, ela também é diferente entre os dois estados. No boi de Parintins, as chamadas "canções da ilha da Amazônia" são acompanhadas por tambores de lata com pele sintética e instrumentos de cordas que incrementam a harmonia. No bumba meu boi, pelo fato de as agremiações serem mais numerosas e com menos componentes, tudo é mais artesanal, tanto na indumentária, com seus complexos bordados e chapéus, quanto na música (toadas), com seus tambores de couro de cabra e matracas. Os "brincantes", nome usado no Maranhão aos amantes das festas populares, costumam classificar os grupos de boi por "sotaques" e cada "sotaque" tem um som diferente.[54]

O sotaque "matraca", de influência indígena, é dado pelo instrumento que dá nome ao estilo, composto por dois pedaços de madeira, somado ao pandeiro rústico e ao tambor-onça, produzindo um som frenético e contagiante. Um de seus principais grupos é o **Boi de Maracanã**, também conhecido como **Batalhão de Ouro** — cuja toada mais famosa, "Maranhão, meu tesouro, meu torrão", de autoria de seu principal puxador, o mestre **Humberto de Maracanã**, o **Guriatã**, foi gravada em 1988 por **Alcione**, sua conterrânea e principal divulgadora da cultura maranhense em nível nacional. Também se destacam nesse estilo o **Boi da Maioba**, da toada "Se não existisse o sol", de **Chagas**, um dos cantadores mais famosos de lá, e o **Boi da Pindoba**. Por ser originário da Grande Ilha de São Luís, este sotaque "matraca" é também conhecido por "da Ilha".

De sotaque da "baixada", com toque mais lento e suave, munido igualmente de pandeiros e matracas, há o **Boi da Floresta (de Apolônio)** e o **Boi de Santa Fé** (de **Seu Zé Olhinho**). Também ralentado, com o andamento original do bumba meu boi, trazendo percussão rústica e cadenciada, o sotaque de "zabumba" tem grupos como o **Boi de Leonardo** e o **Boi de Guimarães**. Há ainda o sotaque "costa de mão", com ritmo marcado por pandeiros tocados com as costas da mão, caixas e maracás, destacando-se os bois de **Curupupu**, da região de onde surgiu o sotaque. Finalmente, há os de sotaque de "orquestra", cujo acompanhamento traz diversos instrumentos de sopro e cordas, cujos principais são os bois da região do Munim, formado pelos **Boi Barbosa de Rosário** (o mais antigo, da cidade onde foi criado este sotaque), o **Boi de Axixá** (da toada "Bela Mocidade", gravada por **Maria Bethânia** em 97), **Boi de Presidente Juscelino** (da cidade homônima), **Boi de Nina Rodrigues** (destacando a toada "Nordeste brasileiro") e **Boi de Morros**.[55]

Os brincantes do sotaque "matraca" (ou "da Ilha") terminam sua série de apresentações no dia 30 de junho, Dia de São Marçal, no bairro de João Paulo, da capital — seguido pelos demais sotaques nos próximos dias, que realizam, cada um em seu local de origem, a cerimônia da morte do boi, encerrando definitivamente o ciclo junino.

Mas o Maranhão não tem apenas o bumba meu boi. É possivelmente o nosso último estado de cultura musical mais diversificada que ainda não foi devidamente descoberto pelo resto do país. Há, por exemplo, a tradição do tambor de crioula. Comum em várias épocas do ano, sobretudo em junho e no carnaval, é uma dança praticada especialmente por descendentes de africanos, onde há um círculo com solistas (as "coreiras") dançando alternadamente no centro, praticando a "punga" ou "pungada" — a umbigada, ao som de três tambores artesanais de madeira.[56] Nos praticados em São Luís, somente mulheres podem dançar e os homens tocar. Muitas vezes a dança é feita em louvor a São Benedito, padroeiro dos negros maranhenses, que representa o *vodum daomeano Toy Averequete* na religião afro-brasileira. Os dois principais grupos são o **Tambor de Crioula de Mestre Felipe** e o **Tambor de Crioula de Leonardo**, mas o Tambor de Crioula é menor e menos intitucionalizado que o Boi, podendo ser facilmente encontrado nos bairros populares do Centro da capital, além do interior.

Outra dança típica junina local é o cacuriá, originária como parte das festividades do Divino Espírito Santo. O "cordão" é feito em pares, de forma circular, acompanhada inicialmente apenas por pequenos tambores, chamados "caixas do Divino" (depois, incorporando instrumentos de cordas e sopros). Ao final da festa religiosa é que ocorre o cacuriá, sua porção profana, cuja música é uma espécie de carimbó maranhense, com versos improvisados respondidos por um coro de "brincantes" e foco na lascívia. O **Cacuriá de Dona Teté** — da percussionista que consagrou o gênero — é muito popular, tendo produzido vários hits locais autorais, como "Jabuti", "Jacaré Poiô", "Passarinho verde" e "Choro de Lera". Há ainda grupos parafolclóricos que tocam todos os ritmos, como o Grupo Cazumbá, Boizinho Barrica (da **Companhia Barrica**, que popularizou as toadas "Boi de lágrimas", gravada por Alcione e Leci Brandão, e "Lua cheia"),[57] o **Grupo Piaçaba** e o **Grupo Lamparina.**

O carnaval maranhense também é bem particular, com os blocos alternativos **Bicho Terra** (também da **Companhia Barrica**, das músicas "Gostosa", "Vou passear", "Eu sou o Bicho", "Bicicleta" e "Fogo de amor")[58] e o pioneiro **Fuzileiros da Fuzarca**, equivalente ao **Cordão da Bola Preta**, do Rio de Janeiro, e ao **Galo da Madrugada**, de Recife. Há ainda o bloco-afro **Akomabu**; os blocos tradicionais **Os Feras, Os Foliões** e **Os Tremendões**, com enormes tambores, tocando algo parecido com o samba; e por fim as escolas de samba, sendo **Favela do Samba**, **Turma do Quinto** e **Flor do Samba** (do samba-enredo "Haja Deus", famoso por lá) as de maior visibilidade. No carnaval maranhense é possível sair de um bloco de marchinhas e cair direto no Bloco do Reggae, que traz atrações internacionais, como o jamaicano **Eric Donaldson**, para um contexto no qual ele nunca deve ter se imaginado, em cima de um trio, arrastando uma multidão de regueiros.

Além das festas pontuais, no restante do ano o Maranhão é mesmo a capital brasileira do reggae, destacando a "radiola" (equipe de som, com seu paredão de quatro metros de alto falantes). Neste universo, fizeram história as radiolas Itamaraty e Estrela do Som, a banda **Tribo de Jah** (dos hits "Regueiros guerreiros", "Ruínas da Babilônia" e "Globalização")[59] — único de repercussão nacional, formado em 1986 —, a cantora **Célia Sampaio** e os DJs **Ademar Danilo**, **Nega Glicia** e **Natty Nayfson**. O reggae que se ouve em São Luís não é o mesmo que circula no resto do mundo: a capital maranhense desenvolveu, desde os anos 70, um gosto pelo reggae roots, e até hoje são grandes hits locais canções como "White witch", da diva da disco music **Andrea True Connection**, conhecida localmente como "Melô do caranguejo" e "My mind", de **Hugh Mundell**, que qualquer maranhense que se preze chama de "Melô de Valéria". Não é exagero a frase da **Tribo de Jah** que diz que no Maranhão "o reggae é a lei".[60]

Há ainda uma forte cena local de "MPB" maranhense, que engloba compositores como **Josias Sobrinho** ("Engenho de flores", "Vaqueiro, vai buscar meu boi"), **Gerude** ("Jamaica a São Luís", com Ciba Carvalho), **Ronald Pinheiro** ("Mimoso", "A história do baião", essa com Jorge Mautner), o veterano **Antônio Vieira**, falecido em 2009 ("Tem quem queira"), "cantautores" como **Betto Pereira** (também artista plástico), **César Nascimento** ("Ilha magnética", "O radinho"), **Carlinhos Veloz** ("Ilha Bela"), **Patativa** ("Xiri meu"), o **Coral São João** e o também percussionista **Papete**, falecido em 2016 ("Catirina", "Boi da Lua", "Dente de ouro"), que é um caso notável.

Seu álbum *Bandeira de aço* (1978) é um marco da cena local, eleito em 2013 como o disco mais influente da música do Maranhão. Nele, **Papete** utiliza elementos do folclore local, tanto temáticos quanto musicais, com uma roupa mais próxima da "MPB", destacando grandes compositores, como **César Teixeira, Sérgio Habibe, Ronaldo Mota** e o já referido **Josias Sobrinho.** Outros dois notáveis são **Chico Maranhão,** cujo LP *Lances de agora* (1978), lançado igualmente pelo selo Marcus Pereira, utiliza-se de elementos estilísticos parecidos, do samba ao frevo (é dele "Gabriela", defendida pelo **MPB-4** no III Festival da Record, em 67). Por fim, **Nonato e seu conjunto** emplacaram vários hits com seu samba-rock e embalo "jovem" nos anos 70 até hoje cultuados.

Chegando ao novo século, destacam-se a cantora e compositora **Flávia Bittencourt** ("Vazio"), o contratenor popular **Fernando de Carvalho,** a dupla **Criolina,** intérpretes mais jovens, como **Paulão, Marcos Magah, Tiago Máci** e muitos outros. Isso sem contar as veteranas grandes intérpretes **Célia Maria** ("A Voz de Ouro do Maranhão", da Era do Rádio) e **Rosa Reis,** herdeira de **Dona Teté,** a do Cacuriá. Como se vê, em meio à massificação crescente a partir dos anos 1990, ainda havia e continua havendo focos de resistência.

Dos poucos gêneros a romper os limites do estado foi o brega maranhense, a chamada "seresta" já citada neste livro, com um som retrô oriundo dos velhos bailes para dançar, algo abolerado, sintetizado em tecladinhos precários que criaram ídolos a partir dos anos 80 e 90. Músicos vindos do interior, como **Adelino Nascimento** e **Júlio Nascimento,** popularizaram o gênero nas centenas de choperias da capital, como a Marcelo e o Kabão, tocando também nas rádios locais. Esse fenômeno levou ao estouro de **Lairton dos Teclados** e seu "Morango no Nordeste". Outro nome importante é o do já falecido **Raimundo Soldado,** que estourou na cena local com o LP *Abraçando você* (1980), no qual faz uma mescla de Jovem Guarda tardia e disco music.

Em 2021, o estilo ganhou o país novamente com **Elias Monkbel** ("O Imperador da Seresta") ao regravar "Carpinteiro (If I were a carpinter)", velho hit de **Ronnie Von** de fins dos anos 1960, em duo com o novo astro do "piseiro" **Nattan,** com direito a dancinhas viralizadas no TikTok. Nada mais natural que de tamanha riqueza musical justamente a "seresta" é a que tenha transcendido as fronteiras do Maranhão, afinal a estética "brega", com seu sentimentalismo exacerbado, letras diretas e minimalismo harmônico, configurava-se efetivamente, cada vez mais, a preferência nacional, ainda que travestida nos mais variados rótulos — de setores do "sertanejo", do pagode e do forró às escrachadas sofrências, oriundas do "arrocha" das "serestas", chegando até mesmo a batizar um estilo musical assumido em Pernambuco, como veremos mais adiante.

A música gaúcha, da tradição castiça ao rock abusado

Assim como no estado nordestino mais acima do mapa do Brasil, o Maranhão manteve uma cultura própria um tanto diversa, respingando muito pouco no resto do nosso território, a cena musical no extremo sul do país foi pelo mesmo caminho, ainda mais ensimesmada e orgulhosa disto. No Rio Grande do Sul, seus xotes, milongas, vanerões, chamamés e demais ritmos locais continuam mais fortes do que nunca nos CTGs, Centros de Tradição Gaúcha (espécie de clubes gaúchos em que há churrasco, dança e música típica da terra) e em grandes festivais de música local. Toda essa cultura vem atravessando gerações — e só muito de vez em quando resvala para o resto de nosso território. Isto desde os anos 40 e 50, quando o cantor e acordeonista catarinense **Pedro Raymundo**, vestido a caráter, foi popular na Rádio Nacional do Rio de Janeiro, entoando canções autorais ou temas folclóricos, como os clássicos "Prenda minha" e "Boi barroso", ou quando se popularizaram as lindas canções dos músicos e folcloristas **Paixão Côrtes e Barbosa Lessa.**

Figuras exponenciais nesta cena, os dois fizeram de tudo para preservar sua cultura frente à "americanização" do mundo no pós-guerra. Criaram, com outros colegas, solenidades que pretendiam chamar a atenção para os símbolos do Estado, como a Chama Crioula (uma extensão da Chama Semana da Pátria), o Desfile dos Cavalarianos e a Ronda Crioula. Logo estariam ligados às origens do MTG, Movimento Tradicional Gaúcho, fundado em 47, e dos próprios CTGs, a partir de 48. Não demoraria para darem sua contribuição definitiva à difusão dessa cultura, ao comporem ou adaptarem temas tradicionais gaúchos, como "Pezinho", "Balaio", "Rancheira de carreirinha", "Chimarrita balão", "Tatu", "Maçanico", "Carreteiro", "Negrinho do pastoreio", "Quero-mana" e "O anu". Essas e outras foram gravadas pelo **Conjunto Farroupilha**, que alternava tradição e modernidade em seus álbuns de harmonizações vocal-instrumentais requintadas, como *Gaúcho* (53) e *Gaúchos em Hi-fi* (57), e/ou pela paulista **Inezita Barroso**, incansável divulgadora dos ritmos brasileiros de Norte a Sul. No seu caso, gravou dois LPs intitulados *Danças gaúchas*, em 56 e 61, visando popularizá-las nas escolas sulistas e do resto do país, em substituição aos modismos das danças estrangeiras.

Essa cultura continuou muito viva através dos tempos, inclusive via televisão, como no programa *Galpão crioulo*, exibido aos sábados desde 1982, pela RBS, filiada à TV Globo, e até à época de lançamento deste livro, em 2022, continuava em pleno vapor. Apresentado inicialmente por **Nico Fagundes**, o programa passou posteriormente ao comando de seu sobrinho **Neto Fagundes** e de **Shana Müller** — das raras mulheres neste segmento musical essencialmente conservador e masculino. **Neto** veio justamente de uma família tradicional de músicos gaúchos (**Os Fagundes**), participando de festivais desde os 18 anos (em 1981). Começando a gravar dez anos depois, tornou-se um grande expoente da música dos pampas. Trata-se de uma cena composta basicamente de três subgrupos: os "tradicionalistas", os "galponeiros" e os "nativistas" — este último do qual **Neto** faz parte.

A "tradicionalista" é mais elitizada, uma música de baile e entretenimento com o linguajar campeiro, sobre temas diversos. Toca dentro dos CTGs e é a mais radicalmente arraigada às tradições. Os CTGs funcionam como clubes, cujos sócios devem cumprir regras um tanto rigorosas, como a de não poder entrar sem estar "pilchado", ou seja, trajado como um típico gaúcho castiço. Os homens de bombacha (calções largos apertados em cima dos tornozelos com botões), lenço amarrado no pescoço, poncho franjado nos ombros e cinturão largo de couro com bolsos, além de botas com esporas e chapéu de abas largas preso ao queixo por um barbicacho (laço de couro). E as mulheres ("prendas") de vestido de chita ou algodão, também com lenço no pescoço. Ali são comuns as danças de influência ibérica, como chula, pericom, tirana, anu, chimarrita e pezinho. Nos CTGs, é expressamente proibido se tocar músicas ou instrumentos que não aqueles aceitos como originários desse estilo de som.

São artistas "tradicionalistas" os grupos **Os Mirins**, **Os Serranos** (de **José Cláudio Machado**, que depois mudou de estilo), **Os Monarcas**, **Os Farrapos** e **Chiquito e Bordoneio**. Os pioneiros, entretanto, foram os efêmeros **Os Sinuelos** e **Os Gaudérios** (lançando "Os homens de preto", de Paulo Ruschel) e o longevo **Os Araganos** — atuando dos anos 60 até os 90, este último fez história também por a certa altura seus integrantes ousarem se apresentar com bateria, guitarra e contrabaixo. Na mesma época, surgiu **José Mendes**, que lançou em 67 a inesquecível "Pára Pedro", dele com José Portella Delavy, muito regravada, até pelo apresentador **Raul Gil**. Sua carreira foi abreviada aos 34 anos, em 74, por um acidente de trânsito na BR 471, no extremo sul do país.

A cena "galponeira" é marcada por personagens que de tão pitorescos acabaram ganhando o coração dos estratos mais populares da população, que ouvem rádio e não são tão identificados com os "tradicionalistas" mais elitizados, numa linha inaugurada por **Pedro Raymundo** e pelo carismático **Teixeirinha**, que já deu **Porca Véia** (falecido em 2020), **Irmãos Bertussi** (também com trânsito na cena "tradicionalista"), **Gaúcho da Fronteira**, **Berenice Azambuja** (raríssima mulher nesse meio, falecida em 2021), **Leonardo** (na certidão, Jader Moreci, autor da clássica "Céu, sol, sul, terra e cor") e figuras como **Mano Lima** e **Baitaca** — este último estourado em meados dos anos 2010 graças a um "meme" (piada) de internet, com a música "Do fundo da grota". De todos os citados, os mais populares foram os "cantautores" **Teixeirinha** e, a seguir, o uruguaio de nascimento **Gaúcho da Fronteira**, já comentados no primeiro volume desta obra.

Este último, dos anos 80, com suas canções suingadas e divertidas, até o lançamento deste livro, foi a figura mais popular desta cena em termos nacionais por ter os pés fincados na tradição, mas sem radicalizar, tendo um repertório eclético em diálogo com o de outras regiões do país. No CD *Forronerão ao vivo* (1999), gravado ao lado do grupo cearense de forró eletrônico **Brasas do Forró**, a faixa-título "Forronerão" aconteceu mesclando os dois gêneros tão díspares, da mesma forma que "Vanerão sambado" juntava vanerão e samba: "E com chimarrão e mé / Todos vão dizer no pé / No galpão ou na favela / E quem sabe em fevereiro / Eu não saia de gaiteiro / Na Mangueira ou na Portela." Em seu DVD de 20 anos de carreira, em 2018, inovava mais uma vez dividindo canções ora com "tradicionalistas" gaúchos, ora com astros do "sertanejo".

Finalmente, há uma numerosa cena "nativista" que começou a partir de 1971, quando foi criado o 1º Festival Califórnia da Canção Nativa, cujo prêmio Calhandra de Ouro se tornou o mais cobiçado do estado pelos músicos locais. É organizado pelo CTG Sinuelo do Pago e pela prefeitura de Uruguaiana, onde ocorre a final do pleito, após diversas provas eliminatórias durante o ano realizadas em diversas cidades gaúchas. A ideia deste e de diversos outros festivais — que nos anos 1980 chegaram a cerca de 90 — consiste em elaborar músicas em cima de poemas que versam sobre o campo, a vida do homem rural, além de temas românticos. Esses artistas começaram a circular dentro dos diversos CTGs nos anos 2000, criando uma nova modalidade de apresentação — o show solo —, além dos bailes tradicionais. Essa cultura acabou se espalhando também pelos teatros da capital.

Telmo de Lima Freitas (falecido aos 88 em 2021, pai do baterista **Kiko Freitas**) é um nome dos primórdios do nativismo, famoso pelas canções "Lembranças", "Esquilador" e "Cantiga de ronda". Soma-se a ele mais três "cantautores" contemporâneos, que começaram a ficar conhecidos nos anos 80: **João de Almeida Neto** (de "Vozes rurais" e "As razões do Boca Brava"), **Elton Saldanha** e **Rui Biriva** (falecido em 2011, aos 52) — todos egressos dos festivais locais, tendo diversas músicas muito populares nessa cena e estouradas também na "tradicionalista" dos bailes. **Elton** e **Rui** inclusive são parceiros na famosa "Castelhana". Já **César Passarinho,** falecido em 98, aos 49, se notabilizou como intérprete, imortalizando "Guri" e "Negro da gaita".

Há ainda um subgrupo, o dos "pajadores", cujo termo vem da "pajada", presente no Uruguai, Argentina e Chile. São versadores de improviso que falam sobre assuntos mais elevados, inclusive políticos, à moda dos repentistas nordestinos, do hip-hop paulistano ou eventualmente do partido alto carioca. O "pajador" normalmente atua sozinho, mas há também o fenômeno da "trova", quando dois improvisadores se apresentam juntos num desafio. De modo geral, seus cultores foram criados nas cidades do interior gaúcho e das fronteiras com Argentina e Uruguai, sendo acompanhados de violão e "gaita" (como o acordeão é chamado no Sul, de botão ou de teclado/piano, embora este último com o tempo tenha ficado mais popular). Um dos inventores da "trova" foi **Gildo de Freitas**, 'tradicionalista" contemporâneo de **Teixeirinha**, que inclusive foi seu companheiro em alguns desafios, realizando muitos shows em bailes, circos e rodoviárias. **Gildinho** (líder do grupo **Os Monarcas**) o imitava nesse estilo mais popular de trovas, formando também seu sobrinho **João Luiz Corrêa**, outro músico importante deste cenário.

Jayme Caetano Braun (falecido em 1999, aos 75) foi possivelmente o melhor poeta regional da cena "nativista", pioneiro dos "pajadores", radialista e um dos pilares da música da região "das missões", fronteiriça com Uruguai e Argentina, cujos habitantes são também chamados de "missioneiros", ou seja, oriundos de São Borja, São Miguel das Missões, Santo Ângelo, locais com uma cultura híbrida portuguesa e espanhola, e laços indígenas mais acentuados. Teve poemas musicados que ficaram famosos, como "Bochincho" e "Querência, tempo e ausência". **Cenair Maicá**, **Noel Guarany** (já falecidos) e **Pedro Ortaça** são artistas veteranos dessa mesma linhagem. Aliás, os quatro citados uniram forças no antológico LP *Troncos missioneiros* (1988). De uma geração à frente, **Luiz Carlos Borges**, cantor, "gaiteiro" e violonista, foi também "nativista" com essa cultura "missioneira". Projetou-se nos festivais dos anos 70, sendo responsável, inclusive, por algumas evoluções no sentido harmônico e melódico do gênero e chegou a trabalhar com **Mercedes Sosa**. "Baile de fronteira", "Missioneira" e "Cavalo crioulo" são alguns de seus sucessos. Outro renovador dessa cena "nativista", mais uma geração adiante, também revelado nos festivais, foi **Luiz Marenco**. Gravando desde 1991, emplacou canções como "Batendo água", depois entrou também para a política, tornando-se deputado estadual.

Também figura central neste universo é **Lúcio Yanel**, cantor e violonista e compositor argentino radicado no Rio Grande do Sul. Chegou aos festivais "nativistas" pela cidade de Passo Fundo, fazendo amizade com

Algacir Costa, líder do grupo **Os Fronteiriços**, casado com a cantora **Clary Marcon** e pai do futuro astro do violão nacional **Yamandu Costa**, de quem falaremos mais adiante. Viveu um tempo na casa deles, quando começaram a tocar juntos e na companhia de outros colegas ritmos como o tango e o chamamé. Criou a seguir hits como "De como cantar um *flete*", influenciando definitivamente **Yamandu** no jeito de tocar o violão de sete cordas. Há, entretanto, "missioneiros" mais arraigados à própria cultura, como a turma da família Guedes, do violonista virtuose **Karaí Guedes** e seus irmãos, a cantora e violonista **Anahy Guedes** e o "gaiteiro" (de piano) **Andresito Guarany**, numa cena mais alternativa. Vivem num sítio, como se fosse numa aldeia indígena, e só tocam juntos entre si. Eventualmente viajam para outros estados, numa mistura de linguagem espanhola e brasileira, com direito a termos guaranis nas letras.

O representante maior de toda essa cena gaúcha foi **Renato Borghetti**, um "gaiteiro" de botão — mestre num tipo de sanfona com oito baixos, sem escala cromática, de timbre aparentado ao do bandoneón. Seu primeiro sucesso foi "Milonga para as missões", de **Gilberto Monteiro**, outro "gaiteiro" de botão e sotaque bem argentino, "missioneiro", como teria também o próprio **Yamandu Costa**, ambos discípulos do pioneiro do estilo, **Tio Bilia**. "Nativista", contemporâneo de **Neto Fagundes**, o chamado **Borghettinho** lançou seu primeiro LP em 1984, *Gaita ponto*, bancado pela própria família, que tinha posses, ligada à pecuária e às tradições gaúchas (seu pai, Rodi Pedro, foi ligado ao pioneiro "35 CTG"). Com produção de **Ayrton dos Anjos**, *expert* no assunto, ganhou o primeiro Disco de Ouro da música instrumental brasileira.

Borghettinho criou um estilo próprio de tocar e de se apresentar — de cabelos compridos, chapéu, bombacha solta e alpargatas. Começou num gênero bem tradicional e aos poucos foi angariando referências mais diversificadas, de **Hermeto Pascoal** e **Sivuca** a **Luiz Gonzaga**. Executando em grande parte um repertório autoral de grande qualidade, tornou-se um ídolo local e dos poucos que conseguiram se fazer conhecidos fora de seu estado e até de seu país, apresentando-se constantemente em diversos países europeus. Na Áustria, onde a partir de 2000 passou a ir regularmente, tem até fã-clube. Pois, desde os anos 80, o músico, com sua mistura de harmonias tradicionais e modernas, passou a fazer a cabeça de inúmeros jovens "gaiteiros", como **Luciano Maia**, de Pelotas, também "nativista", que já gravou com inúmeros artistas sulistas, de **Gaúcho da Fronteira** e **Berenice Azambuja** ao próprio **Renato Borghetti**, passando pelos "tradicionalistas" **Iedo Silva** ("cantautor" e "gaiteiro", falecido em 2021), **Walther Morais** (um dos cantores do grupo **Os Serranos**) e **Albino Manique** (famoso "gaiteiro" e compositor) aos "nativistas" **Délcio Tavares** (vencedor de vários festivais), **Luiz Carlos Borges** e **Luiz Marenco**.

Luciano também gravou dois álbuns com o poeta **Gujo Teixeira**, bem popular nas primeiras décadas do século XXI, *Cordeona-me* (2015) e *Pra se ouvir tomando mate* (2019), e como produtor içou ao sucesso artistas como **Joca Martins** e a dupla **César Oliveira & Rogério Melo**. Estes últimos se somam a outros "nativistas" famosos, como **Oswaldir & Carlos Magrão**, em atuação de 1985 a 2017, cujo maior sucesso foi a regravação do antigo sucesso autoral de **Teixeirinha** "Querência amada", em 93. Num gênero mais pop, primo do "sertanejo" contemporâneo, tem se destacado o **Grupo Portal Gaúcho**.

Um cantor revelado ao sucesso já bem maduro num festival "nativista" em 1990, mas que construiu uma trajetória à parte na cena musical gaúcha, foi o cantor, compositor e percussionista **Giba Giba**. Justamente por ser negro e consciente de viver numa região de racismo acentuado, em Pelotas, onde havia inclusive quilombos remanescentes, aderiu ao movimento negro e sempre levava mensagens importantes em suas canções, mostrando que havia uma cultura negra rica e diversa no Rio Grande do Sul. Inclusive passou a ser praticamente o único a tocar o sopapo, um tambor tipicamente gaúcho, espécie de tantã gigante, de mais de 1 metro de altura — diferente do bombo leguero, argentino, bem mais popular na música gaúcha. Chegou a ganhar o Prêmio Açorianos de Música pelo álbum *Outro um* (93) e notabilizou-se por suas canções munidas de um batuque diferenciado, como "Lugarejo", "Feitoria" e "Tassy", esta em tupi-guarani, enfocando a cultura indígena também invisibilizada em seu estado, e foi fundador da primeira escola de samba de Porto Alegre, a Praiana, nos anos 60, mas se misturava com a turma da "MPB", do pop e rock. Faleceu aos 77, em 2014.

A propósito, a "MPB" local sempre teve um espaço bastante restrito no estado, consagrando a partir de fins dos anos 1970 poucos artistas do gênero, como **Bebeto Alves, Gelson Oliveira, Beto Fogaça** (com carreira na política em paralelo, autor de "Porto Alegre é demais", um dos hinos informais da cidade), **Nei Lisboa** — este também escritor —, **Antonio Villeroy** (que estourou nos anos 2000 como compositor de canções para — ou em parceria com — **Ana Carolina**) e **Vitor Ramil**, irmão de **Kleiton & Kledir**, autor das conhecidas "Estrela, estrela" e "Invento". Fora a veterana cantora **Lourdes Rodrigues**, chamada Dama da Canção, falecida em 2014, aos 76 anos, grande intérprete de **Lupicínio Rodrigues**, com quem trabalhou na Rádio Farroupilha.

Quem conquistou mais fãs, no sentido radicalmente oposto ao dos costumes tradicionais gaúchos, foi a turma do rock, cujos nomes principais ultrapassaram as fronteiras do estado, alguns deles já mencionados no capítulo anterior — **Garotos da Rua, DeFalla, Os Replicantes, Engenheiros do Hawaii, Nenhum de Nós, Cascavelletes, Cachorro Grande, Papas da Língua** —, além dos especialistas em reggae **Chimarruts** e **Armandinho**. Entretanto, outros roqueiros, em diferentes épocas, fizeram mais que barulho, estrondo na cidade e merecem ser lembrados, afinal trata-se de um estado de viés um tanto conservador em se tratando de cultura. Ainda nos anos 1980, **Flávio Basso** formaria o **TNT**, depois o esporrento **Os Cascavelettes** e até encarnar o **Júpiter Maçã** (com rocks, como o autoral "Um lugar do caralho"). Falecido em 2015, foi um dos precursores de toda a cena roqueira do Sul, assim como **Wander Wildner** ("Bebendo vinho"), ex-vocalista da banda punk **Os Replicantes**, em carreira solo a partir de 96 e ainda na ativa nos anos 2020, com sua irreverência destruidora. Depois, vieram a **Graforréia Xilarmônica**, formada em 87, com influência da Jovem Guarda, de um rock mais retrô (como o divertido "Amigo punk") e mais duas criadas em 91, **Acústicos & Valvulados** e o mais popular, **Ultramen** — todas também ainda em atividade até o lançamento deste livro.

Ainda dos anos 90, tiveram seus momentos **Comunidade Nin-Jitsu** ("Detetive"), **Bidê ou Balde** ("Mesmo que mude") e **Cidadão Quem** ("Dia especial"). Nos anos 2000, viriam ainda a **Tópaz** (do hit "O maior idiota do mundo", em 2010) e **Wannabe Jalva** (de "Melt", cantada em inglês, em 2014).[61] E antes dessa turma toda, num misto de teatro e musical irreverente, o **Tangos & Tragédias**, de **Hique Gomez** e do acordeonista **Nico Nicolaiewsky**, que trabalharam por 30 anos, de 1984 até a morte deste último, em 2014. Assim como a banda setentista **Os Almôndegas**, procuravam um som mais universal.

Nos anos 1990, houve uma tentativa de adaptar o estilo dos grupos "tradicionalistas" gaúchos a um sotaque mais pop num fenômeno semelhante ao que aconteceu com a música baiana na axé-music. Batizada de tchê music, o objetivo era fazer o som desses grupos mais palatável de modo que "subissem", ou seja, caíssem no gosto do público do resto do país. **Tchê Guri**, **Tchê Garotos**, **Pala Velho**, **Tchê Barbaridade** e outros que já existiam há tempos, como **Garotos de Ouro** e o paranaense **Grupo Minuano** tentaram esse estratagema. Entretanto, nem mesmo a cultura local os absorveu. Alguns deles foram rejeitados e inclusive proibidos de se apresentar nos CTGs. De todos esses, o **Tchê Barbaridade** e os dois veteranos citados acima conseguiram sobreviver com mais êxito, até porque não dependiam somente do mercado gaúcho. Mais sorte teve o **Grupo Tradição**, que revelou **Michel Teló**, pois fora formado em Campo Grande, no Mato Grosso do Sul, e pôde crescer no Centro-Oeste, flertando com o "sertanejo" mais pop, inclusive cabareteiro.

4.

A renovação do pop, as harmonias acústicas e a voz agressiva das periferias (1991-2000)

A encruzilhada gerada pela massificação de alguns gêneros musicais foi empurrando progressivamente os artistas da "MPB", do samba tradicional e alguns até mesmo do pop romântico e do rock mais consciente para escanteio. Ainda assim, nos anos 1990, eles conseguiram emplacar alguns discos e canções de sucesso, algo que a partir de 2000 ficaria cada vez mais difícil. Devido à rejeição do mercado a canções que necessitassem de um pouco mais de tempo de absorção devido a uma elaboração maior melódica, poética e harmônica, a saída para alguns de nossos maiores intérpretes foi recorrer à fórmula de regravar sucessos de carreira em discos ao vivo (ou em estúdio), com novos arranjos. O aparecimento da MTV brasileira em 1990 motivou uma parceria entre a emissora e diversas gravadoras, consagrando tal formato incluindo alguns convidados. Sim, os duetos e encontros foram outra febre da indústria a partir de então, porém, nesse tempo, ainda com convidados que conversavam com o universo estético de cada artista e não por motivos exclusivamente comerciais. Era o *Acústico MTV* ou *MTV unplugged* que também evidenciava um certo esgotamento dos arranjos pasteurizados de teclados eletrônicos que prevaleceram na década anterior.

Assim sendo, na contramão dos novos "sertanejos" e do pagode romântico, mestres na tecladaria pop e sintética, e da alegria explosiva eletrizada da axé-music, em 1992, **João Bosco** foi o primeiro artista brasileiro a lançar em CD um *Acústico MTV* que viraria febre no correr da década.[1] Antes dele, três discos foram precursores dessa nova onda, todos de 91: *Sobre todas as coisas*, de **Zizi Possi**, que colocou a cantora em outro patamar de sofisticação, acompanhada apenas de cello/violão/charango (**Lui Coimbra**), percussão (**Marcos Suzano**) — pinçados do quinteto instrumental **Aquarela Carioca** — e piano (**Jether Garotti Jr.**);[2] o já comentado *À flor da pele*, de **Ney Matogrosso** e **Raphael Rabello**, e *Bossa'n'roll ao vivo*, de **Rita Lee**, acompanhando-se de dois violões elétricos, o dela próprio e o de **Alexandre Fontanetti**. Sendo que os álbuns de **Ney** e **Zizi** são frutos de shows que já vinham desde o ano anterior, enquanto **Rita** começou a temporada em março de 91.

Até 2000, gravaram seu *Acústico MTV* artistas de "MPB", como **Gal Costa** (destacando seu duo com **Herbert Vianna** em "Lanterna dos afogados") e **Moraes Moreira**, renovando seus públicos, e do rock, como **Legião Urbana**, **Lulu Santos**, **Paralamas do Sucesso** e a própria **Rita Lee** (que chegou a apresentar nos primórdios da emissora o delicioso e anárquico programa *TVLeezão*). Alguns "Acústicos" chegaram a ser os *best sellers* de alguns artistas. O de **Gilberto Gil** *Unplugged* (1994) foi seu álbum mais vendido da década, batendo 500 mil unidades, com "A novidade" tocando por meses a fio. O dos **Titãs** vendeu 1,7 milhão em 97, gerando um *Volume dois*, em estúdio, já sem a chancela da emissora, destacando a regravação do velho hit de **Erasmo Carlos** "É preciso saber viver".[3] Aliás, muita gente não foi agraciada pela grife "MTV", mas gravou com o rótulo de "acústico" também, como **Victor Biglione**, **Luiz Melodia**, **Baby Consuelo**, **Tunai** e **Nando Cordel**. Aos poucos, artistas dos segmentos "brega", pagode e "sertanejo" também foram descobrindo e se rendendo ao filão, pois virou também sinônimo de prestígio gravar nesse formato.

Uma "MPB" pop estilosa se impõe

A "MPB" mais pop e requintada conseguiu furar o bloqueio da massificação quando uma série de cantoras e compositoras de estilo próprio emergiu no caminho aberto por **Marina Lima** e, sobretudo, **Marisa**

Monte na década anterior. A própria **Marisa** alcançava o auge da carreira nesse tempo, agora mostrando seu lado autoral, como "Eu sei (Na mira)" e algumas vezes em parceria com **Arnaldo Antunes** e o (seu) produtor norte-americano **Arto Lindsay** ("Beija eu"), **Nando Reis** ("Ainda lembro", em duo com seu contemporâneo **Ed Motta**) e **Carlinhos Brown** ("Amor I love you", em duo com **Arnaldo**) ou gravando canções deles, como "Maria de verdade" (Brown). Além da música, sempre caprichou na concepção visual de seus álbuns e shows, mantendo-se na vanguarda tecnológica audiovisual, com destaque para o premiado videoclipe de "Segue o seco", um dos mais caros já feitos no país até então, em 1994, e a capa do álbum *Barulhinho bom* (96), resgatando as ilustrações eróticas de Carlos Zéfiro, que nos "anos dourados" faziam a alegria dos marmanjos. Seu estilo *cool* foi tão marcante e sofisticado que gerou "marisas aos montes", ou seja, um rastro de imitadoras. E cada gravadora também queria ter a sua.

Outro diferencial de seu trabalho foi mostrar que o samba (de raiz) também podia ser cult para a juventude, em faixas como "De mais ninguém", um samba-choro dela com **Arnaldo Antunes**, e "Dança da solidão", de **Paulinho da Viola**, em dueto com **Gilberto Gil**, ambas do memorável álbum *Verde, anil, amarelo, cor-de-rosa e carvão* (1994). Ou ela mesma produzindo por iniciativa própria CDs de sambistas veteranos, como **Argemiro Patrocínio, Jair do Cavaquinho** e da **Velha Guarda da Portela.** Seus shows superproduzidos, ecléticos e bem dirigidos também marcaram época. Foi a primeira cantora da "MPB" a fazer um contrato (com a EMI) em que desde o disco de estreia ficava dona da própria obra, por isso nunca autorizou o lançamento de coletâneas com seus sucessos. E sua postura na mídia sempre foi a de antiestrela, ainda que, mesmo sem estar toda hora na TV, vendesse muito e gozasse de grande popularidade.

Na mesma época, surge a gaúcha **Adriana Calcanhotto**, igualmente *cool*, mas irreverente. Filha de uma bailarina e um baterista de jazz, teve aulas de violão desde os seis anos, passando a compor as próprias músicas desde a adolescência. Começou a cantar no circuito alternativo de bares e casas noturnas de Porto Alegre, depois de São Paulo, mudando-se para o Rio em 1989, quando a boa repercussão de sua temporada carioca a levou a ser contratada pela CBS, lançando o primeiro álbum, *Enguiço*, ainda irregular, no ano seguinte, que lhe deu o primeiro sucesso, a balada "Naquela estação", de **João Donato, Ronaldo Bastos** e **Caetano Veloso.** Isto não foi por acaso, afinal a Tropicália de **Caetano** foi uma de suas maiores referências. Cruzando sua música e poética igualmente com as artes plásticas, o cinema e a literatura, criou um trabalho ímpar, majoritariamente autoral (mesmo quando regravava canções alheias), em álbuns como *Senhas* (92), *A fábrica do poema* (94), *Maritmo* (98) e *Público* (ao vivo, só de voz e violão, 2000), alternando baladas populares — como "Metades", "Vambora" e a releitura de "Devolva-me", da dupla jovem-guardista **Leno e Lilian** — com canções mais experimentais, algo cínicas e intelectualizadas, que viraram hits cult, tais como "Esquadros", "Cariocas", "Inverno", "Parangolé Pamplona" e... "Vamos comer Caetano".

Nesse ínterim, **Adriana** foi a mais valorizada de sua geração como compositora, dando canções inéditas a **Belô Velloso** ("Toda sexta-feira"), **Zezé Motta** ("Sins"), **Leila Pinheiro** ("Abril"), **Verônica Sabino** ("Tardes"), **Vânia Bastos** ("Alegre") e à diva **Maria Bethânia**, que registrou logo duas no álbum *Âmbar* (1996) — a faixa-título e "Uns versos" —, e ainda gravaria "Depois de ter você", em 2001 (entre outras, no futuro), e viu seus sucessos serem regravados por nomes de estilos tão díspares quanto **Gal Costa, Belchior, Leci Brandão, Paulo Ricardo, Emílio Santiago** e **MPB-4.**

Natural de Niterói, **Zélia Cristina** começou em 1981, aos 16 anos, em Brasília, onde morava, apresentando-se em vários projetos vitoriosos de alcance local. De volta à sua cidade, a partir de 1987, entre os 22 e 25 anos, trabalhou no Tribunal Regional do Trabalho, foi locutora da Rádio Fluminense FM, fez curso de teatro e, musicalmente, realizou os primeiros shows no Rio, após a experiência como backing vocal de **Bebeto** e **José Augusto.** Em 90, gravou um álbum pela Eldorado que embora não tenha acontecido, suas apresentações começaram a chamar mais público, até que após uma turnê de três meses pelos Emirados Árabes, na qual absorveu outras sonoridades, foi vista por uma série de figuras ligadas à música que a incentivaram, levando-a para a Warner Music em 94. Lá, rebatizada de **Zélia Duncan**, estourou seu álbum homônimo graças à canção "Catedral" (versão de sua lavra para "Cathedral song", de **Tanita Tikaram**), incluída na trilha da novela das oito global *A próxima vítima*. Em breve viria seu primeiro Disco de Ouro. Sua voz grave de contralto nesta década esteve dedicada a um repertório pop romântico quase sempre autoral, como "Não vá ainda", "Sentidos" e "Enquanto durmo" (todas com **Christiaan Oyens**), até abrir-se na década seguinte a mil outras vertentes e parceiros musicais.

Uma cantora que atravessou todo esse período como um furacão foi a mineira **Cássia Eller**. Após passar por um espetáculo de **Oswaldo Montenegro**, pelo pioneiro trio elétrico de Brasília (**Massa Real**), uma banda de rock (**Malas & Bagagens**), outra de forró, ser corista de óperas, como "Porgy and Bess", cantar em bares, tocar surdo num grupo de samba e por breve período de vacas magras em Belo Horizonte ser servente de pedreiro, assinou com a Polygram lançando seu primeiro álbum homônimo em 1990. Com seu timbre rascante e interpretação muito pessoal, ela foi da balada folk "Por enquanto", de **Renato Russo**, o primeiro hit, à irônica canção gay "Rubens", de **Mário Manga**, da banda ligada à vanguarda paulista, **Premê**. Arriscou-se no flamenco em dois números de **Camarón de La Isla** ("Mis penas lloraba yo" e "Soy gitano"), no samba de **Ataulfo Alves** (e Paulo Gesta, "Na cadência do samba") e na "MPB" de ponta, com "Gatas extraordinárias", inédita de **Caetano Veloso**.

Rara artista assumidamente lésbica na época, brincou com a ambiguidade de sua figura com muita naturalidade e foi cativando um público cada vez maior com interpretações entre o suave e o agressivo, de acordo com a canção. Ficaram na história suas gravações de "E.C.T." (Marisa Monte/Nando Reis/Carlinhos Brown), "Nós" (Tião Carvalho), "O segundo sol" (Nando Reis) e "Malandragem", seu maior sucesso, que estourou em 94. Era um blues composto por **Frejat** e **Cazuza** no fim dos anos 80 para **Angela Ro Ro**, que na época implicou com seus versos iniciais e não a gravou: "Quem sabe eu ainda sou uma garotinha / Esperando o ônibus da escola, sozinha..." De **Cazuza**, sua alma gêmea musical, gravou um álbum inteiro em 1997, *Veneno antimonotonia*, gerando um show subsequente de alta voltagem teatral, dirigido por **Waly Salomão**, originando o explosivo CD *Veneno vivo* (98).

Foi nesta década também que despontou a antidiva paulista **Mônica Salmaso**, a serviço de um repertório clássico de "MPB". Considerada uma das vozes mais afinadas de sua geração, dispensava, porém, a postura de superstar ou de diva teatral nos palcos. Após a estreia em 1989 na peça teatral *O concílio do amor*, do diretor Gabriel Villela, cantou em bares paulistanos até integrar o grupo **Notícias dum Brasil**, do veterano **Eduardo Gudin**. A partir de 93, fez diversas participações em discos de artistas variados, até que, em 95, decide gravar com o violonista **Paulo Bellinati** o álbum *Afro-sambas* (Atração Fonográfica), com todos os exemplares do gênero compostos por **Baden Powell** e **Vinicius de Moraes**. Neste momento, realiza já de cara suas primeiras excursões internacionais, nos EUA, Europa e Venezuela. Em 99, vence a segunda edição do Prêmio Visa MPB, rendendo-lhe a gravação do CD *Voadeira*, editado pela Eldorado, pelo qual também ganhou o prêmio da APCA de Melhor Cantora do ano, iniciando uma cruzada em prol do ecletismo criativo, sem concessões. Fecha a década atuando na trilha do espetáculo *O Corpo*, composta por **Arnaldo Antunes** justamente para o Grupo Corpo, em 2000.

Na linha "MPB" pop, surgiram também nesses anos 1990 a "cantaurora" paulista **Vange Leonel**, com a dançante "Noite preta", que com o tempo ficou mais conhecida como ativista lésbica; a gaúcha **Cris Braun**; as baianas **Belô Velloso**, esta sobrinha de **Caetano** e **Bethânia** (destacando a já referida "Toda sexta-feira", de **Adriana Calcanhotto**) e **Daúde** (regravando a africana "Pata pata"). Também as amazonenses **Eliana Printes** e **Felicidade Suzy**, a carioca **Leila Maria** e a paraibana **Renata Arruda**, todas "cantautoras", conseguiram, como as demais, algum espaço no concorrido eixo Rio-São Paulo. E numa linha pop rasgada, a ítalo-ucraniana-brasileira **Deborah Blando** marcou seu espaço com a recriação de "A maçã", do repertório de **Raul Seixas**, em 91, e "Unicamente", em 97.[4]

Mais para o fim da década, aparecem a mineira radicada em Salvador **Jussara Silveira**, de estilo *cool*, que ganha visibilidade no segundo CD, um tributo a **Dorival Caymmi**, em 98, e a maranhense **Rita Ribeiro** com sua voz clara e melodiosa, que só viria a ter mais força na década seguinte, quando fez o bem-sucedido show *Tecnomacumba*, em 2003, que virou CD três anos depois, nunca mais deixando de apresentá-lo, em paralelo a outros trabalhos que mesclavam música pop, cultura afro-religiosa e ritmos de seu estado de origem. Em 2012, para evitar confusões com homônimas, passou a assinar **Rita Benneditto. Jussara** e **Rita** chegaram a trabalhar juntas em discos e shows.

Na ala masculina da "MPB" dos anos 1990, **Ed Motta** sofisticou seu som pop dançante, compondo com **Rita Lee** ("Fora da lei", "Colombina") e **Chico Amaral** ("Daqui pro Méier") e flertou com melodias jazzísticas, como em "Falso milagre do amor", com letra de **Ronaldo Bastos**, sendo tema do filme *Pequeno dicionário amoroso*, de Sandra Werneck. A seguir também iniciou uma promissora carreira internacional, inclusive passando a gravar mais em inglês. Além dele, cinco cantores-compositores se projetaram. O primeiro a aparecer, e o que angariou mais público ao longo dos anos, foi o pernambucano **Lenine.**

Tentando um lugar ao sol desde o final dos anos 70, ele chegou a gravar um álbum com **Lula Queiroga**, em 83 (*Baque solto*), que passou em brancas nuvens. Somente dez anos depois, quando registrou com o percussionista **Marcos Suzano** o CD *Olho de peixe*, que seu trabalho começou a ser notado nacionalmente, chegando ao final da década como um grande nome da "MPB" e do pop, emplacando canções, como o caboclinhos "Leão do Norte" (com **Paulo Cesar Pinheiro**), que batizou um CD de Elba Ramalho em 96; a canção pop "Hoje eu quero sair só" (com **Mu Chebabi** e **Caxa Aragão**) e as baladas "A medida da paixão" e "Paciência" (ambas com **Dudu Falcão**), regravadas, respectivamente, por **Fafá de Belém** e **Simone.**

O carioca (**Paulinho**) **Moska**, que já havia atuado como músico no **Garganta Profunda** e integrado **Os Inimigos do Rei**, estreava em disco solo em 1994, mas somente no segundo álbum, *Pensar é fazer música* (95), emplacou "O último dia", dele com Billy Brandão: "Meu amor / O que você faria se só te restasse um dia? / Se o mundo fosse acabar / Me diz o que você faria / Ia manter sua agenda / De almoço, hora, apatia / Ou esperar os seus amigos / Na sua sala vazia" — mais tarde regravada por **Ney Matogrosso**. Depois vieram "A seta e o alvo" e "Me chama de chão", canções autorais com parceiros.[5]

Dois artistas que surgiram quase que simultaneamente foram o paraibano (e ex-jornalista) **Chico César** e o maranhense **Zeca Baleiro**. Depois de uma estreia com o álbum *Aos vivos* (1995) na Velas, **Chico** estourou em 96 pelo selo MZA, com "Mama África" ("A minha mãe / É mãe solteira /

E tem que fazer mamadeira todo dia / Além de trabalhar como empacotadeira / Nas Casas Bahia"), seguida de "Mulher, eu sei", "À primeira vista", depois regravada com sucesso por **Daniela Mercury**, além de canções que evocavam um Brasil profundo, ligado às raízes interioranas, como "Béradêro", ganhando gravações de **Zizi Possi** e **Elba Ramalho**, e "Onde estará o meu amor" e "Invocação", de **Maria Bethânia**.

No mesmo selo MZA, **Zeca Baleiro** estreou em 97 com o CD *Por onde andará Stephen Fry?*, com a irônica "Heavy metal do senhor" e "Flor da pele", esta numa dobradinha com a velha "Vapor barato" (Macalé/Waly) em duo com **Gal Costa**. Depois, emplacou a canção "Lenha", regravada por **Simone**, e o divertido "Samba do *approach*", em duo com **Zeca Pagodinho**. **Zeca** e **Chico** foram ambos especialistas em canções ora românticas, ora de alta carga irreverente. Chegaram a assinar juntos o divertido carimbó "Pedra de responsa", assim como **Lenine** e **Moska** a canção de crítica social "Relampiano".

Ainda em 1997, surgiu o carioca **Pedro Luís (e A Parede)**, com canções autorais como "Miséria no Japão", "Fazê o quê?" (ambas gravadas também em 98 por **Ney Matogrosso**, com quem ainda gravaria dois CDs na década seguinte) e "Caio no suingue". Junto com seu grupo, criou em 2000 com maior sucesso o **Monobloco**, um bloco carnavalesco que passou a sair pelas ruas da zona sul carioca, cujo diferencial foi utilizar instrumentos de escola de samba para tocar também marchinhas, coco, funks, xotes, cirandas e charme.

Entre os intérpretes, o cantor andrógino paulista **Edson Cordeiro** teve a estreia mais promissora da temporada. Desde 1985 atuando no teatro como ator e cantor, inclusive em musicais, foi lançado no início dos anos 1990 como fenômeno vocal, um contratenor que atingia as quatro oitavas da voz humana, com um show de grande sucesso, em que ia do pop à ópera. Foi nesta linha histriônica e impactante o seu primeiro sucesso, um dueto incendiário com o timbre grave de **Cássia Eller** entoando "I can't get no (Satisfaction)", de Mick Jagger & Keith Richards, do **Rolling Stones**, enquanto ele emulava **Maria Callas** num contracanto da ópera "A flauta mágica", de **Mozart** ("A rainha da noite"), brincando com os gêneros sexuais. O videoclipe da música dirigido por **Jorge Fernando** e

A "MPB" POP FESTIVA E LIBERTÁRIA (1978-1986)

O casal **Rita Lee** e **Roberto de Carvalho** emplacou duas dúzias de sucessos, reconfigurando o pop brasileiro com pitadas de sabor latino, romantismo e humor inteligente.

Ex-Novos Baianos – Baby Consuelo “do Brasil” e Pepeu Gomes romperam as fronteiras do masculino e do feminino numa “MPB” pop de ponta, assim como **Moraes Moreira**, com músicas vibrantes gravadas por ele ou pelos melhores intérpretes da época.

A "MPB" viveu uma fase festiva com os sambas funkeados de **Jorge Ben (Jor)**, o soul de **Tim Maia** e **Sandra (de) Sá**, o novo som de **Marcos Valle**, a irreverência de **Ney Matogrosso** e tantos outros. Tudo temperado pelos arranjos de **Lincoln Olivetti** e seu parceiro de estúdio **Robson Jorge**, onipresentes nesta década.

Os "cantautores" da "MPB" invadem as paradas (1978-1990)

Referências para várias gerações desde os anos 1960, **Chico Buarque** e **Caetano Veloso** tiveram uma produção impressionante, compondo também para filmes, peças e diversos artistas, além de dividirem um programa na TV Globo em 86.

Ivan Lins, Gonzaguinha e João Bosco amadurecem como intérpretes e têm suas canções críticas ou românticas na boca do povo.

Gilberto Gil consagra-se em sua fase mais pop a partir de 1979, **Erasmo Carlos** alcança o ápice de sua popularidade pós-Jovem Guarda no início dos anos 80, enquanto **Djavan** a cada álbum ganhava mais admiradores, com fortes hits radiofônicos até os 90.

A música romântica dos eternos mitos (1978-1990)

Roberto Carlos seguiu como o artista mais popular do país, e **Nelson Gonçalves**, um grande vendedor, agora com discos mais bem produzidos. **Cauby Peixoto** ressuscitou artisticamente no LP *Cauby Cauby* (1980) e iniciou uma parceria com **Angela Maria**, que também gravou com seu ex-motorista **Agnaldo Timóteo**. A Divina **Elizeth Cardoso** se despedia do público em 1990, aos 69 anos, com a voz plena.

O Clube da Esquina dá novos frutos (1978-1990)

Milton Nascimento, cada vez mais inspirado, vivia agora um momento de grande popularidade como intérprete, com "Canção da América" e "Nos bailes da vida".

O lançamento do segundo volume do *Clube da Esquina* (1978) renovou o movimento mineiro, dando gás à carreira solo de todos os seus participantes, como **Beto Guedes**, **Lô Borges**, **Flavio Venturini**, **Toninho Horta**, **Tavito** e **Wagner Tiso**.

O *BOOM* FEMININO NA "MPB" (1978-1981)

Amelinha

Angela Ro Ro

Cida Moreira

Diana Pequeno

Dona Ivone Lara

Elba Ramalho

Fátima Guedes

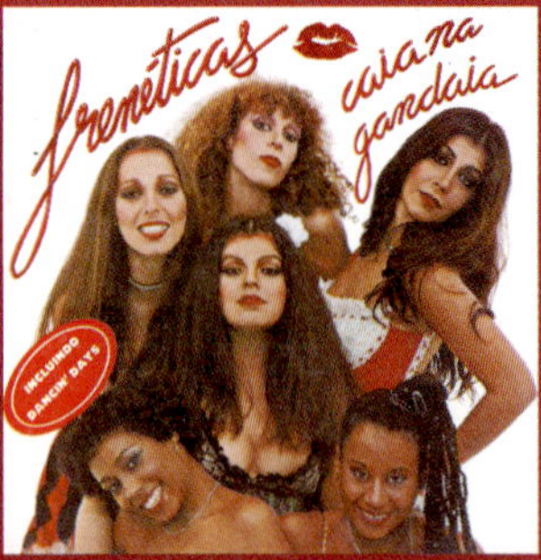

As Frenéticas

Jane Duboc

Joanna

Joyce (Moreno)

Lady Zu

Lucia Turnbull

Lucinha Lins

Luli e Lucinha (Luhli e Lucina)

Marina (Lima)

Nazaré Pereira

Olivia (Byington)

Sandra (de) Sá

Tania Alves

Terezinha de Jesus

Tetê Espíndola

Zezé Motta

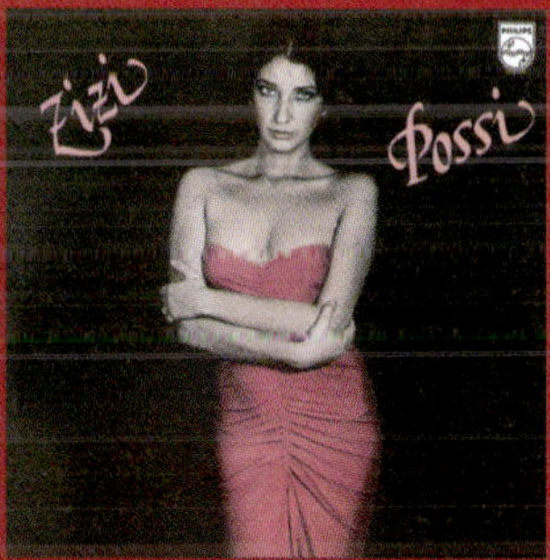

Zizi Possi

As grandes cantoras da "MPB" e do samba

Maria Bethânia foi a primeira cantora a vender 1 milhão de discos com *Álibi* (1978) e continuou forte nos anos seguintes com *Mel* e *Talismã*, enquanto **Gal Costa** renovou sua imagem em 79 e estourou um hit atrás do outro pela década seguinte.

Simone também foi uma usina de hits do fim dos anos 1970 ao fim dos 80, entre canções feministas, políticas, sensuais e sambas-enredo, e **Fafá de Belém** antecipou o brega dos anos 80, a lambada, o novo sertanejo e o boi de Parintins, e foi a musa das "Diretas Já" (1983/84).

Elis Regina, em 1982, e **Clara Nunes**, em 1983, se despediram precocemente da vida, no auge vocal e de sucesso, enquanto **Nana Caymmi** começava a se fazer notar, mesmo sem vender muito disco, como uma diva à parte, para ouvidos apurados.

Beth Carvalho foi até o fim da vida fiel ao samba, inclusive de carnaval, vivendo o auge na virada dos anos 1970 para os 80. **Alcione** foi além, abraçando também um repertório cabareteiro, mas sempre gravando de tudo, inclusive ritmos de sua terra, o Maranhão.

Samba e pagode (de raiz) nos anos 80

João Nogueira, Roberto Ribeiro, Paulinho da Viola, Martinho da Vila e o eterno puxador **Neguinho da Beija-Flor** se juntaram aos irreverentes **Dicró** e **Bezerra da Silva** e ao romântico **Agepê** nas paradas. Este último, o primeiro sambista a bater 1 milhão de cópias pelo álbum puxado por "Deixa eu te amar", em 1984.

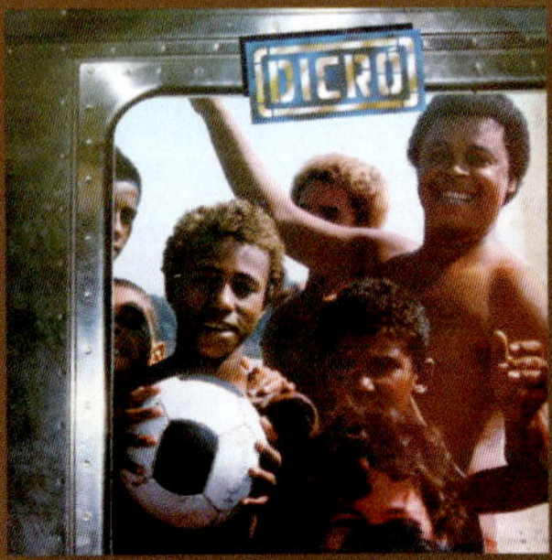

Em 1985, o álbum coletivo *Raça brasileira* consagrou o chamado "pagode", revelando **Zeca Pagodinho** e **Jovelina Pérola Negra**. **Almir Guineto** e **Leci Brandão** se consagraram nesse tempo num caminho aberto pelo **Grupo Fundo de Quintal**.

A consagração da "MPB" nordestina, além Bahia (1978-1985)

Da geração 70, **Alceu Valença** e **Elba Ramalho** foram os últimos artistas nordestinos a estourar nacionalmente e alguns dos mais perenes no imaginário brasileiro das próximas décadas, assim como (**Raimundo**) **Fagner** (na página ao lado), estando sempre em evidência.

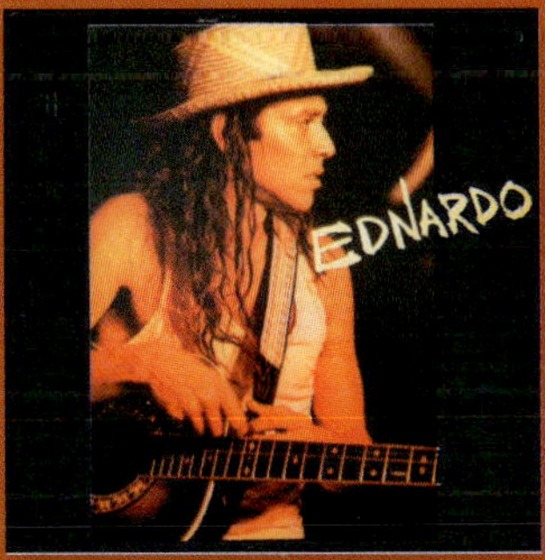

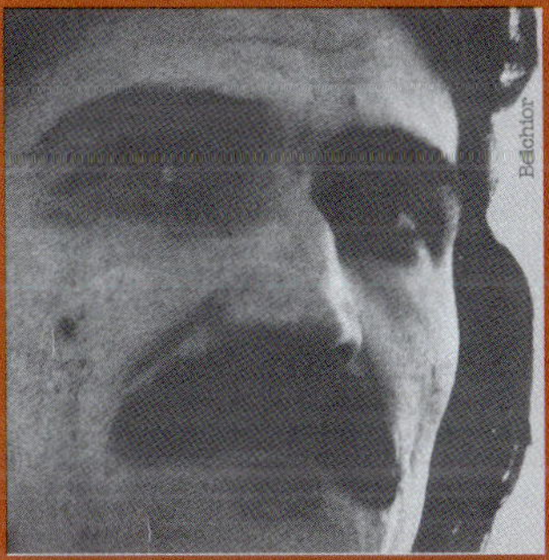

Ednardo e **Belchior** estouraram hits no fim dos anos 1970, **Geraldo Azevedo** começou a ter mais sucesso na virada para os 80, época em que o casal **Zé Ramalho** e **Amelinha** lançou suas canções mais emblemáticas.

O Rei do Baião **Luiz Gonzaga** teve um novo *boom* de sucesso na década de 1980, e o Rei do Ritmo **Jackson do Pandeiro** lançava seu derradeiro LP em 81, vindo a falecer no ano seguinte.

Parada popular em compacto simples (1979-1987)

Vanusa

Fábio Jr.

Gilliard

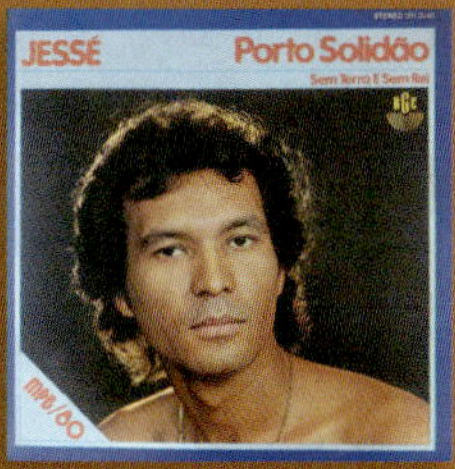

Jessé

Julia Graciela

Perla

Ronaldo Resedá

Biafra

Gretchen

Marcelo

Maria Alcina

Almir Rogério

Wanderléa

Dalto

Junior

Luiz Ayrão

Rosemary

Sérgio Mallandro

Trio Los Angeles

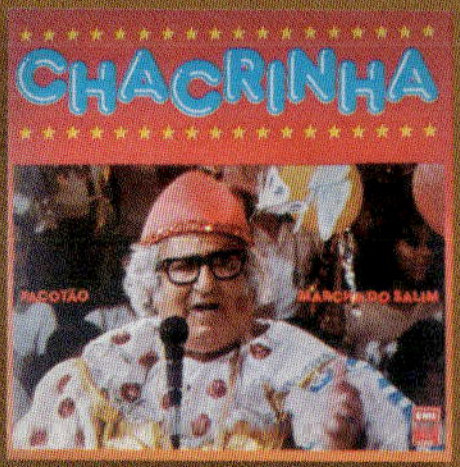

Chacrinha

Ronnie Von

Benito Di Paula

Ovelha

Markinhos Moura

O projeto *Nordeste já* (1985), que consagrou a canção "Chega de mágoa", reuniu um time dos sonhos de músicos de várias épocas e estilos, simbolizando o fim de uma era. O "brega" deixou de ser uma música de nicho, passando a influenciar todos os nossos gêneros principais, e o mercado se pautaria por produtos de consumo mais imediato.

Os grupos vocais e a "MPB" dos novos festivais (1978-1985)

Após a fase do **MPB-4** e do **Quarteto em Cy**, que seguiam firmes e fortes, surgiram com sucesso radiofônico os grupos **A Cor do Som**, **Boca Livre**, **14 Bis** e **Roupa Nova**.

A partir de 1979, com a queda do AI-5, novos festivais de "MPB" consagraram canções de, entre outros, **Oswaldo Montenegro** ("Bandolins" e "Agonia"), **Guilherme Arantes** ("Planeta água") e veteranos como **Sá & Guarabyra** ("Dona").

A bossa nova e a "MPB" refinada se revitalizam (1979-1990)

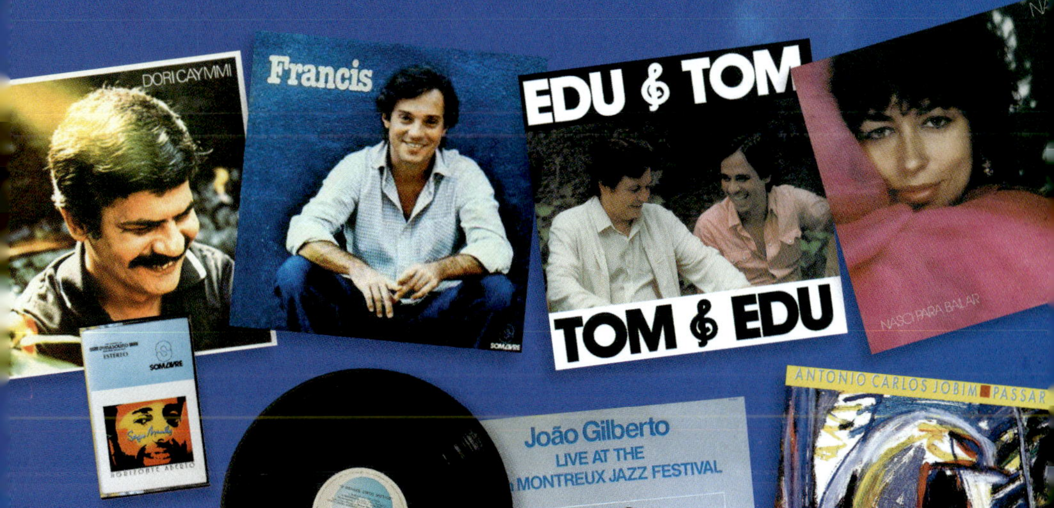

Artistas imbatíveis da "MPB" e da bossa nova gravaram belos LPs para seu público cativo. A partir de 1988, o produtor **Roberto Menescal** deu um formato mais palatável comercialmente a esse repertório clássico, consagrando **Leila Pinheiro** e **Emílio Santiago**, e trazendo de volta **Maria Creuza**.

A MÚSICA INSTRUMENTAL EM DIVERSAS FASES

Bixiga 70

Cama de Gato

César Camargo Mariano e Romero Lubambo

Gilson Peranzzetta e Mauro Senise

Hamilton de Holanda

João Donato

Joel Nascimento

Leo Gandelman

Letieres Leite & Orkestra Rumpilezz

Moacir Santos

SpokFrevo Orquestra

Naná Vasconcelos

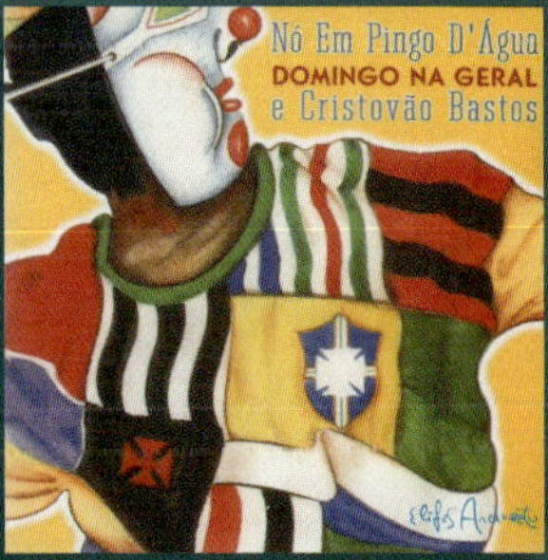

Nó em Pingo D'Água com Cristóvão Bastos

Paulo Moura e Yamandu Costa

Raphael Rabello e Dino 7 Cordas

Sebastião Tapajós

Tira Poeira

Trio Madeira Brasil

Uakti

Yamandu Costa e Dominguinhos

A RETOMADA DO ROCK NACIONAL NOS ANOS 80

Sempre Livre

Ira!

Tokyo

João Penca e seus Miquinhos Amestrados

Kiko Zambianchi

Leo Jaime

Metrô

Ultraje a Rigor

Biquíni Cavadão

Camisa de Vênus

Capital Inicial

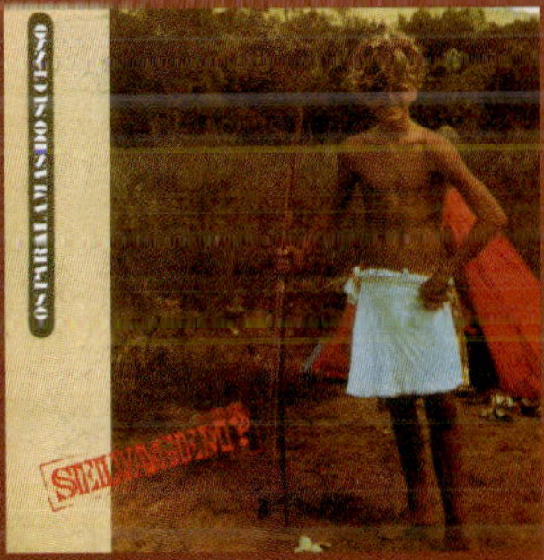
Os Paralamas do Sucesso

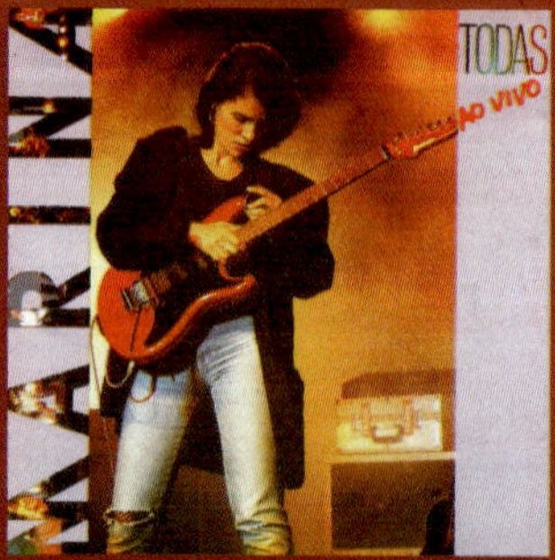

De 1982 a 85, o rock era mais despretensioso e divertido, marcado pelo som da **Blitz** e **Kid Abelha** e do pop de **Lulu Santos**. Em 86, o *boom* roqueiro chega ao ápice com o *Rádio Pirata ao vivo* do **RPM** vendendo 2,5 milhões. Também a partir daquele ano, o rock fica mais pesado e a abordagem política é constante, flagrante em álbuns de **Titãs**, **Legião**, **Paralamas** e **Cazuza**.

Punk rock, heavy metal e a vanguarda paulista

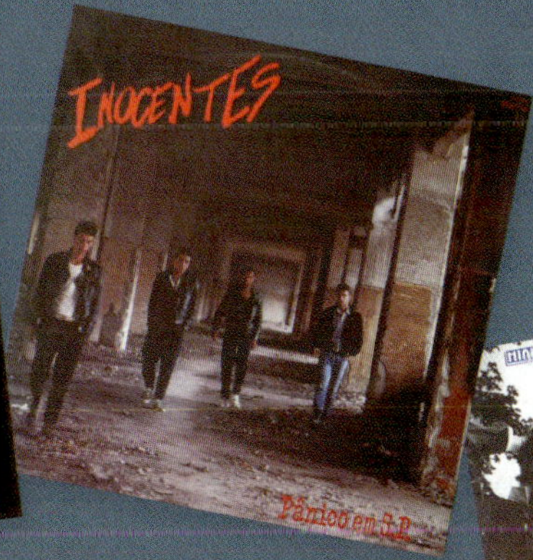

De São Paulo surgem o punk rock (de **Inocentes**, **Plebe Rude** e **Ratos de Porão**, famosos já na fase pós-punk), o heavy metal (cuja primeira coletânea *SP Metal* saiu em 1985, além do mineiro **Sepultura**, que nos anos 90 ganharia o mundo) e a vanguarda paulista consagrando os experimentalismos de **Arrigo Barnabé**, **Itamar Assumpção**, do **Grupo Rumo** (de **Luiz Tatit**), entre outros.

A música infantil (1978-2000)

De 1978 a 1983, projetos de gravadoras como A Patotinha, As Melindrosas e A Turma do Balão Mágico alternavam-se entre uns mais educativos, como A Turma do Lambe-Lambe, de Daniel Azulay, e Bloco da Palhoça, de Bia Bedran, e outros com trilhas de especiais infantis da TV Globo, como A Arca de Noé e de filmes dos Trapalhões.

A partir de 1985, impera um tipo de som mais pop e comercial para as crianças com a *boy band* **Dominó**, o **Trem da Alegria**, **Patrícia** e as apresentadoras **Angélica**, **Mara** e **Xuxa** (e suas **Paquitas**). Esta última se tornou o maior fenômeno da indústria fonográfica. *Xou da Xuxa 3* (1988) foi o álbum de música popular mais vendido da história do país. Nos anos 90 e 2000, a longeva dupla **Sandy & Júnior** também bateu recordes.

A "MPB" SE RENDE AO "BREGA-ROMÂNTICO" (1986-1991)

A partir do estouro das canções de **Michael Sullivan** e **Paulo Massadas**, incentivado por **Miguel Plopschi**, diretor da RCA, o mercado mudou. A aposta em temas "brega-românticos", com um pé na Jovem Guarda e outro na soul music, foi determinante para a consagração de uma nova estética que dali por diante dominaria a música radiofônica do país.

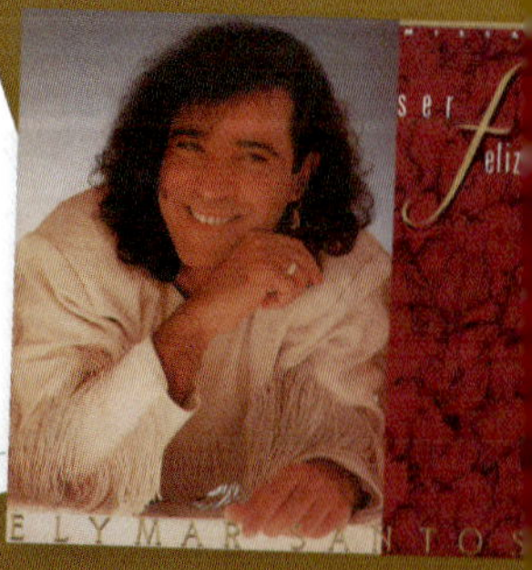

Mesmo gravando todo tipo de música, nossos grandes intérpretes nessa época só estouraram com temas "brega-românticos". É o caso de **Alcione**, **Fagner**, **Simone**, **Fafá**, **Jane Duboc**, **Gal** e **Tim Maia**. Outros viveram o auge de suas carreiras apostando nessa estética: **Sandra de Sá**, **Fábio Jr.**, **Joanna**, **Rosana**, **Adriana**, **Roupa Nova**, **Elson**, **Elymar Santos**, **Placa Luminosa**, além dos que sempre rezaram por essa cartilha, como **José Augusto** e **Wando**.

O carnaval baiano – dos trios elétricos à axé-music

Até os anos 1970, o que aparecia em Salvador eram as marchas-frevo de **Caetano Veloso** e dos trios elétricos, como o de **Dodô e Osmar**, revigorado em 75 após longo hiato pelo filho deste último, **Armandinho**, trazendo ainda o hitmaker **Moraes Moreira**. Entre 1985 e 88, **Luiz Caldas**, **Chiclete com Banana**, **Sarajane**, **Banda Mel** e **Reflexu's da Mãe África** trouxeram novidades ao carnaval que vão transcender a Bahia.

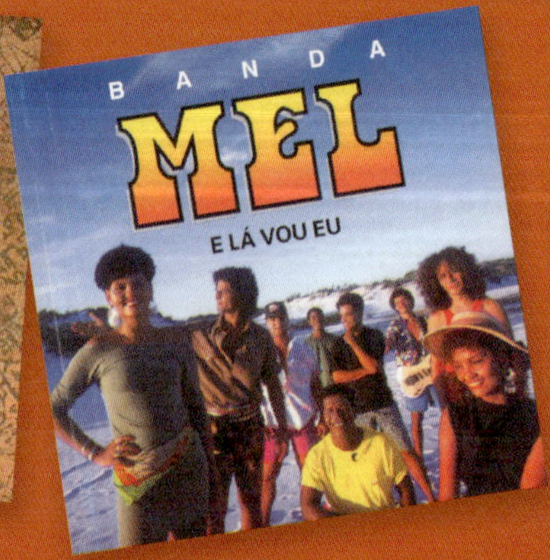

A partir do estouro de **Daniela Mercury** com *O canto da cidade* (1992), a axé-music se consagra nacionalmente com este nome, e mistura o som dos trios com o samba-reggae dos bloco afro-baianos, outrora invisibilizados, como **Olodum**, **Ara Ketu** e um novinho em folha, **Timbalada**, criado por **Carlinhos Brown**. Fiel às raízes negras, **Margareth Menezes** introduz seu som afro-pop a partir do sucesso de "Faraó", em 87.

O carnaval baiano – axé-music, pagodão e os novos sons

No auge da axé-music (1992-2002), a Bahia chegou a exportar para outros estados as micaretas (carnavais fora de época). Artistas do chamado samba duro, como **É o Tchan**, **Companhia do Pagode**, **Terra Samba** e **Harmonia do Samba** também faziam parte do pacote. Em seguida, novos sons da periferia, como o pagodão baiano, de **Psirico** e **Parangolé**, passaram a dar o tom.

Ivete Sangalo se tornou a artista mais midiática dos anos 2000, gravando dois DVDs com recordes de vendagem e público, no Maracanã e na Arena Fonte Nova de Salvador, inspirando a sucessora **Claudia Leitte** (ex-**Babado Novo**, ver página ao lado), enquanto **Beth Carvalho** se uniu aos principais artistas baianos no DVD *Canta o samba da Bahia* (2008). Na década seguinte, o **BaianaSystem** revolucionou a percussão baiana com ares eletrônicos.

A “MPB” nos anos 1990

Os álbuns de **Zizi Possi** (*Sobre todas as coisas*), **Ney Matogrosso & Raphael Rabello** (*À flor da pele*) e **Rita Lee** (*Em bossa'n'roll*) foram precursores da cena acústica que predominou sobre a “MPB” e o pop dos anos 1990 em contrapartida à tecladaria sintética dos anos 80.

A década de 90 tirou de **Tom Zé** e **Luiz Melodia** o rótulo de malditos, revelou o já veterano **Guinga** e suas parcerias com **Aldir Blanc**, consagrou várias canções de **Alceu Valença** e levou o trabalho de **Jorge Ben Jor** e **Tim Maia** a uma nova juventude.

Maria Bethânia

Simone

Renato Russo

Leila Pinheiro

Angela Maria

Fafá de Belém

O Grande Encontro

Zé Ramalho

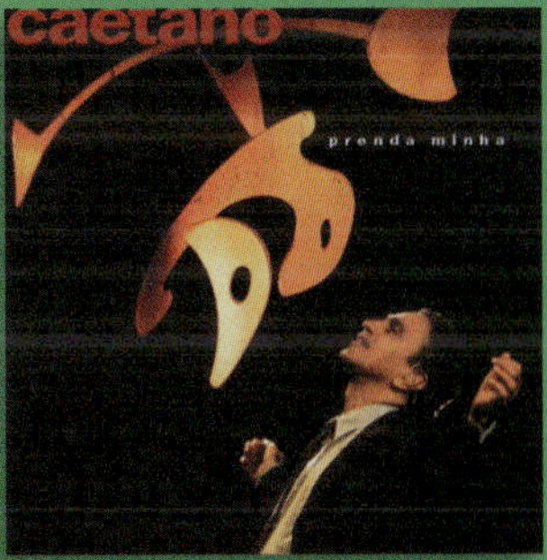

Caetano Veloso

Nana Caymmi

Djavan

Ed Motta

As revelações da "MPB" pop

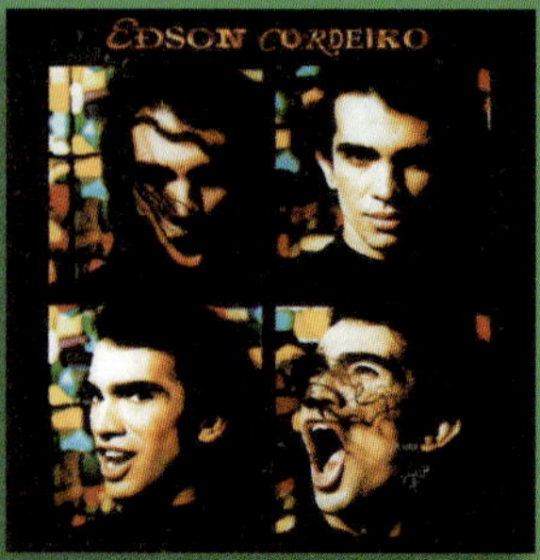

Edson Cordeiro

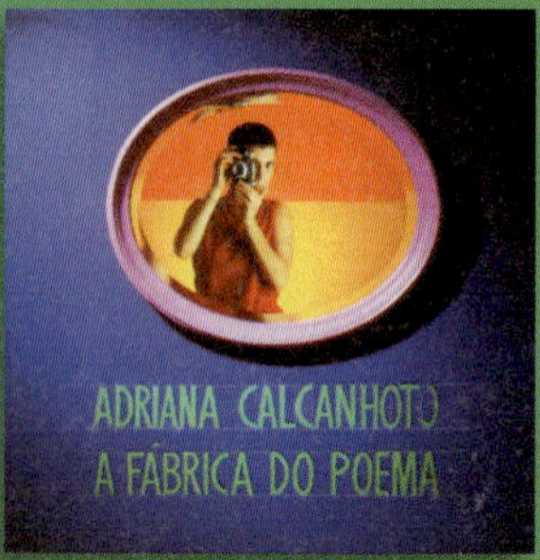

Adriana Calcanhotto

Cássia Eller

Chico César

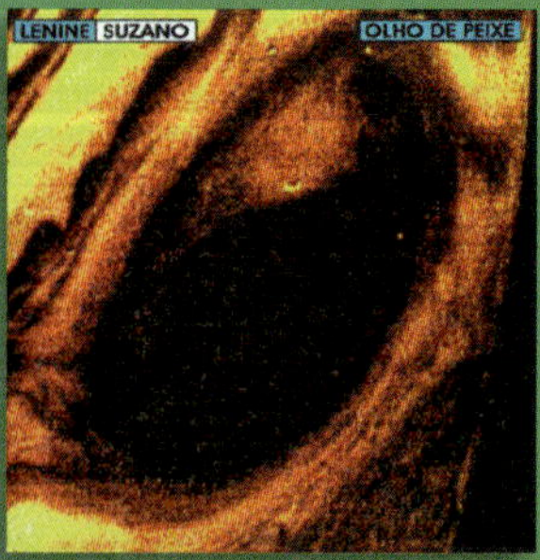

Lenine e Marcos Suzano

Zélia Duncan

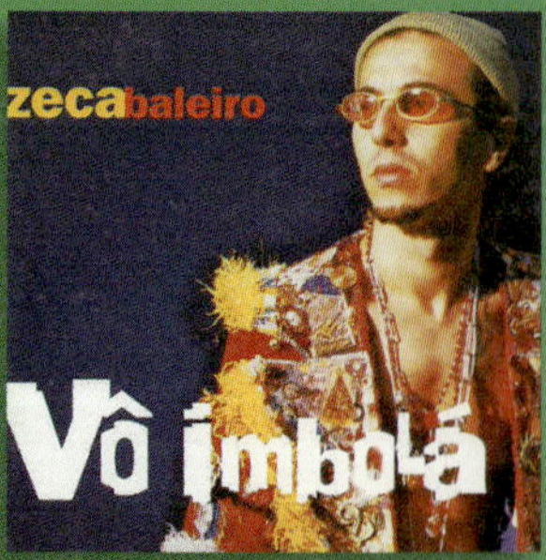

Zeca Baleiro

O samba (de raiz) nos anos 1990

Entre 1995 e 96, **Martinho da Vila** e **Zeca Pagodinho** subiram ao topo das paradas, o projeto *Casa de samba* se revelou um grande sucesso, **Paulinho da Viola** voltava a gravar após nove anos e o inusitado trio **Dicró**, **Bezerra** e **Moreira da Silva** satirizava o sucesso mundial dos tenores Pavarotti, Carreras e Plácido Domingo no álbum *3 malandros in concert*. Em 99, o veterano **Jorge Aragão** é içado ao posto de superstar do samba.

O POP, A DANCE MUSIC E O ROCK DOS ANOS 1990/2000

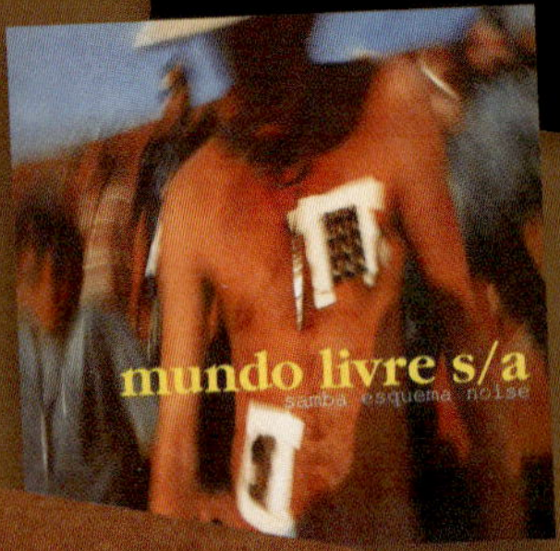

O pop rock brasileiro se renovou nos anos 1990 com artistas de diversos sotaques: a dance music de **FERNANDA ABREU**, o manguebeat de **CHICO SCIENCE E NAÇÃO ZUMBI**, **MUNDO LIVRE S/A** e **OTTO**, o forrocore dos **RAIMUNDOS**, o rock engajado d'**O RAPPA** que flertou com o reggae, assim como o **SKANK** e o **CIDADE NEGRA**, porém mais dançantes, além do pop ora suave, ora sacudido da já consagrada **MARINA LIMA** e o som brincalhão dos **MAMONAS ASSASSINAS**.

Houve ainda o pop adocicado do **Jota Quest**, o rock skatista do **Charlie Brown Jr.**, o rap/rock do **Planet Hemp** e o pop dançante dos veteranos **Lulu Santos e DJ Memê**. A partir dos anos 2000, tendências diversas do mercado se misturaram, da *girl band* **Rouge** à *bad girl* roqueira **Pitty**, do emocore do **NX Zero** ao som alternativo do **Los Hermanos**, que foi guru de uma geração.

O vitorioso *Acústico MTV* (anos 1990 e 2000)

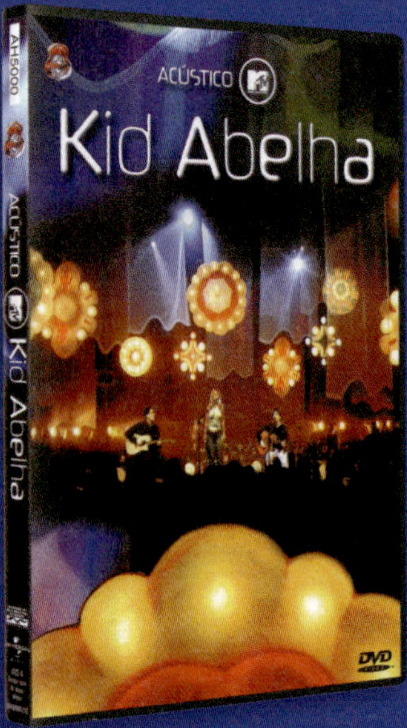

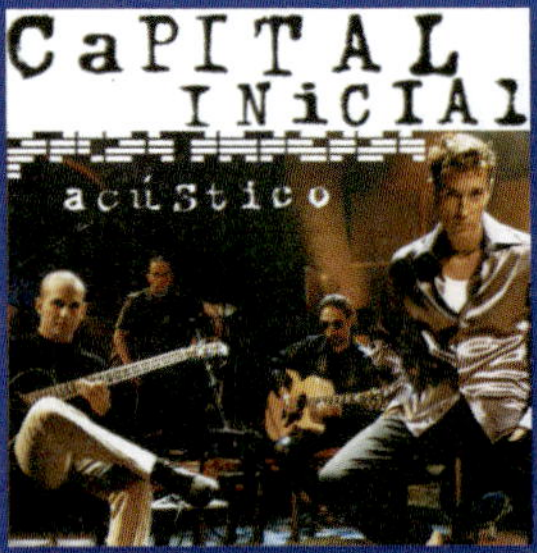

Entre os anos 1990 e 2000, o projeto *Acústico MTV* renovou as carreiras de vários artistas do pop rock, de "MPB" e samba, lançados em CD e já na década seguinte em DVD. O DVD do **Kid Abelha** (2002) esteve no Top 10 dos mais vendidos por nove anos, e muitos títulos superaram 1 milhão de discos, como os CDs de **Titãs**, **Cássia Eller**, **Legião Urbana**, **Capital Inicial** e até mesmo do sambista **Zeca Pagodinho**, que fez dois CDs/DVDs na série.

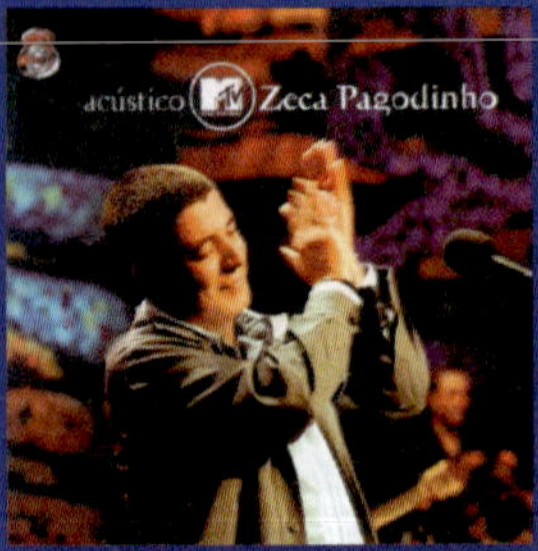

Os novos pagodeiros – anos 1990 a 2010

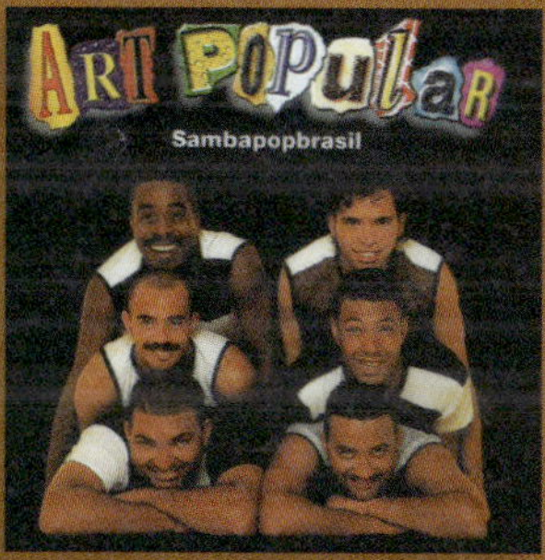

Art Popular

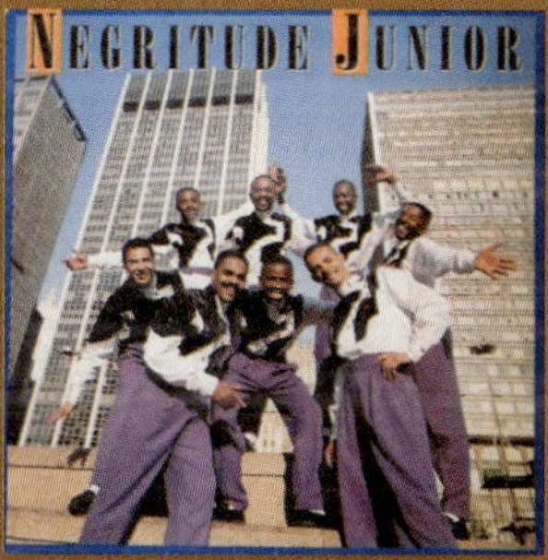

Negritude Junior

Eliana de Lima

Exaltasamba

Molejo

Grupo Raça

Grupo Katinguelê

Soweto

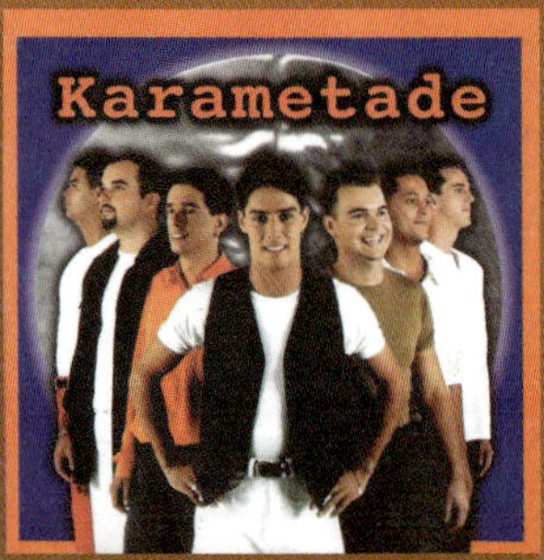

Karametade

Os Travessos

Alexandre Pires

Sorriso Maroto

Thiaguinho

Mumuzinho

Xande de Pilares

Dilsinho

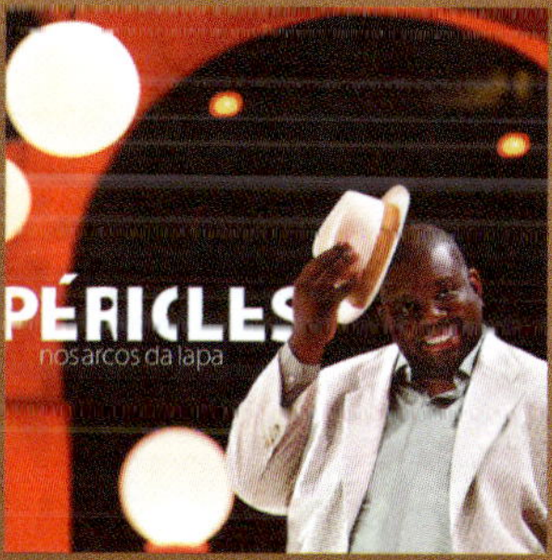

Péricles

Ferrugem

Os novos sertanejos dominam o mercado

Chitãozinho & Xororó foram os primeiros dos sertanejos a estourar nacionalmente em 1989, alternando "raiz", country e "brega-romântico", seguidos de **Leandro & Leonardo**, numa linha mais cabareteira, e **Zezé Di Camargo & Luciano**, caprichando nas baladas. Enquanto **Roberta Miranda** e **Chrystian & Ralf** se destacaram na mesma estética que dominou os anos 1990, **Almir Sater** e **Sérgio Reis** defenderam o caipira raiz em novelas temáticas como *Pantanal, A história de Ana Raio e Zé Trovão* e *O Rei do Gado.*

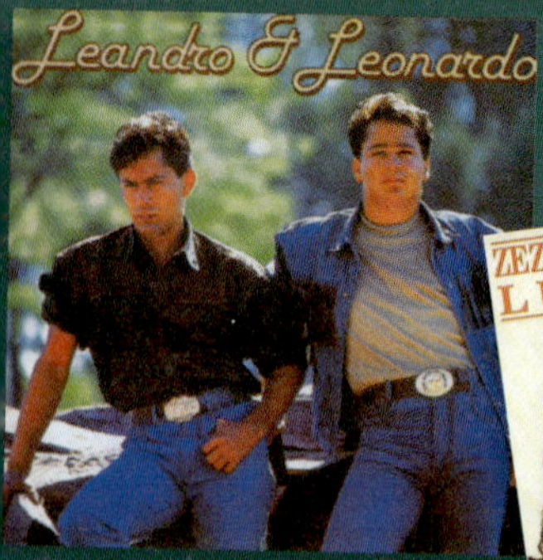

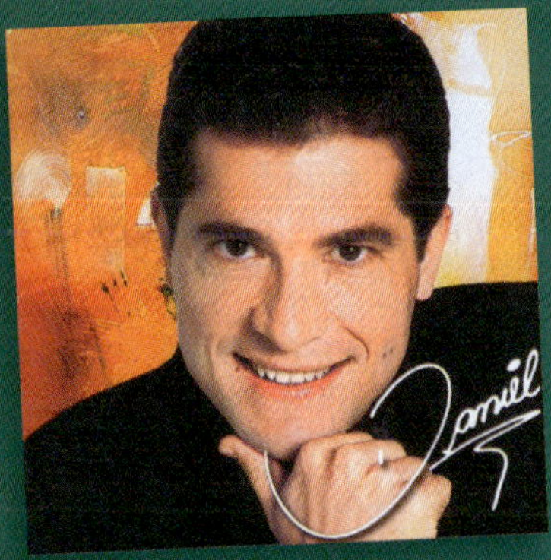

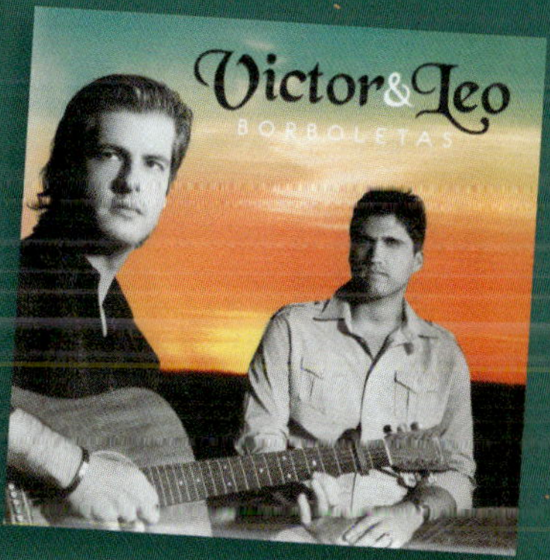

A década de 2000 consagrou **Bruno & Marrone**, **Daniel** e o sertanejo universitário de **César Mennotti & Fabiano**, **Fernando & Sorocaba**, **Jorge & Mateus** e **Victor & Leo**.

Nos anos 2010, apesar do sucesso de **Zé Neto & Cristiano**, a hegemonia das duplas e a onipresença masculina foram se quebrando com fenômenos solo, como **Luan Santana**, **Michel Teló**, **Gusttavo Lima**, **Paula Fernandes** e o “feminejo” de **Simone & Simaria**, **Maiara & Maraísa** e a mais popular de todas, **Marília Mendonça**, falecida precocemente em 2021, aos 26 anos.

Parada popular / Norte-Nordeste: forró raiz, forró eletrônico, toada de boi, “brega”, sofrência e piseiro

Clemilda

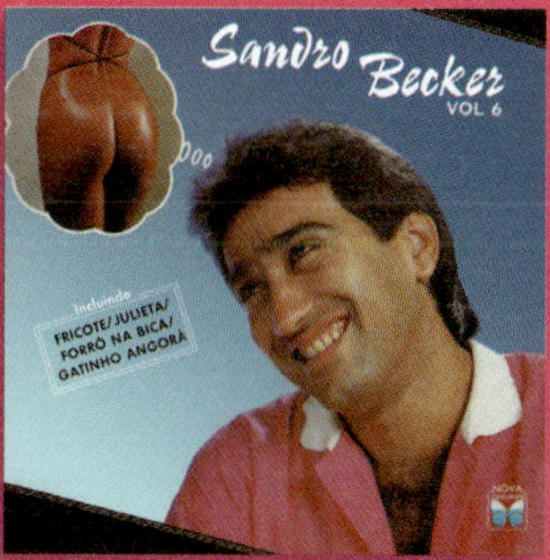

Sandro Becker

Mastruz com Leite

Flávio José

Banda Carrapicho

Reginaldo Rossi

Calcinha Preta

Aviões do Forró

Banda Musa

Pablo

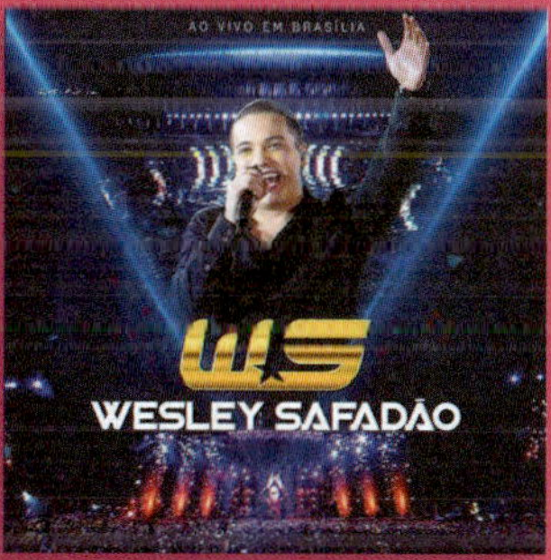

Wesley Safadão

Os Barões da Pisadinha

A MÚSICA GAÚCHA

Kleiton & Kledir

Berenice Azambuja

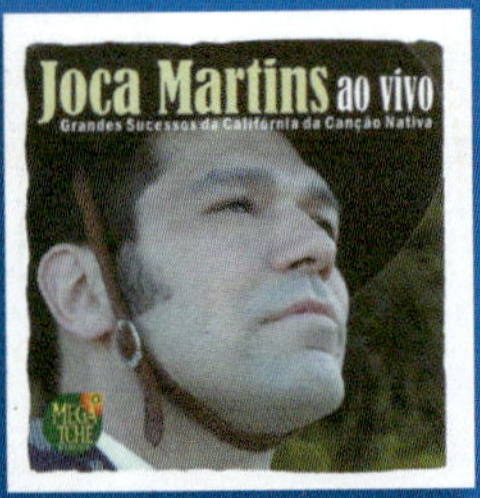

Joca Martins

José Cláudio Machado e Luiz Marenco

Luciano Maia e Gujo Teixeira

Os Monarcas

Os Serranos

Ultramen

Telmo de Lima Freitas

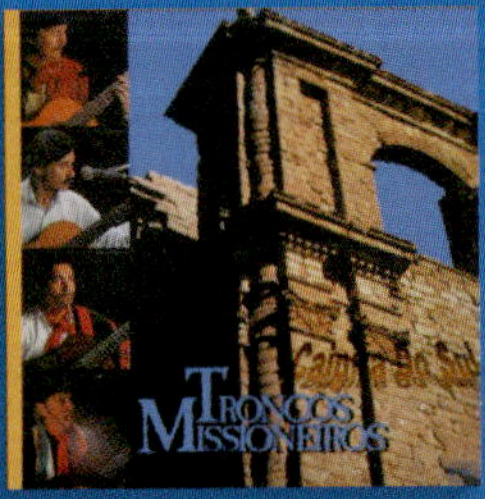

Troncos Missioneiros

Os sons do Maranhão

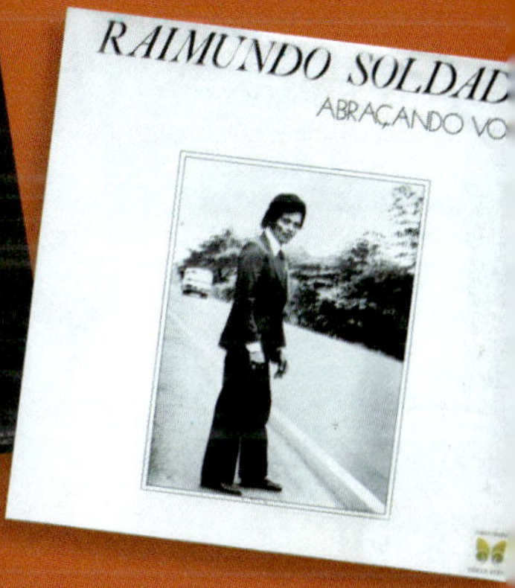

Nos extremos do Brasil, dois estados não exportaram a maior parte de sua produção musical para o resto do país, salvo exceções, como **Kleiton & Kledir** (no Rio Grande do Sul) e a **Tribo de Jah** (no Maranhão), com seu reggae característico. Já os artistas gaúchos e maranhenses que migraram para Rio-São Paulo abraçaram um som mais universal. No caso do rock do Sul, grupos como **Ultramen** ousaram desafiar a tradição mesmo *in loco*.

O funk carioca faz história e se ramifica

O **DJ Marlboro** foi pioneiro em acreditar numa cena de "funk" cantado em português. **Latino** e **Claudinho e Buchecha** extrapolaram o gueto ainda nos anos 1990. Na década seguinte, **Tati Quebra Barraco** foi a grande estrela do "funk" erótico, que teve também nomes como **Bonde do Tigrão**, a dupla **MC Serginho e Lacraia**, o multifacetado **Mr. Catra**, entre outros reunidos em coletâneas como *Tornado muito nervoso*, da **Furacão 2000**, vendidas em camelôs.

O funk carioca produziu a ambiciosa **Anitta**, que extrapolou as fronteiras do ritmo e do país nos anos 2010/2020, e **Ludmilla**, que depois abraçou o pagode romântico. **Valesca Popozuda** seguiu os passos de **Tati** com seus funks muito eróticos, enquanto São Paulo, influenciado pelo hip-hop ostentação, criou o funk paulista com nova estética, capitaneado pela produtora KondZilla, que consagrou nomes como **MC Guimê** e **MC Livinho**, e depois os MCs **Don Juan**, **Davi** e **Pedrinho**, que chegaram ao topo com "Bipolar" (2021) — esses últimos já munidos da batida de 150 BPM, criada no Rio em 2017. Ela também serviu de base ao sucesso do **MC Kevin O Chris**, mesclada à estética do "brega-funk" pernambucano.

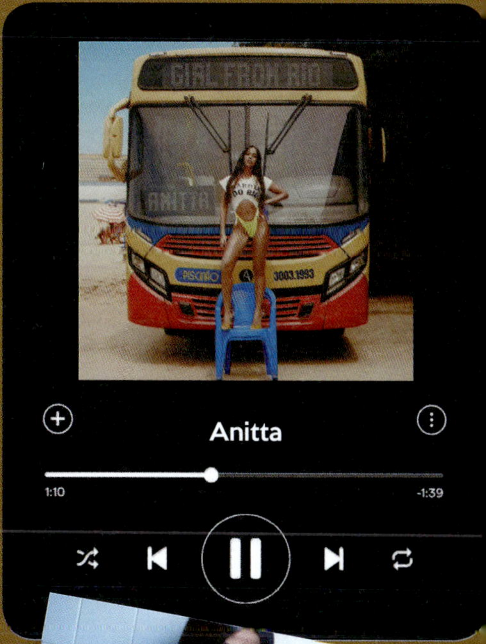

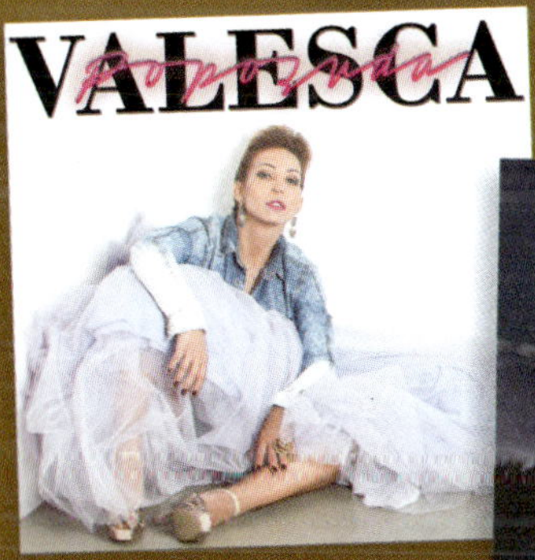

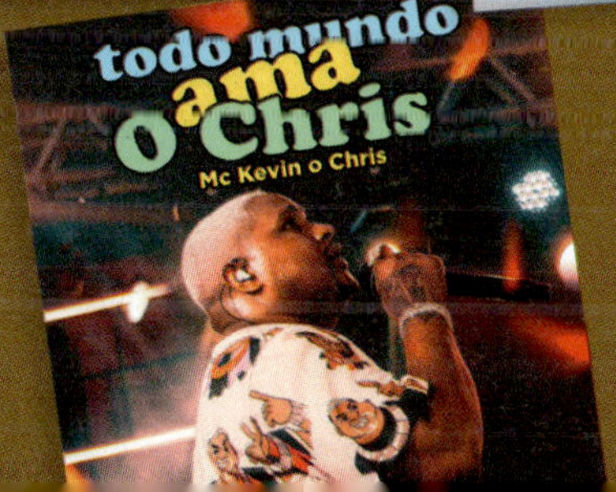

O hip-hop brasileiro

Diretamente da periferia paulista, o hip-hop foi se impondo em coletâneas desde os anos 1980, com **Thaíde e DJ Hum** e aqueles que viraram a maior referência do estilo por pelo menos vinte anos, os **Racionais MC's**. **Pavilhão 9**, **RPW**, **RZO** e **Xis** marcaram sobretudo os anos 90. O carioca **Gabriel o Pensador** foi o primeiro a estourar o rap nacionalmente em 93, numa cena ainda incipiente, que revelou a seguir o conterrâneo **MV Bill**.

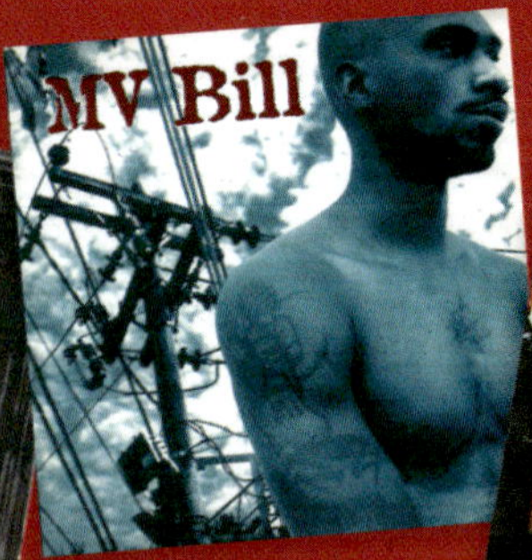

O paulista de vida efêmera **Sabotage** e o carioca **Marcelo D2** marcaram época na virada para os anos 2000, que revelaram rappers do coletivo **Quinto Andar** (**Marechal**, **De Leve** e **Shawlin**), **Visão de Rua** (da rapper feminina **Dina Di**) e **Black Alien**, que partiu para a carreira solo. Na década seguinte, **Criolo** e **Emicida** renovaram a cena hip-hop, com novas estratégias de divulgação para além do gueto. A partir de 2017, o projeto *Poesia Acústica* revelou novos expoentes do gênero.

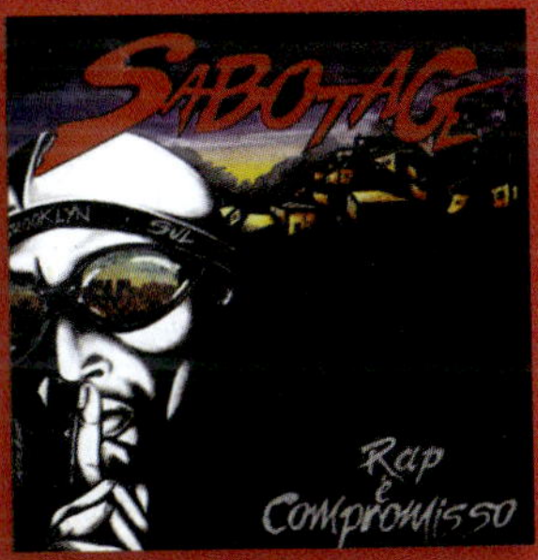

A "MPB" POP E O SAMBA NOS ANOS 2000/2010

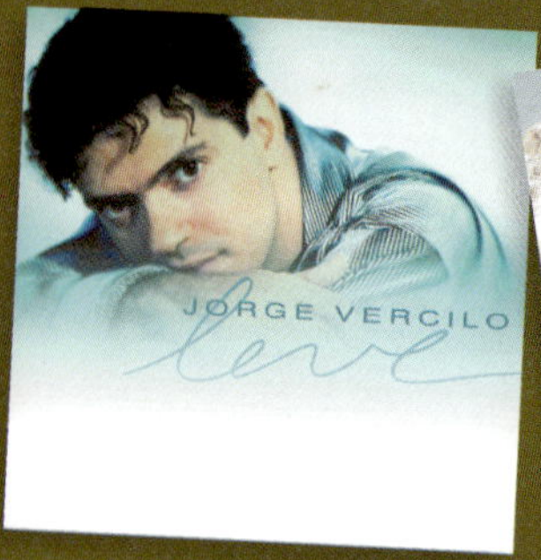

Ana Carolina foi a "cantautora" de maior número de hits nas paradas nos anos 2000 a bordo de sua "MPB" pop romântica, além de vender mais de 1 milhão do CD/DVD *Ana & Jorge* (2006), ao lado de Seu Jorge, que a seguir se tornou um astro no Brasil. Jorge Vercillo, Vanessa da Mata e Maria Gadú engrossaram o caldo da "MPB" pop. Mônica Salmaso e Maria Rita defenderam ritmos brasileiros, enquanto Rita Benneditto caiu no gosto do público com seu *Tecnomacumba*.

Elza Soares se reinventou duas vezes nessa década, chegando a um público jovem. **Marisa Monte**, **Carlinhos Brown** e **Arnaldo Antunes** estouraram juntos no coletivo **Tribalistas**. E outro ex-**Titãs**, **Nando Reis**, virou um ás do pop. Após muitos anos de estrada, **Mart'nália** e **Arlindo Cruz** despontaram para o grande público, enquanto **Teresa Cristina**, **Roberta Sá** e **Diogo Nogueira** vieram no rastro da renovação do bairro carioca da Lapa nos anos 2000, numa "MPB" com ênfase no samba. A paranaense **Simone Mazzer** e a paulista **Tulipa Ruiz** se revelaram na "MPB" pop.

A GERAÇÃO "GOOD VIBES" E LGBTQI+

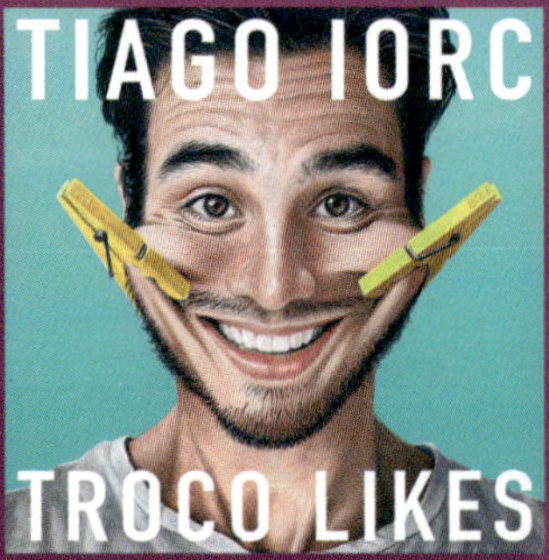

Alheia aos modismos massificados que infestaram a grande mídia, uma geração de nomes despontou via internet criando um fã-clube próprio nos anos 2010. A "good vibes", uma cena de paz e amor "fofa", de **TIAGO IORC**, **ANAVITÓRIA**, **VITOR KLEY** e da banda mineira **LAGUM**, e as tristezas de amor dos performáticos **JÃO** e **DUDA BEAT**. Outra novidade é a geração dos artistas da cena LGBTQI+, de **JOHNNY HOOKER** e suas canções rasgadas de amor e vingança, e **PABLLO VITTAR**, primeira drag queen de vulto na música brasileira, chegando até mesmo ao mercado internacional.

Os sons populares do Pará

Vieira e seu Conjunto

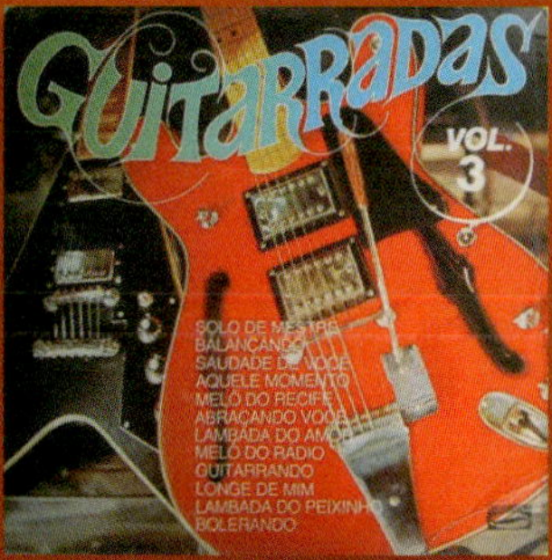

Carlos Marajó (Aldo Sena)

Aldo Sena

Carlos Santos

Alípio Martins

José Orlando

Beto Barbosa

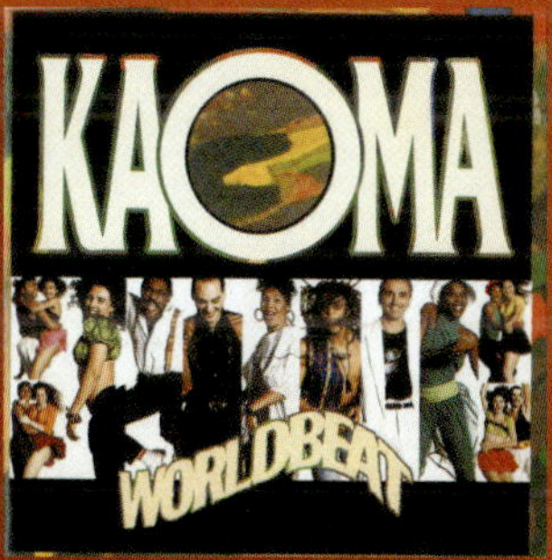

Kaoma

Banda Calypso

Banda Djavú

Dona Onete

Gaby Amarantos

A "MPB" NO EXTERIOR – COLETÂNEAS E BANDAS GRINGAS

Coletâneas criadas por DJs estrangeiros

Bandas criadas fora do país especializadas em música brasileira

A "MPB" NO EXTERIOR – ARTISTAS BRASILEIROS

Astrud Gilberto

Tania Maria

Flora Purim e Airto Moreira

Eliane Elias

Lisa Ono

Rosa Passos

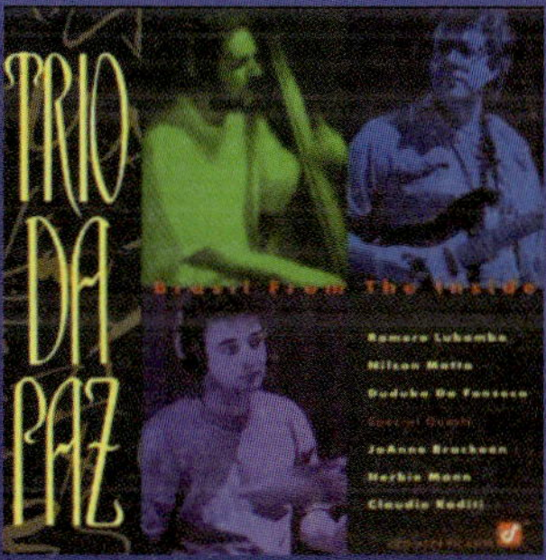

Trio da Paz

Marcos Valle

Joyce (Moreno)

Bebel Gilberto

Azymuth

Sergio Mendes

A "MPB" NO EXTERIOR

Alheios aos modismos, **Tom Jobim** e **João Gilberto** continuam cultuados na cena *jazzy* mundial, enquanto **Ivan Lins** é o nosso segundo compositor mais gravado por artistas internacionais.

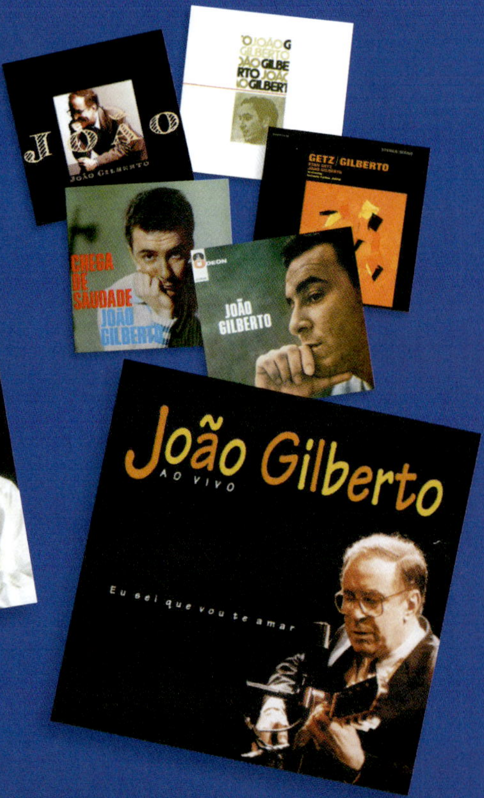

Rogério Gomes, veiculado em 93, foi um clássico da década e por esse disco de estreia, homônimo, ganhou quatro prêmios Sharp (fomentado pelo empresário **José Maurício Machline** a partir de 88 e que se tornaria o mais badalado pelas próximas décadas),[6] e outro bastante prestigiado, da APCA, Associação Paulista de Críticos de Artes, como Melhor Cantor do ano de 92. Quase sempre trabalhando com o arranjador **Miguel Briamonte**, continuou rezando na cartilha do ecletismo em novos álbuns até que, em 2007, devido à abertura de portas para sua carreira na Europa, radicou-se em Berlim, mantendo seu estilo imprevisível, aberto a diversas possibilidades estéticas.

Os baluartes da "MPB" batem um bolão

Logo na primeira metade da década de 1990, os veteranos **Tim Maia** e **Jorge Ben** (que desde 87 passou a assinar **Jorge Ben Jor**) foram redescobertos pela juventude. Este último começou com um poderoso álbum *Ao vivo no Rio* (Som Livre, 91), que inicialmente foi lançado em dois CDs, mas depois foi recolhido por problemas de direitos com sua antiga gravadora, sendo reeditado a seguir em apenas uma bolachinha, com metade do imenso repertório, agrupado na sua maioria em medleys. Rebobinava ainda assim dezenas de hits e lançava a inédita autoral "W/Brasil (Chama o síndico)", que fazia uma referência no título à agência do publicitário Washington Olivetto e no subtítulo ao amigo dos tempos da Tijuca: "Eu vou chamar o síndico: Tim Maia!" Dois anos depois, veio o novo hit igualmente autoral "Engenho de Dentro" ("Se não saltar agora / Só no próximo baile, em Realengo").

Por sua vez, o "síndico" veio com a balada autoral "Essa tal felicidade" e o seu velho funk (soul) "Não quero dinheiro, só quero amar", que voltou às paradas graças à sua inclusão no show *Mais* (1991), de **Marisa Monte**. Acontece que a cantora não quis gravá-la, daí as rádios passaram a tocar a única gravação existente da música até então, registrada pelo cantor vinte anos antes, em 1971 — seguramente, um caso único na história de nossa música. A partir daí, o cantor voltou a apresentá-la nos shows e a regravou em 92.

Na mesma época, alguns dos maiores baluartes da "MPB" foram homenageados pela **Mangueira** na Avenida. **Tom Jobim** em 1992, motivando-o a compor com **Chico Buarque** o samba "Piano na Mangueira"; os **Doces Bárbaros — Gal, Bethânia, Caetano** e **Gil** — em 94 e **Chico Buarque** em 98, que o fez compor outro belo samba com **Hermínio Bello de Carvalho**, "Chão de esmeraldas". Anos antes, **Chico** lançara um CD dos mais expressivos de sua obra, *Paratodos* (93), em cuja faixa-título homenageava a diversidade da música brasileira: "Viva Erasmo, Ben, Roberto / Gil e Hermeto, palmas para / Todos os instrumentistas / Salve Edu, Bituca, Nara / Gal, Bethânia, Rita, Clara / Evoé, jovens à vista." Trazia ainda a obra-prima "Futuros amantes": "Não se afobe não que nada é pra já / Amores serão sempre amáveis / Futuros amantes, quiçá / Se amarão sem saber / Com o amor que eu um dia / Deixei pra você."

Ainda sobre **Tom Jobim**, o maestro lançaria seu último álbum, *Antonio Brasileiro*, em 1994, no qual se destacava o inédito samba "Maricotinha", em dueto com seu autor e velho amigo **Dorival Caymmi**, e o fox "Querida", seu derradeiro sucesso como compositor, escrito três anos antes para a abertura da novela *O dono do mundo*. Ele ainda realizaria uma gravação de "Fly me to the moon" (Bart Howard) para o projeto *Duets*, de **Frank Sinatra**, com quem já havia feito dois álbuns no passado, pouco antes de falecer em dezembro daquele ano, deixando o país mais pobre em melodia, harmonia e delicadeza. O impacto de sua morte foi mundial, tanto que seu derradeiro álbum ganhou um Grammy póstumo na categoria Jazz Latino.

Caetano, que desde 1986 já havia cunhado dois projetos "acústicos" (sem esse nome, sendo um deles para o mercado americano), alinhava-se à estética *cool* então em voga nos trabalhos de **Zizi Possi, Ney Matogrosso** e **Rita Lee** com *Circuladô*, lançado em novembro de 91, acompanhado do cello e dos arranjos do profícuo **Jaques Morelenbaum**, com quem passaria a trabalhar pelos próximos 13 anos, inclusive no impecável *Fina estampa* (94), em que relia clássicos do cancioneiro latinoamericano dos anos 30 aos 50 de maneira serena e refinada. Entre os dois, registraria com seu velho parceiro **Gilberto Gil** o álbum *Tropicália 2* (93), comemorando os 25 anos do movimento tropicalista, destacando o dolente (autoral) "Desde que o samba é samba", um clássico instantâneo, e a cortante "Haiti", trazendo junto com **Gil** a força do rap politizado de forma mais contundente para o meio da "MPB", que começava a emergir do underground paulista. Seguiu compondo para uma série de trilhas de filmes brasileiros famosos, como *O quatrilho* (95), de Fábio Barreto, *Orfeu* (99) e *Tieta do agreste*, ambos de Cacá Diegues (96). O samba-reggae "A luz de Tieta", feito para este último e gravado em dueto com **Gal Costa** e os tambores da **Didá Banda Feminina**, foi um de seus grandes hits nesta década.

Por sua vez, **Gilberto Gil** passou a equilibrar-se entre a política — elegendo-se vereador em Salvador em 89 — e a música, em cujos discos solo principais nesse tempo falava novamente de tecnologia e/ou ciência, após longo hiato: *Parabolicamará* (92) e *Quanta* (97). Neste último, destacou-se a canção romântica algo sertaneja "Estrela" ("Há de surgir / Uma estrela no céu / Cada vez que *ocê* sorrir") e o samba-funk "Pela internet", uma atualização do ancestral "Pelo telefone" (Donga/Mauro de Almeida, de 1916), anunciando o surgimento do mundo virtual exatamente naquele momento. Sua amiga "doce bárbara" **Gal Costa** lançou *O sorriso do gato de Alice* (1993), um álbum de vanguarda somente com canções inéditas de seus amigos **Caetano**, **Djavan**, **Gil** e **Ben Jor**, que gerou seu show mais comentado e polêmico da década, dirigido por **Gerald Thomas**, que a certa altura deixava os seios à mostra quando cantava canções como "Tropicália" e, sobretudo, "Brasil".

E **Maria Bethânia** se abriu de maneira inexorável à nova geração da "MPB" a partir do CD *Âmbar* (96), realizando na sequência um de seus shows mais marcantes, *Imitação da vida*, recheado de textos de **Fernando Pessoa**, que logo virou um álbum ao vivo homônimo. Antes disso, ela seria a primeira de uma série de veteranos que surpreenderam, com altos picos de vendas nos anos 1990. Superou um milhão de cópias vendidas de seu CD *As canções que você fez pra mim* (93), dedicado às canções de **Roberto** e **Erasmo Carlos**, na Polygram, uma das dezenas de produções vitoriosas do craque **Guto Graça Mello**, destacando sua interpretação para "Fera ferida". O ponto alto do disco eram os arranjos de cordas criados pelo maestro inglês **Graham Preskett**, que não conhecia as gravações originais do "Rei", conseguindo um clima absolutamente original que casava como luva à interpretação densa da cantora e aos chiques arranjos de base. Enquanto isso, em 94, "**Joanna** canta **Lupicínio**", ganhou Disco de Platina, trazendo para uma plateia popular os velhos sambas-canção do mestre gaúcho e **Flavio Venturini** arrancava novos suspiros dos fãs apaixonados com sua balada sensual "Noites com sol" (com Ronaldo Bastos).

No fim de 1995, **Simone** trocava a CBS/Sony pela Polygram e, em menos de um mês, preparou um disco de Natal, que se tornou um clássico, a começar pela faixa de abertura "Então é Natal", versão de **Cláudio Rabello** para a canção "Happy X'mas (War is over)" do casal **John Lennon** e **Yoko Ono**. De cara emplacou mais de 1 milhão de cópias e nunca mais parou de vender em todos os Natais pelas próximas duas décadas, criando um misto de amor e ódio no público. Amor entre os fãs que passaram a adotá-lo como trilha oficial natalina dali por diante e ódio nos que já não aguentavam mais sua massificação pelas lojas de departamentos do país a cada dezembro. A ideia do disco ganhou força pelo fato de a cantora aniversariar junto com Jesus, uma data sempre especial para ela, razão pela qual o CD recebeu o nome de *25 de dezembro*. No mesmo ano, **Ivan Lins** estourava a canção romântica "Lembra de mim" (dele com Vitor Martins) na trilha da novela *História de amor*, da Globo: "Lembra de mim / Se existe um pouco de prazer em sofrer / Querer te ver talvez eu fosse capaz / Perto daqui ou tarde demais." Ele também realizou um álbum natalino três anos depois, *Um novo tempo*, editado pela efêmera Abril Music com resultado interessante, incluindo um dueto com a própria **Simone** e outro com o astro porto-riquenho radicado nos EUA **José Feliciano**, vertendo sua festiva "Feliz navidad" em "Um feliz Natal".

Em 1996, enquanto a veteraníssima **Angela Maria** realizava 15 duetos/encontros com a nata da música brasileira no CD *Amigos* (Sony Music), incluindo **Roberto Carlos, Chico Buarque, Fagner, Alcione** e **Zezé Di Camargo & Luciano**, ganhando Disco de Platina, o projeto *O grande encontro* reunia **Alceu Valença, Geraldo Azevedo, Elba** e **Zé Ramalho** com ainda mais sucesso, gerando três CDs de alta vendagem na BMG, entre 1996 e 99, sendo que o primeiro deles bateu 1 milhão de cópias e os dois últimos foram gravados já sem **Alceu**. Aliás, foi justamente em 96 que **Zé Ramalho** voltou à mídia, depois de mais de uma década de ostracismo, graças à inclusão de sua gravação original de "Admirável gado novo" na trilha da novela recordista em vendas *O rei do gado*, de Benedito Ruy Barbosa, que abordava o problema dos sem-terra. Seu próximo e decisivo passo foi reavivar ainda mais a memória do público, regravando seus maiores sucessos no CD duplo *20 anos: Antologia acústica* (1997), igualmente na BMG, que o fez retomar para sempre seu posto de destaque na "MPB".

Outra a ganhar Disco de Platina nesta época foi **Fafá de Belém**, que voltava às paradas com a já comentada toada de boi "Vermelho" e o "brega" pop "Abandonada", hit extemporâneo de **Michael Sullivan** com letra de **Paulo Sérgio Valle**, que se tornou um clássico do repertório cabareteiro do país graças à interpretação apoteótica e teatral da cantora, no seu bem--sucedido CD *Pássaro sonhador* (1996), na Sony Music: "Abandonada por você / Apaixonada por você / Eu vejo o vento te levar / Mas tenho estrelas pra sonhar / E ainda te espero todo dia."

Mais um ano, mais um recorde de um(a) grande artista. Em 97, **Zizi Possi** retorna às suas origens italianas/napolitanas e grava o CD *Per amore* na Polygram com grandes canções neste idioma e grande orquestra, com a colaboração de **Dori Caymmi** nos arranjos. A faixa-título (de Mariella Nava) foi o tema romântico principal da novela *Por amor*, da Globo, e resultou no maior sucesso comercial de sua carreira, ganhando Disco de Platina duplo pelas 500 mil cópias vendidas. Outro ícone da "MPB", **Nana Caymmi**, que era famosa justamente por não vender discos devido ao seu jeito incomum de cantar e seu repertório sofisticado, ganhou Disco de Ouro pela primeira e única vez em 1998, pelas 100 mil cópias de seu CD editado pela EMI. Foi puxado pelo bolero "Resposta ao tempo", de **Cristóvão Bastos** e **Aldir Blanc**, que se tornaria um dos últimos clássicos da "MPB" a fazer sucesso nacional, sendo tema de abertura da minissérie *Hilda Furacão*, também da TV Globo: "Batidas na porta da frente / É o tempo / Eu bebo um pouquinho pra ter / Argumento / Mas fico sem jeito / Calado, ele ri / Ele zomba do quanto eu chorei / Porque sabe passar / E eu não sei..." No ano seguinte, a dupla de autores bisa o sucesso na voz da cantora, com outro bolero num folhetim global, no caso a canção-tema da novela *Suave veneno*.

A propósito de **Aldir**, seu parceiro mais constante nesta década foi o compositor e violonista virtuose **Guinga**, cujas primeiras parcerias foram lançadas no álbum *Simples e absurdo*, pelo novato selo Velas em 1991, nas vozes de intérpretes variados da "MPB", seguido de *Delírio carioca* (93), em que o próprio **Guinga** encabeçava o álbum e depois não parou mais de gravar. Neste momento, entretanto, as canções da dupla obtiveram mais repercussão ao serem gravadas por **Leila Pinheiro** no CD *Catavento e girassol* (1996), um cult da época, destacando a faixa-título e a hilariante *O coco do coco*.

Ainda no circuito alternativo, **Zé Renato** (ex-**Boca Livre**) foi dos raros intérpretes masculinos de expressão, com canções autorais ou tributos a **Silvio Caldas** e **Zé Kéti**, numa linha elegante em que já militavam desde a Era dos Festivais, **Zé Luiz Mazziotti** (e sua voz de veludo) e o também compositor **Filó Machado**, ambos paulistas, sendo que este último, a partir do fim dos anos 80, passou a ter atuação constante no circuito EUA, Canadá e Europa, com público cativo sobretudo em Paris. Ambos pouco ouvidos e vistos no Brasil, mas muito prestigiados pelos entendidos em música.

Mas no quesito cult ninguém superou o veterano **Tom Zé**, que após mais de uma década de ostracismo na mídia — nos anos 1980 gravou apenas um LP — foi redescoberto pelo roqueiro **David Byrne**, o mesmo que projetou mundialmente **Margareth Menezes**. Ele se encantou por seus experimentalismos do LP *Estudando o samba* (76), e decidiu reeditar o melhor de sua obra nos EUA num projeto seu com a Warner internacional, a coletânea *Massive Hits — The best of Tom Zé — Brazil classics 4 — Compiled by David Byrne* (90), tornando-se o único álbum brasileiro a figurar entre os dez discos mais importantes desta década pela crítica americana. Desde então, o baiano passou a realizar turnês internacionais, ser premiado e a gravar regularmente, sendo uma figura recorrente na mídia mais culta brasileira e nos palcos do circuito alternativo paulistano. Um de seus trabalhos mais comentados foi *Parabello* (97), composto com o ensaísta, cantor e compositor paulistano **Zé Miguel Wisnik** para o grupo de dança O Corpo, além de canções autorais irreverentes, como "Ogodô ano 2000" e "Xique-xique" (com **Arnaldo Antunes**) e a partir do novo século "Medo de mulher", "Companheiro Bush", "Vaia de bêbado não vale", entre tantas outras.

Outro vencedor nesta década foi **Milton Nascimento**. Após projetos internacionalmente vitoriosos, como *Txai* (90), com índios da Amazônia, e *Angelus* (93), com vários astros norte-americanos e de ser um dos porta-vozes da Rio-ECO-92, conferência da ONU sobre meio ambiente e desenvolvimento, até parecia que sua carreira teria um baque, mas foi alarme falso. É que ele apareceu publicamente magro demais, gerando rumores de que estaria com aids, mas que, na verdade, havia desenvolvido um processo de diabetes. Logo deu a volta por cima com o CD *Nascimento* (97), dando origem ao aclamado show *Tambores de Minas*, dirigido por **Gabriel Vilela**, ao lado de um coro de atores-cantores, sendo a primeira vez que se apresentou sem seu boné azul de estimação. Foi, afinal, um grande "re-nascimento" artístico coroado pelo Grammy Awards de Melhor Álbum na categoria *World Music* que o seu referido disco recebeu no exterior.

No ano seguinte, o colega **Gilberto Gil** ganhou o prêmio na mesma categoria pelo CD *Quanta gente veio ver*. Ambos com carreira internacional consolidada há décadas e contratados da mesma Warner Music, decidiram gravar um trabalho juntos em 2000, *Gil & Milton*, que virou uma turnê, logo após ao álbum/show em que **Milton** revia seu passado de *Crooner* (99). Enquanto escrevia seu livro de memórias, *Verdade tropical*, **Caetano Veloso** lançou seu CD *Livro*, em 97 no Brasil, pela Polygram, e, em 98, nos EUA pelo selo Nonesuch, faturando o Grammy na mesma categoria dos colegas (e ainda o Grammy Latino em sua edição de estreia como *álbum do ano*) em 2000. Finalmente seu ídolo, **João Gilberto**, abocanhou em 2001 o mesmo prêmio que **Milton**, **Gil** e **Caetano** por aquele que seria seu último CD de estúdio, *João, voz e violão*.

Apesar da influência sobre a "MPB" em quatro décadas, **Caetano Veloso** nunca tinha sido um grande vendedor de discos, mas de repente, no ano de 1999, chegou a 1 milhão com o CD *Prenda minha — ao vivo*, puxado por "Sozinho", de **Peninha**, um autor do segmento popular, de quem ele já havia gravado "Sonhos", 17 anos antes. Curiosamente, a canção já havia feito grande sucesso em 96 com **Sandra de Sá**, levando a cantora a vender mais de 300 mil cópias, com seus versos bem sacados: "Quando a gente gosta / É claro que a gente cuida / Fala que me ama / Só que é da boca pra fora / Ou você me engana / Ou não está madura / Onde está você agora?"

O registro audiovisual deste show do cantor foi o primeiro DVD brasileiro, lançado pela Universal Music (ex-Polygram) quase que simultaneamente ao do cantor **Leonardo** (*Ao vivo*), pela BMG Brasil.

Incrível colecionador de hits desde os anos 1970, com sua charmosa mistura de "MPB", blues, funk (soul) e pop com pitadas de sabor nordestino, **Djavan** seguia como um campeão de hits radiofônicos. Dentre os seus companheiros de estilo e geração, foi seguramente o maior hitmaker nesta década de 90. Para começar "Se" ("Eu levo a sério / Mas você disfarça..."), "Linha do equador" (com **Caetano Veloso**) ("Luz das estrelas / Laço do infinito / Gosto tando dela assim..."), "A rota do indivíduo" (com **Orlando Morais**) ("Mera luz / Que invade a tarde cinzenta...") e "Boa noite" ("Quem não tem pra quem se dar / O dia é igual à noite") do CD *Coisa de acender* (92). A seguir vieram "Sem saber" ("A vida já é um absurdo / Com você longe muito mais"), em 94; "Nem um dia" ("Um dia frio / Um bom lugar pra ler um livro / E o pensamento lá em você / Eu sem você não vivo"), em 96, e "Eu te devoro" ("Teus sinais / Me confundem da cabeça aos pés / Mas por dentro te devoro"), em 98 foram alguns deles.

Isto além das regravações de "Correnteza" (Tom Jobim/Luiz Bonfá) e "Sorri (Smile)", de Chaplin, que também foram bem executadas em sua voz e da bela "Nuvem negra", registrada por **Gal Costa** em 93. Quando gravou seu primeiro CD ao vivo, um álbum duplo pela Sony Music em 99, rebobinando 22 megahits, também chegou ao milhão de cópias, incluindo duas inéditas que também deram pé, o funk (soul) "Acelerou" e a balada "Um amor puro".

Numa linha de sonoridade próxima, o grupo afro-jazz-brasileiro **Batacotô**, do qual chegou a integrar a futura estrela **Mart'nália**, teve seus dias de sucesso nesse tempo, gravando três CDs, repletos de participações ilustres, como **Djavan**, **Ivan Lins** e **Dionne Warwick**. E por falar em suingue, **Pepeu Gomes** emplacou a tropical "Sexy Yemanjá", dele com Tavinho Paes, na abertura da novela global *Mulheres de areia*, em 93: "A noite vai ter lua cheia / Tudo pode acontecer / A noite vai ter lua cheia / Quem eu amo vem me ver." Pouco antes disso, em 90, juntou-se a **Moraes Moreira**, companheiro desde os tempos dos **Novos Baianos**, num álbum de estúdio, *Moraes e Pepeu*, destacando outra canção sobre nosso satélite natural, "A lua e o mar", que era conhecida desde o ano anterior por fazer parte da famosa trilha de *Tieta*. O trabalho os levou ao Japão, onde registraram novo CD, desta vez ao vivo.

Quem fechou a década em 2000 em grande estilo foi **Elza Soares**, quando levou à cena o aclamado show *Dura na queda*, que estreou no Teatro Glória, no Rio, dirigida pelo cenógrafo **Gringo Cardia** e por **José Miguel Wisnik**, em que mostrava toda sua versatilidade, muito além do samba. O espetáculo originou dois anos depois o memorável CD de estúdio *Do cóccix até o pescoço*, que gravou aos 72 anos com a voz intacta, cujo título vinha de um blues inédito que **Caetano Veloso** lhe deu de presente, "Dor de cotovelo", e trazia a funkeada "A carne" (Seu Jorge/Marcelo Yuka/Ulisses Cappelletti), do repertório do grupo **Farofa Carioca**, um petardo antirracista ("A carne mais barata do mercado é a carne negra"), com direito a clipe na MTV, e de bônus, "Façamos (Vamos amar)", versão de **Carlos Rennó** para "Let's do it (Let's fall in love)", de Cole Porter, gravada em dueto com **Chico Buarque** para a abertura da novela *Desejos de mulher*, da Globo. Na sequência, fez um CD eletrônico, *Vivo feliz* (2003). Estava disposta a provar a quem quisesse que não havia camisa de força estética capaz de lhe prender.

O pop rock brasileiro abraça novos gêneros: reggae, rap, manguebeat e hardcore

O pop rock nacional viveu nessa década seu último grande momento mais criativo, diverso e de maior visibilidade na mídia. As bandas dos anos 1980 que não se dissolveram tiveram de se reinventar para se manter no mercado e uma geração nova chegava forte, marcada pelas misturas rítmicas entre rock, reggae, rap e ritmos nordestinos. Inicialmente, com as gravadoras ainda refratárias ao rock, cuja maioria dos artistas estava desgastada, diante da massificação rumo ao pagode, "sertanejo" e axé, as bandas usaram e abusaram dos fanzines e fitas K7 para tentarem algum lugar ao sol. Algumas foram ajudadas pelo surgimento de festivais alternativos que sacudiam a cena independente, como o Abril Pro Rock, de Recife, o Super Demo (BH/SP/Brasília), Juntatribo (Campinas), Close-up Planet

(Rio) e Porão do Rock (Brasília), e todas ganharam com o surgimento da MTV no país, que exibia diariamente seus videoclipes e divulgava seus artistas. Em termos de *mainstream*, o Hollywood Rock já vinha marcando época desde 1988 e até 1996 teve sete edições. Seu modelo, o Rock in Rio, que incluía também bandas internacionais, nesta década ocorreu apenas em 1991 — e a seguir em 2001, tornando-se mais constante no país a partir dos anos 2010.

A primeira banda pop importante a despontar nessa fase foi a carioca **Cidade Negra**, em 1991, inicialmente com o vocalista **Ras Bernardo**, com o hit "Falar a verdade", e três anos depois com **Toni Garrido**. Numa mistura de reggae com soul, rock e dance music, foi o primeiro grupo pop negro de expressão nacional desde **Golden Boys** e **Trio Esperança**, porém intercalando temas amenos com discurso politizado. A funkeada "A sombra da maldade" e os reggaes "Firmamento (Wrong girl to play with)", "Girassol", além de canções de apelo pop dançantes de **Marisa Monte** e **Nando Reis** ("Onde você mora?") e **Lulu Santos** ("Sábado à noite"), foram estouros comerciais. Mais restritos ao reggae, também se notabilizaram o maranhense **Tribo de Jah**, começando a gravar em 92 (do qual falaremos adiante), e quatro anos depois o **Natiruts** (ex-**Nativus**) ("Liberdade pra dentro da cabeça"), de Brasília.[7] Mais conhecido na Bahia, seu estado de origem, onde é um ídolo, **Edson Gomes** desde 1988 se manteve fiel ao estilo pelas próximas décadas, destacando as autorais "Campo de batalha", "Árvore", "Samarina" e "O país é o culpado".

Outro muito chegado a um reggae foi o mineiro **Skank** (do vocalista **Samuel Rosa**). Surgiu de forma independente em 1993 e já no ano seguinte assinava com a Sony Music, explodindo com o CD *Calango*, com hits como os reggaes "Jackie Tequila" e "Te ver", ambas de **Samuel e Chico Amaral** (a última com Lelo Zaneti). Em 96, "É uma partida de futebol" e, principalmente, o dance pop "Garota nacional" (Samuel/Chico Amaral), que explodiu aqui e ficou pelo menos três meses nas paradas da Espanha, puxaram o CD *O samba poconé*. O álbum chegou a mais de um milhão de cópias, misturando referências e ritmos, abrindo caminho para turnês prestigiadas na Europa, EUA e América Latina. Equilibrando-se entre reggae, rock, "Clube da Esquina", eletrônico e psicodelia, lançaram *Siderado*

(98), que estourou "Saideira" (Samuel/Rodrigo Leão) e a bela balada "Resposta" (Samuel Rosa/Nando Reis), logo regravada por **Milton Nascimento**: "Bem mais que o tempo / Que nós perdemos / Ficou pra trás também / O que nos juntou / Ainda lembro / Que eu estava lendo / Só pra saber / O que você achou / Dos versos que eu fiz / E ainda espero resposta." A seguir, o CD *Maquinarama* (2000) acumulou mais um hit, a "Balada do amor inabalável" (Samuel/Fausto Fawcett).

Também formada em Belo Horizonte na mesma época, porém de atuação mais alternativa, veio o **Pato Fu**, cujo núcleo é formado pelo casal **Fernanda Takai**, vocalista, e o guitarrista/multi-instrumentista **John Ulhoa**. O título *nonsense* significa "uma luta marcial de patos, que mesmo desajeitados não desistem". É que a vocalista sentia que ela e os outros componentes tinham um comportamento "fora da curva". Seu som alternativo com algo de experimentalismo com letras e intenção algo cínica remetia diretamente aos **Mutantes**, com a voz de **Fernanda** parecida com a de **Rita Lee** naquela fase, o que reforçava essa sensação — inclusive a banda regravou alguns de seus sucessos, como "Qualquer bobagem" e "Ando meio desligado".[8] Suas músicas mais conhecidas foram a regravação de "Eu sei" (Renato Russo), além de "Sobre o tempo", "Depois" e, especialmente, a balada "Canção pra você viver mais" (todas de **John Ulhoa**).

Ainda nessa época, em 1994, surge o grupo carioca **O Rappa**, do vocalista **Marcelo Falcão** e do letrista/líder **Marcelo Yuka**. Assim como o **Cidade Negra**, misturavam o reggae com rock e vinham da periferia, encarando as desigualdades sociais e o racismo mais de perto, e assim como o **Skank** e o **Pato Fu**, estouraram no segundo disco, *O Rappa mundi* (1996), mas de forma bem mais avassaladora, com uma penca de hits, como a regravação do hit de **Gal Costa** "Vapor barato", depois "Pescador de ilusões", "A feira", "O homem-bomba" e uma versão de "Hey Joe" (Jimi Hendrix) em duo com o rapper **Marcelo D2**, ainda em início de carreira no **Planet Hemp**. Sim, **O Rappa** também flertava com o rap nacional, que estava nascendo, cruzando seu som com o pop e o rock nativos. Três anos depois, *Lado B, Lado A* vinha com letras ainda mais contundentes falando sobre política e violência urbana, destacando "O que sobrou do céu" e a faixa-título e "Minha alma (A paz que eu não quero)": "As grades do condomínio / São para trazer proteção / Mas também trazem a dúvida / Se é você que está nessa prisão / Me abrace e me dê um beijo / Faça um filho comigo / Mas não me deixe sentar / Na poltrona no dia de domingo."[9]

Em meio a essas bandas, surgiram dois gêneros ao sucesso: o manguebeat e um rock de garagem bem adolescente. Todos conquistaram seus nichos de público nesta década de 1990. O primeiro nasceu com manifesto e tudo, escrito pelo músico e jornalista **Fred Zero Quatro**, que acabara de criar o **Mundo Livre S/A**, com **Fábio**, **Tony** e **Helder Aragão** (este mais conhecido como **DJ Dolores**). Foi distribuído à imprensa local em 1991, intitulado "1º Manifesto do Movimento Mangue Bit", mas sem maior alarde: "Os mangueboys e manguegirls são indivíduos interessados em Teoria do Caos, *World music*, Legislação sobre meios de comunicação, Conflitos étnicos, Hip-hop, Acaso, Bezerra da Silva, Realidade Virtual, Sexo, *Design*, Violência e todos os avanços da Química aplicada no terreno da alteração/expansão da consciência. (...) Mangueboys e manguegirls estão gravando a coletânea *Caranguejos com Cérebro*, que reúne as bandas **Mundo Livre S/A**, **Loustal**, **Chico Science** e **Nação Zumbi** e **Lamento Negro**."[10] Este último citado era um grupo e um bloco de afoxé e samba-reggae à moda dos afro-baianos, de Recife.

O nome "mangue" teria vindo da cabeça de **Fred 04**, já amigo dos também jornalistas **Renato L** e **Xico Sá**, do webdesigner **H. D. Mabuse** e do **DJ Dolores**, outros mentores do movimento, e "bit", depois alterado para *beat*, criado por **Chico Science**. O símbolo do manguebeat era o caranguejo, ganha-pão dos trabalhadores da região dos manguezais de Recife, uma cidade erguida num imenso aterro sobre eles, cruzada por rios.[11] A ideia era misturar os ritmos regionais pernambucanos, com ênfase nos tambores do maracatu e na divisão rítmica da embolada, misturada ao rock, hip-hop, funk americano, música eletrônica, além de *samplers*, produzindo um efeito poderoso que fosse rico e diverso como a cidade — e escancarando nas letras o abandono das periferias locais, onde o mangue ainda se fazia mais aparente.

Vendo as tradições pernambucanas desprestigiadas e se perdendo, como o coco, a embolada, a ciranda e o maracatu, o "baixinho invocado", **Chico Science** teve uma ideia: "Se a gente tocar maracatu do jeito que ele é, a galera vai pegar no nosso pé. Então a ideia básica do manguebeat é colocar uma parabólica na lama e entrar em contato com todos os elementos que você tem para fazer uma música universal. Isso fará com que as pessoas futuramente olhem para o ritmo como ele era antes",[12] o que se deu efetivamente pelo menos com o coco e a ciranda. **Chico**, que começou participando de grupos como o **Loustal** e era envolvido com os tambores do **Lamento Negro**, acabou congregando integrantes de ambos, dando origem à formação definitiva do **Chico Science e Nação Zumbi**. Em 1994, lançavam seu CD *Da lama ao caos* pelo selo Chaos da Sony Music, produzido por **Liminha**, causando uma pequena revolução no pop nacional, com hits como "A cidade" e "A praieira", ambas do próprio **Chico Science**.

O batuque que abre "A cidade" foi uma transposição dos naipes de metais utilizados nos arranjos de soul/funk das gravações de **James Brown** para os tambores e caixas de riffs do maracatu de baque solto. A ideia foi de **Maureliano Ribeiro da Silva**, um dos fundadores do bloco **Lamento Negro**, grupo no qual tocava a maioria dos percussionistas do **Nação Zumbi**.[13] E a letra não poderia ser mais direta, narrando as diferenças entre vidas de pessoas de uma mesma cidade: "A cidade não para / A cidade só cresce / O de cima sobe / E o de baixo desce", e continuava: "Num dia de sol, Recife acordou / Com a mesma fedentina do dia anterior." O mau cheiro do mangue era a metáfora ideal para os problemas que a cidade e o próprio Nordeste em si enfrentavam. Já a faixa-título do CD de estreia, *Da lama ao caos*, outra de **Chico Science**, seguia na mesma direção: "Posso sair daqui pra desorganizar / Da lama ao caos, do caos à lama / O homem roubado nunca se engana."

Com integrantes de estratos sociais (e níveis intelectuais) diversos, o manguebeat foi buscar a arte do povo direto da fonte, travando contato com rabequeiros, coquistas e cirandeiros para aprender uma cultura já um tanto apagada para sua geração. Queriam se integrar, trazendo-os para o centro dos holofotes junto com eles, dividindo shows, palcos de festivais, o que efetivamente se deu com nomes como **Mestre Salu** (rabequeiro e diretor do maracatu rural — ou de baque solto — **Piaba de Ouro**), a **Banda de Pífanos de Caruaru** e o **Maracatu Nação Erê** (formado por crianças e adolescentes), fora **Lia de Itamaracá** e **Dona Selma do Coco**, esta uma vendedora de comidas típicas no Alto da Sé, em Olinda (que virou nome nacional e gravou seu primeiro disco na Alemanha depois de uma apresentação no Abril Pro Rock em 97).[14] Em paralelo, jovens, na maioria de classe média, resgataram a sonoridade original do maracatu em grupos como **Nação Pernambuco** e o dissidente **Cabra Alada**.

Chico Science e Nação Zumbi em pouco tempo já participavam de turnês internacionais, nos EUA e na Europa. Tanto o CD de estreia quanto o segundo, *Afrociberdelia* (1996), com destaque para a releitura do sucesso de **Gilberto Gil** "Maracatu atômico" (Jorge Mautner/Nelson Jacobina), ganharam Disco de Ouro, mesmo apresentando uma sonoridade difícil para as rádios brasileiras, então já dominadas por modismos massificados. Ninguém poderia imaginar que em fevereiro de 97 seu líder estaria morto, vítima de um acidente de carro, quando dirigia de Recife a Olinda. Passado o terrível luto, **Jorge du Peixe** assumiu os vocais da banda, que passou a se chamar **Nação Zumbi**, emplacando novos hits, como "Meu maracatu pesa uma tonelada", "Foi de amor" e "Quando a maré encher",[15] esta regravada por **Cássia Eller** em 2001.

Outro expoente do movimento, o **Mundo Livre S/A** já trazia um som maduro em seu álbum de estreia, *Samba esquema noise*, igualmente aclamado pela crítica, fruto do amadurecimento de um grupo que em 1994 já acumulava dez anos de estrada, mesclando samba, bossa nova, rock, punk e ritmos nordestinos, destacando faixas como "Bolo de ameixa", "Livre iniciativa", "Compromisso de morte" e "Musa da Ilha Grande".[16] Afora isso, seu líder, Fred Montenegro, o **Fred 04** (vocal, guitarra e cavaquinho), já trazia no bojo referências diversas, de **Jorge Ben Jor** (inclusive na alusão ao seu álbum de estreia, *Samba esquema novo*, de 63) a passagens por diversas bandas punk/hardcore, chegando a usar até mesmo uma guitarra baiana. Os álbuns *Guentando a Ôia* (96) e *Carnaval na obra* (98) completam sua trilogia essencial.

Cinco anos após a explosão do manguebeat, o CD *Samba pra burro*, do inquieto percussionista **Otto**, ex-integrante dos principais grupos do gênero — **Chico Science e Nação Zumbi** e do **Mundo Livre S/A** — ganhou o prêmio da APCA como Melhor Álbum de 1998.[17] Era igualmente inovador, uma espécie de "tecnomangue", com letras algo *nonsense*. A faixa mais festejada pelo público foi "Bob", dele com **Bebel Gilberto**: "Ela é do tempo do Bob / Lá do Pina de Copacabana", esta última uma expressão inventada por ele para traduzir um trecho da praia carioca que frequentava, a seu ver muito semelhante ao da Praia do Pina, de Recife.

Afora os artistas citados, são identificados com o manguebeat **Mestre Ambrósio** (num som mais cru, com rabeca, explorando o som dos maracatus e caboclinhos, tendo à frente o vocalista **Siba**, que depois seguiu com outros projetos), o próprio **DJ Dolores**, egresso do **Mundo Livre S/A**, e nomes de fama mais efêmera, como **Eddie**, **Sheik Tosado**, **Jorge Cabeleira** e **O Dia em que Seremos Todos Inúteis** e a feminina **Comadre Fulozinha**, que lançaria o primeiro álbum em 99, de onde despontou a performática baiana radicada em Recife **Karina Buhr**. Em paralelo, num som mais raiz, com um peso diferente, apareceu em 95 o grupo **Cascabulho**, na linha de **Jackson do Pandeiro**, no qual despontou o vocalista **Silvério Pessoa**, que cinco anos depois partiu para voo solo. Nesse meio-tempo, o grupo de rap local **Faces do Subúrbio** misturou referências de hardcore, embolada e repente.

Além desses jovens pernambucanos, outros rapazes mexeram com as estruturas do pop rock nativo. Com a queda da censura, eles conseguiram tocar seu rock de garagem com letras lascivas e agressivas, lambuzadas de esperma adolescente, recheadas de humor, palavrões e cantadas politicamente incorretas, que seus antecessores das gerações Jovem Guarda e do rock anos 1980 morreriam de inveja. Eram os **Raimundos**, uma banda formada em Brasília que misturava forró e hardcore, incluindo situações, costumes e linguajar nordestinos, num cruzamento improvável entre os americanos **Ramones** (a começar pela escolha do nome) e **Ratos de Porão** com **Genival Lacerda**. Formada por **Rodolfo Abrantes** (vocais "moleques" e letrista), **Digão** (guitarra), **Fred** (bateria hardcore) e **Canisso** (baixo), gravaram a partir de 94 seis álbuns, que venderam bem e deram novo gás ao nosso rock menos pop e mais pesado. Eram faixas como "Nega Jurema", "Selim" e "Puteiro em João Pessoa", logo no primeiro disco, seguidas por "Eu quero ver o oco", "Esporrei na manivela", "Me lambe" e "Mulher de fases", esta sobre a "TPM" feminina:[18] "Complicada e perfeitinha / Você me apareceu / Era tudo que eu queria

/ Estrela da sorte / Quando à noite ela surgia / Meu bem, você cresceu / Meu namoro é na folhinha / Mulher de fases".

Os **Raimundos** abriram a porta para outras bandas desbocadas e pesadas,[19] como as cariocas **Baba Cósmica**, do baterista e futuro produtor da Deck Disc **Rafael Ramos**, do hit "Pedra no meu caminho", e **The Funk Fuckers**, banda de transição do cantor/letrista **BNegão**, que emplacou "Marieta", além de várias outras de São Paulo, como **Virguloides** ("Bagulho no bumba"); **Ostheobaldo** ("Arrasa quarteirão"), que três anos depois se transmutou na **Tihuana**; **Velhas Virgens**, que já existia desde 1986 e começa a gravar em 95; e em especial **Charlie Brown Jr.** Formada em 1992, em Santos (SP), esta última iniciou sua carreira fonográfica cinco anos depois, numa mescla de hardcore, skate punk rock, reggae e ska, com temas adolescentes, depois mais politizados. Liderado pelo vocalista-compositor (e skatista) **Chorão**, já venderam 250 mil cópias em seu álbum de estreia *Transpiração*, caindo no gosto da juventude com "Proibida pra mim" ("Se não sou eu / Quem vai fazer você feliz?"), depois regravada por **Zeca Baleiro**, "O côro vai comê!" e "Tudo que ela gosta de escutar", e a seguir "Zóio de Lula" e "Te levar (daqui)",[20] do consagrado álbum *Preço curto, prazo longo* (1999).

Antes de todas essas, o quinteto de Guarulhos (SP) **Mamonas Assassinas**, do vocalista e *sex symbol* gaiato **Dinho**, foi um fenômeno infantojuvenil que arrebatou o Brasil em 1995, numa espécie de linha evolutiva do humor corrosivo do grupo **Língua de Trapo**, expoente da vanguarda paulista na década de 80. Chegaram a fazer três shows por dia e vendendo quase 2,5 milhões de cópias de seu único disco, porém um acidente aéreo abreviou a carreira do grupo, causando comoção nacional. Por incrível que pareça, a banda no princípio chamava-se **Utopia** e o estilo que pretendiam adotar era algo mais sério, de sonoridade à la anos 80, que não deu certo. Um dia, o vocalista apareceu no estúdio de seu produtor **Rick Bonadio**, para quem passou a trabalhar também gravando jingles, querendo gravar umas músicas "de zoação" para tocar num churrasco. Eram "Robocop gay" e "Pelados em Santos", ainda num andamento mais lento e "brega".

Rick, ao ouvir o material, morreu de rir e deu a ideia de transformarem aquilo num rock mais sujo, mantendo a picardia original. O repertório seguiu então essa linha de canções humorísticas e paródicas, como "Vira-vira",[21] tirando sarro de personagens cotidianos e diversos estilos musicais. O megahit "Pelados em Santos" manteve a ideia "brega" original na primeira parte e virou até hit no carnaval de 96: "Mina / Seus cabelo é 'da hora' / Seu corpo é um violão / Meu docinho de coco / Tá me deixando louco / Minha Brasília amarela / Tá de portas abertas / Pra *mode* a gente se amar / Pelados em Santos." Um som inusitado que só não superou em exotismo o palhaço **Tiririca** (futuro deputado federal) e sua (autoral) "Florentina" na mesma época — na verdade, um tanto decalcada da sertaneja "Catarina" (Savério Rondinelli), lançada pelo **Trio Mineiro** em 62, cujo mote é idêntico.

Nessa mesma época, apareceram dois fenômenos alinhados ao padrão do pop rock romântico radiofônico internacional: o mineiro **Jota Quest**, do vocalista **Rogério Flausino**, em 1996, misturando rock, soul e funk (emplacando "Encontrar alguém" e "Fácil") e, três anos depois, na mesma onda, a banda carioca **LS Jack** (com o hit "Você chegou"), cujo nome era uma corruptela de **L'Acid Jazz**, seu grupo de origem, que já militava na noite do Rio há seis anos. A seguir, na virada para os 2000, chegavam às paradas a banda mineira **Tianastácia** (de "Cabrobró" e "Conto de fraldas"), a paulista **Tihuana** (que estouraria "Tropa de elite"), a cearense **O Surto** (com "A cera") e a brasiliense **Rumbora**, todas alternativas, com pegada mais pesada. E o rock gaúcho marcava presença mais discreta com **Cidadão Quem** e os cantores **Wander Wildner** (**ex-Replicantes**) e **Júpiter Maçã** (**ex-Cascavelletes**), entre outros nomes de projeção local. Isto sem contar a eternamente cult **Graforréia Xilarmônica** e, numa estética totalmente oposta, o pitoresco quarteto gaúcho **Família Lima**, que misturava música erudita com rock e pop açucarado, algo "brega", em faixas como "Teu beijo".[22]

Além de toda essa turma nova e criativa, alguns de nossos roqueiros e "popeiros" da geração 80 ainda bateram um bolão nos anos 1990, às vezes ajudados pelo projeto *Acústico MTV*, caso dos **Titãs**, revigorando velhos hits e produzindo alguns novos. Aliás, um de seus principais integrantes, **Arnaldo Antunes**, seguiu em carreira solo a partir de 92, gravando regularmente canções dos gêneros mais diversos, com um registro vocal cada vez mais grave, sendo figura onipresente na cena paulistana, além de intensificar suas parcerias com **Marisa Monte** e **Carlinhos Brown**. Os **Paralamas do Sucesso** fincaram os pés nas paradas durante toda a década, cada vez mais se abrindo a novas influências sonoras, com "Tendo a lua", "O amor dorme", "Dos margaritas", "Uma brasileira" (com **Djavan**, um megahit em 95), "Lourinha Bombril (Párate y mira)", "Ela disse adeus" e "O amor não sabe esperar" (com **Marisa Monte**, em 98).

O **Kid Abelha** também não ficou atrás. Foi de "Eu tive um sonho", "Te amo pra sempre", "Eu só penso em você", "Como é que eu vou embora"[23] e uma recriação de "Na rua, na chuva, na fazenda", de **Hyldon**. Sua vocalista, **Paula Toller**, passou a ter em paralelo uma carreira solo, lançando em seu álbum de estreia, em 98, a deliciosamente sexy "Derretendo satélites", numa parceria com o ex-namorado, **Herbert Vianna**: "Abro com as mãos, te deixo olhar / Te levo pra dentro devagar..."

Os **Engenheiros do Hawaii** seguiram com seus fãs fiéis e emplacando "A promessa", "Piano bar" e "Eu que não amo você", e a **Legião Urbana** lançou seus derradeiros hits — "Perfeição" e "Giz". Antes de nos deixar precocemente em 1996, seu vocalista, **Renato Russo**, fez sucesso quando revisitou o repertório da estrela *teen* italiana **Laura Pausini**, estourando "La solitudine" e "Strani amori", em seu CD solo *Equilibrio distante* (95). Após sua morte, foi lançado em 99 um *Acústico MTV* da **Legião**, cuja faixa de trabalho foi "Hoje a noite não tem luar",[24] recriação, quem diria, de uma canção da *boy band* portorriquenha **Menudo**.

Em paralelo, pioneiros do pop romântico nativo mandavam seu recado. **Lulu Santos** compareceu nas paradas com o rock "Papo cabeça" (autoral) e canções pop dançantes, que falaremos mais adiante, e **Marina Lima** com a funkeada "Criança" (autoral), o pop "Grávida" (dela com Arnaldo Antunes), e as românticas "Não sei dançar" (Alvin L), "Acontecimentos" (com Antonio Cícero) e "O chamado" (com Giovanni Bizzotto). Em meados da década, aos 40 anos, devido a um problema grave sofrido nas cordas vocais, mudou um pouco seu registro doce e meigo de cantar, mas continuou em evidência, produzindo um som mais eletrônico.

Outros roqueiros passaram por entressafras e voltaram mais fortes, como o **Barão Vermelho** (já sem **Dé** e **Maurício**), num outrora impensável flerte com o eletrônico, no álbum *Puro êxtase* (1998), destacando a faixa-título, numa alusão às drogas sintéticas da moda na cena *clubber* dançante da época, e a canção "Por você" ("Eu dançaria tango no teto / Eu limparia os trilhos do metrô / Eu iria a pé do Rio a Salvador"). O **Biquíni Cavadão,** por sua vez, reapareceu mais maduro em 91, com "Zé-Ninguém" ("Eu sou o povo / Eu sou o Zé-Ninguém / Aqui embaixo as leis são diferentes"), depois com as dançantes "Vento ventania" e "Janaína".[25]

Correndo por fora, literalmente, desde a metade dos anos 80, o grupo mineiro **Sepultura** assinou em 89 com o selo americano Roadrunner e já em 94 vendia 1 milhão de discos no mercado internacional de heavy e trash metal de seu CD *Chaos A. D.*, lançado no ano anterior. Tornou-se a banda do sul do equador mais bem-sucedida da história neste segmento, agregando referências de batidas tribais, culminando no clássico álbum *Roots* (96). Cantando em inglês e sem a menor identificação com a nossa música, nem mesmo o rock daqui, a formação que o consagrou trazia um cantor carismático (**Max Cavalera**), seu irmão **Iggor**, fenomenal e virulento baterista (que em 95 funda com um sócio a grife de roupas Cavalera, em São Paulo), e **Andreas Kisser**, um grande guitarrista do gênero. Seguindo a mesma trilha, a banda paulista **Angra** também gravou em inglês, num mix de power metal com ritmos nativos, obtendo êxito aqui e nos mercados francês e japonês.

O nascimento da dance music nacional

Entre meados dos anos 1970 e início dos 80, alguns DJs, produtores e agitadores culturais começaram a vislumbrar um mercado de músicas pop dançantes no país, na época das discothèques, e depois, com fusões do pop com a lambada, o rap e outros modismos. Em São Paulo, o argentino **Mister Sam**, ex-cantor e um dos primeiros DJs-produtores do planeta, lançou mais de 20 compilações de disco music com sua estampa na capa, enquanto criava suas próprias e pioneiras produções nacionais dançantes da Era Disco na Copacabana Discos, como **The Vamps** — que assim como o grupo **Alice Street Gang**, do produtor, pianista e maestro **Daniel Salinas**, chegaram a ter faixas de projeção internacional.

Mister Sam era o que mais se arriscava no estilo, lançando uma série de produtos prontos para o consumo rápido, como a cantora **Sarah**, até descobrir sua mina de ouro em 1978, a diva rebolativa **Gretchen**, já comentada aqui, lançando-a num compacto com uma autêntica disco, "Dance with me". A seguir, testou com ela grooves brega-chiques os mais diversos, misturando letras trilingues nonsense, palmas e gemidos maliciosos, que a despeito do apelo sensual de sua imagem, trazia grande originalidade e pioneirismo, misturando *grooves* disco dance com chá-chá-chá ("Conga, conga conga"), a nascente lambada ("Melô do piripipi"), hip-hop, igualmente ainda nos primórdios, quando nasceu a dança do break ("Break boom boom") e levadas árabes ("Allah-la-ô, my love"). Ainda que algumas, como as duas últimas, tenham passado em branco, hoje soam um tanto surpreendentes.

Gretchen foi uma das artistas promovidas por **Carlos Imperial** no Rio, em seu programa homônimo na TV Tupi (depois levado à TVS, hoje SBT), cujo subtítulo era *Os embalos de sábado à noite*, em referência ao filme estrelado por John Travolta que cristalizou a febre disco mundialmente. Ele traduzia para as camadas mais populares midiaticamente essa estética musical lançando figuras até que ele mesmo produzia, como **Dudu França** e seu "Grilo na cuca". Ainda em solo carioca, o tecladista e arranjador de "MPB", jazz e bossa nova **Hugo Belardi** fazia suas primeiras experiências rumo ao pop e à disco music em 1975, no LP *Concerto para um amor livre*. Mais tarde, produziu artistas como a atriz **Elizângela**, do hit "Pertinho de você", em 78.

Na cena carioca mais "in", os DJs **Ricardo Lamounier** e seus discos da New York City Disco(thèque), em Ipanema, e **Amândio**, da legendária boate gay Sótão, na Galeria Alaska, em Copacabana, foram alguns a lançar LPs de repertório internacional com suas grifes de discotecários. Ainda que não produzindo remixes, os álbuns eram mixados com o intuito de fazer o ouvinte sentir a pista de dança em sua casa. O primeiro chegou a incluir efeitos, como uma engraçadíssima sirene estilo ambulância em momentos estratégicos, eventualmente alongando algumas partes de hits em ritmo disco, o que hoje na cultura da dance music tem a alcunha de "re-edit". Entre 1978 e 80, o DJ carioca **Cláudio Careca** foi outro que lançou compilações com mixagens entre as músicas muito bem produzidas em grandes selos (Som Livre/Tapecar e Ariola). Já o DJ **Ivan Romero**, do lendário *Cidade Disco Club*, da Rádio Cidade, a primeira FM a cair no gosto do público jovem carioca, que curtia este tipo de som, também criou duas compilações mixadas e azeitadas estampando nas capas o nome de seu programa.

Estourada mundialmente, a disco music por aqui morderia até artistas consagrados como **Ney Matogrosso**, que sob a produção de **Mazzola**, inovava em 1978 ao realizar a gravação de "Não existe pecado ao sul do equador" nos Estados Unidos, com a adesão de músicos americanos, a fim de acertar em cheio na sonoridade disco. A experiência deu tão certo que ele fez a mesma mescla sonora em outras duas produções que caíram no gosto do público, a começar pela música mais emblemática do gênero no Brasil, "Dancin'Days" (Ruban/Nelson Motta), com **As Frenéticas** (coproduzida por **Liminha**), no mesmo ano, e "Realce", com **Gilberto Gil**, em 79.

No ano anterior, **Tim Maia** apresentava seu *Tim Maia Disco Club*. Quem escuta um álbum tão redondo musicalmente não imagina que no meio das gravações ele resolveu trocar de arranjador, chamando **Lincoln Olivetti** para o trabalho, no lugar de **Miguel Cidras**, não sem antes sair no braço no meio do estúdio com este último. Deste LP, temos as autorais "A fim de voltar", "Vitória Régia, estou contigo e não abro" e o hit "Acenda o farol", que, assim como as citadas de **Ney**, **Frenéticas** e **Gil**, transcenderam o rótulo de disco music. **Lincoln** também pilotava os arranjos de temas de **Rita Lee** (e do marido, **Roberto de Carvalho**), como "Chega mais", em 1979, que causaram encantamento e ao mesmo tempo estranheza em parte do público, já que a disco music era tida como inimiga número um dos roqueiros, e ela até então era a nossa musa maior do rock. A cantora não pararia por aí. Em um especial para a televisão, na companhia de **Elis Regina**, performaram uma "disco-sátira", "Doce de pimenta", gravada na boate paulista Aquarius. **Rita**, que se iniciara no mundo da disco music um ano antes com "Agora é moda", dela com Lee Marcucci, ainda teria outro sucesso dançante avassalador em 80, com "Lança Perfume", em cujo arranjo o mesmo **Lincoln** se inspirou em "What a fool believes", dos **Doobie Brothers**. A faixa estourou em capitais europeias, como Paris e Bruxelas, e teve um remix produzido pelo prestigioso DJ americano **John Luongo**.

Pouco antes, em 1979, o mesmo arranjador foi responsável pela sonoridade disco de mais dois artistas de projeção à época: o bailarino/cantor **Ronaldo Resedá**, estourando "Marron Glacé" (Renato Corrêa/Mariozinho Rocha/Guto Graça Mello) como tema de abertura da novela homônima da TV Globo, e **Jorge Ben**, com o LP *Salve simpatia*, que notabilizou a divertida faixa-título. Aqui é preciso fazer um parêntese para dizer que **Jorge**, desde meados desta década, foi um dos fundadores da cena *groove* brasileira no exterior, sendo o nosso artista mais remixado pelos DJs estrangeiros, com temas como "Taj Mahal", "Take it easy, my brother Charles", "Umbabarauma" e dezenas de outras.

De volta à disco music nacional, de 1977 a 79 as gravadoras que mais realizaram lançamentos nesse gênero foram a Som Livre e a Warner. Porém a RCA contra-atacou com produtores intitulados **Jovem Clã**, de pérolas semipreciosas, como "Cara de pau", com **Ana e Angela**, e ainda investindo no grupo **Painel de Controle**. Este, porém, contava com os arranjos elegantes do infatigável **Lincoln Olivetti**, emplacando "Black coco". Em paralelo, outros produtores da RCA investiam em versões em português de hits da disco e do pop dançante internacionais, gravados com sucesso por artistas de seu *cast*, como **A Patotinha** — versões dos americanos **Leon Haywood** ("Não empurre, não force [Don't push it, don't force it]") e **Earth, Wind & Fire** ("Vamos nessa [Let's groove]") — e a paraguaia radicada no Brasil **Perla** — de grupos europeus como **ABBA** ("O jogo já acabou [The winner takes it all]"), **Baccara** ("Eu sei tudo, professor [Yes, sir, I can boogie]", **John Paul Young** ("O amor está no ar [Love is in the air]"), **Gibson Brothers** ("Cuba") e **Boney M** ("Rios da Babilônia [Rivers of Babylon]"). Da mesma forma, na Young/RGE, as **Harmony Cats** também pegavam carona em sucessos gringos da Era Disco.

Seria inconcebível a criação de um novo mercado de disco music sem divas especializadas no gênero. Coube a Zuleide Santos Silva, a **Lady Zu**, representar tal papel no Brasil. Ficou conhecida já em 1977 como a "Donna Summer brasileira", a bordo de hits como "A noite vai chegar" (Paulinho Camargo), "Novidades" (Miguel Cidras/Peninha) e "Hora de União (samba-soul)", esta em duo com seu autor, **Totó Mugabe**. Todos gravados na Phonogram/Philips. Em contrapartida, Frankislene Ribeiro

Freitas, uma cearense de Fortaleza conhecida como **Miss Lene**, foi a "Tina Charles brasileira", a aposta da CBS. Seu grande sucesso foi "Quem é ele" (Betto Douglas/Fernando Santos), seguido por "Deixa a música tocar", ambas em 78. No mesmo ano, a EMI-Odeon tentou estourar **Rosana** com "Muito independente" (Renato Corrêa/Paulo Sérgio Valle/Mariozinho Rocha), que chegou a aparecer um pouco, mas sua consagração só viria ao abraçar um repertório romântico nos anos 80.

Foi ainda em meio à euforia dessa sonoridade que, a partir daquele mesmo ano de 1978, o mercado brasileiro lançou os primeiros discos mix, seguindo o sucesso comercial que este formato obteve desde seu lançamento para o grande público em 76 nos Estados Unidos. Eram do tamanho de um LP normal, mas com apenas uma faixa de cada lado, a fim de que os DJs da época tivessem um material de melhor qualidade para discotecarem. Em alguns desses discos podia-se encontrar versões longas não disponíveis comercialmente. Tratava-se do "remix", típico da época disco, uma edição na qual um trecho instrumental da música era inserido, fazendo com que não só a música durasse mais para animar as pistas, como também que os DJs pudessem fazer a transição de uma música para outra com mais facilidade.

O "remix" caiu no gosto do brasileiro em meados da década de 1980 graças ao primeiro time de DJs-produtores do gênero. No ambiente paulista, criaram-se **Iraí Campos, Sylvio Müller, Cuca, Ricardo Guedes**, (o radialista) **Julinho Mazzei** e **Grego** — este um DJ que começou na disco music na Rádio Excelsior e na Jovem Pan e, anos mais tarde, viria a remixar artistas do mundo inteiro. No meio carioca, surgiu Marcello Mansur, o **DJ Memê**, que se descobriu DJ aos 11 anos idade e foi revelado ao mercado fonográfico aos 20, em 85, quando trabalhava na Rádio Transamérica como operador de gravações. Sob encomenda das gravadoras, todos produziram remixes que viriam a ser sucesso, culminando com a série de LPs *Dance mix*, lançada pela CBS em 85, com remixes de artistas como **RPM** ("Louras geladas", o grande hit inicial, depois "Olhar 43"), **Pepeu Gomes** ("Ela é demais"), **Leo Jaime** ("Rock estrela"), **Guilherme Arantes** ("Cheia de charme"), **Tokyo** ("Humanos"), **Metrô** ("Johnny Love", com participação de **Leo Jaime**) e até **Simone** ("Água na boca"). Entre os mais famosos até o fim da década estavam dois que o **DJ Memê** criou a pedido da Polygram: o de "Música urbana" (**Capital Inicial**), em 86, e "À francesa" (**Marina Lima**), em 89. Esses primeiros remixes eram mais versões estendidas de hits radiofônicos, com algumas alterações, mas sem mudar muito seus arranjos originais.

Em 1986, surge a *house music* e, no ano seguinte, o termo "dance music" se popularizou por aqui. O primeiro remix nacional com estética de house music, em que a base instrumental era totalmente substituída por um arranjo genuinamente "house" foi "Adelaide", do **Inimigos do Rei,** produzido por **Memê** e **Iraí Campos**, em 1989. Era um tempo em que essa batida já dominava as rádios do país, com hits internacionais, como "What's on your mind", do **Information Society**, e "Pump up the Jam", do **Technotronic**, que o mesmo **DJ Memê** se inspirou, criando a faixa "Pump it up", de sua coletânea *Festa mix*, em 90, numa mescla de *new beat* (espécie de *techno* belga) e house. Este álbum revivia a estética das compilações da Era Disco, em que o DJ era o artista, trazendo hits da dance music mundial mixados de forma non-stop. O êxito foi tanto que novos volumes foram produzidos na sequência, incluindo "megamixes" — medleys de diversos sucessos condensados e mixados, num formato já testado dois anos antes pelo **DJ Iraí Campos**, à moda dance europeia, na coletânea *O som das pistas* (RCA). Outras compilações, como *House & remix* (Warner), foram lançadas no Brasil, entre 1989 e 90, contendo remixes dance de artistas nacionais, como **Ed Motta e Conexão Japeri, Fausto Fawcett, Titãs, Kid Abelha, Heróis da Resistência** e até **Casseta & Planeta**, um grupo humorístico que mantinha um programa na TV Globo e lançou um álbum com o hit vingativo-machista-piada "Mãe é mãe" ("Paca é paca / Mulher é tudo vaca") (Mú Chebabi/Bussunda).

Ainda em 1990, uma artista daria rosto à dance music nacional, ajudando a "nacionalizá-la". Era **Fernanda Abreu**, cuja aparição causou estranhamento, pois sua sonoridade nada tinha a ver com seu antigo grupo, a **Blitz**, que havia se dissolvido há quatro anos. Sua figura era a de uma *clubber* recém-chegada da Europa ou Nova York, trazendo na mala a versão mais fiel da dance music executada em território estrangeiro em todos os quesitos, do sonoro ao estético. Seu videoclipe para a faixa-título, "SLA

Radical Dance Disco Club", dela com **Leoni**, agora já exibido na MTV Brasil, que começava no país, mostrava que, sim, havia um produto em pé de igualdade com o dos gringos para as nossas pistas de dança. Também empolgaram a dançante "A noite", dela com **Luiz Stein** e **Carlos Laufer**, e a autoral "Você pra mim", com um *swing beat*, uma melodia inspirada no grupo inglês **Soul II Soul**, que desde 88 fazia um *rhythm & blues* mais suave, elegante e suingado do que o dos americanos e que virou mania na época, inclusive pela turma que frequentava os bailes charme na periferia carioca, que existiam desde 1980, criados pelo **DJ Corello** (inicialmente no Clube Mackenzie, no Méier), onde imperava o visual *black* alinhado e altas coreografias inventadas pelos frequentadores.[26] Não por acaso, ela chamou o **DJ Marlboro**, pioneiro produtor de funk carioca, para participar deste álbum, além do onipresente **Memê**.

Os DJs também passaram a remixar uma música atrás da outra nesse espírito *swing beat*, caso mais uma vez do **DJ Memê**, que chegou a experimentá-lo na compilação *Lamba house* (1990), em hits da época de **Caetano Veloso** ("Meia lua inteira") e **Luiz Caldas** ("Ajayô"), enquanto "The best of lambahouse" era um medley poderoso de cinco hits de lambada em *house music* que transcendeu as pistas brasileiras e foi parar nas europeias. Ainda em 90, oriundo de São Paulo, o efêmero grupo **Que Fim Levou Robin?**, do **DJ Mauro Borges**, também foi um dos pioneiros da dance music nacional, com a faixa-título (autoral) e "Aqui não tem Chanel" (Mauro Borges/Renato Lopes), popularizando a batida *house*, num álbum produzido pelo tecladista e produtor **Dudu Marote**, outro ás dessa cena dançante, cujo nome estampa a ficha técnica de diversos álbuns, com faixas mixadas especialmente para as pistas.

Por fim, começava a aparecer o clipe de "Gonna make you sweat (Everybody dance now)", dos produtores americanos do **C+C Music Factory**, consolidando mundialmente a estética visual da dance music, numa linguagem que misturava caras e bocas com textos sobrepostos e coreografias extravagantes. Houve a versão brasileira deste grupo, o efêmero **Magrellos**, em 1991, e quem fazia o papel da "diva-negra-que-arranca-o-pulmão-de-tanto-gritar" era a branca **Rosana** — aliás, uma das vozes femininas favoritas de **Tim Maia**. A música se chamava "Mexa-se", seguida de "Doidão", esta numa fusão de soul e reggae, que não chegaram a estourar. Neste mesmo ano, a dance music nacional avançava com o *swing-beat* "Criança", de **Marina Lima**, o remix de "Noite preta", com **Vange Leonel**,[27] e uma certa carioca **Nanda Rossi** ("Quero seu amor", a "Melô da sincera", de **Fábio Fonseca** e **Ronaldo Malta**). O ano de 92 terminava com uma diferenciação entre a dance music e uma onda *techno*, graças à crescente popularidade das festas chamadas "raves", onde se tocava esse tipo de som hipnótico.

Se em seu primeiro álbum **Fernanda Abreu** era a primeira artista brasileira a realizar um trabalho consistente de dance music nacional (e pioneira na classe média a reparar, valorizar e trazer para o seu trabalho elementos do funk carioca), a partir do segundo disco, *SLA 2 — Be sample* (1992), não só deitou e rolou na sonoridade *swing beat* em faixas como "Jorge de Capadócia" (Jorge Ben), como levou adiante a fusão entre o samba carioca e o soul americano difundido por **Lady Zu** e a **Banda Black Rio** nos anos 70 e **Sandra de Sá** nos 80, criando um novo tipo de samba-funk de grande qualidade, como "Rio 40 graus" e, mais tarde, "Garota sangue bom" e "Veneno da lata" (95).[28] Enquanto **Fernanda** se despedia da estética *clubber* que a lançou na mídia, a gaúcha **Laura Finocchiaro** despontava na cena alternativa paulista, aproximando a "MPB" da dance music, e posteriormente, do eletrônico.

Em 1993, o Brasil resolveu entrar de sola na produção de dance music. No quesito *swing beat* (popularizado aqui como "charme"), houve hits pontuais de artistas negros efêmeros, como **Edmon** ("Toda Noite", na versão remix dos DJs **Corello** e **Memê**), e dois trios, **Lilith** ("Todo amor é bom") e **As Sublimes** ("Boneca de fogo", esta última estourada também graças ao remix do **DJ Memê**).[29] Foi ainda neste ano que os remixes começaram a ficar mais ousados no país, a começar, pasmem, por "A barata", dos pagodeiros do **Só Pra Contrariar**, que **Memê** transformou numa *eurohouse*, que obteve certo êxito na Espanha.

Mais um ano se passou e a ex-**Trem da Alegria**, **Patrícia (Marx)**, voltava com um trabalho adulto de baladas (recriando "Espelhos d'água", sucesso de **Dalto**) e levadas charme ("Ficar com você", versão de "I wanna be where you are", hit de **Michael Jackson**, no remix de **Memê**), até chegarmos em 1995, quando houve uma onda de eurodance, massificada pela Rádio Jovem Pan, que ora atingia o público através de sua rede de FMs, ora pelas inúmeras compilações em CD que jogava no mercado. Curiosamente, tivemos por aqui um movimento efêmero de eurodance, semelhante ao dos Falsos Importados dos anos 1970, com artistas nacionais com nomes gringos gravando canções em inglês compostas por brasileiros, mas, desta vez, sem se fingirem estrangeiros. Começou com produtores italianos, que fisgavam cantores de países diversos e os punham para cantar em inglês, como o caso pitoresco da bela negra, do subúrbio carioca de Vigário Geral, **Corona**, que fez sucesso nas pistas com "The rhythm of the night",[30] e anos depois descobriu-se que ela apenas dublava a voz de uma cantora italiana, tal e qual ocorrera com a banda **Black Box**, de *italian house*, e com a dupla norte-americana **Milli Vanilli**, que teve de devolver um Grammy alguns anos antes, pelo mesmo motivo.

No Brasil, o selo Spotlight, que detinha os direitos da italiana DWA, principal lançadora deste eurodance, decidiu também investir em produções desse gênero, porém 100% nacionais, lançando **Gottsha** ("No one to answer"),[31] que depois seguiu carreira como "cantriz" de musicais; **Claudja**, na verdade **Kacau Gomes**, com destino semelhante ("Brand new day", em cima de "You gotta be", da inglesa **Des'ree**), e o duo **Mr. Jam**, formado pelos irmãos **Fabianno** e **Laura Almeida** ("The shining light"). Em 1996, a argentina radicada no Brasil **Karina** (Lusbin) foi lançada no país como cantora internacional e emplacou "Vidas nuevas", como uma espécie de **Shakira**. Ela já era casada com o cantor de música pop dançante **Vinny**, que seria revelado no ano seguinte com "Heloísa, mexe a cadeira", e em 99 repetiria o sucesso com "Uh! Tiazinha" (ambas autorais), sendo essa em duo com a atriz **Suzana Alves**, que à época vivia esta personagem no *Programa H*, da TV Bandeirantes. Vestindo lingerie preta, máscara e chicote sadomasoquista, ela realizava jogos com os garotos da plateia. Tudo a ver com a deliciosa frivolidade da dance music.

Com bem mais sucesso, **Lulu Santos** começou a flertar com a dance music no álbum *Assim caminha a humanidade* (1994), emplacando a faixa-título, e "Tudo igual", ambas autorais. No ano seguinte, uniu-se ao **DJ Memê**, que já havia produzido seu disco anterior, no CD *Eu e Memê,*

Memê e eu, relendo hits de artistas como **Tim Maia** ("O descobridor dos sete mares") e próprios, como "Toda forma de amor", com arranjo em ritmo de funk carioca, até então uma tribo muito divergente da dance music. Mas ele deu de ombros a isso, tanto que no álbum posterior, de 1996, o sucesso autoral "Aviso aos navegantes" (S.O.S. solidão)" estourou numa pegada "charme", enquanto sua releitura de "Dancin'days", das **Frenéticas**,[32] flertava com a disco music, que teve um *revival* devido a filmes da época de apelo gay, a partir de *Priscilla, a rainha do deserto*, que incluíram hits disco em suas trilhas. Não à toa, o andrógino **Edson Cordeiro** gravou dois álbuns do projeto *Disco Clubbing*, entre 98 e 99, mesclando disco e dance.

Nesta segunda metade da década, a dance music e o r&b se diluíram de tal forma na música pop radiofônica que deixou de ser um gênero à parte, sendo compreendido como "pop dançante", caso dos paulistas **Maurício Manieri** ("Minha menina"), do grupo negro de vocal bem ao modo americano **Fat Family** ("Jeito sexy [Shy guy]" e "Eu não vou") e das irmãs gêmeas cariocas **Pepê e Neném** ("Mania de você", "Nada me faz esquecer [Wild world]", "Esperando pra te amar"). No Brasil, também se notava essa interseção em hits de bandas pop, como **Skank** ("Garota nacional"), e artistas de axé-music, como **Netinho** ("Milla"). Na virada para os anos 2000, até a dupla infantil **Sandy & Júnior** tentou carreira internacional com a dançante "Love never fails".[33]

Em paralelo, em Londres, havia desde o fim da década de 80 uma corrente musical chamada acid jazz (fusão de jazz, soul, funk e disco music), com uma redescoberta de artistas da "MPB" & bossa nova, como **Joyce, Marcos Valle, Azymuth, João Donato**, entre outros, que tiveram suas gravações originais regravadas ou remixadas em *drum'n'bass*, uma batida oriunda do *breakbeat* (gênero de *techno* muito em voga no Reino Unido entre 1991 e 93), fundida com samples de soul music nas mais variadas velocidades, sendo que o mais famoso sampleado foi o velho sucesso "Amen, brother" do grupo **The Winstons**, de 69, e agora mais conhecido como "The amen break".

Esse mercado internacional para artistas da bossa nova e jazzística se ampliou ainda mais por volta de 1993, quando os suingues lapidados de **Joyce** — que já vinha gravando álbuns para os mercados americano e japonês — e **Marcos Valle** foram redescobertos por jovens DJs londrinos, como **Joe Davis**, que participava de um coletivo de DJs interessados em *grooves* dançantes de sabor brasileiro, entre a bossa e o jazz, com tempero pop ou *lounge*, algo retrô, do qual faziam parte, entre outros, **Gilles Peterson**, **Patrick Forge** (que criou o **Da Lata** com **Chris Franck**) e **4hero** (duo de música eletrônica), passando a assinar remixes de sucesso, levando a música brasileira para uma juventude antenada de várias partes do mundo. Aliás, a partir de então o Brasil, com a redescoberta constante de seus *grooves* esquecidos, passou a exercer uma influência das mais expressivas sobre toda a produção mundial da dance music, sendo a base de sua vanguarda uma eterna e incansável usina de *grooves*.

Joe foi dos pioneiros dessa cena, pois esteve no Brasil quando tinha apenas 17 anos e comprou em sebos alguns vinis de artistas, como os citados **Joyce** e **Marcos Valle**, e também **Azymuth**, **Dom Um Romão**, **João Donato**, **Edu Lobo**, **Tamba Trio**, **Bossa Três**, **Dom Salvador**, entre outros, que à época ainda eram vendidos a preço de banana. De posse desse material, começou a negociar esses discos com outros colegas e, profissionalizando-se como DJ, a tocá-lo em festas, com um detalhe: sem qualquer remix. Eram as gravações originais de todo esse elenco, como a instrumental "Aldeia de Ogum", do LP *Feminina* (1980), de **Joyce**, o qual virou objeto de culto, como outros vinis desse elenco, passando de uma hora para outra a ser cotados a peso de ouro no mercado inglês (e depois internacional em geral).

Um belo dia, o DJ **Joe Davis** fez contato com a própria **Joyce**, convidando-a para apresentar-se ao vivo num desses clubes, o Talkin' Loud, onde ele discotecava, que comemorava seu quinto aniversário. O cachê não era dos mais altos, até porque se esperava não mais que 500 jovens. Ela topou. A apresentação foi marcada para 12 de dezembro de 1993. Chegando lá, foi um susto, pois a cantora se deparou com mais de 2 mil pessoas na mesma faixa etária dos DJs que a descobriram, ou seja, dos vinte e poucos anos, muitos de cabelos coloridos, tatuagens e piercings, recebendo-a como se fosse uma diva pop, e que dançavam loucamente suas bossas suingadas. A partir de então foi aberto um mercado para ela e outros artistas — alguns dos quais ela mesma indicou, como o colega e futuro parceiro **Marcos Valle**, que já era um hit por lá com a bossa jazz "Os grilos".[34]

A seguir, em 95, **Joe** abriu o selo Far Out Recordings, editando coletâneas e também álbuns em que ela e diversos outros artistas brasileiros veteranos voltaram a registrar trabalhos inéditos entre a bossa nova do sotaque mais tradicional-acústico ao pop jazz eletrônico, de nomes como **Marcos** (a partir de *Nova bossa nova*, de 98), **Azymuth** (a partir de *Pieces of Ipanema*, no ano seguinte), **Célia Vaz** (*Ebb and flow*, 99), **Arthur Verocai** (*Encore*, 2007), da nova formação da **Banda Black Rio** (*Supernovasamba-funk*, 2011), do percussionista **Naná Vasconcelos** (*4 elementos*, 2013), da própria **Joyce**, entre eles um em dueto com **João Donato** (*Aquarius*, 2010).

O DJ **Gilles Peterson** também produziu duas coletâneas importantes (*Brazilica*) entre 94 e 97, e os selos ingleses Mr. Bongo e Soul Jazz completaram o serviço de trazer de volta o fino da música brasileira ao mercado internacional. O boca a boca dessa cena foi tão forte que abriu mercado em outros países, e esses e outros artistas que no Brasil nunca tiveram um reconhecimento nesse nível do público jovem saíram excursionando pelos quatro cantos do mundo, a ponto de muitos jovens dessa geração, duas décadas depois, já quarentões, apresentarem esse som a seus filhos. Além dos ingleses, DJs de outras nacionalidades também passaram a remixar o repertório dessa turma, fossem alemães (**Jazzanova, Rainer Trüby**), franceses (**Bob Sinclar**), italianos (**Gerardo Frisina**) ou japoneses (**Nobukazu Takemura, Kyoto Jazz Massive, United Future Organization, Towa Tei**), só para citar alguns dos principais.

A pergunta que o brasileiro vai se fazer logo é: que diabos de músicas eram essas que sofreram remixes e ficaram tão cultuadas? A resposta vem do DJ nova-iorquino **Greg Caz**, especialista no assunto. De **Joyce**, "Aldeia de Ogum" (depois "Banana", "Samba de gago", "Baracumbara", "Fã da Bahia" e "Rodando a baiana"); de **Marcos Valle**, "Os grilos", "Freio Aerodinâmico", "Wanda Vidal", "Azimuth", "Mentira", "Não tem nada não", entre outras. De **João Donato**, versões múltiplas de "Bananeira", na voz dele ou de **Emílio Santiago**, e "A rã" (depois "Tudo tem", "Cala boca menino" e a versão de "Cadê Jodel", do LP *A Bad Donato*, que o franco-britânico **Stereolab** sampleou); de **Sivuca**, sua versão em samba-jazz de "Ain't no sunshine", de **Bill Withers**; de **Milton Nascimento**, "Os escravos de Jó" e "Vera Cruz"; de **Gilberto Gil**, "Palco" e "Toda menina baiana"; e ainda cita três remixes especialmente famosos: "Ponteio", com **Edu Lobo**, pelo **Da Lata** (98); uma "extended version" de "Samba de Janeiro" (Airto Moreira/ Hugo Fattoruso/Gottfried Engels/Ramon Zenker); pelo grupo dance alemão **Bellini** (97), à época com a vocalista brasileira **Dandara Santos** e na década seguinte, "Quem vai querer" (César Veneno) com Eliana Pittman. Esquecida no Brasil desde os anos 80, reapareceu remixada nas pistas de lá.

Além dos eternos, novos artistas também se lançaram neste circuito que dava frescor a um gênero que já nasceu moderno. Numa bem-sucedida mistura de bossa nova e música eletrônica, apareceu o grupo **Bossacucanova**, criado pelo baixista **Marcio Menescal** (filho de **Roberto**), pelo engenheiro de som **Alex Moreira** e o **DJ Marcelinho da Lua**. E entre um álbum e outro de bossa e jazz, **Ithamara Koorax** deu sua contribuição com *Bossa nova meets drum'n'bass* (1998).

Na virada da nova década, de 2000, o *drum'n'bass* elevou o paulista **DJ Marky** à fama na Inglaterra, com o álbum *The Brazil EP* (2001), produzido em conjunto com **DJ Patife** e **Xerxes**, lançando remixes de canções dos novatos **Max de Castro** ("Carnaval [Pra você lembrar]", "Samba raro") e **Fernanda Porto** ("Sambassim") — esta última seguiu numa linha *drum'n'bossa*, em canções como a jobiniana "Só tinha de ser com você".[35] **Marky** e **Xerxes** repercutiram em Londres também com a faixa "LK", incluindo sample de "Carolina Carol bela" (Toquinho/Jorge Ben), em 2003. E via Estados Unidos, **Bebel Gilberto**, filha de **João Gilberto** (e **Miúcha**), aos 44 anos, acontecia com o CD *Tanto tempo* (2000), numa linha de bossa nova moderna, com elementos eletrônicos, produzido pelo iugoslavo **Suba**, que virou cult por lá, e logo ganhou um grande pretígio e uma carreira internacional exitosa, radicando-se inclusive em Nova York. Por aqui, em 2002, o **DJ Zé Pedro** fez experiências remixando clássicos da "MPB" em house no CD *Música para dançar*, enquanto seu contemporâneo **Felipe Venâncio** estourava nas pistas com seu remix para "Noite do prazer" com **Cláudio Zoli**.

Até o romper da próxima década, artistas de gêneros os mais diversos, como a própria **Bebel**, **Rita Lee**, **Marina Lima**, **Kid Abelha**, **Barão Vermelho**, **Biquíni Cavadão**, **Capital Inicial**, **Ed Motta**, **Daúde**, **Sandy**

& Júnior, **Banda Eva** e, até postumamente, **Cazuza** e **Tim Maia**, tiveram lançados álbuns ou singles exclusivamente de remixes. Enfim, o Brasil se rendia à dance music. E no exterior, em meados dos anos 2000, quando a dance music nacional já havia sido transfigurada em outras propostas musicais, ganhando novas nomenclaturas no país, eis que o álbum *Robson Jorge e Lincoln Olivetti* (1982), gravado na Som Livre, é descoberto pelos DJs estrangeiros e se inicia uma nova mania por lá: a de caçar gravações até obscuras com a pegada funkeada tropical que **Lincoln** imprimia em seus arranjos. O resultado disso é que **Marcos Valle** mais uma vez foi beneficiado e redescoberto, desta vez com sua fase oitentista, puxada pela "melô" das academias, "Estrelar", de 83, que virou uma febre e em 2022 ainda era um clássico das pistas gringas.

Mas a história dos remixes e da cultura "dance" no Brasil voltou a se aditivar na década de 2010, quando o goiano **DJ Alok** começou a trabalhar com artistas nacionais e estrangeiros dos mais variados estilos em grandes festivais, seja de música eletrônica, como o europeu Tomorrow Land, como nos mais variados de música "sertaneja" do Brasil. A propósito, sua carreira foi impulsionada pela Áudio Mix, a maior agência do segmento "sertanejo" do país, o que explica em boa parte sua ascensão meteórica. Em breve já teria parcerias musicais de vulto que o levariam a diversas turnês internacionais. Seu maior sucesso foi "Hear me now", com **DJ Bruno Martini** e vocais do indie **Zeeba**, hit mundial em 2016, introduzindo uma nova cena de house & techno agora para grandes plateias, que ele decidiu batizar nessa época de "brazilian bass", para diferenciar do eletrônico feito no resto do mundo. Depois vieram "Alive (If feels like)", "In my mind" (com o cantor pop americano **John Legend**), "Fuego" (com o irmão e **DJ Bhaskar**, tema da série "Narcos"), "Liberdade (Quando grave bate forte), com o funkeiro **MC Don Juan** e **DJ GBR**, "Don't Say Goodbye" (com o **DJ** e produtor turco **Ilkay Sencan** e a cantora sueca **Tove Lo**), "Ilusão (Cracolândia)" (com os rappers **MC Hariel, MC Davi, MC Ryan SP, Salvador da Rima e Djay W**) e "Paga de solteiro feliz" (com **Simone & Simaria**) — só para citar alguns de sua lista eclética de parcerias. Com tamanho sucesso, novos DJs passaram a "turbinar" faixas que se tornaram por vezes maiores sucessos do que as respectivas versões originais.

Contemporâneo de **Alok** e dessa geração que já podia criar suas batidas e remixes em seus próprios computadores desde pequenos e testar em casa, Lukas Ruiz, natural de Mato Grosso do Sul e radicado em São Paulo, mais conhecido como **Vintage Culture**, foi um desses talentos muito jovens que honraram a história da música eletrônica nacional, compromissado basicamente com o som e a cultura das pistas, sem concessões. O sucesso logo bateu à sua porta, quando estava ainda na casa dos 20 anos de idade, em faixas próprias, como "I Will find" (com o trio eletrônico **Roof Time**), ou os remixes de **Maverick Sabre e Jorja Smith** — "Slow down" (Vintage Culture & Slow Motion remix) e **The Temper Trap** — "Sweet disposition" (Vintage Culture & Lazy Bear remix). As pistas brazucas reais e virtuais sobrevivem, o que muda é o elenco — agora muito maior e mais eclético.

O funk carioca mostra o revés do cartão-postal da Cidade Maravilhosa

Inicialmente, ele era uma espécie de primo pobre da dance music nacional, mas que se revelou muito mais potente e longevo. Sem superproduções ou glamour internacional, falava literalmente o linguajar da periferia, com vozes de gente comum versando sobre o cotidiano carioca (que não estava nos cartões postais da cidade), a serviço de um "pancadão" sonoro seco e grave do qual era impossível ficar imune, para o bem e para o mal. Polêmico desde o berço, nascia o funk carioca, um ritmo eletrônico que veio na cola do chamado *Miami bass* norte-americano e aos poucos ganhava um sotaque brasileiro, cuja semente nasceu do *single* "Planet rock", de **Afrika Bambaataa**, em 1982, gerada pela bateria eletrônica Roland TR-808. No fundo, era um estilo de rap que ganhou sotaque e nome diferentes no Rio.

O ritmo do *Miami bass* era difundido em bailes black suburbanos do Rio, ganhando ainda mais força após a morte de **Chacrinha**, em junho de 1988, pois até então muitos clubes e ginásios da periferia carioca eram ocupados por eventos promovidos por ele, com um sistema terrível de jabás entre sua produção e as gravadoras, que forçavam seus artistas pop a realizarem apresentações nos fins de semana, na base dos *playbacks*, em troca de aparecerem em seu programa na TV Globo, o que inexoravelmente catapultava suas carreiras. A partir de então, voltaram a reinar com força as equipes de som, como a **Cashbox** e a **Furacão 2000**. Criada pelo empresário **Rômulo Costa** nos anos 1970, a **Furacão** se tornaria um império que incluía agenciar novos artistas, promover carreiras e sucessos (por meio de um selo fonográfico independente), programas de rádio e TV, chegando ao ponto de eleger uma vereadora, **Verônica Costa**, então sua esposa, a "Mãe loura do funk".[36] Aos poucos foram surgindo outras potências, como **Pipo's**, **Pitbull** e **ZZ**.

Desde os anos 70 até então, os bailes cariocas tocavam majoritariamente músicas em inglês, e como a maioria dos frequentadores dos bailes não falava a língua, elas muitas vezes ganhavam divertidas paródias em português, caso de "You talk too much", do **Run DMC**, que virou "Taca tomate". Mas essa fase estava com os dias contados. Profundo conhecedor desse ambiente desde o final dos anos 70, Fernando Luís da Matta veio para mudar esta dinâmica e se tornou também um dos maiores empresários e divulgadores do (novo) "funk". Mas ele jamais foi chamado pelo nome de batismo. Como morava no subúrbio carioca do Méier, os colegas começaram a dizer que ele vinha de longe, "mais distante que a terra de Marlboro". Daí virou o legendário **DJ Marlboro**. Foi ele quem criou em 1989 a primeira compilação do gênero para a Polygram, *Funk Brasil*, emplacando a "Melô da mulher feia", esta ainda uma dessas paródias de música estrangeira, com o **MC Abdullah**, um rapper de São Gonçalo (município a cerca de 30 km do Centro do Rio), e mais três igualmente irreverentes: "Rap das aranhas" (na verdade, o velho hit de Raul Seixas, "Rock das aranhas"), com o **MC Cidinho Cambalhota**, "Melô do bicho" ("É o bicho, é o bicho / Tô legal, tô legal"), com **MC Guto & Cia.**, e "Melô do bêbado", com **MC Batata**, um locutor de rádio, o mesmo que emplacaria nas paradas "Feira de Acari".[37] Inspirado numa famosa feira desse bairro que comercializava mercadorias roubadas, foi o primeiro "funk" difundido em rede nacional, incluído na trilha da novela *Barriga de aluguel* (90), da TV Globo.

Ainda em 1990, era lançado o segundo volume de *Funk Brasil*. Desta vez numa referência ao "Rap das aranhas" do LP anterior, estourava a hilária "Resposta das aranhas" com a engraçadíssima comediante **Dercy Gonçalves**, então na casa dos 83 anos ("Ô garotão / Que coisa estranha / A sua cobra não quer mais a minha aranha")[38] e a "Melô do terror", com os atores **Regina Casé** e **Luiz Fernando Guimarães**, que mais adiante mostraram os bastidores da gravação deste álbum no divertido *Programa legal*, que passaram a apresentar na Globo. Em outra novela global, *O dono do mundo*, de 91, entrou o "Rap da rapa", com o veteraníssimo **DJ Ademir Lemos**, contemporâneo dos legendários **Big Boy** e **Monsieur Limá**, numa alusão gaiata à cocaína: "Olha a rapa / Olha a rapaziada / Deixa a rapa / Deixa a rapaziada / A gente, que é do funk / Quer mais é movimento / Ficar de bem com a vida / Curtir esse momento / O preto e o branco têm direito ao seu espaço / Agora vou, amor / Arrancar o seu abraço."[39] Neste caso, a dupla interpretação à la **Bezerra da Silva**, disfarçando o consumo de drogas com a bandeira antirracista, era inegavelmente bem bolada. Mas no geral as letras dos "funks" eram bem diretas, e nesta primeira década ainda um tanto extensas e, além do teor sensual e erótico (bem menor e menos escancarado, entretanto, que na década seguinte), traziam também uma preocupação social.

Por essa época, nascia o derivativo *funk melody*, com bases de Miami Bass, porém com mais melodia e letras de amor, com a "Melô do príncipe (Just another lover)", uma inusitada dor de corno, com **Guilherme Jardim**, outra do LP *Funk Brasil 2*. Uma levada que dois anos depois seria a base do repertório do primeiro cantor de "funk" importante, Roberto de Souza Rocha, o **Latino**. Após morar no exterior na adolescência, atuando em inúmeros empregos, de garçom e cozinheiro a dançarino, voltou ao país e começou a dançar em bailes funk. Com um visual ostentando um indefectível bigodinho de *latin lover* e um rabo de cavalo cigano, estourou com "Me leva", seguido de "Só você", em 1994, e durante a década, "Não adianta chorar", "Eu amo você", "Te namorar" e "Vitrine",[40] sendo o primeiro artista do gênero a ser contratado por uma multinacional, a Sony Music. Até então, fora as compilações de **Marlboro** e da **Furacão 2000** negociadas com grandes empresas, o mercado do funk carioca era 100% independente em relação ao mercado fonográfico tradicional e o grosso de sua produção continuaria sendo pelas próximas décadas.

Outro que consagrou o *funk melody* foi o **Copacabana Beat**, um trio de São Gonçalo, lançado pelo **DJ Marlboro**, que antes era um grupo de música baiana. Eles emplacaram o hit "Mel da sua boca", em 1994, enquanto **Mr. Mu**, do município vizinho, Niterói, equilibrava-se entre temas divertidos ("A história do Sunda" e "Melô do Ricardão", este em duo com o comediante **Tião Macalé**, em 91) e *funk melody* (a regravação de "A desconhecida", hit "brega" de **Fernando Mendes**, em 94). Outro clássico foi de um ex-office boy (**Markinhos**) e um ex-segurança (**Dollores**) que viraram MCs na favela da Rocinha, com o "Rap da diferença": "Qual a diferença entre o charme e o funk / Um anda bonito e o outro elegante", diferenciando as duas batidas mais populares da época.[41]

Um outro DJ/produtor que ajudou o "funk" a dar seus primeiros passos foi **Grandmaster Raphael**, que ainda em 1989 lançou o LP *Super quente*, para a equipe homônima, incluindo três faixas vocais, como o "Rap da Funabem" ("Eu vim, eu vim, eu vim da Funabem / Agora eu sou do bicho e não dou mole pra ninguém"), mixada em São Paulo pelo **DJ Cuca**. Três anos depois, disposto a seguir na trilha de **Marlboro** de descobrir talentos entre jovens das favelas e periferias, ajudou a criar com **Rômulo Costa** um concurso de músicas do gênero, o que se deu no Festival do Baile do Mauá, em São Gonçalo, vencido por **D'Eddy** e seu "Rap do pirão", uma referência ao bairro de Mutuapira. Era um desdobramento de gincanas que já começavam a ser promovidas nos bailes no intuito de amansar um pouco os jovens, que muitas vezes se utilizavam dos mesmos para brigar entre si, algo que ocorria também entre torcidas de futebol, ou seja, motivações entre turmas rivais e que encontravam um lugar "ideal" para o embate.[42]

A violência, a propósito, foi o grande entrave para que o funk carioca tivesse um espaço maior nesta década. Sua imagem estava desde a origem associada a brigas e pancadaria de galeras, conivência de traficantes, assaltos, "arrastões", depredações do patrimônio público, exploração e gravidez de menores, mortes por briga nos bailes ou "queima de arquivo" por parte do poder paralelo do tráfico de drogas (que nesta época já era uma realidade) e tudo que se possa imaginar de negativo. Isto sem contar o som estridente, cujas frequências graves podiam ser ouvidas a quilômetros, o que incomodava e muito as vizinhanças, não deixando ninguém dormir. Mas não era só isso. No início, o "funk" também foi tão rejeitado pelas classes mais abastadas quanto o maxixe e o samba, um século antes, por motivos semelhantes, guardando as devidas proporções.

Era um ritmo agressivo e às vezes até cantado com erros de português e feito por pobres, na maioria negros, que as classes privilegiadas preferiam que continuassem sem voz porque aquele som "sujo" gerava um incômodo tal que era preferível que ficasse restrito a seu gueto ou até mesmo proibido de uma vez.

Foi difícil para quem estava fora daquela realidade paralela entender aquele tipo de música, de certa forma tosca para os padrões burgueses, mas enfim, entre 1994 e 95, mesmo com toda a campanha contra, o "funk" foi galgando seu espaço. Já deixava as rádios comunitárias e chegava à frequência AM, bem como à TV, onde a **Furacão 2000** passou a apresentar um programa de sucesso na CNT e até mesmo **Xuxa** incluiu o **DJ Marlboro** num quadro de seu *Planeta Xuxa* por três anos, no qual levava os maiores nomes do gênero aos sábados à tarde na TV Globo. E já era possível ver jovens de classe média subindo o morro do Chapéu Mangueira, no Leme, para curtir um baile ou em matinês nas boates de São Conrado promovidas pelo mesmo **Marlboro** para ouvir não apenas os "funks", mas as chamadas "montagens" — frases soltas de MCs ou de discos nem sempre ligados à estética funkeira, com as sílabas das palavras repetidas incessantemente, jogadas sobre a batida do *Miami Bass*, num efeito rítmico de grande impacto, como "Jack matador", do **DJ Mamut**, da **Pipo's**.[43]

Em 1995, foram reveladas três duplas de sucesso efêmero. Da Cidade de Deus, vieram **Cidinho & Doca** com talvez, até hoje, o maior clássico do "funk", o "Rap da felicidade": "Eu só quero é ser feliz / Andar tranquilamente na favela onde eu nasci, é! / E poder me orgulhar / E ter a consciência que o pobre tem seu lugar." Da Rocinha, vieram um ex-office boy e um atendente de peixaria, respectivamente **Junior e Leonardo**, que abafaram a banca com o "Rap do valão", sobre a área da favela em que moravam; "Endereço dos bailes" e o controvertido "Rap das armas", que avançava naquilo que os sambas de **Bezerra da Silva** já denunciavam desde a década anterior, o dia a dia violento nos morros cariocas, desta vez enumerando uma série de marcas de armamentos. Foi a primeira dupla de MCs do "funk" a ter um álbum editado por uma grande gravadora, a mesma Sony Music que contratara **Latino**, apresentando letras mais consistentes que a média do gênero e sem tantos erros de português.

Os MCs **William & Duda** seguiam no mesmo estilo, com seu "Rap do Borel", em referência ao morro que moravam, onde há uma das maiores favelas da Tijuca, zona norte carioca, lamentando a morte de amigos devido aos confrontos com a polícia. Num clima mais ameno, declaravam-se a uma menina que conheceram num baile funk no "Rap da morena", mesma temática presente em "De baile em baile", dos referidos MCs **Junior e Leonardo**: "Foi de baile em baile que eu te conheci / Foi cantado rap que você me olhou / Olhando em meus olhos vi você passar / Te disse: 'Gatinha, vamos *conversá*'." **William e Duda** conseguiram quebrar o gelo entre a turma do "funk" e a do pop dançante, participando do álbum *Eu e Memê, Memê e eu*, de **Lulu Santos**, e o **MC Neném** alternava malícia e crítica social no "Rap da cabeça" ("Quanto mais dança vem, o nosso funk cresce / E da violência, a gente esquece").

Um dos primeiros expoentes dos "funk" mais consciente foi o **MC Galo**, da favela da Rocinha, marcando presença com "Rap das montagens (História do funk)": "Olêlê / A Rocinha pede a paz pro baile não acabar (...) / E pra que te dar porrada e pra que te dar paulada / Pra que soco na cara, isso é a maior mancada / Pra que brigar, se o futuro é amar / É que hoje você paga e amanhã vão te pegar."[44] Na mesma linha, o **MC Mascote**, do Vidigal, veio com o "Rap da Daniella" (sobre o assassinato da atriz Daniella Perez, que causou comoção à época)[45] e o **MC Bob Rum**, ex-segurança da Companhia Telefônica Telerj, morador de Santa Cruz, na zona oeste, denunciando a morte estúpida de um rapaz a caminho de um baile, no "Rap do Silva": "Era só mais um Silva que a estrela não brilha / Ele era funkeiro, mas era pai de família." No ano seguinte, 1996, ele atacava com um ameno *funk melody*, "Está escrito", gênero que também deu certo para o **MC Marcinho**, morador de Caxias, na Baixada Fluminense, com "Princesa", "Garota nota 100"[46] e "Primeiro você me disse" — esta com **MC Cacau**, que foi sua namorada, em que a desafinação da segunda salta aos ouvidos, mas isso não parecia ser importante nesse estilo que pretendia radiografar o tipo de fala e o canto cru da periferia, na contramão do glamour da dance music brasileira e internacional.

Foi ainda em 96 que apareceu na grande mídia a dupla mais popular e bem-sucedida do gênero. Naturais da periferia de São Gonçalo, **Claudinho** e **Buchecha** eram como irmãos, amigos de infância, e passaram a inscrever músicas em concursos de "funk" nos bailes locais que frequentavam, até que naquele ano seu "Rap do Salgueiro" ("Eu sou pobre, pobre, pobre / Pobre de marré / Mas sou rico, rico, rico / Rico de mulher") venceu um deles e chamou a atenção do mercado. Foram então contratados pela MCA/Universal Music. O primeiro álbum foi puxado por "Conquista" ("Sabe / Tchururururu / Estou louco pra te ver...") e "Nosso sonho", vendendo 1,25 milhão de cópias. O segundo CD consagrou "Quero te encontrar" e o terceiro, "Só Love" e "Xereta", esta já flertando com a dance music, chegando a 2002 com "Fico assim sem você".[47] Ao todo, em seis álbuns, já haviam vendido três milhões de discos, quando sua trajetória foi interrompida pela morte de **Claudinho**, num acidente de carro na Via Dutra, em 2002.

Ainda no *funk melody*, os MCs **Márcio e Goró** vieram em 1997 com "A distância" e "Atrevida". Já no batidão tradicional, não houve quem ficasse imune à "Melô do desesperado", o "funk" "Ah! Eu tô maluco", do **Movimento Funk Clube**, que surgiu de improviso num baile e virou bordão, assim como o grito precursor "Uh! Tererê", enquanto no carnaval, em pleno sambódromo carioca, o mestre **Jorjão** criava a "paradinha funk" no desfile da **Viradouro**, abocanhando o título de campeã naquele ano.[48]

Em sua primeira década, foi difícil o poder público entender que o "funk" — gênero musical — não era a causa da violência urbana. Tanto que em São Paulo o mesmo já acontecia desde os anos 1980 em eventos de punk rock e ainda se daria em outros do nascente hip-hop. Ocorre que, na periferia desassistida, os bailes eram das poucas opções de lazer dessas comunidades. Já em 93, um milhão de funkeiros frequentavam de quarta a domingo cerca de trezentos bailes em clubes, quadras, galpões e espaços comunitários ao ar livre no Rio e na Baixada Fluminense.[49] Por causa da violência, apenas 59 ainda insistiam no gênero porque só os confrontos entre galeras já haviam deixado nos últimos três anos cerca de cinquenta mortos e apenas nos últimos doze meses haviam sido registradas 269 depredações de ônibus em seu entorno. A coisa foi piorando, chegando ao apogeu entre 97 e 99, quando mais de cem pessoas foram mortas nos chamados "bailes de corredor", em que dois grupos, chamados "lado A" e "lado B", dividiam-se entre duas alas por um corredor vazio, e se enfrentavam, trocando socos e pontapés. A música era apenas coadjuvante do espetáculo trágico. Não era em todos os bailes que isso ocorria, mas a má fama quase liquida o movimento.

No fim da década, houve uma queda de interesse na mídia, por conta dessa violência atribuída aos funkeiros. Mesmo os bailes que não eram "de corredor" eram fechados pela polícia. Isto gerou um aumento significativo de bailes clandestinos nas comunidades. A volta ao gueto e a articulação das facções do crime organizado geraram a criação dos chamados "funk proibidões", com letras de apologia ao tráfico de drogas e seus comandantes, provocações entre gangues rivais e, na década seguinte, de teor sexual mais explícito. Em maio de 2000, o governo então baixou um decreto que os bailes só poderiam ser liberados caso seus produtores cumprissem uma série de exigências difíceis para ambientes carentes, como detector de metais na entrada, obrigatoriedade de autorização prévia da autoridade policial e presença de policiais militares do começo ao final do evento, além da proibição da execução de músicas que fizessem apologia ao crime. Foi o impulso fatal para que os bailes clandestinos imperassem a partir de então. Entretanto, a força do "funk" era tanta que nada seria capaz de detê-lo.

O rap nacional nasce da periferia paulista

Na mesma época que o funk carioca deu os primeiros passos, fenômeno semelhante se dava em São Paulo, com o "irmão" rap, nascendo do mesmo estrato social, ou seja, setores pobres e excluídos da sociedade, de maioria negra, e bebendo da mesma fonte, a black music norte-americana. O termo "rap" tem origem na Jamaica, onde o **DJ Kool Herc** fez as primeiras festas de hip-hop, e foi estilizado pelos afrodescendentes norte-americanos do Bronx novaiorquino nos anos 1970. Significa ritmo e poesia, ou seja, um discurso ritmado bem articulado realizado pelos MCs (mestres de cerimônia), numa linguagem poética própria, que pode ser *a capella* ou com um fundo musical, um *beatbox* (percussão vocal). O rap é também um dos pilares da cultura hip-hop, juntamente com os DJs, a dança do *break* e o visual do grafite. **Afrika Bambaataa** e, na década seguinte, **Grandmaster**

Flash e o **Public Enemy** foram nomes fundamentais na estilização do movimento, dos EUA para o mundo.[50]

No Brasil, havia, antes de tudo isso aparecer, o improviso dos repentistas nordestinos, que faziam algo muito próximo do rap, em duplas alternadas de cantadores, acompanhados de violas — inclusive batalhas de rimadores, as pelejas, que no universo do rap também existem. Quando os cantadores eram acompanhados por pandeiro, tínhamos o coco de embolada, mais ritmado, às vezes também improvisado, como o da dupla pernambucana **Caju e Castanha**, em atividade desde os anos 1970, que posteriormente, justamente pela afinidade estilística, participou de álbuns de alguns rappers. O samba de breque, no Rio, estilizado nos anos 1930, também tinha paradas que eram verdadeiros raps. E ainda havia alguns discursos sobre bases de samba, como o paulista **Jair Rodrigues** imortalizou em 1964, na sua antológica gravação de "Deixa isso pra lá" (Edson Menezes/Alberto Paz): "Eu não tô fazendo nada / Você também / Faz mal bater um papo / Assim gostoso com alguém?" Também sobre uma base de samba, o carioca **Jorge Ben** discursou em seu "Charles Anjo 45" em 69, e até mesmo o baiano **Raul Seixas** em 73, sobre uma base pop, destilou seu "Ouro de tolo". Os três não deixavam de ser precursores dessa onda de canções "faladas" — todas com muito sucesso à época de seus lançamentos.

Em 1980, o *showman* **Luiz Carlos Miéle** gravou a jocosa "Melô do tagarela", dele com o músico e humorista **Arnaud Rodrigues**, na verdade uma paródia de "Rapper's delight", do **Sugarhill Gang**, o trio que ajudou a fixar o estilo nos EUA, uma autêntica e pioneira gravação de rap, com a cama instrumental do mago pop **Lincoln Olivetti**. Além disso, uma figura que não se sabe até hoje se existiu, um justiceiro da Baixada Fluminense, foi homenageado na "Melô do Mão Branca", um precursor do *gangsta rap* nativo (vertente do estilo que descreve o cotidiano violento de jovens das periferias) com **Gerson King Combo** — o mesmo que em 77 já havia dito seus "Mandamentos black" sobre uma base soul. Por essa época, o DJ/produtor argentino radicado em São Paulo **Mister Sam** também fazia suas primeiras experiências, com um jingle do Jeans Tarka para seu programa na Rádio Record em 79 e outras com letras em inglês sem maior repercussão com o cantor **Nahim** (que em 80 era promoter da boate paulista

Aquarius e ainda assinava **Baby Face**), como "Don't push, dance, dance, dance". Mas em 84 produziu um LP dos **Black Juniors**, pré-adolescentes paulistas, feirantes e dançarinos de break, do single "Mas que linda estás", que não era chamado de rap ou hip-hop pela grande mídia, preferindo rotular o som também com o nome de "break". Mas sua estética já estava toda ali. E dois anos antes o humorista **Sérgio Mallandro** foi mais para o lado da galhofa no hit "Vem fazer glú glú" e outras obscuras que não deixavam de ser despretensiosos raps.[51]

Enfim, em 1984, o baiano radicado no Rio **Caetano Veloso**, sempre na vanguarda, lançou o memorável "Língua", em que usava pela primeira vez a expressão "samba rap" numa canção que explorava a língua falada e a pluralidade de nosso idioma, explodindo num refrão em ritmo de samba num dueto com **Elza Soares** ("O que quer, o que pode essa língua?"). Três anos depois, **Fausto Fawcett**, também do Rio, estoura a sua "Kátia Flávia, a godiva de Irajá" em nível nacional. Sem dúvida, um marco que também remetia de certa forma ao movimento do funk carioca, que estava nascendo em paralelo.

Mas foi em São Paulo, uma megalópole opressiva e cinzenta, que o rap se encontrou como movimento. No mesmo local que era o ponto de encontro da turma dos punks paulistas, antes do cerco policial que os dissipou em 1983, ou seja, o Largo de São Bento, próximo à estação do metrô (e na Galeria 24 de Maio), bem no Centro de São Paulo, entraram em ação os b-boys, virtuoses dançarinos de break, como **Nelson Triunfo**. A seguir, por volta de 85, vieram os rappers — inicialmente chamados de tagarelas —, que logo foram realocados na Praça Roosevelt. Eram todos jovens pobres da periferia, vestidos despojadamente, com seus bonés, toucas, bermudas largas, camisetas folgadas, tênis e moletons. Ocorre que alguns poucos punks continuavam subversivamente atuando no local, distribuindo fanzines anárquicos de conscientização sobre temas de desigualdade social e racismo, e trocando informações.[52]

Em 1986, **Pepeu & Mike**, da periferia de Santo André, lançaram a "Melô do Bastião (Sebastian boys rap)", sampleando "Oh! Oh! Fly guys", do rapper californiano **Magic Trick**. A faixa foi parar no LP *Remixou? Dançou!* (CBS, 87), junto com os grandes roqueiros do momento. **Pepeu** ainda apareceria com "Nomes de meninas",[53] gravada mais adiante no LP *The culture of rap*, da equipe de baile black **Kaskata's**, 89, época também do **Dynamic Duo**, de **Alexandre** e **Marcelo 2Dabone**, futuro grande produtor do estilo, além de autor do hit "Don't you know" ("Ritmo marcante, hipnotizante / Marca do compasso com o peso do elefante"). Ainda em 87, a mesma equipe **Kaskata's** lançou o EP *A ousadia do rap*, com sete faixas, ainda sem grande repercussão, e o grupo **Gueto** foi pioneiro em misturar rock e rap em seu LP *Estação primeira*.

Porém, o movimento tomou vulto mesmo em 1988, quando os roqueiros **Nasi** e **André Jung**, da banda **Ira!**, então estourados, produziram com mais outros dois egressos de grupos alternativos, **Dudu Marote** e **Akira S**, aquele que é considerado o primeiro álbum de rap brasileiro, *Hip-hop cultura de rua*, pela independente Eldorado. Neste LP coletivo foram revelados talentos que frequentavam o Largo de São Bento, como **Thaíde & DJ Hum**, na faixa "Corpo fechado", dos versos "Meu nome é Thaíde / Meu corpo é fechado e não aceita revide (...) Tenho o coração mole, mas também sou vingativo / Portanto pense bem se quer aprontar comigo / Se achas que esse neguinho sua bronca logo esquece / Então não perca tempo pergunte a quem conhece..."[54] Completavam o elenco o **Código 13**, **O Credo** e **MC Jack**, todos cantando raps autorais, acompanhados de *scratches* dos DJs. O LP vendeu 60 mil cópias na cena alternativa.

Seguindo o exemplo da **Kaskata's**, outras equipes de bailes *black* também realizaram suas compilações, como a **Chic Show** (*O som das ruas*, também de 1988, editada pela Epic/CBS), onde surgiu outro pioneiro, **Ndee Naldinho** (ainda **Ndee Rap**), gravando o "Rap de arromba" e a "Melô da lagartixa", esta uma paródia de "DJ inovator", de **Chubb Rock**. No mesmo LP estavam o **DJ Cuca** ("Check my mix", também assinando arranjos); uma pioneira gravação de rap feminino, **De Repent**[55] ("Pega ladrão", da rapper **Tula**) e o **Sampa Crew** ("Foi bom"), que seria na década seguinte um dos mais bem-sucedidos grupos do estilo, ao adotar uma linha mais romântica, tocando no país inteiro hits, como "Eterno amor".[56]

Ainda em 88, a equipe **Zimbabwe** lança *Consciência black — vol. 1*, com mais nomes, inclusive aquele que seria o mais influente grupo de rap pelos próximos 25 anos, os **Racionais MC's**, com "Racistas otários" e "Tempos difíceis".[57] Formado por **Mano Brown**, **Ice Blue** — ambos do Capão Redondo, região pobre do extremo sul de São Paulo —, **Edi Rock** e o **DJ KL Jay** — da zona norte, inauguraram o estilo que os consagraria, primando pelos temas de denúncia às injustiças sociais e raciais sofridas pelos pobres das periferias, com letras quilométricas, ásperas, diretas, sem meios-tons ou concessões. Em paralelo, no mesmo ano, veio o pioneiríssimo LP de um grupo de rap, o **Região Abissal** (*Hip rap hop*, pela Continental, com temas e levadas bem diversificadas), incluindo "Sistemão",[58] um tapa na cara: "Religião, não sei / Sexo, conheço / Ouvi falar da aids / Mas nunca li um jornal / Nunca peguei um teatro / Nunca fui na escola / Eu sei jogar uma bola / O meu barato é fumo / Eu cheiro muita cola / Foi o sistemão que me jogou / Na rua da Praça da Sé." Depois, **Pepeu**, **DJ Raffa**, **Os Metralhas**, **Ndee Naldinho** e outros finalmente chegavam ao disco individual.

Mas quem virou fenômeno mesmo foram os **Racionais MC's**. Em 1990, a mesma equipe **Zimbabwe** lançava o primeiro LP do quarteto, *Holocausto urbano*, com o hit "Pânico na zona sul" (também presente em outro volume da coletânea *Consciência black*, cuja maior surpresa era a faixa "Nossos dias", de uma rapper feminina, **Sharylaine** — ex-**Rap Girls**). No ano seguinte, os **Racionais** já eram convidados para abrir o show do cultuado **Public Enemy** no ginásio do Ibirapuera, arrastando multidões. Na sequência, lançaram mais dois álbuns, *Escolha seu caminho* (92) e *Raio X Brasil* (93), este com "Fim de semana no parque" e "Homem na estrada", pioneiros hits do rap nativo a chegarem às rádios.[59] A propósito da segunda, duas curiosidades. Foi usado um *sampler* da canção "Ela partiu", de **Tim Maia**, cuja fase "Racional", em que o cantor foi adepto da controvertida seita Universo em Desencanto, serviu de inspiração ao nome do grupo. Um ano depois, em 94, durante um show no Vale do Anhangabaú, foram detidos pela PM, que interpretou seus versos "Não acredito na polícia, raça do *caralho*" como "incitação à violência".

O diferencial dos **Racionais** é que eram totalmente avessos ao mercado hegemônico, o chamado *mainstream*. Evitavam casas de shows "de playboys", gravavam discos 100% independentes e sua postura inicial era a de "nós contra eles".[60] Se historicamente a música brasileira pregava um tom conciliatório entre as classes, eles, ao contrário, tinham um recorte muito claro de classe e raça, sem pretensão de falar com todos os brasileiros. No entanto, justamente por tratar de uma realidade desconhecida de grande parte da população, conquistaram admiradores em vários estados e de diversas classes sociais.

Na contramão, assinando com grandes selos e com sucesso nacional em rádios e TVs abertas, surgiam no Rio um rapper e um grupo que popularizaram bastante o ritmo. O mais curioso é que a cena hip-hop na Cidade Maravilhosa até então era fraquíssima. O pioneiríssimo na cidade (e o mais popular inicialmente) foi Gabriel Contino, um garoto que começou a se apaixonar pelo hip-hop aos dez anos, após assistir ao filme *Beat street* (*A loucura do ritmo*), que mostrava essa cultura nas ruas de Nova York, com muito break dance, grafite e o próprio rap. Aos poucos, foi conhecendo o trabalho dos artistas americanos e, já adolescente, descobriu que em São Paulo havia um movimento do gênero, inclusive lojas de discos onde se podia adquirir bases instrumentais para criar raps. Aos 17, já pedia para cantar em festinhas e, furão, entrosou-se com alguns "manos" paulistas, como **Thaíde & DJ Hum**, que o deixaram abrir um de seus shows. Um belo dia foi assistir a um novo filme, *Os donos da rua* (*Boyz n the hood*), estrelado pelo rapper **Ice Cube**. Ali fez contato com outros três ou quatro amantes do hip-hop, como **Def Yuri** (da banda **Ryo Radikal Repz**), que o indicaram **Tito**, que parecia ser o único sujeito a ter uma bateria eletrônica na cidade. O cara logo virou o rapper de apoio de seu primeiro trio, junto com o **DJ Frias**, que conhecera pouco antes na PUC-Rio, onde ambos cursavam Comunicação Social.

A partir de então, já rebatizado de **Gabriel O Pensador**, seria o primeiro a difundir em larga escala a cultura do hip-hop no Rio. Incrivelmente um rapaz branco e bem-nascido, cuja mãe, a jornalista Belisa Ribeiro, havia sido assessora de imprensa do então candidato à Presidência Fernando Collor. Nada disso, porém, diminuiu sua força ou engajamento pela causa musical e social — uma das bandeiras do movimento. Pelo contrário. Foi o êxito de uma crítica agressiva ao chefe da nação em 1992, quando tinha apenas 18 anos, "Tô feliz (Matei o presidente)", gravada numa fita demo e circulada com imenso sucesso numa rádio carioca que o fez lançar o primeiro CD já no ano seguinte, com produção do **DJ Memê** e de **Fábio**

Fonseca. Mesmo tendo a censura já sido extinta oficialmente no país em 88, o rap, após alguns dias de execução, foi censurado pelo governo, mas menos de um mês depois liberado, pois Collor sofreu um processo de *impeachment* e foi deposto. Isto chamou a atenção de executivos da Sony Music, que resolveram contratá-lo.

Nessa mesma época, **Gabriel** conheceu outros rappers iniciantes em reuniões do CEAP — Centro de Articulação das Populações Marginalizadas, na Lapa —, onde criou o projeto *Posse ACTON* (Associação Atitude Consciente), que visava promover o movimento no Rio. A iniciativa não foi muito longe, mas serviu para que conhecesse o futuro astro **MV Bill**, de sua mesma idade. Logo se juntaram para promover o show/evento *S.O.S. Consciência* na comunidade da Cidade de Deus, onde morava, de modo a conscientizar a juventude local, mostrando o poder do hip-hop, levando a reboque também, entre outros, o irmão de Gabriel, **Tiago Mocotó**. Quando ia às emissoras e programas de TV, procurava sempre ir acompanhado de alguns desses colegas de geração para mostrar que no Rio havia sim um "movimento rap", que ainda era bem rudimentar, mas promissor.

O sucesso de **Gabriel**, entretanto, foi fundamental por provar a viabilidade comercial do hip-hop no Brasil, pois, ao contrário dos colegas paulistas, mais restritos a um público segmentado em seu estado (ainda que grande), estourou o gênero em nível nacional. Seus primeiros hits radiofônicos foram "Retrato de um playboy", "Lôraburra" e "175 — nada especial", cujo clipe, passado dentro do ônibus da linha "175", trazia participações de astros de várias tribos da música brasileira, como **Martinho da Vila**, **Neguinho da Beija-Flor**, **Cláudio Zoli**, **Zé Ramalho**, **Toni Garrido** e os ainda anônimos **MV Bill** — que no mesmo ano teria sua primeira gravação como integrante do trio **Geração Futuro** na coletânea *Tiro inicial*, ao lado de outros artistas de fama efêmera, como os duos **Filhos do Gueto**, **Poesia Sobre Ruínas** e **Consciência Urbana**, o quarteto **N.A.T. (Negros Acima de Tudo)** e o trio **As Damas do Rap**, trazendo também uma faixa coletiva em que o próprio **Gabriel** tomava parte, "Filhos do Brasil",[61] sobre a violência urbana e a situação dos jovens desassistidos. Outro incógnito a participar do clipe foi **Mr. Catra**, que nessa época ainda respondia pela alcunha de **Negativo**, não fazia "funk" e tinha um grupo chamado **Contexto (Rap)**.

As letras corrosivas e muito bem-feitas de **Gabriel**, que ganharam as rádios e TVs do país, não poupavam ninguém: os filhinhos de papai ("Retrato de um playboy"), a mulher fútil ("Lôraburra", "Nádegas a declarar"), a hipocrisia e o comodismo do brasileiro ("Lavagem cerebral"), os falsos pastores exploradores da fé alheia ("FDP 3 'ao cubo'"), o caos do país e da cidade do Rio ("175 Nada especial"), chegando a temas mais amenos, como a tentativa de conquista de uma mulher ("2345meia78 [Tá na hora de molhar o biscoito]", "Cachorrada") e uma ode à "MPB" ("Festa da música"). Finalmente, discorreu sobre a farsa orquestrada do combate à maconha em "Cachimbo da paz", com participação de **Lulu Santos.**[62]

Este último tema foi a grande bandeira de um grupo mais agressivo de rap rock, o igualmente carioca **Planet Hemp**, que logo a seguir também alcançou um êxito retumbante, tendo entre os integrantes o ex-skatista e pichador na adolescência, depois ex-camelô, porteiro e vendedor de móveis (e camisetas de rock) **Marcelo D2** e o ex-office boy e vendedor de discos **BNegão**. A banda já era um sucesso no underground da cidade, frequentando desde o início da década espaços de rock, metal e punk, como o Garage Art Cult, na rua Ceará, na Praça da Bandeira, próximo ao Centro do Rio. Em 1995, graças à ajuda de produtores e fãs da banda com influência na Sony Music, conseguiram que o grupo participasse não de um CD coletivo com outras bandas, mas que lançasse o seu próprio. O álbum saiu então por um subselo do Chaos, especializado em novos artistas, chamado Super Demo. Na verdade, ele já batizava um festival produzido por **Elza Cohen**, que ajudou a revelar nomes expressivos da cena roqueira dos anos 1990, como os **Raimundos, Skank** e **Chico Science**.

Assim, nascia o álbum *Usuário*, em que a descriminalização da polêmica erva era defendida explicitamente em raps como "Legalize já", seu primeiro hit, com direito a sampler de "Legalize it", do reggae-man **Peter Tosh**: "O álcool mata bancado pelo Código Penal / Onde quem fuma maconha é que é o marginal / E por que não legalizar? E por que não legalizar? / Estão ganhando dinheiro e vendo o povo se matar (...) Legalize já, legalize já / Porque uma erva natural não pode te prejudicar." Depois vieram outras na mesma linha, como "Mantenha o respeito" e "Queimando tudo", em que o tema estava inexoravelmente sempre atrelado a outro: o da violência policial. Além disso, a miséria, o racismo, as chacinas de garotos em favelas e a falência do país também inspiraram outros raps neste e nos outros álbuns do **Planet Hemp**, como *Os cães ladram e a caravana não para* (1997), que bateu 400 mil cópias vendidas (no mesmo ano em que **Gabriel** vendeu mais de 1,5 milhão com o CD *Quebra-cabeça*). Entretanto, o grande chamariz do grupo era mesmo a questão de serem contra a criminalização da maconha.

O preço pago pelo grupo por tamanha ousadia foi alto, acumulando um histórico de perseguições policiais, brigas e até prisões dos integrantes em seus shows — o que se deu por pelo menos duas vezes, entre 96 e 97. Um ano depois, o **Black Alien** assumia também os vocais, enquanto **Marcelo D2** — cujo apelido é a gíria dos usuários de *cannabis*, que significa dar apenas dois "pegas" no baseado e logo passá-lo adiante — iniciava em paralelo carreira solo com o CD *Eu tiro é onda* (98), destacando a faixa-título,[63] gravada com bases de **João Donato**, do maestro **Jota Moraes** e do baterista **Dom Um Romão**. Tratava-se de um trabalho de originalidade ímpar, pioneiro do gênero a misturar samba com hip-hop, que foi bem recebido até mesmo na cena paulista.

Enquanto isso, **D2**, **BNegão** e seus colegas do **Planet Hemp**, pioneiros artistas de origem periférica desta cena hip-hop carioca a fazer sucesso, conheceram novos talentos do estilo na festa *Zoeira*, da produtora **Elza Cohen**, que marcou época na Lapa, sendo precursora do renascimento do bairro como polo cultural da cidade. Procurando uma locação para o clipe de *Legalize já*, ela e **D2** encontraram uma sinuca e se encantaram com o local. A festa em si começou em 98 e foi até 2001 no mesmo endereço. Ali foram improvisados uma pista de dança e um palco, reunindo MCs, DJs, grafiteiros e grupos de break dance, tornando-se um marco do gênero na cidade e até mesmo no país por reunir desde os consagrados **D2** e **Black Alien** aos novos talentos ali revelados, como **De Leve**, **Shawlin**, **Dom Negrone**, **Mahal** (filho de Luiz Melodia), **Aori** e **Marechal**, além dos **DJs Pachú**, **Nepal** e **Negralha** — que dali a pouco ainda dariam muito o que falar, afora estrelas internacionais. Em 2000, a produtora lançou o CD coletivo *Zoeira — Hip-Hop Carioca*, no qual alguns deles estrearam.

Em paralelo, outro rapper pioneiro carioca, **Def Yuri**, bancou a coletânea *Hip hop pelo Rio*, produzida por ele e mais três colegas, e em conjunto com **José Júnior**, do **Afro Reggae**, promoveu aquele que se tornou o maior o maior evento gratuito do gênero até então do Rio, nos Arcos da Lapa, em julho de 1999. Ali, por dez horas seguidas, mostraram seu som os artistas do álbum, como **Filhos do Gueto, Manifesto 021** e o próprio RRR — **Ryo Radikal Repz** — de **Yuri**, e nomes já consagrados, como **GOG, Thaíde e DJ Hum, Câmbio Negro, Jigaboo, Marcelo D2**, entre outros. Em 2001, foi a vez do mesmo **D2** lançar outra coletânea, *Hip Hop Rio*, juntando-se aos colegas **BNegão** e **Black Alien** e promovendo novos talentos dessa cena, tais como **Mahal, Esquadrão Zona Norte, Três Pretos, Inumanos, Speed, Dom Negrone, DJ Negralha, Artigo 331** e **Núcleo Sucata Sound**. Era uma turma que já frequentava, além da festa Zoeira, eventos no Circo Voador e na Fundição Progresso, e, a partir dos anos 2000, passaria a ocupar espaços públicos com "rodas de rimas" na própria Lapa e na Praia de Botafogo.

Ao mesmo tempo, a turma de São Paulo seguia no imenso underground da cidade com seus êxitos locais. O hit "Distração", produzido pelo eclético **Arnaldo Saccomani**, fez barulho com o grupo **Ponto Crucial**, dos pioneiros a misturar o rap com r&b e soul, numa linha mais suave, em 1994. Seu líder era **Rinea BV**, que ainda trabalharia muito no futuro, fazendo vocais para os **Racionais** (como em "Jorge de Capadócia", de **Jorge Ben Jor**). Mais pesada, "Pule ou empurre", lançada em vinil no mesmo ano, trouxe à baila o nome do trio **RPW**, raro por trazer uma mulher como integrante e pioneiro dentro do estilo de rap batizado por um tempo de "bate cabeça", de batida mais agressiva e dançante que dominou os bailes a partir do ano seguinte, também com grupos como o **Pavilhão 9** e os **Doctor MC's**. Por essa época, diretamente da zona leste, o **Consciência Humana** emplacava "Tá na hora" e "Lembranças", e o **Facção Central**, com um discurso ainda mais virulento que o de seus antecessores, apareceu na linha do *gangsta rap*, com ênfase nas mazelas, crimes e repressão policial das favelas paulistas ("Eu não pedi pra nascer", "Estrada da dor 666", "Desculpa, mãe"), incluindo o controvertido álbum *Versos sangrentos* (1999), cujo clipe de uma das faixas, "Isso aqui é uma guerra", exibido na MTV, gerou um processo do Ministério Público contra seus integrantes e a apreensão do material da banda por suposta apologia ao crime, o que só fez aumentar o seu prestígio.[64]

Outro tema violento, o cotidiano dos presidiários brasileiros, veio à tona após o segundo grande massacre no presídio do Carandiru em outubro de 1992, quando a PM paulista invadiu a Casa de Detenção para conter uma rebelião dos internos no Pavilhão 9 durante uma partida de futebol, gerando a morte de 111 presos (segundo a polícia). Por uma incrível coincidência, o referido grupo **Pavilhão 9**, de jovens do Grajaú, zona sul de Sampa, lançou seu álbum de estreia justamente no mesmo ano da rebelião, mas seu nome fora sugerido um ano antes pelo produtor, **Marcelo 2Dabone** (o mesmo dos dois primeiros CDs dos **Racionais**). Quando veio a chacina, parecia premonitório, ainda mais pela faixa que os consagrou, "Otários fardados", que **Branco**, um dos fundadores da banda, já havia escrito, com críticas pesadas à PM do estado: "Corra, não dê motivos pra eles / Que querem te foder / Pois num vacilo seu, você pode crer / Que a geral é feita com malícia e sua vida / Se encontra em mãos da polícia / Sem se justificar descem o pau em você / Abusam demais, abusam do poder (...) Otários fardados / Chamados policiais / Otários fardados / Não somos marginais."

Os integrantes do **Pavilhão 9** escondiam o rosto nos shows com máscaras, gorros e pinturas — fazendo disso uma marca. De estilo sarcástico, foi dos primeiros a se assumir *gangsta rap*[65] (antes deles, esse rótulo nem existia ainda, o rap era classificado como "radical" ou "comercial") e a usar metáforas e gírias nas letras, recusando-se a usar "bip" na hora dos palavrões nas versões para rádio e TV, razão pela qual seu rap chegou a entrar no Top 10 dos programas do gênero em versão instrumental. Mais tarde, o som do grupo se transformou em direção ao rapcore, enquanto dois de seus integrantes, **Piveti** e, mais tarde, **DJ Branco**, fizeram carreira solo (ou em dupla) com trabalhos fiéis ao estilo que os consagraram. Mesmo assim, este último ainda compôs um grande hit do **Pavilhão**, "Mandando bronca", com a participação de **Max Cavalera**, do **Sepultura**, em 1997, eleito melhor vídeo de rap do ano no MTV VMB (*Video Music* Brasil).

Entretanto, não tardou a aparecer grupos efetivamente de presidiários, egressos daquela mesma penitenciária, como **Detentos do Rap** (ainda em

1998) e a seguir o duo **509-E**, que era o número da cela num pavilhão vizinho onde ocorreu a chacina, em que seus integrantes, **Dexter** e **Afro-X**, velhos amigos de infância, reencontraram-se e começaram a compor seus raps, ainda presos, como "Oitavo anjo" e "Saudades mil", inclusas no álbum *Provérbios 13* (2000), gravado em quatro saídas da cadeia, impulsionado pelo projeto social *Talentos aprisionados*, que procurava artistas de todas as áreas entre os detentos, os ajudando a sair do crime. O **Afro-X** também ficou famoso na mídia por um fato pitoresco, ao ter um filho em 2001 com a ex-**Turma do Balão Mágico**, **Simony** — que, a propósito, desde os 13 anos, em 1989, seguia carreira solo, com "Acho que sou louca (I should be so lucky)" e a regravação de "Primeiros erros", de **Kiko Zambianchi**.[66]

Vale aqui uma menção histórica. Muito antes dos **Detentos do Rap**, no longínquo ano de 1961, dentro do mesmo presídio do Carandiru outro detento, **Paulo Miranda**, compôs a romântica valsa "Luar de Vila Sônia", que chegou às paradas no ano seguinte nas vozes de artistas como **Tito Martinez** e **Gilberto Alves**, cuja gravação incluía um recitativo interpretado pelo loucutor **Collid Filho**, narrando as agruras de sua prisão: "Nove horas, apagam-se as luzes do presídio / Mais uma esperança perdida na insipidez de um dia estiolado que se foi para o além, como tantos outros se foram, desde que me destinaram esta vida amargurada de encarcerado / Mais um período de lágrimas para a minha grande desventura / A noite tenebrosa dos fantasmas, a escuridão da lei privando-me do luar perfumado e encantador de Vila Sônia adormecida / A corneta da sentinela, lá no portão longínquo do presídio, inicia o toque do silêncio / Enquanto sob o cáustico do pranto abrasador prossigo meu destino marcado, cantando e chorando a minha saudade imensa", ao que o cantor encerrava: "Luar, mais nada me seduz / Agora eu sei o que perdi."[67]

Voltando aos anos 1990, "Diário de um detento" foi uma das faixas mais executadas do antológico CD *Sobrevivendo no inferno* (1997), dos **Racionais MC's**, em que **Mano Brown** e **Jocenir** (ex-preso da mesma Casa de Detenção de SP) descrevem o cotidiano dessa população carcerária com um português e uma narração bem diferentes daquela de 35 anos atrás: "O ser humano é descartável no Brasil / Como *modess* usado ou Bombril / Cadeia? Claro que o sistema não quis / Esconde o que a novela não diz / Ratatatá! Sangue jorra como água / Do ouvido, da boca e nariz / O Senhor é meu pastor... perdoe o que seu filho fez / Morreu de bruços no salmo 23, sem padre, sem repórter / Sem arma, sem socorro / Vai pegar HIV na boca do cachorro / Cadáveres no poço, no pátio interno / Adolf Hitler sorri no inferno! / O Robocop do governo é frio, não sente pena / Só ódio e ri como a hiena / Rátátátá, Fleury e sua gangue / Vão nadar numa piscina de sangue / Mas quem vai acreditar no meu depoimento? / Dia 3 de outubro, diário de um detento." Outra faixa do CD que se destacou foi "Capítulo 4, versículo 3" (Brown). Às vezes, pela ousadia de mexer em feridas tão abertas e atrair tamanha multidão em seus shows, tiveram de lidar com episódios de violência durante algumas apresentações, como os ocorridos na Virada Cultural paulista, de 2007, que acabaram por prejudicar a escalação do grupo em outros eventos do gênero.

Ainda sobre o tema do cotidiano prisional, "Dia de visita", do **Realidade Cruel**, foi mais um dos muitos raps de sucesso sobre o tema. Mas há outros que merecem atenção, mesmo não tendo tido igual destaque nessa época, como "Confidências de uma presidiária", "Irmã de cela" e "Do lado de fora da muralha", da rapper de Campinas **Dina Di**, então líder do grupo **Visão de Rua**.[68] Por ter sido interna da FEBEM, isso lhe autorizava a falar de maneira um tanto crua sobre o cotidiano das internas do ponto de vista feminino, podendo ser esposa de outro detento ou sofrendo como mãe de um filho criado sem os seus cuidados. Após gravar um *single* e um álbum, morreu em 2010, aos 34 anos, de infecção hospitalar, por complicações no parto de sua segunda filha.[69] Fato é que a presença de mulheres no hip-hop foi por muitos anos um grande tabu. Mesmo com discurso contra a opressão generalizada onipresente no movimento, houve uma tendência forte, especialmente nas décadas de 1990 e 2000, de comportamentos machistas (e homofóbicos) que impediu o êxito das mulheres (e LGBTQI+) à consagração no gênero. Até mesmo as letras dos raps, inclusive dos **Racionais**, esbarravam muitas vezes em misoginia, usando termos como "vadia" — algo que, anos depois, a banda, mais madura, faria *mea culpa*.

Poucas foram as mulheres neste primeiro momento do rap a ter alguma visibilidade. Ainda nos anos 1980, já davam os primeiros passos a já referida **Sharylaine** (desde 1986), **Ieda Hills** (primeira a fazer rap no

ABC), a também já citada **Thula Mello (De Repent)** e duas que fundariam grupos importantes, **Lady Rap (Minas da Rima)** e **Rubia Fraga (RPW)**. Nos anos 90, apareceram **Sweet Lee** (do hit "Comandando multidões", em 91) e fenômenos pioneiros no Distrito Federal (**Vera Verônika**, mesclando elementos de religiões afro-brasileiras) e em Porto Alegre (**Malu Viana**, da **Flor do Guetto**),[70] além de **Rose MC**, a "Mina do Breaking" uma das raras com curso superior, não egressas da periferia, com "Exemplo de mulher" e "Paixão bandida" na coletânea de rap feminino *Sociedade alternativa elas por elas* (94). Em 2022, aos 37 de carreira, assim como **Dona Ivone Lara**, conseguiu aponsentar-se para viver de música e lançou seu primeiro álbum, *Preta poderosa*.

No âmbito masculino, preponderante, até o final da década continuavam surgindo em São Paulo vários grupos. O **Face da Morte** deixava estampado que o crime, a marginalidade e a vida bandida eram reflexos da desigualdade social. Agressivo, com gírias e palavrões, metralhava os ouvintes com verdades desagradáveis, presentes em raps como "O menino do morro (virou Deus)" e "A vingança", esta sobre uma jovem estuprada, cujos versos são entoados sobre a base do reggae "No, woman, no cry", de **Bob Marley**, cujo refrão, vertido em português por **Gilberto Gil**, é cantado pelo grupo entremeado à imensa letra. O **Sistema Negro** se consagrava com "Bem-vindos ao inferno" e **Athalyba e a Firma** (de **Athalyba-Man**, do pioneiro **Região Abissal**) destacou-se com "Política", um marco, em 1994, toda rimada em proparoxítonas, lançada num CD pela multinacional BMG, algo incomum à época: "Então o político declara ser o médico / Diagnostica que a cura é pelo empréstimo / Com certeza vai querer morder o dízimo / E ao problema ele receita um analgésico."[71]

A seguir, em 1996, os veteranos **Thaíde e DJ Hum** homenageavam a geração *black* anterior à deles no rap autoral "Sr. Tempo bom" e o já citado trio **Doctor MC's**, da zona leste, também foi buscar inspiração no passado, precisamente num hit setentista do **Azymuth**, "Linha do horizonte" para seu "Tik-tak", que puxou o CD *Agora a casa cai* (98), vendendo 70 mil cópias, um grande feito num mercado ainda restrito ao gueto: "Tik-tak, o tempo vai passando / E a gente aqui sentado no banquinho, conversando."[72] Alternavam letras pesadas com outras mais descontraídas.

O Distrito Federal foi também se impondo como um grande polo do gênero, com artistas que romperam as fronteiras locais, como a banda **Câmbio Negro** (com "Sub-raça", um clássico sobre o racismo) e mais tarde com o rapper **GOG**, enquanto em Recife o **Faces do Subúrbio** conseguiu ter um álbum (o segundo do grupo, homônimo, em 98) lançado pela gravadora MZA, e no Rio era enfim revelado um dos pioneiros de toda essa cena, Alex Pereira Barbosa, o **MV Bill**. Egresso da favela-bairro Cidade de Deus, se tornaria um dos mais longevos e influentes do movimento fora do gueto. Seu CD *Traficando informação* (1999) ganhou o Prêmio Hutúz, o mais importante do segmento, como álbum do ano, e foi acusado de apologia ao crime porque mostrou "a vida como ela é", ou seja, uma criança com uma arma na mão no videoclipe da autoral "Soldado do morro". Também apareceram com canções imperativas seu conterrâneo **Nocaute**, misturando reggae, repente e samba, e os paulistas do **De Menos Crime** ("Fogo na bomba"), o efêmero **Jigaboo**, com dois MCs negros e um branco, algo incomum à época ("Corre-corre"), e o **RZO** (o histórico *Todos são manos* [1999], destacando a faixa-título e "Pirituba"),[73] de onde despontaram **Helião** e **Negra Li**.

De 1998 até por volta de 2001, São Paulo vivia uma febre de grandes eventos de rap, com apresentações de astros internacionais do estilo, nem sempre divulgados pela grande mídia, mas capazes de reunir até 40 mil pessoas em palcos como o do Anhembi, e um *boom* de grandes ídolos, que pela primeira vez conseguiam ter uma popularidade realmente forte, afora o fenômeno **Racionais**. É quando depontaram o **Rota de Colisão,** da zona oeste (do hit "Ideias de periferia"), já com dez anos de estrada, seguindo pelas próximas duas décadas em plena atividade,[74] e Mauro Mateus, o fabuloso **Sabotage**. O ex-assaltante e gerente do tráfico fez história na música com o CD *Rap é compromisso* (2000), cuja faixa-título autoral mostrava o cotidiano de um "mano" que adotou a vida do crime na favela do Canão, zona sul paulistana. Teve a carreira abreviada, sendo assassinado três anos depois, mas virou uma lenda do nosso rap. Ainda teve tempo de participar dos filmes *Carandiru*, de Héctor Babenco, e *O invasor*, de Beto Brant, este tendo ainda **Paulo Miklos**, dos **Titãs**, no elenco. Postumamente, ainda foram feitos dois documentários a seu resepeito: *Sabotage nós*, de Guilherme Xavier Ribeiro, e *O maestro do Canão*, de Ivan Vale Ferreira.

E do Rio brotaram os revolucionários MCs **De Leve** (Ramon Moreno), **Marechal** (Rodrigo Vieira) e **Shawlin** (Conrado Costa, este, mais tarde, mudando de nome artístico para **Cachorro Magro**). Os três se uniram em 1999 no coletivo **Quinto Andar**, um dos primeiros fenômenos musicais de internet, que à época ainda significava ter muitas canções baixadas no computador pelo público. E revolucionaram o estilo, com um trabalho conceitual, enfocando outros tipos de assuntos em suas letras, com rimas inusitadas e muita velocidade. Ainda fariam muito barulho nas décadas seguintes.

Sem as brigas incontornáveis dos velhos punks — embora obviamente houvessem embates, nem sempre tão amistosos — e munido dos mesmos ideais, o hip-hop brasileiro ocupou o seu lugar — denunciando os maus tratos, o racismo e o cotidiano violento das periferias, reivindicando melhorias, aconselhando os jovens a terem equilíbrio, apesar do caos, e elevando a autoestima dessa população excluída. Não era pouco. Ainda um fenômeno mais restrito a plateias específicas de São Paulo, com pequenos focos em outros estados (como Rio e Brasília), era o início de uma revolução silenciosa que ainda demoraria pelo menos uma década para se tornar mais popular.

5.

A “MPB” no Brasil e no exterior, o samba, os sons do Pará e as cenas pop indie e instrumental (2000-2022)

A década de 2000 mudou completamente a maneira de consumir música. Para começar, impôs ao mercado o formato audiovisual do DVD, algo que até então o país nunca dera importância (as antigas fitas de VHS e o Disc Laser jamais vingaram no segmento musical no país, vendia-se majoritariamente filmes nessas mídias). Foi inventado o CD virgem em substituição às fitas K7, que reinaram por mais de 30 anos e, para alegria geral, qualquer um podia fazer uma cópia pirata dos seus álbuns favoritos sem qualquer perda de qualidade — até mesmo para vender ilegalmente. Este foi o primeiro golpe na indústria fonográfica, que tentou pateticamente incluir um selo prateado para diferenciar os originais dos piratas por volta de 1992, para o qual o público mais popular deu de ombros, pois queria mesmo era ouvir as músicas com som cristalino — e nesse ponto as cópias eram fidedignas.

Em paralelo, a internet começava a promover a troca de arquivos de áudio e os mecanismos de proteção do direito autoral se demonstraram insuficientes também (e principalmente) para conter a pirataria virtual, que começou a frear decisivamente o crescimento da indústria do disco. Isto fez ruir boa parte dela no final dos anos 2000, que agora mais do que nunca investia apenas em produtos ultracomerciais de retorno ainda mais rápido e garantido que na década anterior ou atuava apenas como distribuidora, deixando que os próprios artistas arcassem com seus custos de produção. Não é por acaso que até mesmo os padres cantores viraram o primeiro filão comercial para o mercado da "música" da virada do milênio. Após este momento, o dinheiro para esse tipo de negócio passou a vir também de parcerias com o setor privado, de empresários ricos ou da publicidade, e até mesmo dos artistas mais comerciais que passaram a fornecer aos investidores parte da renda arrecadada em seus shows. É óbvio que isto influiu de forma implacável na qualidade final da música veiculada em massa nessas primeiras décadas do século no país.

A nova "MPB" pop romântica

Com esta tendência inexorável à massificação, a partir da década de 2000, com raras exceções, a chamada "MPB", a música nordestina de raiz e o samba tradicional são praticamente expulsos das paradas de rádio e TV, cada vez mais dominadas pelos jabás e interesses puramente comerciais. Os artistas que conseguiram mais repercussão na contramão dos modismos massificados foram os de trabalho mais ligado ao pop romântico, como os cantores e compositores **Nando Reis, Jorge Vercillo, Vanessa da Mata e Ana Carolina.**

Autor de grandes sucessos de **Cássia Eller** e **Marisa Monte, Nando Reis** conseguiu superar a dependência de álcool e drogas, que achava a princípio serem fundamentais inclusive na sua criatividade para compor, e ao perder pessoas próximas, deparou-se com a urgência da vida. Achava estar um pouco engessado no grupo **Titãs**, do qual foi um dos fundadores. Foi então que depois de 20 anos, em 2002, abandonou-o, tornando-se um autêntico ídolo pop. Não parou mais de tocar no rádio. Dez anos depois já era um dos dez compositores do país que mais arrecadavam com direito autoral, ao lado de **Roberto Carlos** e diversos astros e estrelas "sertanejos", graças a canções bem populares de sua lavra, como "All star" (2000), "Por onde andei" (2004) e "Pra você guardei o amor", em duo com a novata **Ana Cañas** (2009).

A matogrossense radicada no Rio **Vanessa da Mata** foi outra a conseguir furar o cerco e se impor num cenário já bem difícil para a "MPB".

Começou primeiro como compositora, aos 21 anos, em 1997, tendo sua canção em parceria com **Chico César**, "A força que nunca seca", gravada e intitulando um álbum de **Maria Bethânia**. Cinco anos depois, a cantora deu as caras com "Não me deixe só", seguida de "Ai, ai, ai" (parceria com o produtor **Liminha**, uma das mais tocadas de 2006), ambas divertidas e dançantes. Depois estourou "Boa sorte (Good luck)", em dueto com o americano **Ben Harper**, e a canção "Amado", ambas de seu álbum mais vendido, *Sim* (2007). Na nova década, prestou tributo a **Tom Jobim**, com um CD em 2013. A seguir apareceu em faixas divididas com artistas da geração musical posterior à sua. Inicialmente, uniu-se ao rapper **Emicida** no reggae "Passarinhos", de 2015, e dois anos depois lançou a vibrante e catártica "Gente feliz (Sinceridade)", dela com Maurício Pacheco, ao lado do grupo **BaianaSystem**: "Gente feliz não se incomoda com pouco / Eu acho que a felicidade não vem só / Os meus amigos eu escolho, são sócios / Da alegria que eu gosto de levar."

O carioca **Jorge Vercillo** batalhou muito cantando em barzinhos, até conseguir um público forte em alguns estados do Nordeste. Gravando desde 1993, só veio mesmo a estourar em 2000 com a funkeada (e autoral) "Final feliz": "Pode me abraçar sem medo / Pode encostar tua mão na minha / Meu amor / Deixa o tempo se arrastar sem fim / Meu amor / Não há mal nenhum gostar assim / Oh, meu bem, acredite no final feliz..." A canção foi registrada em dueto com seu ídolo **Djavan**, de quem sofreu grande influência inicialmente, motivando uma grande implicância da crítica a seu trabalho, dada a semelhança estilística. O público, entretanto, aprovou, pois ele logo mostrou-se um hitmaker nato, emendando um sucesso atrás do outro nesta primeira década, como as autorais "Leve", "Avesso", "Que nem maré", "Fênix" (com **Flavio Venturini**), "Homem aranha", "Monalisa" e "Ela une todas as coisas".

Igualmente ligado ao pop romântico, o mineiro **Vander Lee** também levou mais de uma década para aparecer, mesmo sendo apadrinhado inicialmente por **Elza Soares**. O sucesso veio vindo aos poucos. Primeiro, mais discreto, com a canção "Românticos", em 1999. Já gravando na Indie Records, ficou mais conhecido com outras obras autorais, como "Onde Deus possa me ouvir" (regravada anos depois por **Gal Costa**, **Leila Pi-**

nheiro e **Elba Ramalho**) e "Esperando aviões". Contudo, teve um público apenas estável, sem grandes arroubos, vindo a falecer precocemente em 2016, por complicações após um infarto.

A cantora e compositora mineira **Ana Carolina** foi talvez a última grande artista da "MPB" pop a conquistar um público gigante nas duas primeiras décadas do século, sendo também uma das maiores hitmakers do período. Ela fazia seus shows em Juiz de Fora, sua cidade, e no circuito serrano do Rio, com forte influência de seus conterrâneos **João Bosco** e **Cássia Eller** — esta inclusive pagou um *roadie* em seu primeiro show num bar da zona sul carioca, ao saber que ela não tinha quem lhe ajudasse a afinar seus instrumentos no palco. Contou também com a força de **Zezé Motta**, que a dirigiu ainda em pequenos bares, até conseguir ser notada e disputada por duas gravadoras. Assinou então com a BMG, gravando seu primeiro CD em 99 e já aconteceu, ganhando Disco de Platina, puxado pela canção "Garganta", do gaúcho **Antonio Villeroy**,[1] que se tornaria seu parceiro mais constante.

Depois, virou uma máquina de hits, de sua lavra própria (ou com parceiros), entre baladas ("A canção tocou na hora errada", "Confesso", "Encostar na tua", "Pra rua me levar", "Carvão", "Mais que a mim", esta em dueto com a novata **Maria Gadú**) e pop dançantes ("Elevador [Livro do esquecimento]"), "Eu comi a Madona" e "Entreolhares", esta gravada com o americano **John Legend**),[2] além de versões, como a balada "Quem de nós dois (La mia storia tra le dita)", e canções de outros autores, como as românticas "Nada pra mim" (de John, do **Pato Fu**), "Uma louca tempestade" (Villeroy/Bebeto Alves) e a festiva "Rosas" (outra de Villeroy), fechando sua primeira década de carreira com cerca de seis milhões de discos vendidos. Seguiu pela próxima gravando menos, mas sempre com shows lotados em grandes espaços e muitas canções executadas no rádio, como as românticas autorais "Problemas" (assinada com a cantora/compositora italiana **Chiara Civello**, por muitos anos sua companheira, e **Dudu Falcão**) e "Combustível" (com **Edu Krieger**), além de uma releitura da existencial "Coração selvagem", de **Belchior**.

Afora isso, foi a primeira desde **Angela Ro Ro** a fazer sucesso por incluir cantadas de mulher para mulher em suas letras, sem subterfúgios, causando a catarse num numeroso público feminino em seus shows, que não queria mais ficar no armário. Além de canções pop românticas mais alinhadas ao mercado, sempre incluiu outras mais sofisticadas em seus trabalhos, tanto que ganhou o respeito do primeiro time da "MPB", realizando duetos com alguns de seus ícones, como **Maria Bethânia** e **Zizi Possi** (que gravaram várias músicas suas), **Chico Buarque**, **Alcione**, **Luiz Melodia**, **João Bosco**, o violonista **Guinga**, **Elza Soares**, **Chico César**, a referida **Ro Ro** e **Gilberto Gil** — este seu parceiro, com o carioca **Mombaça**, no samba "Torpedo".

Ana também ajudou a catapultar a carreira do carioca **Seu Jorge** no Brasil, que já vinha num crescente, e virou novo superastro black da música brasileira a partir do álbum *Ana & Jorge* (2005), com o sucesso "É isso aí", versão dela para a balada "The blower's daughter", de Damien Rice, cujo CD foi Disco de Platina Duplo e o DVD, de Diamante, por 1 milhão de cópias vendidas. Ele começou no grupo **Farofa Carioca** juntamente com **Gabriel Moura**, dos hits "Moro no Brasil", "São Gonça" e "A carne", este em dueto com **Fagner**. Mais para o final da década de 2000, impôs-se como um seguidor de **Jorge Ben Jor**, levando a crônica do cotidiano a seus sambas funkeados, como "Carolina", "A mina do condomínio", "Burguesinha", "A doida", "Amiga da minha mulher",[3] todas consagradas em seus bem-sucedidos álbuns *América Brasil*, em dois volumes (estúdio e ao vivo entre 2007 e 2009), e *Música para churrasco*, que ganhou três volumes (idem, entre 2011 e 2015). Antes dessa explosão, em 2003, a funkeada "Tem espaço na van", sua parceria com **Ed Motta**, também apareceu na voz do colega *soul man*.

Seu Jorge acumulou uma carreira de ator em diversos filmes de repercussão planetária — nacionais, como *Cidade de Deus*, de Fernando Meirelles e Kátia Lund, em 2002, que lhe abriu as portas do mercado internacional, levando-o a atuar no americano *A vida marinha (The life aquatic)*, de 2004, no qual performou canções de **David Bowie** em português. Tais versões se transformaram num álbum no ano seguinte, que foi execrado pela crítica brasileira, mas aclamado nos EUA, elogiado inclusive pelo próprio roqueiro inglês. Nesse meio-tempo, outros discos seus lançados para este mercado tiveram bastante repercussão, como *Cru* (2004), destacando a autoral "Tive razão" e "Mania de peitão", dele com Bento Amorim, e o de regravações *Seu Jorge & Almaz* (2010). Aos poucos, seu trabalho foi alcançando boa penetração em alguns países da Europa, em especial a França, e nos EUA, onde acabou radicado em Los Angeles a partir de 2013, inserindo-se num nicho interessante de mercado para seu som.

As cariocas **Preta Gil**, filha de **Gilberto Gil**, e **Mart'nália**, de **Martinho da Vila**, também tiveram uma mãozinha de **Ana Carolina** para estourarem. Foi ela que compôs para elas aqueles que seriam seus maiores sucessos, a funkeada "Sinais de fogo", para a primeira, em 2003, e o samba "Cabide", para a segunda, dois anos depois, dos irresistíveis versos: "Quero ver se você tem atitude / E se vai me encarar." Ex-produtora, **Preta** resolveu ser artista e passou a adotar um estilo de *entretainer* que emulava **Ivete Sangalo**, porém com forte influência da cultura LGBTQI+, criando até o popular Bloco da Preta no carnaval carioca. E **Mart'nália**, também percussionista e compositora das melhores, seguiu ora numa linha de samba influenciada pelo pai, ora pelo soul/jazz de **Djavan**. Aliás, ambos produziram discos seus, bem como **Caetano Veloso** e **Maria Bethânia** — esta última, o álbum *Menino do Rio* (2005), que lhe deu, finalmente, a consagração, aos 40 anos. E pensar que seu primeiro álbum foi gravado aos 22, em 1987. Seu talento e sua personalidade carismática doce e irreverente de antiestrela andrógina foram decisivos na aproximação de tamanho *dream team* de incentivadores.

No caminho aberto por cantoras pop de voz grave e que com o tempo assumiram-se lésbicas, como **Ana Carolina, Cássia Eller** e **Zélia Duncan**, surge neste período a carioca **Isabella Taviani**, com um trabalho calcado num pop bem romântico, de hits autorais como "Desiguais", "A canção que faltava" e "Diga sim pra mim", e releituras de velhas baladas, como em *Carpenters Avenue* (2016), álbum-tributo ao duo americano que marcou os anos 70, com direito à participação da diva **Dionne Warwick**.

Outro fenômeno foi a paulista **Maria Rita**, filha de **Elis Regina** e **César Camargo Mariano**, lançada em 2003 com um forte esquema de marketing, lembrando muito a mãe inicialmente, uma comparação que refutava a princípio, mas superada com o correr do tempo, chegando a prestar-lhe um tributo em 2012, o CD/show *Redescobrir*. Equilibrando-se entre a "MPB", o pop e o samba, notabilizou-se com canções do padrinho **Milton Nascimento** (a jazzística "A festa" e a recriação de "Encontros e despedidas"); de **Rita Lee & Zélia Duncan** (a pop "Pagú") e do recém--chegado **Marcelo Camelo**, via grupo **Los Hermanos** (o samba "Cara Valente"). Foi justamente no samba de raiz que ela se encontrou a partir de 2007, com pérolas do jovem **Edu Krieger** ("Maria do Socorro") e do tarimbado **Arlindo Cruz** (e seus parceiros), como "Tá perdoado", "Num corpo só" e "Rumo ao infinito".[4] Isto se deu a partir da gravação do CD *Samba meu* (2007), produzido por **Leandro Sapucahy**, também cantor, que gravou alguns álbuns no período. Até a década seguinte, tornou-se uma grande vendedora de discos e foi a brasileira mais premiada com o Grammy Latino, vencendo 12 das 16 indicações até o final dos anos 2010.

O triunfo dos veteranos sambistas, o declínio midiático do samba-enredo e os novos selos independentes

Assim como ocorreu com **Jorge Aragão**, outro ex-integrante do **Grupo Fundo de Quintal**, o referido **Arlindo Cruz** conheceu finalmente a fama como intérprete, a partir do final da década de 2000, sobretudo após **Maria Rita** estourar uma série de sambas de sua autoria. Quinhentas músicas compostas depois, temas como "Meu lugar" ("Madureira"), "Será que é amor" e "Chegamos ao fim"[5] passaram a ser identificados à sua própria voz, enquanto seus shows causavam comoção pelo número de sucessos acumulados desde os anos 80, só que nas vozes dos maiores astros e estrelas do samba e do chamado pagode. A partir dessa época, passou a rivalizar as atenções com o onipresente **Zeca Pagodinho**. Este, a propósito, em 2002 lançava o maior hit de sua carreira, "Deixa a vida me levar" (Serginho Meriti/Eri do Cais), definitivamente consagrado quando o Brasil ganhou o pentacampeonato na Copa do Mundo de futebol, realizada no Japão e na Coreia do Sul. Também emplacou "O penetra", "Caviar" e "Alto lá"[6] e realizou projetos reunindo compositores de seu agrado no CD *O quintal do pagodinho* e dois *Acústicos* da série *MTV*, um que inclusive seu compadre **Arlindo Cruz** participou como convidado na folclórica "Moro na roça", e outro dedicado apenas ao samba de gafieira, resgatando seu ídolo **Miltinho** numa das faixas, "Se você disse" (Dino/Del Loro). Ainda dividiu um inusitado álbum ao vivo com **Maria Bethânia**, em 2018, *De Santo Amaro a Xerém*.

Outra figura egressa do samba, **Alcione** teve novo *boom* com canções românticas — que nos refrões por vezes caíam numa levada sambística. Entre 2001 e 2006, veio com "Além da cama", "Você me vira a cabeça", "Faz uma loucura por mim"[7] e, em especial, "A loba", que virou um dos maiores sucessos de toda a sua carreira, desta vez mostrando a força imperativa da mulher ("Sou doce dengosa polida / Fiel como um cão / Sou capaz de te dar minha vida / Mas olha, não pise na bola / Se pular a cerca, eu detono / Comigo não rola") e o sambão "Meu ébano" ("É, você é um negão de tirar o chapéu / Não posso dar mole, senão você créu"), esta tema do personagem do ator Aíton Graça na novela global *América* (2005), de grande repercussão. Ambas composições de autoria do veterano **Paulinho Rezende**, que ela gravava desde o primeiro LP, com **Juninho Peralva**, a primeira, e **Nenéo**, a segunda. Por essa época, a cantora já era uma diva da comunidade gay, tendo algumas dessas músicas, as mais cabareteiras, sempre dubladas nas boates do gênero pelos transformistas, que aliás a Marrom sempre prestigiou. Da mesma forma, **Ana Carolina** já tinha até sua "cover oficial", assim como desde muito tempo **Gal, Bethânia, Vanusa, Rosana, Gretchen, Fafá de Belém, Clara Nunes, Angela Maria, Elza Soares, Elba Ramalho, Elis Regina, Rita Lee, Simone, Carmen Miranda**, além das "infantis" **Xuxa** e **Mara**, e até **Ney Matogrosso**.[8]

Quem estourou **Alcione** e já havia emplacado **Jorge Aragão** em 1999 — e ainda traria **Luiz Melodia** e outros mestres de volta à cena em projetos ao vivo, de duetos e inéditas — foi a Indie Records. Como já foi dito, desde os anos 90 diversas gravadoras alternativas fizeram um trabalho importante por catapultar a carreira de artistas novos ou veteranos de qualidade que já não interessavam tanto às multinacionais do disco, que só objetivavam lucros mais imediatos. A partir dos anos 2000, outras que dominaram esse mercado foram as nascentes Trama (do produtor **João Marcello Bôscoli**), por um breve período, a Abril Music (ligada naquela altura a um grupo empresarial poderoso), que foi a semente da Deck Disc, inaugurada na sequência pelo produtor **João Augusto** e seu filho **Rafael**

Ramos, e a Biscoito Fino (da cantora **Olívia Hime** e da empresária **Kati Almeida Braga**, sócia do Banco Icatu, num outro modelo de negócio, como uma espécie de ONG, em parceria com o setor privado) — sendo que as duas últimas foram as únicas a resistir ainda relevantes a partir da década de 2010. Isto, é claro, só para ficar nas principais, pois os selos realmente independentes, a maioria sem capital maior de investimento, multiplicaram-se às centenas para cobrir os diversos nichos de mercado.

A Biscoito Fino estreou com **Maria Bethânia** em 2002, dando vazão à frenética produção da cantora, pois até 2020 editou cerca de 40 produtos da artista, entre CDs e DVDs, um recorde, incluindo os shows *Maricotinha*, o antológico *Brasileirinho* (2003), *Dentro do mar tem rio* (2007), *Amor, festa, devoção* (2010) e *Carta de amor* (2013), mais seu encontro com a veterana cubana **Omara Portuondo** em 2008 e diversos filmes que participou ou foram feitos sobre a sua trajetória. Embora sem hits radiofônicos, pela obra da cantora nesta fase, é possível sinalizar praticamente todos os novos compositores que tiveram alguma relevância na chamada "MPB". Novamente homenageada pela **Mangueira**, desta vez sozinha, foi campeã do carnaval de 2016 com o enredo místico "A menina dos olhos de Oyá".

Depois do estouro extemporâneo na finada Indie, quem gravou alguns álbuns relevantes na Biscoito Fino na segunda metade do século foi a referida **Alcione**, que saiu da zona de conforto nos surpreendentes CDs *Duas faces — Jam Session* (2011, também DVD), recordando seus tempos de crooner, cantando em várias línguas e vários estilos musicais, e *Eterna alegria* (2015), com um repertório inédito renovado. Ela ainda emprestou seu nome à franquia de um botequim com música ao vivo, privilegiando o samba, no Rio o Bar da Alcione, na Barra — seguindo o exemplo do Bar do **Zeca Pagodinho**, no mesmo bairro expandindo-se a seguir para outras filiais.

Beth Carvalho *canta o samba da Bahia — Ao vivo* (EMI Music, 2007) foi outro projeto vitorioso no meio dos bambas. Reuniu uma constelação de artistas baianos de várias gerações numa antologia composta somente por sambas de bambas locais, num CD/DVD memorável que o público de lá consumiu bem, nem que fosse a versão pirata vendida no camelô. Mas a seguir teve complicações na coluna vertebral, alternando-se entre a casa, o hospital e os palcos, de forma inacreditavelmente perseverante. Ainda conseguiu gravar mais dois álbuns, um de estúdio em 2011 (*Nosso samba tá na rua*, outro pela EMI, que ganhou um Grammy Latino de Melhor Álbum de Samba/Pagode) e ainda um CD/DVD ao vivo no Parque Madureira, na Som Livre, em 2014. Seu último show foi deitada num divã no palco de uma grande casa de shows carioca, na Barra da Tijuca, comemorando os 40 anos do legendário álbum *De pé no chão*, em setembro de 2018, ao lado dos afilhados do **Grupo Fundo de Quintal**. As dores eram tantas que nem sentada conseguia ficar, mas a garra era a mesma. Viria a falecer em abril de 2019. Seu velório, na sede do Botafogo, seu clube do coração, reuniu os maiores bambas cariocas e muitos fãs que cantaram seus sucessos.

Neste mesmo período de vinte anos, seu colega de geração **Martinho da Vila**, por estar com a saúde física, mental e criativa a mil por hora, escreveu pelo menos dez livros e, entre os inúmeros álbuns que gravou, praticamente um por ano, quatro traziam seus sambas cantados em várias línguas, como francês, inglês, espanhol, italiano e idiomas lusófonos. Noutro, *Poeta da Cidade — Canta Noel* (Biscoito Fino, 2010), aproveitou para lançar mais uma filha no meio artístico, **Maíra Freitas**, também pianista e compositora. Em 2017, aos 79, ainda teve energia para matricular-se pela primeira vez numa faculdade e cursou três anos de Relações Internacionais na Estácio de Sá, no Rio, de modo a ampliar seu conhecimento — lembrando que ele já acumulava os títulos de Embaixador Cultural de Angola e da CPLP — Comunidade de Países de Língua Portuguesa —, o de doutor *honoris causa* pela UFRJ, além de ser membro da Divine Académie Française des Arts, Lettres et Culture. Só abandonou o curso em 2020, no último ano, devido à pandemia do coronavírus, que exigia aulas não presenciais, mas já plenamente satisfeito com a experiência até então. Dois anos depois, sua escola de samba do coração lhe prestou um justíssimo tributo no carnaval, que pela primeira vez na história foi em abril também devido à pandemia, terminando entre as grandes campeãs do desfile, em quarto lugar, com o enredo "Canta, canta, minha gente, a Vila é de Martinho!".

E falando em carnaval carioca, na primeira década do século XXI o samba-enredo, embora não apresentasse mais a pujança de seus primórdios, continuava representando um gênero importante. As vendas de discos já não garantiam a seus compositores os ganhos de outrora, mas nem por isso as disputas internas nas quadras deixaram de ser acirradas e muito apaixonadas. "O Rio corre para o mar" (**Império Serrano**, 2001), "Brazil com z é pra cabra da peste, Brasil com s é a nação do Nordeste" (**Mangueira**, campeã em 2002), "Agudás, os que levaram a África no coração e trouxeram para o coração da África o Brasil!" (**Unidos da Tijuca**, 2003) e "O Império do Divino" (**Império Serrano**, 2006) são lembrados como grandes obras desse período, mesmo sem o sucesso de outros tempos.[9]

Entre 2010 e 2022, o samba-enredo ganha novo fôlego, graças à intensa divulgação pela internet. À medida que as disputas internas nas escolas de samba passavam a exigir dos compositores maior investimento de recursos (contratação de cantores e músicos para as eliminatórias, material de divulgação, investimento em torcidas etc.), apareceram os chamados "escritórios de composição de sambas", em que grandes parcerias concorrem em várias escolas — por vezes ocultando o nome de alguns autores —, ou chegam mesmo a receber encomendas de sambas para determinado enredo, minando o aspecto comunitário das tradicionais alas de compositores.

Ainda assim, com o enfraquecimento de suas matrizes, foram produzidos excelentes sambas, como "Você semba lá... que eu sambo cá: o canto livre de Angola" e "A Vila canta o Brasil, celeiro do mundo. Água no feijão que chegou mais um" (**Vila Isabel**, respectivamente, de 2012 e 2013, este último ganhador do campeonato), "Axé, Nkenda! Um ritual de liberdade" (**Imperatriz Leopoldinense**, 2015), "A ópera dos malandros" (**Salgueiro**, 2016), "Iracema, a virgem dos lábios de mel" (**Beija-Flor**, 2017), e mais dois que atingiram grande sucesso por seu conteúdo social, num momento de intensa efervescência política na cidade e no país, "Meu Deus, meu Deus, está extinta a escravidão?", que deu o vice-campeonato à **Paraíso do Tuiuti**, em 2018, e "História para ninar gente grande", que sagrou a **Mangueira** campeã, em 2019. Isto sem contar no que ajudou a conquistar a primeira vitória da **Acadêmicos do Grande Rio**, a agremiação de Duque de Caxias, em 2022. "Fala Majeté! Sete Chaves de Exu"[10] desmistificava aquele que, na verdade, é o mais humano dos orixás, muito longe da fama de "diabólico" que detratores de outras religiões tentaram lhe impingir.[11]

Com os desfiles das escolas de samba se transformando em grandes espetáculos, a profissionalização do puxador se torna uma realidade, tornando-se cada vez mais difícil associar intérprete e escola de samba, como acontecia outrora, quando, ao ouvir uma voz, era automática sua associação a uma determinada bandeira. São desta nova fase nomes como **Gilsinho, Tinga, Igor Sorriso** e **Marquinho Art'Samba.**

Quanto à velha guarda, **Nelson Sargento** e **Monarco** seguiram sempre em atividade nos palcos nesse tempo, em álbuns pontuais próprios e inúmeras participações em eventos coletivos e dando entrevistas como baluartes do segmento até partirem coincidentemente em 2021, respectivamente, aos 96 e 88. Já **Dona Ivone Lara** ganhou um *Sambabook* com vários intérpretes relendo a sua obra em 2015 e se apresentou até morrer, assim como **Sargento**, também aos 96, em 2018. Com a mesma idade, no ano seguinte, nos deixou a "cantriz" **Bibi Ferreira**, porém também até o último ano de vida seguiu cantando e, no seu caso, gravando uma série de álbuns (como nunca antes em sua carreira) na Biscoito Fino a partir de 2004, com destaque para o CD/DVD *Histórias e canções*, registrado aos 92, em 2014, com a **Orquestra Sinfônica de Minas Gerais**, em que passeava do samba à ópera, numa performance arrebatadora, lançado no mercado três anos depois. Com igual vitalidade, o flautista **Altamiro Carrilho** e o violonista **Dino 7 Cordas** trabalharam até muito próximo dos 90. Outros que passaram desta marca atuando com dignidade nos palcos foram os sambistas **Jamelão** (até 2008, aos 95) e **Roberto Silva** (que voltou a aparecer bastante nos anos 2000 puxado pela nova turma da Lapa, que discorreremos a seguir, cantando bem até sua partida em 2012, aos 92), a Rainha do Choro **Ademilde Fonseca** (2012, aos 91) e o multi-instrumentista e arranjador **Zé Menezes** (2014, prestes a completar 93).

Afora o fenômeno dos sambas-enredo, até aqui falamos de artistas que tocaram muito em rádio, alcançando a grande mídia ou de veteranos já com seus públicos formados. Há, porém, uma montanha de artistas que se estabeleceu no século XXI de outra forma. A Deck Disc, por exemplo, investiu em 2002 na sambista carioca **Teresa Cristina**, que já faz parte de uma geração que mostraria como iria funcionar o mercado a partir de então, uma turma que gravava discos, mas sem emplacar sucessos ou ter uma visibilidade midiática tão grande em nível nacional, pois o mercado a partir da década de 2000 mudou completamente, dificultando a consagração massiva de quem fazia qualquer tipo de música na contramão dos modismos de ocasião, ainda que esta música fosse o nosso ritmo mais tradicional — o samba (de raiz). Ainda assim, **Teresa** foi protagonista numa nova cena de bambas cariocas, que conquistou admiradores em várias cidades do país (e até no mundo), sem um carro-chefe no repertório que os identificasse.

O ressurgimento da Lapa carioca como um polo de resistência

Nos últimos anos da década de 1990, uma série de músicos cariocas, na maior parte de classe média, cultores do samba e do choro tradicionais, estava órfã de lugar onde tocar e trocar experiências. Até então, fora alguns focos no subúrbio, havia uns poucos bares distantes uns dos outros, a Casa da Mãe Joana, em São Cristóvão; o Sobrenatural, em Santa Teresa; o Mandrake, em Botafogo; o Candongueiro, em Niterói, e o pequeno Bip-Bip, em Copacabana. Normalmente, porém, as tentativas de rodas de samba na zona sul e em Santa Teresa eram repreendidas pela polícia, devido à vizinhança, que reclamava do barulho. Então a região da Lapa, que no início do século XX era o maior reduto boêmio-musical do Rio e que até então estava um tanto decadente e perigosa, sobretudo à noite, quando o comércio fechava, mostrou-se, apesar de tudo, a mais adequada para a música. Inicialmente uma roda de samba se formou no bar Lapases, próximo aos famosos Arcos, em que jovens se encontravam com figuras da velha guarda, como **Monarco**; a seguir, o Arco da Velha e os bares/antiquários Coisa da Antiga e Empório 100, na rua do Lavradio, seguido do mais bem-sucedido, o bar Semente, também nas imediações dos Arcos — aberto para a música ao vivo em junho de 1998 e gerido por idealistas sem fins lucrativos, a fim de fomentar a cena independente de música brasileira de raiz

Ali no Semente, surgiu ou se desenvolveu uma geração de novos sambistas e chorões cariocas, a maioria de estilo mais *cool* e de raiz, como a referida **Teresa Cristina** e o **Grupo Semente**, do qual fazia parte **Pedro Mi-**

randa, depois com o violonista **Zé Paulo Becker** e os "cantautores" **Moyseis Marques**, **Alfredo Del-Penho** (que mais tarde integraria o coletivo teatral de atores-cantores **Barca dos Corações Partidos**), **Pedro Holanda**, **Pedro Paulo Malta** (também pesquisador profissional), **Eduardo Gallotti**, **Edu Krieger** e ainda os grupos **Casuarina** (do vocalista **João Cavalcanti**, filho de **Lenine**, que partiu para carreira solo em 2018), cuja fama os levou a embarcar para algumas turnês internacionais, e **Sururu na Roda**, da cantora e bandolinista **Nilze Carvalho** (que foi menina prodígio, gravando discos solo instrumentais desde os 12 anos, a partir de 1981), além de outros que também já tinham seus trabalhos, mas que ganharam visibilidade nesta época, como os cantores **Dorina**, **Marcos Sacramento** e o grupo **Arranco (de Varsóvia)**. Até mesmo cantoras de estilo mais extrovertido, ligadas à "MPB" mais pop, como **Alice Caymmi** e **Simone Mazzer**, também fizeram suas primeiras grandes temporadas cariocas no Semente, apresentando-se uma vez por semana, em 2012.

Outros já consagrados também se uniram a esta geração, como o cantor **Zé Renato**, que nas primeiras duas décadas do século gravou pelo menos uma dúzia de álbuns, inclusive *Papo de passarim* (2010), em duo com o paulista **Renato Braz**, revelado em 96 e festejado no circuito alternativo como uma das boas vozes masculinas desse tempo. Além de **Zé**, engrossaram o caldo desta cena nomes tarimbados, como o flautista **Carlos Malta** (da banda **Pife Muderno**, que incluía o baterista **Oscar Bolão** e o percussionista **Marcos Suzano**), o trompetista **Silvério Pontes**, o trombonista **Zé da Velha**, o flautista e clarinetista **Paulo Sérgio Santos** e a veteraníssima **Áurea Martins**, em ação desde os anos 1960 em rádio, depois passando a grande *crooner* da noite carioca, onde na década seguinte se alternava nas boates de música ao vivo com **Alcione**, **Djavan** e **Emílio Santiago**, todos antes da fama.

Apesar não estar ligada à cena da Lapa diretamente, a paulista **Mônica Salmaso** foi muito cultuada também por esse nicho de público chegado a uma "MPB" elaborada. Com seu vocal educado e o repertório de ponta, optou desde os anos 90 a trafegar na contramão total e irrestrita do mercado musical vicioso. Neste período, emulou as obras de **Chico Buarque** (*Noites de gala, samba na rua*, 2007) e **Guinga** (*Corpo de baile*, 2014), juntou-se à **Orquestra Sinfônica do Estado de São Paulo** e à **Banda Mantiqueira** num CD em 2008, e nadou de braçada no ecletismo em álbuns como *Iaiá* (2004), indo de **Xangô da Mangueira** a **Vanessa da Mata** e de **Tom Zé** a **Silvio Caldas**, *Alma lírica brasileira* (2011), de **Raul Torres** a **Villa-Lobos**, e *Caipira* (2017), relendo composições de **Hekel Tavares**, **Gilberto Gil** e **Nana Caymmi** ("Bom dia"), **Sérgio Santos**, **Passoca**, **Roque Ferreira** e até um raro **Cartola**, rural e sangrento ("Feriado na roça").

O movimento noturno da Lapa cresceu a tal ponto que a música gerou o renascimento do próprio bairro, passando a abrir restaurantes, botequins, casas de sinuca, hotéis e o que mais se imaginar. Muitos outros antiquários, como o Rio Scenarium e bares, como o Dama da Noite e o Carioca da Gema, contrataram vocalistas e músicos para tocar, de segunda a segunda, ajudando a Lapa a virar um novo polo turístico da capital. Foi no palco deste último, com direção artística de **Lefê Almeida**, que seriam revelados ou consagrados **Ana Costa**, **Luiza Dionizio**, **Marquinho China**, **Rixxa** (que já era um grande puxador de samba) e a própria **Teresa Cristina**, que após ser lançada no Semente ficou muitos anos trabalhando ali. O bar ficou famoso também por promover concursos de novos talentos do samba.

Entre 2004 e 2010, o vizinho e espaçoso Clube dos Democráticos, na Rua do Riachuelo, foi arrendado às sextas para que os mesmos artistas do Semente pudessem fazer um som para mais gente dançar, pois ao contrário do espaço intimista do bar, a casa tinha capacidade para mil pessoas. Pois esta nova cena da Lapa — alavancada pelo bar Semente e sempre renovada ali — virou um polo musical-experimental, atraindo artistas de vários estados brasileiros.

De Brasília, vieram o bandolinista **Hamilton de Holanda**, o gaitista **Gabriel Grossi** e os violonistas **Rogério Caetano** (7 cordas) e **Daniel Santiago**. Do Norte, pintaram o acordeonista acreano **Chico Chagas** e o baterista paraense **Cassius Theperson**. Do Rio Grande do Sul, o violonista **Yamandu Costa**, o acordeonista **Alessandro "Bebê" Kramer**, a família **Wirtti** — as cantoras **Nina** e **Grazie** e o baixista **Guto** — e ainda os bandolinistas **Pedro Franco** (também violonista sete cordas), **Luís Barcelos** e **Henry Lentino**. A propósito, **Lentino** criou, com o violonista **Caio Márcio**, o virtuose do pandeiro **Sérgio Krakovsky**, o violonista **Fábio Nin** e o saxofonista **Samuel**

de Oliveira o grupo **Tira Poeira**, que em breve já estava trabalhando com **Maria Bethânia** no CD/show *Brasileirinho* (2003).

De São Paulo, numa dobradinha com o bar Ó do Borogodó, em Vila Madalena, o Semente importou diversos ases da cena local, tais como os violonistas **Alessandro Penezzi** e **Chico Saraiva**, o baixista **Arismar do Espírito Santo** e a pandeirista (e agitadora do choro) **Roberta Valente.** Aliás, neste bar foram reveladas as cantoras (de vozeirão) **Fabiana Cozza, Verônica Ferriani** e a turma que formaria o **Metá Metá**. E, até mesmo do exterior, juntaram-se à turma da Lapa figuras como o violinista francês **Nicolas Krassik**. Afora isso, artistas internacionais em turnê pelo Rio acabavam esticando por lá, gerando intercâmbios artísticos e contratos para shows internacionais.

Além de **Yamandu** e de **Zé Paulo Becker** (que formou o **Trio Madeira Brasil** em 1996, com o 7 cordas **Marcello Gonçalves** e **Ronaldo do Bandolim**), diversos violonistas/produtores cariocas já consagrados passaram a fazer parte desta cena, como o infatigável **Paulão 7 Cordas** (arranjador de muitos nomes do samba, como **Zeca Pagodinho**), **Carlinhos 7 Cordas** (que tocou anos com **Beth Carvalho** e quem mais se imaginar, além de ter integrado o grupo **Toque de Prima**, criado em 1995 pelo percussionista **Ovídio Brito**), **Luís Filipe de Lima** (mestre no choro e no samba, tendo trabalhado com ícones de ambos os gêneros), além de **Cláudio Jorge**, acumulando um consistente trabalho autoral.

Ainda do Rio, engrossaram o time o saxofonista **Humberto Araújo** (que trabalhou com a "MPB" inteira, criou a banda de baile **Orquestra Criôla** e produziu nomes como **Luiz Melodia**); os pianistas **Marcos Ariel** e **Paulo Malaguti** (o primeiro com carreira internacional desde os anos 80 e o segundo, ex-**Céu da Boca** e **Arranco (de Varsóvia)** e que em 2012 foi para o **MPB-4** no lugar do falecido **Magro**); o trompetista **José Arimatéa**; o clarinetista **Edu Neves**; os irmãos **Marcelo** (acordeon) e **Alexandre Caldi** (sax e flauta); **PC Castilho** (flauta/percussão), também cantor; **Marcelo Bernardes** (flauta/sax), cuja filha cantora e cavaquinista **Mariana Bernardes** também esteve nesta cena desde o início; o percussionista **Thiago da Serrinha**, o acordeonista **Kiko Horta** e ainda mais dois integrantes do **Pife Muderno**: o pandeirista **Bernardo Aguiar** (na linha de **Marcos Suzano**) e o zabumbeiro paraibano **Durval Pereira.** Isto só para citar alguns, porque são dezenas de músicos.

Houve ainda uma nova geração de filhos de instrumentistas famosos a partir de 2010 que seguiram o legado de seus pais, como **Gabriel de Aquino** (violonista, filho de **João de Aquino**), **Tiago do Bandolim** (filho de **Ronaldo**), o referido **Caio Márcio** (filho de **Paulo Sérgio Santos**), **Alexandre e Bianca Gismonti** (filhos de **Egberto**), **Andrea Ernest Dias** (flautista, filha de **Odette**, também integrante do **Pife Muderno**) e **Ajurinã Zwarg** (baixista, filho do paulista **Itiberê Zwarg** — fundador da **Itiberê Orquestra Família**, com alunos egressos dos seminários de música da escola Pro-Arte, no Rio). E soma-se a esses novos sambistas "filhos de peixe", não necessariamente ligados a esta cena da Lapa, mas que engrossaram o caldo da resistência, como **Arlindinho** (filho de **Arlindo Cruz**), **João Martins** (filho do cavaquinista e produtor **Wanderson Martins**), **Inácio Rios** (filho de **Zé Catimba**), **Juninho Thybau** e **Renato Milagres** (sobrinhos de **Zeca Pagodinho**) e outros sem o empurrão da árvore genealógica, como **Gabrielzinho do Irajá**, deficiente visual que começou ainda criança e virou um ás do partido alto; **Mosquito**, mestre do improviso nos partidos que veio da Ilha do Governador; a cantora **Marcelle Motta**, os "cantautores" **Renato da Rocinha** e **Leandro Fregonesi** e o grupo **Galocantô.**

Juntam-se a estes mais alguns *habitués* da Lapa: os violonistas **Jean Charnaux** e **Thiago Amud** — discípulos de **Guinga**; o multi-instrumentista **Dudu Oliveira**; os pianistas **Antonio Guerra** e **Luiz Otávio** (este deficiente visual, também "cantautor") e os irmãos **Aquiles** (trompete) e **Everson Moraes** (trombone) — da Banda **Os Matutos**, cujo nome é inspirado no tango "Matuto", de **Ernesto Nazareth**, e que vieram ainda muito jovens da região serrana fluminense de Cordeiro para se aprimorarem na Escola Portátil de Música.

Fundada em 2000, a Escola Portátil foi uma iniciativa, entre outros, dos chorões **Luciana Rabello** e **Maurício Carrilho**,[12] de, aos sábados, criar um espaço de educação musical através da linguagem do choro, onde novas composições, gravações e partituras fossem cunhadas e difundidas. A escola chegou num ano a abrigar 1.600 alunos, fomentando a criação de novos choros (e também polcas, xotes [schottischs], dobrados etc.) num esquema tradicional, sem fusões com outros ritmos modernos. Como se não bastasse, seus fundadores se juntaram ao produtor **João Carlos Carino** e criaram a Acari Records, uma gravadora especializada em choro, cujos primeiros lançamentos datam também de 2000. O nome advém do fato de seu estúdio ter sido construído numa laje, no segundo andar da casa dos pais de **Maurício** no subúrbio carioca de Acari. Isto, juntamente com esses focos na Lapa e posteriormente a abertura da Casa do Choro, no Centro do Rio, outro braço da instituição, foi responsável por não deixar morrer este tipo de música tão ligada à cultura carioca e brasileira em geral, e dar voz a uma leva de músicos que não se contentava apenas com a chamada música pop de entretenimento. Seus ensaios abertos passaram a reunir aos sábados, aos pés do Morro da Urca, dezenas de músicos a céu aberto, o chamado **Bandão**, tocando arranjos próprios para temas inéditos ou clássicos do choro.

De todo esse elenco revelado nesse começo de século, houve cinco artistas que conseguiram projeção além da Lapa e do circuito mais cult, com uma carreira regular em disco e turnês por todo o país. Inicialmente muito tímida e desproduzida, **Teresa Cristina** foi das poucas sambistas da geração pós-**Alcione, Beth Carvalho e Clara Nunes** a marcar seu nome na história. A cancha de cantar toda semana sob a bênção dos velhos Arcos, que inspiraram sambistas e chorões ancestrais, a fez vencer a timidez e conquistar plateias maiores, entoando clássicos do samba e canções autorais. A seguir, revelada no programa de calouros *Fama*, da TV Globo, a bela potiguar radicada no Rio **Roberta Sá** se misturou aos grandes artistas do local, num repertório de "MPB" e samba, chegando ao disco em 2003, e ao Disco de Ouro, quatro anos depois, com o álbum *Que belo estranho dia pra se ter alegria*.

Já o carioca com pinta de galã **Diogo Nogueira** seguiu os passos do pai, **João Nogueira**, com um timbre muito semelhante ao dele. Fazendo participações em discos coletivos ou de outros artistas desde o início da década, também usou a Lapa como trampolim, e a partir de sua estreia em disco solo no ano de 2007, virava um dos novos expoentes midiáticos do samba de raiz, procurando sempre se renovar. Inicialmente acompanhado pelo violonista **Marcel Powell**, filho de **Baden**, com o tempo virou apresentador de TV (o programa *Samba na Gamboa*, da TV Brasil) e compositor (parceiro de bambas novos, como o cavaquinista **Alessandro Cardozo**, o violonista **Rafael dos Santos** e o compositor portelense — e ex-funkeiro — **Ciraninho**). Também fez uma turnê em Cuba, que virou DVD em 2012, emplacou nas paradas em 2016 o samba "Pé na areia"[13] e pouco antes gravou o álbum *Bossa negra* (2014), ao lado do referido bandolinista **Hamilton de Holanda**, um dos músicos mais influentes e requisitados dessa geração, inclusive no exterior.

Desde que ganhou de presente do avô um bandolim aos cinco anos, **Hamilton** nunca mais parou. Começou a gravar com o irmão **Fernando César** (violão sete cordas) em 1997, formando a dupla **Dois de Ouro**. Três anos depois, no mesmo ano em que se juntava ao violonista **Marco Pereira** no CD *Luz das cordas*, pediu a um *luthier* que fizesse caber cinco pares de cordas em seu instrumento, conferindo um estilo mais polifônico ao bandolim. Tornou-se então um reinventor do mesmo, abarcando uma série de seguidores e ganhando fama internacional — já em 2001, as turnês no estrangeiro começavam a ser mais frequentes e, em 2006, passou a gravar álbuns especialmente para os mercados americano e italiano. Finalmente, **Yamandu Costa** foi igualmente um virtuose precoce. Começou no violão aos sete anos, mas, aos 17, deixava Porto Alegre e se juntava a seus pares na Lapa carioca. Em 2001, já era considerado um dos maiores violonistas do país, e em breve, assim como o colega **Hamilton**, virou referência, tocando nos quatro cantos do mundo e em duas décadas ambos gravariam mais de 25 álbuns cada um.

No quesito instrumental, além dos músicos egressos da Lapa, consagraram-se neste início de século três grandes expoentes paulistas, o bandolinista **Danilo Brito** (também com fama internacional); o pianista **André Mehmari** e o violonista **Chico Pinheiro**, os dois últimos navegando entre o erudito e o popular, radicando-se em Nova York, tal qual a cantora potiguar **Liz Rosa**, por certo período, com sua "MPB" regada a samba-jazz, com pitadas nordestinas, cujo CD homônimo de estreia foi gravado em 2012. De Brasília, o cavaquinista **Márcio Marinho** fez estripulias com seu instrumento, renovando a cena local do choro, tocando com **Os Novos Chorões** e o **Trio Cai Dentro**. Já o pianista **Jonathan Ferr**, nascido numa família humilde no subúrbio carioca de Madureira, passou a adolescência e início da idade adulta tocando em pianos emprestados, até que ganhou seu próprio instrumento e, após ouvir **John Coltrane** numa aula de música, encontrou-se no jazz e tratou de criar um trabalho de modo a "deselitizá-lo". Renovador do jazz brasileiro pela centrifugação de ritmos de seu estado natal, Pernambuco, o pianista **Amaro Freitas** se destacou no final dos anos 2010, assim como seus conterrâneos das teclas, (o precoce) **Vitor Araújo**, talhado pelas experiências com alguns astros do manguebeat, e **Zé Manoel**, que se celebrizou pelas composições autorais.

Também de Recife, na década anterior, apareceram duas orquestras renovadoras da cena do frevo, lideradas por grandes maestros. Em 2001, a **SpokFrevo Orquestra**, uma big band dedicada ao gênero, liderada pelo **Spok** (Inaldo Cavalcanti), produzindo também frevos de rua autorais, como "Passo de anjo" (Spok/João Lyra), cujo trabalho aos poucos extrapolou as fronteiras do estado e do país, realizando anualmente temporadas internacionais. E no ano seguinte, a **Orquestra Popular da Bomba do Hemetério**, cujo nome é uma referência a um bairro da periferia da cidade, liderada pelo maestro **Forró** (Francisco Amâncio). Seis anos depois, foi a vez de vir de Salvador, a **Orkestra Rumpilezz**, de sopros e percussões, do maestro **Letieres Leite**, também professor, que desde os anos 1990 vinha atuando com artistas da "MPB", do pop e da axé-music, sobretudo **Ivete Sangalo**, com quem tocou por quase uma década em discos e shows. Fez bonito até sua morte prematura em 2021.

Em trabalhos solo ou criando arranjos e acompanhando alguns dos maiores astros e estrelas da "MPB" e do samba, destacaram-se nesta fase os pianistas **Leandro Braga** (trabalhando muito com **Ney Matogrosso**), **João Carlos Coutinho** (começando no trio de **Leny Andrade**), os veteranos **Jaime Alem** (fiel escudeiro de **Bethânia**), **Cristóvão Bastos** (o preferido de **Nana Caymmi**) e ainda **Fernando Merlino**, **Itamar Assiere**, **Délia Fischer** (também cantora e compositora) e **Sacha Amback**.

Tivemos também os violonistas **Marco Pereira**, **Paulo Bellinati**, **Lula Galvão**, **Luiz Meira** e **Swami Jr.**, os guitarristas **Nelson Faria** (que abriu um dos pioneiros canais de "MPB" no YouTube, *Um café lá em casa*), **Gustavo Corsi** (ex-Picassos Falsos) e **Flávio Mendes** (este trabalhando como diretor musical de **Bibi Ferreira** até o fim de seus dias). Completam o time os baixistas **Jorge Helder** (que trabalharia com **Chico Buarque** e **Maria Bethânia**) e **Ney Conceição** (paraense, presente em dezenas de discos, além de professor), o requisitadíssimo trompetista **Jessé Sadoc**, o gaitista, saxofonista, flautista, assoviador e vocalista **Milton Guedes** e ainda **Pretinho da Serrinha**, arranjador, percussionista, cavaquinista e compositor, coautor de vários hits de **Seu Jorge**. Na fronteira do erudito com o popular, a pianista (e professora) **Maria Teresa Madeira**, na ativa desde os anos 1980, lançou em 2016 uma caixa com 12 CDs com as 215 músicas compostas por **Ernesto Nazareth**, sua especialidade, agraciada com vários prêmios.

Essa verdadeira bolha paralela parece até outro planeta em meio à massificação irrestrita da música pop globalizada e "brega" que predominou no país neste início de século. Mas fato é que o samba, o choro e a "MPB" mais inventiva em geral ainda tiveram seus cultores em várias partes do país e do mundo. É bem verdade que o fechamento do Semente em outubro de 2017, mesmo com todos os esforços de sua proprietária desde 2004, a incansável **Aline Brufato**,[14] foi um grande baque. A crise cada vez mais aguda no país, a partir do ano anterior, quando se deu o *impeachment* da presidente Dilma Rousseff, refletiu-se também no Rio de Janeiro e obviamente no bairro, que acumulou diversos problemas crônicos de infraestrutura, agravados por uma crise de segurança pública no estado que gerou com o tempo até uma polêmica intervenção federal militar. Muitas das casas com música ao vivo da Lapa fecharam ou ficaram mais turísticas e menos "laboratórios" de grandes músicos e canções. Ainda assim, no Rio, houve novos focos de resistência para esse tipo de som e artista.

As rodas do samba no Beco do Rato, na Lapa, e da (rua do) Ouvidor, no Centro do Rio, viraram *points* bem frequentados e, numa linha mais de batucadas, com públicos que faziam os sambas virarem hits efetivamente num cruzamento do samba de raiz com os novos pagodeiros, houve diversos nichos nos subúrbios de Pilares, Osvaldo Cruz e Madureira, como o veterano Pagode da Tia Doca e o Clube Quatro Linhas, em Bento Ribeiro. No ano de 2005, **Moacyr Luz** levou o *Samba do trabalhador* ao Clube Renascença, em Vila Isabel, às segundas-feiras, com grande sucesso, revelando, entre outros, os compositores **Nego Álvaro** e **Mingo Silva**, e onde brilharam os vocais mais constantes de **Alexandre Marmita** e **Gabriel Cavalcante** e bambas convidados, como **Fred Camacho** e **Marcelinho Moreira**. Há ainda de se louvar os esforços da atriz Angela Leal, que desde 1990 transformou o Teatro Rival, na Cinelândia, num palco democrático para a "MPB" criativa, dando espaço aos excluídos da grande mídia.

O samba de raiz também voltou com força às FMs cariocas — que nessa altura já investiam nos modismos massificados (incluindo o "pagode" mais comercial) ou num pop romântico chegado a um *flashback* repetitivo, feito sob medida para espanar os móveis, mas que incrivelmente dava ibope. Em 2008, graças à iniciativa de **Adriano de Martini**, então diretor da MPB FM, que criou com o produtor **Ricardo Moreira** o *Samba Social Clube*, aos sábados e domingos no horário do almoço, o gênero provou sua força, tornando-se rapidamente líder de audiência, num sucesso que se mostrou maior que a própria emissora. Em apenas dois anos (até 2009), rendeu quatro espetáculos gravados ao vivo no imenso palco da Fundição Progresso, reunindo os maiores baluartes do samba com a nova geração, registrados em quatro CDs/DVDs. No terceiro deles, **Beth Carvalho**, já um pouco doente da coluna, foi a grande homenageada, proferindo a frase que passou a ser estampada na capa dos produtos: "O maior encontro de samba de todos os tempos." Após o fechamento da emissora, o programa passou à Rádio Paradiso e a seguir à Tupi, estando no ar até o lançamento deste livro.

Em outros estados, também houve resistência. Na Bahia, os compositores **Roque Ferreira** e **Nelson Rufino** continuaram em grande forma, sendo muito gravados, e a cantora **Mariene de Castro** seguiu a trilha mística aberta por **Clara Nunes**, com alcance nacional dentro do nicho da "MPB". Em São Paulo, o Samba da Vela, capitaneado pelo **Quinteto em Branco e Preto**, tomou vulto durante um período e seguiu organizado por **Chapinha**. O Bar do Alemão (sob o comando do compositor **Eduardo Gudin**), a Vila do Samba e o Bar Templo seguiram igualmente como grandes redutos. Em todo o Brasil, houve movimentos informais sustentados por iniciativas pessoais, como o Espaço Quintal, em Manaus; o Clube do Samba, no Acre; o Projeto Ribeira Boêmia, em Natal; e uma roda de samba itinerante no Maranhão, organizada por **Mário Moraes**, além dos Clubes do Choro de Santos e de Brasília, em plena atividade.

As revelações na contramão dos modismos massificados

Além do samba e do choro, na década de 2000 uma série de outros artistas aportou na cena alternativa aos modismos massificados, na maioria vozes femininas, igualmente sem grandes hits nacionais estourados na grande mídia, tendo, entretanto, seus sucessos particulares junto aos fãs cativos. No Rio, em 2000, os multi-instrumentistas **Moreno Veloso** e **Domenico Lancellotti** (filhos, respectivamente, de **Caetano Veloso** e do compositor **Ivor Lancellotti**) e (Alexandre) **Kassin** — que depois virou um produtor prestigiado — juntaram-se num trio experimental que alternava em cada projeto o nome do componente-chave de cada um, acrescido de "+2". Nesse meio-tempo, juntaram-se a cerca de 15 amigos músicos, criando a **Orquestra Imperial**, com um som de gafieira, mesclando clássicos do gênero e novidades. De atuação forte até o início da década seguinte, a banda de baile reunia veteranos, como o baterista-cantor **Wilson das Neves**, e uma série de jovens músicos, incluindo as vocalistas *cool* **Nina Becker** e **Thalma de Freitas** (filha do pianista e maestro **Laércio de Freitas**). Com formação flutuante, que chegou a incluir **Seu Jorge**, no início de sua carreira solo, gravaram também um *single* e dois CDs.

Enquanto isso, em São Paulo, na virada dos anos 1990 para a década seguinte, houve um *revival* de bailes com samba-rock e uma "MPB" com pegada pop jazzística tocados ao vivo. Todos animados por grupos, como a big band **Funk como Le Gusta** (incluindo também sons latinos e revelando a vocalista **Paula Lima**, que seguiu carreira solo a partir de 2001), o **Clube do Balanço** e o coletivo **Grooveria**. Antes deles, em 97, **Pedro Mariano**, filho de **Elis Regina**, lançou-se na música, bem antes da irmã **Maria Rita**, e encontrou guarida na Trama, gravadora paulista de seu outro irmão, o produtor **João Marcello Bôscoli**, assim como também encontraram os filhos de **Wilson Simonal** — **Max de Castro**, também produtor, e **Wilson Simoninha**, um continuador do estilo do pai — e de **Jair Rodrigues** — **Jair Oliveira**, que começou criança na **Turma do Balão Mágico**, e **Luciana Mello**. Em comum aos cinco, uma forte influência da soul music, na forma de cantar e no som, e experimentos com o samba e/ou a bossa nova de levada pop, às vezes para dançar. Esta última teve grande repercussão logo em 2000, mas com duas faixas de puro pop dançante, "Assim que se faz" ("Tudo é manha / Tudo é muita luz") e "Simples desejo" ("Hoje eu só quero que o dia termine bem"), ambas de **Daniel Carlomagno**, outro músico-produtor da mesma geração, sendo a segunda em parceria com **Jair(zinho)**.

Na cena alternativa paulista, numa outra tribo, sem suporte de gravadoras, já formando seus nichos de público, apareceram as bandas **Jumbo Elektro, Cérebro Eletrônico** e **DonaZica**, da qual seguiram carreira solo **Anelis Assumpção**, filha de **Itamar; Iara Rennó**, filha de **Alzira Espíndola** e **Carlos Rennó**, e **Andreia Dias**.

Logo a seguir, vieram mais três cantoras-compositoras paulistas de voz suave que seguiram os passos dos pais famosos. **Céu**, filha do jinglista e compositor-versionista de hits infantojuvenis dos anos 1980 **Edgard Poças**, realizou trabalhos de estética *cool* recheados de faixas autorais, como "Malemolência" (com Alec Haiat), do CD homônimo que a lançou em 2005, "Varanda suspensa" (com Hervé Salters) e "Perfume do invisível", do CD *Tropix* (2016). **Tulipa Ruiz**, de timbre *cool*, porém mais performática, apareceu cinco anos depois, em 2010. Filha de **Luiz Chagas**, da banda **Isca de Polícia**, que acompanhava **Itamar Assumpção**, revelou-se igualmente por interpretar composições próprias, como a faixa-título irreverente de seu primeiro álbum, "Efêmera" (com o irmão Gustavo Ruiz), e a pop romântica "Só sei dançar com você", esta em dueto com o também guitarrista e produtor **Zé Pi**, além da funkeada "Proporcional", do CD *Dancê* (2015). E **Mariana Aydar**, filha de **Mário Manga**, do **Premê**, começou no forró universitário, flertou com a "MPB" e depois retornou às origens, codirigindo ainda um belo documentário sobre **Dominguinhos**, em 2014, com quem, aliás, gravou "Preciso do teu sorriso" (João Silva/Enok Virgulino) três anos antes. Destacou-se ainda com xote pop estilizado "Te faço um cafuné" (Zezum), em 2016, e o álbum *Veia nordestina* (2019).

Completam o time das "cantautoras" paulistas de voz suave **Ana Cañas**, revelada em 2007, notabilizando-se por duas canções pop românticas, a autoral "Esconderijo" e a já citada "Pra você guardei o amor", em duo com o parceiro **Nando Reis**; e **Tiê**, surgida dois anos depois, que assim como as demais citadas, calcaram seus trabalhos entre a "MPB" e o pop, com destaque para a balada "A noite", como tema romântico de Bruna Marquezine e Maurício Destri na novela *I love Paraisópolis*, em 2015.

Da Bahia, via Sampa, apareceu **Márcia Castro** no mesmo ano de **Ana**, com grande personalidade vocal no CD *Pecadinho* (2007), trazendo o hilariante samba "Barraqueira", da compositora **Manuela Rodrigues**, sua conterrânea, e "Nega neguinha" (Zeca Baleiro). Seguiu com diversas propostas diferentes, até reprocessar as estéticas do "funk" e do axé em álbuns temáticos. Já no Rio, de voz *cool*, mas numa linha divertida, que alternava música com performance circense, veio **Silvia Machete** em 2006 com a autoral "Toda bêbada canta". Também performática foi **Karina Buhr**, egressa do grupo **Comadre Fulozinha** da cena pernambucana, revelada em carreira solo no álbum *Eu menti pra você* (2010), cuja faixa-título é um destaque, seguida da igualmente autoral "Não me ame tanto", no ano seguinte.[15]

Entre os "cantautores" que despontaram na cena paulista estavam **Curumin** (ex-**Zomba**), de sonoridade eclética, a bordo de sambas-rock como "Vem, menina" e "Compacto", e na virada para os anos 2010, o *cool* **Thiago Pethit** ("Moon"); **Dani Black**, filho de Tetê Espíndola e Arnaldo Black, que se notabilizou também como compositor ("Aurora", "Miragem", "Oração", "Sublime"); o carioca **Cícero** (Lins), que, após deixar a banda **Alice**, de indie rock, se fez notar com seu pop híbrido ("Tempo de pipa"); **Filipe Catto**, do Rio Grande do Sul, com sua voz forte, aguda e visual inicialmente andrógino ("Saga", "Adoração"), numa linha em que também trafegou **Fênix**, pernambucano radicado no Rio.

A paulista **Maria Gadú** foi a mais bem-sucedida dessa turma, tendo logo de cara um hit autoral, "Shimbalaiê", a sorte de emplacar músicas em três folhetins da TV Globo no intervalo de dois anos (*Ti ti ti*, *A vida da gente* e *Cordel encantado*) e tocar muito no rádio canções como "Bela flor" e "Quando fui chuva", logo vendeu 300 mil cópias de seu primeiro CD homônimo, de 2009, e ainda participou de projetos com artistas midiáticos, como do superproduzido CD/DVD de duetos de **Ana Carolina** *Multishow registro N9ve + 1*, no mesmo ano, e de um recital inteiro com **Caetano**

Veloso, lançado em CD/DVD, *Multishow ao vivo* (2011). Nesse ínterim, emplacou a releitura de "Quase sem querer", hit do *Legião Urbana*.[16] Anos depois, seu trabalho se embrenhou mais para o lado experimental.

Maria Gadú foi uma das artistas a se consagrar com álbuns editados pelo selo Slap (abreviatura de "Som Livre Apresenta"), que lançou e/ou ajudou a promover também diversos artistas de sua geração. O primeiro deles foi o paulista **Marcelo Jeneci**, em 2010, "cantautor" e acordeonista, que conquistou prestígio em seu nicho, tornando-se, inclusive, parceiro dos conterrâneos e intelectuais **Arnaldo Antunes**, **Luiz Tatit** e **Zé Miguel Wisnik**. Dois anos depois, o capixaba **Silva**, alinhado ao pop romântico, lançava o primeiro CD pelo mesmo selo e viu seu trabalho crescer no decorrer da década, ampliando cada vez mais seus horizontes musicais. Entre seus principais trabalhos, um álbum-tributo a **Marisa Monte** (*Silva canta Marisa*, 2016) e singles em dueto com as novas popstars **Anitta** ("Fica tudo bem", 2018), **Ludmilla** ("Um pôr do sol na praia", 2019) e **Ivete Sangalo** ("Pra vida inteira", 2020).

Abafando a concorrência no selo Slap, o cantor-galã **Tiago Iorc**, de Brasília, começou cantando em inglês nos primeiros discos, como *My girl* (2008), logo emplacando canções em diversas trilhas de novelas da TV Globo. Tornou-se ídolo efetivamente já cantando seu pop folk em português, criando hits como "Coisa linda" e "Amei te ver" do CD *Troco likes* (2015). Após uma próspera turnê, um disco ao vivo e alguns singles, sentiu-se incomodado com o excesso de exposição que a fama lhe trouxe, inclusive nas redes sociais, e desapareceu por completo no início de 2018. Foi para a Califórnia e a Carolina do Norte, conectou-se à natureza e voltou no ano seguinte logo com dois álbuns, um de estúdio, *Reconstrução*, com todas as faixas lançadas simultaneamente em videoclipes, e outro ao vivo, reinaugurando a exitosa série *Acústico MTV*, mas dando pistas de que não seria do tipo de artista a topar tudo pela superexposição. Entretanto, em 2020, um "nude" supostamente vazado, atribuído ao cantor *low profile*, em seu Instagram deu o que falar. Coisas dos novos tempos midiáticos. Sua próxima cartada foi uma polêmica (auto)crítica justamente ao tema da "Masculinidade" na canção homônima com versos poéticos que lembram a "MPB" do passado.

Na verdade, o tal "nude" apareceu pouco depois da briga do cantor com uma dupla da qual foi indiretamente o padrinho. É que nesse meio-tempo, em 2014, duas universitárias de Araguaína, no Tocantins, na faixa dos 20 anos, **Ana Clara Caetano** e **Vitória Falcão**, foram descobertas em Goiânia por Felipe Simas, empresário de **Tiago**, após lhe enviarem um vídeo no qual cantavam uma das canções de seu ídolo. Felipe então as convidou para gravarem um EP nessa linha de canções folk/pop suaves de amor. O duo foi batizado de **Anavitória** e em cerca de seis meses já era um fenômeno típico da geração que fez fama na internet, e novos hits vieram aos borbotões, como "Fica" e "Trevo (Tu")",[17] esta com a participação do próprio **Iorc**. Em 2018, a história das meninas até virou filme — *Ana e Vitória*, de Matheus Souza.

Inicialmente dominada por **Tiago Iorc** e **Anavitória**, essa cena paz e amor "fofa", de uma "MPB" pop com muito violão folk e mensagens positivas, evitando a sofrência excessiva e a erotização escrachada onipresentes nos gêneros massificados da segunda década do século XXI, acabou fazendo a cabeça de novos jovens músicos, sendo batizada pela imprensa em 2019 de "Geração *good vibes*". Encabeça a lista o quinteto mineiro **Lagum**, banda de rock criada em 2014 na cidade de Brumadinho, dos hits "Bem melhor", "Oi" e "Deixa", este o primeiro do grupo, lançado em 2017, graças a um providencial empurrãozinho do jogador Neymar, que no ano seguinte viralizou a canção em seu Instagram em plena Copa do Mundo.[18] Esta canção teve a participação da paulista **Ana Gabriela**, outra cantora do gênero que regravou "Céu azul",[19] do repertório de **Charlie Brown Jr.**, e pérolas autorais, como "Carta para mãe", em que fez seu *outing* como lésbica — dramática, mas "com final feliz".

São marcantes também nessa geração a paranaense **Ana Vilela** (a autoral "Trem bala"), a paulista **Kell Smith** (a autoral "Era uma vez") e o (surfista) gaúcho **Vitor Kley**, cujo primeiro álbum foi lançado quando tinha apenas 13 anos, e em 2018, aos 24, estourou "O sol" ("Ô sol / Vê se não esquece / E me ilumina / Preciso de você aqui // Ô sol / Vê se enriquece / A minha melanina / Só você me faz sorrir"). Na sequência, vieram "Morena", "A tal canção pra lua" (em duo com **Samuel Rosa**) e "Pupila", esta com participação do duo **Anavitória**. Tornou-se um dos mais populares dessa turma, assim como os três irmãos de Niterói (RJ) que formaram o **Melim**. Um ano após a sua criação, em 2016, o trio ficou conhecido nacionalmente no programa *Superstar*, da TV Globo, caindo no gosto dos jovens com "Dois corações", "Meu abrigo", "Gelo" e a emblemática "Ouvi dizer" ("que existe paraíso na Terra / E coisas que eu nunca entendi // Só ouvi dizer / Que quando arrepia já era / Coisas que eu só entendi / Quando eu te conheci").[20] Esse é o clima dessa turma.

Um dos precursores desta cena foi **A Banda Mais Bonita da Cidade**, diretamente de Curitiba, com "Oração", em 2011, como também o fluminense **Rubel** lançou o primeiro álbum em 2013, suave e algo melancólico, destacando "Quando bate aquela saudade". Cinco anos depois, veio com o elogiado álbum *Casas*, misturando "MPB", pop, samba, hip-hop, orquestra de cordas e influências de **Chico Buarque** a **Los Hermanos**, em canções como "Partilhar". Com sonoridade igualmente diversificada, navegando muitas vezes em bases de trap, hip-hop e r&b em acabamento pop e letras bem sacadas, apareceu em 2019, aos 19 anos, o paulista **Vitão**, com "Te liguei" ("Talvez a gente se encontre / Do outro lado do meu celular") e a funkeada/estilo soul "Café" ("Eu até já fiz café / pra tu não vir me falar / Que tá com sono e que o amor tem que esperar"). Por outro lado, o paulista **Jão**, embora identificado nessa cena "fofa", delicada, na contramão da agressividade lasciva dos funkeiros e verbal dos "sertanejos", por seu próprio jeito de cantar chorado, apresentava desde o início uma tendência inexorável à dor de cotovelo e *vibes* afins, mesmo quando a letra, eventualmente, versava sobre amores reais e possíveis. Assim como **Anavitória**, também foi notado via YouTube após fazer "covers" de músicas de artistas famosos e se notabilizou em 2018 com "Vou morrer sozinho". "Imaturo" e "Me beija com raiva"[21] foram outros de seus êxitos até o início dos anos 2020.

"Bichinho", o hit inicial da cantora pop pernambucana **Duda Beat**, a empurrava bastante também para uma espécie de "sofrência" pop romântica eletrônica, porém com sotaque, digamos, mais "brasileiro" que seus colegas de geração. Em 2019, gravou a romântica e suingada "Tangerina", em dueto com **Tiago Iorc**, e a divertida "Chega", com **Jaloo** e **Mateus Carrilho**, num clipe em que predomina a estética hiperbólica, *camp*. Sim, nessa altura a música é cada vez mais indissociável da imagem. Que o diga "Nem um pouquinho",[22] de 2021, em duo com o rapper baiano **Trevo**, cujo clipe é tão absurdamente bem produzido que chega a eclipsar até a própria música.

Entre "good" e "bad" *vibes*, ou seja, na "MPB" contemporânea (que desde os anos 1990 se confunde muito com o novo pop brasileiro), a partir de 2015 foram ganhando mais espaço e/ou gravando mais duas cantoras cariocas. **Alice Caymmi**, de vozeirão, filha de **Danilo Caymmi** e neta de **Dorival**, apareceu com "Princesa" e dois anos depois com a mais pop "Louca",[23] chegando ao fim da década com um álbum mais denso, *Electra* (2019), próximo da "MPB" tradicional. Já **Letrux**, de canto mais coloquial, veio do duo **Letuce**, com **Lucas Vasconcellos**. Foi revelada no CD *Em noite de climão* (2017). Ambas aderiram inicialmente a uma linha pop mais "desbundada" e performática, tornando-se festejadas pela juventude descolada do eixo Rio-São Paulo.

A "MPB" mineira não ficou no Clube da Esquina ou no pop do **Skank** e **Pato Fu**. Produziu a partir das experiências do congado e da folia de reis (**Pereira da Viola** e **Maurício Tizumba**); deu as caras na ala do samba, com o também produtor **Thiago Delegado**, e no circuito alternativo com **Makely Ka**, o coletivo **Graveola e o Lixo Polifônico**, a banda **Lamparina**, **Sérgio Pererê** e ainda uma série de artistas que vêm buscando um lugar ao sol em meio à massificação numa cena antecedida por nomes como **Paulinho Pedra Azul**, **Tadeu Franco**, **Titane** e **Ceumar**. A conterrânea **Marina Sena**, após cinco anos trabalhando numa banda local, despontou como revelação da "MPB" pop em 2021, aos 25 anos, com o álbum *De primeira*, destacando a canção "Por supuesto", em parceria com o produtor e baterista **Iuri Rio Branco**, que viralizou à época no TikTok.

Vigor criativo é o que não faltou à fluminense (de Cabo Frio) **Júlia Vargas** e sua "MPB" pós-tropicalista, com fluência nos forrós modernos de **Cátia de França** ao clima paz e amor à la Clube da Esquina, começando a gravar em 2015. Garra também teve de sobra o seu amigo **Chico Chico** (Chicão, filho de **Cássia Eller**, herdeiro da verve pulsante e do timbre grave e rasgado da mãe), com quem começou, dividindo juntos diversos palcos. Ele passou a interpretar canções autorais e recriações diversas, muitas vezes acompanhando-se ao violão. Também não faltava pressão à paranaense radicada no Rio (e grande atriz) **Simone Mazzer**, de vozeirão explosivo, cujo eclético CD *Férias em videotape* (2015) foi um dos melhores da década, destacando a debochada "Tango do mal", do compositor baiano **Luciano Salvador Bahia**: "Eu vou jogar um tango / Na sua cara de bolero comedido / No seu nariz de rock'n'roll arrependido / No seu olhar de samba-reggae industrial."

É quase impossível listar a quantidade de intérpretes de "MPB" e pop surgidos nas últimas décadas, especialmente femininas, tentando um lugar ao sol ou à tempestade de um mercado cada vez mais hostil para delicadezas. Só para citar mais algumas, tivemos as potiguares **Juliana Linhares** e **Khrystal** (esta também uma grande compositora e letrista), as baianas **Luedji Luna** e **Xenia França**, a brasilisiense **Ellen Oléria** (vencedora do primeiro The Voice Brasil, em 2012), a maranhense radicada em Brasília **Sandra Dualibe**, chegada à "MPB" e à bossa nova; as paranaenses residentes no Rio **Ninah Jo** (de vozeirão) e **Thaís Gulin**, esta mais pop, assim como a gaúcha **Duda Brack** e as cariocas **Mahmundi**, de estilo *cool*, e, **Marília Bessy**, de pegada mais roqueira; além das conterrâneas **Andréa Dutra**, que foi do soul ao samba, além de fazer parte do grupo **Arranco**, e **Telma Tavares**, emplacando boas composições nos CDs de **Alcione**.

Entre os homens, num estilo pop/glam, surgiu o fluminense de Volta Redonda **Ricky Vallen**. Revelado em 2004 no programa de calouros de Raul Gil, à época na TV Record, cativou um outro tipo de público para seu canto extrovertido e performático, brega-chique, assim como o o azarão desse time, o carioca **Márcio Gomes**, que começou a se notabilizar por essa época e impostou seu vozeirão a serviço de clássicos, sobretudo da Era do Rádio, entre sambas-canção, boleros e tangos, aclamado em especial por um público maduro, em shows superlotados, sem mídia, em casas como o Imperator, no subúrbio carioca do Méier. Assim como também o jovem cantor *cool* **Ayrton Montarroyos**, pernambucano radicado em São Paulo, fez seu nome a partir de 2017 como amante dos artistas dos tempos do rádio e da "MPB" clássica.

De linhagem igualmente mais *cool* e fora dos padrões de mercado é o grupo vocal cult **Ordinarius**, surgido em 2012 — especializado majoritariamente em clássicos dos anos 1930 e 40 —, cuja proposta vem conquistando interesse até de plateias estrangeiras. Seis anos depois, veio o trio **Gilsons**, formado por um filho de **Gilberto Gil (José Gil)** e os netos **Francisco Gil** e **João Gil**, com sua "MPB" suave, de sonoridade afro-baiana. E em 2022, reunindo **Dora Morelenbaum** (filha de **Jaques** e **Paula**), **Zé Ibarra, Júlia Mestre** e **Lucas Nunes**, surge o coletivo **Bala Desejo**, outro a apostar numa harmonização sofisticada de vozes e melodias em seu álbum de estreia *Sim sim sim*. Dividido como antigamente em "Lado A" e "Lado B", cada um com meia dúzia de faixas autorais postadas em blocos separados no *streaming*, apresentou levadas as mais diversificadas, misturando "MPB", estética "bossa nova", mas também pop, sabores latinos e até reggae.

Mas afinal, o que estaria de fato em sintonia ao gosto da juventude antenada nessas primeiras duas décadas e pouco do século XXI? O grupo paulista cult **O Terno**, que revelava o compositor e vocalista **Tim Bernardes** (filho de **Maurício Pereira** e que, em paralelo, também acumulou uma carreira solo), trazia nos versos da faixa "66" de seu álbum de estreia uma bela provocação: "Mas hoje o que toca na novela não tem graça / E vai pro rádio pra tocar mais uma vez / Então eu corro pra internet / Sou garoto antenado e baixo o novo embalo quente / Que é de 66." Uma crítica precisa à dificuldade de se impor num mercado cruel, espremido entre "tudo o que já foi feito" e a massificação artificial.

Não faltaram os que ousaram escolher um caminho ainda mais experimental, longe de quaisquer concessões. Que o diga uma série de nomes da cena indie paulistana, como a cantora **Juçara Marçal**, o compositor e guitarrista **Kiko Dinucci**, que formaram com o saxofonista **Thiago França** o festejado **Metá Metá**; o "cantautor" **Romulo Fróes**, sua companheira, a poeta pernambucana **Alice Coutinho**, o cantor e multi-instrumentista **Rodrigo Campos**, o também acadêmico **Cacá Machado**, entre outros. **Fróes**, por exemplo, formou com **Kiko, Rodrigo** e o baixista **Marcelo Cabral** o grupo **Passo Torto**, numa espécie de releitura da vanguarda paulista de viés pós-punk, em que também vicejaram **Juçara** e **Thiago**, todos multicriadores. **Fróes** também foi o elo com os artistas plásticos **Nuno Ramos** e **Clima**, numa produção musical experimental e inventiva, enquanto **Kiko** já editou um álbum-songbook precoce, *Na boca dos outros*

(2009), revivendo algumas de suas melhores criações nas vozes de figuras onipresentes da cena alternativa da Terra da Garoa, como **Fabiana Cozza, Lurdez da Luz, Maurício Pereira** e **Suzana Salles.**

Alguns desses músicos, também autores, acabaram ganhando mais visibilidade a partir de um trabalho que deu mais uma grande virada na carreira de **Elza Soares** aos 45 do segundo tempo. Em 2015, aos 85 anos, ela ressurgia no CD *A mulher do fim do mundo*, produzido pelo baterista e percussionista **Guilherme Kastrup**. Um álbum totalmente autoral que ganhou vários prêmios, atingindo um novo público, jovem e engajado politicamente, ao mesmo tempo em que ela renovou seu discurso nas entrevistas.

Se **Elza** sempre foi a favor dos LGBTs, das mulheres e dos negros, tratava de deixar isso bem claro a partir de então, alinhada às "pautas identitárias" dos movimentos sociais do momento. Virou ícone-ativista dessa nova geração descolada, emplacando o sucesso "Maria da Vila Matilde", de **Douglas Germano** — este um "cantautor" então com 47 anos, mas só agora com mais visibilidade, que há muito cantava e compunha sambas de sua escola paulistana, justamente a **Nenê de Vila Matilde**, e já havia participado do **Duo Moviola** com **Kiko Dinucci**. A letra versava sobre o problema da violência contra a mulher, dando inclusive o número do disque-denúncia ("Me dá meu celular / Que eu vou discar 180 / Vou entregar teu nome / E explicar meu endereço..."). Três anos depois, bisou a fórmula, agora acrescentando outros autores, no CD *Deus é mulher*, seguido de outros singles e álbuns até sua morte, aos 91, em janeiro de 2022. Não há casos semelhantes no mundo que uma cantora dessa idade tenha conseguido tamanha aceitação de um público jovem, com repertório basicamente inédito.

Um novo pop brasileiro dá as caras e a cena indie se consagra via internet

O fenômeno mais festejado do rock dos anos 2000 foi a banda alternativa, esquisitona para os padrões normativos, **Los Hermanos**, dos vocalistas, guitarristas, baixistas e compositores **Marcelo Camelo** e **Rodrigo Amarante**, mais **Rodrigo Barba** (bateria/percussão) — os três universitários da PUC-Rio — e **Bruno Medina** (teclados). Lançada pela Abril Music em 1999, foi a mais influente, desde o megahit inicial "Anna Júlia", cultuada por jovens de classe média tal e qual a **Legião Urbana** nas décadas passadas, arrastando multidões a seus shows, que deliravam ao som de sucessos melancólicos, como "Todo carnaval tem seu fim" e "O vencedor" — todas de **Camelo**. De estilo *low profile,* ela misturava hardcore com "MPB", samba e marchinha carnavalesca e atraía em especial os adolescentes que se sentiam à margem, os *nerds*. O visual *hipster* dos quatro rapazes, com longas barbas anos antes de isso ser moda, foi um marco visual da banda. Após três álbuns, destacando *Bloco do eu sozinho* (2001) e especialmente *Ventura* (2003), surpreenderam a todos anunciando uma pausa em 2007 e, a partir de então, só fizeram shows esporádicos. Provando seu poder de fogo, numa das voltas, em 2019, encheram o estádio do Maracanã, no Rio, superando o público do beatle **Paul McCartney** no local (assim como, no mesmo ano, **Sandy & Júnior** doze anos depois do fim da dupla, reuniram 100 mil pessoas no encerramento de uma turnê de despedida — *Nossa história* — no Parque Olímpico do Rio de Janeiro).

Falando em **Beatles**, no mesmo selo **Rita Lee** gravou um belíssimo tributo ao quarteto de Liverpool (*Aqui, ali, em qualquer lugar*, 2001), com espaço até para levadas em bossa nova. Depois, fez um ótimo CD de inéditas, distribuído pela Som Livre, *Balacobaco* (2003), que emplacou a faixa "Amor e sexo", de **Rita** e **Roberto**, sobre uma crônica de jornal de **Arnaldo Jabor**. Após isso, ainda fez dois álbuns ao vivo e um de estúdio *Reza* (2007). Em 2012, a cantora realizou seu show de despedida em Aracaju, anunciando a aposentadoria, arranjando encrenca com PMs que, segundo ela, estavam abordando seus fãs que fumavam maconha à beira do palco. Uma vez roqueira "raiz", sempre roqueira. **Rita**, que já foi presa por falso flagrante em 76 por este mesmo motivo, não seria omissa num momento desse... Irritada, pediu um baseado para fumar no palco. Enquadrada por "desacato e apologia ao crime ou ato criminoso", foi detida, mas respondeu processo em liberdade. Depois disso, escreveu uma antológica autobiografia (em 2016) e alguns livros infantis, defendendo também a causa dos animais. Em 2021, chegou a lançar um divertido single com **Roberto**, a dançante "Change".

No âmbito pop, em 2002, **Marisa Monte** se juntou com o poeta **Arnaldo Antunes** e o multi-instrumentista **Carlinhos Brown** no vitorioso projeto **Tribalistas**, um CD homônimo que estourou "Já sei namorar" e "Velha infância". Sozinha, apareceu com três dores de cotovelo: "A sua" ("Tô com sintomas de saudade"), em 2001; "Depois" e "Ainda bem (que agora encontrei você)", nesta, brincando de "brega", sendo as duas últimas já em 2011 e, nesse meio-tempo, com a refrescante "Vilarejo". Após dez anos sem lançar álbuns solo, voltou em 2021, com *Portas*, uma tentativa de dar ao público um antídodo antidepressivo num Brasil comandado por políticas excludentes e devastado pelo coronavírus. Noutros tempos, poderia ser taxada de conformista ou alienada, cantando canções como "Calma", dela com **Chico Brown** (o talentoso filho de **Carlinhos**), mas nessa época já se sabia que "MPB" não teria força do combate político de outros tempos e ninguém estranhou seu modo enviezado de acariciar parte mais consciente da população que andava depressiva e desesperada. E como todos os álbuns do gênero, foi prestigiado pelo público cativo, mas não fez o sucesso que poderia, pois a maré estava para outros modismos musicais.

Já o parceiro **Arnaldo Antunes** escreveu a festejada trilha *O Corpo* do balé homônimo, em 2000, e teve canções como "O seu olhar" inclusas no filme *Bicho de sete cabeças*, de Laís Bodansky (2001), além de lançar pérolas como "Se tudo pode acontecer", "Paradeiro", "Debaixo d'água", "Saiba" e "A casa é sua". Em 2001, seu antigo grupo, **Titãs**, estourou com "Epitáfio" ("Devia ter amado mais / Ter chorado mais / Ter visto o sol nascer...") e **Frejat** estreava a carreira solo após à saída do **Barão Vermelho**, com seu álbum de maior sucesso, chegando às paradas com "Amor pra recomeçar", "Homem não chora" ("nem por dor, nem por amor") e "Segredos" ("Preciso de um amor que seja bom pra mim").[24]

Outro ícone do pop dos anos 1980, **Herbert Vianna**, dos **Paralamas**, em 2001, aos 39 anos, sofreu um terrível acidente enquanto voava de ultraleve em Angra dos Reis, litoral sul do Rio, que matou sua esposa e quase o levou também. A partir de então, lentamente, recuperou-se, até reassumir a carreira, passando a apresentar-se numa cadeira de rodas e eventualmente com algumas sequelas de memória. Entre 2003 e 2007, seu colega de geração **Lobão** editava a revista *Outracoisa*, na qual lançava, em

CDs encartados, um disco seu e também de novos artistas, como as bandas gaúchas de rock **Cachorro Grande**, de sonoridade irreverente (que logo tornariam célebres "Dia perfeito" e "Sinceramente") e **Bidê ou Balde** (do hit "Mesmo que mude"), além da **Vanguart**, do vocalista **Hélio Flanders**, formada em Cuiabá (que na década seguinte emplacou "Meu sol" e "Mi vida eres tu"), e do cantor **Rogério Skylab**, que vinha da década anterior, sempre com seus experimentalismos, beirando o niilismo e a escatologia em faixas como "Eu chupo meu pau".[25] Em 2007, o mesmo **Lobão** seria chamado de "Cordeirão" numa matéria da *Folha de S. Paulo* por ter voltado às grandes gravadoras, após passar anos vociferando contra as mesmas, lançando um *Acústico MTV*, e seguiu envolto em polêmicas com sua autobiografia (2010) ou fazendo comícios inflamados para o então candidato à Presidência Jair Bolsonaro e se arrependendo meses depois de sua posse.

A propósito, o projeto *Acústivo MTV* da emissora — fora a série paralela *MTV ao vivo* — continuava de vento em popa nos anos 2000, dando novo impulso à carreira de vários artistas ou no mínimo mantendo-os em evidência para um público mais jovem. De **Paulinho da Viola e Zeca Pagodinho** a **Art Popular** e **Sandy & Júnior**, passando pelo **Cidade Negra**, **Marina Lima** e até **Roberto Carlos** (em 2001). A diferença é que, como já foi dito, cada vez mais artistas de outros segmentos mais populares também descobriam o formato e o faziam com ou sem a chancela da emissora. Mas ficando apenas nos "oficiais", vários continuaram batendo um bolão. O **Capital Inicial**, após um certo ostracismo, bateu 1 milhão de discos, em 2000, com canções como "O passageiro (The passenger)", "Tudo que vai"[26] e a regravação de "Primeiros erros", de **Kiko Zambianchi**, ganhando novo público. O do **Kid Abelha**, de 2002, gerou um DVD que ficou por nove anos na lista dos dez mais vendidos do país, chegando a 1,2 milhão de unidades,[27] sendo o quarto mais vendido da série, atrás apenas de **Titãs**, **Roberto Carlos** e **Legião Urbana** e à frente de **Cássia Eller**, que chegou também a 1 milhão, seu recorde, um sucesso interrompido tragicamente no fim de 2001, quando faleceu aos 39 anos, sob circunstâncias controversas numa clínica, após um enfarte.

E entre os artistas pop da década anterior, o **Skank** foi, sem dúvida, o grupo de maior relevância neste início de século, ainda frequentando as paradas, com "Acima do sol", "Sutilmente", "Dois rios", "Vou deixar" (onipresente em festas de formatura) e a premiada regravação de "Vamos fugir", de **Gilberto Gil**, bem como **O Rappa**, em especial as faixas de seu CD *O silêncio que precede o esporro* (2004). Sem o líder **Marcelo Yuka**, que em 2001, deixou a banda após ficar paraplégico ao ser baleado num assalto na Tijuca, zona norte carioca, no fim do ano anterior, **Marcos Lobato** se tornou o baterista (e letrista) da banda, destacando "Reza vela" e "Rodo cotidiano", e dois anos depois, "Anjos (Pra quem tem fé)".[28]

Em compensação, os **Raimundos**, que criaram sozinhos uma verdadeira revolução dentro do rock nacional na década passada, encerraram as atividades em 2001, quando **Rodolfo Abranches**, vocalista e autor das letras mais subversivas, como *Me lambe* e *Puteiro em João Pessoa*, cansado das temáticas abordadas e convertido a uma igreja evangélica, abandonou o grupo. Ele ainda criou a banda **Rodox**, gravou dois álbuns, mas depois se dedicou em tempo integral a suas atividades como pastor e músico de pregação no mercado gospel.

Por outro lado, um grupo que se potencializou naquela cena mais hardcore dos 90 ficou ainda mais forte nesta década, o **Charlie Brown Jr.**, com "Papo reto (Prazer é sexo, o resto é negócio)", "Lutar pelo que é meu", "Ela vai voltar (Todos os defeitos de uma mulher perfeita)", "Dias de luta, dias de glória", "Meu novo mundo", "Só os loucos sabem", "Céu azul", entre outros sucessos. Tiveram inúmeras incursões pelo rap, inclusive gravando com diversos expoentes do estilo, e chegaram até mesmo a regravar em 2005 a emblemática canção de protesto dos versos "Vem, vamos embora que esperar não é saber / Quem sabe faz a hora, não espera acontecer", "Pra não dizer que não falei das flores", de **Geraldo Vandré** (cujo autor precisou exilar-se cinco dias após seu lançamento, no III Festival Internacional da Canção, em 68), acumulando com o tempo alguns milhões de visualizações no YouTube. Tudo muito bem, até a trágica morte de **Chorão** por overdose de cocaína em 2013.

Cultuado por uma legião de fãs, seu vocalista era o tipo do cara que podia ser dócil e violento, carinhoso e arrogante, agressivo e generoso, patrão e irresponsável, dependendo do momento, como na vez em que partiu para cima de **Marcelo Camelo** no aeroporto de Fortaleza para tirar satisfações com ele devido a uma entrevista em que o *hermano* teceu críticas à sua banda por ter participado de uma propaganda da Coca-Cola, deixando-o com o olho roxo. Era um compositor de produção contumaz, além de empresário e produtor capaz de tudo para promover a banda que liderava. Sua trajetória foi contada no documentário *Marginal alado*, de Felipe Novaes, em 2019.

Na linha mais pesada do **Charlie Brown Jr.**, começavam a ter visibilidade nos anos 2000 as bandas de hardcore melódico **CPM 22**, de São Paulo, do vocalista **Badauí**, com hits como "Um minuto para o fim do mundo", e a carioca **Detonautas**, com "Olhos certos", "O dia que não terminou", esta marcando uma virada de letras mais politizadas em seu som, e — coisa rara na turma contemporânea do pop e rock — um forte ativismo progressista nas redes sociais de seu vocalista **Tico Santa Cruz**. Outra do gênero, a capixaba **Dead Fish**, que vinha da década anterior, obteve mais visibilidade em 2004, agregando dois novos guitarristas, com o CD *Zero e um* ("Você", "Queda livre"),[29] produzida pelo *expert* **Rafael Ramos.**

De estilo mais irreverente, surgem no Rio de Janeiro a **Matanza** ("Ela roubou meu caminhão", "Clube dos canalhas"), que misturava hardcore punk, country e heavy metal, e o trio **Autoramas** (a partir do hit "Fale mal de mim", em 2000), e na cena indie a banda cearense **Cidadão Instigado**, do requisitado guitarrista **Fernando Catatau**, flertando com a estética "brega" em temas como "O tempo". As três com a característica de um rock mais retrô. E diretamente do underground paulista, os **Maybees**, que inicialmente só cantavam em inglês, ganharam público e viraram **Ludov**, numa cena de pop rock, com "Dois a rodar" e "Princesa", em 2003.

Isto além do som azeitado com as fusões mais diversas da já comentada turma do manguebeat. Continuavam seu legado a **Nação Zumbi**, o **Mundo Livre S/A** e **Otto** — este lançando seu maior sucesso, "Cria", em 2009 —, mais os que vieram em seu rastro, com novas propostas, como **Mombojó** ("Deixe-se acreditar", "Papapa") e o **Cordel do Fogo Encantado**, do vocalista **Lirinha**, cuja música era inspirada na poesia popular dos repentistas e na percussão dos terreiros de candomblé.[30]

Junta-se a esses fenômenos efêmeros como o pop das bandas **Penélope** (baiana, da vocalista **Érika Martins**, com a releitura de uma canção tropicalista do repertório de **Gal Costa**, "Namorinho de portão", em 2000) e **Moinho**, formada pelo violonista/guitarrista carioca **Toni Costa** e as baianas **Emanuelle Araújo** (vocal, ex-**Banda Eva**) e **Lan Lanh** (percussionista), cujo ápice foi o hit gaiato "Esnoba" ("Só porque tenho por ela um apreço imenso/ Ela me esnoba, me esnoba"), em 2008.[31]

O reggae também marcou território com as presenças do **Natiruts** ("Natiruts reggae Power", em 2006, depois "Quero ser feliz também" e "Andei só", em 2012); do gaúcho **Armandinho** ("Outra noite que se vai", "Outra vida", entre 2006 e 2007), chegando a gravarem juntos em 2016 "Desenho de Deus", do repertório do segundo, e ainda da banda **Chimarruts** ("Do lado de cá", em 2010, e "Versos simples", esta já no *top ten* de 2013).

Dois grupos se mantiveram fortes com grande público jovem e fiel no *mainstream*, com pegadas roqueiras e funkeadas, num pop mais melódico, sem dar importância excessiva às letras: o **Jota Quest**, que já vinha da década anterior e agora emplacava "Na moral", "O sol", "Só hoje", "Amor maior", entre outras, e o **LS Jack**, com "Amanhã não se sabe" e especialmente "Carla", de seu terceiro CD *V.I.B.E*, que explodiu em 2002. Só não foi mais longe porque seu vocalista, **Marcus Menna**, teve sérios problemas de saúde em 2004, após uma malsucedida lipoaspiração, ausentando-se por seis anos do conjunto.

Fato é que ambos enfrentavam agora a concorrência de outros que chegavam ao coração dos adolescentes alinhados aos novos modismos internacionais que vinham desde meados dos anos 1990, como as bandas **Backstreet Boys, 'N Synk, Spice Girls** e **Hanson**, que no Brasil inspiraram ainda as gravadoras fortes a investirem em bandas como a carioca **SNZ** (formado pelas filhas de **Baby do Brasil** e **Pepeu Gomes**, do hit "Se eu pudesse") e em *boy bands*, como as paulistas **KLB**, em 2000 — formada pelos três filhos do antigo astro do samba-rock **Franco**, agora empresário deles (dos sucessos "A dor desse amor [Puro dolor]", "Minha timidez" e "Obsessão [Obsession]") e **Twister** (com "40 graus").

Houve ainda mais dois fenômenos do gênero revelados no reality show *Popstars,* da TV SBT paulista. O grupo feminino **Rouge** foi o primeiro a estourar no programa, gerando logo um grande fã-clube, inclusive gay, em seus quatro anos de existência, de 2002 a 2006. Logo de cara, o estouro veio com o animadíssimo megahit "Ragatanga (Asereje)", uma versão em português do hit consagrado pelo grupo espanhol **Las Ketchup** no mundo que se repetiu com o quinteto por aqui, seguido de "Um anjo veio me falar (Angel in my heart)". Venderam mais de 1 milhão de discos em cinco meses. Depois, em 2003, enquanto reunia cerca de 30 mil pessoas no estádio do Pacaembú, em São Paulo, dando origem ao DVD *A festa dos seus sonhos*, uma nova edição do programa revelou o **BR'OZ**, desta vez uma *boy band*, com a música "Prometida (Guarerê)", mesmo ano em que o carioca **Felipe Dylon**, aos 15 anos, mostrava sua "Musa do verão".[32]

Em paralelo, mais três fenômenos bem distintos da cena pop. Em 2002, era lançado o único CD do octeto **Textículos de Mary**, primeira banda assumidamente gay do país, com seu punk rock sujo, do tipo doa a quem doer, munido de um discurso agressivo e não raro escatológico. Criada em 1998, em Recife, era tão anti-*establishment* e anárquica, com homens travestidos e letras provocativas, com direito a até cenas de felação e simulação de sexo anal com o microfone no palco, que, em 2004, após a polícia invadir um de seus shows locais, decidiram encerrar "com chave de ouro" suas atividades. Pouco antes, em 2003, a roqueira baiana **Pitty**, ao contrário, foi uma das raras num segmento de rock mais autêntico que conseguiu vir forte nesse tempo e já no CD de estreia, *Admirável chip novo*, aconteceu com os hits autoafirmativos autorais "Máscara" e "Equalize" (este escrito com Peu Souza), mantendo-se relevante nas primeiras duas décadas do século, com novos êxitos de sua lavra, como "Me adora", e também como formadora de opinião. Entre 2017 e 2021, foi uma das apresentadoras do programa *Saia Justa* (GNT).

Outra novidade foi o aparecimento de uma cena emo (emocore, o *emotional* hardcore), de roqueiros na linha de bandas como **Green Day, Fall Out Boy e Paramore**, o que se deu entre 2004 e 2006. Todos garotos de aparência delicada, com grandes franjas nos cabelos. Os grupos de maior destaque foram três, a começar pelo paulista **NX Zero**, que chegou a ostentar 102 comunidades no Orkut, a pioneira das redes sociais populares no país, a bordo de hits, como a canção "Cedo ou tarde" e o rock "Razões e emoções" — esta a mais tocada nas rádios do país em 2007. Os outros foram o paranaense **Hevo84** (com a balada "Passos no escuro", da trilha da série adolescente global *Malhação*) e o gaúcho **Fresno** (com a balada "Alguém que te faz sorrir" e o rock "Desde quando você se foi"),[33] esta um fenômeno de internet, que em meados da década de 2000 já era uma realidade. As gravadoras enfrentavam uma pirataria física inédita e agora também virtual. Era natural que o segmento mais jovem da população, mais apto a se identificar com as novidades tecnológicas, fosse também o primeiro a produzir ídolos à margem da indústria fonográfica.

Surgido num *fotolog*, a banda paulista **CSS**, a **Cansei de Ser Sexy**, que cantava também em inglês, chegava ao Tim Festival (de música alternativa), em 2004. Em dois anos, já estava assinando com um selo americano, saindo a seguir em turnê internacional, emplacando temas como "Let's make love and listen to death from above". Nos dois anos seguintes, também ganhando o mercado estrangeiro, surgia o **Bonde do Rolê**, emplacando a "Melô do tabaco", num cruzamento com a estética do funk carioca e outros gêneros brasileiros para as pistas de dança, recheado de letras abusadas de teor sexual. Ele veio pelo MySpace, que durante cerca de seis anos foi a principal plataforma da cena independente na internet. Qualquer um poderia abrir uma conta gratuita no site e inserir canções inéditas.

Nas pistas paulistas mais alternativas, reinou também o som electro da dupla **NoPorn** ("Baile de peruas"), do trio *dirty glam* **Multiplex**, do **Montage** ("Ode to my pills [Benflogin]"), este de Fortaleza, de electro punk; além da *performer* (e escritora) travesti **Claudia Wonder (& The Lap Top Boys)** ("Atendimento"),[34] que já atuava desde a década de 1980, bem como o duo **Tetine**, desde 1995, agora já flertando com o funk carioca ("L.I.C.K. my favela", lançado também no exterior em 2006).

Chegávamos ao meio da década e a banda **Móveis Coloniais de Acaju**, natural de Brasília, de um indie rock multifacetado, teve o CD *Idem* (2005) disponibilizado na internet. Uma novidade à época. Não era mais preciso sair de casa e gastar dinheiro para se ouvir seu artista favorito. Dois anos depois, repetem a dose num álbum vinculado ao projeto Trama Virtual, já que a Trama foi a primeira gravadora a vislumbrar este novo formato no mercado musical. Em 2007, foi a vez de, aos 15 anos, a cantora *cool* **Mallu Magalhães** gravar quatro de suas músicas, como "Tchubaruba", disponibilizando-as no site *Myspace*. O sucesso foi tão grande que chamou a atenção da Sony Music, que a contratou no ano seguinte, o mesmo em que quatro estudantes secundaristas de São Paulo fundaram a banda **Restart** e em 2009 já estouravam com "Levo comigo". Assim também como a conterrânea **Cine**, num "rock colorido", pós-emo, com um som mais enérgico (como no hit "Garota radical") e figurinos alegres, com roupas e óculos Ray Ban coloridos, que causaram algum barulho por essa época.[35]

Na linha "gatinha sexy pop dançante", à moda de **Britney Spears,** surge na grande mídia em 2000 a goiana de estética superamericanizada e romântica **Wanessa Camargo** (filha de **Zezé Di Camargo**), com "O amor não deixa (Love won't let me)" e a balada "Tanta saudade (Heaven came down)", e no ano seguinte a carioca **Kelly Key**, produzida pelo **DJ Cuca**, com duas pérolas irônicas empoderadas, a autoral "Cachorrinho" ("Você só sabe gritar / E grita sem saber / Mas sem mim você não vive / Sem meus cuidados, amor / Fala baixinho comigo / A sua dona chegou // Vem aqui que agora eu tô mandando / Vem, meu cachorrinho / A sua dona tá chamando") e o megahit "Baba (baby)", dela com **MC Andinho**: "Você não acreditou / Você sequer notou / Disse que eu era muito nova pra você / Mas agora que cresci você quer me namorar / (...) Baba, baby / Baby, baba." Quem incentivou muito sua carreira foi **Latino**, com quem teve um romance e até uma filha, mas logo que foi lançada, houve a separação. Para compensar o trauma, entre 2004 e 2005, o funkeiro viveu o maior hit de sua carreira, não mais um de seus *funky melodys*, e sim uma autêntica dance music, "Festa no apê", versão da romena "Dragostea din tei", da banda **O-Zone.**[36] Depois de **Wanessa** e **Kelly**, em 2002, a carioca radicada em Sampa **Luiza Possi**, filha de **Zizi** e do produtor **Líber Gadelha,** inicia sua jornada numa pegada igualmente bebendo na fonte do pop e r&b, outra de estilo e empostação vocal bastante alinhados à música americana.

Também houve intérpretes pop especialistas em *covers* internacionais, como o mineiro **Emmerson Nogueira** e a carioca **Danni Carlos** (esta também apareceu com a balada "Coisas que eu sei", seu maior sucesso em 2007) e outros de hits pontuais, como a gaúcha **Luka** (a pop dançante "Tô nem aí", seis semanas em 1º lugar em 2003), os conterrâneos do **Papas da Língua** (a balada folk "Eu sei"), a curitibana, também atriz, **Marjorie Estiano** (a balada "Você sempre será", que chegou ao topo em 2005) e o azarão **P.O. Box**, banda de Goiânia, com uma estética eletrônica diferente ("Papo de jacaré", em 2000).[37] Em paralelo, em gêneros totalmente distintos, na São Paulo de 2003 se tornam populares o projeto **OTM — O Teatro Mágico**, englobando elementos de circo, teatro, poesia, literatura e música pop —, e sete anos depois a banda pop instrumental **Bixiga 70**, conjugando *afrobeat* com pitadas de jazz latino num *groove* bem dançante.

Na década de 2010, o rock foi definitivamente empurrado para a cena alternativa, como as bandas **Scalene**, de Brasília, a capixaba **Supercombo**, a baiana **Maglore**, a sergipana **The Baggios** e ainda a potiguar **Far From Alaska**, cujas letras têm o predomínio do inglês. Um pouco mais de visibilidade, graças à sua exposição no show de talentos *Superstar* da TV Globo, tiveram a banda paulista **Malta** e a carioca **Suricato**, cujo vocalista **Rodrigo Suricato** acabou migrando para o **Barão Vermelho** no lugar de **Frejat** em 2017, quando os rapazes voltaram à ativa após uma pausa.

Dos veteranos formados nos anos 90, **O Rappa** se dissolveu em 2018 e o **Skank** chegou a anunciar uma turnê de despedida para 2020, mas voltou atrás e obteve êxito razoável nesta última década de 2010 com as pop românticas "Algo parecido" e "Simplesmente", esta com a participação da conterrânea **Roberta Campos**, artista de "pop MPB" que chegou a emplacar a autoral "De janeiro a janeiro" em duo com **Nando Reis** e alguns sucessos em novelas como "Minha felicidade", dela com Danilo Oliveira, tema de abertura de *Sol nascente* (2016), da Globo. O citado **Nando** continuava em evidência, emplacando a faixa "N" com o duo **Anavitória**, em 2018. O **Jota Quest**, por sua vez, continuou com seu pop radiofônico, com nova versão acústica de "Dias melhores", em 2017, e "A voz do coração", com reforços do rapper **Rael**, em 2020.[38]

Em meio ao novo pop brasileiro, das poucas a conseguir furar o bloqueio "sertanejo"/"funk" e congêneres foi a cantora carioca **Iza**, navegando entre pop, r&b, reggae, soul e outras levadas, destacando-se também como um símbolo da nova juventude negra. Formada em publicidade e propaganda, ela trabalhava como editora de vídeo e cantava músicas de outros artistas em seu canal do YouTube quando foi descoberta pela gravadora Warner Music. Daí, no fim de 2017, emplacou em dueto com **Marcelo Falcão d'O Rappa** o single "Pesadão", com imenso sucesso, depois o r&b

"Dona de mim" em 2018, seguido pelo reggae pop "Brisa" e um novo r&b, "Meu talismã", de estilo vocal bem norte-americano, influenciado por **Beyoncé**, com direito a muitos videoclipes hipersensuais/sexuais, que marcariam toda essa geração de cantoras pop e também da turma gay e trans que começava a criar um nicho musical próprio.

A geração LGBTQI+ arromba o armário

No início dos anos 2010, os artistas da cena pop independente passaram a produzir clipes mais bem acabados, pois as câmeras com visual de cinema começaram a se popularizar, deixando o Myspace com cheiro de mofo. É a época em que começam também a ganhar cada vez mais corpo os "memes" de internet. Abre-se então um novo mercado para a música pop brasileira. Soma-se isso ao fato de que, desde meados da década anterior, uma série de cantoras pop ganhou status de diva, especialmente junto ao público gay — em termos visuais, de atitude e engajamento: **Shakira, Jennifer Lopez**, **Lady Gaga**, **Rihanna**, **Kate Perry** e a mais popular de todas, **Beyoncé**. Todas vão influenciar uma produção mundial audiovisual que no Brasil começou a dar frutos já em 2011, tanto na cena alternativa quanto na dominante.

Formada em Goiânia, a **Banda Uó**, que trazia uma mulher trans entre seus integrantes, começou como uma festa. Logo partiram para os estúdios e a faixa "Shake de amor (Whip my hair)", num misto de hardcore e tecnobrega paraense, acabou vencendo o MTV Video Music Brasil 2011, brincando com o romance do roqueiro **Mick Jagger** com a apresentadora Luciana Gimenez: "Não deixe nada te abalar / Você vai ver que vai vingar / Pode crer, vai conseguir (yeah) / Tirar tudo desse rockstar / Vou me vingar de você." Depois seguiram com "Faz uó" e, incorporando outros elementos ao seu pop, emplacavam "Búzios do coração". Nesse meio-tempo, foi a Rainha do Bumbum **Gretchen** quem voltava à mídia como celebridade e ainda estouraria no circuito das boates gays o hit electro pop "I'm cool", em dueto com o DJ/produtor **Rody**, então na **Banda 1e99**, que a resgata.[39] Eles e a **Banda Uó** foram precursores de um movimento forte que arrombaria a porta e os "armários" de uma vez por todas em nossa música.

Alinhados à bandeira LGBTQI+, apareceram a partir de 2013 uma série de artistas que abocanharam este nicho de público. Com sua voz rascante, letras criativas e uma sonoridade unindo o pop internacional com o brega nordestino e os sopros do frevo de Recife, o pernambucano **Johnny Hooker** surgiu ao grande público a partir de sua participação no filme cult *Tatuagem*, de Hilton Lacerda, cantando "Volta". Dois anos depois, a igualmente cabareteira chique "Alma sebosa" caiu na boca da comunidade, popularizando o termo "sebosa", comum em Pernambuco, que substituía o antigo "cabra safado", "alguém do mal": "Acha que a sua indiferença vai acabar comigo / Eu sobrevivo, eu sobrevivo / Você não presta / Ninguém é seu amigo / A solidão vai ser o seu castigo."

Sempre ilustrados com belos e ousados videoclipes, visto que o cinema e as divas antigas de Hollywood, como Elizabeth Taylor, estão entre as maiores referências do artista, seguiram-se outros hits deliciosamente vingativos, como "Você ainda pensa" ("em mim / quando você fode com ele"), "Vou fazer uma macumba pra te amarrar, maldito", "Escolheu a pessoa errada para humilhar", a suplicante "Amor marginal" e a catártica "Flutua", todas autorais. Esta última, em 2017, com participação da paulista **Liniker** — cantora negra trans, que apareceu dois anos antes, aos 20 anos, via internet, com o hit autoral "Zero" ao lado de sua banda de então **Os Caramelows** — resumia os anseios dessa geração exausta de armários: "Baby, eu já cansei de me esconder / Entre olhares, sussurros com você / Somos dois homens e nada mais / Eles não vão vencer / Baby, nada há de ser em vão / Antes dessa noite acabar / Dance comigo a nossa canção / E flutua, flutua / Ninguém vai poder querer nos dizer como amar."

Também pela "rede", no mesmo ano e com a mesma idade de **Liniker**, apareceu outro fenômeno, este impressionante: a drag queen maranhense **Pabllo Vittar**. Com sorriso cativante, voz estridente, figurinos exóticos e discurso articulado, era a primeira vez no mundo que uma drag chegava ao *mainstream* com tanto sucesso e tão rapidamente, na esteira estética exitosa do *reality show Ru Paul's Drag Race*, da TV americana. **Pabllo** começou a ser notada no fim de 2015, com o clipe de "Open bar", uma versão do superhit "Lean on", de **Major Lazer & DJ Snake**, com a cantora **MØ**. Depois, integrou a banda do programa *Amor e Sexo*, da TV Globo, até estourar em 2017 com o álbum *Vai passar mal*, cujo título vem do *single* "Corpo sensual", um dos três que ganhou o país, juntamente com "K.O." e "Todo dia" ("Eu não preciso esperar o carnaval pra ser vadia / Sou todo dia"). Esta última, um pop dançante de autoria de **Rico Dalasam**, que fez história no rap paulista a partir de 2014, sendo pioneiro num gênero até então totalmente heteronormativo, seguido dois anos depois pela travesti **Linn da Quebrada** (num misto de "funk" e hip-hop, com hits como "Eviadescer" e "Bixa preta")[40] e, em 2018, pelo quinteto de rap **Quebrada Queer**. Devido a uma disputa judicial do rapper por melhor remuneração, entretanto, "Todo dia", pouco depois do estouro, foi retirada de circulação nas plataformas de *streaming*.

Ainda de São Paulo, veio o duo trans **As Bahias e a Cozinha Mineira**, que fez hits na web, como a autofirmativa "Absolutas", a três vozes com a colega **Linn**, e "Um doido caso", cuja carreira durou até 2021, e a drag **Gloria Groove**, que começou menino, numa nova formação da **Turma do Balão Mágico**, e ficou famosa (já no feminino) com o hit "Bumbum de ouro" em 2018. Sua fama foi crescendo e novos hits apareceram, como "Coisa boa" e "Deve ser horrível dormir sem mim" (com a ex-cantora *teen* e atriz de sucesso **Manu Gavassi**, também paulista). Em 2022, vieram "Bonekinha" e o maior de todos, "A queda", este acompanhado por um clipe superproduzido. Por fim, **Filipe Catto**, que atuava com sua "MPB" pop eclética desde 2009, talvez tenha sido o primeiro artista brasileiro a mudar de gênero depois de consagrado, passou a ser designada a partir dos anos 2020 como artista trans não binária.

Completam a lista o DJ/produtor e cantor paraense **Jaloo** e alguns artistas cujos timbres vocais merecem uma atenção à parte: o cantor pernambucano **Almério**, destacando o álbum *Desempena* (2017), e o coletivo **Não Recomendados**, formado pelo carioca **Caio Prado**, **Daniel Chaudon**, de Brasília, e pelo paulista **Diego Moraes**. Revelados em programas de calouros como *Fama* e *The Voice*, os três viram sua canção-emblema, "Não recomendado", de autoria de **Caio**, tornar-se um hino da comunidade entre 2017 e 18, cantado em shows de vários artistas, e no ano seguinte gravado por **Elza Soares**. Todos vinham a atender a demanda de jovens fora do padrão dominante que se sentiam finalmente representados em nossa música. A geração LGBTQI+.

Mas dessa turma quem chegou mais longe — literalmente — foi mesmo **Pabllo Vittar**, levando seu som que mistura pagodão baiano e "brega-funk" à Europa, América Latina e Estados Unidos, chegando a cantar em gay prides de Los Angeles, Nova York e San Francisco em 2019, citada até mesmo pela revista *Time*. Na virada da década de 2020, já era a drag mais popular do mundo nas redes sociais. Em 2021, nem mesmo a pandemia do coronavírus, que desde março do ano anterior engessou bastante o mercado artístico, proibindo aglomerações e logicamente shows presenciais, foi capaz de diminuir seu poder de fogo. No álbum *Batidão tropical*, flertava ainda mais com ritmos brasileiros, do tecnobrega ao forró eletrônico, incluindo a engraçadíssima "Ama sofre chora",[41] cujo refrão era de um deboche irresistível: "Piranha também ama / Piranha também chora / Piranha também sofre se você for embora." Como se não bastasse, foi convidada por **Lady Gaga** a participar de seu álbum de remixes *Dawn of Chromatica*, na faixa "Fun tonight", cunhada pela equipe de produtores que trabalha com a drag — seu empresário e incentivador **Rodrigo Gorky**, mais **Pablo Bispo, Zebu, Maffalda** e **Arthur Marques**, transformando uma balada de *house music* num forró eletrônico estilizado com direito a sanfona e sax.

Os novos e os eternos sons do Pará

Com uma estética igualmente particular, fora dos padrões, o caldeirão musical do Pará finalmente ganhava terreno no "Sul Maravilha" entre 2006 e 2011, graças ao projeto/festival *Terruá Pará*, da Secretaria de Cultura do Pará, um show com seus artistas mais representativos dos vários estilos musicais de lá, fossem de "MPB" (os "cantautores" **Nilson Chaves, Paulo André Barata** — filho do poeta **Ruy Barata** —, mais **Lucinha Bastos**, o violonista virtuose e compositor **Sebastião Tapajós**), carimbó (**Pinduca, Dona Onete**), guitarradas (**Mestre Vieira, Manoel Cordeiro** e o filho **Felipe Cordeiro**) ou música eletrônica local, o referido tecnobrega. Esta última era uma vertente acelerada do "brega" (com as variações tecnomelody, mais lenta, e eletromelody, com sintetizadores), que desde o início dos anos 2000 formava uma cadeia produtiva de músicos, DJs, produtores, camelôs e aparelhagens (enormes equipes de som, reunindo cerca de 10 mil pessoas em bailes semanalmente, como se fossem *raves* populares). Neste show, o gênero foi representado pela **Gang do Eletro** (do ex-radialista e DJ **Waldo Squash**, um dos mentores do gênero e da vocalista **Keila Gentil**, que, anos depois, em 2018, iniciaria carreira solo), e pela cantora **Gaby Amarantos**, famosa pelos figurinos e visual extravagantes num corpo também fora dos padrões, que além de atuar em Belém entre 2002 e 2009 na banda **Tecno Show**, uma das precursoras do tecnobrega, foi a primeira a abrir as portas desse estilo musical no Sudeste, frequentando o circuito cult paulistano.

Após essa série de apresentações, vários dos citados ganharam fama. Para começar, a "jovem veterana" **Dona Onete**, uma professora de história que após se aposentar aos 62 anos iniciou uma carreira de cantora e compositora, gravando o primeiro CD, *Feitiço Caboclo* (2012), aos 73, obtendo êxito com pérolas safadinhas, como a autoral "Jamburana". Também ficaram mais conhecidos **Felipe Cordeiro**, cantor e guitarrista, filho do grande produtor de lambadas e guitarreiro **Manoel Cordeiro**, redescoberto a partir de então; a própria **Gang do Eletro** (com o hit "Galera da Laje") e principalmente **Gaby Amarantos**, que entre 2011 e 2012 estourou as divertidas "Xirley", "Ex mai Love" (tema de abertura da novela *Cheias de charme*) e "Ela tá beba doida",[42] e depois, em paralelo à música, se tornou badalada celebridade e apresentadora de TV.

Antes dessa turma mais cult, os paraenses que de fato aconteceram no país foram a cantora **Joelma** e o guitarrista e produtor **Chimbinha**, o casal que formava a **Banda Calypso**, com um som "brega" pop que misturava ritmos caribenhos. De 1999 até sua dissolução, após uma conturbada separação em 2015, foi um impressionante estouro comercial, possivelmente o maior fenômeno da música independente brasileira, com canções como "A lua me traiu", "Pra te esquecer" e "Dançando calypso", do refrão "Cavalo manco, agora eu vou te ensinar / Isso e muito mais você só vai encontrar / Em Belém do Pará". Tomaram uma proporção de mega-artistas, com shows que eram superproduções, bem antes de chegarem à grande mídia.

Colaborou para seu sucesso a facilidade de se gravar e piratear CDs e DVDs, que eram vendidos aos montes em camelôs de todos os centros populares do país. Seu apelo era bem semelhante ao dos grupos de forró eletrônico, porém seu êxito foi nacional.

O ritmo logo se alastrou, sendo responsável pela criação de bandas concorrentes com êxito mais restrito às regiões Norte e Nordeste, como a **Companhia do Calypso** ("Tic tic bum", "Milk Shake"), além do conterrâneo **Wanderley Andrade**, do sucesso "A conquista". E no universo tecnobrega, a **Banda Djavú** fez fama por toda essa região, com canções como "Não desligue o telefone".[43] Também se destacaram nesse nicho com sucesso local **Nelsinho Rodrigues** ("Me libera", "Caprichos", "Nossa canção"), **Kim Marques** ("Beija-flor") e ainda **Valéria Paiva, Neco Patifão, Manu Batidão e Viviane Batidão.**

Mas, para além da lambada, do "brega" e do tecnobrega, o Pará também consagrou internamente artistas de gêneros os mais diversos. Desde os tempos de **Waldemar Henrique**, que dos anos 20 aos 60 compôs lindos clássicos conhecidos de Norte a Sul do país, como "Uirapuru", "Tamba-tajá", "Foi boto, Sinhá", "Trem de Alagoas" (com Ascenso Ferreira), "Cobra grande" e "Boi bumbá", até a fase dos anos 70 e 80, com as guitarradas (de **Mestre Vieira, Aldo Sena, Oséas**...), lambadas e "brega" (**Alípio Martins, Carlos Santos, Beto Barbosa** e muitos outros descritos no capítulos 2 e 3), bolerão "brega" (**Osvaldo Oliveira**, do hit "Só castigo") e pop rock (como o veterano **Mestre Laurentino**, do hit "Loirinha americana", e as bandas já extintas **Mosaico de Ravena**, de "Belém, Pará, Brasil", e **Álibi de Orfeu**, além de **Sônia Nascimento** e ainda **Eloi Iglesias**, de "Pecados de Adão", até hoje um grande agitador LGBTQI+, promovendo, desde 1978, a Festa da Chiquita, simbolizando o lado profano do Círio de Nazaré, na mesma época da procissão).

A diversidade não para por aí. Há artistas paraenses de samba (**Arthur Espíndola, Mariza Black**), jazz (**Zarabatana Jazz Band**), música dançante em geral e "MPB" (**Mahrco Monteiro**, o guitarrista e produtor **Pio Lobato**), rap (**Pelé do Manifesto, Bruno BO**) e axé estilizado (**Banda Nova, Banda Alternativa, Fruta Quente** e **Banda Warilou**). Sobre este último gênero cabe uma explicação. Durante o estouro da axé-music nos anos 1990, vários grupos pop reciclaram o repertório de carimbós de **Pinduca** e congêneres numa espécie de axé paraense, obtendo grande popularidade.

Na "MPB" paraense propriamente dita, destaca-se o cantor **Walter Bandeira**, falecido em 2009, do hit "Curtição", e "cantautores ", como os já referidos **Paulo André Barata** (que teve suas parcerias com o pai, **Ruy Barata**, imortalizadas por **Fafá de Belém**, a grande embaixatriz da cultura paraense no resto do país por várias décadas, como "Foi assim", "Pauapixuna", "Este rio é minha rua" e "Indauê tupã"), e **Nilson Chaves**, que tem uma série de músicas conhecidas no estado, como "Sabor açaí" (com João Gomes), "Destino Marajoara", "Da minha terra" (com Jamil Damous), "Olho de boto" (com Cristóvam Araújo) e ainda "Flor do destino" (com **Vital Lima**, outro "cantautor" relevante de lá, autor de "Leopardo", celebrizada nos anos 80 pela carioca **Marisa Gata Mansa**). **Fafá** também foi a primeira a gravar um dos hinos informais do estado, "Bom dia, Belém", de **Edyr Proença** com a poeta **Adalcinda Camarão**.

Maria Lídia também é uma "cantautora" importante paraense, que celebrizou canções como "Merengue latino", de **Ronaldo Silva** — este também cantor, um dos criadores do **Arraial do Pavulagem**, que assim como o **Arraial do Labioso** se apresentam em forma de show ou cortejo, executando os ritmos tradicionais do Pará de forma estilizada, como toadas de boi, carimbó e retumbão, além do marabaixo (do Amapá).[44] São muito populares na época dos festejos juninos, quando chegam a reunir 3 mil pessoas na Praça da República, em Belém, e em outubro, aos sábados, durante o Círio de Nazaré, quando promovem "arrastões" gigantes, além de fomentar um trabalho na criação de novos músicos. Em paralelo, também há grupos folclóricos de boi bumbá de várias regiões do estado que se apresentam em eventos pontuais. A propósito, no mesmo sentido de manter as tradições, vários estilos de carimbó tradicional vem sendo revalorizados em regiões específicas do Pará.

É sabido que no fim dos anos 1970 **Pinduca** "modernizou" o carimbó, incluindo instrumentos elétricos, como guitarra e bateria, em sua execução, popularizando-o desse modo estilizado, com sucessos como "Sinhá Pureza" e "Dança do carimbó" — que acabaram influenciando outros gêneros futuros, como a lambada e o próprio tecnobrega. O impulso definitivo foi dado quando a carioca **Eliana Pittman** gravou alguns medleys, na maioria de canções do compositor, em seus discos que chamava de "misturas". Para muitos, entretanto, o que foi vendido ao resto do Brasil era, na verdade, o "sirimbó", uma invenção de **Pinduca** baseada na mistura de "siriá" (dançado na zona canavieira de Cametá, Abaetetuba, Igarapé-Mirim etc., difundido por **Mestre Cupijó**) com o próprio carimbó.[45]

O chamado "carimbó pau e corda" ou "carimbó raiz" — divulgado pelos legendários **Mestre Verequete, Mestre Cupijó, Mestre Lucindo,** entre outros — vem sendo, de uns tempos para cá, revalorizado em suas regiões de origem, pois trata-se de uma cultura que transcende o aspecto puramente musical e vem de muito longe. O nascimento do ritmo se confunde com o do tambor que lhe originou. Vem de uma palavra indígena do tupi, "korimbó", onde "kori" significa "pau oco", e "m'bó", "furado", ou seja, "pau oco escavado que produz o som", numa referência ao curimbó, um tambor típico dessa região, de origem tupinambá, usado no carimbó (dança de caboclo) e em suas danças variantes, como o gambá, peru-do-atalaia, macaco, onça, jacaré etc., todas indígenas, geralmente de roda,[46] imitando, inclusive, o movimento de animais. Aos poucos, os batuques e as danças converteram-se em um gênero musical e, mais que isso, numa manifestação cultural múltipla, de grande importância para a identidade de seus praticantes como cidadãos.

Assim como no bumba meu boi maranhense, existem dentro dessa corrente mais tradicional diversos "sotaques", estilos de carimbó, variando de acordo com 1) a região — mais rural e pastoril ou praiana/praieira —, que por sua vez influem diretamente na temática das músicas compostas; 2) os diferentes instrumentos agregados aos curimbós; e 3) a própria cadência em que os tambores são tocados. O praiano ou praieiro é tocado no nordeste do Pará, em áreas de litoral, de pescadores; o rural ou pastoril, no interior, por mestres e grupos que outrora trabalhavam na lavoura; e os de santo, louvando santos como São Benedito, sem instrumentos de cordas (diferentes de outros que marcam o ritmo também no banjo), praticado pelo grupo **Os Quentes da Madrugada**, em Santarém Novo. Há ainda outros que mesclam elementos do praiano e do pastoril, como o Carimbó Marajoara, na Ilha de Marajó.

Já na seara do "carimbó moderno", além do estilizado por **Pinduca**, que para muitos é o "sirimbó", há o carimbó urbano difundido por uma série de grupos — alguns até fazendo tambores de tubos de PVC — e também pela própria **Dona Onete**, num subgênero que ela mesma batizou de "carimbó chamegado". Se nas letras traz uma certa transgressão, abordando temas da realidade urbana da cidade, na forma de tocar e nos instrumentos utilizados, a batida é bem mais rústica. Após uma longa campanha fomentada por seus cultores, o IPHAN tornou o carimbó patrimônio cultural imaterial do Brasil em 2014.

Os veteranos resistentes — da "MPB", do pop, do samba e da velha guarda em geral

De volta aos artistas que se celebrizaram em nível nacional, ao contrário de outras épocas em que muitas vezes ao completar 40, 50 anos já eram considerados "velha guarda", aposentados compulsoriamente pela indústria do disco e/ou pela grande mídia, tal cenário mudou sensivelmente. Assim como a veteraníssima **Elza Soares**, quem também foi redescoberta pela juventude antenada das grandes capitais foram suas discípulas **Baby Consuelo** (que virou **Baby do Brasil** em 1995) e **Gal Costa**. Esta última, aos 66, após mais de uma década sem grandes novidades, ressurgia no experimental *Recanto* (2011), só com canções inéditas (ou quase) do amigo **Caetano Veloso**, cantadas sob bases eletrônicas, como a corrosiva "Neguinho": "Se o nego acha que é difícil, fácil, tocar bem esse país / Só pensa em se dar bem neguinho também se acha / Neguinho compra três TVs de plasma, um carro com GPS e acha que é feliz / Neguinho também só quer saber de filme em shopping (...) Neguinho quer justiça e harmonia para se possível todo mundo / Mas a neurose de neguinho vem e estraga tudo / Nego abre banco, igreja, sauna, escola / Nego abre os braços e a voz / Talvez seja sua vez: Neguinho que eu falo é nós." Com este álbum produzido por ele e seu filho (e afilhado da cantora) **Moreno Veloso**, ela retomou seu trono na "MPB" e nos álbuns seguintes, manteve o apelo junto ao público jovem, passando a prestigiar também novos compositores, chegando a gravar no álbum *A pele do futuro* (2018) uma canção, "Cuidando de longe",[47] com a grande estrela "sertaneja" da vez, **Marília Mendonça**.

Vendo o tremendo êxito de **Gal**, o guitarrista **Pedro Baby**, filho de **Baby** e **Pepeu**, que foi um dos grandes destaques de sua banda no show *Recanto*, decidiu resgatar sua mãe, **Baby do Brasil**, que igualmente voltou com força à mídia, após um longo período de ostracismo, no qual se tornou evangélica (em 2000), fundou uma igreja e virou, como ela mesma diz, "popstora", sem abrir mão da irreverência, cabelos coloridos e figurinos exóticos. Depois de dois discos gospel, no espetáculo dirigido por ele, voltou a cantar seus hits "mundanos" com a mesma voz e energia de sempre, imortalizados no CD/DVD *Baby sucessos — A menina ainda dança*, de 2015, às vezes trocando uma palavra ou outra "incômoda" nas letras das suas músicas, devido à sua nova concepção religiosa. O "dragão tatuado no braço" de seu hit "Menino do Rio", virou uma *tattoo* de "Jesus Christ". Aliás, o "Rei" **Roberto Carlos** foi outro que alterou muitos versos de suas velhas canções, só que devido à doença do "TOC". "O bem e o mal" de "É preciso saber viver", por exemplo, virou "o bem e o bem" e "Quero que vá tudo pro inferno" ficou duas décadas fora de seu repertório devido à palavra "inferno".

Baby voltou a se apresentar também com seu antigo grupo, os **Novos Baianos**, gravando o DVD *Acabou chorare — Novos Baianos se encontram* (2017). Por falar nisso, **Moraes Moreira**, além de marcar presença no mesmo projeto, sempre esteve envolvido com música, poesia, cordéis numa produção constante. Seu penúltimo trabalho foi o CD *Nossa parceria* (2015), gravado com o filho (e mestre da guitarra pop) **Davi Moraes.** Nos deixou, repentinamente, em abril de 2020, após sofrer um infarto em sua casa. Em 2022, foi a vez de **Baby** retomar a parceria com o ex-marido **Pepeu Gomes**, saindo em turnê.

Caetano Veloso, por sua vez, deixou de lado os projetos de linhagem instrumental sofisticada com **Jaques Morelenbaum**, montou um trio de garagem e gravou o álbum pop *Cê* (2006), com a sonoridade regida pela guitarra de **Pedro Sá**, seguido de mais dois álbuns na mesma estética, de modo a chegar num público mais jovem — e conseguiu. Em paralelo, gravou CDs com artistas de vanguarda (**Jorge Mautner**), clássicos (**Roberto Carlos**), da nova cena indie (**Maria Gadú**), do axé (**Ivete Sangalo** — este a três vozes com **Gilberto Gil**, com quem dividiu ainda um CD comemorativo dos 50 anos de carreira dos dois), e outro com os três filhos músicos, **Moreno, Tom** e **Zeca** (*Ofertório*, em 2018).

Iniciou sua sexta década de carreira lançando um novo álbum de inéditas em 2021, *Meu coco*, cujo primeiro single, "Anjos tronchos", mostrava que ainda era um dos maiores poetas da música de seu tempo: "Uns anjos tronchos do Vale do Silício / Desses que vivem no escuro em plena luz / Disseram: vai ser virtuoso no vício / Das telas dos azuis mais do que azuis // Agora a minha história é um denso algoritmo / Que vende venda a vendedores reais / Neurônios meus ganharam novo outro ritmo / E mais e mais e mais e mais e mais." Ainda deu um recado certeiro ao presidente retrógrado e negacionista de então em "Não vou deixar": "Não vou deixar você esculachar / Com a nossa história / É muito amor, é muita luta, é muito gozo / É muita dor e muita glória."

Caetano seguiu sendo possivelmente nosso artista de música popular conceitual mais influente — independente de sucesso radiofônico. Isto se deu devido à coerência com seus ideais tropicalistas, sem preconceitos musicais nem se fechando numa bolha, sempre curioso e atento a todas as novidades, ano a ano, como um Andy Warhol tupiniquim, centrifugando todos os tipos de referências nacionais e planetárias de cada época (e de cada novo intérprete e estilo musical) em sua obra. Por isso passou décadas chamado a gravar (e aceitando) com todo estilo de artista e a opinar sobre tudo que é assunto pela imprensa, seguindo seu próprio pensamento e rechaçando discursos padronizados, podendo às vezes até contradizer-se, mas sempre com algo original a dizer, papel que seu contemporâneo **Chico Buarque** fez questão de declinar desde o final dos anos 80, quando passou a dedicar-se mais à literatura, vindo a público pontualmente, engajando-se somente em questões de grande relevância nacional. Porém, quando se dispôs a fazer shows, ao contrário da maioria dos artistas de "MPB" que nessa altura só faziam um ou dois por vez em grandes casas de espetáculos, em cada cidade precisava ficar alguns meses em cartaz, como aconteceu no eixo Rio-São Paulo em 2006/07, 2012 e 2018.

Especialmente no aclamado CD *Caravanas* (2017), **Chico** mostrou que quem era rei não perdia a majestade. A faixa-título reafirmava a preocupação social do compositor, presente desde a sua estreia, desta vez versando sobre os jovens negros cariocas que vinham das regiões pobres em ônibus lotados para as praias da zona sul, nos dias de verão, sob os olhares apavorados dos moradores da região: "'Tem que bater, tem que matar' / Engrossa a gritaria / Filha do medo / A raiva é mãe da covardia."

Nos álbuns anteriores, as faixas que mais sobressaíram inauguravam sua parceria com um colega de geração: **Ivan Lins**, seja a romântica "Renata Maria", presente no álbum *Carioca* (2006) — lançada um ano antes por **Leila Pinheiro** em dueto com o próprio **Chico** —, ou o samba "Sou eu", gravado em primeira mão por **Diogo Nogueira** em 2009 e regravada pelo compositor no CD *Chico* (2011). Outro destaque deste mesmo trabalho foi "Sinhá", cunhada a quatro mãos com **João Bosco**, que evocava nosso passado escravocrata: "Por que talhar meu corpo / Eu não olhei, Sinhá / Para que que vosmincê / Meus olhos vai furar? / Eu choro em iorubá / Mas oro por Jesus / Para que que vassuncê / Me tira a luz?"

Ainda que sem alcançar o sucesso merecido na grande mídia, alguns álbuns dos nossos ícones da "MPB" e do pop merecem ser destacados, pois, se não fosse a perversa massificação do mercado, muitos deles poderiam ter estourado, até para além de seus nichos de público. Em 2000, **Angela Ro Ro** deu a volta por cima no vício do alcoolismo e outros excessos, emagreceu 60 quilos e gravou o CD *Acertei no milênio*, com pérolas autorais até em ritmo de samba, como "Fila de ex-mulher" (com seu tecladista **Ricardo Mac Cord**). No ano seguinte, **Cássia Eller** participava da faixa-título (autoral) do álbum *Milagreiro*, de **Djavan**, com ares flamencos, naquela que seria sua derradeira gravação. Em 2002, **Fafá de Belém** cantou o melhor da "MPB" paraense no quase desconhecido *O canto das águas*, e na década seguinte ainda reprocessaria o "brega" do Norte-Nordeste com a sonoridade da guitarrada do seu estado natal no álbum *Do tamanho certo para o meu sorriso* (2015), produzida pelos seus conterrâneos e mestres da guitarrada **Manoel Cordeiro** e seu filho **Felipe Cordeiro**.

Sua conterrânea **Leila Pinheiro** veio com o eclético *Nos horizontes do mundo* (2005), recheado, inclusive, de diversas canções inéditas de astros e estrelas da "MPB", como a já referida parceria de **Ivan Lins** e **Chico Buarque** ("Renata Maria"), mas também de **Marcos Valle** e **Jorge Vercillo** ("Pela ciclovia"), do violonista **Cézar Mendes** e **Caetano Veloso** ("Tiranizar") e outra com seu velho amigo **Renato Russo**, que, aliás, já havia assinado o texto da contracapa de seu segundo LP, *Alma*, de 87 ("Hoje"). A cereja do bolo, contudo, era uma toada de **Fátima Guedes**, "A vida que a gente leva": "Eu te dou um forte abraço / Eu canto / Eu digo um agrado / Tudo pra ver teu sorriso / O teu sorriso é sagrado / E, às vezes, apenas isto / É luz que dissipa a treva / A gente leva da vida, amor / A vida que a gente leva."

Descendo o mapa do Brasil e ancorando nas Minas Gerais e suas raízes barrocas, em 2003 **Milton Nascimento**, ao gravar o CD *Pietá*, abocanhou o Grammy Latino de melhor música brasileira, "Tristesse" (com **Telo Borges**), em duo com a estreante **Maria Rita**, que ele apresentava pela primeira vez ao grande público neste trabalho — um cartão de visita para o álbum de estreia homônimo da filha de sua velha amiga **Elis Regina**, que seria lançado dali a alguns meses e para o qual compôs o tema "A festa", inspirado em "La bamba" — na verdade apenas a letra, pois a música fora lançada de forma instrumental em seu LP *Miltons* (1988).

Em janeiro de 2004, **Ruy Faria**, a eterna voz de inconfundível falsete do **MPB-4**, se desligou do grupo após 40 anos de casamento, por desentendimentos incontornáveis. Em seu lugar entrou **Dalmo Medeiros**. Em 2012, mais uma baixa. Com o falecimento de **Magro Waghabi**, **Paulo Malaguti** assumiu seu posto. Tanto o conjunto quanto as colegas do **Quarteto em Cy** (em diversas formações) continuaram gravando pontualmente e se apresentando pelo país. Anos antes, os dois grupos vocais se uniram em dois CDs, *Bate-boca* (1997) e *Somos todos iguais* (1998), o primeiro dedicado às parcerias de **Tom Jobim** e **Chico Buarque**, e o segundo às canções de **Djavan** e **Ivan Lins**, repetindo a parceria iniciada no velho *Cobra de vidro* (1977) — cujo show, dirigido por **Túlio Feliciano**, marcou época.

Cantando em tons mais graves e suaves do que na época de seu estouro comercial, **Simone** fez um CD pop, *Seda pura* (2001), cuja faixa-título era uma pérola inédita de **Frejat & Cazuza**, escrita para ela. Depois fez outro só com músicas inéditas de **Ivan Lins**, *Baiana da gema* (2004), tendo certo sucesso com o samba "É festa" (com **Paulo Cesar Pinheiro**) e a canção feminista "Dandara" (com **Francisco Bosco**, filho de **João**): "Ela é livre e ser livre a faz brilhar / Ela filha da terra, céu e mar / Dandara." No álbum *Na veia* (2009), lançou um compositor paulista, **Paulo Padilha** (também professor, que teve belos e pouco conhecidos álbuns autorais no período), com o samba-rock "Love", tema da novela *Insensato coração*, da Globo, e ao menos uma das baladas mais expressivas de **Erasmo Carlos** neste novo século — "Migalhas": "Não adianta nem tentar / Maquiar antigas falhas / Se todo o amor / Que voce tem pra me oferecer / São migalhas..."

A Cigarra chegou a 2022 com o álbum *Da gente*, divulgando artistas na maioria da nova geração nordestina, como os pernambucanos **Isabela Moraes, Martins, PC Silva** e **Juliano Holanda**, que além de assinar a faixa de abertura, "Haja terapia", uma radiografia dos tempos neuróticos e sombrios que vivíamos, é "cantautor" e produtor deste e de vários álbuns de seus conterrâneos. A direção artística ficou a cargo de **Zélia Duncan**, com quem **Simone** já havia dividido o palco e o CD/DVD ao vivo *Amigo é casa* (2008). Sempre antenada às novidades da "MPB", no início do século ela própria, além de lançar o hit "Alma" (da imprevisível parceria de de **Pepeu Gomes** e **Arnaldo Antunes**), também foi se reinventando, gravando clássicos do samba (*Eu me transformo em outras*, 2004), participando de uma nova formação dos **Mutantes**, em 2006, no lugar de **Rita Lee**, e na década seguinte, prestando tributos a dois ícones da cena cult paulista — **Itamar Assumpção**, no CD *Tudo esclarecido*, e **Luiz Tatit**, no espetáculo *Totatiando*, em que exibia também seus atributos de atriz.

Outro nome revelado ao grande público nos anos 1990 que chegava aos anos 2000 com trabalhos em diversas frentes foi **Lenine**. Como diretor musical, atuou em teatro (*Cambaio*, de João e Adriana Falcão, com canções de **Edu Lobo** e **Chico Buarque**) e televisão (*Caramuru, a invenção do Brasil*, de Guel Arraes e Jorge Furtado), ambos em 2001, além de compor a trilha de dois espetáculos do Grupo Corpo, *Breu* (2007) e *Triz* (2013). Como produtor musical, assinou os CDs de **Chico César** (*De uns tempos pra cá*, 2005), **Maria Rita** (*Segundo*, 2005) e **Pedro Luís** (*Ponto enredo*, 2008). Entre seus próprios álbuns, *Falange canibal* (2002) destacou-se pelo maracatu estilizado "Lavadeira do rio" (com Bráulio Tavares) e fez o artista faturar o primeiro dos seis Grammy Latinos em duas décadas, o de Melhor Álbum Pop Contemporâneo. A façanha foi repetida com os dois álbuns posteriores — os CDs/DVDs ao vivo *Lenine in Cité* (2004), gravado em Paris, ampliando suas fronteiras, e *Acústico MTV* (2006), e na década seguinte com *Em trânsito* (2018), este na categoria Música Alternativa. Os outros foram de Melhor Canção Brasileira, pelas autorais "Ninguém faz ideia" (com Ivan Santos, 2004) e "Martelo bigorna" (2009). Em 2016, com foco na carreira internacional, registrou na Holanda *The bridge — Live at Bimhuis*, com a **Martin Fondse Orchestra.**

Já seu parceiro (**Paulinho**) **Moska**, a partir de 2006, teve por onze anos (e temporadas) o programa *Zoombido*, no Canal Brasil, em que entrevistava compositores sobre seus processos criativos. Pouco antes disso, a partir de 2003, começou a estreitar laços com *hermanos* da América Latina, quando gravou "A idade do céu (La edad del cielo)", sucesso do uruguaio **Jorge Drexler**, que a seguir participou de alguns de seus shows e depois o levou como convidado em diversas apresentações no Uruguai e na Argentina, onde conheceu e gravou com o portenho **Kevin Johansen**. Não tardou para que organizasse e dirigisse dois festivais de música, o Mercosul Musical (2008) e Soy Loco por Ti América (2011), e gravasse o álbum *Fito Paez & Moska: loucura total* (2015), com o famoso roqueiro argentino. Em 2022, iniciou uma turnê com a colega **Zélia Duncan,** *Um par ímpar.*

Quem também se abriu a novas tendências (e autores de peso) foi **Elba Ramalho** no CD *Qual o assunto que mais lhe interessa?* (2007), e continuou com farta agenda de shows, inclusive nas festas de São João nordestinas, apesar do "sertanejo pop" abocanhar cada vez mais esse mercado, gerando polêmica entre as partes. **Alceu Valença** foi outro que lotou shows e estreou como cineasta em 2016, com o filme *A luneta do tempo.* **Zé Ramalho** teve uma produção grande e eclética, incluindo uma série de tributos (a **Raul Seixas, Luiz Gonzaga, Bob Dylan, Jackson do Pandeiro, Beatles**) e um CD com **Fagner**, em 2014, que por sua vez se uniu em 2003 a **Zeca Baleiro** num álbum, que gerou um CD/DVD ao vivo, chegando espontaneamente a Disco de Ouro, sem jabaculê.

Incansável, **Zeca** gravou álbuns festejados, como *Líricas* (2000) e *Pet shop mundo cão* (2002), e também compôs para teatro, dança, cinema e o público infantil, escreveu livros e abriu um selo, Saravá Discos, produzindo ou divulgando artistas veteranos dos mais variados estilos, como **Odair José** (os cults *Praça Tiradentes* [2012] e *Dia 16* [2015]), **Vanusa** (*Vanusa Santos Flores*, seu derradeiro álbum, em 2016), o sambista maranhense **Antônio Vieira** (*O samba é bom*, 2003), o ator, comediante, artista plástico, compositor e cantor **Edy Star**, que lançou o surpreendente *Cabaré star*, em 2017, incluindo faixas em dueto com alguns pesos-pesados da "MPB", como **Caetano Veloso** e **Ney Matogrosso**) e, ainda de gente mais nova, como o violeiro mineiro **Chico Lobo** (*Caipira do mundo*, 2011) e o catarinense radicado em Maceió **Wado** (*O ano da serpente*, 2014).

Após um trabalho dedicado ao reggae (*Kaya n'gandaya*, 2001), a partir de 2003, **Gilberto Gil** acumulou a função de Ministro da Cultura do recém-empossado governo Lula, voltando a gravar inéditas no CD *Banda larga cordel* (2008), no qual teceu a crônica cotidiana do país e existencial do cidadão comum, tocando em temas os mais diversos, como a educação dos filhos em tempos de violência e liberdade de costumes ("Os pais"), o fim da vida ("Não tenho medo da morte") e o controle da vida alheia, em "Olho mágico": "Você pensa que tem olho / Que tem olho de olho mágico / Você quer me ver vivendo / Algo patético ou trágico / Você pensa que eu estou no Big Brother / Você pensa que eu seria um grande irmão / Você pensa que eu estou fora de moda / Porque ainda considero a solidão." Nesse mesmo ano, **Gil** demitia-se do MinC e voltava a se dedicar exclusivamente à música.

Gravou então o álbum intimista *Banda dois* (2009), só de voz e dois violões, com seu filho (e violonista) **Bem Gil** (que nessa época formaria a banda **Tono**); a seguir, um dedicado às canções juninas (*Fé na festa*, 2010), outro dedicado ao samba/bossa de inspiração em **João Gilberto** (*Gilbertos samba*, 2014) e ainda o comemorativo *Dois amigos — Um século de música* (2015) com o parceiro **Caetano Veloso**. Um doloroso afastamento se deu na sequência, por problemas de insuficiência renal. Recuperado, compôs "Quatro pedacinhos" para sua médica, responsável por uma biópsia em seu coração, que seria destaque em seu próximo álbum de inéditas, *Ok ok ok* (2018): "Ela mandou arrancar / Quatro pedacinhos do meu coração / Depois mandou examinar / Os quatro pedacinhos / Um para saber se eu sinto medo / Um para saber se eu sinto dor / Um para saber os meus segredos / Um para saber se eu sinto amor." E em novembro de 2021, uma surpresa: foi eleito para ocupar, com muita justiça, a cadeira de número 20 da Academia Brasileira de Letras.

Emendando uma turnê de sucesso na outra, **Ney Matogrosso** passou a só ir para o estúdio após a experiência nos palcos. Foi assim com o repertório tão masculino e sofrido de **Cartola**, em 2002, e também quando voltou à verve roqueira em *Inclassificáveis* (2006), incluindo temas de teor político, como a faixa-título, de **Arnaldo Antunes** ("Que preto branco índio o quê? / Aqui somos mestiços, mulatos / Cafuzos, pardos, mamelucos, sararás / Crilouros, guaranisseis e judárabes (...) Somos o que somos / Inclassificáveis"), seguido do belo *Beijo bandido* (2009), com clássicas canções de amor de várias épocas, e outras turnês vitoriosas, completando 80 anos em 2021 com a voz e performance intactas.

Sua colega transgressora de geração, **Maria Alcina**, após passar os anos 1990 esquecida, ressurge no mercado cult paulistano nas duas décadas seguintes com quatro álbuns surpreendentes, entre os quais *Agora* (2003), com a banda **Bojo**, um dos pioneiros da fusão entre "MPB" e música eletrônica; *Maria Alcina, confete e serpentina* (2009), pelo qual ganhou prêmios, como o da APCA, e o eclético *De normal bastam os outros* (2013), cuja cínica faixa-título também é de **Arnaldo Antunes**: "De normal bastam os outros / É preciso ter coragem / Venha a nós o vosso reino / Quem não pode se sacode/ Eu aceito só metade / E a família como vai?" Assim como **Ney**, ela se renovou cantando ao lado de inúmeros jovens artistas e em álbuns/projetos de todos os gêneros musicais imagináveis.

Adriana Calcanhotto alternou trabalhos autorais com o segmento infantil, sem infantilizá-los em três volumes de seu *Adriana Partimpim*, em 2004, 2009 e 2012, com bastante êxito, além de estreitar os laços com Portugal. E discorrendo sobre a morte estúpida de um menino de seis anos, filho de uma empregada doméstica cuja patroa negligente o deixou cair do sexto andar de um prédio em Recife, durante a epidemia do coronavírus em 2020, ela escreveu sua composição mais contundente em duas décadas, "Dois de junho", gravada por **Maria Bethânia** no ano seguinte: "No país negro e racista / No coração da América Latina / Na cidade do Recife / Terça-feira 2 de junho de dois mil e vinte / Vinte e nove graus Celsius / Céu claro / Sai pra trabalhar a empregada / Mesmo no meio da pandemia / E por isso ela leva pela mão / Miguel, cinco anos / Nome de anjo / Miguel Otávio / Primeiro e único / Trinta e cinco metros de voo / Do nono andar / Cinquenta e nove segundos antes de sua mãe voltar..."

Da geração anterior do nosso pop nacional, enquanto **Leo Jaime** passou a fazer mais sucesso como comentarista em programas de rádio e TV, **Lulu Santos** voltou aos holofotes a partir de 2012, também numa atividade extramusical, quando se tornou jurado do programa *The Voice Brasil*, da Globo, e também por um motivo pitoresco: seis anos depois, aos 65, fez seu *coming out*, assumindo um relacionamento homoafetivo com um jovem baiano de 26 anos que conheceu via Instagram, o que interferiu em sua música. Gravou na sequência o elogiado CD *Pra sempre* (2019), todo dedicado ao relacionamento dos dois. O colega de geração **Guilherme Arantes** também voltava a ser comentado, porém estritamente em relação à sua arte. No CD *Condição humana (Sobre o tempo)* (2013), mostrava-se novamente em grande forma, com seu pop romântico elegante.

Requinte era o que não faltava ao novo trabalho de **Fernanda Abreu**, após um jejum de 12 anos sem gravar inéditas. *Amor geral* (2016) foi um dos mais belos discos do pop nacional desse tempo, no qual ela expurgou rompimentos e perdas recentes, numa bela fusão de pop/disco/soul/funk carioca, que encerra com a faixa-título escrita em parceria com **Fausto Fawcett** e Pedro Bernardes, trazendo alguns dos mais belos versos pop dos últimos tempos: "Mas o que importa / É parar numa esquina e perceber / O gigantesco coração do planeta batendo / Ouçam / O coração do mundo batendo / Gigante coração / Gigante coração do amor / Geral."[48]

Ao mesmo tempo, os grandes mestres da "MPB" **Dori Caymmi, Francis Hime, Paulo Cesar Pinheiro** e **Nei Lopes** tiveram uma produção autoral e/ou discográfica intensa e muito pouco ouvida em relação às décadas passadas. Da mesma forma, **João Bosco**, que continuava compondo com o filho **Francisco** e retomava a memorável parceria com **Aldir Blanc** em 2009, interrompida em 2020 com a morte do poeta, vítima do Covid-19. E o irreverente **Jards Macalé** seguiu seu caminho cult, participando dos mais variados projetos, fossem autorais ou tributos a heróis da nossa música, como Kid Morengueira, o rei do samba de breque **Moreira da Silva** (em 2001). Sua criatividade culminou no álbum *Besta fera* (2019), elaborado com nomes da cena jovem experimental paulistana; no coletivo *Dobrando a carioca* (2016), com **Guinga, Moacyr Luz** e **Zé Renato** e em *Síntese do lance* (2021), gravado com o veteraníssimo **João Donato**, nessa altura com inacreditáveis 87 anos.

Donato e **Marcos Valle** foram dois que engrossaram substancialmente suas discografias neste período, inclusive para o mercado internacional, como veremos mais adiante. Eles se uniram a **Carlos Lyra** (que lançou o elogiado *Além da Bossa*, em 2019) e a **Roberto Menescal** (o rei das participações especiais nos projetos mais diversos, além de registrar, ele próprio, mais de uma dúzia de álbuns) para gravarem juntos o CD *Os Bossa Nova*, comemorativo dos 50 anos do movimento dos quais foram protagonistas, e dez anos depois o relançaram, comemorando os 60, com mais duas faixas bônus e alguns shows. **Emílio Santiago** teve igualmente uma produção intensa, já numa fase em que gravava o que queria sem fazer o jogo do mercado. De 2000 até sua morte precoce em 2013, por complicações de um AVC, foram sete álbuns com repertório de ponta, como *De um jeito diferente* (2007). Já **Nana Caymmi** aposentou-se dos palcos em 2012, saindo de casa apenas para gravar álbuns pontuais com canções de seus autores favoritos, como **Tom Jobim, Vinicius de Moraes, Tito Madi** ou seu pai, **Dorival.**

A trinca célebre da eterna Jovem Guarda, porém, continuou na ativa. **Roberto Carlos**, depois de inédita ausência nas paradas e de mandar recolher das lojas sua biografia não autorizada, causando uma enorme confusão em 2007, chegava ao top 10 com o rock "Esse cara sou eu", em 2012, cujo refrão-título se parecia muito com um famoso jingle do refrigerante mais popular do país ("Coca-Cola é isso aí"), caindo na boca do povo, além de ter sua obra relida por estrelas da "MPB" e do pop (*Elas cantam Roberto*, 2009) e do "sertanejo" (*Emoções sertanejas*, 2010), afora o já comentado show com **Caetano Veloso** em homenagem a **Tom Jobim**, em 2008, nos 50 anos da bossa nova. Realizou inúmeros espetáculos em navios e gravou DVDs em Miami, todos em espanhol (*En vivo*, 2008), Las Vegas (2012) e Jerusalém (2015), além de continuar com seu infalível especial de fim de ano na TV Globo, todo mês de dezembro.

O Tremendão **Erasmo Carlos** lançou uma média de um álbum a cada dois anos e passou a compor sozinho ou com parceiros novos, como **Marisa Monte** e **Carlinhos Brown** ("Mais um na multidão"). Ainda publicou suas memórias, *Minha fama de mau*, que gerou nos cinemas uma cinebiografia, com o ator Chay Suede em seu papel. E a Ternurinha **Wanderléa** voltou com um CD eclético, *Nova estação* (2008), premiado pela APCA, e virou estrela numa peça de teatro sobre a década que a consagrou (*Musical 60 — Década de arromba*, dirigida por Frederico Reder), que rodou o país entre 2016 e 18, e também lançou suas memórias em livro, *Foi assim*.

Desse time quem não teve a mesma sorte foi **Vanusa**. Após uma carreira de imensa popularidade de 1967 até os anos 80, incluindo algumas de nossas pioneiras canções feministas escritas por mulheres, como o sucesso "Mudanças", dela com música de **Sérgio Sá** (79) e outras abraçando o público LGBTQI+, como o hino gay "I will survive" em versão de **Paulo Coelho** ("Eu sobrevivo", em 81), seus discos rarearam, mas ela ainda se fazia presente em programas populares de TV. Entretanto, o golpe de misericórdia veio em março de 2009. Convidada para cantar o Hino Nacional no Primeiro Encontro Estadual de Agentes Públicos na Assembleia Legislativa de São Paulo, ela se mostrava visivelmente dopada e não apenas errou a letra, como a entoava num andamento mais lento e só parou depois de alguns intermináveis minutos, porque o mestre de cerimônias decidiu interrompê-la. Algum espírito de porco descobriu as imagens e as postou cinco meses depois no YouTube. O vídeo rapidamente viralizou na internet e virou motivo de escárnio em todo o país. Com um processo depressivo, incluindo a dependência de álcool e tranquilizantes, mais um quadro (que ainda não se sabia) de princício de Alzheimer, a grande artista, cujo gênio forte e garra sempre foram marca registrada, cada vez se mostrava mais debilitada e esquecida das letras nos shows. Internou-se então numa clínica para se tratar. Ainda conseguiu voltar e fazer algumas apresentações e gravar um CD, convidada por **Zeca Baleiro** em 2015. Porém, cada vez mais instável emocionalmente, acabou novamente internada por dois anos e meio, nos deixando em novembro de 2020, aos 73.

Da turma dos "brega-românticos" dos anos 1960 e 70, **Agnaldo Timóteo** seguiu alternando a música com a política — da maior votação da história do Rio de Janeiro, com 503.455 votos, no PDT de Leonel Brizola, em 1982, logo após à redemocratização, a vereador em São Paulo pelo PMDB até 2012 —, sempre com seu estilo brigão, contraditório e polêmico de ser, que seria radiografado pelo diretor Nelson Hoineff no documentário *Eu, pecador* (2007). Gravou e lotou shows regularmente com seu vozeirão até sua morte, em 2021, vítima da Covid-19. Seu DVD comemorativo de meio século de carerreira, *50 anos na estrada asfaltada* (2015), por exemplo, foi o mais vendido da Coqueiro Verde Records, dirigida por Leo Esteves, filho de **Erasmo. Moacyr Franco** também seguiu cantando, compondo para os "sertanejos", sendo premiado como ator coadjuvante no filme *O palhaço*, de Selton Mello (2011), e até dando uma música para **Rita Lee**, "Tudo vira bosta", em 2003.

Mas de todos, o que teve o destino mais surpreendente foi mesmo **Odair José**. Manteve a aura transgressora, mas virou um roqueiro chique e cult na década de 2010, gravando CDs bem talhados, como *Hibernar na casa das moças ouvindo rádio* (2019), um comentário sobre a onda político-comportamental de retrocessos que invadiu o país na ocasião, após a eleição do presidente Jair Bolsonaro. Na sequência, também fizeram álbuns de alta voltagem política **Fafá de Belém** (*Humana*), **Chico César** (*O amor é um ato revolucionário*) e **Elza Soares** (*Planeta Fome*). Sempre teatral — dramática ou irreverente —, **Cida Moreira** também realizou diversos álbuns criativos e críticos da sociedade de seu tempo, como *Soledade* (2015) e *Um copo de veneno* (2021) — este baseado na série cult de TV homônima, veiculada no Canal Brasil.

Alguns poucos veteraníssimos da Era do Rádio seguiram relevantes, gravando e lotando shows, nos anos 2000/2010. **Cauby Peixoto**, com a voz ainda potente, gravou 16 álbuns (!), com destaque para "Minha serenata" (ao vivo, 2012) e tributos a seu ídolo, **Nat King Cole** e outro à bossa nova, lançados no ano de sua morte, 2015, aos 85. Estes últimos produzidos por **Thiago Marques Luiz**, que passou a abraçar principalmente esse nicho dos cantores veteranos, dando-lhes oportunidade de ainda participar de um mercado cada vez mais excludente. Após um período esquecida, **Angela Maria** voltava à cena também produzida por ele em 2011, participando de um CD/DVD comemorativo dos 60 anos de carreira do amigo **Cauby**, e a partir de então baixou os tons, registrou mais um álbum com ele, três solo, e seguiu com a agenda cheia até morrer em 2018, aos 89.

Já bastante esquecida, **Lana Bittencourt** gravou seu primeiro DVD, *A diva passional*, com a voz perfeita à beira dos 80 anos, lançado em 2013 pelo selo do Canal Brasil, depois fez shows esporádicos. **Luiz Vieira** se manteve firme cantando e apresentando seu programa, na legendária Rádio Nacional e diversas outras emissoras por 20 anos, até 2016, vindo a falecer em 2020. **Inezita Barroso**, além de gravar esporadicamente, trabalhou até morrer, aos 90 anos, em 2015, inclusive apresentando semanalmente desde 1980 seu *Viola, minha viola*, na TV Cultura, militando pela música caipira de raiz. Em contrapartida, o sistematizador da bossa nova **João Gilberto**, cada vez mais recluso e complicado para concretizar propostas profissionais, se foi, aos 88, em julho de 2020, não sem antes deixar seu último álbum ao vivo gravado em Tóquio, em 2004, local onde o público sabe cantar em português letras inteiras de canções de seu repertório, como "Chega de saudade", nos shows de qualquer artista que decida incluí-la no repertório.

Chegando com saúde ao início dos anos 2020, diversos octogenários levaram normalmente suas carreiras. As contemporâneas **Doris Monteiro**, **Alaíde Costa** e **Claudette Soares** seguiram com a bandeira da bossa nova adiante. As duas últimas uniram-se em 2018 num CD comemorativo dos 60 anos do movimento. **Claudette** e **Doris** se juntaram a **Eliana Pittman** — esta voltando a gravar, após um inacreditável e longo sumiço — no álbum ao vivo *As divas do sambalanço* (2020). A importância de **Alaíde** como ícone negro de nossa música (enfim reconhecida) a levou a ser convidada, aos 86, a gravar um álbum concebido pelo rapper **Emicida** (e pelos produtores **Marcus Preto e Pupillo**), em 2022. E o colega **Agnaldo Rayol** seguiu gravando e ganhando prêmios, como um DVD de Ouro pela gravação do espetáculo ao vivo comemorativo de seus 50 anos de atividades, em 2007, e até cantando em cruzeiros, num filão aberto pelo "Rei" **Roberto Carlos**, com uma agenda constante. Isso fora o fato de ter trazido de volta aos estúdios a apresentadora **Hebe Camargo**, que havia largado 30 anos antes a carreira de cantora. Gravaram juntos "Serenata do adeus" (Vinicius de Moraes) em seu CD *Todo o sentimento* (1997) e, a partir de então, ela registraria ainda três álbuns, até falecer em 2012. E, no mundo dos experimentalismos, o "bruxo" **Hermeto Pascoal** continuou enfeitiçando jovens seguidores, lançando dois álbuns em 2017 — *Natureza universal*, com uma Big Band, e *No mundo dos sons*, com seu grupo.

Com a negligência da memória no país, alguns de nossos maiores ícones de épocas passadas, como **Emilinha Borba** e **Marlene**, que transformaram o Brasil dos anos 1950 num grande Fla x Flu musical com fãs ardorosos e rivais, seguindo depois com carreiras longevas, se foram sem causar qualquer comoção nacional. E os deuses parecem ter feito um complô contra algumas de nossas melhores vozes masculinas em atividade, pois só entre 2012 e 2015, além de levarem os citados **Cauby** e **Roberto Silva**, já idosos, e dois aposentados (**Jorge Goulart** e **Miltinho**, que também morreram esquecidos), levaram outros mais jovens que ainda poderiam nos dar muito, como **Emílio Santiago**, **Luiz Melodia**, **Jair Rodrigues**, **Jerry Adriani**, **Pery Ribeiro**, **Dominguinhos**, **Wando**, **Dicró** e um mais novo ainda, **Vander Lee**. Fora **Arlindo Cruz** que, aos 58 anos, teve um AVC e não pôde mais cantar. Isso se deu em 2017, mesmo ano em que **Belchior** também se foi, após abandonar a carreira num processo autodestrutivo, desaparecido até dos amigos próximos. Esquecido nas últimas décadas, ao morrer tornou-se megacult, como **Raul Seixas** e **Renato Russo**, alavancando uma série de álbuns-tributo e citações de seus versos até pelo citado **Emicida** no refrão de "Sujeito de sorte": "Ano passado eu morri / Mas esse ano eu não morro" —, que por sua vez foram inspirados pela obra do Poeta do Absurdo **Zé Limeira**. Numa fase em que as vozes femininas prevaleciam e a maioria dos cantores que surgiram não tinha registros vocais muito marcantes, foi uma punhalada e tanto.

O intercâmbio musical e poético entre Brasil e Portugal

Se no Brasil o mercado estava cada vez mais restrito para a "MPB" de forma progressiva a partir da década de 1990, havia frentes bem consistentes no exterior. Portugal tem uma longa história de intercâmbio cultural com a música brasileira, desde os primórdios. Só para ficar no século passado, vale fazer uma breve retrospectiva. Pois, já nos anos 1900, **Chiquinha Gonzaga** foi convidada por diretores portugueses a escrever suas modinhas, maxixes, polcas e lundus para o teatro de revista local. Após excursões pontuais de nomes como **Moreira da Silva**, ainda nos anos 1930, quando chegou a ser convidado para realizar um número musical no filme *Varanda dos rouxinóis*, de Leitão de Barros, esses laços se aprofundam nos anos 1950, quando **Ivon Curi** virou figurinha fácil na terrinha, tendo lançado dois álbuns no Brasil gravados ao vivo por lá. Em paralelo, no ano de 1959, **Sivuca**, após a turnê com **Os Brasileiros**, esteve no país gravando quatro compactos próprios e mais dois acompanhando o **Duo Ouro Negro**, importante grupo multicultural que fez um misto da música de Angola, onde foi criado, com a portuguesa.

Assim como **Ivon**, **Angela Maria** começava a ficar popular em solo luso e realizou uma turnê de quase um ano por lá em 1963, que se estendeu até Angola e Moçambique, então colônias portuguesas. Reza a lenda que os combatentes dos países rivais fizeram cessar-fogo só para assisti-la em plena guerra de emancipação. Ela teve muitos compactos lançados neste mercado e foi condecorada pelo governo com o título de Primeira Fadista Honorária de Portugal no Coliseu de Lisboa. **Maysa** foi, a seguir, um nome muito forte por lá, bem como **Dorival Caymmi**, apresentando-se em turnês sozinho ou com seus filhos músicos até os anos 1990, e **Roberto Carlos** que, assim como no Brasil, nunca perdeu a majestade, tendo sucesso até a virada dos anos 2020, sempre atuando em casas com capacidade para 20 mil lugares. Por fim, **Elza Soares** lá esteve em 1966 e só voltaria 50 anos depois para triunfar num Coliseu lotado com seu *A mulher do fim do mundo*.

A partir dos anos 1960, os eternos **Tom Jobim** e **João Gilberto**, mitos em quase todo lugar em que a música brasileira chegou, foram aparecendo, e também **Chico Buarque**, **Gal Costa**, **Caetano Veloso** e **Gilberto Gil** começando a conquistar os portugueses e se apresentar no país, algo que se intensificou com o fim da ditadura de Salazar, em 1974, e a chegada das novelas brasileiras e suas trilhas sonoras recheadas do melhor da "MPB". Eram nomes que até o início dos anos 2020 ainda seriam lembrados, como **Elis Regina**, falecida em 82, e outros com público cativo em seus palcos continuamente, como **Maria Bethânia**, **Ney Matogrosso**, **Milton Nascimento**, **Rita Lee**, **Elba Ramalho**, entre outros. Todos eles ganharam em definitivo o coração dos portugueses. **Simone** e **Gal Costa** também, tanto que em 1986 as duas foram as grandes campeãs em apresentações no Coliseu de Lisboa, a casa mais prestigiada do país, batendo todos os recordes entre os artistas estrangeiros no local. Aliás, entre 1982 e 89, sobretudo a partir de 86, o Coliseu praticamente virou "casa da MPB", sendo difícil dizer qual de seus grandes nomes não passou por lá em pelo menos uma noite.

Nos anos 1990, uma nova geração surge, com destaque para **Daniela Mercury**, cujo álbum *Feijão com arroz* foi um dos discos brasileiros mais vendidos em todos os tempos no país (tendo êxito também na Espanha, assim como **Carlinhos Brown**), **Gabriel O Pensador** e mais duas que continuariam fortes nas décadas seguintes, **Marisa Monte** e **Adriana Calcanhotto** — esta, em 2015, tornou-se a primeira embaixadora da Universidade de Coimbra "por difundir a língua portuguesa pelo mundo como figura de referência cultural" e, a partir de 2017, passou a lecionar em seu curso de Letras *in loco*, com um programa bem diversificado de atividades culturais. A partir dos anos 2000, além dos já citados, também **Seu Jorge** e **Ivete Sangalo** viraram ídolos — esta última sempre a grande estrela brasileira do Rock in Rio Lisboa. **Alceu Valença** — que compôs "P da paixão" (87) e "Loa de Lisboa" (90) com inspiração lusitana —, após o álbum coletivo *O grande encontro*, passou a ir com frequência. Isto só para ficar em alguns nomes de maior alcance de público entre os próprios portugueses.

Em relação ao intercâmbio luso-brasileiro musical, no sentido da presença portuguesa em solo brasileiro, no século XX, essa história se intensifica com a figura de **Carmen Miranda**. Embora tenha nascido em Portugal, saiu de lá aos dez meses para se tornar um símbolo da música e da cultura nacionais a partir da década de 1930, estabelecendo-se no Rio de Janeiro. Na mesma cidade, aliás, em que o cantor português **Manoel Monteiro** foi radicar-se, sendo o mais importante no repertório patrício até o início dos anos 50, com muita adesão entre os imigrantes que matavam as saudades da terra ao ouvi-lo entoar temas como "Santa Cruz", "Carta à minha mãezinha" e "O meu barquinho". Nesse momento, também passaram a se dedicar aos fados, viras, corridos e marchas lusas em terras brasileiras a carioca **Olivinha Carvalho** e, sobretudo, as irmãs portuguesas **Ester de Abreu e Gilda Valença**.

Estas também adotaram a então capital do país como morada, lançando em solo brasileiro, respectivamente, "Coimbra" e "Uma casa portuguesa", duas canções da terrinha, que ao lado dos fados "Foi Deus", "Nem às paredes confesso", "Só nós dois", "Lisboa antiga" e "Ai, Mouraria" nunca mais sairiam do repertório de grandes cantores igualmente da Era do Rádio, como **Nelson Gonçalves**, **Cauby Peixoto** e **Angela Maria**. Esta última, inclusive, inovou gravando alguns deles entre 62 e 63 em ritmo de "beguine", uma maneira, segundo ela, de torná-los mais populares ao gosto dos brasileiros. Mais tarde, em 77, gravou um álbum inteiro nesse esquema, *Os mais famosos fados*.

Das três **Irmãs Meireles** que aportaram no Brasil em 47, despontou em carreira solo **Cidália Meireles**, que conquistou grande espaço em São Paulo, atuando a partir da década seguinte na Rádio Record e numa série de programas próprios já na TV Record que foram até meados dos anos 60, como o popular *Adega da Cidália* — nome também de seu premiado álbum de 57, entre as primeiras produções relevantes da RGE. Outra figurinha fácil no rádio e na TV brasileiros foi o cantor português **Francisco José**, tornando-se um ídolo nos anos 1950 e 60, popularizando *Olhos castanhos*. Gravou inclusive canções brasileiras com seu sotaque característico e manteve um programa líder de audiência na TV Continental do Rio. O acordeonista e compositor **António Mestre** também foi figura marcante em terras brasileiras.

A diva lusa maior **Amália Rodrigues** registrou os primeiros oito discos de 78 rpm de sua carreira no Brasil ainda em 1945 e lançou-se no mercado internacional com uma música nossa, "Mãe preta" (Piratini/Caco Velho), que com nova letra do poeta português **David Mourão-Ferreira** virou "Barco negro", sucesso no filme *Os amantes do Tejo*, em 55. A partir desta época, gravaria canções de **Dorival Caymmi** ("Saudade de Itapoã"), **Geraldo Pereira** ("Falsa baiana"), **Lupicínio Rodrigues** ("Vingança"), temas nordestinos ("Trepa no coqueiro") e carnavalescos ("A coroa do rei", "Nega maluca"), poemas musicados de **Cecília Meireles** ("Soledad", "Naufrágio") e até mesmo um álbum inteiro gravado com **Vinicius de Moraes** em dezembro de 68 e lançado em 70, *Amália/Vinicius*, quando o Poetinha compôs especialmente para ela "Saudades de Brasil em Portugal". Este fado também foi incluído em seu antológico álbum ao *Um amor de Amália*, registro ao vivo no Canecão do show escrito e dirigido por **Ivon Curi** em 73.

No mesmo ano, aparecia o fenômeno **Secos & Molhados**, cujo compositor principal e um dos vocalistas era **João Ricardo**, um português de nascimento que se transferiu para o Brasil aos 14 anos. Estouraram com "O vira" (João Ricardo/Luli), uma música de duplo sentido que brincava com o animado ritmo luso. E **Chico Buarque** se aventurava nas mesmas águas d'além-mar que **Caetano Veloso**. Se o baiano compusera o clássico "Os argonautas" ("Navegar é preciso / Viver não é preciso") quatro anos antes, neste momento o carioca compôs com o poeta e cineasta moçambicano **Ruy Guerra** o irônico "Fado tropical" para a peça *Calabar* — que não foi encenada devido à tesoura da censura. Em 74, comemorando a Revolução dos Cravos, com a queda de Salazar, foi a vez de **Chico** escrever "Tanto mar" ("Foi bonita a festa, pá / Fique contente / Ainda guardo, renitente / Um velho cravo para mim"). A versão cantada saiu inicialmente apenas em Portugal, sendo gravada por ele no Brasil somente em 78, quando foi liberada pela censura após ter alterado alguns versos.

Em 1975, **Dori Caymmi** musicou "Na ribeira deste rio", de **Fernando Pessoa**, criando uma toada lançada na trilha da novela *Gabriela*, que a propósito parou Portugal, numa audiência maciça, a ponto de os trabalhos no Parlamento serem interrompidos na hora do folhetim. E se a patrícia **Paula Ribas** viveu no Brasil uma época gravando discos no selo cult Marcus Pereira, o cantor preferido da colônia portuguesa no país nesse tempo foi mesmo **Roberto Leal**. Celebrizou-se no circuito "brega" dos anos 70, cantando os viras "Bate o pé" e "Arrebita", e também dos 80, com o divertido "Carimbó português". Até mesmo **Roberto Carlos**, que já havia gravado alguns fados, como "Coimbra" e "Nem às paredes confesso", compôs um especialmente para ele, "Um grande amor", em 81.

A partir de 1980, os gaúchos **Kleiton & Kledir** se lançavam na "MPB" do período com a canção de ares portugueses "Vira virou", numa bela gravação ao lado de **Ivan Lins**, que também foi sucesso com o **MPB-4**. Aliás, três anos antes o mesmo **Ivan** havia composto o belíssimo "Um fado" com o fiel parceiro **Vitor Martins**, e em 79 o iniciante **Eduardo Dusek** compunha "Ave", outra pérola do gênero em parceria com o diretor teatral **Luiz Antônio de Cássio**, que foi lançada por **Zizi Possi** em seu segundo LP. Dois anos depois, **Maria Bethânia** — que há uma década gravava poemas de **Fernando Pessoa** em seus discos e espetáculos — encenou um show, intitulando-o com o nome do famoso fado de **Amália Rodrigues** *Estranha forma de vida*, mesmo que o mano **Caetano Veloso** regravou em 86 (com sotaque português e tudo) no álbum *Totalmente demais*, de voz e violão ao vivo, primeiro de sua carreira a receber o Disco de Platina pela venda de 250 mil unidades.

Por essa época, dois álbuns coletivos apareceram com a nata da "MPB" interpretando poemas musicados de **Fernando Pessoa**. Um produzido por **Olívia Hime** e Elisa Byington, *A música em Pessoa* (85), em que **Tom Jobim, Milton Nascimento, Francis Hime, Sueli Costa, Edu Lobo, Arrigo Barnabé** e outro pesos-pesados criaram melodias para suas poesias, e outro somente musicadas pelo baiano (e especialista na obra do poeta) **André Luiz Oliveira**, *Mensagem — A poesia de Fernando Pessoa* (86). O título deste é uma alusão ao único livro que o poeta publicou em vida, no ano de 34, discorrendo sobre feitos históricos de seu país de maneira incomum.

Em meio à explosão da "MPB" em terras lusas nesse tempo, a portuguesa **Eugénia Melo e Castro** gravou um belo dueto com **Ney Matogrosso** ("A dança da lua", de Túlio Mourão/Ronaldo Bastos) em 83, que entrou na trilha da novela *Antônio Maria*, da TV Manchete (85). Anos depois, fechava a década, juntando sua voz a baluartes de nossa música no álbum de duetos *Amor é cego e vê* (90), com arranjos de **Wagner Tiso**, no qual cantou em dueto com **Caetano, Gal, Milton, Chico, Simone** e novamente **Ney**, e na década seguinte, em 94, ainda faria um CD-tributo a **Vinicius de Moraes**. Cheio de parcerias do primeiro time da "MPB", desta vez como autores, também foi o álbum *Coincidências* (83), do "cantautor" **Sérgio Godinho**, trazendo parcerias com os mesmos **Chico, Caetano** e **Milton**, além de **Ivan Lins** e **Novelli** — vinte anos depois, em *O irmão do meio*, conclamou alguns astros e estrelas brazucas desta vez para duetos vocais.

Na década de 1990, enquanto no Brasil tiveram alguma repercussão o grupo **Madredeus** e as cantoras **Mísia** e **Dulce Pontes, Fafá de Belém** gravava o belo álbum *Meu fado* (92), com a novidade de fazê-lo sem o sotaque português, contudo respeitando suas inflexões melódicas. Em 98, ao gravar seu sucesso "Vermelho", este viraria logo a seguir um hino informal do clube luso de futebol Benfica. **Joanna** também registrava o CD

Aquarela portuguesa (94) especialmente para este mercado, lá ganhando o prêmio Caravela de Prata por sua expressiva vendagem, e já em 2006 o CD/DVD *Joanna ao vivo em Portugal*. No Brasil, sem tanto alarde, **Martinho da Vila** prestou um tributo aos países lusófonos em *Lusofonia* (2000), enquanto **Bethânia** gravou o velho samba-canção "Mensagem", sucesso de **Isaurinha Garcia** nos anos 40 e 50, entremeando-o com o poema "Todas as cartas de amor são ridículas", de **Álvaro de Campos**, um dos heterônimos de **Fernando Pessoa**, chegando até a tocar em rádios, em 97, além da apoteótica canção portuguesa "Meu amor é marinheiro" (Alain Oulman/ Manuel Alegre). Puxado pela Expo 98, um megaevento em Lisboa com direito a shows de artistas brasileiros os mais variados (**Skank, Gabriel, O Pensador, Gil, Bethânia, Ney Matogrosso, Caetano**...) foi gravado o coletivo *Onda sonora: Red Hot + Lisbon* (99), reunindo nomes daqui e de lá, na maioria. Um cult instantâneo, como os demais álbuns desta série.

Já entrando no novo século, brasileiros dos estilos mais distintos retornaram às nossas raízes em discos ou apresentações além-mar, como **Roberta Miranda** com o CD *Tudo isto é fado* (2001), **Zé Renato** com *Navegantes* (2004), **Edson Cordeiro** com *Fado* (2016) e **Zeca Baleiro** com *Canções d'Além-mar* (2020), no qual homenageou diversos compositores portugueses, faturando um Grammy Latino de melhor álbum de "MPB". Além disso, **Arnaldo Antunes** e o cantor pop **Silva** gravaram álbuns ao vivo em Lisboa (o primeiro em 2017 e o segundo em 2020) e **Jussara Silveira** registrou *Água lusa* (2013), somente com canções de **Tiago Torres da Silva**, o letrista português contemporâneo mais gravado pela "MPB". Em 2022, foi a vez do cantor carioca **Marcos Sacramento** gravar igualmente um CD intimista só com letras do poeta (*Caminho para o samba*). E **Mônica Salmaso** realizou uma série de shows e um álbum, *Estrada branca* (2019), com o cantor português **José Pedro Gil**, unindo as obras de **Vinicius de Moraes** e do luso **José Afonso**.

No sentido contrário, o mestre da guitarra portuguesa **António Chainho** registrou o CD *Lisboa Rio* (2000), com participações de vários baluartes da "MPB", **Teresa Salgueiro** o álbum *Você e eu* (2007), **António Zambujo** dedicou outro à obra de **Chico Buarque** (*Até pensei que fosse minha*, 2016), **Carminho** à de **Tom Jobim** (*Carminho canta Tom Jobim*, no mesmo ano) — os dois últimos também gravando em dueto com artistas brasileiros ou em projetos musicais daqui — e **Raquel Tavares** ao cancioneiro de **Roberto Carlos** (*Roberto Carlos por Raquel Tavares*, 2017). Mais repercussão que tudo isso nessas duas décadas teve **Maria Bethânia**, que em 2006 lançou o CD *Mar de Sophia*, numa alusão à poeta portuguesa **Sophia de Mello Breyner Andressen**, intercalando canções de inspiração marítima com suas poesias, e junto com a professora **Cleonice Berardinelli**, especialista na obra de **Fernando Pessoa**, então com 98 anos, recitaram seus poemas num filme, *O vento lá fora* (2014), de Márcio Debellian, lançado em DVD. Este não tinha música, mas era como se tivesse.

Nos anos 2020, Portugal continuava muito aberto à música brasileira, com diferentes nichos de público, muito mais do que o Brasil em relação à canção portuguesa contemporânea, que com raras exceções é praticamente desconhecida em nossa terra — como aliás a música de toda a América hispânica, à exceção de astros e estrelas pop locais que estouraram via Estados Unidos. O imperialismo português já foi há muito superado pelo norte-americano por aqui, embora, apesar de muitos nem se darem conta, em cada esquina do país ainda hoje se esbarre com uma marca cultural herdada da terrinha — para o bem e para o mal.

A cena brasileira de bossa-jazz/pop consagrada nos EUA, Europa e Japão

O fato de o Brasil falar português, em contraponto a todos os países da América Latina, limitou muito o alcance de sua música nesse território, a ponto do Grammy Latino, fundado em 2000, ter sido obrigado a criar uma categoria específica para a música brasileira, pois sempre ficaria em franca desvantagem ao competir com os álbuns dos "hermanos". Muitos artistas nossos tentaram gravar em espanhol visando o mercado latino, mas poucos tiveram êxito efetivo. E nesse nicho nenhum brasileiro superou **Roberto Carlos**, pois, desde 1965, ele já lançou cerca de 25 álbuns na língua espanhola, fora as coletâneas, sendo um ídolo em todos esses países, com destaque especial para o México. Uma faixa mercadológica onde **Nelson Ned** também foi rei, conseguindo também a proeza de ser o primeiro artista latino-americano a vender 1 milhão de discos nos EUA na década de 70, onde se apresentava no Carnegie Hall e no Madison Square Garden, de Nova York.

Afora eles, nas primeiras duas décadas do século XXI apenas **Alexandre Pires** e mais para o fim dos anos 2010 a popstar oriunda do funk carioca **Anitta** conseguiram uma projeção significativa nesse segmento latino internacional, a não ser por fenômenos de *one-hit wonder*, como dos "sertanejos" **Michel Teló** ("Ai se eu te pego"), principalmente, e **Gusttavo Lima** ("Balada") ou pontuais em países específicos, como **Os Paralamas do Sucesso** e **Xuxa** na Argentina — onde **Maria Creuza** também é lembrada (assim como no Uruguai) devido aos memoráveis shows em parceria com **Toquinho & Vinicius** que lhe abriram as portas nos anos 70, e também em países como Porto Rico, onde "Você abusou" (Antonio Carlos/Jocafi), um de seus sucessos, fez um estrondo, gravado até em espanhol pela cubana **Célia Cruz**.

Em se tratando do resto do mundo e até mesmo da citada América hispânica, definir sucesso é algo subjetivo. Se o parâmetro for tocar muito em rádio ou ter um público grande que compre e colecione álbuns de um artista — pelo menos até o advento do *streaming*, que só veio nos anos 2010 —, torna-se muito difícil para os países lusófonos como o Brasil triunfar. Nada será comparável aos impulsionados pela língua inglesa, seja dos EUA, de **Sinatra** a **Beyoncé** (incluindo os latinos que abraçaram o idioma e de lá foram para o mundo, cantando inclusive em inglês), Inglaterra (de **Beatles** e **The Police**), da Jamaica (de **Bob Marley** e seus parceiros do reggae) ou da Suécia (do **ABBA**). Todos esses são sucessos mundiais incontestes.

Do Brasil, só **Carmen Miranda** como cantora/comediante, **João Gilberto** com sua batida hipnótica de violão e seu estilo de interpretar e **Tom Jobim** como compositor é que conseguiram se espalhar efetivamente pelos quatro cantos do mundo — ainda que antes da bossa nova o intimista **Dick Farney** e a explosiva **Leny Eversong** tenham conseguido certa projeção, ambos nos EUA, sendo que ela também em países da Europa e América. Contudo, o terreno aberto por **João** e **Tom** para a música brasileira no início dos anos 1960 foi algo irreversível. Começou quando **Stan Getz** gravou *Desafinado* (Tom/Newton Mendonça) com **Charlie Byrd** em 62, vendendo 1 milhão de discos, levando o jovem **Jobim** ao patamar de ídolo dos jazzistas do mundo todo, pois à época não havia outro compositor vivo no mundo de temas tão bons para o improviso e com uma produção tão expressiva. Logo na sequência, veio a consagração com o famoso show dos bossanovistas no Carnegie Hall, o álbum do mesmo **Getz** com **Luiz Bonfá**, *Jazz samba encore!* (1963), que abriu caminho para o definitivo e clássico *Getz/Gilberto — featuring Antonio Carlos Jobim* (64), cujo single "The girl from Ipanema", com vocal de **Astrud Gilberto** (então esposa de **João**), explodiu no mundo inteiro ainda em 63 e venceu em 65 um dos três Grammy abocanhados pelo LP. Foi a única vez na história desta premiação que uma música estrangeira, ligada ao jazz, apareceu mais até que a música pop local, desbancando "I want to hold your hand", com os **Beatles**, "People", com **Barbra Streisand**, e até mesmo "Hello Dolly", com o papa do jazz **Louis Armstrong**, e que um álbum desse mesmo gênero vencia, entre outros, uma trilha antológica de um filme americano, como a da *Pantera Cor-de-Rosa*, de **Henry Mancini**. O álbum ficou 96 semanas na parada da *Billboard*, ou seja, mais de um ano, cujo pico chegou à segunda colocação.

A seguir, alguns dos cantores mais populares e prestigiados do planeta gravaram com **Tom Jobim** ou lhe dedicaram álbuns inteiros. **Frank Sinatra** jamais gravou um songbook de qualquer outro compositor considerado clássico americano, mas fez dois discos na companhia dele. O primeiro, *Francis Albert Sinatra & Antonio Carlos Jobim* (1967) trazia sete temas de **Jobim** e mais três de outros autores; e no segundo, *Sinatra & Company* (1971), havia mais sete canções do maestro (outras três seriam lançadas de forma avulsa). Anos depois, em 81, a primeira dama do jazz **Ella Fitzgerald** lhe dedicou um álbum inteiro, *Ella abraça Jobim*.

Em levantamento do ECAD de fevereiro de 2022,[49] a "Garota de Ipanema", de **Tom** e **Vinicius de Moraes**, foi a nossa música mais regravada de todos os tempos no país, com 423 registros oficiais, seguida de "Aquarela do Brasil" (Ary Barroso), "Carinhoso" (Pixinguinha/João de Barro), "Asa branca" (Luiz Gonzaga/Humberto Teixeira) e "Manhã de carnaval" (Ismael Neto/Antônio Maria), sendo que entre as Top 10, da sexta à décima colocação, estão outras cinco canções de **Jobim** — "Eu sei que vou te amar" (com Vinicius), "Corcovado", "Chega de saudade" (com Vinicius), "Wave" e "Desafinado" (com Newton Mendonça). A mesma "Garota de Ipanema" é tida como a música mais regravada no mundo inteiro, com mais de 1.500 gravações, perdendo apenas para "Yesterday", de **Lennon** e **McCartney**, com versões cantadas em tudo que é idioma, além das instrumentais. Entretanto, não há dados globais atualizados realmente confiáveis para se fazer uma análise dessa natureza sem margem de erro. "Águas de março", "Triste", "Vivo sonhando" (as três só de **Tom**), "Meditação" e "Samba de uma nota só" (dele com Newton), "Água de beber", "Insensatez", "Só danço samba" e "A felicidade" (as quatro de **Tom & Vinicius**) se somam a esta lista como algumas de suas canções mais regravadas no planeta. O que se sabe, efetivamente, é que num levantamento feito pela BMI americana (equivalente ao nosso ECAD) ela aparece como a única canção composta por artistas brasileiros entre as 100 mais ouvidas nos EUA do século XX (não confundir com as "mais gravadas") — na 58ª posição. Para se ter uma ideia, a irresistível baladinha mela-cueca "How deep is your love", dos **Bee Gees**, que no Brasil jamais foi esquecida nos programas radiofônicos de flashback, está quarenta casas à frente do mesmo ranking, na 98ª posição.

As canções de **Tom Jobim** já foram vertidas para o inglês, polonês, sueco, dinamarquês, russo, catalão, japonês, italiano, napolitano, genovês, francês, espanhol, alemão e sérvio. E tanto a lista de álbuns-tributo ao maestro quanto o número de regravações de suas canções pelo mundo mereceriam um livro à parte. É como fazer um levantamento das gravações de **George Gershwin** e **Cole Porter** pelo globo. Como intérprete, seu primeiro álbum com **Sinatra** ficou 28 semanas na parada da Billboard e alguns de seus discos solo também obtiveram boas colocações, como *The wonderful world of Antonio Carlos Jobim* (1965), *Wave* (68) e *Stone flower* (71). Pelo fato de ser o principal exportador da música brasileira no exterior — e também devido ao seu imortal "Samba do avião" —, o Aeroporto Internacional do Rio de Janeiro foi rebatizado com muita justiça de Tom Jobim em 1994, logo após seu falecimento.

Por obra dessa dificuldade da língua e de alguns de nossos ritmos pouco convencionais aos ouvidos estrangeiros, os brasileiros que realizaram turnês em casas de pequeno e médio porte com certa frequência ou estouraram apenas uma música, como autor ou intérprete, já podem ser considerados grandes vencedores, ou melhor, "sucessos" no exterior. Entretanto, há os mais chegados à bossa nova/samba-jazz (se desmembrando com o tempo em outros *grooves*) que vêm rompendo barreiras com louvor desde os anos 1960,[50] criando um mercado cativo em circuitos extremamente prestigiados, por vezes surpreendentes. Como este capítulo versa sobre as duas primeiras décadas do século XXI, nada mais emblemático que o ano de 2000 tenha começado com um grande CD-tributo a **Ivan Lins** gravado nos EUA, cuja história é das mais curiosas.

O mito do jazz **Miles Davis** um dia ligou para ele, dizendo querer fazer um álbum só com suas músicas. Entretanto, logo depois veio a falecer. **Jason Miles**, produtor que trabalhava com o jazzista, então também "rendido" à obra do brasileiro, não mediu esforços para reunir uma série de artistas internacionais para a gravação de *A love affair — The music of Ivan Lins*. Eram nomes do calibre de **Dianne Reeves, Chaka Khan, Brenda Russell, Grover Washington Jr., Freddy Cole, Vanessa Williams** e **Sting**, cuja gravação de "She walks this earth (Soberana rosa)" abocanhou um Grammy de Melhor Performance Pop Masculina em 2001. Nessa altura, ele já era o compositor mais gravado no exterior depois de **Tom Jobim** — ainda que com larga distância sobre o primeiro, que foi e continua sendo um fenômeno à parte.

Entretanto, vale voltar no tempo para entender como **Ivan Lins** chegou a essa consagração. Se nos anos 70 **Ella Fitzgerald** já havia gravado "Madalena", as portas se abriram definitivamente para ele no mercado americano e internacional nos anos 1980, quando **George Benson** ganhou o Grammy de Melhor Arranjo de Jazz Instrumental pela sua gravação de "Dinorah, Dinorah", e no ano seguinte o poderoso produtor **Quincy Jones** levou outra estatueta, na mesma categoria, por "Velas (Velas içadas)", incluída em seu LP *The dude*. Este último o havia descoberto nesse início de década por intermédio do baterista e percussionista **Paulinho da Costa** e por muito pouco sua canção "Novo tempo" não foi gravada por **Michael Jackson** no emblemático *Thriller*, um dos álbuns mais vendidos da história. À época, **Ivan** e **Vitor Martins**, autores da canção, tiveram razão em tentar um contrato melhor para cedê-la ao disco do popstar, haja vista os péssimos acordos com as editoras americanas que a turma da bossa nova, notadamente **Tom** e **Vinicius**, firmou nos anos 60. Para se ter uma ideia, a versão (de **Norman Gimbel**) da nossa música mais famosa, "Garota de Ipanema", quando gravada em inglês, só rende 12,5% aos seus autores originais (6,25% para cada um) — até hoje.

Ivan teve, entretanto, suas compensações — e não foram poucas. **Sarah Vaughan** logo gravou três canções suas — "The smiling hour (Abre-alas)", em 79, "Love dance (Lembrança)" e "The island (Começar de novo)",[51] em 81 — as duas últimas, efetivamente, as mais conhecidas de sua obra no exterior. A seguir, e pelas próximas décadas, diversas outras divas da canção americana também decidiram gravá-lo, como **Betty Carter**, **Carmen McRae**, **Dionne Warwick**, **Shirley Horn**, **Nancy Wilson**, **Patti Austin**, **Oleta Adams**, **Diane Schuur**, **Dianne Reeves**, **Barbra Streisand**, além de jazzistas que se celebrizaram já no século XXI, como **Diana Krall**, **Jane Monheit**, as holandesas **Trijntje Oosterhuis** e **Laura Fygi**, a portuguesa radicada na Holanda **Maria Mendes**, a japonesa **Yasuko Agawa** e mais para o fim dos anos 2010 a americana **Alexandra Jackson** e a venezuelana **Ofelia Del Rosal**.

Engrossaram o time dos que gravaram **Ivan Lins** grupos como **Take Six**, **The Crusaders** e **Manhattan Transfer** (que ganhou um Grammy em 87 de Melhor Álbum Pop de Grupo pelo LP *Brasil*, incluindo duas canções dele, "Metropolis [Arlequim desconhecido]" e "Notes from the underground [Antes que seja tarde]"); os cantores **Johnny Mathis**, **Michael Bublé**, **Mark Murphy** (um disco inteiro, *Night mood*, em 87), **Till Brönner**, **James Blood Ulmer**, os portugueses **Mariza**, **Luís Represas**, **Cuca Roseta**, **António Zambujo**, **Carlos do Carmo** (e o filho **Gil do Carmo**) e **Paulo de Carvalho** (e o filho **Agir**), o espanhol **Alejandro Sanz**, o uruguaio **Jorge Drexler**, a mexicana **Tania Libertad**, os italianos **Samuele Bersani**, **Bungaro**, **Jessica Brando**, **Maria Pia de Vito**, **Petra Magoni**, **Chiara Civello** e **Tosca (Donati)**.

Além dos "canários", também gravaram suas músicas (muitas vezes tocando com ele) instrumentistas da cena mundial de jazz, como **Toots Thielemans**, **Herbie Hancock**, **Paquito D'Rivera**, **Dave Grusin**, **Lee Ritenour**, **Terence Blanchard**, o trombonista italiano **Fabrizio Bosso**, seus conterrâneos do **GnuQuartet**, o jovem pianista britânico **Dan Costa**, e ninguém mais, ninguém menos que o francês **Michel Legrand**. Se este havia influenciado **Ivan** no início da carreira, num dado momento o próprio chegou a considerar o colega brasileiro "um dos melhores compositores do mundo". Em 98, dividiram arranjos, o palco e até uma canção — "Samba de vison" —, que mais tarde ganhou letra de seu filho **Cláudio Lins**, também compositor e um grande ator/cantor de musicais. Soma-se a esta lista os nossos **Sergio Mendes**, **Tania Maria**, **Flora Purim** e **Airto Moreira**, além da suíça **George Robert Jazz Orchestra**, que lhe dedicou o CD *Abre alas* em 2009.

Em seus próprios discos, sua primeira incursão internacional foi ainda no mercado latino, gravando no LP *Encuentro Sep 1984 — Grabado en vivo*, com os argentinos **Luis Alberto Spinetta**, **León Gieco** e **Pedro Aznar**. Em 88, entretanto, reuniu-se com **Djavan** e **Patti Austin** no álbum *Brazilian knights and a lady*, registrado ao vivo no Wiltern Theatre, de Los Angeles. Isto foi um impulso para que no ano seguinte lançasse seu primeiro CD solo para o mercado americano, *Love dance*. Em 96, registrou ao vivo em Havana um outro com o pianista de jazz cubano **Chucho Valdés** e sua banda, **Irakere**, enquanto **Quincy Jones** voltava a gravá-lo num álbum ao vivo no Festival de Montreux, a canção "Setembro", a mesma que já havia registrado em estúdio sete anos antes, tendo agora participações luxuosas de **Toots Thielemans** (gaita), **Gerald Albright** (sax) e **Patti Austin**. Em 1997, **Ivan** foi indicado ao Grammy Awards na categoria Melhor Álbum de Jazz Latino pelo CD *The heart speaks*, gravado com o trompetista **Terence Blanchard**. Neste mesmo ano, atuou em alguns dos mais conceituados palcos mundiais, como o *Royal Festival Hall*, em Londres; o Hollywood Bowl, em Los Angeles e o Festival de Jazz de Monterey, na Califórnia. Dois anos mais tarde, *Ivan Lins at MCG* (99) registrava o seu célebre concerto gravado em setembro de 97 em Pittsburgh, na Pensilvânia (EUA).

Em 2005, **Ivan** foi o único artista brasileiro a conquistar dois Grammy Latino pelo CD *Cantando histórias*, como Melhor Álbum de MPB e Melhor Álbum do Ano na categoria geral — sendo esta a única vez até então que um artista brasileiro conseguiu conquistar tal prêmio principal, que encerra a cerimônia, pois é normalmente concedido a nomes que gravam língua espanhola. Quatro anos depois, em 2009, dividiu um disco com a orquestra de jazz e pop **Metropole Orkest**, baseada na Holanda, indicado em três categorias no Grammy Latino, vencendo na de Melhor Álbum de MPB, e *Cornucopía* (2013) com **Ralf Schmid e SWR Big Band**, na Alemanha. Também gravou álbuns com suas canções vertidas para o espanhol e o italiano, além de ostentar um público fanático no Japão, onde nossa música costuma ser bem-vinda. Foi ainda surpreendido por uma multidão que invadiu o auditório de um show que fez na Liubliana, capital da Eslovênia, ao norte da Croácia.

Além de **Ivan** — e bem antes dele —, uma das expressões máximas do Brasil no mundo foi **Milton Nascimento**, pois já começou uma carreira no exterior pouco depois da consagração no Brasil com "Travessia", que virou "Bridges" em seu primeiro álbum americano, *Courage*, gravado em 69. Seis anos depois, graças à admiração que levou o saxofonista **Wayne Shorter**, então no grupo **Weather Report** (formado por ex-músicos da banda de **Miles Davis**) a procurá-lo, ficaram amigos e registraram juntos o LP *Native dancer*, que lhes valeu um Grammy de Melhor Álbum de Jazz de 75 e pelo qual **Milton** foi citado na revista *Downbeat* como um dos 15 melhores cantores de jazz do ano. No ano seguinte, veio o LP *Milton*, seguido pelo *Journey to down* (79) para o mesmo mercado, lançados pela A&M.

A sua lista de admiradores foi crescendo. **Maurice White**, líder do **Earth, Wind & Fire**, tornou-se seu fã ardoroso e declarou que muitas das canções e falsetes de Bituca moldaram o som de seu grupo, chegando a gravar "Brazilian rhyme (Ponta de areia)", e uma citação de "Beijo partido" no álbum *All'n all* (77), graças à veneração do grupo por seu álbum *Minas*, de 75. Outra fã de **Milton** desde essa época foi **Sarah Vaughan**. Em breve ele seria o único brasileiro a ter três duetos com a diva, dois em seu primeiro álbum brasileiro, o antológico *O som brasileiro de Sarah Vaughan* (78) — *Courage* e *Bridges* —, e um no último LP da diva, *Brazilian romance* (87), que trazia impresso na capa "With **Milton Nascimento** in love and passion" e faturou Grammy de Melhor Disco de Jazz, trazendo ainda mais duas canções de sua autoria, "Make this city ours tonight (Canção do sal)" e "Nothing will be as it was (Nada será como antes)" — em termos autorais neste álbum, porém, é bom que se diga que **Dori Caymmi** levou a melhor, com cinco dos dez temas.

Em paralelo, após gravar "San Vicente" no *Clube da Esquina*, em 72, e logo depois "Pablo", sua casa no Rio se transformou numa verdadeira embaixada da cultura da América Latina, pois ele passou a hospedar músicos de lá, como o chileno **Grupo Água**, os cubanos **Pablo Milanés** e **Silvio Rodríguez** e a argentina **Mercedes Sosa**, com quem gravou duetos, como "Volver a los 17", em 76, e um álbum inteiro ao vivo em dezembro de 84, contando também com outro artista daquele país, **Leon Gieco**, *Corazón americano*. Ela própria, sozinha, gravou muito o repertório de Bituca, estourando "Maria, Maria" no mundo latino, logo após seu retorno a Buenos Aires, após o exílio em Paris, em 82.

Nos anos 80 e 90, **Milton** galgou o clímax de sua carreira internacional. Em 80, realiza sua primeira turnê pela Europa. Em 82, seu álbum *Missa dos quilombos*, pioneiro, gravado dentro de uma igreja (em Minas), fazendo o produtor **Mazzola** dar nó em pingo d'água para alcançar a qualidade técnica adequada, passou em branco no Brasil, mas foi aclamado no exterior, distribuído em 44 países. Em 84, chegava a Nova York, no Carnegie Hall (onde voltaria em 2009), a seguir ao Radio City Music Hall e, em 87, ao Avery Fischer Hall, do Lincoln Center, onde numa dessas apresentações viu desfilarem na plateia **Barbra Streisand** e **Chick Corea**, e em outra **Mick Jagger** (assim como **Ivan Lins** recebeu **Paul McCartney** no camarim após um show no Blue Note em 2001). Por fim, em 88, ele estreava no Japão, onde em Tóquio inaugurou o "Fã-Clube da Esquina". Também cantou no Royal Albert Hall, de Londres, com a **Royal Philharmonic Concert Orchestra**; na Plaza de Toros, na Cidade do México, onde quase foi rasgado pela multidão; e debaixo de chuva torrencial em praças públicas para imensas plateias — em Copenhagen, em 86, e dez anos depois em Tubingen, na Alemanha. Ambas não arredaram o pé, só para ver o nosso Bituca.

Em discos como *Encontros e despedidas* (85), *A barca dos amantes* (86), *Yauaretê* (o primeiro lançado simultaneamente nos dois mercados, em 87) e *Angelus* (91), numa rápida leitura nos créditos, é possível flagrar expoentes do primeiro time do jazz (a flauta de **Hubert Laws**, a guitarra de **Pat Metheny**, novamente o sax de **Wayne Shorter**, o piano de **Herbie Hancock**, o baixo de **Ron Carter**, o trompete de **John Anderson**, a bateria de **Jack DeJohnette**, mais o maestro **Gil Goldstein**, da famosa **Gil Evans**

Orchestra e a supervisão de **Quincy Jones**) e ainda roqueiros, como **Paul Simon**, **Sting**, **James Taylor** e **Peter Gabriel** (ex-Yes), além de uma parceria de **Cat Stevens** e com o mineiro **Márcio Borges** ("Mountain"). **Milton** também se apresentou com o guitarrista mexicano **Carlos Santana** e, em 93, chegou a gravar uma faixa coassinada com o grupo pop **Duran Duran** ("Breath after breath") com quem apareceu, inclusive, num videoclipe tendo ao fundo imagens das Cataratas do Iguaçú. Foi considerada, à época, Melhor Canção do Ano pela BBC de Londres.

Nesse meio-tempo, em 85, o cantor ganhou a Ordem do Mérito Cultural em Quebec, no Canadá, e o título de Cavaleiro da Ordem das Artes das Ciências e das Letras, em Paris (também recebido por **Tom Jobim**), e o título de Oficial da Ordem do Rio Branco, entregue pelo então presidente José Sarney. Em 1996, recebeu em San Francisco o Rain Forest Award por seus serviços prestados na área de ecologia e direitos humanos; em 2000, juntamente com o escritor português José Saramago e o cineasta Fernando Trueba, foi condecorado com a medalha de ouro da ONG internacional CISAC — Confédération Internationale des Sociétés d'Auteurs et Compositeurs —, em Santiago do Chile, e em 2016, o título de doutor *honoris causa* pela Berklee College of Music, nos EUA. Mas não foi só isso.

Milton foi o único artista brasileiro a conseguir emplacar um primeiro lugar na parada de World Music da *Billboard* americana devido ao seu álbum *Txai* (1990), produzido a partir de agosto do ano anterior, quando o cantor passou 18 dias percorrendo o rio Juruá, afluente do rio Amazonas, para conhecer de perto indígenas, seringueiros, pescadores e outros povos da floresta amazônica. No álbum, alternava belas inéditas, como "Coisas da vida" e "A terceira margem do rio" (com **Caetano Veloso**), com vinhetas gravadas das músicas dos povos Kayapó do A-Ukre (Pará), Paiter (Rondônia) e Wai'api (Amapá). Por isso também foi eleito Músico do Ano — pela revista *Downbeat* em 90, pela *Downbeat Reader's Pool*, em 91 e pela *Downbeat Critics Pool* (92). Ainda compôs para o balé da David Parsons Company e ganharia mais um Grammy Awards/World Music em 98 pelo álbum *Nascimento* (97).

Em se tratando do século XXI, diversos outros artistas brasileiros vêm se destacando nesse mercado, inclusive até mesmo alguns ainda mais veteranos. Embora no Brasil, para variar, não tenham dado tanta bola, **Sergio Mendes**, o artista brasileiro com maior tempo de carreira relevante no exterior, radicado nos Estados Unidos desde 64, voltou a fazer sucesso não apenas no circuito jazzístico, mas do pop mundial com "Mas que nada", de **Jorge Ben**, 40 anos depois de lançá-la no mercado americano com o **Brasil 66**. Desta vez, com os vocais do **The Black Eyed Peas**, do rapper **will.i.am**, fã confesso do pianista-compositor, no CD *Timeless* (2006), que continuaria ecoando pela próxima década. Anos depois, em 2012, **Sergio** concorreu ao Oscar juntamente com o amigo **Carlinhos Brown** pela canção "Real in Rio". Composta por ambos em parceria com John Powell, Mikael Mutti e Siedah Garrett para a trilha no filme de animação *Rio*, de Carlos Saldanha, foi interpretada pelos músicos e atores que emprestaram suas vozes aos personagens do desenho: Jesse Eisenberg, Jamie Foxx, Anne Hathaway, George Lopez e novamente **will.i.am**.

Desde os anos 1970, nossos baluartes da "MPB", como **Jorge Ben Jor** (este sempre muito cultuado pelos DJs e levando sua alegria para o mundo, até mesmo a Israel), **Caetano Veloso, Gilberto Gil, Gal Costa, João Bosco,** além do citado **Milton Nascimento**, têm tido o respeito dos entendidos e também recebido muitos brasileiros em suas plateias europeias e americanas, onde inclusive alguns de seus álbuns viraram cult, como *Transa* (**Caetano**), *Índia* (**Gal**) e mais recentemente *Clube da Esquina* (**Milton e Lô Borges**). Sobre **Caetano e Gil**, ambos tiveram atuações em eventos importantes ou simbólicos.

Após a fase do exílio em Londres, **Caetano Veloso** só investiu em sua carreira no exterior nos anos 1980, gravando um álbum em 86 para o mercado americano, apresentando-se algumas vezes no Carnegie Hall e outras na Europa. Em 97, o cantor foi convidado pela filha de Federico Fellini a realizar um concerto no Teatro Nuovo italiano, na República de San Marino, próximo à cidade natal do cineasta, homenageando o casamento dele com sua mãe, a atriz Giulietta Masina (a quem já havia dedicado uma canção, dez anos antes). O show virou o CD *Omaggio a Federico e Giulietta* (99), num tributo afetivo também ao país que fez sua cabeça quando jovem pelo cinema. Ainda na Itália, chegou a dividir o palco com o tenor **Luciano Pavarotti** num show em Módena, em 2000. Mas foi em março de 2003 que teve talvez a maior visibilidade de sua carreira, cantando na noite do Oscar, no Kodak Theatre, de Hollywood, a canção "Burn it blue" (Elliot Goldenthal), em duo com a mexicana **Lila Downs**, da trilha do filme *Frida*, de Julie Taymor. Na mesma época, também participou da trilha de *Fale com ela*, de Pedro Almodóvar, cantando o clássico mexicano "Cucurucucu Paloma" (Tomás Mendez), fazendo inclusive uma ponta na película, que concorria a outros prêmios na cerimônia. Aliás, o cineasta já havia incluído uma gravação do cantor de "Tonada de luna llena" (Simón Diaz) na cena final de *A flor do meu segredo* (94). A partir de então, seguiu fazendo turnês pontuais, sobretudo pela Europa.

Ainda mais atuante, **Gilberto Gil** investiu em sua carreira internacional desde o fim dos anos 70, viajando ao exterior anualmente, em alguns momentos dividindo a cena com seu companheiro tropicalista. No ano de 86, estreou no Japão, gravando logo um álbum ao vivo em Tóquio, lançado no ano seguinte. Em 90, já se envolvendo também com a política, recebeu do ministro da Cultura da França, Jack Lang, o título de Cavaleiro da Ordem das Artes e das Letras. Em 91, reuniu-se a **Tom Jobim**, **Caetano**, **Sting** e **Elton John** no Carnegie Hall para levantar recursos para a Fundação Mata Virgem, a seguir gravou com o saxofonista americano Ernie Watts o CD *Afoxé*, lançado somente no exterior. Em 93, é o homenageado da noite brasileira do Festival de Montreux, além de fazer shows com **Marisa Monte** na Alemanha. Em 94, cantou com **Doces Bárbaros** e a bateria da Mangueira no Royal Albert Hall, de Londres, no mesmo ano em que o grupo foi homenageado pela escola de samba carioca. Em 99, volta ao mesmo palco com o show *Since samba has been samba*, ao lado de **Caetano**, **Gal**, **Chico**, **Elza Soares** e **Virgínia Rodrigues**. No novo século, em 2003, recebeu o prêmio de personalidade do ano no Grammy Latino, em Miami. Nos anos seguintes, além das turnês de praxe, foi a vez das honrarias da Real Academia Sueca de Música, em 2004, o Polar Music Prize, em Estocolmo, Suécia, em 2006, o diploma da Cidade de Milão, em 2009, e a comenda Vivekananda, da Índia, em 2018. Ainda garfou dois Grammy Awards na categoria World Music por *Quanta gente veio ver* (1999) e *Eletroacústico* (2006).

Além dos citados, também têm ou tiveram seu momento em diversos países, sobretudo da Europa, do fim dos anos 70 aos anos 2020 em diferentes fases, cantando para plateias mistas de brasileiros e gringos nomes como **Elis Regina** e **Clara Nunes** (até suas mortes precoces), **Elza Soares, Maria Bethânia, Toquinho, Djavan, Elba Ramaho, Daniela Mercury, Margareth Menezes, Lenine, Maria Rita, Virgínia Rodrigues, Dona Ivone Lara, Alcione, Beth Carvalho, Alceu Valença** e o fenômeno pontual **Kaoma**. E especialmente na França, da dupla **Les Étoiles, Tania Mara** e **Nazaré Pereira** a **Orlando Morais**, da **Orquestra do Fubá** (banda de forró que popularizou o ritmo por lá em meados dos anos 2000) à nova formação do **Trio Esperança** (com **Evinha, Marizinha** e **Regininha**, regidas pelo maestro **Gérard Gambus**, ex-braço direito de **Paul Mauriat**), todos tiveram seu reconhecimento em nichos específcos.

Algumas músicas do repertório de **Jorge Ben** e **Sergio Mendes** também são muito conhecidas dos europeus, embora nem todos as associem a eles — de **Jorge**, o próprio **Sérgio** consagrou internacionalmente "Mas que nada" e "Chove chuva" com seu grupo **Brasil 66'**; **Herb Alpert & Tijuana Brass** o suingue de "Zazueira" e **José Feliciano** "Nena Naná". Mas **Chico Buarque** talvez seja o caso mais curioso. Logo no início de sua carreira, seu primeiro hit, "A banda", virou mania mundial, tendo sido incorporada ao repertório de diversas bandas marciais do planeta e regravada em italiano por **Mina, Dalida e Astrud Gilberto** em 1967; por **France Gall**, na Alemanha, em 68 (dando à cantora um Disco de Ouro), e nos EUA, pelo mesmo já citado **Herb Alpert & Tijuana Brass**, alcançando o número 35 do Billboard Top 100 deste mesmo ano, chegando a ser utilizada até mesmo no desenho russo *Nu, pogodi*, do estúdio Sojusmutfilm. Idolatrado no Brasil, com o tempo tornou-se mais conhecido como músico em três nações europeias. Na Itália, onde se autoexilou no fim dos anos 60; na França, onde seu samba "Essa moça tá diferente" foi muito popular num comercial da tônica Schweppes em 1988 (e inclusive motivou-o a regravá-lo *in loco*, em Paris, no álbum *Ao vivo — Le Zenith*, em 90); e Portugal. Em terras lusas, chegou mesmo a ser condecorado com o Prêmio Camões de Literatura, em 2019, por seu trabalho na música e nos livros. Nos demais países, nos últimos 30 anos, **Chico** ficou mais famoso como escritor devido à tradução em múltiplas línguas de seus romances.

Em outros nichos igualmente específicos, celebrizaram-se nomes como o multi-instrumentista **Egberto Gismonti.** Seu álbum *Sol do meio-dia*, de 78, segue sendo um clássico, e seu som respeitadíssimo na cena jazzística planetária desde essa época, embora seu trabalho vanguardista vá muito além disso. A partir de 1989, passou a ter álbuns lançados no exterior pelo prestigiado selo alemão ECM Records. **Sivuca**, após muitos trabalhos no exterior entre o fim dos anos 60 e os 70, lançou o álbum *Rendez-vous in Rio* com **Toots Thielemans** e **Sylvia Vrethammar** pelo selo sueco Sonet em 85, e seguiu respeitado. **Hermeto Pascoal** também teve o seu lugar, sempre com apresentações prestigiadas pelos ouvidos mais burilados, assim como os experimentalismos de **Tom Zé** e o virtuose das cordas **Toninho Horta,** que a partir de 1988 lançou alguns álbuns nos EUA, inclusive um com o flautista e violonista italiano **Nicola Stilo.**

Entre os arranjadores, **Eumir Deodato**, após o estouro planetário de sua versão pop de "Assim falou Zaratustra", de Richard Strauss, em 1972, e de arranjar para alguns dos maiores mitos do jazz e do soul/pop, desde os anos 1980, trabalhou em diversas trilhas de filmes famosos de Hollywood e para grupos importantes, como **Kool & the Gang**, e na década seguinte com **Björk**, além de tocar com orquestras sinfônicas americanas e italianas. Duas décadas mais jovem, **Jaques Morelenbaum**, após inúmeras atividades no Brasil, gravou dois discos com o músico japonês **Ryuichi Sakamoto,** *Casa* (2001) e *A day in New York* (2002), apresentou-se com vários artistas internacionais e também com o **Cello Samba Trio** ou o **Quarteto Jobim-Morelenbaum** em várias partes do mundo. **Dori Caymmi**, além de ser muito lembrado por sua canção "O Cantador" ("Like a lover" no exterior), em 89, foi morar em Los Angeles, onde viveu 30 anos trabalhando geralmente nos bastidores, fosse arranjando, até para **Quincy Jones**, ou tocando seu violão em gravações. **Edu Lobo** nunca foi de aparecer ou viajar muito, mas também teve sua obra respeitada pelos entendidos e gravou com a holandesa **The Metropole Orkest.** Entre os surgidos na década de 80, dentre os que não foram morar fora do país, **Marisa Monte** e **Ed Motta** também conseguiram seu bom quinhão de admiração entre os gringos.

Os pianistas **César Camargo Mariano, Antonio Adolfo** e o violonista **Vinicius Cantuária** engrossaram a lista dos radicados nos EUA. **César**

Camargo passou a residir em Nova Jersey e até hoje é lembrado pelo álbum clássico *Elis & Tom* (74), embora a turma chegada a "funk", jazz e hip-hop na virada dos anos 2020 para 21 já estivesse redescobrindo seu clássico LP *São Paulo-Brasil* (77). **Antonio Adolfo** também ficou na ponte aérea Rio—Miami e vem gravando por lá, além de ter álbuns cultuados, como os que fez com A Brazuca, em 69 e 71; o pioneiro dos independentes *Feito e casa* (77) e *Viralata* (79), cuja faixa "Cascavel" sempre aparece em coletâneas e em listas de faixas prediletas dos DJs desde os anos 90. **Vinicius Cantuária** também seguiu lançando álbuns por lá por selos franceses e americanos, inclusive *Surpresa* em 2021, com **Jesse Harris**, compositor estourado por **Norah Jones** e um apaixonado pelo Brasil.

Às vezes pintam azarões, como o talentoso instrumentista e arranjador **Arthur Verocai**, que após ver relançado no mercado internacional seu LP homônimo de 1972, gravado na Continental, também virou um "deus" para muitos músicos e DJs gringos, que passaram a sampleá-lo sem parar desde então. Da mesma forma, o ex-baterista do **Bossa 3**, **Ronald Mesquita** (Rony Mesquita), teve um LP do mesmo ano gravado em Paris redescoberto nos anos 90 e a partir de então é sempre remixado e sampleado. Outro mito é o grupo **Os Mutantes**, com sua formação original, entre 1968 e 72, de **Arnaldo** e **Sérgio Dias Baptista** e **Rita Lee**, sendo ídolo de várias gerações e referência do rock desse tempo como qualquer outra banda estrangeira do primeiro time, inclusive de influentes roqueiros dos anos 90, que sempre os citava como referência, como **Kurt Cobain** e o baixista **Krist Novoselic**, do **Nirvana**, **Sean Lennon** (filho de **John**), **Beck** e o pessoal dos grupos **Fugazi** e **Stereolab**.

Mas não adianta. Desde os anos 1960, os que conseguiram um nome mais forte com apresentações sempre lotadas menos de brasileiros e mais de público internacional foram mesmo os que moraram no exterior, em especial nos Estados Unidos, como **Tom Jobim**, **João Gilberto**, **Luiz Bonfá**, **Laurindo de Almeida**, **Baden Powell**, **Sergio Mendes**, **Walter Wanderley**, **João Donato**, **Tania Maria**, **Flora Purim**, **Airto Moreira**, **Naná Vasconcelos** e **Raul de Souza**. A partir dos anos 80, **Ivan Lins** e **Azymuth**, depois **Leny Andrade**, já nos anos 90 e 2000, **Bebel Gilberto** e **Seu Jorge** conquistaram seus espaços. Houve, entretanto, alguns que conseguiram até bastante coisa se pensarmos que continuaram morando no Brasil. Não são figuras que vendem milhares de discos ou dos que se pode auferir o sucesso pelo número de visualizações de músicas e vídeos em plataformas digitais. É um público que valoriza a experiência de se concentrar num show ao vivo sem a obrigação de filmá-lo pelo celular (quando isto passou a ser possível, ou seja, a partir dos anos 2010) e que não parou de comprar discos físicos. É o caso de três que ganharam vertiginoso prestígio dos anos 1990 para cá, como **Joyce**, **Marcos Valle** e **Rosa Passos**, além dos referidos **João Donato** e **Azymuth** — estes depois de uma longa temporada fora já residindo no Brasil.

Já consagrada na Europa e Japão, **Rosa Passos** intensificou sua agenda também no mercado americano em meados dos anos 2000, seja lançando alguns discos por gravadoras locais, como Chesky Records, que editou seu CD *Entre amigos*, com o contrabaixista **Ron Carter**, em 2003, seja pisando nos seus melhores palcos. Só no sagrado do Carnegie Hall de Nova York esteve por três vezes. Uma em 2004, lançando o CD *Obrigado Brazil* do violoncelista mundialmente famoso **Yo-Yo Ma**, no qual participou em duas faixas, seguindo com ele em longa turnê internacional; outra vez no ano seguinte, num show comemorativo do saxofonista e clarinetista cubano **Paquito D'Rivera**, e no lançamento do seu CD *Rosa*, em 2006 — com lotação esgotada. Na década seguinte, por encomenda de selos estrangeiros, fez novos álbuns relendo clássicos da nossa música e foi a única brasileira convidada a cantar no Lincoln Center de Nova York em sua programação que celebrava os 100 anos de Jazz, em 2017.

Para quem não mora no hemisfério norte, o que **Joyce** conseguiu também foi impressionante, muito além de uma numerosa discografia, praticamente um álbum por ano, de 2000 até o fim dos anos 2020, quase todos lançados por selos estrangeiros, entre ingleses (Far Out), americanos (Verve) e japoneses (Omagatoki, Nippon Columbia e Rambling Records). Esteve nos palcos mais prestigiosos europeus, japoneses e americanos, sendo que ainda ministrou diversas aulas e masterclasses em universidades e escolas de música dos EUA, como a Berklee College of Music, em Boston, no ano de 2015, quando ensinou um pouco da história da música brasileira e teve seu próprio repertório como tema de trabalhos finais de alunos: músicos e arranjadores — aliás, **Rosa Passos** foi a primeira brasileira a ganhar o título de doutor *honoris causa* ali, em 2008, e o nome de **Ivan Lins** batiza uma das salas de aula na mesma instituição, na qual eles também deram masterclasses e tocaram em big bands só de alunos. Na Dinamarca e Suécia, na Universidade Malmö, a mesma coisa, **Joyce** lecionou inclusive em turmas exclusivas para músicos profissionais. Houve ano que ela cruzou o Atlântico sete vezes para atuar no exterior, enquanto no Brasil ela, como a maioria dos aqui citados, são bem pouco conhecidos, sobretudo das novas gerações.

É interessante citar alguns palcos de clubes e teatros do circuito feito por **Joyce**, pois é um belo apanhado dos lugares em que a nossa música mais sofisticada harmonicamente e alheia a modismos é consumida. Na Europa central, cantou e tocou seu afiado violão em Londres no Jazz Café e no Ronnie Scott's, o mais chique e tradicional da cidade; e também em 1994 e 2006 no megafestival Glaston Bury, que nem é de jazz, é mais chegado ao pop e ao rock, tão grandioso que inspirou o famoso Festival de Woodstock. Na França, em Paris, no imenso Teatro de la Ville e no clube New Morning, um dos mais antigos e tradicionais da Europa; e em Marseille, no Le Cri du Port. Na Alemanha, entre outros, no Philarmonie Hall, em Colônia, sede da **WDR Big Band**, a maior do gênero na Europa, com quem gravou o CD *Celebrating Jobim* (2009) — aliás, foi nessa época que passou a assinar **Joyce Moreno**, com o sobrenome do seu companheiro desde 75, o baterista **Tutty Moreno**. Na Itália — costuma tocar em diversas cidades de norte a sul, todas com belíssimos teatros —, incluindo o Blue Note Milão. Em Portugal, foi aclamada no Teatro Casa de Música, do Porto, e no Teatro-Auditório de Espinho, ambos enormes e modernos.

Nos países nórdicos da Europa, o mesmo triunfo. Na Dinamarca, deu som no Copenhagen Jazz Festival (que acontece em vários lugares diferentes na cidade e no entorno, muitas vezes ao ar livre), no Montmartre Jazz (clube mais tradicional da cidade), na Copenhagen Jazzhouse, entre outros. Na Polônia, no Teatr Ziemi Rybnickiej, de Rybnik. Na Finlândia, em Helsinque, no Savoy Theatre, com a prestigiada **UMO Jazz Orchestra**. No Leste Europeu também gostam dela. Foi bem recebida na Hungria, no clube de jazz EllatoHáz, de Budapeste; e na República Tcheca já tocou até na deslumbrante Ópera de Praga, onde Mozart regeu a 1ª récita de *Don Giovanni*, no século XVIII.

Nos EUA, frequentou os palcos de várias cidades. Em Nova York, nos legendários Blue Note, Birdland, Jazz Standard (que fechou na época do auge da epidemia do coronavírus, em 2020), além do complexo Jazz at the Lincoln Center, composto por dois teatros e um clube de jazz, o Dizzy's, nos quais ela também já tocou. Em Washington D.C, fez o Blues Alley; em Seattle, o Jazz Alley, e em San Francisco, o Yoshi's. Isto sem contar o Carnegie Hall, onde atuou em 95. No Canadá, também já excursionou por cidades como Vancouver, Montreal e Toronto. Finalmente, no Japão, desde 95, vem atuando praticamente todo ano no Cotton Club e no Blue Note de Tóquio, bem como em algumas filiais deste último em cidades como Nagoya e Yokohama. Este é um circuito diferente do da música pop planetária, para ouvidos mais sensíveis que gostam de um tipo de artista menos imagético, em que a música em si é mais valorizada, e não o puro entretenimento.

Marcos Valle, que já havia tido sucesso nos anos 1960 com seu *Samba de verão*, sendo até hoje possivelmente a segunda música brasileira mais regravada mundialmente após a *Garota de Ipanema*, com mais de 600 gravações estrangeiras, segundo cálculos do compositor, voltava com força ao mercado internacional, como já foi dito, após ser redescoberto pelos DJs ingleses na mesma época de **Joyce**, em 93. A seguir, tornou a gravar álbuns sempre modernos de bossa/pop/jazz, alguns lançados no exterior pela inglesa Far Out, sempre com canções inéditas, outros no Brasil, como o belo e instrumental *Jet samba* (2005), e alguns em dupla, como o que fez com o guitarrista **Victor Biglione** (*Live in Montreal*, 2002), registrando um concerto que realizaram no Canadá, e ainda outro (*Apresentam Página Central*, 2009), com o cantor e violonista **Celso Fonseca**, parceiro do letrista **Ronaldo Bastos** desde os anos 80, produtor e diretor musical de grandes figurões da "MPB", cuja carreira solo teve mais espaço em palcos dessa cena jazz-bossa ao redor do mundo. Em 2013, **Marcos** se reuniu ainda com a jazzista norte-americana **Stacey Kent** e comemorou seus 50 anos de carreira saindo em turnê internacional, registrando CD e DVD ao vivo gravados no Birdland (NY) e no Blue Note (Tóquio).

Assim como **Joyce Moreno**, **Marcos** já se apresentou no Glastonbury Festival, na Inglaterra, um dos três maiores festivais de música pop da Europa, mas também em outros do mesmo naipe, cantando para multidões, como o Dekmantel Festival, em Amsterdã, e o North Sea Festival, um evento de jazz anual que ocorre na segunda quinzena do mês de julho na Holanda. Também assim como ela, já foi convidado para dar aulas em escolas de música, como a já referida Berklee, de Boston, que não pôde aceitar devido à sua agenda sempre cheia, porém, mesmo assim, foi homenageado por alunos de diversos países da famosa instituição em 2012, quando fizeram uma apresentação só com suas músicas, arranjadas para a orquestra deles próprios. Na ocasião, ele compareceu e participou em duas canções. Além de seu trânsito nos mercados americano, europeu e japonês, **Marcos** já esteve em terras ainda mais estranhas para os brasileiros, como Montenegro, país ao sul da Croácia (no qual após um show de sucesso foi à praia e reconhecido por um DJ que lá estava, decidiu tocar músicas suas, sendo celebrado pelos presentes) e ainda a Austrália (onde já foi pelo menos cinco vezes) e países da Ásia, como Casaquistão e Singapura. Em todos viu algumas centenas de jovens dançarem ao som de suas músicas e cantarem em português algumas delas.

Embora entre os DJs seu disco homônimo de 1983 com o soul *Estrelar* ainda seja o mais cultuado, não parou de ter suas velhas (porém eternas) gravações remixadas e, a partir dos anos 2010, também sampleadas, a começar pelos maiores e mais influentes expoentes da cena hip-hop norte-americana **Jay-Z** e **Kanye West**, que já ganharam mais de 20 Grammy cada um. Eles samplearam, respectivamente, as canções "Ele e ela", de 70 (na faixa "Thank you"), e "Bodas de sangue", de 72 (em "New god flow"). A mesma "Bodas de sangue" serviu de base para a faixa "Pain", do **Pusha T & Future**, outro rapper americano, assim como **Casey Veggies**, que preferiu "Rockin you eternally", dele com **Leon Ware**, para a sua "I'm the king", enquanto o francês **Vald** sampleou a "Vinheta I" do seu álbum com a trilha do filme *O fabuloso Fittipaldi* (73) em "Urbanisme" e o inglês **Tom Misch** fisgou logo duas: "Fogo do sol", de 83, para "Angel", em duo com o rapper **Loyle Carner**, e a eterna "So nice (Samba de verão)" para "You got me flying". Finalmente, a dupla indie pop **Capital Cities**, de Los Angeles, apropriou-se da sua obscura "Moral tem hora", de 80, em sua dançante "Levitate". Nada mal.

Com o nome extraído de uma canção de **Marcos** e do irmão **Paulo Sérgio Valle**, o grupo **Azymuth** é um dos mais cultuados do estilo no exterior. Foi formado em 1973 pelo legendário tecladista **José Roberto Bertrami** (falecido em 2012, substituído a seguir por **Kiko Continentino**), pelo baterista **Ivan Conti**, mais conhecido como **Mamão**, e pelo baixista **Alexandre Malheiros** (cuja filha, **Sabrina Malheiros**, iniciou uma carreira também nesse estilo em 2005, com várias bossas remixadas pelos DJs estrangeiros, assim como foi bem-vinda a de **Joyce** e **Nelson Angelo**, **Clara Moreno**, que começou nos anos 90). Os três, além de atuar em centenas de discos como músicos de estúdio no Brasil desde os anos 70, entraram para os anais desse mercado internacional a partir do lançamento do jazz-funk com molho disco "Jazz carnival". Lançada em um disco mix de 45 rpm, vendeu muito e se manteve nas paradas britânicas e europeias em 80 e nunca mais foi esquecida.

Nesta década, o trio chegou a viver nos EUA, lançando não só dez discos para o mercado europeu e americano pela prestigiada Milestone, como também cada um dos três integrantes o seu individual. Após o grupo ser cultuado por bandas como **Jamiroquai**, **Brand New Heavies** e **Incognito** e redescoberto pelos DJs ingleses nos anos 90, assinaram com a Far Out, de **Joe Davis**, precisamente em 96, voltando a registrar regularmente álbuns bem-conceituados nesse mercado, como *Butterfly* (2008). Seguiram cada vez mais fortes, agora com uma terceira e quarta gerações de ouvintes gringos, sendo sempre também sampleados e remixados em faixas como "Roda pião", de **Dorival Caymmi** (pelo **Spiritual South**), um megahit nas pistas desde o seu lançamento em 2006.

Fenômeno interessante também ocorreu com o veteraníssimo **João Donato**, outro que viveu nos EUA de 1959 a 72, ganhando enorme reputação, quando trabalhou com gigantes do jazz latino, como **Mongo Santamaría**, **Cal Tjader** e **Eddie Palmieri**, mas que depois de trabalhar como arranjador de **Gal**, **Caetano**, **Gil**, **Clara Nunes** e muitos outros nos anos 70 e 80, a partir da década de 1990 iniciava sua fase de maior produtividade, inclusive fonográfica, tanto no Brasil quanto no exterior, quando também foi redescoberto e muito sampleado pelos DJs, em especial seus álbuns *A bad Donato* (70), *Quem é quem* (73) e *Lugar comum* (75). Incansável, entre 1996 e 2021 teve cerca de 25 álbuns lançados, alguns por selos americanos (Elephant, Jazz Station Records), ingleses (Far Out) e japoneses (Rombling Records).

O ponto de partida foi em 1995, quando a cantora nissei **Lisa Ono** — especialista em bossa nova, de grande sucesso em seu país, gravando desde 89 pérolas da nossa música, muitas vezes ao lado dos nossos melhores músicos — registrou o álbum *Minha saudade*, todo com músicas e arranjos de **Donato**. Logo passaram juntos um mês excursionando por várias cidades nipônicas. Na década seguinte, em 2007, voltaria ao Japão para nova turnê com dez pianistas de jazz, na qual era o único brasileiro, e em 2015 gravou o álbum *Blue bossa*, com *standards* de bossa nova e jazz, sob encomenda deste mercado. Suas viagens ao exterior passaram a ser frequentes: de dois em dois anos estava em algum canto do planeta — nos EUA, Europa, América Latina ou até mesmo na Austrália e em Singapura (como **Marcos Valle**) e na Finlândia (como **Joyce Moreno**). **Donato** foi ainda o primeiro artista de bossa nova a entrar na Rússia, em 2003, pelas mãos de um de seus fãs, o produtor, músico e compositor **Vartan Tonoyan**, para tocar com a **Orquestra de Câmara de Moscou**.

Em novembro de 2010, foi o grande homenageado do Grammy Latino com o Prêmio de Excelência Musical por suas composições instrumentais e fusões de funk, soul, jazz e ritmos afro-cubanos. À época estava lançando justamente o CD *Sambolero*, gravado com seu trio — uma união dos principais gêneros do Brasil e da América hispânica — o samba e o bolero, temperados com sua bossa característica. A propósito, apaixonado pela música caribenha, numa das vezes que voltou a Cuba, em 2008, gravou ao vivo o DVD *Nasci para bailar*.

Em 2019, fez uma turnê europeia por cidades como Londres, Paris, Berlim e Lisboa para lançar o álbum *Donato elétrico*, gravado três anos antes com a banda de jazz paulista **Bixiga 70** e os vocalistas **Mateus Aleluia** (do grupo **Os Tincoãs**) e **Thalma de Freitas**, sempre com casas lotadas de plateia majoritariamente local, com gente em pé dançando seu som tropical. Nesse meio-tempo, em dezembro de 2017, recebeu uma homenagem dos alunos da UCLA, de Los Angeles, com direito a palestra sobre seu clássico álbum de jazz-funk *A bad Donato*, gravado justamente naquela cidade nos idos de 1970, com direito a um apoteótico show ao final.

João passou todo este período do século XXI alternando álbuns com colegas brasileiros e estrangeiros, visando ambos os mercados. Registrou alguns em parceria com **Emílio Santiago** (*Emílio Santiago encontra João Donato*, 2003), **Paula Morelenbaum** (*Água*, 2010) e com o filho (e produtor) **Donatinho** (*Sintetizamor*, 2017), e **Joyce Moreno** (*Tudo bonito*, 2000 e *Aquarius*, 2010), mas também outro com o saxofonista e flautista norte-americano **Bud Shank** (*Uma tarde com Bud Shank e João Donato*, 2007) — com quem já havia gravado nos anos 60 —, e até mesmo um moderníssimo álbum com múltiplas referências musicais com **Ali Shaheed Muhammad** (mítico produtor e membro do grupo de hip-hop americano **A Tribe Called Quest**) e **Adrian Younge** (compositor que já trabalhou com os rappers **Jay Z, Timbaland e Kendrick Lamar**), no sétimo volume da prestigiada série *Jazz is dead*, em 2021, lançado quando este já ostentava 87 primaveras.

De temperamento mais introspectivo, sem tantas parcerias no palco, garantindo-se muitas das vezes até sem banda, na base do voz e (exímio) violão, **João Bosco** conseguiu ser admirado na cena de bossa-jazz pelo público e músicos do mundo inteiro, desde que se apresentou pela primeira vez no exterior em 1978, em Fort-de-France (Martinica), no Festival de Guitarristas, a convite do regente cubano **Leo Brouwer**, para onde retornaria outras vezes. Em 83, inaugurou o circuito de festivais europeus, em Montreux, ao lado de **Caetano Veloso** e **Ney Matogrosso** (rendendo um álbum pela Polygram/Barclay, no Brasil) — aliás a noite brasileira em Montreux, iniciada em 77, vem levando anualmente a partir de então o melhor da nossa "MPB" e do pop nacional à Suíça.

Bosco já foi às Américas, Europa, Ásia e África. Só declina de algumas conferências para estudantes às vezes porque acha difícil explicar aos alunos as levadas harmônicas sofisticadas e suingadas de seu violão em temas compostos por ele, como "A nível de", "Linha de passe", "Coisa feita", "Senhoras do Amazonas", " Escadas da Penha" ou "Nação" e justifica citando os versos de **Haroldo Barbosa**: "Isso não se aprende na escola."

Nesses anos todos, viveu momentos curiosos, como quando foi convidado pelo embaixador José Aparecido para fazer o show do Encontro de Nações, realizado na Ilha de Cabo Verde, onde se fala a língua portuguesa, e a música que despertou um grande interesse do público foi o delirante samba "Gago apaixonado", de **Noel Rosa.**

A propósito, em maio de 1994, de visita ao Brasil, a cantora cabo-verdiana **Cesária Évora** dizia que conhecia o som de **Silvio Caldas, Nelson Ned, Agnaldo Timóteo, Elza Soares, Martinho da Vila** e **Alcione**, e que já havia gravado uma canção de **Vinicius de Moraes**, mas se confessava mesmo fã de **Angela Maria.** "Talvez ela tenha me influenciado, já que a conheço desde que sou rapariga nova. Gostaria de conhecê-la", revelou à *Folha de S. Paulo.*[52] **Cesária** disse ter cantado músicas do repertório da Sapoti nas noites de Mindelo — onde nasceu, na Ilha de São Vicente. Ao encontrá-la no camarim após um show no Sesc Pompeia, chorou muito. Em sua homenagem, ainda regravaria um dos grandes sucessos da colega, lançado dos idos de 62, o chá-chá-chá "Beijo roubado", de **Adelino Moreira.** A seguir, também estreitaram laços com a caboverdiana, gravando duetos com ela, **Caetano Veloso** ("É preciso perdoar", "Regresso") e **Marisa Monte** ("É doce morrer no mar").[53]

Além dos citados, há ainda alguns nomes quase que completamente desconhecidos da maioria dos brasileiros, por não terem centrado suas carreiras no país. Que o diga o **Trio da Paz**, instrumental, que fez uma carreira forte nesta cena, sobretudo novaiorquina, principalmente depois que começaram a gravar os próprios discos, em 1992. Seus três integrantes são o violonista **Romero Lubambo** (que, além do trabalho com grupo, já acompanhou dezenas de artistas, como **Dianne Reeves, Al Jarreau, Kathleen Battle, Herbie Mann, Paquito D'Rivera, Harry Belafonte** e **Grover Washighton Jr**); o baixista **Nilson Matta** e o baterista/percussionista **Duduka da Fonseca**, outro recordista em gravações, casado com a cantora **Maúcha Adnet.** A ex-integrante do **Céu da Boca** e da **Banda Nova de Tom Jobim** radicou-se em Nova York em 87 e, embora com discografia reduzida, vive cantando no circuito Europa/EUA normalmente acompanhada do **Trio.**

Outra ilustre desconhecida no Brasil, mas com incrível prestígio internacional, é a paulista de estilo *low profile* **Luciana Souza**, filha dos compositores bossanovistas **Walter Santos** e **Tereza Souza**, que nos anos 80 abriram a gravadora Som da Gente, valorizando sobretudo a música instrumental do país. Residindo nos EUA desde os anos 1980, embora nem sempre seja lembrada por não fazer a linha "diva", já foi diversas vezes indicada ao Grammy Awards de Melhor Cantora e Álbum de Jazz. Trabalhou com **Paul Simon** e **James Taylor**, além de inúmeras figuras importantes da cena jazzística, como **Herbie Hancock** e **Bobby McFerrin** e da erudita, atuando em algumas das maiores orquestras do mundo. Como professora, lecionou por quatro anos na Manhattan School of Music, e a seguir passou a dar *master classes* em vários cantos do globo. Em 2018, também integrou o veterano grupo de jazz **Yellowjackets** como vocalista e, em 2005 e 2013, foi premiada como Melhor Cantora Feminina de Jazz pela Associação de Jornalistas de Jazz, em Nova York.

Por fim, na década de 2010, outra que se andar nas ruas de sua terra poucos irão reconhecê-la é a pianista (e dublê de vocalista) **Eliane Elias**. Pois ela tornou-se possivelmente a artista brasileira mais prestigiada mundialmente desse segmento de bossa-jazz, fazendo seu nome nesse mercado desde os anos 80. A partir de 2000, trabalhou com o maestro e trombonista **Bob Brookmeyer**, à frente da **Danish Radio Jazz Orchestra**. Entre os diversos álbuns que gravou, destacou-se *Dreamer* (2004), *Something for you: Elaine Elias sings & plays Bill Evans* (2007) — liderando um trio com seu marido, o baixista **Marc Johnson** (que tocou anos com **Bill Evans**), e o baterista **Joey Baron** —, e *Bossa nova stories* (2009), misturando o gênero às suas raízes brasileiras. Inúmeras vezes indicada ao Grammy Awards e Latino, passou a rodar o mundo em turnês, acompanhada de **Marc** e do baterista **Rafael Barata**.

A propósito, além de **Rafael**, mais três percussionistas/bateristas se destacaram nesse cenário após a fase de **Dom Um Romão**, **Edison Machado**, **Laudir de Oliveira**, **Robertinho Silva** e **Paulinho da Costa**. Foram eles: **Cyro Baptista** (que fez parte da banda de **Herbie Hancock** e de muitos pesos-pesados), **Kiko Freitas** (também professor convidado em diversas escolas de música da Europa e EUA) e, mais para o final da década de 2010, **Mauro Refosco**, famoso por tocar com o **Radiohead** e **David Byrne**. Ele criou a banda **Forró in the Dark** em Nova York, inaugurando por lá um nicho até então pouco explorado internacionalmente, o do forró, que passou lentamente a ter resultados. Nicho por nicho, no dos cultores do choro, o maior destaque foi mesmo para o já referido bandolinista virtuose **Hamilton de Holanda** e para o trio feminino **Choro das 3**. Por fim, um dos inventores do samba-funk, o veteraníssimo pianista **Dom Salvador** se refugiou no piano-bar *River Café*, de Nova York, em 1977, para manter suas contas em dia e de lá só saiu eventualmente para mostrar em discos e palcos com quantas teclas se fazia um *groove* jazzístico à brasileira, como no concerto que realizou no Central Park, ao ar livre, no verão de 2021, aos 82 anos.

Para fechar essa lista de forma ainda mais inusitada, talvez muitos não saibam, mas a música brasileira motivou o surgimento de algumas bandas "fake" brasileiras, ou seja, supostamente daqui, mas formadas na maioria por músicos gringos, que por vezes colocavam até suas namoradas brasileiras como vocalistas. **Viva Brasil** (EUA), **A Bossa Elétrica** (Suécia), **Banda Favela** e **Bossa Nostra** (Itália), **Réminiscence Quartet** (França), **Zuco 103** (Holanda, com sucesso também na França) e **Da Lata e Bah Samba** (Inglaterra) são alguns exemplos. Todas foram formadas por instrumentistas que compuseram repertório próprio usando e abusando de levadas brasileiras descobertas em velhos vinis de artistas sofisticados nacionais pouco valorizados que acabaram por formar seu gosto musical. Assim, mantiveram uma boa agenda de apresentações, sempre gravando discos de qualidade acima da média.

Tantas décadas depois da consagração da bossa nova no exterior, no sentido contrário ela também continua a mil, ou seja, seduzindo igualmente músicos estrangeiros de várias searas. A jazzista canadense **Diana Krall** gravou o álbum *Quiet nights* e o DVD *Live in Rio* (2009), inspirada por *Amoroso*, de **João Gilberto**, trabalhando com o mesmo arranjador **Claus Ogerman**. A americana **Jane Monheit** pouco antes também gravou bossas em português no CD *Surrender* (2007), como "Caminhos cruzados" (Tom/Newton Mendonça), "Só tinha que ser com você" (Tom/Aloysio de Oliveira) e "Rio de maio" (Ivan Lins/Celso Viáfora), esta em dueto com **Ivan**. E ainda o guitarrista inglês **Andy Summers**, do **The Police**, gravou um improvável álbum com o nosso **Roberto Menescal**, *United Kingdom of Ipanema* (2016).

No pop, a estrelinha americana **Billie Eilish**, aos 20 anos, inspirada em **Astrud Gilberto**, registrou *Billie Bossa* em 2021, somando centenas de milhões de visualizações de faixas como "Happier than never". A canadense **Alessia Cara** fez vídeos dublando "Saudade fez um samba" na voz de **João Gilberto**, ídolo do duo folk pop norueguês **Kings of Convenience**, que gosta inclusive de imitar as broncas do cantor pedindo silêncio ao público. No rap, da americana **Noname** ("Montego bae", em duo com a conterrânea **Ravyn Lenae**, de r&b) à cantora do Zimbábue **Tkay Maidza** ("You sad") e o cantor e produtor inglês **Tom Misch** ("It runs through me"), todos são devotos da bossa, como também o astro portorriquenho do reggaeton **Bad Bunny**, que já foi inclusive parceiro da popstar brazuca **Anitta** ("Bossa nova", registrada com o rapper americano **Travis Scott**). Mas nada se compara ao fenômeno "Castaways", bossa incluída no desenho animado *Backyardgans* em 2005. A música viralizou a hastag #bossanova e suas reproduções no TikTok seis anos depois já ultrapassaram 80 milhões de visualizações ao redor do mundo.

Enquanto houver músicos e cantores ligados à música em si, e não apenas ao entretenimento, ao que parece, não apenas a bossa nova, como o trabalho de seus criadores, **Tom** e **João**, nunca vão desaparecer. **Tom** faz parte do cancioneiro básico mundial, ano após ano sempre regravado, e não se pode graduar em faculdades de jazz internacionais sem saber de cor um bocado de suas músicas, enquanto a batida, o intimismo e a divisão rítmica de **João** seguem venerados igualmente sem contraindicações ou prazo de validade.

6.

A dominação "sertaneja" e "funkeira", os novos pagodeiros, forrozeiros, "bregas", religiosos e rappers (2000-2022)

O mercado religioso vira um filão lucrativo

Entre dezenas de intérpretes citados no capítulo anterior, foram muito poucos os que conseguiram sucessos radiofônicos ou midiáticos que o Brasil inteiro tomasse conhecimento. O mercado se pulverizou em pequenas e numerosas bolhas de plateias cativas para determinados estilos e artistas. Agora só interessava ao sistema dominante a resposta imediata do público revertida em vendas portentosas de CDs e, a partir de meados dos anos 2010, via plataformas de *streaming* e audiovisual da internet. O samba "Deixa a vida me levar", com **Zeca Pagodinho**, popularizado na Copa de 2002, foi uma das últimas músicas que uniram o Brasil de norte a sul, de leste a oeste, independente de idade, gosto musical e classe social. Era popular sem ser popularesca ou de viés muito adolescente — como aconteceu inúmeras vezes no correr do século passado. Eram tempos em que uma canção de "MPB", samba, forró de raiz, frevo ou carnaval conseguia chegar aos confins do Brasil, nem que fosse por meio de uma trilha de novela, emocionando gente do interior, do litoral, das favelas e da elite, jovens e velhos. Neste novo momento, não havia chance para azarões.

O mercado foi se fechando cada vez mais em dois gêneros preponderantes: o "sertanejo", de forma acachapante, chegando a 70%, 80% das canções mais tocadas do país, sobretudo entre 2008 e 2018, e o "funk", de maneira mais independente, ainda que agora com mais investidores do que quando o gênero começou, cercado de preconceitos. Logo a seguir, uns três degraus abaixo, o forró eletrônico, que movimentou uma poderosa indústria no Nordeste; ainda um pouco mais abaixo, o pagode romântico, no Sudeste, este porém sem a força dos anos 90, e descendo ainda mais, a axé-music, que deu seus últimos suspiros nos anos 2000. O espaço na grande mídia para estilos de harmonia, melodia, poesia e arranjos mais elaborados, que necessitavam de mais tempo para a absorção do ouvinte, sobretudo se cantado por novos artistas, simplesmente acabou — salvo, no caso das letras e arranjos, pela turma do hip-hop paulistano, que criou um nicho forte, saindo do gueto paulatinamente nos anos 2010. É impressionante como tudo mudou, em especial a partir de 2008.

Outro fenômeno que veio de fins da década passada de música massificada, porém mais efêmero que os demais, foi o dos padres-cantores, em especial o **Padre Marcelo Rossi**, paulista que transformou em disco a parte musical de suas animadas missas. Tudo começou quando ele apareceu no programa *Domingão do Faustão*, da TV Globo, numa matéria em que ele rezava missa para quarteirões de fiéis que já cantavam os seus sucessos então conhecidos apenas pelo seu segmento. Ele já havia lançado o seu CD de estreia, *Músicas para louvar o Senhor* (1998), abarcando hits como "Erguei as mãos" e "Quero mergulhar nas profundezas", mas essa aparição foi fundamental para catapultá-lo nacionalmente, salvando inclusive as finanças da pequena gravadora Velas, da qual era contratado, que à época era distribuída pela Polygram e chegou à marca de 3 milhões de cópias vendidas, dividindo com *Xou da Xuxa 3* o posto de álbum mais vendido da história do país. Contratado pela multinacional Universal Music (ex--Polygram, que em 99 adotou este nome após a união das duas empresas), vendeu uma média de 2 milhões por lançamento, até ir para a Sony Music, onde seguiu até a década seguinte batendo recordes.

Quem também fez dois trabalhos neste filão católico foi **Joanna**, com *Joanna em oração* (2002) e *Interpreta* **Padre Zezinho** (2011), relendo a obra daquele que foi o padre mais popular até então, antes do *boom* desse gênero. Mineiro radicado em Taubaté (SP), ele gravava desde 1969 e já vendia muito, investindo na catequese por meio de dança, música e oração, enchendo estádios e ginásios pelo país, cujo maior sucesso foi a sua "Oração da família". Depois, outros padres também viraram *popstars*, sobretudo o também mineiro **Fábio de Melo**, em 2007, que chegou a gravar em duo com vários artistas da "MPB". Outros que fizeram fama foram o paranaense **Reginaldo Manzotti**, o paulista **Antonio Maria** (favorito de **Roberto Carlos**), o (padre galã) mineiro radicado em Sampa **Juarez de Castro** e o carioca **Omar Raposo** (reitor do santuário Cristo Redentor), além de alguns cantores católicos, que apareceram via programas de TV específicos. Curiosamente, os sacerdotes citados nunca se apresentam em dupla nem costumam participar dos discos de seus pares.

Na verdade, este segmento musical católico que veio à tona nesse momento já era uma resposta ao ascendente mercado "gospel" evangélico, muito mais poderoso, que abriu estúdios, gravadoras e até emissoras próprias para divulgar seus artistas desde o fim dos anos 1980, como os grupos **Rebanhão, Complexo J, Banda & Voz, Catedral** e as cantoras **Cristina Mel, Melissa** e **Aline Barros** — esta última uma das primeiras grandes estrelas do gênero. Depois vieram novos fenômenos capazes de arrastar multidões, como **Priscilla Alcântara** (esta um pouco mais "subversiva" no gênero, aberta, tentando escapar dos clichês do gênero), **Gabriela Rocha, Bruna Karla, André Valadão**, o grupo **Diante do Trono** e muitos outros.

O "gospel" teve crescimento expressivo e estável nos primeiros 20 anos do novo século, com algumas diferenças em relação aos EUA, berço do estilo. Ao contrário de lá, o gospel brasileiro não é um estilo musical, pois qualquer ritmo pode ser gospel — balada, rock, "funk", rap... O importante é pregar a "palavra divina", saindo da igreja e entrando nos lares com um toque de entretenimento.[1] É um produto de dominação. Ao contrário do dono de casa de shows que paga impostos, ECAD, equipamento de som e banda, a igreja ocupa uma garagem, põe fiéis para tocar de graça e o mais perverso é que isto se torna por vezes a única opção de diversão em periferias.[2] Mas é uma indústria que dá lucro direto a executivos e produtores, e indireto aos pastores, que ampliam seus rebanhos. Estes então os sustentam por meio do dízimo recolhido.

Fora dos templos, o mercado para a nossa música popular não foi menos perverso, como veremos mais adiante. Ganhou-se muito dinheiro com a padronizações de produções em série, com letras cada vez mais simples e diretas, de preferência despolitizadas em todos os sentidos, com forte apelo imagético (preferencialmente sexual) dos artistas e estruturas bastante sofisticadas de jabás. Tudo isso incrementado pelo surgimento da internet, e posteriormente das redes sociais, que tornaram a música coadjuvante de uma festa maior, a do entretenimento despretensioso, agora também amparada por uma classe média bem mais empobrecida econômica e intelectualmente.

Os últimos suspiros midiáticos da axé-music e a nova cena baiana

Dos gêneros massificados da década anterior, a axé-music ainda se manteve nos anos 2000, mas aos poucos foi fazendo o percurso inverso que a levou à glória. Deixou de ser um fenômeno nacional para voltar a ser local e restrito à época do carnaval. A exceção principal dessa regra foi **Ivete Sangalo**, que se tornou uma superstar, encobrindo a princípio até mesmo **Daniela Mercury**, a "Rainha do Axé", e mais que isso, virou uma celebridade onipresente na cena brasileira das primeiras duas décadas do século. Ela abriu essa fase com os megahits "Festa", em 2001, este seguramente o maior de sua carreira ("E vai rolar a festa / Vai rolar / O povo do gueto / Mandou avisar"), e "Sorte grande" ("Poeira / Levantou poeira"), no carnaval de 2003, seguidas pela regravação da maliciosa "Céu da boca" ("Chupa toda"), do repertório da velha banda de merengue **Frutos Tropicais**, em dueto com **Gilberto Gil**, e mais "Flor do reggae", "Abalou", "Berimbau metalizado", "Cadê Dalila?" e "Acelera aê".

Paralelamente à folia, **Ivete** marcou presença durante o ano com as baladas "A lua que eu te dei", "Quando a chuva passar" e "Deixo".[3] Seus CDs/DVDs da série *MTV ao vivo* (2004), gravados na Arena Fonte Nova, em Salvador, e *Multishow ao vivo — Ivete no Maracanã* (2007) passaram a marca do milhão de cópias, sendo que este último foi, até onde se sabe, o DVD mais vendido da Universal Music não apenas no Brasil, mas da multinacional no mundo todo (há de se registrar que o nosso país foi um dos que a mídia "DVD" foi mais consumida). E tudo isso ela fez apenas de 2001 a 2010, tornando-se a cantora mais popular e midiática do país nesta década.

Ainda no âmbito feminino, **Margareth Menezes** teve no carnaval de 2003 seu maior hit, "Dandalunda", de **Carlinhos Brown**. A letra, a princípio incompreensível para quem não é baiano ou não tem muita intimidade com os cultos afro-brasileiros tão comuns no estado, trata de uma divindade das águas, uma espécie de Oxum do candomblé de Angola, cujo hábitat fica na beira da cachoeira e a saudação é "Coquê". Sua presença espiritual se dá no Terreiro de Angola e Keto, dos poucos que contém as duas "nações" em Salvador, comandado por Mãe Maiamba, localizado no bairro do Candeal, perto do espaço multicultural Candyall Guetho Square. Há também referência à rua do Tamarineiro, que fica em suas imediações: "Bem pertinho da entrada do gueto / Um terreiro de Angola e Ketu / Mãe Maiamba que comanda o centro / Dona Oxum dançando Oxóssi no tempo // Lá em cima do Tamarineiro / Mariinha da pipoca ajoelha / Em janeiro no dia primeiro / Desce o dono do Terreiro / Coquê // Dandalunda, maibanda, coquê."

Outra lenda feminina do carnaval baiano, **Daniela Mercury**, nesta década, obteve alguns êxitos mais festivos circunscritos à folia, como "Ilê pérola negra", "Olha o Gandhy aí", "Maimbê Dandá"[4] e, no meio de ano, ressurgiu com uma regravação de "Mutante", de **Rita Lee** e **Roberto**. Mas foi em 2013 que ela deu uma reviravolta em sua vida pessoal, que refletiu em sua carreira. Mesmo já tendo sido casada e mãe de dois filhos biológicos e três adotivos, assumiu um relacionamento homoafetivo com a jornalista Malu Verçosa, lançando a quatro mãos com ela um livro a respeito, *Daniela e Malu: uma história de amor*. Foi um reboliço. A partir de então, se por um lado perdeu alguns fãs mais caretas, tornou-se grande ativista da causa feminista e LGBTQI+ e retomou os holofotes da mídia para seu trabalho inegavelmente competente.

Enquanto o **Asa de Águia** e o **Chiclete com Banana** (que veio forte com "100% você" e "Não vou chorar") se mantiveram fiéis ao estilo até **Durval Lelys** e **Bell Marques** deixarem suas respectivas bandas em 2014, a **Banda Eva**, já com **Saulo Fernandes** nos vocais, foi de balada ("Anjo") e um axé pop ("Não me conte seus problemas", em dueto com a ex-vocalista **Ivete Sangalo**), em 2005, seguidos de "Toda linda" e "Tão sonhada", num axé cada vez mais parecido com a música pop contemporânea. Os blocos afro que viraram bandas musicais nos anos 80 já não conseguiram emplacar hits marcantes nacionalmente nesse período, nem mesmo o **Olodum**, que havia estourado até internacionalmente na década de 90. O **Ara Ketu** ainda conseguiu ter certa projeção com a regravação de um sucesso "brega" de **José Augusto** dos anos 80, "Amantes" (Marcelo/Paulo Sérgio Valle), no ano 2000, já um tanto anacrônica ao estilo do grupo, mas não foi além disso. Entre 2007 e 2012, a cantora e atriz **Larissa Luz** chegou a assumir os vocais da banda em substituição a **Tatau**, mas obteve maior projeção nacional quando seguiu em carreira solo com um trabalho afro-pop de ponta no circuito alternativo do país, além de viver **Elza Soares** num musical teatral de sucesso, em 2018.

Entre os novos grupos baianos, surgiram ao sucesso **As Meninas**, entre 1999 e 2000, com os efêmeros "Samba da nega maluca"[5] e "Xibom bombom" — esta de **Rogério Gaspar** e **Wesley Rangel**, uma raríssima música com letra de crítica social a fazer sucesso nacional nesse tempo, que emula "A cidade", de **Chico Science**: "Analisando essa cadeia hereditária / Quero me livrar dessa situação precária / Onde o rico cada vez fica mais rico / E o pobre cada vez fica mais pobre / E o motivo todo mundo já conhece / É que o de cima sobe e o debaixo desce."

Outra novidade foi a banda **Jammil e uma Noites**, que se firmou em meados desta década, com "Praieiro" ("Sou praieiro, sou guerreiro / Tô solteiro, quero mais o quê?), "Ê saudade", e a partir de 2011, sem **Tuca Fernandes** no vocal, mas com o jovem **Levi Lima**, emplacou "Colorir papel" e "Celebrar", graças em boa parte à sua inclusão nas trilhas de novelas da Globo, respectivamente *Fina estampa* e *Salve Jorge*. Elas já apresentavam outra sonoridade, o que se deu também com a veterana **Banda Cheiro de Amor**, agora trazendo a bela vocalista **Vina Calmon**, no pop rock "Dias de sol" e "Pensa em mim", esta com levada muito cara aos "sertanejos" pop, o que ajuda a entender o sucesso de "Proposta indecente (Propuesta indecente)", em dueto com **Lucas Lucco**, novo astro do gênero, em 2015.[6]

A banda **Babado Novo** é a última grande revelação do gênero, com uma série de hits carnavalescos, como "Safado, cachorro, sem vergonha" e "Bola de sabão", a regravação do hit de **Roberto Carlos** "Amor perfeito", em ritmo mais vibrante, além de "Exttravasa". A partir de 2008, sua vocalista, **Claudia Leitte**, uma cantora loura, num estilo vocal e interpretativo bem semelhante ao de **Ivete**, também virou uma celebridade de forte apelo midiático, seguindo em carreira solo, com a lambada "Largadinho", as baladas "Pássaros" e "Pensando em você", o axé "Beijar na boca", e na segunda metade dos anos 2010 o reggaeton "Baldin de gelo", além de duetos com o pagodeiro **Belo** ("Don Juan") e artistas do forró eletrônico, como **Mano Walter** ("Então vem cá") e do "sertanejo", **Maiara & Maraísa** ("Lacradora") ("Copo na mão e as inimigas no chão").[7]

Das bandas de pagodão baiano, porém mais chegadas ainda ao samba duro, **É o Tchan** sobreviveu um tempo com **Tony Salles** e **Renatinho da Bahia** no lugar de **Compadre Washington** e **Beto Jamaica**, depois os cantores originais voltaram com força total, mas sem os dançarinos, a partir da propaganda do site de compra e venda OLX, cujo slogan "Sabe de nada, inocente!" viralizou no boca a boca em 2014. E o **Harmonia do Samba**, após "Nossa paradinha" e "Desafio", ainda em 2000, continuou com mais visibilidade na cena local baiana, mas gravando regularmente, inclusive gêneros mais chegados à estética percussiva caribenha, como "Daquele jeito", um dos seus grandes hits em 2015.

Muito populares, especialmente na periferia de Salvador, uma evolução desse ritmo, misturada à chamada "quebradeira" — a batida quebrada da percussão —, deu fama às bandas **Psirico** e **Parangolé**, com letras e coreografias ainda mais lascivas que a de seus precursores do samba duro. A primeira, do vocalista e percussionista **Márcio Victor**, surgiu ao acaso, após alguns ensaios para uma quadrilha de festa junina. Foi quando um grupo de amigos que se divertiam tocando percussão pelas ruas do bairro de Brotas, depois de algum tempo, foram seguidos por meninas da redondeza fazendo coro para suas músicas e gritando "Lá vai o Psirico". A partir de 2004, começaram a marcar presença no carnaval com "Sambadinha", consagrando-se com "Lepo, lepo", em 2014, e "Elas gostam (Popa da bunda)", em 2018, seguida de "Rei Leão", em 2019.[8]

Também como brincadeira, surgiu no bairro da Federação, de Salvador, em 1997, o **Parangolé**, onde todas as tardes uma turma se reunia para jogar baralho e, sempre ao fim das partidas, faziam um pagode, misturando-o com outros ritmos dançantes. Seu nome também vem de uma gíria baiana, que remete a alguma movimentação ou aglomeração de pessoas com musicalidade. Em 2000, começaram a se projetar ainda de forma local, e dez anos depois, o hit "Rebolation", de seu vocalista **Leo Santana**, estourou nacionalmente e até no exterior (em Portugal e Angola), seguido de "Tchubirabiron", "Madeira de lei" e faixas com participação dos pagodeiros românticos **Thiaguinho** ("Negro lindo") e **Rodriguinho** ("Leite condensado"), em 2011. No ano seguinte, **Tony Salles** (ex-**É o Tchan**) assume os vocais e faz novos hits, como "Abaixa que é tiro", na folia de 2019.[9]

O time de artistas baianos que criou a axé-music virou um clube fechado, meio mafioso, onde apenas uma ou outra nova estrela solitária conseguia penetrar. Devido ao excesso mercantilista, a espontaneidade dos velhos tempos foi Ladeira do Pelô abaixo. As letras exaltando a negritude, os costumes baianos, a geografia da cidade e a força de seu caldeirão cultural também foram desaparecendo, dando origem a temas banais encontrados em quaisquer outros estilos. Já em fins dos anos 2000 o desgaste era visível. Esteticamente, o estilo emulou cada vez mais o padrão do pop internacional, flagrante mais do que nunca nos trabalhos de **Ivete Sangalo** e **Claudia Leitte**, que inclusive tentaram abocanhar este próprio mercado pop estrangeiro. A primeira gravando um DVD no Madison Square Garden de Nova York, em 2010, e a segunda assinando com a gravadora americana Roc Nation quatro anos depois, passando a morar em Los Angeles por um período. Seja como for, quando chega o carnaval na Bahia, não dá outra: os ídolos remanescentes do gênero estão lá, brilhando em cima dos trios elétricos, mas já sem novos grandes hits próprios e dividindo a festa cada vez mais com outros artistas dos gêneros massificados no resto do país e principalmente com conterrâneos de estilos rivais, pois a periferia não para e é de lá que vêm surgindo novos ídolos baianos com outro tipo de som.[10]

Na década de 2010, o que mais se ouvia pelas ruas de Salvador, em alto e ensurdecedor volume, era o som desse novo tipo de pagode baiano de apelo semelhante ao do funk carioca ou, em contraponto, o lamento sentimental do chamado "arrocha", versão atualizada e baiana do velho romantismo "brega-latino", bom para dançar a dois, uma mistura do eterno "brega" abolerado brasileiro dos velhos cabarés de beira de estrada com a bachata, ritmo originário da República Dominicana. E quem o disseminou foi o "Rei da Sofrência" **Pablo**. Ex-vendedor de picolés em Candeias, ganhou fama nacional com seu jeito de cantar de forma pungente, graças à sua boa extensão vocal, ainda como vocalista do grupo **Asas Livres**.

Aliás, foi ainda nesta fase de *bandleader* que ele dizia "arrocha, arrocha" para os pares que dançavam na plateia, de modo que ficassem mais colados. Em dado momento, ao invés de dizer que estavam indo para o baile (à época chamado de "seresta", tal e qual no Maranhão e outros estados), seus frequentadores diziam que iam para o "arrocha" ou ouvir um "arrocha". Foi assim que o termo pegou. Já em carreira solo, **Pablo** estourou de vez, lançando dores de cotovelo de gente grande, como "Porque homem não chora" e "E aí, Bê?" ("Cê tá gostando de ser a outra? / E aí, bê? / Tava achando que me fez de trouxa / Trocou o certo pelo duvidoso / Era a princesa, agora é o bobo / Está sendo feita de palhaça / Que vidinha mais sem graça." Outro baiano do arrocha, o jovem **Tierry**, teve "Rita", de sua autoria, como uma das músicas mais tocadas de 2020: "Oh, Rita, volta, desgramada / Volta, Rita, que eu perdoo a facada / Oh, Rita, não me deixa / Volta, Rita, que eu retiro a queixa."

De origem sergipana, também engrossou o caldo do arrocha, caindo no gosto dos baianos, a banda **Unha Pintada**. Nascida em 2011, do sonho de seu vocalista, **Aldiran Santana**, em largar o trabalho na lavoura e viver de sua arte. Foi batizada devido ao seu costume de pintar as unhas de preto, após ver que **Chrystian** (da dupla com **Ralf**) fazia o mesmo. Chegou ao final da década com hits como "Teste de farmácia", cuja letra remete ao melhor do "brega" dos anos 70: "Faz o teste de farmácia aí, bebê / Se der positivo eu caso com você / Nem precisa de DNA / Garanto que amor não vai faltar (...) Covarde eu seria se eu mandasse você abortar."

Da vertente mais festiva da Bahia, uma geração mais jovem passou a experimentar velhos e novos intercâmbios sonoros. De um lado, mais popular, cuja matriz é o referido pagodão popular, três nomes se impuseram: **Leo Santana**, **Igor Kannário** e a banda **La Fúria**, que a partir do carnaval de 2019 já obtiveram mais espaço que os velhos expoentes do axé. O belo negro marombado (ex-**Parangolé**) e "Rei do Pagode Baiano" **Leo Santana** começou a lançar singles em 2014 e arrebatou multidões ao som das safadinhas "Abana", "Solinho da rabeta" e "Crush blogueirinha". Já o autointitulado "Príncipe do Gueto" ("defensor das favelas"), **Igor Kannário**, tornou-se o *enfant terrible* da turma. Após passar por várias bandas de pagode baiano, partiu para carreira solo no final de 2012, ganhando um prêmio de revelação masculina no carnaval de 2015. Envolto em polêmicas por consumo de maconha ou suposta apologia a facções criminosas locais ou incitar a violência, tendo desfiles muitas vezes marcados por confrontos entre foliões e a polícia, ficou famoso por exibir um visual entre o *bad boy* latino, os MCs do "funk ostentação" e a marra do *gangsta rap*, e convenceu num som híbrido em letras de apelo social ("Tudo nosso e nada deles") e sensuais ("Novinha pode pá", esta com a dupla de *funk melody* **Lucas** e **Orelha**). Seu prestígio chegou ao ponto de elegê-lo deputado federal pelo DEM em 2018.

Por fim, a banda **La Fúria**, do vocalista **Bruno Magnata**, outro negro de forte apelo sensual, estourou no carnaval de 2019 com o pagofunk (mistura de pagode baiano e funk carioca) "Fábio Assunção", caçoando da dependência química do ator global, munição para centenas de "memes" na internet: "Oh, oh, hoje eu vou beber / Hoje eu vou ficar loucão / Hoje eu não quero voltar / Pra minha casa, não / (...) Hoje eu vou virar o Fábio Assunção, chão / Ela vai no chão, chão."[11]

De outro lado, apareceu o quarteto **BaianaSystem** misturando sons orgânicos de orquestra, percussão gravada ao vivo, pianos, coros e a tradicional guitarra baiana com sons eletrônicos de ritmos como dancehall, dub e hip-hop, algo da estética do manguebeat, mas também samba-reggae, rock, ska, ijexá, frevo, samba do Recôncavo, reggae, cumbia, pagode baiano, carimbó e o que mais se imaginar, incluindo uma pesquisa de gêneros e danças africanos. O próprio nome da banda vem da junção de guitarra baiana com *sound system*, sistemas de som criados e difundidos na Jamaica, por isso desde o início ambicionava criar novas possibilidades para o instrumento criado por **Osmar**, do trio com **Dodô**, e estilizado por seu filho, **Armandinho Macedo**: a guitarra baiana. Outra forte referência foi do percussionista **Ramiro Musotto**, que já havia sido fundamental na modernização da música de **Daniela Mercury**, e agora dava nova função ao berimbau na sonoridade da banda. Inclusive produziria seu primeiro álbum, não fosse sua morte precoce.

Criado em 2009, o grupo foi revelado ao grande público a partir do álbum *Duas cidades*, de 2016, destacando a faixa "Lucro (Descomprimindo)", explodindo no ano seguinte. Seus shows e cortejos carnavalescos, animadíssimos, são comandados pelo carismático vocalista e poeta Roosevelt Ribeiro, ou melhor, **Russo Passapusso**, que rege o público em animadas coreografias não convencionais. No carnaval, conquistaram espaço com o seu próprio trio, o Navio Pirata, que desde 2014 passou a ser seguido por uma multidão em transe total pelas ruas de Salvador e também noutros estados, como aconteceu em São Paulo e Fortaleza na folia de 2020. Em paralelo, a China, os EUA, o Japão e diversos países da Europa também já começaram a se hipnotizar pelo seu som. Em paralelo, **Russo** repescou seus ídolos de infância **Antonio Carlos e Jocafi**, gravando com eles o memorável álbum *Alto da Maravilha*, em 2022. Em suma, o mito carnavalesco e do suingue de Salvador continua mais vivo do que nunca — e muito além da axé-music...

Os novos pagodeiros, cada vez mais românticos e eróticos

O pagode romântico, ainda que sem a onipresença da década de 1990, chegou ao novo milênio com uma nova geração expressiva. No visual, ao invés dos terninhos coloridos e camisetas *baby look*, agora entravam em cena bonés, camisetas, calças jeans e às vezes coletes ou paletós, bem despojados. Na música, se por um lado ficava cada vez mais difícil diferenciar a sonoridade de seus artistas devido à padronização do estilo, por outro em relação às letras, ao contrário das temáticas de dor de cotovelo predominantes em relação às maliciosas, e talvez por influência dos cantores de axé-music e funk carioca, os novos pagodeiros foram aderindo progressivamente às canções mais sensuais. Tomando como exemplo apenas o período entre 2011 e 2013, ouviam-se letras de fazer inveja a **Wando**, mas ao menos saíam dos clichês do amor romântico idealizado de sempre.

Algumas procuravam melhorar o tédio conjugal, como "Parakundê", do **Bom Gosto**, que questionava: "Quem é que não gosta de uma sacanagenzinha / De uma ousadia, uma brincadeirinha / De uma apimentada, uma renovação?" Há as que versavam sobre a virilidade masculina. Em "Se eu te pego, te envergo", do **Sorriso Maroto**, o amante afirmava sem falsa modéstia: "Você vai jogar a toalha / Pedindo pra eu parar." E outras ainda sobre o que não poderia faltar, segundo a **Turma do Pagode**, numa noite especial, "Luz, cama e ação" — "Luz, pra eu poder te admirar / Cama, pro nosso amor se lambuzar / E ação, pra nossa noite esquentar". Outras relativizavam a infidelidade, como "Lancinho", que consagrou o mesmo grupo, sobre uma mulher que "sai na madrugada pra ter um 'lancinho' com o outro" e "Fora da lei", do **Nosso Sentimento**, em que o casal fazia um pacto: "Eu aceito ser o seu ficante / Você aceita seu lugar de amante." Já em "Papel de homem", do mesmo grupo, o homem justificava o motivo de pegar a mulher do outro: "Foi na minha casa pra matar a fome / Dei tudo que ela quis, fiz meu papel de homem", enquanto "Fala baixinho", do **Revelação**, a pulada de cerca precisava ter seus limites: "Vou pôr a mão na sua boca / Pro rugido não escapulir."[12] Opa!

A maioria deles nasceu em bairros da zona norte carioca.

Da convivência na escola Arranco do Engenho de Dentro, veio justamente o fenômeno **Revelação**, do vocalista e cavaquinista **Xande de Pilares**, o mais famoso dessa geração, dos poucos a militar no ritmo do samba de raiz. Estrearam em disco dez anos depois de sua formação, em 2000, e no ano seguinte estouraram nacionalmente com "Deixa acontecer", depois "Grades do coração", "Aventureiro" etc. Seu CD *Ao vivo no Olimpo*, em São Paulo, pela Deck Disc, foi um dos mais vendidos de 2002, batendo 700 mil cópias, levando-os à primeira turnê internacional, pelos EUA, Japão e Europa. Também consagraram o "Samba de arerê", lançado por **Beth Carvalho** em 1999, e ajudaram a transformar num clássico o samba-protesto sobre um líder comunitário do Morro do Pau da Bandeira, o

"Zé do Caroço", até então perdido no repertório de **Leci Brandão** (pouco depois, em 2005, **Seu Jorge** também o regravaria, completando o serviço, e logo a seguir a cult **Mariana Aydar** em duo com a própria autora). Aliás, um fato raríssimo, pois o pagode desde os anos 1990 se despolitizou. Na década seguinte, vieram hits como a otimista "Tá escrito", com 100 milhões de visualizações no YouTube. O **Revelação** seguiu até **Xande** se desligar do grupo em 2014 para iniciar carreira solo, sendo substituído por **Almirzinho**, filho de **Almir Guineto**, depois por **Davi**, que vinha de um grupo menor, **Sambaí**, e finalmente a partir de 2018, pelo sobrinho de **Xande**, **Jhonatan "Mamute" Alexandre**, também cavaquinista.

De Vila Valqueire, apadrinhados pelo **Fundo de Quintal**, deu o ar da graça em 2007 o **Bom Gosto**, até estourar quatro anos depois com "Patricinha do olho azul" e "Curtindo a vida". Assim como o **Revelação**, começaram como rodas de samba, tendo uma linhagem rítmica mais ligada ao samba tradicional.

De Magalhães Bastos, o solista **Mumuzinho**, também ator, foi na mesma linha, entre sambas festivos ("Eu mereço ser feliz") e românticos ("Fala", "Mande um sinal", "Calma", "Dom de sonhar" e "Fulminante").[13] De Anchieta, veio o **Nosso Sentimento** (com "Sonho de amor", chegando à década seguinte com "Pele na pele [Sem frescura]" e "Te levar pro altar"); de Ricardo de Albuquerque, o **Pique Novo**, que começou a gravar em 1997, mas teve diversos hits já na década posterior, como "Você gosta" e "Ligando os fatos"; e de Nova Iguaçu, o **Imaginasamba**, emplacando "Pretexto" e "Você não tem noção". Entre os solistas, na linha dos românticos inveterados, veio da Tijuca o cantor-galã **Gustavo Lins**, despontando aos 17 anos, em 2003, com "Pra ser feliz", de sua autoria.

Assim como ocorreu com o forró e o "sertanejo", surgiram alguns grupos de universitários de classe média dedicados ao gênero. É o caso do carioca (do Grajaú) **Sorriso Maroto** com o hit inicial "Ainda gosto de você" e muitos outros de dor de cotovelo, como "Dependente", embora também tenham se destacado com outros mais vibrantes, como "Assim você mata o papai", em 2012, sendo um dos mais populares de sua geração. Isso também se de deu em São Paulo, com o **Jeito Moleque** (dos sucessos "Eu nunca amei assim", "Sem radar" e "Rosinha", esta uma canção-piada do humorista **Ary Toledo**, incluindo suculentos palavrões na letra) e **Inimigos da HP** (chegando às rádios com "Toca um samba aí" e outros, alternando-se entre sonoridades diversas, como o samba-rock "Tipo Fiona", o samba de roda de malícia mais pesada "Eu quero me casar" e até um afoxé-samba, "Vamo apostá").[14] O nome pitoresco do conjunto vem do fato de todos na época acadêmica terem feito uso de calculadoras da marca HP (Hewlett-Packard) (!).

O **Sambô** veio do interior paulista, de Ribeirão Preto, em 2010, celebrizando-se por tocar músicas de vários gêneros musicais (até estrangeiros), em ritmo de pagode, algo que os pioneiros do **Raça Negra** já faziam pontualmente, ao menos com as nacionais. Em todos esses, a referência mais forte parece ser o som dos pagodes românticos dos anos 1990. E a **Turma do Pagode**, do bairro da zona norte paulistana Parada Inglesa, apresentava uma sonoridade mais chegada à raiz, consagrando-se em 2012 com a referida "Lancinho", depois "Se eu pudesse", "Deixa em off" e "Cobertor de orelha".[15]

Belo, ex-vocalista do **Soweto**, abriu a década como ídolo romântico absoluto, em sucessos como o pagode lento "Eternamente", a balada soul "Quem será" e a balada "Tua boca" (esta, quem diria, do cineasta **Sérgio Saraceni** com o ex-parceiro de **Ivan Lins**, **Ronaldo Monteiro de Souza**, que nesse tempo, a exemplo de **Paulo Sérgio Valle**, abraçaram o "brega"). Os três hits figuraram entre 2000 e 2001 nas paradas populares, em que o rapaz platinado se manteve pelas próximas duas décadas com os pagodes "Perfume" e "Do nada", a balada "Noites traiçoeiras" em duo com o **Padre Marcelo Rossi** (!); o mais suingado "Pura adrenalina"[16] e muitos outros, mesmo tendo passado dois períodos preso, no auge da popularidade, em 2002 e entre 2004 e 2006, por "associação ao tráfico de drogas".

Outro de fama similar no país foi **Alexandre Pires**, ex-**SPC**, com "Vem me amar (Ámame)", "Só por um momento", "Cigano", entre outras. A diferença é que este se dedicou mais à carreira de cantor-galã romântico internacional, gravando em espanhol uma série de álbuns, com sucessos como "Usted se me llevó la vida", sendo dos raros artistas brasileiros a triunfarem neste difícil e concorrido mercado latino, faturando discos de platina duplo na Argentina, no Uruguai e em Portugal, de platina na

Espanha e de ouro nos Estados Unidos e América Central no início dos anos 2000. Considerado Artista Latino do Ano pela *Billboard* com base nas vendas de CDs e execuções entre 2002 e 2003, chegou a ser um dos convidados em outubro deste último ano para uma apresentação na Casa Branca, em Washington, durante a cerimônia da Descendência Hispânica. Na ocasião, cantou "Garota de Ipanema" e um trecho do "Hino Nacional Brasileiro". Ao abraçar o presidente George Bush, **Pires** foi às lágrimas, lembrando-se de sua origem humilde e de tudo que conquistou na vida até chegar ali, embora tenha sido execrado pela intelectualidade nativa por tal apresentação, que se concentrou mais no fato do desastre que Bush representava para o planeta (com consequências, aliás, sentidas até hoje), minimizando os esforços genuínos do ex-pagodeiro em sua carreira, que inclusive triunfou por ter estudado bastante o espanhol, a ponto de cativar tal público pela sua boa pronúncia do idioma.

Vavá foi outro ex-vocalista (do **Karametade**) a aparecer no início desta década por aqui, com "Tua cara" e "O grande amor da minha vida (Convite de casamento)", bem como **Netinho de Paula** (ex-**Negritude Junior**), com "Quer casar comigo?", antes de virar político, em 2008. E **Rodriguinho** deixou **Os Travessos** em 2004, voltando ao grupo dez anos depois, estourando "Sonhos e planos (Sou eu)" e "Tarde ou cedo".[17]

Igualmente egresso da década passada, o grupo **Pixote** seguiu estável, fortalecendo-se mais para o fim dos anos 2010, com "Insegurança", "Saudade arregaça" e "Nem de graça". Mas, sem dúvida, o **Exaltasamba** — e as sementes que plantou — foi, dentre os veteranos, o grupo de maior visibilidade nessa nova fase do pagode, destacando "Livre pra voar", "Tá vendo aquela lua" e "Preciso desabafar", e trazendo nos vocais a partir de 2003, além do craque **Péricles** (já sem **Chrigor**, que deixou o grupo), o novato **Thiaguinho**, revelado no programa de calouros *Fama*, da Globo. Em 2012, o conjunto parou por quatro anos, e os dois partiram para carreira solo, o primeiro com "Linguagem dos olhos", e o segundo virando ídolo da juventude a partir do hit "Sou o cara pra você", acumulando a função de apresentador de programas, como o *Música Boa Ao Vivo*, do Multishow, e empresário em vários ramos de atuação. Sua composição "Fugidinha" (com **Rodriguinho**, que estourou com **Michel Teló** entre 2010 e 2011) sintetizava definitivamente a nova fase do gênero: "Tô morrendo de vontade de te agarrar / Não sei quanto tempo mais vou suportar / Mas pra gente se encontrar / Ninguém pode saber / Já pensei e sei o que devo fazer / O jeito é dar uma 'fugidinha' com você." Mais para o fim da década se destacou com "Ponto fraco (Só vem)" e "A fila anda".[18]

Com a saída dos principais vocalistas do **Exaltasamba** e do **Revelação,** o pagode perdeu bastante de sua força de mercado. Na virada da década de 2020 para a próxima, em termos de grupos, apenas dois apareceram na cena com certo destaque. A novidade é que ambos vieram de Brasília, uma cidade que até então não havia produzido astros do pagode. Por outro lado, não se diferenciavam muito de seus antecessores. São eles o **Di Propósito**, formado em 2009, que chegou ao fim da década seguinte com mais visibilidade, com os vocais de **Kayke** e **Laycon**, emplacando "Manda áudio" em 2019, e o **Grupo Menos é Mais**, mais recente, formado no fim de 2016, do vocalista **Duzão**, com um medley do gênero ("Melhor eu ir", "Ligando os fatos", "Sonho de amor" e "Deixa eu te querer"), em 2020.

Na contramão dos grupos, entretanto, surgiram ao sucesso um pouco antes dois solistas na linha do pagode com pegada ainda mais pop romântica, que foram os maiores ídolos do gênero a partir da década de 2010 — **Dilsinho e Ferrugem.**

Egresso da Ilha do Governador, **Dilsinho** tocou em bares, formou o grupo **Para de Kaô** e partiu para o rumo solo em 2014, aos 21 anos, com "Já que você não me quer mais". Depois vieram outros megahits, como "Refém", em 2016, "Péssimo negócio", em 2019, "Sogra" (com os "sertanejos" **Henrique & Juliano**), em 2020, e "Baby, me atende",[19] em duo com outro novo nome do "sertanejo", **Matheus Fernandes**, em 2021, este um misto de pagode, forró eletrônico e "piseiro" (ou "pisadinha", um gênero novo do qual falaremos mais adiante). Por fim, de Campo Grande, zona oeste carioca, apareceu a última grande sensação do gênero nessa segunda década do século, **Ferrugem**, considerado um dos melhores vocalistas da nova geração, cujo apelido se deu pelas sardas de seu rosto, com os hits "Climatizar", "Pirata e tesouro", "Pra você acreditar" e o "pagonejo" "Atrasadinha", em dupla com o "sertanejo" **Felipe Araújo**. Seu visual, com muitas tatuagens, roupas folgadas e boné para trás remete muito aos rappers americanos, de quem é fã.

Ao lado de **Dilsinho**, foi dos únicos neopagodeiros a ter cacife para se apresentar em megafestivais de música massificada (cuja predominância é dos "sertanejos"), como Villa Mix e o Planeta Atlântida, este o maior do sul do país. Nada mais natural que, em 2019, tenha dito à *Folha de S. Paulo* que sonhava gravar um álbum de r&b, após a experiência de registrar "Dois copos" com o prestigiado funkeiro **Kevin O Chris**, produzido pelo **DJ Papatinho**.[20] Este é um bom exemplo de como os artistas das últimas gerações de pagodeiros, mais ligados à música como um entretenimento, têm um nível de comprometimento com o gênero totalmente diferente, por exemplo, do da época em que o **Fundo de Quintal** estourou, em 1986. Na ocasião, em plena quadra do Cacique de Ramos, a repórter Sandra Passarinho, no Globo Repórter, queria saber o porquê daquela explosão do novo pagode, ao que **Cleber Augusto**, um de seus integrantes, respondeu: "Toda essa ascensão é atribuída à manifestação do povo, da massa que está rebuscando um pouco mais os espaços culturais do país que estão esquecendo um pouquinho os enlatados." **Cleber** sabia que o samba/pagode virar mania, ainda mais na época que só o rock bombava, não era apenas uma questão de sucesso do conjunto em si.

Da mesma forma, o samba que um dia já foi veículo espontâneo de desabafo das feridas sociais do país ou mesmo uma cultura em que a população de maioria negra podia por meio dele se sentir mais socializada e respeitada, ao menos nas quadras ou cortejos de suas escolas, viu os temas políticos desaparecerem de suas letras há três décadas — exceção feita praticamente a alguns sambas-enredo cuja veiculação nos últimos tempos se restringiu aos desfiles, no carnaval — e seus principais artistas se omitirem do próprio debate político ou declararem opiniões favoráveis até a figuras como Bolsonaro. **Belo** chegou mesmo a se filiar em 2022 ao PL, o novo partido do então presidente, um homem claramente avesso à cultura, às artes e às pautas sociais, incluindo a da negritude, criadora do próprio samba, considerando "vitimistas" os que lutavam contra o racismo da sociedade, a ponto de colocar na presidência da Fundação Palmares um sujeito que teve a coragem de retirar, entre outros, o nome de **Marti-**

nho da Vila do panteão de personalidades negras daquela organização. Tempos estranhos.

O forró — menos raiz "Gonzagão", mais eletrônico e "Safadão" — e o "piseiro"

No Sudeste, a moda do forró universitário cristalizada entre 1999 e 2001 se foi, mas o movimento sedimentou discípulos dos mais variados estilos que continuaram pela década seguinte, sobretudo na capital paulista, onde casas especializadas no gênero "raiz", como Canto da Ema e Remelexo, seguiram lotando semanalmente com seu público cativo, e em Belo Horizonte noutras, como Ziriguidum. Isto pelo menos até o início da terceira década do século, com destaque para o sanfoneiro virtuose (e cantor) sergipano radicado em São Paulo **Mestrinho**, sua irmã, **Thaís Nogueira**, e outros igualmente da novíssima geração que ainda estão sendo descobertos, como **Nando Nogueira** (de Tocantins), **Diego Oliveira** (paulista, filho de nordestinos) e a banda **Dois Dobrado** (cujo sanfoneiro, **Jonas**, puxou o dom do pai, **Enok**, do **Trio Virgulino**, e inclui um cavaquinista solista, **Jorge Silva**). Completam o time mais três que atuavam desde os anos 2000, como o **Trio Dona Zefa, Ó do Forró, Trio Alvorada** e até um raro feminino flertando com a "MPB", o **Trio Manaflor.**

Os eternos **Alceu Valença** e **Elba Ramalho**, embora mais ecléticos, continuaram militando em favor dos ritmos nordestinos com plateias lotadas pelo país. No Nordeste em si, nas primeiras duas décadas do século, o forró tradicional ficou mais restrito a pequenos nichos de público. Os veteranos "cantautores" já citados dos anos 1980 e 90, seguiam seus legados, com destaque para Francisco de Assis, o **Assisão** (as autorais "Fogueirinha com amor", "Os dois doido de pedra"), **Petrúcio Amorim** ("Meu cenário", "Nem olhou pra mim", ambas dele, sendo a segunda com **Alcymar Monteiro**) e o cada vez mais popular **Flávio José**, com "Me diz amor", "De mala e cuia" e muitas outras.

De Pernambuco veio a banda **Fulô de Mandacaru**, vencedora do programa *Superstar* da TV Globo em 2016, e seu conterrâneo **Geraldinho Lins**, destacando-se como autor de "Amor de sertão" (com Luciano

Barros) e "Xote conquistador", e intérprete de "Anjo querubim" (Petrúcio Amorim) e "Jardim dos animais" (Fagner/Fausto Nilo). Da Paraíba, celebrizou-se o cantor e sanfoneiro **Amazan**. Em atividade desde 89, seguiu forte nesse tempo com hits como "É hoje que só volto amanhã" (autoral) e "Me enganei com minha noiva" (Luiz Campos), além de ser um grande contador de *causos* e bom de paródias. Apadrinhou também o sobrinho **Luan Estilizado** (originalmente **Luan e o Forró Estilizado**, na linha do eletrônico), fundou a fábrica de acordeons Leticce e, em 2016, foi eleito prefeito de Jardim do Seridó (RN), onde foi criado. Também da Paraíba é a jovem **Lucy Alves**, cantora, acordeonista e atriz, revelada nacionalmente no *The Voice Brasil*, em 2013, que mais para o final da década experimentou o pop à la **Anitta**.

Do Ceará, apareceu **Waldonys**, intérprete do xote "Até mais ver" (Pedrinho/Primo) e releituras diversas, acumulava as funções de paraquedista e piloto de avião — às vezes chegando literalmente voando em seus shows. Outros cearenses notáveis foram **Santanna, o Cantador** (com os xotes "Vontade", de Accioly Neto; "Ana Maria", de Janduhy Finizola, e "Tamborete de forró", de Adilson David) e a dupla **Sirano e Sirino**, alternando-se entre suingadas e românticas, como "Ô mulher, você é linda". Nesse contexto, merece destaque o potiguar radicado em Fortaleza **Dorgival Dantas**, chamado de "O poeta" por ter se especializado em canções com letras de amor, como "Tarde demais". Ele teve a sorte grande após estourar "Coração" com uma banda de forró eletrônico que daria muito o que falar, a **Aviões do Forró**, tornando-se autor requisitado entre os grupos desse gênero, e intérprete famoso de seus xotes e congêneres, como "Destá", "Quanto custa" e "Tô sozinho". Só para se ter uma ideia, "Coração" foi um divisor de águas na carreira da banda, puxando as vendas de 1 milhão de CDs de seu álbum *Aviões do Forró — vol. 3* (2005), fazendo com que ela ficasse conhecida em todo o país.

Falando nisso, entre as bandas de forró eletrônico que mais se destacaram no início de século estiveram a potiguar **Saia Rodada** ("Coelhinho"), as cearenses **Cheiro de Menina** (do vocalista **Vicente Nery**) e **Ferro na Boneca** ("Bebo porque gosto de beber"), a paulista **Forró Saborear** ("Patricinha", "Lua dos namorados"), a pernambucana **Desejo de Menina**, a paraibana **Capim Cubano**, que mesclava forró e ritmos caribenhos, com hits em espanhol, como "Mentirosa" e "Teresa Bandolera", e uma que vinha desde 1995, a sergipana **Calcinha Preta**, uma das mais longevas do gênero, com guitarra no lugar da sanfona, cujos maiores hits foram "Declaração de amor", "Dois amores, duas paixões" e "Manchete dos jornais". Celebrizou também versões de clássicos do pop e rock internacionais, como "Pride — in the name of love", do U2, que virou "Por que te amo?", e se manteve em evidência pelas próximas duas décadas, emplacando ainda a debochada "Você não vale nada (mas eu gosto de você)" (Dorgival Dantas), na trilha da novela *Caminho das Índias*, da TV Globo (2009).[21]

Além do esgotamento natural que ocorre a qualquer gênero massificado, as mudanças no consumo da música devido, particularmente, às novas tecnologias foram um golpe fatal no império do empresário Emanuel Gurgel, que ajudou a estilizar o forró eletrônico com o **Mastruz com Leite**. Seus negócios começaram a sucumbir a partir de 1999, quando surgiram as emissoras de rádio ilegais, e a queda se intensificou com o mercado clandestino de CDs falsificados. Os piratas agora criavam coletâneas com os melhores sucessos de todas as bandas e vendiam sem qualquer fiscalização. Entretanto, havia gente nova no pedaço já entendendo as mudanças do mercado. Isaías Duarte, um ex-contínuo e zelador da SoomZoom, de Gurgel, por exemplo, criou a própria banda em 2003, a cearense, já citada, **Aviões do Forró**, e também uma empresa para produzir outras bandas. Depois, arrendou casas de shows e duas rádios. Mas até chegar lá, teve duas ideias: tornar sócios os donos dessas bandas e outra que a princípio ninguém entendeu, distribuir gratuitamente os CDs ao público.[22]

Seu retorno vinha na bilheteria dos shows — um expediente que também seria usado pelas bandas de tecnobrega paraenses. Passou também a gravar ao vivo seus artistas para baratear os custos. No repertório, muita malícia e romantismo "brega". Formada por um casal de vocalistas, **Xand Avião** e, durante 14 anos, a baiana **Solange Almeida**, a **Aviões do Forró** com "Chupa que é de uva" já ganhava o Brasil inteiro em 2008. Era um prenúncio daquela que se tornaria, até o fim da década seguinte, a maior de todas do gênero, transcendendo as fronteiras nordestinas num âmbito maior que as pioneiras dos anos 1990. Assim como a **Calcinha Preta** e outras, gostavam de verter hits de artistas gringos ao seu estilo, como os de **Rihanna** — "Se não valorizar (Umbrella)" — e **Britney Spears** — "Se deu mal (Criminal)".[23] Em 2017, **Solange** seguiu carreira solo e, no ano seguinte, com o fim do conjunto, **Xand** foi pelo mesmo caminho.

A mesmice das bandas de forró eletrônico, contudo, chegou ao cúmulo de gerar roubos e plágios de trechos e até de músicas inteiras, que passaram a ser divulgadas por gente que se indignava com isso, como um jornalista curitibano que criou um blog com o pseudônimo de Timóteo Timpin, ganhando a alcunha de "Julian Assange do Agreste", pois fazia uma espécie de "Wikileaks do Forró"[24] — assim como o ativista australiano que naquele mesmo ano de 2010 ousou revelar documentos secretos do governo americano. Motivado pela onda de escândalos, o empresário Jósimo Costa, no intuito de separar os "copiões do forró" de grupos que tinham repertório autoral próprio, lançou o movimento "Forró das antigas", de bandas como as veteranas **Mastruz com Leite, Limão com Mel** e **Magníficos**, que saíram em turnê pelo Nordeste. O nome pegou, transcendendo o projeto, e até o fim da década essas bandas da primeira fase do forró eletrônico passaram a ficar assim conhecidas.

Finalmente, o artista que chegou ao final dessa década mais bem-sucedido nesse gênero foi o carismático e boa-pinta **Wesley Safadão**. Filho de pai caminhoneiro e mãe que trabalhava reciclando sucata, **Wesley** começou na banda de forró eletrônico **Garota Safada** por volta de 2007, com integrantes da sua família que um dia a mãe resolveu lançar. Mais tarde, como aconteceu com 10 entre 10 artistas massificados a partir da primeira década do século, a carreira decolou quando ganhou um empurrão financeiro de um grande empresário, que então regia uma equipe de 80 pessoas no entorno de seu contratado. O sucesso estrondoso veio a galope, cujo ápice foi em 2015. O cantor, então com 27 anos, bigodinho bem aparado, cabelo liso preso a um coque samurai e um sorriso sestroso, já passava o ano cruzando os céus do país de jatinho para cantar em aniversário de empreiteiro no Recife, show em ginásio do interior do Piauí, estádio lotado por 50 mil em Brasília e casa de shows em Sampa, onde também cantavam **Roberto Carlos** e o roqueiro inglês **Morrissey**.[25] Os hits nasceram aos borbotões, como as gaiatas "Ar-condicionado no 15",

"Só pra castigar", "Romance com safadeza" e "Camarote": "Agora assista aí de camarote / Eu bebendo gela, tomando Ciroc / Curtindo na balada, só dando virote / E você de bobeira, sem ninguém na geladeira."

Seu modo de vestir, cantar e o apelo sexy das canções eram tão afinados aos de seus contemporâneos do mercado do entretenimento massificado que ele já gravou com vários deles — do segmento sertanejo, como **Marcos & Belutti**, do hit "Aquele 1%" ("Tô namorando todo mundo / 99% anjo, perfeito / Mas aquele 1% é vagabundo / Safado e elas gostam") e **Zé Neto & Cristiano** ("Na cama que eu paguei"), do "funk", como **Anitta** e **Nego do Borel** ("Você partiu meu coração), do pagode, como **Sorriso Maroto** ("Coincidência não existe"), do pop pós-axé, como **Claudia Leitte** ("Pancadão frenético") e do "piseiro", como **Os Barões da Pisadinha** ("Ele é ele, eu sou eu").[26] Isto tinha uma razão. Seguindo à risca uma tendência de mercado da parada massificada nesta segunda década do século, o fato de gravar com artistas dos quatro gêneros mais populares do país facilitava a sua entrada em *playlists* de serviços de *streaming* de todos esses ritmos. O que não era nada demais, pois a estética de todos esses estilos musicais ia se tornando a cada dia mais semelhante.

As letras ficaram progressivamente mais carregadas de apelo sexual e tratando a infidelidade da forma mais trivial, mostrando a realidade dos relacionamentos deste período, e não a dos contos de fadas idealizados em outras épocas. Também versavam sobre farras, festas e bebedeiras, com algumas recaídas em forma de declarações na base do amor romântico idealizado, para nutrir a carência de outra parte do público — o que podia se dar às vezes com linguajar jovem descolado e outras sem medo dos clichês do "brega-romântico" à moda antiga. Isso explica por que um de seus fã-clubes se chama Cabaré do Safadão. No fundo, é mais uma estilização musical do velho cabaré brasileiro. Outro ponto crucial dos jovens artistas de sua geração, não importa o estilo musical: ser viciado em autopromoção nas redes sociais, caprichar nos relacionamentos com os fãs e ter alguém para cuidar de seu figurino e visual.

O segundo artista de forró eletrônico mais prestigiado desse tempo foi o alagoano **Mano Walter** ("Não deixo não"), seguido de ex-vocalistas de grandes bandas que foram para a carreira solo, em especial **Márcia**

Felipe, chamada de A Fenomenal ("Quatro sorrisos"), que passou pelas bandas **Companhia do Forró, Furacão do Forró, Garota Safada, Forró do Muído, Forró da Curtição** e até por seis meses pela **Aviões do Forró**; e extrapolou seu nicho musical, gravando igualmente em duo com nomes de vários gêneros massificados de sua geração, como o funkeiro **Jerry Smith** ("Quem me dera"). Outras ex-vocalistas de destaque foram **Samyra Show** ("Já era"), antiga voz das bandas **Skema, Forró Real** e **Forró dos Plays**; e **Mara Pavanelly** ("Não era pra te amar"), ex-**Tropikália** (do megassucesso "Planeta de Cores")[27] e ex-**Furacão do Forró.**

Houve ainda **Jonas Esticado** (de "Moça do espelho" e "Investe em mim") e um que começava a superar fronteiras, sendo uma das sensações do carnaval de 2019, **Gabriel Diniz**, com a canção "Jenifer" ("O nome dela é Jenifer / Eu encontrei ela no Tinder / Não é minha namorada, mas poderia ser"), que meses depois, em maio, morreu prematuramente, aos 28 anos, na queda de um pequeno avião. Neste mesmo carnaval de 2019, apareceu um grupo de lambada na Bahia, justo o ritmo que tanto influenciou os primórdios do forró eletrônico, e agora se deixava influenciar por ele. Era o **Lambasaia** com... "(Eu tô gostando de uma) Prostituta".

Também neste mesmo ano, a dupla baiana **Os Barões da Pisadinha,** formada desde 2014, chegou à multinacional Sony Music com uma batida diferente, entre o forró eletrônico e o tecnobrega, num gênero que o povo acabou chamado de "piseiro" ou "pisadinha". "Tá rocheda" foi a ponta de lança de sua carreira, impulsionada ainda mais graças a um episódio pitoresco, novamente envolvendo o jogador Neymar. Assim como sucedeu com uma canção do grupo **Lagum** na Copa de 2018, ele dançou a música, postando-a em seu Instagram em 2019, tornando-os bem mais conhecidos. No ano seguinte, o sucesso continuou com "Recairei", "Basta você me ligar", esta com **Xand Avião**, e "Amor da despedida", com os reforços dos "sertanejos" **Fernando & Sorocaba**. Entre 2020 e 2021, viraram mania nacional, estando entre os artistas brasileiros mais ouvidos do Spotify. Fato é que, durante a pandemia do coronavírus, os artistas do forró eletrônico em geral resolveram migrar dos velhos CDs prensados de forma "pirata" e distribuídos gratuitamente ao público aos serviços de *streaming*, inicialmente numa plataforma própria e gratuita, a Sua Música (que depois se expandiu e virou agenciadora de artistas, claramente influenciada pela funkeira KondZilla), e depois às mais consagradas.

O gênero então não parou mais de crescer com novos artistas, como os cearenses **Tarcísio do Acordeon** ("Meia-noite [Você tem meu whatsap]") e **Nattan** ("Morena") [28] e o encontro do paulista **DJ Guuga** e do paraibano **DJ Ivis**, da canção-chiclete autoral "Volta neném, volta bebê". **Ivis**, inicialmente um DJ responsável por estreitar os laços da "pisadinha" com o "funk", a EDM (Eletronic dance music) e até com a eurodance, e depois virando ele mesmo artista superpopular, por um deslize fatal pôs tudo a perder. No auge do sucesso em 2021, aos 30 de idade, teve a carreira abreviada quando, surpreendendo a todos, foi preso após ter um vídeo vazado na internet no qual agredia sua ex-mulher. Entretanto, sua "Esquema preferido"[29] com **Tarcísio do Acordeon** continuou nas paradas, sagrando-se um clássico do gênero.

Entre 2020 e o verão de 2021, o destaque do "piseiro" foi para o pernambucano **Zé Vaqueiro**, de apenas 22 anos, emplacando hits como "Letícia" e "Tenho medo". E em 2022, o seu conterrâneo **João Gomes**, de 18 anos, estourou no aplicativo TikTok com "Meu pedaço de pecado". Ambos muito jovens, mas com vozes de vaqueiros bem maduros. A propósito, essa cultura da vaquejada vem do interior, um esporte em que duas pessoas tentam derrubar um boi montadas a cavalo. Da mesma forma que **João**, outro conterrâneo, **Vitor Fernandes** ("Acaso") e a cearense **Mari Fernandez** ("Não, não vou"), também compositora, foram verdadeiros fenômenos do YouTube e TikTok, seguidos pela **Japinha Conde** ("Romance desapegado") e por **Eric Land** ("Cidade inteira",[30] em duo com **Xand Avião**, que além de cantor precursor desta cena, juntamente com **Wesley Safadão**, é também agenciador de alguns desses novos ídolos do gênero).

Todas essas revelações estouraram igualmente na faixa dos 20 anos de idade, investindo no ritmo do "piseiro", que nesses anos 2020/2021 já começava juntamente com o "funk" a quebrar a hegemonia dos "sertanejos" — apesar de, comparado a este último, terem características um tanto semelhantes, incluindo letras com temas universais, bem distantes do velho regionalismo. Na contramão etária, o baiano **Dan Ventura** (ex-**Bonde do Maluco**), há anos trabalhando com arrocha e congêneres — considerado o criador da "arrochadeira" (ou "bregadeira"), uma espécie de "arrocha" nos teclados, mais suingado, precursor da "pisadinha" —, estourou igualmente no TikTok o "Passinho debochado" aos 42 anos, em 2021: "Se eu te incomodo, então desliga o celular / Se não gosta de mim, do meu jeito debochado / Me desculpa, olha como eu to preocupado..."

Nesse mesmo ano, o veterano **Raí Saia Rodada** lançava a inenarrável "Tapão na raba", sobre uma noite de sexo selvagem. Seu clipe, de estética country, em um ano e meio ultrapassou 230 milhões de visualizações no YouTube. São números que o mercado da música massificada — do "funk", "sertanejo" e modismos afins — foi banalizando nesta segunda década do século que jamais saberemos o que representarão de fato numa análise maior, no futuro. Para se ter uma ideia, em 2022 a música mais visualizada no YouTube ou Vevo de **Roberto Carlos** (em português) ou de qualquer medalhão da "MPB" nessa mesma época não passava da média de 30 milhões. Isto quer dizer que a forma de mensurar o sucesso de vendas e até mesmo de importância de um artista é completamente diferente do passado recente, baseado em vendas físicas, com direito a prêmios de Disco de Ouro, Platina e Diamante.

Sinal dos tempos também no sentido de que o público mais jovem que só escuta música pela internet traz em si novas estratégias e "impulsionamentos" do mercado. Antes, uma rádio massificava canções que se refletiam nas vendas dos discos. Hoje, uma mesma pessoa pode dar mil cliques na mesma faixa e é isso que importa para se medir "o sucesso". Ou contratar robôs virtuais e multiplicar isso por milhões e falsificar sucessos. É o novo "jabá", bem mais sofisticado do praticado, por exemplo, no carnaval dos anos 1930 aos 50, quando o chamado "caititu" (divulgador) riscava o outro lado do 78 rotações do cantor concorrente para que o radialista tocasse apenas o samba ou a marchinha que ele estava promovendo, ou seja, "caitituando".

O brega nordestino vira um gênero assumido

Nas primeiras décadas do século XXI, o brega pernambucano se desenvolveu num movimento aberto no fim do século passado por **Reginaldo Rossi** em Recife, mas que já tinha nomes como os já comentados **Tarcys**

Andrade, **Leonardo (Sullivan)**, **Augusto César**, o potiguar **Paulo Márcio** e ainda as bandas **Labaredas** (a mais famosa desse tempo no gênero), **Camelô**, **Chama do Brega**, **Luminar**, **Só Brega** (do vocalista irreverente **Conde Só Brega**, famoso pelo figurino extravagante e suas dancinhas peculiares) e **Paixão Brasileira do Brega**.[31] Aliás, o "brega" de **Alípio Martins** e outros artistas paraenses colaborou muito para que, com uma estética própria, o brega pernambucano se instaurasse, incluindo até mesmo coreografia e gírias peculiares, que teve ecos também da popularíssima **Banda Calypso**. Nessa altura, a palavra "brega" já havia perdido totalmente o ranço, prevalecendo seu despudor assumido, encarado de forma divertida, mesmo que falasse de desventuras amorosas (assim como o romantismo tristonho do arrocha e congêneres foi rebatizado de forma igualmente não pejorativa de "sofrência").

Essa nova faceta foi difundida no início dos anos 2000 por figuras como a Rainha do Brega **Michelle Melo**, ex-vocalista da **Banda Metade** ("Batom"), com seu jeito sexy de interpretar canções safadinhas; o Príncipe do Calypso, **Kelvis Duran** (as autorais "Estando com ela, pensando em ti" — regravada pela banda **Aviões do Forró**, com sucesso absoluto, e "Eu não sou de pedra"), **Eduarda Alves** (a autoral "Em nosso quarto"), a **Nega do Babado**, com o hit safadinho, logo regravado pela **Companhia do Calypso**, "Milk shake": "Eu gosto quando você sobe e desce, fica em cima de mim / Tirando a roupa / Me deixa louca / Louca de amor / É geladinho, sinto o seu beijo..." A seguir, foi a vez do popstar **André Viana** ("Estou apaixonado").[32]

Além da referida **Banda Metade** ("Baby doll"), outros grupos tiveram grande relevância no "brega" desta década de 2000, destacando-se **Ovelha Negra** ("Amor de rapariga"), **Carícias** ("Vou calar sua boca"), **Vício Louco** ("Obsessão"), **Mancha de Batom** ("Me guardei pra você"), **Frutos do amor** ("Diário"), **Brega.com** ("Ânsia", canção regravada pela **Companhia do Calypso** e em 2021 por **Pabllo Vittar**, numa nova roupagem), **Kitara** ("Tentativas em vão", registrada posteriormente pela banda cearense **Garota Safada**), **Lapada** ("Opinião") e **Boa Toda** ("Primeira vez"). Houve ainda a **Bregueço** ("Homem é tudo igual"), que se notabilizou pelo pioneirismo em introduzir timbres eletrônicos sampleados, e a **Swing do Amor**, cujo primeiro sucesso foi "Romeu e Julieta",[33] inicialmente com os vocalistas **Adriana** e **Paulo**. Entretanto, essa formação foi breve. Em meio a uma geração de bandas com vozes femininas na primeira metade dos anos 2000, a **Swing do Amor** inovou por ter dois homens nos vocais, os irmãos **Daniel Silva** e **Danilo Silva** (este passando de guitarrista a cantor, após à saída de **Paulo**). Posteriormente é que a dupla contou com o reforço de uma nova voz feminina, **Larissa Mell**, chegando a somar vinte integrantes.

Ainda nessa primeira década, surgiu a **Mysstura do Calypso**, liderada por **Priscila Senna**, que ganhou maior notoriedade em 2008 com seu hit "Novo namorado" (Elvis Pires/Rodrigo Mell), que fez tanto sucesso que ganhou regravações dos consagrados **Aviões do Forró** e **Calcinha Preta**, e até dos "sertanejos" **Marcos & Belutti**. Essa música surgiu de um comercial de shampoo que um de seus autores, Rodrigo, viu na TV. A atriz usava o produto e — plim! — arrumava um novo namorado: "Não vou negar / Sofri demais quando você me deu um fora / Mas o tempo passa / O mundo gira, o mundo é uma bola / Pintei o meu cabelo, me valorizei / Entrei na academia, eu malhei, malhei / Dei a volta por cima e hoje te mostrei / Meu novo namorado." Um "brega empoderado", como se vê. A seguir, **Priscila** migrou para a banda **Musa do Calypso**. Posteriormente, excluiu o "Calypso", ficando apenas **Musa**.

Na década de 2010, novas bandas de brega continuaram surgindo como **Torpedo**, do vocalista **Deivison Kellrs**, falecido precocemente em 2018 ("Fase ruim"), **A favorita** ("Só dá tu") e **Sedutora** ("Bateu a química"). Outro destaque foi o hit "Minha mulher não deixa, não (Vou não, quero não)", de **Reginho e Banda Surpresa**, cujo vídeo viralizou no final de 2010, motivando sua presença em programas de repercussão nacional e parcerias com **Gusttavo Lima** e **Aviões do Forró**. A música ficou consagrada também como uma das mais cantadas do carnaval de 2011, narrando as agruras de um homem totalmente enfeitiçado pela esposa, baseado num fato real, em que uma mulher dava uma dura no companheiro frente à menor possibilidade dele sair de seu controle. "Ei, tu quer beber? / Não quero, não / Não quer por quê? / Por nada, não / Tu quer fumar? An, an... / Não quer por quê?" dizia a a letra, para desembocar no refrão: "Vou não, quero não, posso não / Minha mulher não deixa, não / Não vou não, quero não."[34]

Além de **Priscila Senna**, a "**Musa**", alguns artistas foram seguindo carreira solo, como **Eduarda Alves**, ex-vocalista da **Banda Sedutora**, só de meninas jovens, como uma versão "brega" das **Spice Girls** (com as autorais "Em nosso quarto" e "Necessito") e **Tayara Andreza**, ex-vocalista da **Torpedo** ("Sem ela saber"). Em 2017, surge a banda **Amigas do brega**, idealizada por **Palas Pinho**, outra ex-vocalista de uma dessas bandas pioneiras do gênero, no caso, da **Ovelha Negra**. Ela criou tal projeto a fim de enaltecer o "brega das antigas", revivendo clássicos do estilo da década de 2000, unindo sua voz com a de outras igualmente ex-vocalistas, como **Dayanne Henrique** (da **Frutos do Amor**), **Dany Myler** (**Banda Lolyta**) e **Eliza Mell** (da **Brega.com**). A partir de 2019, a **Banda Sentimentos**, liderada por um casal de vocalistas, algo que funciona desde os tempos de **Jane & Herondy**, enfatizava as letras menos despudoradas e mais "romântico-bregas", como "Onde estás".[35]

E por falar em romantismo, o brega-sofrência, "arrocha", estilo **Pablo**, é outra vertente a marcar presença nesse movimento pernambucano com **Asas Livres** (banda do qual o próprio **Pablo** chegou a ser vocalista, do hit "Tudo Azul"), **Asas Morenas** ("Moreninha meu amor"), **Tayrone Cigano** ("Volte amor"), **Nara Costa** ("Arrocha") e "O Cantor Apaixonado" **Silvanno Salles**, com a sua impagável "Minha Doblô" em 2012, sobre um carro que não é "de família", comportando até "sete minas" — "Olhou, pirou, entrou na minha Doblô / É o carro da balada / É o carro do amor". A seguir, ele lista as adaptações que fez no possante para melhor angariar suas conquistas: "Coloquei jogo de luz / Instalei o frigobar / O som batendo certo, suspensão a ar / Dentro da minha Doblô / Você se sente no céu / Aqui não passa vento / É melhor do que motel."[36] Testosterona pura!

Não podemos esquecer dos artistas do subgênero "brega-funk", os quais comentaremos mais adiante, e de um outro braço do estilo, intitulado "brega universitário", como o título apregoa, passou a reunir jovens de classe média fazendo esse tipo de som. Se alguém ainda duvidava que o "brega" em suas mais variadas acepções — de influência a gênero musical — virou a música dominante no Brasil do século XXI, este capítulo é a prova cabal do crime.

O sertanejo universitário, pop e "feminejo" monopolizam o mercado

Em 2001, uma música sobre um cara que dormiu num banco de praça, teve um sonho erótico com a ex-namorada e após atingir o orgasmo é acordado por um guarda disposto a repreendê-lo, foi o grande hit do ano. Era "Dormi na praça" (Elias Muniz/Fátima Leão), com **Bruno e Marrone,** a última dupla importante a despontar do estilo "sertanejo" à moda das que tomaram de assalto o país na década de 1990, ainda que já trazendo algumas inovações ao estilo. Formada em Goiás, em meados dos anos 1980, quando **Leonardo** (da dupla com **Leandro**) apresentou **Marrone** (José Roberto) a **Bruno** (Vinicius Félix), à época um balconista de farmácia, enquanto o futuro companheiro, após deixar a lavoura, ainda trabalhava num supermercado. A dupla foi ganhando fama em cidades do Centro-Oeste e de Minas, registrando o primeiro CD em 94, e a partir daí gravando álbuns anuais em grandes gravadoras até a virada da década, mas sem maior repercussão.

A sorte deles começou a mudar quando um fã de Uberlândia gravou uma entrevista da dupla em um programa na Rádio Líder de Goiânia (na qual cantavam algumas de suas canções acompanhados apenas de violão), editou a parte musical e a comercializou, vendendo algo em torno de 300 mil CDs piratas. Com isso, seu público aumentou e logo seu novo CD/DVD *Acústico ao vivo* (consagrando tal formato, mais enxuto no acompanhamento), tornava-se o campeão de vendas em 2001, batendo 1,5 milhão de cópias vendidas, puxado pela canção que os consagrou, que na verdade já havia sido gravada no álbum de estúdio anterior deles que pouco antes fora relançado devido à repercussão do CD pirata, esquentando o novo lançamento no formato ao vivo. A partir de então, foi um hit atrás do outro — "Amor de carnaval", "Vai dar namoro", "Ficar por ficar", "Amor não vai faltar"... Para se ter uma ideia da permanência nas paradas em tempos de sucesso efêmero, treze anos depois, em 2014, a canção "Vidro fumê"[37] foi a mais tocada do país, entre todos os gêneros, e no ano seguinte "Isso cê num conta" chegou a ser a primeira mais tocada do top 100 da *Billboard*.

Se a geração de **Chitãozinho & Xororó** começou a sofisticar cada vez mais o universo sertanejo, trabalhando com orquestras, sopros, teclados e megabandas no palco, seguindo o modelo do padrão internacional de grandes astros do rock e do country, começava a surgir uma outra, apostando numa formação menos opulenta, de estética algo inspirada no modelo *Acústico MTV* de extremo sucesso desde o início da década anterior em diversos segmentos musicais. Com uma aproximação à nova linguagem universal do pop, cada vez mais urbanizada, as baladas lentas e chamamés dos anos 1990 de sonoridade pasteurizada deram lugar ao pop e ao folk nos 2000, não raro com uma batida mais animada, bastante próxima do rock, do axé e do forró eletrônico, e isto foi um novo chamariz às novas plateias, inclusive universitárias, já que houve uma maior democratização do acesso ao terceiro grau a partir da década anterior. Também mais "democrático" ficou o consumo de música trazido pela tecnologia digital.

Era o início do chamado sertanejo universitário, que se cristalizou por volta de 2004/2005. É importante frisar, entretanto, que a qualidade de ensino superior não significava sofisticação ou anarquia nas letras, mensagens e melodias, como na geração anos 1960 de **Chico, Gil, Caetano e Vandré,** projetada pelos grandes festivais, ou da geração 80 roqueira de **Renato Russo, Herbert Vianna, Arnaldo Antunes, Paulo Ricardo** ou **Evandro Mesquita.** No caso, tinham em comum o fato de serem universitários e/ou de se conhecerem não no campo, como a maioria das duplas de outras décadas, mas em cidades do Centro-Oeste e/ou fora do eixo Rio-São Paulo, cantando em bares frequentados por estudantes universitários mais afeitos a músicas simples, festivas, versando sobre amenidades de seu cotidiano. Assim como os antecessores **Bruno & Marrone** (que fizeram a transição do estilo, gravando o primeiro álbum "acústico" do gênero a se destacar), muitos tiveram um empurrão das novas tecnologias digitais (pirataria de CDs e difusão via internet), e a maioria deles só foi descoberta pelas grandes gravadoras após já ter um público jovem cativo.

César Menotti & Fabiano ("Leilão", "Tarde demais", "Como um anjo") não eram universitários, chegaram a vender de suco de laranja a carros usados antes da fama, mas apresentando-se na cidade universitária de Alfenas (MG) começaram a sentir a adesão deste público. Até que tiveram um show gravado de forma amadora no Observatório, uma casa noturna mineira. Em pouco tempo, sem nenhum trabalho de divulgação, este CD foi passando de mão em mão. Como o local era frequentado por universitários que não moravam lá, eles o levaram para suas cidades, ampliando seu público. O mesmo se deu com **João Bosco e Vinícius** ("Chora, me liga", "Deixaria tudo [Dejaria todo]", "Deixa a gente quieto", "Alô, ex-amor"),[38] que se conheceram na cidade de Coxim (MS) e seguiram para Campo Grande, a fim de cursar, respectivamente, Odontologia e Fisioterapia. Ali, começaram a se apresentar e seus primeiros trabalhos independentes eram muito pirateados a preço baixo, dando cada vez mais visibilidade à dupla.

O também matogrossense **Luan Santana** é o único dessa geração que não tinha idade para ter nível superior quando foi descoberto. Começou muito jovem sua carreira. Aos 14, incentivado pelo pai, teve um show gravado precariamente num MD durante um churrasco no Sindicato Rural de Jaguari, uma pequena cidade onde morava perto de Campo Grande. Ao ouvir o CD da gravação, achou um horror, o estilhaçou em mil pedaços e jogou na lixeira. Sem que ele soubesse, porém, um técnico do evento ficou com uma cópia e espalhou para os amigos. Ele então se deu conta de que uma de suas músicas era ouvida até em toques de celular por pessoas de sua cidade. Não demorou para que o público a pedisse nas rádios de Mato Grosso do Sul, Goiás, Rondônia e Paraná. Acontece que outra dupla da época, **João Bosco e Vinícius**, ouvindo a força da canção, regravou-a comercialmente e "roubou-lhe" o sucesso.

Essa espécie de "roubo" aconteceu com ele quatro vezes (e com a mesma dupla), mesmo quando já tinha empresário. Como se não bastasse, também havia má vontade pelo fato dele ser muito jovem e de aderir ao estilo "sertanejo" sem formar uma dupla, um tabu até então, sendo por isso muitas vezes recusado em emissoras do Centro-Oeste. Finalmente, decidiu aprender a compor as próprias canções e partiu para a gravação do primeiro CD independente, *Tô de cara* (2008), que já trazia a faixa-título, e "Meteoro", que se tornariam seus primeiros hits nacionais no ano seguinte, quando foram regravados no álbum *Luan Santana ao vivo*, editado pela Som Livre. E tudo isso antes dele completar 18 anos. Assim sendo, abriu a porteira para a moda de artistas-solo nesse mercado, enquanto foi emplacando sucesso atrás de sucesso, como "Escreve aí", em 2015, mantendo-se em alta até a virada da próxima década, com "Acordando o prédio", "Vingança" (com **MC Kekel**) e "Quando a *bad* bater".[39]

Os demais artistas revelados nessa fase, todos formando duplas, tiveram origem ao menos parcialmente em universidades. **Fernando**, da dupla com **Sorocaba**, embora tenha sido dos raros desta geração a ter vivido até a adolescência no campo, e fugisse das lavouras em Rondônia para tocar seu violão, inspirado no avô, já pensava em ser artista, e além das canções "sertanejas" de sua época, era fã do rock cosmopolita dos **Guns'n'roses** e foi morar em Cuiabá ainda adolescente. Já o parceiro, paulista, criado na cidade de onde vem seu apelido, cursava Agronomia em Londrina, no Paraná. A dupla em si começou ainda com outro "Fernando", no ano de 2006 na mesma cidade, quando **Sorocaba**, já formado, decidiu investir suas economias para gravar o primeiro CD/DVD deles, *Ao vivo em Londrina* (2006), numa bela chácara do local. No ano seguinte, conheceu o **Fernando** definitivo por intermédio de um amigo, mandou-lhe uma passagem, fez um teste e um mês depois o contratou inicialmente como funcionário e começou com ele uma turnê. Com incrível tino de marketing, fez negócios com radialistas de várias cidades nas quais excursionaram na sequência para divulgar suas músicas e decidiu distribuir centenas de CDs e DVDs para banhistas dos litorais catarinense e paranaense, pois sabia que, ao voltar para suas cidades, eles se espalhariam por outras partes do país.

Enfim, com mais estrada e a nova formação, gravaram o CD/DVD *Bala de prata — ao vivo* em 2007, já para um público de 10 mil pessoas à beira do rio Bandeirantes do Norte, em Santa Fé (PR). Conseguiram distribuição da Universal Music, estourando no ano seguinte a faixa-título, o primeiro de muitos hits autorais de **Sorocaba**. Depois vieram "Paga pau" e "Da cor do pecado". Em 2010, gravando seu *Acústico ao vivo*, consagraram-se definitivamente e, a partir de então, enfileiraram hits, como "Madri", "A casa caiu", "Delegada", "Tô passando mal", "Gaveta" (com Bruno Caliman) e muitas outras.

Igualmente universitários, os goianos **Jorge & Mateus** ("Sosseguei", "Pergunta boba", "Amo noite e dia", "Tijolão", "Cheirosa", "Ranking", "Lance individual") se conheceram na pequena cidade natal deles, Itumbiara, no sul de Goiás, na divisa com Minas. O primeiro cursava Direito e o outro, Agronomia. Fizeram o primeiro show numa boate local em 2005, na mesma época em que **Maria Cecília & Rodolfo** ("Dói só de pensar" "Depois da briga")[40] começaram a terçar vozes nos corredores da Universidade Católica Dom Bosco, em Campo Grande (MS), onde estudavam Zootecnia. O que começou na música acabou em romance. Casaram-se quatro anos depois.

Finalmente, há três duplas que vieram dos anos 1990. Duas delas, de integrantes muito jovens ainda, obviamente não passaram pelo circuito universitário, mas tiveram mais afinidade com o universo urbano que rural. São elas **Edson & Hudson** ("Foi você quem trouxe [I want to know what love it is])" e **Marlon & Maicon** ("Por te amar assim [Por amarte así]"),[41] ambos oriundos de famílias de artistas. A mais bem-sucedida, porém, **Victor & Leo**, formada por dois irmãos mineiros e estudantes do ensino médio em 92, percorreu uma longa estrada até experimentar o sabor do sucesso. A partir de 2001, foram galgando a fama no circuito de bares da capital paulista, tocando para todo tipo de público, por isso nunca gostaram do rótulo "universitário". Fato é que em breve também já tinham seus CDs independentes pirateados e tocados em rádio até virarem recordistas em vendas a partir de 2007 com "Fada", "Vida boa" e "Borboletas", todas de **Victor (Chaves)**, um dos compositores brasileiros de maior arrecadação da primeira década do século (campeão entre 2008 e 2010), autor de hits também de outras duplas e dos raros dessa geração a compor temas mais caros ao sertanejo tradicional, como a referida "Vida boa" e "Deus e eu no sertão", com boa aceitação do público, chegando até a flertar com a "MPB" caipira de **Renato Teixeira**, parceiros em "E quando o dia nascer".

De todos os citados, **César Menotti & Fabiano** foram os primeiros a dar um frescor jovial à estética "sertaneja", a partir de 2005, com uma batida mais pop, festiva, seguidos por **Victor & Leo** e **João Bosco & Vinicius**, popularizando o termo que batizaria esta geração.[42] Eles perceberam que tal público estudantil não se ligava tanto em canções de levadas melancólicas sobre o campo ou amores frustrados e melodramáticos, mas numa música mais festeira, como a axé-music, uma das mais prestigiadas pelos jovens universitários, o que pôde ser confirmado com o tempo, pois muitos eventos foram realizados reunindo no mesmo palco artistas baianos e "sertanejos".

Já **Jorge**, da dupla com **Mateus**, fixou um jeito de cantar, como uma espécie de metralhadora de palavras, que fez escola em muitos de seus sucessores.

Fernando & Sorocaba terminaram de consolidar essa estética que reinou até meados da década de 2010, em que as canções de amor estouradas eram mais otimistas, encarando eventuais separações ou de maneira indiferente ou já partindo para a farra, enchendo a cara e se divertindo com os amigos ("É tenso [Beijo mesmo, pego mesmo]", "Terapinga", "Só não divulga"). São letras focadas no "amor de agora, desta noite",[43] na defesa de uma relação descompromissada, sem tanta posse, do sexo casual, presente em hits deles, como "Bobeia pra ver" — e de seus colegas, como **Maria Cecília & Rodolfo** ("A fila andou"), **César Mennotti & Fabiano** ("Ciumenta") e **João Bosco & Vinícius** ("Chora, me liga")[44] —, além de uma atenção especial a gírias urbanas ou expressões em alta nas redes sociais, como "Paga pau", que se tornariam uma constante nos hits massificados dos anos 2010, assim como uma dose de ostentação, outro filão do gênero que estourou pérolas como "Camaro amarelo" (Gabriel Diniz) nas vozes de **Munhoz & Mariano**, sobre a garota desejada por um rapaz lhe dar bola porque ele está tirando onda com um carrão.

Sorocaba, o cabeça-empresário da dupla com **Fernando**, em breve se mostraria também um dos maiores hitmakers dessa geração, campeão em arrecadação de direitos autorais entre 2011 e 2012, além de empreendedor e descobridor do referido **Luan Santana** e dos futuros astros **Thaeme & Thiago**, **Marcos & Belutti** e **Lucas Lucco**. Soube ainda aliar referências da country music e do hard rock no conceito de seu trabalho, e vislumbrar na série *Acústico MTV* a ideia de apresentações desplugadas, com mais violão de aço (e acordeon) e menos ênfase nos teclados e nas guitarras, na contramão da parafernália sonora de álbuns ao vivo dos "sertanejos" em voga na ocasião, mais próximo do que fizeram **Bruno & Marrone** em seu acústico de 2001. Inovou também a adotar uma estética de "cine-show" em seus clipes, misturando dramaturgia e performance filmada e, para completar, deu ares de superprodução pop aos shows da dupla, quando se apropriou de uma bolha gigante de plástico, com a qual era possível caminhar por cima dos fãs em suas apresentações, uma invenção do americano **Wayne Coyne**, da banda de indie rock **The Flaming Lips**.[45]

Toda essa turma chegou a 2010 com um mercado amplamente favorável: seis dos 10 CDs mais vendidos do ano eram do segmento "sertanejo",[46] numa fase em que o estilo musical servia também de propaganda positiva à força do agronegócio, por isso muitos de seus empresários passaram a investir altas somas em seus artistas e eventos. Mas o ápice estava ainda por vir.

Para começar, no ano seguinte, viria o hit mais poderoso de toda essa leva de artistas. "Ai se eu te pego" (Antônio Dyggs/Sharon Acioly), uma música cuja história é das mais improváveis que se possa imaginar. Nasceu em 2006, numa brincadeira de cinco adolescentes paraibanas em férias na Disney, em Orlando, onde criaram um refrão em homenagem a um guia turístico local, que dizia: "Nossa, nossa, assim você me mata / Ai se eu te pego, delícia." Dois anos depois, duas delas viajavam novamente, desta vez a Porto Seguro, na Bahia, e juntamente com uma outra colega decidiram cantá-la de farra numa casa de shows. Uma cantora local, **Sharon Acioly**, ao vê-las entoando e dançando a música que originalmente era em ritmo de funk carioca, apelidado de "Funk do nossa", as convidou a subirem no palco para exibi-la aos presentes, agradando bastante.

Dias depois, **Sharon** adaptou o refrão a uma música que havia composto para homenagear dois de seus dançarinos, registrou-a com o nome de "Assim você me mata" e passou a cantá-la em seus espetáculos na casa. Chegou a criar um videoclipe e postá-lo na internet, mas não deu em nada. Pouco depois, o empresário **Antônio Dyggs**, dono de uma casa de shows em Feira de Santana, de passagem em Porto Seguro, viu um show da cantora e os versos "mágicos" do "funk" foram ouvidos por ele, intuindo que aquilo poderia virar um forró. Ao voltar à sua terra, num dia que já havia tomado umas e outras finalizou a música e a rebatizou de "Ai se eu te pego". O próximo passo foi ensiná-la à banda de forró eletrônico que empresariava, **Os Meninos de Seu Zeh**, que a registrou de modo não comercial. A letra originalmente, ao invés de "Sábado na balada", dizia na "Kabana", a casa que o empresário mantinha na cidade baiana.

A seguir, outra banda do gênero, a **Cangaia de Jegue**, radicada em Salvador, decidiu gravá-la comercialmente em 2010, transformando-a num sucesso em seu estado. Depois, a **Garota Safada**, do futuro astro

Wesley Safadão, a regravaria de forma mais vibrante, popularizando-a no resto do Nordeste, em especial nas festas juninas da região, e ainda outros dois artistas desse estilo também a regravariam. Foi justamente durante um festejo de São João em Salvador que o cantor, compositor e multi-instrumentista paranaense **Michel Teló** a ouviu cantada pelo **Cangaia de Jegue** e decidiu também gravá-la. Lançada em julho de 2011, no site do cantor "para download digital grátis" e também num videoclipe no YouTube gravado ao vivo em Curitiba, a música então virou um dos maiores fenômenos da história da música brasileira. Estourou no mundo inteiro, chegando a ser pano de fundo de coreografia de gol do Real Madrid pelo craque português Cristiano Ronaldo à comemoração da vitória do tenista espanhol Rafael Nadal na Copa Davis 2011, que a dançou com seus companheiros de equipe.

Aos 30 anos, **Teló** viu sua gravação ser a sexta mais vendida no mundo em 2012, levando-o a uma turnê internacional vista por cerca de 17 milhões de pessoas — isto no mesmo ano em que perdíamos o artista mais longevo e popular da história do universo sertanejo até então, **Tinoco**, aos 91 anos, cujo parceiro, **Tonico**, já havia nos deixado 18 anos antes. A dupla veterana não imaginaria que a semente do seu estilo evoluiria de modo tão midiático a ponto do clipe de **Teló** no YouTube a dias de completar exatos 10 anos de postado, em 2021, superar 1 bilhão de visualizações. A sensação que dá é a de que o mundo inteiro ouviu os versos: "Sábado na balada / A galera começou a dançar / E passou a menina mais linda / Tomei coragem e comecei a falar / Nossa, nossa / Assim você me mata / Ai, se eu te pego / Ai, ai se eu te pego / Delícia, delicia."

Entretanto, desde os 13 anos **Michel Teló** já estava na ativa no Mato Grosso do Sul, misturando a cultura musical gaúcha com a da fronteira com o Paraguai e elementos do cancioneiro pop, como integrante do **Grupo Tradição**, um dos muitos abarcados pelo rótulo de tchê music — bandas jovens, na maioria da Região Sul do país, que buscavam renovar as canções gaúchas tradicionais à moda da axé-music. Teve mais sorte que seus colegas gaúchos por ser de outra região, pois a maioria deles foi rejeitada pelo Movimento Tradicionalista Gaúcho, que não admitia tantas inovações, proibindo-os de se apresentarem nos chamados CTGs

(Centros de Tradições Gaúchas). Depois do estouro da canção em seu terceiro CD *Na balada, ao vivo* (2011), **Teló** seguiu com outros hits festivos, como "Humilde residência" e "Bará berê", e mais românticos/folk, como "Chocolate quente".[47]

Entre as duplas veteranas, **Zezé Di Camargo & Luciano** seguiram com público cativo em nova série de êxitos ("Fui eu", "Mentes tão bem [Mientes tan bien]", "Se for pra judiar", "O defensor"...), assim como os solistas que perderam seus parceiros, **Leonardo** e **Daniel**, continuavam ídolos românticos. **Teodoro & Sampaio** apostavam mais que nunca no estilo humorístico mais apelativo, com pérolas como "Roela do Eno", "O pitoco", "A gostosona" (do mestre no estilo **João Gonçalves**, com José Vitor) e "Mulher chorona", entre outras de fazer inveja à forrozeira **Clemilda**, que, aliás, dali a pouco, em 2014, estava nos deixando. Com igual apelo, seguiam os veteranos **Gino & Geno** ("Meu chacundum", "Boi do saco roxo") e ainda **Gilberto & Gilmar**, estes dos anos 1970, conquistando fama inédita, com as dançantes e divertidas "Nóis não vive sem muié" e "Tá ruim, mais tá bão".[48] Daí, rebobinaram sucessos antigos, mantendo-se em evidência pelas próximas duas décadas.

Mas o momento mesmo era o do sertanejo universitário, cujas inovações musicais e estéticas ampliaram significativamente o público consumidor do segmento em relação à geração anterior e já começava a repercutir nos nichos de classes média e alta dos grandes centros urbanos do país. Por volta de 2010, São Paulo, Curitiba e Rio já tinham festas ou noites especiais em agitadas boates jovens dedicadas ao gênero. Além da aproximação do padrão de entretenimento do *showbusiness* internacional de artistas do pop e do rock, eram flagrantes as mesclas que seus novos astros passaram a fazer com forró, pagode, pop romântico, música infantil, folk americano, axé, pop latino e até *easy listening* — basta dizer que a partir de 2013 os "sertanejos" chegaram a subir nos trios elétricos de Salvador.

Ainda assim, com toda sua estrutura milionária para massificar artistas nacionalmente, nem mesmo o "sertanejo" fugiu à tendência do "mercado de nicho" tão comum nas primeiras décadas do novo século. Isto explica o porquê em 2015, quando se deu a morte do goiano **Cristiano Araújo** ("Você mudou", "Caso indefinido"), aos 29 anos, então um expoente do gênero com cachês altíssimos, uma parte do país ficou de luto e a outra sequer sabia que ele existia.

Além dele, no rastro de **Leonardo e Daniel**, e do jovem astro **Luan Santana**, vários outros solistas-galãs apareceram, na maior beca, alinhados à estética visual do pop internacional, estourando paulatinamente ao longo da próxima década, muitos deles com fama nacional. São eles os mineiros **Gusttavo Lima** ("Balada", que estourou até na Europa; "Apelido carinhoso", "Homem de família", "Cem mil", revigorando a influência latina do ritmo da bachata, em 2019; "A gente fez amor"), **Lucas Lucco** ("Vai vendo", "Mozão") e **Léo Magalhães** ("Oi"), o matogrossense **Loubet** ("Made in roça"), o paulista **Gustavo Mioto** ("Impressionando os anjos", "Com ou sem mim" — esta a mais executadas nas rádios do país, em 2020), o paraense **Israel Novaes** ("[Você merece] Cachê"), o goiano **Felipe Araújo** ("Amor da sua cama"), além do mais maduro (mineiro) **Eduardo Costa** ("Pronto, falei") e do astros mirins **Enzo Rabelo** (filho de **Bruno**, da dupla com **Marrone**) ("Perfeitinha") e **Zé Felipe** (de **Leonardo**) ("Só tem eu")[49] — os dois, aliás, gravaram juntos "Tijolinho por tijolinho" em 2018, com grande êxito. Por falar em **Leonardo**, este continuou a desfilar hits como "Liga lá em casa", "Pergunte ao dono do bar" e outras do projeto *Leonardo e Eduardo Costa no cabaré* (2014), como "Laço aberto" e a regravação de "Um degrau na escada", do repertório de **Chico Rey & Paraná**.[50]

Na década de 2010, essa nova estética festiva e divertida "universitária" se alternou a outras mais tradicionais, caso da mineira **Paula Fernandes**, também violonista, com seu timbre grave. Após ser catapultada ao sucesso após participar de um especial de **Roberto Carlos** em 2010, no ano seguinte, aos 26 anos, vendeu 1 milhão de cópias com seu country romântico açucarado (as autorais "Pássaro de fogo" e "Pra você", esta com **Zezé Di Camargo**) e chegou a gravar com a estrela pop country americana **Taylor Swift** ("Long live", em 2012). Mas não apenas isso. Esta década trouxe também o chamado "feminejo", uma onda de mulheres surgindo fortes simultaneamente, quebrando um pouco o Clube do Bolinha do gênero, cantando na primeira pessoa temas cotidianos outrora restritos às duplas e intérpretes masculinos, eventualmente até politizadas em termos comportamentais, mas sem medo da velha e boa dor de cotovelo, agora chamada de "sofrência". As letras agora abordavam bebedeira, relacionamentos, traição e amor a partir do ponto de vista feminino. Era a turma encabeçada pela goiana **Marília Mendonça**, que se complementava com as matogrossenses **Paula Mattos** e (as gêmeas) **Maiara & Maraísa**, a paranaense **Naiara Azevedo** e as irmãs baianas **Simone & Simaria**, que começaram no forró eletrônico como vocalistas de **Frank Aguiar**, depois formando a banda **Forró do Muído.**

"Marília Mendonça é muito Brasil, aquela música brega, sertaneja, romântica e que fala a verdade", definia-se a cantora e compositora de 22 anos à *Folha de S. Paulo.*[51] Continuadora da estética cabareteira de cantoras-compositoras como **Claudia Barroso** e **Roberta Miranda**, entre 2017 e 18 **Marília Mendonça** se tornou a artista mais ouvida do país e a mais vista no YouTube até então, com cerca de 4,7 bilhões de visualizações só em seu canal, inaugurado em 2013. Arrebatou o país com "Eu sei de cor" ("Deixa, deixa mesmo de ser importante / Vai deixando a gente pra outra hora / Vai tentar abrir a porta desse amor / Quando eu tiver jogado a chave fora")[52] e, especialmente, a autoral "Infiel" ("Infiel / Eu quero ver você morar num motel / Estou te expulsando do meu coração / Assuma as consequências dessa traição"). A chamada "Rainha da Sofrência" foi das poucas, inclusive, a vencer fugindo do padrão de beleza imposto pela indústria do entretenimento às mulheres, sobretudo as mais jovens, sempre muito magras e num estilo padronizado de *sex appeal*. Suas canções de traição, saudade e términos conturbados foram escritas baseadas em suas próprias vivências, pois assumia em entrevistas que era traída desde os 13 anos.

Os temas não poderiam ser mais cabareteiros: ser traída e expulsar o namorado de casa, ser amante e ter ciúmes da mulher do adúltero, ligar para o porteiro e barrar a entrada do ex-namorado no prédio, receber mensagens do ex às 4h15 da manhã e rejeitar a reconciliação, especular se a parceira atual do antigo namorado é tão boa quanto ela na cama, ter uma recaída e admitir que o casal só funciona "entre quatro paredes", ter saudade do último amado e desejá-lo de volta, sem sucesso, ou amaldiçoar, por fim, todos os seus relacionamentos anteriores e futuros.[53] Ao início de um de seus shows para uma multidão à época, disse que havia três regras a seguir: "Não pode chorar, não pode vomitar e não pode ligar para o ex." Porém, a cada sucesso, elas já haviam sido infringidas várias vezes.

Até 2021, **Marília** não saiu das paradas com "De quem é a culpa?", "Amante não tem lar", "Bebi, liguei", "Todo mundo vai sofrer", "Supera" e "Graveto".[54] Com 38 milhões de fãs no Instagram, 22 milhões no YouTube e 8 milhões de ouvintes mensais no Spotify, e ainda recordista mundial de visualizações numa live durante a pandemia do coronavírus, como que por encanto todo esse sonho foi interrompido em novembro daquele ano. O jatinho que a levava para um show em Caratinga (MG) se chocou contra uma rede elétrica, levando-a para sempre aos 26 anos. Madura para sua idade, simpática aos fãs, colegas e jornalistas, ostentava opiniões próprias e coerentes — a ponto não só de compor canções autoafirmativas femininas desde adolescente (inaugurando o filão do "feminejo", que até então a indústria poderosa e machista do "sertanejo" dava de ombros), gravar apenas o que lhe tocava o coração e de ser das poucas de seu segmento musical a ter coragem de declarar repúdio ao então canditato Jair Bolsonaro em suas redes sociais, engajando-se na campanha "Ele não". **Marília** marcou para sempre a vida de um público gigantesco de jovens que choraram a sua morte, mostrando para quem duvidava que em apenas meia década era efetivamente a cantora mais popular do país e uma das mais ouvidas do mundo.

Outras canções emblemáticas desse mesmo gênero, lançadas entre 2016 e 2021, foram "Meu violão e nosso cachorro", "Regime fechado" e "Foi pá pum" (**Simone & Simaria**), "10%", "Medo bobo" e "Aí eu bebo" (**Maiara & Maraísa**), "Quem vê cara não vê coração" (**Paula Mattos**), "A culpa é dele" e "Quero você do jeito que quiser" (ambas com **Marília Mendonça, Maiara & Maraísa**) e o megahit "50 reais", em 2016, com **Naiara Azevedo** e novamente **Maiara & Maraísa**: "Não sei se dou na cara dela ou bato em você / Mas eu não vim atrapalhar sua noite de prazer / E pra ajudar pagar a dama que lhe satisfaz / Toma aqui uns 50 reais."[55] Qualquer semelhança com **Waldick Soriano** não é mera coincidência, só que para um outro tipo de público — até de melhor poder aquisitivo e quiçá de nível superior. Um Brasil que perdeu de uma vez por todas a vergonha de ser "brega" e caía despudorado num bom clima de cabaré.

Não se pode negar, por mais que os "sertanejos universitários" tenham inovado com temas mais festivos, não significa que abriram mão da "sofrência". É o que aconteceu em outros êxitos de diversos artistas já citados aqui e com mais dois jovens rapazes brancos de classe média e boas-pinta que engrossavam o elenco "sertanejo" da década, **Zé Neto & Cristiano**, que quebraram novos recordes de audiência investindo num som tangendo um pop latino abolerado. "Seu polícia" veio forte em 2016, explicando a seu interlocutor que não se importava em pagar uma multa por ouvir música alta no carro para afogar as mágoas. Depois estouraram pra valer com "Largado às traças" ("Meu orgulho caiu quando subiu o álcool / Aí deu ruim pra mim"), "Derreter a aliança" ("Parcelei a palhaçada toda no cartão / E agora eu tô pagando é com a solidão") e "Mulher maravilha", sobre um amor incrível que gerou um filho, rimando "a noite inteira" com "mamadeira".[56] Agenciados por uma grande empresa que soube catapultá-los ao sucesso, e viciados na rede social Instagram, publicavam "stories" sistematicamente, o que acabou refletindo em seu repertório ("Status que eu não queria", "Notificação preferida"), sem abrir mão de mais uma dose alcoólica ("Alô, Ambev"). Essas músicas eram todas criadas por compositores profissionais, muitos ligados a empresas especializadas em criar hits. Chegaram a 2021 mais uma vez com canções entre as dez mais tocadas do ano, desta vez "Barzinho aleatório".[57]

A partir de meados da década de 2010, também encabeçaram as paradas novas duplas como **Henrique & Juliano**, de Tocantins ("Vidinha de balada", "Volta por baixo", "Briga feia" e "Liberdade provisória" — esta a mais ouvida no Spotify em 2020) e **Matheus e Kauan**, de Goiás ("Que sorte a nossa", o hit inicial, depois "Vou ter que superar", "Quarta cadeira", "Litrão" e "Nem doeu"). Mais para o final da década, apareceram os paulistas **Guilherme & Benuto**, com "3 batidas", depois "Pulei na piscina" e "Declaração pro bar") e, na linha da referida **Marília Mendonça, Yasmin Santos**, com "Saudade nível hard" ("Daquelas que bate, bate / Arde mais que Merthiolate"), e ainda a baixata "Para, pensa e volta",[58] que logo ganhou uma regravação em dueto com sua inspiradora, que inclusive é citada na letra: "Tô lembrando da briga / Ouvindo Marília / Meu Deus, que vontade / Que eu tô de te ouvir / Te sentir e depois te ver batendo a porta / Para, pensa e volta." Os temas dos maiores sucessos eram, mais uma vez, variações sobre a dor de cotovelo — com passeios pelas bebedeiras nas mesas de bar — e ânsia pela conquista do coração da pessoa amada. Como se vê, a nova dor de corno parece ter voltado ao "sertanejo" para ficar.

Uma tendência que congregou grande parte dos artistas "sertanejos" neste século, mas também os pagodeiros, "bregas" (assumidos ou não) e outros segmentos populares foi uma inserção no padrão estético visual internacional. Passaram a trabalhar com consultores de imagem e estilistas personalizados, com marcas nacionais e importadas. No caso dos "sertanejos", as botas de bico fino de outros tempos deram lugar ao coturno, o cinto de maxifivela, ao simplificado e o chapéu country ao do tipo "fedora". Tatuagens, tênis e jeans detonados também foram bem-vindos aos mais jovens.[59]

E nada de repetir roupas! Na década de 2010, até mesmo **Pablo**, da sofrência, só repetia no máximo os caríssimos paletós sob medida da Dolce & Gabbana, e **Felipe Araújo** (irmão do falecido **Cristiano**) chegava a ter 12 trocas de roupa num só show na década de 2010. Se antes apenas as artistas do funk carioca ousavam com shortinhos, as "sertanejas" fecharam a década usando transparências. A exemplo das superstars americanas, elas também queriam parecer divas.[60] Os novos "sertanejos" apenas seguiram uma tendência geral no mundo do entretenimento globalizado. O que no início, no caso deles, veio em boa parte da espontaneidade de um público universitário festivo e despolitizado, o sistema fez virar uma grande vitrine de loja de grife e a música um supermercado pop gourmet que vende no atacado.

A volta por cima do funk carioca

Após um período de baixa, o funk carioca veio com tudo a partir de 2001, com uma série de artistas de perfil diferente da década passada e algumas novidades. A batida *volt mix*, o chamado "pancadão", que serviu de base para a maioria dos "funks" do passado, agora se alternava à do "tamborzão", que foi criada pelo **DJ Luciano Oliveira (MC Sabãozinho)** em uma bateria eletrônica R8 MK-2, da Roland, inspirada nos *grooves* do criativo grupo **Funk'n'Lata**, do mangueirense **Ivo Meirelles** (que desde 1995 fundia uma poderosa percussão de escola de samba com o pop e a soul music). O **DJ Cabide**, à época na equipe de som **A Gota**, teve acesso a esse novo ritmo criado por **Luciano** e produziu a "Montagem da Gota" ("U-u uma gota"), popularizando-o em 98. A partir de então, o "funk" ganhava uma nova cara. Como uma batida de atabaque à la umbanda ("Tum-pá-pá-pum-pá"), trazia uma sensualidade tropical brasileira inesperada ao gênero.[61] A seguir veio o Festival de Galeras, no Baile do Coroado, na Cidade de Deus, zona oeste carioca, onde a batizaram finalmente de "tamborzão", pois até então não tinha nome. Foi neste mesmo baile onde foram revelados alguns dos principais astros e estrelas da nova geração do "funk", como **Bonde do Tigrão, Bonde do Vinho, Deize Tigrona** e **Tati Quebra Barraco.**

Outra novidade é que agora a maioria dos "funks" que fariam sucesso eram bem ousados, com letras curtas e eróticas, de duplo sentido ou bastante diretas, sem firulas, abordando toda sorte de desejos, fetiches e preferências sexuais, outrora restritas às quatro paredes. Essa tendência teve influência dos grupos de pagode baiano/samba duro, como **Cia. do Pagode** e **É o Tchan**, e passou a ser incluída em montagens que pediam passos ensaiados. Sim, porque o "funk" também era dançado. O chamado "funk proibidão" foi outro a se proliferar nos bailes de comunidade, seja louvando facções criminosas e seus embates com a polícia, mas também versões ainda mais escancaradas dos grandes hits de temática sexual. Os referidos festivais do Baile do Colorado consagraram definitivamente esses "funks" mais sexuais e os vendedores de CDs/DVDs piratas terminaram de fazer a festa popularizando à margem da indústria, nos camelôs, todo esse material excitante que tinha público cativo e ajudava a movimentar uma economia informal e lucrativa.

O primeiro grande sucesso nacional de "funk" da década foi "Cerol na mão", do **Bonde do Tigrão**, um grupo de MCs e dançarinos que invadiram a cena neste período, via Cidade de Deus: "Quer dançar, quer dançar / O tigrão vai te ensinar / Eu vou passar cerol na mão / Assim, assim / Vou cortar você na mão (...) Vou mostrar que eu sou tigrão / Vou te dar muita pressão / Então martela, martela / Martela o martelão / Levante a mãozinha

/ Na palma da mão / É o Bonde do Tigrão", cantava **Leandro** (sobre a base sampleada de "Headhunter", da banda belga **Front 242**), e que até então trabalhava como empacotador. Eles também emplacaram "O baile todo" ("Só as cachorras! / Uh, uh, uh, uh, uh / As preparadas..."), "Tchutchuca" ("Vem aqui com seu tigrão..."), entre outros. Mas foi um sucesso efêmero como a maioria dos artistas do gênero, inclusive dos outros conjuntos do período, como o **Bonde do Vinho** ("I feel vinho" e "Tradução") e **Os Carrascos** ("Pique tá" e "Três tenores"). Efêmeros também foram **SD Boyz**, do "Planeta dominado" ("Tá dominado, tá tudo dominado")[62] e as duplas **Naldo e Lula** (as autorais "Chinelada" e "Sabonete") e **Gorila e Preto** ("Montagem bonde (dos) sem cueca", também autoral).

Nessa época, o "funk" já ampliava seus domínios. Até mesmo os roqueiros gaúchos do **De Falla** se transmutaram em funkeiros e emplacaram o hit "Popozuda rock'n'roll", e um professor de jiu-jitsu e DJ de hip-hop virou o **DJ Saddam**, que estourou nas rádios e pistas com a autoral "Calça da gang", uma marca de jeans de cintura baixa e corte justíssimo, que ajudava a realçar os glúteos das mulheres ("Calça da Gang / Toda mulher quer / Duzentos reais pra deixar a bunda em pé"). Nessa altura, a classe média carioca descolada (incluindo artistas e celebridades) já comparecia ao baile do Castelo das Pedras, em plena favela de Rio das Pedras, em Jacarepaguá, promovida pela **Furacão 2000**. Um clássico. E o **DJ Marlboro**, que começava a estruturar sua equipe **Big Mix**, voltava ao *Planeta Xuxa* para divulgar seus artistas. A propósito, foi ela quem inspirou o **MC Marcinho** a compor seu maior hit, "Glamurosa", que estourou em 2001: "Glamurosa! / Rainha do funk / Poderosa! / Olhar de diamante / Nos envolve, nos fascina / Agita o salão / Balança gostoso / Requebrando até o chão." E diretamente da favela de Nova Brasília, no Complexo do Alemão, após trabalhar numa borracharia, ser porteiro de creche, entregador de flores e cumprir oito meses de cadeia até ser absolvido, surgiu o **MC Sapão** em 2005 com "Diretoria", e no ano seguinte "Eu tô tranquilão", dele com **Dennis DJ**, seguindo com sucessos pontuais até a década seguinte, vindo a falecer, aos 39, de pneumonia, em 2019.

A cultura do "funk" foi tão forte que expandiu para toda a população até mesmo uma série de gírias difundidas em seus bailes e hits, desde os anos

1990, como "formar o bonde" (sair), "bagulho" (negócio), "cachorra" (mulher fogosa que namora vários homens), "chapa quente" (tensão), "choque" (o mesmo que "sangue bom", amigo, camarada), "demorou" (combinado), "fortalecer" (valorizar), "pikachu" e "martelão" (pênis), "popozuda" (mulher de quadris avantajados), "tchutchuca" (gata e meiga), "purpurinada" (poderosa), "preparada" (sem calcinha ou predisposta a aceitar qualquer cantada), "desce do palco" (seja humilde), "boladona" (irritada), "quebrar o barraco" (transar), "cortar na mão" (ficar com a mulher do outro)" etc.[63]

A parte feminina do "funk" nesta década ficou bem mais expressiva. Para começar, o grupo **Gaiola das Popozudas**, formado por dançarinas bonitonas, provocava a plateia masculina, inicialmente apenas dançando o "tamborzão" dentro de imensas gaiolas de aço, mas não demorou para que o empresário, compositor e **DJ Pardal** vislumbrasse na ex-frentista **MC Valesca** (depois **Valesca Popozuda**) que ela, além de ser sua esposa por um período, tendo inclusive um filho, poderia também cantar — algo que até então jamais passou pela sua cabeça — e ser uma estrela do gênero. Com um apelo sexy e uma interpretação deliciosamente despeitada e agressiva, mandava ver já no primeiro de muitos hits, "Vai, danada". Depois, **MC Bete**, uma professora paulista que foi morar em São João de Meriti e decidiu cantar como terapia para ajudar num tratamento contra a perda de memória,[64] teve fama efêmera, mas sua passagem pelo gênero foi inesquecível. Como esquecer da "Dança da motinha" em que "As *popozuda perde* a linha"? Ou da polêmica "Tapinha" ("Dói / Um tapinha não dói...")?[65] Pena que a Justiça de Porto Alegre não entendeu se tratar de versos sobre uma fantasia sexual e os encarou como apologia à violência contra a mulher, fazendo a **Furacão 2000** pagar 500 mil reais de multa em 2008,[66] enterrando de vez a composição que chegou a ser gravada por **Caetano Veloso**.

Já a **MC Vanessinha** apareceu com a hilariante "Pikachu" ("Me chama pra sair, olha que decepção / Me leva pro cinema pra assistir o Pokemon / Se liga no papo reto que eu vou mandar pra tu / Eu quero é ir pro hotel pra brincar com o pikachu").[67] Quem consagrou essa vertente, digamos, feminista, em que a mulher pela primeira vez no ambiente machista do "funk" dizia o que queria dos homens ou esperava deles foi a **MC Tati**

Quebra Barraco, outro talento da Cidade de Deus. Ela, juntamente com seu meio-irmão, empresário e parceiro nas letras **Márcio dos Santos** e os DJs da equipe **Pipo's** criaram uma série de hits impagáveis que revolucionaram o meio funkeiro, especialmente entre 2001 e 2005. A figura da música brasileira mais próxima de **Tati** seria a de **Tim Maia**, por seu temperamento igualmente autêntico, cheio de tiradas divertidas e brigão, quando pisam em seu calo. Ela chegou a fazer curso de tinturista e cabeleireira e só estudou até a quarta série primária.[68] Enquanto trabalhava como merendeira numa creche, já cantava uma música que falava em "quebrar o barraco", uma gíria alusiva ao ato sexual. Era o início da trajetória de uma lenda viva do movimento.

De uma dessas primeiras composições, "Montagem Barraco 3", veio um de seus bordões, "Sou feia, mas tô na moda": "Eu fiquei três meses sem quebrar o barraco / Sou feia, mas tô na moda / Tô podendo pagar hotel pros homens / Isso é que é mais importante." E emulando o hit "I don't want a short dick man", da rapper **Gillette** (líder do grupo americano de hip-hop **20 Fingers**), dizia em bom português: "Não gosto de piru pequeno", um proibidão que a juventude do Rio de Janeiro inteira conhecia nesse tempo e ria muito. A audácia de **Tati** não tinha limites. Era de tirar o fôlego de qualquer machão — e não por acaso, virou querida do público gay. Para começar, deixava claro suas posições sexuais favoritas — "Montagem pidona" ("Bota na boca / Bota na cara / Bota onde quiser"), "Montagem assadinha (69)" ("Sessenta e nove, frango assado / De ladinho a gente gosta / Se tu não tá *guentando* / Para um poquinho / Tá ardendo, assopra") ou "Montagem Tchuchuco" ("Tchutchuco, vem aqui com a sua tigresa / Vou te botar na mesa pra chupar minha.. ahã, ahã").

Às vezes, **Tati** tirava sarro da virilidade do parceiro, como na "Montagem marra de Sansão" ("Seu pitbull é Lassie / Tu é rosa, margarida / Tu tem marra de Sansão / Mas tu é Dalila") ou de sua condição financeira, na "Montagem Cartão magnético", sobre *sample* de "Papa don't preach", de **Madonna** ("É na suíte do Mirante que eu quebro o meu barraco (...) Pra você abrir a porta só com cartão magnético"). **Tati** fez uma montanha de hits até chegar a meados da década com "Dako é bom", num trocadilho infame sobre uma famosa marca de fogão, "Cabô caqui" e "Boladona" —

esta tema de uma personagem na novela *América*, de Gloria Perez. Era, aliás, a primeira vez que o "funk" chegava ao folhetim global das oito, em cuja trama uma menina de classe abastada adorava dançar o "tamborzão", causando pânico na família. A funkeira também gravou a "Montagem-desafio" com sua alma gêmea musical, **Mr. Catra**, mais velho, que começou no rock e passou ao "funk" em 1993 com o hit "Retorno de Jedi", mas só agora chegava à consagração: "Se você fala que pode, vou pagar pra ver / Gatinho sem-vergonha, vem achar meu ponto G."

Assim como **Tati**, **Mr. Catra** era outra figura autêntica, com opiniões afiadas na ponta da língua para qualquer assunto, embora mais articulado, além de generoso com os colegas mais novos. Nascido no Morro do Catrambi (daí o apelido), na Tijuca, ao lado do Borel, era filho de uma empregada doméstica cujo patrão rico o adotou e pagou seus estudos. Era formado em direito e falava cinco idiomas. No começo, cantava com sua voz cavernosa seus "funks" de denúncia do dia a dia violento das favelas, muitas vezes simpatizante ao tráfico ("Vida na cadeia", "Vacilão", "Ô simpático" e a terrível "Cachorro", dos versos "Cachorro, se quer ganhar um din-din / Vende o X-9 pra mim", sendo "X-9" o apelido dado aos delatores que entregam os traficantes à polícia).[69] Anárquico e irreverente, a partir dos anos 2000 passou a cantar outros de alto teor libidinoso, que lhe deram mais fama, como "Rap mama jato", "Rap capô de fusca", "Adestrador" ("Quando eu falar cachorra: au au / Gatinha: miau"), "Tá olhando porque *qué* me dá" e uma paródia de "Tédio", do **Biquíni Cavadão**, que virou "Adultério" ("O bagulho tá sério / Vai rolar o adultério").

Em 2008, também consagrou o "beatbox do **Catra**". Tudo começou ainda no início dos anos 2000, quando o **DJ Sérgio Costa** (que no ano seguinte ficaria conhecido como **MC Créu**) se apresentava com ele quando seu equipamento travou. Logo pediu para que o colega improvisasse algo enquanto resolvia o problema. "Tchu tcha tcha tchu tchu tchã", cantou ao microfone. Quando o equipamento voltou a funcionar, o DJ gravou este beatbox improvisado que, por alguns anos, virou a batida mais usada no funk carioca, com sua voz marcando o ritmo sobre o clássico tamborzão.[70] **Catra** era capaz de compor para artistas de hip-hop (**RZO**), rock (**Raimundos**) e samba (**Revelação**), ser parceiro de gente do pop (**Lulu Santos**) ou da música baiana (**Carlinhos Brown**) e gravar álbuns inteiros de samba e heavy metal. Sua energia e provocação pareciam infinitos, mas ele se foi aos 49 anos, em 2018, vítima de um câncer, deixando três mulheres, 32 filhos naturais e quatro adotivos.

Outro fenômeno que estourou na mesma fase de **Tati** e **Catra**, porém de fama mais passageira, foi o ex-frentista, vendedor de material de construção e DJ de uma rádio comunitária do Morro do Jacarezinho, onde morava, o já quarentão **MC Serginho**. Fez fama por apresentar-se com seu dançarino, um jovem gay negro, alto, muito magro e afeminado, que apelidou de **Lacraia**. Era a sensação nos bailes quando ele oferecia 50 reais para quem tivesse a coragem de beijá-la na boca. Seu maior sucesso foi uma música que fez para sua filha dormir, a inenarrável "Eguinha pocotó". Mas havia também os funks eróticos autorais "Vai, Serginho" (cantada como um diálogo com **Leninha** do grupo **Tchuchuquinha**: "Bate as pernas, faz beicinho / Eu vou morder seu umbiguinho / Vai Serginho! Vai Serginho!"), "Leite de minhapica", "Vai mamada", "Catuca", "Mulher-canhão", "Produto estragado" ("Ele vai bem escondido / Só que todo mundo viu / Ele entrando na farmácia / Pra tomar Benzetacil)" e o inesquecível "Vai, Lacraia".

Até o início da década seguinte, apareceram novos MCs e grupos de carreira meteórica, mas que deixaram sua marca, como **Amilcka e Chocolate**, com o clássico "Som de preto" ("É som de preto / De favelado / Mas quando toca / Ninguém fica parado"), em 2005, também muito executado na referida novela *América*. Sucessos pontuais foram os grupos (**MC**) **Bola de fogo & As Foguentas** ("Atoladinha") e **Malha Funk** ("Vira de ladinho", com base de **James Brown**), **Os Ousados** ("Sabãozinho"), a dupla **MC Princesa e Plebeu** ("Essa garota [é poderosa]"), e diversos artistas solo, como **MC Márcio G** (que após o suicídio do parceiro **Goró**, no final da década anterior, desgostoso com o ostracismo da dupla, emplacou "Bota o tambor pra tocar"), **MC Andinho**, ex-pagodeiro e coautor de hits de **Kelly Key** ("Já é sensação"), **MC Pelé** ("Beijo na boca", do verso "A moda agora é namorar pelado"), **Robinho da Prata** (o autoral "Copo de vinho"), **MC Créu** (o autoral "Dança do créu"), **MC Biro Leyby** ("Be a bá"), **MC Colibri** (o autoral "Bolete"), **Jonathan**, filho de **Rômulo Costa** ("Jonathan da Nova Geração"), **Kibe Loco** (o web hit "Dança do quadrado") e até o paulista

MC Primo ("Diretoria", autoral, mesmo que foi hit no Rio com **MC Sapão**).[71] A propósito, desde o início desta década o "funk" havia invadido São Paulo. Em 2003, a Baixada Santista era um de seus grandes polos, trazendo, além dele, **Dinho da V. P.**, a dupla de MCs **Vina e Fandangos** e o DJ/produtor **Baphafinha.**

Mais para a virada da próxima década, surgem o **MC Koringa** ("Tamborzão tá rolando"), **Os Caçadores** (a autoral "Dona Gigi", sampleada de uma canção "sertaneja" dos anos 1970), **Os Avassaladores** ("Sou foda", "Sou delas") e **Os Hawaianos** ("Um pente é um pente" e "É o pente", em verdade uma gíria para "pegar geral". A letra dessa última não deixava dúvidas: "Amor é amor / Traição é traição / Romance é romance / E um lance é um lance / É o pente...!")[72] Nesse meio-tempo, em 2006, apareceu o "funk" que mais fez sucesso nesta década em termos nacionais. "Ela só pensa em beijar (Se ela dança, eu danço)", do novato autor e intérprete **MC Leozinho**, chegou a todo tipo de público, muito em função do arranjo diferente, chegado ao pop, do DJ/produtor **Batutinha**, que incluía até um violão, encantando até **Roberto Carlos**, que convidou o MC para seu especial anual na TV Globo. Eles perpetuaram juntos a canção, posteriormente lançada em seu CD/DVD *Duetos 2* (2014).

Figura feminina mais emblemática do "funk" nesta década, **Tati Quebra Barraco** influenciou muitas outras, como **As Tchutchucas** ("Atola") e o **Bonde do Faz Gostoso** ("Conspirador"),[73] que cantavam letras sexuais com vozes estridentes. Sua contemporânea **Deize Tigrona** também veio da Cidade de Deus com repertório de igual apelo, como as autorais "Miniatura de Lulu" e "Injeção". Esta última acabou sendo *sampleada* no hit "Bucky donc gun", da americana **M.I.A.**, uma das sensaçoes do verão europeu de 2005. Tudo começou quando o duo paulista de música eletrônica **Tetine**, então radicado em Londres, fez a curadoria de uma compilação de funk carioca para o selo Mr. Bongo, do alemão Daniel Haaksman, um dos pontas-de-lança na Europa da moda do que chamavam de "Favela funk" — aliás, como sempre acontece no Brasil, foi após o ritmo receber a bênção dos gringos que a turma mais "hype" o valorizou aqui. Após sampleá-la, o DJ/produtor **Diplo** a procurou e produziu canções dela. Anos depois, como o mercado da música pop é oscilante, **Deize**, que antes da fama era faxineira, teve que dar um tempo na música e voltou ao ramo da limpeza, como gari, para pagar suas contas, após superar uma depressão, voltando à cena anos depois.[74]

Houve outras funkeiras de carreiras curtas, como o **Bonde das Panteras**, do clássico "Descontrolada" (MC Indiara) ("Ah! Que isso? / Elas estão descontrolada / Elas sobe, elas desce, elas dá uma rodada"), e **MC Katia**, de "Na arte do sexo" ("Pode crer que eu esculacho / Faço tudo que ele gosta / Ainda dou o meu cu de cabeça pra baixo"). Em todas se vê a semente plantada por **Tati**, como também em outra que a sucedeu no posto de musa dos "funks" erotizados, lascivos, de viés autoafirmativo feminino, **Valesca Popozuda**, inicialmente na **Gaiola das Popozudas**. A cada novo hit, seu nome ficava mais forte."Vem neném", "Se marcar eu beijo mesmo" e "Vem, Cristiano" foram alguns que causavam comoção nos bailes.

Nesta década, a **Furacão 2000** já lançava não apenas CDs, mas DVDs muito procurados — vendidos inclusive nos melhores camelôs da cidade — nos quais figuravam os principais astros e estrelas do "funk". A **Gaiola** estava presente em alguns deles, com "Um otário pra bancar" (2006), "Late que eu tô passando" e "Agora eu tô solteira" (2007) — que efetivamente projetaram o nome do grupo nacionalmente, época em que já tinham versões "proibidonas", com palavrões impublicáveis, e "família", para veiculação em rádio e TV. Esta última, por exemplo, na versão família, dizia: "Eu vou pro baile / De sainha", e no proibidão: "Eu vou pro baile / Sem calcinha."

Seguiram inúmeros outros, como "My pussy (é o poder)", "Quero te dar" e uma curiosa resposta ao hit machista do **Bonde dos Magrinhos**, "Lanchinho da madrugada" ("A minha mina / Ela não liga é pra nada / As minas que eu pego na pista / É lanchinho da madrugada / Se *ponhe* no teu lugar e para pra pensar / Tá comigo aqui agora, mas a 'de fé' está lá"). A "Resposta do lanchinho" não podia ser melhor: "É claro que sua mina não vai ligar pra nada / Você está lanchando e ela está sendo lanchada!"[75] O mais curioso nisso tudo é que, assim como ocorreu na "MPB" dos anos 70, antes da aparição de uma imensa geração de compositoras e letristas, muitas composições do "funk empoderado" dos repertórios dessas pioneiras funkeiras, por exemplo, eram assinadas por homens. Os de **Valesca**, por exemplo, na maioria, pelo seu descobridor e empresário **DJ Pardal**, e alguns de **Tati** também, como nos clássicos "Boladona" e "Dako é bom" ou em criações coletivas dela com vários DJs.

No início dos anos 2010, o "funk" já era uma realidade até mesmo no carnaval carioca, cada vez mais ouvido e com blocos específicos para o gênero. Além disso, houve também outra novidade muito interessante que trouxe nova visibilidade aos funkeiros para além da música: a dança do passinho. Suas origens remetem ao começo da década, ainda que de forma tímida. Em 2006, o grupo **Imperadores da Dança** do bairro do Jacarezinho, zona norte carioca, trazia integrantes que se conheceram nos bailes e começavam a competir com outros de diferentes favelas. Muitas competições, entretanto, ocorriam não apenas dentro de bailes, mas ali próximo, numa pequena rua ao lado do Madureira Shopping.[76] Não por acaso, dentro desse mesmo shopping havia jogos individuais muito populares entre os jovens. O sujeito ficava em frente a um telão, numa espécie de videogame que se jogava em pé, marcando suas jogadas com movimentos frenéticos, com os pés para vencê-los, o que criava uma coreografia muito próxima do que acabou se estilizando como a "dança do passinho", formando rodinhas de adolescentes para assisti-lo.

Em 2008, a internet deu o empurrão defitivo ao estilo, quando o dançarino Beiçola do Jacarezinho postou no YouTube um vídeo dele com amigos dançando o passinho, gerando milhares de imitadores e transformando o que era apenas uma dança isolada num fenômeno cultural. Três anos depois, em 2011, foi realizada a Batalha dos Passinhos, um concurso promovendo este estilo de dança que motivaria anos depois a criação do grupo **Dream Team do Passinho**. Este novo "passinho" — bem diferente do tipo de dança dos primórdios dos bailes funk dos anos 1990 — chegou a ser dançado pela megastar **Beyoncé** no Rock in Rio 2013, foi apresentado na abertura das Olimpíadas de 2016 e finalmente tombado como patrimônio cultural imaterial do Rio de Janeiro em 2018. Em outros estados apareceram novas modalidades de passinho, como São Paulo (Passinho do Romano), Minas Gerais (Passinho Malado) e Recife (Passinho dos Maloka).

Na primeira metade dos anos 2010, alguns novos artistas do "funk" tiveram imensa projeção nacional, graças a alguns hits preponderantes.

É o caso do bonitão **Naldo Benny**. Após a morte de seu parceiro na dupla **Naldo & Lula** em 2008, o carioca nascido na favela da Maré seguiu carreira solo com alguns acertos, mas foi no verão de 2012 que explodiu com a autoral "Amor de Chocolate" ("Vodka ou água de coco, pra mim tanto faz / Gosto quando fica louca / E cada vez eu quero mais..."), cruzando a batida do tamborzão com um pop dançante. Foi dos primeiros nomes do estilo a ter um amparo empresarial que o levou a ser dos pioneiros a fazer parcerias com artistas para além do "funk", como **Preta Gil** ("Meu corpo quer você", que chegou a entrar na trilha da novela global *Salve Jorge*) e **Xande de Pilares** ("Eu venci"), ambas de seu CD/DVD *Na veia tour* (2011), transformando-o num astro pop (ainda que efêmero) para além do gueto, estratégia que se mostraria preponderante dali a alguns anos no mercado com outros funkeiros.

No ano seguinte, em 2013, foi a vez do **Bonde das Maravilhas**, formado por cinco meninas estudantes de Niterói e São Gonçalo com seu "Quadradinho de oito", motivando mil memes — todo mundo que tinha um bom jogo de quadris tentava fazer sua acrobática coreografia de glúteos, e do **MC Federado e os Lelekes** contagiarem a galera, via **Furacão 2000**, com seu "Passinho do volante (Ah! Lelek lek lek lek)" — outro que a coreografia foi muito imitada, até pela **Beyoncé** (sim, foi esse "funk" que ela dançou no Rock in Rio). Assim como 2014 foi a vez do Passinho do Romano ("Sarrada no ar"), do **MC Crash**, e do paulista de Santos e ex-ritmista de escolas de samba locais **MC Bola** ganhar o Brasil com "Ela é top": "Ela não anda, ela desfila / Ela é top, capa de revista / É a mais, mais / Arrasa no look / Tira foto no espelho / Pra postar no Facebook", que tocou até cansar.

A sempre polêmica **Valesca Popozuda** partia para voo solo nesse meio-tempo, em 2012, lançando a hilariante e erótica "Me ama — mama", em duo com **Mr. Catra**. Mas o clímax viria no fim do ano seguinte com dois "funks" que falavam de rivalidades entre mulheres, a começar por seu maior sucesso, que todo o Brasil ouviu em 2014, "Beijinho no ombro" ("Desejo a todas inimigas vida longa / Pra que elas vejam a cada dia mais nossa vitória"). Foi lançado num videoclipe com ares de superprodução, ambientado num castelo, com garotões fortes só de sunga a seu lado — algo inédito em sua carreira até então. Logo a seguir veio "(Eu sou) A diva que você quer copiar". Esta última era uma alfinetada em **Anitta**, uma "rival" em plena fase de ascensão na carreira, que por sinal teve pelo menos duas MCs com estilo vocal semelhante ao seu que a precederam, a **MC Brunninha** ("Bailão") e a mais bem-sucedida **Perlla**, cujo nome sua mãe deu em homenagem à cantora paraguaia **Perla**, e que teve sucesso com "Tremendo vacilão", "Eu vou"[77] e a regravação do velho hit pop "Totalmente demais". Quase que simultaneamente aparece também **Ludmilla**, que junto com **Valesca** e **Anitta** foram três funkeiras que não sairiam do noticiário popular nesta década de 2010.

Se as três de certa forma ancoraram sua música, ajudadas pela sensualidade de suas performances de mulheres seguindo certo padrão normativo dentro do "funk", na mesma década surgem dois azarões nessa lista. Do Morro do Preventório, em Niterói, veio em 2010, ainda de forma amadora aos 16 anos, a **MC Carol**. Negra, gorda e muito carismática, ela seguiu os passos de **Tati Quebra Barraco**, dizendo com todas as letras o que queria dos homens, em "funks" como "Propaganda enganosa" e "Meu namorado é mó otário", chegando a gravarem juntas "Mamãe da putaria", em 2019. Por outro lado, também deu uma sacudida nos temas sociais, coisa rara no "funk" desse tempo, e fez sucesso com "Delação premiada", sobre o dia a dia da criminalidade numa favela, "Desabafo" — feita após a morte de sua amiga Marielle Franco, vereadora carioca assassinada em março de 2018 —, "100% feminista" (em duo com a rapper **Karol Conká**) e "Não foi Cabral", que começa com um remix do Hino Nacional, e segue ironizando a história do Brasil, dizendo que antes do navegante português já havia indígenas no país e exigindo mais destaque a figuras femininas, como Dandara, mulher de Zumbi dos Palmares.[78] Mesmo totalmente fora dos padrões de beleza impostos pela sociedade de consumo, **MC Carol** venceu e deu a cara em 2019 a uma marca de cosméticos, mostrando que apesar do conservadorismo crescente, parecia haver, de fato, no país, algumas mudanças progressistas.

Em 2018, diretamente do subúrbio de Bangu, surgia a figura exótica de **Jojo Todynho**. Também negra, mas de imensos seios e peruca, era uma comentarista de novelas no Instagram, até ser descoberta pelo veterano Fábio dos Santos, o **DJ Batata**, ex-DJ-produtor da **Furacão 2000** e **Big Mix**, que já havia produzido clássicos do "funk" para **Tati Quebra Barraco**, **MC**

Serginho, Bonde do Tigrão, Bonde do Vinho, Gaiola das Popozudas, entre outros. Logo após, também apadrinhada por **Anitta, Jojo** estourou a inusitadíssima "Que tiro foi esse (viado)?" ("Que tiro foi esse que tá um arraso?") (DJ Batata/Piter Correa), que deu tão certo que foi cantada até no carnaval de 2019. Elas são exceções nesta década, cujas grandes revelações que tiveram fôlego para varar os anos 2020, com o mesmo ritmo de sucesso, foram **Ludmilla** e **Anitta.**

Ludmilla começou como **MC "Beyoncé".** Aliás, tanto ela quanto a drag **Pabllo Vittar,** a rainha do tecnobrega **Gaby Amarantos** e **Iza** beberam muito na fonte vocal, estética e performática da citada cantora norte-americana, a maior estrela do gênero desde **Madonna.** Nascida em Caxias, na Baixada Fluminense, **Ludmilla** cantou o "funk" "Fala mal de mim" numa festa, que acabou estourando num vídeo do YouTube em 2012, por volta dos 17 anos, abordando o mesmo tema do "recalque" entre mulheres, então muito em voga. Em 2014, já contratada da Warner Music, gravou oficialmente a música e fixou-se num estilo entre funk *melody* e o r&b de levada mais pop, com "Vem amor", "Hoje", "Morrer de viver" e "Bom".[79] Até o fim da década, teve uma carreira meteórica de muito sucesso. Além de duetos com figuras dos mais variados gêneros massivos do momento, cantou no Rock in Rio como uma das mais esperadas atrações, assumiu o casamento lésbico com uma dançarina, e estourou "Verdinha",[80] que versava de forma subliminar sobre a maconha, no carnaval de 2020, alcançando certa polêmica e tentativa de censura por um deputado. Ainda neste ano, passou a cantar também pagodes românticos, uma referência que vinha de berço, pois seu padrasto era pagodeiro. Sua inspiração veio de nomes como **Belo,** o grupo **Pixote** e, sobretudo, **Alcione,** chegando a regravar um de seus maiores sucessos, "Faz uma loucura por mim", em seu primeiro EP do gênero. No ano seguinte, recebeu a bênção da Marrom no palco, que fez questão de amadrinhá-la, frente à sua nova escolha musical, quando realizaram dois duetos.

Foram contadas aqui várias histórias exitosas dentro do nosso novo som eletrônico periférico, para ninguém botar defeito. Nada, porém, comparado à explosão da ambiciosa **Anitta.** Nascida no subúrbio de Honório Gurgel em 1993, começou como a cantora pop **Iza,** cantando em coral de igreja. Adolescente, fez um curso técnico de administração e chegou a estagiar na Vale do Rio Doce, enquanto já frequentava os bailes da **Furacão 2000**. Aos 17, em 2010, postou seu primeiro vídeo cantando "funk" no YouTube, que acabou sendo visto pelo produtor **Batutinha**, da mesma equipe. Até o final do ano a faixa "Eu vou ficar" já entrava num dos DVDs coletivos da série *Armagedon*, que a **Furacão** vendia feito água. Kamilla Fialho, uma empresária que já trabalhava com outros funkeiros, decidiu investir em seu som. Porém havia uma rejeição de um modo geral com o funk carioca tradicional no universo careta das rádios brasileiras. Sendo assim, procurou novos produtores, que refizeram arranjos na base de "funk" mais pop, e já em 2013 assinava com a Warner Music, pouco antes da colega **Ludmilla**. O clipe de "Meiga e abusada" com esta nova sonoridade foi bancado pela empresária, sendo gravado em Las Vegas, dirigido pelo diretor Blake Farber, e aconteceu.

Logo a seguir veio "Show das poderosas", de sua autoria, que a consagrou nacionalmente, cuja temática era mais uma sobre a rivalidade entre mulheres: "Prepara que agora é a hora / Do show das poderosas / Que descem e rebolam / Afrontam as fogosas / Só as que incomodam / Expulsam as invejosas / Que ficam de cara quando toca." O vídeo já foi o mais visto do YouTube brasileiro à época, com mais de 10 milhões de visualizações, e foi a terceira música mais executada nas rádios naquele ano. **Anitta** passou a ter aulas de *coaching*, *media trainer*, inglês, canto, interpretação e expressão corporal, além de ser onipresente nas redes sociais. Vieram mais dois álbuns e uma penca de hits, agora já gravando em parceria com artistas bem cotados em vários segmentos, como o rapper **Projota** ("Cobertor") e o funkeiro paulista **MC Guimê** ("No meu talento"). Após essa virada, em 2014, surpreendeu a todos se separando da empresária que lhe ajudou a catapultar a carreira, alegando ter sido ludibriada. Enturmou-se então com outros figurões da música e da moda para gravar *Bang* (2015), que estourou "Deixa ele sofrer", a faixa-título e outras, sempre com temas de amor e autoafirmação feminina.[81] Em pouco tempo, **Anitta** virava um "case" e todas as marcas possíveis passaram a assediá-la. Também já extrapolava as fronteiras do país gravando com os colombianos **Maluma** e **J. Balvin**, estourados na parada americana, e ganhando prêmios de nível internacional.

Incansável, em 2017, flertou com o "feminejo" de **Simone & Simaria** ("Loka"), o forró eletrônico de **Wesley Safadão** ("Você partiu meu coração", a três vozes com o funkeiro **Nego do Borel**), a rapper australiana **Iggy Azalea** ("Switch"), com o mercado hispânico, no single "Paradinha", gravado em espanhol, e numa dobradinha com a drag **Pabllo Vittar** e o famoso grupo americano **Major Lazer**, do produtor **Diplo** ("Sua Cara"), que ficou mais de cinco semanas na parada Dance/Electronic Songs da *Billboard*, a primeira em português no *ranking* desde a lambada "Chorando se foi", do **Kaoma**, em 1989. Não tardou para que quisesse chegar mais longe, almejando uma carreira internacional pra valer. Dispôs-se a lançar quatro *singles*, um por mês, de setembro a dezembro de 2017, cada um mirando um tipo de mercado — com patrocínio da marca C&A. Sim, nessa altura ela já era uma garota-propaganda ambulante. A primeira foi "Will I see you", uma bossa nova pop com o produtor americano **Poo Bear**; depois vieram "Is that for me", de levada eletrônica, com o DJ sueco **Alesso** (de house music) e "Downtown", um reggaeton (o gênero pop latino preponderante nesse momento no planeta), novamente com **J. Balvin**, que foi um estrondoso sucesso, e finalmente o funk carioca/trap "Vai, malandra", com o funkeiro paulista **MC Zaac**, o rapper americano **Maejor** e mais alguns produtores de prestígio.[82] O clipe deste último, gravado na favela carioca do Vidigal e dirigido por Terry Richardson, tornou-se um dos assuntos mais comentados no verão de 2018, no qual eram mostrados diversos glúteos, inclusive um que seria o seu, com celulite. Na verdade, a temática da dança e do sexo aliados a essa parte anatômica do corpo virou uma verdadeira fixação do funk carioca e outros gêneros populares desde os tempos do "Segura o tchan", um clichê que seguiu forte, incólume, sem incomodar seus artistas e admiradores.

Até o final da década, vieram novos *singles* e parcerias novamente com artistas nacionais das mais variadas tribos, como forró eletrônico (**Wesley Safadão**, em "Romance com safadeza"); da "MPB" pop romântica (**Silva,** "Fica tudo bem") ou do "sertanejo" (**Matheus & Kauan**, "Ao vivo e a cores"). A propósito, canções como esta última unindo nomes originários do "funk" com algum "sertanejo" costumavam ser batizadas de "funknejo", um termo cunhado por volta de 2012, para batizar hits como "Eu quero tchu, eu quero tcha" (**João Lucas & Marcelo**) ou quando duplas do gênero regravaram "funks" famosos, como "Adultério" (**Pedro Paulo & Alex**) ou "Sou foda" (**Carlos & Jader**).[83]

Em 2019, pela primeira vez um artista originário do "funk" chegava num lugar inédito. De novo, o protagonistmo foi de **Anitta**. A mítica *popstar* **Madonna** convidou-a para gravarem juntas uma canção bobinha, "Faz gostoso",[84] mas que trazia consigo um belo signficado simbólico; afinal, que outro brasileiro conseguira antes tal façanha? Por aqui ela arrumava mais uma polêmica para sua coleção. Ao gravar com o legendário rapper **Snoop Dogg** "Onda diferente", um "funk" acelerado composto pela colega **Ludmilla**, foram inclusos seu nome e o do conjunto californiano na autoria, trazendo à tona uma discussão inédita nesse novo mercado capitalista selvagem da música-entretenimento: quando um intérprete ou um DJ rearranja ou populariza uma canção a seu modo, até que ponto ele é também seu autor?

E em meio à pandemia do coronavírus, em 2020, **Anitta** estourou, entre outras, "Desce pro play (Pa pa pa)", com o paulista **MC Zaac** (o mesmo de "Vai, malandra") e o rapper norte-americano **Tyga**, e "Combatchy", com três novas funkeiras. São elas a gaúcha radicada em Sampa **Luísa Sonza** e as cariocas (MC) **Rebecca e Lexa. Luísa Sonza** tornou-se celebridade inicialmente por ter sido casada com um dos youtubers mais famosos do país, Whindersson Nunes, catapultando sua carreira na música que rapidamente chegou ao topo por sua própria ambição e atrevimento, metendo-se em inúmeras polêmicas, com "funks" como "Braba" e "Modo turbo" — esta novamente com **Anitta e Pabllo Vittar. Rebecca**, também modelo e dançarina, foi revelada em 2018 com a lasciva "Cai de boca" (de autoria da estrela **Ludmilla**), depois veio com "Ao som do 150" e uma nova parceria com **Kevin O Chris e Wc No Beat**, "Repara", sobre um jogo de sedução na pista de dança, de uma garota a princípio descartada pelo cara ("Uma sentadinha você vai se apaixonar"). **Lexa**, outra grande revelação do gênero, seguiu à risca os passos audaciosos de **Anitta**, emplacando nesta virada dos anos 2020 os "funks" "Só depois do carnaval" e duetos com diversos funkeiros, como o mineiro **MC Lan** ("Sapequinha"), o matogrossense **Jottapê** ("Bate palma") e o carioca também DJ e produtor **Pedro Sampaio** ("Chama ela", "Sentadão" — este com **Felipe Original** e **JS, o Mão de Ouro**).[85]

No primeiro semestre de 2021, enquanto a Covid-19 matava meio milhão de brasileiros, **Anitta** investiu num novo e audacioso projeto de marketing. Lançou "Girl from Rio". Em mais uma tentativa de abocanhar o mercado internacional, adaptou nosso maior sucesso planetário, "The girl from Ipanema", de **Tom Jobim** e **Vinicius de Moraes**, criando uma letra adicional em inglês, com direito a clipe superproduzido no Piscinão de Ramos, mostrando a realidade da cidade além do cartão-postal, e estratégia de divulgação matadora. Posando na frente de um velho ônibus de excursão com o nome da música na parte de cima do veículo, onde é mostrado o local de destino dos passageiros, viralizou como um "meme" personalizado — cada pessoa que o repostava se colocava no lugar dela na frente do veículo e mudava o título do "destino" da viagem, mantendo a ideia original ("X" from "Y").

No final do ano, já estava residindo em Miami, nos EUA, para melhor se dedicar à carreira internacional, e lançou "Envolver", cantada em espanhol, com um clipe provocante em que, numa dança de corpos coreografada por uma norte-americana, sugere o sexo anal com um belo top model marroquino. Esse clipe conquistou, de forma inédita para um brasileiro, o prêmio de Melhor Videoclipe no MTV VMA do ano seguinte, em Nova Jersey. Tal sucesso, entretanto, não foi imediato. Quatro meses após seu lançamento, um trecho dessa música com uma dancinha da cantora durante um show viralizou no TikTok. Isso a fez alcançar o primeiro lugar "global" do Spotify em abril, outro feito inédito entre brasileiros — ainda que não represente um sucesso 100% planetário da canção. No mesmo dia, ela não aparecia no Top 50 das mais ouvidas na mesma plataforma nos EUA, Reino Unido ou da Espanha nem no Hot 100 da *Billboard*. Entretanto, apesar de seus numerosos fãs brasileiros engrossarem 45% da fatia de consumidores que se engajaram numa campanha para tal, ajudada por um lobby de famosos nas redes, fãs mexicanos, americanos (latinos), colombianos e argentinos fizeram a diferença, com uma mãozinha do apelo imagético via TikTok e YouTube. Mas não foi só.

Para chegar ao "Top global" do Spotify, **Anitta** e sua equipe utilizaram novas e legítimas ferramentas para promover artistas dentro desta plataforma, como o Marqee (criado em 2020, de recomendações patrocinadas, para substituir os velhos "robôs" impulsionadores) e Discovery Mode (à disposição das gravadoras, que permite que as equipes de artistas selecionem a música que desejam priorizar para a descoberta dos ouvintes, inclusive por indicações da própria plataforma). Além disso, o novo contrato da artista com a Sony Music Publishing (braço editoral da multinacional da música, líder mundial no segmento) e o crescente peso do Brasil para o Spotify são outros dois fatores que ajudam a explicar o número recorde de plays de "Envolver".[86] A verdade é que a artista vem trabalhando duro e furando algumas bolhas, sobretudo no mercado latino, com seu som de apelo — sim — "global". Para quem estava dormindo e acordou desavisado, seja muito bem-vindo ao novo mundo do entretenimento musical, em que, fora do âmbito "sertanejo", **Anitta** é, disparado, sua maior professora.

O funk chega a São Paulo, vira "brega-funk" em Pernambuco e se reinventa no Rio

O "funk" ficou tão forte que se espalhou pelo país, misturou-se a outros estilos, dando origem a novos subgêneros, como o "brega-funk", em Pernambuco, e até o "pagofunk", em Salvador. Porém, o mais bem-sucedido antecedeu aos demais, começando a se fixar por volta de 2008, foi o "funk" produzido em São Paulo. Influenciado pelos *rappers* americanos, como **Jay-Z**, o chamado "funk ostentação", com letras sobre marcas de roupas, carros de luxo, bebidas, joias, dinheiro e mulheres, teve seu impulso na Região Metropolitana paulista e na Baixada Santista.

Nos anos 2000, as letras de "funk" que vinham do Rio de Janeiro, nessa altura quase 100% eróticas, não eram muito bem-vistas por quem consumia rap em São Paulo. Foi nesse contexto que em 2006 surgiram nomes, como a dupla **Backdi e Bio-G3**, dois dos primeiros MCs funkeiros da capital, com "Bonde da Juju", realizando shows pela Zona Leste. Em breve apareceriam **MC Nego Blue, MC Dede** e **MC Bó**, bem como as pioneiras casas noturnas dedicadas ao gênero, como Nitro Night, Cabral, Nação Tan

Tan e Maria Mariah, e ao mesmo tempo as primeiras produtoras artísticas, Nós Por Nós, Funk de Elite e Máximo. Esta última começou a dar o verniz profissional que faltava ao funk paulista, trabalhando com poucos MCs, mas com bastante foco, entre os quais **MC Rodolfinho** e o futuro astro **MC Guimê**, abrindo, inclusive, as portas da televisão para o gênero.

Em 2011, o produtor paulista **Konrad Dantas**, então com 23 anos, abria um canal no YouTube e passava a produzir e dirigir videoclipes do gênero. Sentindo que os grandes sucessos do "funk" surgiam no YouTube com vídeos criados com imagens apenas estáticas, no máximo com uma colagem de fotos, mostrando alguns dos produtos que os MCs ostentavam em suas letras, pensou muito bem que criando clipes à moda da turma do hip-hop norte-americano, adaptado às favelas brasileiras, tratando os MCs como reis junto dos bens que sonhavam em suas músicas, aquilo iria explodir. Não deu outra.

O próximo passo foi o estouro de Wellington de Aguiar, o **MC Boy do Charmes** ("Megane" e mais tarde "É charme chave" e "Fator elegância"),[87] este considerado o "pai do funk ostentação". A letra de "Megane" já resumia toda a estética: "Imagina nós de Megane ou de 1.100 / Invadindo os *baile* / Não vai ter pra ningém / Nosso bonde assim que vai / É euro, dólar e nota de 100." Era o início de um império. Na sequência, Guilherme Aparecido, o referido **MC Guimê**, também bombou, com os autorais "Tá patrão", "Plaquê de 100" e "Na pista eu arraso". Em pouco tempo, o funk paulista passaria a desbancar o carioca em termos de relevância. Com videoclipes de padrão internacional, o canal Kondzilla virou líder de mercado, com cerca de um bilhão de visualizações — o terceiro maior do mundo até o lançamento deste livro —, levando o "funk" até onde ele jamais pensou em ser ouvido. Seis anos depois de seu lançamento, em 2017, converteu-se também numa gravadora de sucesso.

Nem mesmo o assassinato de um dos ícones do estilo, **MC Daleste**, em julho de 2013, durante um show do cantor em Campinas, dois anos depois da criação do Kondzilla, esmoreceu os seus negócios ou o próprio movimento. Logo, outras produtoras se estabeleceram, como GR6, de **Rodrigo Oliveira** (que de parceiro de **Konrad** virou concorrente e se tornou vice-líder de mercado), a KL Produtora, de **Emerson Martins**, a Gree

Cassua e a Funk da Capital. Essas e outras empresas híbridas de produtora, gravadora e agência de eventos deram uma surra de profissionalismo no funk carioca dessa década e continuaram com uma série de artistas na mesma linha, na maioria com canções autorais, como o **MC Danado**, do hit "Top do momento", lançado num videoclipe pela pioneira Máximo, cuja letra é mais um bom resumo dos desejos de uma parte expressiva dos jovens periféricos: "Vida é ter um Hyundai e uma Hornet / Dez mil pra gastar com Rolex e Juliet / Melhores kits, vários investimentos / Ai, como é bom ser o top do momento!"

Dessa primeira geração do funk paulista, ler uma entrevista do **MC Guimê** vale por uma aula de sociologia contemporânea. Nascido em Osasco, em 1992, filho de um ajudante de eletricista que o criou junto com sua esposa, o futuro funkeiro fazia bicos numa quitanda e em lava-jatos dos 12 aos 16 anos para conseguir comprar um bonezinho ou um par de tênis mais transados. Daí começou a compor inspirado nos raps dos **Racionais MC's**, **SNJ** e **Trilha Sonora do Gueto** e dos estrangeiros **Dr. Dre**, **Lil Wayne**, **Kendrick Lamar** e **Drake**, mas percebeu que no Brasil os funkeiros faziam mais sucesso que os rappers, então partiu para o estilo "funk ostentação", do qual foi um dos estilizadores.

Aos 19, estourou com "Tá patrão", primeira parceria com o Kondzilla, que dizia "Tapa, tapa, tá patrão / Tênis Nike Shox, Bermuda da Oakley / Camisa da Oakley, olha a situação!" A seguir, "Plaquê de 100" enfatizava o sucesso que a ostentação fazia com as "minas", projetando um sonho coletivo do jovem periférico de "ter" tanto quanto qualquer "playboy mauricinho": "Contando os plaquê de 100, dentro de um Citroën / Aí nóis convida, porque sabe que elas vêm (...) A noite chegou, e nóis partiu pro Baile funk / E como de costume, toca a nave no rasante / De Sonata, de Azera, as mais gata sempre pira / Com os brilho das joias no corpo de longe elas mira (...) É desse 'jeitim' que é, seleciona as mais top / Tem três porta, três lugares pra três minas no Veloster / Se quiser se envolver, chega junto, vamo além / Nóis é os pica de verdade, hoje não tem pra ninguém." Dois anos depois, com "País do futebol", foi além em seu arco temático. Gravado em dupla com o rapper **Emicida**, o "funk" chegou à abertura da novela das sete global *Geração Brasil* e virou o hino informal da Copa de 2014, cujo jogador Neymar também passou a ser seu amigo, participando do clipe: "No flow / Por onde a gente passa é show, fechou / E olha onde a gente chegou / Eu sou, país do futebol, negô / Até gringo sambou / Tocou Neymar é gol."

Nessa altura, graças à amizade com o estilista Alexandre Herchcovitch, já tinha assento vip na São Paulo Fashion Week. Sim, porque tatuado da cabeça aos pés e fissurado em grifes da moda, ele próprio soube criar para si um estilo pessoal e virar também, por que não, uma marca forte para além da música, mesmo distante dos padrões normativos de beleza. A maioria de suas letras frisava o nível de luxo consumista que ele próprio decidiu usufruir na própria vida, após conseguir o mínimo que qualquer jovem de classe média já tinha desde o berço — comida decente na mesa e um imóvel próprio para o pai. Aos 21 anos, já "ostentava" um carrão Range Power, um carrinho Mini Cooper, casa própria, brincos de brilhantes de R$15 mil e, nos shows, completava o figurino com um boné Compton, uma camiseta escrito "Sabe bolar é pra casar" e óculos escuros Evoke Bomber (que usava às 3h da manhã). Seu motorista podia ser visto carregando uma bolsa Louis Vitton com apetrechos do cantor, como relógio Breiting e joias BH, compradas em Los Angeles.[88]

Para ele era apenas a realização de um sonho que a maioria dos seus colegas de comunidade tinha. Dizia que todos trabalhavam um ano inteiro, sem férias muitas vezes, para comprar "uma moto Hornet de 30 mil reais parcelada". Acreditava que com o suor do trabalho o cara podia "conquistar um luxo e virar patrão". Uma radiografia perfeita do mundo capitalista meritocrático baseado em luxos burgueses cujas periferias veem pelas TVs e celulares e, com toda justiça, também querem fazer parte. Antes que se pense em exigir outros valores desses MCs, vale lembrar de onde eles veem — locais onde o poder público acha que a morte é estatística.

Além dele, outros MCs logo foram aparecendo aos borbotões e que se tornariam também muito famosos. O **MC Livinho** veio mais melódico com as autorais "Tudo de bom", com um cavaquinho estilizado na marcação, "Cheia de marra" e "Fazer falta". Nesta última, por exemplo, já se nota as nuances diferentes em relação ao funk carioca original, com o "tcha tcha tchun tchum tcha" característico, mas sem o sample do tamborzão, com a marcação feita com instrumentos de timbres agudos, numa produção mais "limpa", com peso rítmico dado pelo baixo subgrave do sintetizador.

O **MC Kevinho** foi outro a despontar nessa geração com "Tumbalatum", "Olha a explosão" e três com levadas descoladas do seu "funk" tradicional: "Ta tum tum" (com **Simone & Simaria**), numa espécie de bachata misturada com reggaeton; "Rabiola", mais animada, ainda mais na linha do reggaeton, e "O grave bater" com a batida "rasteirinha", mais lenta, em torno dos 96 BPM, criada no Rio, para dar um respiro nos bailes (vide "As novinhas tão sensacional", com o carioca **MC Romântico**). Já o baiano radicado na paulista Diadema **Jerry Smith** começou a aparecer em 2016, formando por um ano uma dupla o **MC Zaac**, cujo megahit de estreia foi "Bumbum granada". Em carreira solo, explodiu o "brega-funk" autoral "Pode se soltar", além de alguns duetos com artistas de brega pernambucano, forró eletrônico e "sertanejo". **MC Zaac**, por sua vez, seguiu dando certo com bons "feats" (participações especiais), como a lasciva "Vai embrazando",[89] com **MC Vigary**, além de hits em parceria com **Anitta**, como a explosão de "Vai malandra" (2017) e "Desce pro play (Pa pa pa)" — esta já na virada para a próxima década, assim como "Toma", com **Luísa Sonza**.

Como vem acontecendo cada vez mais em todos os gêneros massificados, artistas de nomes e trabalhos bem semelhantes (autorais) se proliferaram feito coelhos. A lista é extensa: **MC Rodolfinho**, dos pioneiros desta cena ("Chora boy"; "Os mlk é liso", de MC B.O.), **MC Delano** (a rasteirinha "Na ponta ela fica"; primeiro de Belo Horizonte a ganhar o país), **MC Kauan** ("O terror tem nome"), como também fenômenos de um hit majoritário, como **MC Bin Laden** ("Tá tranquilo, tá favorável") e **MC João** (a abusada "Baile de favela"), ambas em 2015. Vale dizer que o hit de **Bin Laden** o levou a excursionar pela Europa, mas sua alegria durou pouco, já que foi barrado na entrada dos EUA por causa de seu sugestivo apelido árabe, considerado terrorista pelos repressores ianques. Por outro lado, o hit de **MC João**, estourado no réveillon de 2016, além do apelo erótico, listava e exaltava os principais bailes de rua que rolavam na periferia paulista: Helipa, Marconi, Eliza Maria, rua Sete e São Rafael. Nesse caso, tanto a música quanto seu autor têm uma história especial.

De origem paupérrima e periférica como a maioria dos funkeiros, após a morte do pai, aos 17 anos, **MC João** trabalhava como office boy para sustentar a mãe e duas irmãs com um salário ínfimo de 620 reais. Incentivado por um amigo, decidiu tentar a sorte no "funk", que o salvou de cair na criminalidade, um dos maiores problemas sociais do país das últimas três décadas que atigem em cheio os jovens de comunidades carentes. O clipe produzido por **R7** (Rodrigo Santos), um dos grandes produtores do gênero, foi gravado em um baile na rua Sete, na porta da casa onde cresceu. Um carro de som foi colocado ali e em pouco tempo 3 mil pessoas estavam dançando a música. Foi um marco do gênero e o primeiro do site Kondzilla a bater as 100 milhões de visualizações, graças à ideia de seu proprietário de filtrar os palavrões comuns aos "funks" que ganharam clipes em seu canal (e após esta sacada, mais de 40 vídeos ultrapassaram esta marca). Seis anos depois, em 2021, a atleta Rebeca Andrade ganhou a primeira medalha olímpica de uma ginasta brasileira e triunfou ao som justamente do instrumental de "Baile de favela" num *mashup* com um tema clássico de **Bach** bolado por seu treinador. Criada em Vila Fátima, em Guarulhos, vizinha à Jova Rural do **MC João**, o "funk" caiu como luva em seu universo e ajudou decisivamente em sua vitória.

A partir de meados da década de 2010, novos funkeiros de um hit preponderante continuaram a despontar. O carioca radicado na Saúde, zona sul paulista, **MC G15**, por exemplo, veio com a safada "Deu onda", em 2016, e logo foi a mais ouvida nas festas de réveillon e carnaval seguintes, com sua percussão diferente e a escaleta arremedando a melodia de um trecho cantado. No vídeo do Konzilla, a letra era: "Que vontade de te ter, garota / Eu gosto de você, fazê o quê? / O pai te ama", e a original: "Que vontade de foder, garota / Eu gosto de você, fazê o quê? / Meu pau te ama." Um tiro certo, mas nada que fizesse frente ao **MC Fióti**, do Capão Redondo, com "Bum bum tam tam", em 2017.

Como no referido *mashup* da ginasta olímpica, misturando música erudita com "funk", desta vez o clima era o de um harém árabe. Ao lado de "Ai, se eu te pego", de **Michel Teló**, até o lançamento deste livro talvez seja a música mais acessada do país, algo em torno de 1 bilhão de visualizações (!), que acabou levando **Fióti** (estourado aos 23 anos) a uma turnê por 14 nações europeias no ano seguinte. A ideia do funkeiro era compor algo dançante em cima de um som de flauta. Partiu para a internet e se deparou com a *Partitura em Lá Menor para Flauta Solo*, do mesmo compositor alemão **Johann Sebastian Bach**. Devidamente sampleada e com uma batida original, só faltava a letra: "É a flauta envolvente / Que mexe com a mente / De quem tá presente / As novinha saliente / Fica loucona / E se joga pra gente / Vai com o bum bum tam tam / Vem com o bum bum tam tam..." Uma marchinha carnavalesca não faria melhor. Ou um pagode, como bem disse o artista numa reportagem: "O funk é como o pagode, surge na rua, o ritmo é dado nas palmas das mãos. Vai juntando gente, começa a festa."[90]

Houve ainda um misto de funk paulista e *reggaeton* com dois fenômenos pontuais de outros DJs e produtores, como o **MC Papo** (o divertido "Piriguete"), em 2010, e uma rara mulher, **Tati Zaqui** ("Água na boca"), cinco anos depois. Outros poderiam ter tido uma carreira até de maior sucesso, mas foram prejudicados por declarações polêmicas ou por se meterem em brigas, como foi o caso do **(MC) Biel** — inicialmente chamado de "Justin Bieber" brasileiro, que emplacou, entre outros, o hit "Química",[91] em 2015, depois ficou um tanto queimado no meio, acusado de abuso sexual, infrações de trânsito, incluindo omissões de socorro e declarações consideradas racistas e transfóbicas — questões mais raras com artistas de outras gerações, mas que com as novas consciências identitárias e a rapidez das notícias na internet trouxeram novas dores de cabeça aos artistas de verve mais inconsequente.

Em 2017 veio **MC Kekel** ("Namorar pra quê"), depois em 2019 foi a vez do **MC Niack** com as autorais "Oh, Juliana", com a batida marcada pelo baixo de sintetizador, e "Na raba toma tapão", e em 2021, de Matheus Wallace, mais conhecido como **MC Don Juan**, chegando ao topo das paradas com nove milhões de ouvintes mensais só no Spotify. Criado na comunidade de Cheba, em Interlagos, zona sul de São Paulo, o rapaz de apenas 20 anos e compositor desde os 12 explodiu no gosto da juventude, graças aos hits "Amar, amei" (autoral), "Te prometo" (com **Dennis DJ**), "Vai ter que aguentar" (com **Maiara & Maraísa**), "Liberdade (Quando o grave bate forte)" — outra com a marcação feita pelo baixo no sintetizador, com o molho house "EDM" dado pelo **DJ Alok** — e "Bipolar", esta ao lado de **MC Davi e MC Pedrinho**.[92] Esta última sobre uma namorada controladora e encrenqueira: "Minha paz não tem preço, e é isso que eu prezo / Eu não posso ser preso, por isso fico quieto / Na hora da treta, cê acorda o prédio / Na hora da foda, nóis fode até o teto // Eu tô saindo fora (tô saindo fora) / Você é bipolar demais / Me xinga toda hora (me xinga toda hora) / Depois quer vir sentar pro pai // Vai se tratar, garota, sai da minha bota / Rasgou minhas roupas, queimou o '12 mola' / Eu tava de boa, cheia de história / Agora chora, chora, chora."

Em paralelo, por volta de 2008, surgiu em Pernambuco a semente do que seria apelidado na década seguinte de "brega-funk", um movimento que tem uma história das mais curiosas. Assim como no Rio de Janeiro, desde os anos 1990, havia uma cena de funk em Recife extremamente violenta, com bailes de corredor, cujos locais viraram cenário para brigas entre jovens de bairros rivais. Nem tão numerosos quanto no Rio e com este ambiente hostil, tais bailes acabavam não dando lucro e seus nascentes MCs não conseguiam se impor no mercado da música. Em contrapartida, o movimento "brega" estava em franca ascensão desde os tempos de **Reginaldo Rossi**, originando inúmeras bandas. Isto fez um dos funkeiros mais criativos desta cena, o **MC Leozinho (do Recife)**, ter uma grande ideia: juntar o brega, tão popular no estado, com os sons eletrônicos do funk de que tanto gostava.

A meta era conseguir furar a perseguição policial, vencer a polarização dos frequentadores dos bailes e chegar a grandes casas populares de shows da capital, até então, mais dominadas por artistas locais do brega e do pagode. Foi exatamente o que ele fez entre 2008 e 2009, emplacando "Dois corações" com o **DJ Serginho**, e logo bisando a parceria no início dos anos 2010 com "DNA", talvez a primeira a ter efetivamente uma batida que se entende hoje como "brega-funk", num misto de tamborzão com instrumentos genuínos de banda brega, como guitarra, baixo e bateria.

Entre uma e outra, apareceu a dupla **Metal e Cego** (futuro **Cego Abusado**) que teve outra grande ideia, a de unir-se a uma dessas bandas de brega, a **Lapada**, emplacando "Melô do amigo safado". Todos esses exemplos foram o embrião do estilo, uma estética que em 2011 ganhou novos aliados importantes para difundi-lo dentro e fora do estado: as bandas de forró eletrônico, como Aviões do Forró, que caíram de amores pelo hit "Posição de rã", outra criação de **Metal e Cego**, com a batida criada pelo produtor **Dany Bala**, que agora se distanciava mais do funk carioca, numa conexão maior com gêneros caribenhos como o ragga e reggaeton, à época já numa batida acelerada, antecipando uma tendência. Assim, o "brega-funk" foi tendo mais visibilidade, ampliando seus domínios a capitais vizinhas como Fortaleza ou João Pessoa e Bahia (e seu "arrocha", presente, sobretudo, no trabalho de **MC Troia**), fazendo com que novos MCs se aventurassem pelo estilo, agregando novos timbres sonoros de bateria. Isto sem contar as levadas, sempre variadas, que podiam ser mais lentas ou ultraaceleradas. Rapidamente, esse som de uma periferia majoritariamente pobre e negra foi galgando seu espaço, desbancando em Recife a moda dos pagodeiros locais, cujo som parou um pouco no tempo, e ainda havia a "vantagem" de se dançar junto, como no referido "arrocha".

O auge do "brega-funk" se deu em 2018, quando extrapolou definitivamente as fronteiras do estado, a partir do sucesso de "Envolvimento" do trio **MC Loma e as Gêmeas Lacração**, chegando mesmo a ser um dos gêneros preponderantes no carnaval de 2020. Nesse meio tempo, a dança do passinho se popularizou na capital pernambucana com o "Passinho dos Maloka", impulsionado no estouro do clipe de "Gera bactéria", com **Schevchenko e Elloco**, em 2019.[93] Ela continuou dando novo colorido às performances dos MCs, homens e mulheres, por vezes ao som de uma batida ainda mais seca, cuja marcação foi batizada de "lata". Essa sonoridade mais aguda e estridente foi estilizada pelo produtor **JS O Mão de Ouro**, tirada (e gravada literalmente) da panela de sua avó. Foram dele as batidas de quatro das cinco músicas mais tocadas no Spotify do repertório de diversos funkeiros só no ano de 2020 — "Tudo ok" (**Thiaguinho MT** e **Mila**), "Hit contagiante" (**Felipe Original, Kevin O Chris** e **Sodré**), "Sentadão" (**Pedro Sampaio** e **Felipe Original**), "Pagou de superada" (**MC Anônimo**). Às vezes também remixava algumas, outra de suas especialidades, como "Surtada Remix" (**Dadá Boladão** e **Tati Zaqui**).

Nessa altura, em termos de letra, o "brega-funk" já se distanciava do brega tradicional, pois ao invés da choradeira eterna por uma paixão desfeita, seguindo a tendência de outros gêneros massificados, agora valia mais festejar bebendo, dançando ou até mesmo "ostentando", além de usar e abusar do erotismo sem firulas. Assim sendo, de 2018 a 2022, uma penca de artistas ganhou o país na batida do "brega-funk", muitos deles também impulsionados pelos sites Kondzilla e GR6, além de produtoras locais.

O veterano MC **Cego Abusado** ("Machucando o coleguinha") dividiu os holofotes com MC **Troinha** ("Pode balançar"), MC **Elvis** ("Confesso"), o ex-jogador de futebol do Santa Cruz MC **Tocha** ("Olha aqui pra tu [paralisou]", dos versos "Dinheiro é bom / Mas o difícil é ser verdadeiro"), MC **Sheldon** ("Pensei que era pra sempre"), **Aldair Playboy** (ex-**Swing dos Playboys**) ("Amor falso", gravada com **Wesley Safadão** e MC **Kevinho**), os referidos **Dadá Boladão** ("Coisa de novela", "De ladin" e a já referida "Surtada", esta com **Tati Zaqui** e **OIK**) e **Shevchenko e Elloco** ("Tome na pepeka", com **DJ Gabriel do Borel** e MC **Lucy**, e "Ninguém fica parado [Chapuletei]", com **Maneirinho do Recife**), e ainda MC **Japão** ("Tudo putiane"), MC **Roginho** com **TH CDM** ("Preta [do cabelo cacheado]"), MC **Vitinho Polêmico** ("Disso que elas gostam"), os citados MC **Loma**, **Felipe Original** e **Pedro Sampaio** (com uma série de outros hits) e até de uma criança, o MC **Bruninho** ("Jogo do amor", muito parecido com a levada "sertaneja").[94]

No Rio, duas novidades. Ainda em 2017, é popularizada mais uma vertente do funk carioca, a de 150 batidas por minuto (mais acelerada que o normal, de 130 BPM) e estilizada pelo **DJ Polyvox** em "Tambor Coca-Cola". A semente foi espalhada no baile da Nova Holanda, no Complexo da Maré, comunidade da zona norte carioca, e rapidamente se disseminou.[95] Inicialmente era uma produção caseira, suja, com letras feitas pela turma das favelas, como a dos primeiros tempos do "funk", na contramão das produções superturbinadas da Kondzilla e congêneres.

Outro fenômeno novo no fim da década de 2010 foi a popularização de produtores e DJs, como o baiano radicado no Rio, ex-vendedor ambulante, ajudante de pedreiro e entregador de água na favela do Rio das Pedras, o **DJ FP do Trem-bala**, consagrado aos 22 anos, em 2018, a ex-atendente de lanchonete DJ **Iasmin Turbininha** (rara mulher nesse meio, que se notabilizou aos 19 anos, em 2017) e o também carioca DJ **Rennan da Penha**, do popularíssimo Baile da Gaiola. Houve também o veterano **Dennis DJ** (ex-**Furacão 2000**), que nesta década levou às rádios versões sem palavrões das músicas do referido Baile da Gaiola, surfando na onda de **Rennan**, com o novo beat de 150 BPM. Todos eles passaram a atrair multidões, assinando músicas, superando até mesmo alguns MCs em popularidade.

Em 2018, **Nego do Borel** emplacou a autoral "Me solta", com a nova batida. No ano seguinte, o funkeiro **Kevin O Chris**, natural de Duque de Caxias, dividiu o posto com **Anitta** no Spotify como os únicos nomes não "sertanejos" entre os dez mais ouvidos do ano no país, em "funks" autorais no mesmo andamento, como "Vamos pra Gaiola", com o **DJ FB do Trem-Bala**, em referência ao famoso baile funk da Penha; "Ela é do tipo" (que chegou a ser regravado pelo rapper canadense **Drake**, um dos mais populares do mundo nesta década), "Evoluiu", o já comentado "brega funk" "Hit contagiante" (com **Felipe Original, JS o Mão de Ouro e Sodré**) e "Tipo gin — E ela tá movimentando", este já em 2021.[96] O **MC Du Black** foi outro a explodir com a autoral "Gaiola é o troco" (com **DJ 2F**) em 2020.

E a turma do funk paulista acabou também aderindo ao novo beat de 150 BPM em diversas produções desde 2018, que lhe conferiram um belo banho de loja, na produção e no visual, caso do **MC Kevinho** (com **Dennis DJ**) em "Agora é tudo meu" e do **MC Livinho** com "Hoje eu vou parar na Gaiola"[97] — só para citar dois bem evidentes e de grande sucesso. E o povo do "brega-funk" pernambucano também acelerou seus andamentos na virada dos 2010 para os 2020, chegando por vezes a 160 e 170 BPM. E pensar que por tantos anos a batida do "funk" foi de 130...

Houve ainda a mistura do "funk" 150 BPM com algo de trap — um subgênero do hip-hop que abordaremos mais adiante — e que caiu no gosto dos jovens em 2019. Trata-se da ultralasciva "Quando a vontade bater" do MC e produtor carioca Pedro Henrique Bendia, que atende pela alcunha de **PK**: "Mente milionária num corpo de um favelado / Tu gosta do nosso estilo e da visão que eu tenho / Te pego de jeito, mas não fica apaixonada / Eu sou romântico, safado e amanhã não venho", para descambar no refrão mais sem-vergonha desde os tempos de **Tati Quebra Barraco** e **Valesca Popozuda**. "Porque quando a vontade bater, vou chamar pra fuder / Daquele jeito que tu gosta / Te boto de quatro, empina esse rabo / Caralho, gostosa, lá vai piroca." A faixa é dividida com o funkeiro **PK Delas**, cuja imagem é de um autêntico bad boy sexy também na vida real, chegando a ser detido por fazer sexo "com duas mulheres" na Praia da Barra da Tijuca, em abril de 2021 — época que o hit viral dos dois homônimos já estava por bater a casa das 150 milhões de visualizações só no Spotify.

Desde adolescente, **PK** já era craque nas batalhas *freestyle* (de improviso) de MCs do Tanque, em São Gonçalo, depois participou da Batalha do Real, na Lapa carioca, e criou o grupo **Class A** com dois amigos. Em 2019, aos 21 anos, ele se lançava em carreira solo, já se consagrando também como produtor, "quebrando" a internet com 4,6 milhões de ouvintes mensais em plataformas de *streaming*. Misturando "funk" e hip-hop (e eventualmente até pagode), **PK** logo acumulou outros hits narrando sua vocação para as transas alucinantes, sempre autoafirmativo do seu estilo cara-da-favela-charmoso-que-agrada-as-garotas em dueto com **Belo** ("Indomável"), **Ludmilla** ("Do jeito que tu gosta"), **Tati Zaqui** ("Escandalosa") e **Luísa Sonza** ("Tudo de bom"). A diferença em relação aos funks cariocas dos anos 2000 e início de 2010 está numa criatividade maior em termos melódicos, de *groove* e das próprias letras para falar de sexo, além da própria produção, mais elaborada.

Nos últimos anos da segunda década do século XXI, o "funk" de Minas Gerais também começou a dar o ar de sua graça, inicialmente de forma local. Depois do pioneiro **MC Delano**, vieram nomes como o **MC Anjim**, cujo apelido vem do cabelo cacheado. Cria da comunidade da Serra, morador do bairro mineiro de Boa Vista e inicialmente o aspirante a skatista, profissionalizou-se na música e após cinco anos de carreira fez de "Bala love" um hit nacional em 2021. Tudo graças a uma levada minimalista e uma letra que retrata o (novo) comportamento dos jovens nos bailes e sua rotina, misturando "fotos no stories", bebedeira, marcas de roupas da moda, cortes de cabelo "na régua" (para os homens) e uma garota que curtiu sua "Bala love / De Flack e peita da Lost".[98] No mesmo ano, o **MC Rick**, que veio do Morro do Papagaio, região Centro-Sul de Belo Horizonte, emplacou "Não nasceu pra namorar" (com **MC Zaquin**), que sucederam "Nada vai mudar" e "Mec mec tranquilin (Se você quiser te dou o mundo)", todas pérolas abusadas autorais.

Comercialmente, tudo ia muito bem para o "funk", até que, em março de 2019, mais uma vez o ritmo voltava às páginas policiais dos jornais. Aos 24 anos, o já referido **DJ Rennan da Penha**, que animava o Baile da Gaiola, na favela carioca de Vila Cruzeiro, popularizando o "funk" de 150 BPM, chegando a reunir 20 mil pessoas por sábado, foi acusado (pela segunda vez) por suposta associação aos traficantes da área — de ser "olheiro" e de fazer festas que exaltavam o crime —, sendo finalmente preso em abril. Três anos antes foi inocentado, mas desta vez a notícia causou espanto por ele ter se tornado nesse ínterim um astro em seu meio, que acumulava parcerias com **Ludmilla** (a autoral "Vem amor") e **Nego do Borel** (a já referida "Me solta") e diversas passagens pelo exterior. Seu "funk" "Hoje eu vou parar na Gaiola", em parceria com **MC Livinho**, ostentava nesse tempo 200 milhões de visualizações no YouTube, no canal paulista Kondzilla.

Muitos artistas, ativistas e até a OAB saíram em sua defesa por considerar que ele poderia ser bode expiatório de motivação política, pois seria mais fácil criminalizar um gênero, um baile, um astro do movimento, que ajuda a circular a economia do local e a investir na cultura da favela, do que atacar os protagonistas do tráfico em si. Sete meses depois, ele foi solto, beneficiado pela decisão do STF de derrubar prisões em segunda instância, ou seja, que ninguém poderia cumprir pena até o julgamento de todos os recursos possíveis em processos criminais, o que também levou à liberdade o ex-presidente Lula, que estava confinado há 580 dias por motivos igualmente algo controvertidos.

Antes de **Rennan**, nas duas últimas décadas outros funkeiros foram condenados por motivos mais contundentes, como o **MC Frank**, em 2005, pelo proibidão "Bonde do 157" (ou "157 boladão"), cujo número vem do artigo do Código Penal que trata do roubo: "O Bonde do Borel só quer carro importado / Audi, Civic e Honda, Citröen e o Corolla / Se tu tentar fugir, pá pum / Tirão na mola." Seu irmão, **MC Tikão**, também foi preso, acusado de ajudar um traficante da favela da Rocinha durante uma batida policial. E ainda o **MC Colibri** (do hit "Quer bolete?"), detido de 2006 a 2009, por também compor um "proibidão" em que ameaçava um traficante traidor ("Se não sai por bem / Sai na bala").[99] Mais uma vez o ritmo teve seu nome ligado ao crime. Logicamente, mesmo que o tráfico (também espalhado noutras praças do país) tenha apoiado ou investido no gênero, promovendo bailes ou alguns de seus artistas, assim como o jogo do bicho financiou muitas escolas de samba a partir dos anos 1970, o "funk", como o samba, está muito acima disso.

Outra tragédia se deu em maio de 2021. Dias depois de cantar no Baile do Imperador, em Madureira, zona norte carioca, o paulista de apenas 23 anos **MC Kevin**, de hits do "funk ostentação", como "Cavalo de Troia" (MC IG), então no auge da carreira, faturando 1 milhão de reais por mês, caiu da sacada do quinto andar de um hotel no Rio de Janeiro. A perícia acusou o consumo de drogas e bebidas alcoólicas em seu sangue ingeridos durante uma festinha no local e a morte foi considerada um acidente pela Polícia Civil do Rio (enquanto a de São Paulo voltou a perseguir MC's).

Como seus 30 anos de história ensinam, o "funk" já virou uma cultura e um estilo de música eletrônica nacional, chegando a 2022 como o segundo gênero mais consumido no país, em vias de se tornar o número um nesta década que se inicia. Ao contrário de outros estilos massificados com músicas que chegam a somar de seis a dez autores em escala industrial, a grande maioria dos sucessos dos "funks" cariocas, paulistas, mineiros e pernambucanos são composições autorais individuais, ou no máximo em dupla, desses jovens, na maioria com poucas oportunidades, oriundos de áreas bem violentas das cidades. Ou seja, é algo bem orgânico, o que varia é a produção de seus clipes, com mais ou menos dinheiro. Em resumo: mesmo incomodando vizinhos pelo barulho ensurdecedor dos bailes, as autoridades, pela violência que muitas vezes ronda suas "quebradas", e os moralistas, devido ao teor despudorado de suas letras, ao que tudo indica, não há força capaz de sepultar seu pancadão, seu tamborzão, seu frenético *groove* em 150 BPM, seu cruzamento com o trap ou o que mais ele for capaz de inventar.

O hip-hop nacional se reformula, não para de crescer e vê nascer o trap

É impressionante como, ao contrário de outras épocas, houve uma ausência praticamente total de canções politizadas nas paradas de rádio e TV nos primeiros 20 anos do século XXI. Mesmo fora da mídia, nossos gêneros tradicionais também não investiram tanto nesse tipo de letra. A cena pop alternativa tampouco, com raras exceções. Alguns procuraram transgredir mais no apelo sexual e visual de seus clipes e performances do que propriamente no aspecto poético, alusivo aos temas sociais. O nosso rap, contudo, não deixou a peteca cair e foi o melhor cronista social do período, o letrista mais categórico e seguramente um dos que se reinventaram de maneira mais vitoriosa.

A partir de 2000, a Trama, uma das gravadoras independentes que mais frequentemente investiram no gênero, continuou lançando CDs de *rappers*, como dos pioneiros **Thaíde** e **DJ Hum** e **MC Jack**, e mais novos, como a banda gaúcha **Da Guedes** (que mais tarde emplacaria "Bem nessa", com participação do referido **Thaíde**, e "Dr. Destino") e o ex-ajudante de pedreiro Antônio Luiz Júnior, o **Rappin' Hood**, lançando três álbuns solo dele. No primeiro, *Sujeito homem* (2001), destaca-se a autoral "Sou negrão", que revive nominalmente grandes personalidades da cultura negra brasileira. Na verdade, a faixa foi lançada num single em 1995, em homenagem aos 300 anos da morte de Zumbi dos Palmares por seu antigo grupo **Posse Mente Zulu**. Como este não conseguia lançar um álbum com seu repertório e deslanchar a carreira, **Rappin'** içou voo solo e o disco coletivo só se concretizou quando o grupo se reuniu novamente já em 2005, lançando *Revolussom: a volta do tape perdido*, no qual **Leci Brandão**, primeira grande artista do samba a valorizar o rap, participava na bela faixa "Dona Maria".[100] Na mesma época, em seu segundo CD solo, ele dividiu vozes com uma série de artistas, até mesmo com **Caetano Veloso** no hit autoral "Rap du bom — Parte II". **Rappin' Hood** foi um dos pioneiros a superar o teor puramente agressivo do estilo, sem com isso descaracterizá-lo.

Seu irmão, **Parteum** (Fábio Luiz), também foi lançado pela Trama com um vocabulário sem tantas gírias, mais fiel à gramática do português, e nem por isso pedante. Atuou como produtor de grandes nomes, como **MV Bill**, **Rashid**, **Kamau** e do próprio irmão, além de compor com **Beto Villares** a trilha sonora do filme *Antônia*, de Tata Amaral (2007), sobre a luta contra o machismo e o preconceito no hip-hop, cheio de ótimas rappers, como **Quelynah**.

Outro nome marcante neste início de década foi um cara que começou trabalhando como vendedor de discos, de olho sobretudo nas prateleiras dedicadas ao jazz e ao rap. Marcelo dos Santos, o **Xis**, começou no grupo **DMN**, um dos pioneiros do gênero, onde ficou de 1989 a 97, participando, inclusive, da legendária coletânea *Consicência black*, lançada pela **Zimbabwe** em 92. Já começou a carreira solo com uma produção farta. Cantou em Cuba, Espanha e EUA, passou a promover o campeonato *Hip-Hop DJ*, a *Liga dos MC's SP x RJ* no Sesc Pompeia e o Festival Agosto Negro, além de ter conduzido programas de rádio e um *talk show* por anos na TV. Nesse início de década, fez o hit autoral "Us mano e as mina", aclamado Melhor Videoclipe de Rap no VMB da MTV em 2000. No ano seguinte, venceu novamente o pleito com o autoral *Chapa o coco* e teve a sua "De esquina" gravada em dueto com **Cássia Eller** no derradeiro álbum da cantora. Após isso, participou do reality show *Casa dos Artistas*, do SBT, em 2002, entrevistou e divulgou grandes nomes da música em programas de rádio e TV e faria uma bela carreira de produtor em paralelo à de *rapper* pelas décadas seguintes.

Em 2001, o **SNJ (Somos Nós, a Justiça)**, do *rapper* **Sombra** e uma mulher, **Cris**, entre os integrantes surpreenderam com "Se tu lutas, tu conquistas", cantado sobre uma base melódica, algo lírica, com solo de teclados. No ano seguinte, do mais puro underground, a **Campo Minado** veio com o CD *Jogando com o inimigo*, mas músicas como "Ai, soldado" e "$onny" foram obrigadas por decisão judicial a serem retiradas da programação das rádios por apologia ao crime, pois descreviam até assassinatos sem qualquer constrangimento. E o **Z'África Brasil**, do álbum *Antigamente quilombos, hoje periferia* (2002), que em 1999 já dera um giro pela Itália, gravando um álbum com rappers locais, seguiu eventualmente agregando referências à cultura negra e ritmos nordestinos, estes radicalizados muitos anos depois no álbum solo de **Gaspar**, um de seus integrantes, *Rapsicordélico* (2015). Em 2004, o grupo paulista **Motirô** (de **DJ Hum** e **Lino Kriss**) emplacou seu maior hit, o romântico "Senhorita", e o conterrâneo **A Família**, "Castelo de madeira", eleito melhor rap e clipe em premiações do gênero.[101]

Enquanto isso, no Rio, com bem mais visibilidade, **Marcelo D2** deixava definitivamente seu antigo grupo **Planet Hemp** e chegava ao auge de sua carreira com um divisor de águas no estilo, o álbum *À procura da batida* *perfeita* (2003), em que aperfeiçoava as misturas de samba e rap que havia iniciado cinco anos antes no seu CD de estreia em faixas como a que dá nome disco (em que sampleou "Bonfá Nova", de **Luiz Bonfá**) e *Qual é?*, ambas dele com **David Corcos**, e "Loadeando" (dele com **Marechal**), gravada em dupla com o filho **Stephan**. Com este disco, ganhou todos os prêmios possíveis inclusive o de Melhor Letrista de 2004 pela Academia Brasileira de Letras, obtendo projeção em todo o país e até mesmo internacional, tornando-se pelo resto da década o maior nome do hip-hop carioca. Em 2008, fez sucesso com "Desabafo", dele com **Nave**, sampleando uma gravação de 1973 do samba-rock "Deixa eu dizer" (Ivan Lins/Ronaldo Monteiro de Souza), com a cantora **Cláudia** (que nessa época já assinava **Claudya**). Sempre ousado, em 2010 prestou até mesmo um CD-tributo a seu maior ídolo, o sambista **Bezerra da Silva**, que já denunciava as agruras da população periférica da cidade em sua obra desde os anos 80.

Ainda em solo carioca e de atuação forte desde o início da década, o coletivo **Quinto Andar**, de **Marcehal**, **De Leve** e **Shawlin**, editou seu único álbum, *Piratão* (2005), na revista *OutraCoisa*, de **Lobão**, e logo depois se desfez. Além de acrescentar elementos da música eletrônica, incomuns até então, variavam bastante os temas. Criticavam o poder da indústria fonográfica ("Melô do piratão") e traziam um olhar sarcástico sobre aventuras de jovens na madrugada ("Madruga!") e calote nos ônibus ("Rap do calote").

A seguir, em seus álbuns solo, **De Leve** lançou nesta década faixas como "Eu rimo na direita", outra crítica à indústria do disco; "Largado", sobre ser despojado, e "A lenda", sobre um colega vacilão, esta num álbum de seu personagem **Caramujo Sonolento**. Já **Marechal** ficou mais conhecido quando gravou "Sua mina ouve meu rap", autoral, que teve resposta gravada pelo paulista Daniel Korn, o **Cabal** (depois **C4bal**) ("Temporada de caça"). A rixa rendeu ainda ares mais pesados com "Vai tomar no cu, Cabal", do primeiro,[102] e "Foda-se Dichinelo", do segundo. Definitivamente o rap estava na contramão apaziguadora dos novos tempos da cultura midiática musical de então, em que grande parte dos intérpretes de outros segmentos foi perdendo seu lado espontâneo, subversivo, sujo ou contestador.

Por falar nisso, ser do rap até a virada do século era, como os roqueiros e punks do passado, sinônimo de bandido ou vadio. O simples fato de ser visto com gorro, boné e calça larga já era motivo para se tomar dura da polícia. Às vezes, alguns *rappers*, de fato, vieram de uma vivência literalmente marginal. É o caso do paulista **Cascão**, que após cumprir pena de oito anos por assalto a banco, decidiu formar uma banda, a **Trilha Sonora do Gueto (T$G)**, cujo rap "Um pião de vida loka" foi incluído no seriado *Turma do gueto*, da TV Record, coescrito pelo pagodeiro **Netinho de Paula**, e depois ainda emplacou "Num impurra kié pió". Um de seus maiores incentivadores foram os **Racionais MC's**, que seguiam sua liderança absoluta no movimento, agora se abrindo a temas mais abrangentes, além do cotidiano de sua comunidade de origem, com o CD *Nada como um dia após o outro dia* (2002), destacando "Negro drama" (Edi Rock/Racionais), e *1000 trutas, 1000 tretas* (2006), cuja faixa (autoral) "Vida Loka — parte 2" se tornou um clássico. Além disso, seus integrantes acumularam carreiras solo simultâneas e só se reuniram em estúdio uma vez mais nesta década, em 2014, no CD *Cores & valores*. **Edi Rock**, por exemplo, gravou *Contra nós ninguém será* (2013), destacando "That's my way", com **Seu Jorge** e o percussionista americano **Leon Mobley**.

A seguir vieram os cariocas do **ConeCrewDiretoria** (do futuro produtor de sucesso o **DJ Papatinho**), formado por amigos *skatistas*, com a bandeira pró-legalização da maconha, semelhante à do **Planet Hemp** ("Chama os molekes"). Depois, o **Oriente**, de Niterói, fazendo barulho com "Isto é rap" e "Orientai-me", esta com o veterano **Black Alien** — que, por sua vez, emplacou "Babylon by Gus" e "Perícia na delícia", com bases mais suaves, de seu CD *Babylon by Gus, vol. 1: O ano do macaco* (2004), e ainda teria novo pico de popularidade pouco antes de completar 47 anos, no álbum *Abaixo de zero: Hello, hell* (2019), no qual comemora sua vitória contra as drogas e o álcool: "Insônia na casa de ópio / O amor mais verdadeiro que eu vou ter nesse mundo / É o amor-próprio" (versos de "Au revoir") ou "Tô sem frases, o que me trazes? / Isso é metanfetamina, a droga dos kamikazes / Precisam de coragem pra poder morrer na guerra / E eu preciso de coragem pra viver fazendo as pazes" (de "Aniversário de sobriedade").

Da mesma maneira, **BNegão**, que na década passada havia indicado **Alien** para sua vaga no mesmo **Planet Hemp**, seguiu com três álbuns consistentes com sua banda **BNegão & Os Seletores de Frequência**, entre 2003 e 2015, incluindo o primeiro e vanguardista *Enxugando o gelo*, mas nesse meio-tempo com uma passagem pela **Turbo Trio**, entre 2005 e 2008, com o qual gravou o CD *Baile bass*, numa mistura de funk carioca, dance hall e electro. Chegou ao fim da década de 2010 com um show solo, em paralelo, só com músicas de **Dorival Caymmi**, numa incrível virada estilística.

Em 2003, apareceram tanto a banda de rap gospel **Ao Cubo** (com o hit "Naquela sala"), num gênero que já marcava presença desde os anos 1990 com grupos como **Apocalipse 16**, quanto o "profano" **Valter Araújo**, ou melhor, **Slim Rimografia**, ex-b-boy e grafiteiro, um dos principais do estilo *freestyle*, com "Por você" (autoral), e mais tarde, na década seguinte, com "Ela é *zica*" (Rael/Slim R.), participando inclusive do *Big Brother Brasil*. A banda **Pentágono**, que revelou o referido **Rael (da Rima)**, se notabilizou em 2004 com o premiado álbum *Microfonicamente dizendo*, incluindo "Na moral": "E eu sempre fui, sem saber como se evolui / Porque minha mente sempre teve uma parte sangue ruim / Mas o hip-hop livrou nós, amenizou, tranquilizou, chegou à voz." **Rael**, a propósito, nos anos 2010, emplacou canções cruzando seu rap com outras levadas, como "Envolvidão", em 2014, mais para o soul, e "Ela me faz", com uma base de reggae/pop, mesmo gênero de "Sem jeito" (com a banda paulista **Maneva**, em 2018) e "Eu feat. você" (com o grupo pop **Melim**, em 2020). Também experimentou um swing pop em "Beijo B" com **Thiaguinho**, no mesmo ano.[103]

Em meio ao Clube do Bolinha, **Negra Li**, do **RZO**, gravou um CD com seu colega de grupo **Helião** (destacando o hit "Exército do rap"),[104] e em carreira solo foi de "Você vai estar na minha" (Lino Crizz/sobre a base de "Eu sei (Na mira)", de **Marisa Monte**), além de duetos com vários ícones da "MPB", do pop e do rap, além de trabalhar como atriz. Genival Oliveira Gonçalves, o **GOG**, que vinha da década passada, emplacou "O amor venceu a guerra" nessa época, seguido de "Quando o pai se vai" e gravou um DVD em 2007 também com participação de vários artistas do pop, soul e "MPB", como **Maria Rita** ("Brasil com P"), sem se distanciar da literatura marginal e dos movimentos culturais e sociais, que sempre enriqueceram os textos de seus raps autorais. E diretamente de Minas, **Flávio Renegado**, nascido e criado na favela do Alto Vera Cruz, mostrou seu talento em álbuns como *De Oiapoque a Nova York* (2008) e *Minha tribo é o mundo* (2012), destacando a faixa "Suave", de sua autoria. Trabalhou ainda com **Elza Soares** nos últimos anos de vida da cantora.

Diretamente das terras cariocas, **MV Bill** voltava à cena ampliando seu *crossover* do rap com a "MPB" e o samba, com o hit "Só Deus pode me julgar" (Bill/DJ Luciano), em 2002 ("Como pode ser tragédia a morte de um artista / E a morte de milhões, apenas uma estatística?"). Também trabalhou como ator de novelas, filmes e seriados; apresentador de rádio e TV; ativista em diversos projetos sociais, incluindo associações comunitárias em favelas, e escritor. Em 2005, lançou seu primeiro livro, *Cabeça de porco*, com Luiz Eduardo Soares e Celso Athayde, sobre a facilidade do ingresso dos jovens das periferias no mundo do crime. No ano seguinte, *Falcão — Os meninos do tráfico*, dele com o mesmo Athayde, virou documentário exibido no programa *Fantástico*, causando comoção, a ponto de o *rapper* ter sido convidado pelo então presidente Lula para uma audiência. Como uma trilha do documentário, veio o CD *O bagulho é doido*, destacando-se a faixa-título (outra de Bill/DJ Luciano) e a autoral "Estilo vagabundo". Os bastidores desse filme também viraram livro, bem como *Falcão — Mulheres do tráfico*, sobre aquelas que cumprem pena nas penitenciárias do país. O tempo passou e, na década seguinte, veio forte com o rap "O soldado que fica" (Bill/Laudz), ainda sobre o tema dos jovens que "valorizaram o crime e desprezaram sua família".

Quem também teve atuação na TV foi Marcelo Silva, o **Max B.O.**, cujo apelido trazia da antiga banda, **Boletim de Ocorrência**. Além de hits como a autoral "Fábrica de rap", teve atuação marcante no programa *Manos e minas*, da TV Cultura, apresentado ao lado da cantora **Anelis Assumpção**, filha de **Itamar**.

Alguns de seus veteranos, contudo, continuavam relevantes. No Rio, o pioneiro do rap na cidade, **Gabriel O Pensador**, iniciou os anos 2000 com o contundente "Até quando (você vai levando / Vai ser saco de pancada)?" em 2001, e por um bom tempo ficou mais famoso pelos livros infantis que escreveu — em 2006 chegou a ganhar um Jabuti — e por seus projetos sociais. Preocupado com a evasão escolar de meninos pobres, criou o "Pensando junto" na favela da Rocinha, que mais tarde virou uma ONG, e outros ligados ao futebol para dar oportunidades neste esporte a jovens carentes, como o "Pensador futebol", que ele mesmo criou, e o "Dream football", do ex-atacante português Luís Figo, do qual é um dos padrinhos. Em paralelo, lançou alguns raps que deram certo, como "Linhas tortas", dele com André Gomes, acertando as contas com sua trajetória após um hiato de hits, e o autoral "Surfista solitário" (com **Jorge Ben Jor**), ambos em 2012, e cinco anos depois, irritado com o governo Michel Temer, um dos mais impopulares da história do país, decidiu lançar "Tô feliz (matei o presidente) 2", quando o mesmo tentou extinguir a Reserva Nacional de Cobre e Associados, o que liberaria a exploração privada de uma área de 4 milhões de hectares da floresta amazônica. E já antecipando a polaridade "ideológica" e a corte ao candidato à Presidência Jair Bolsonaro, de ultradireita, mandou: "E é o povo desunido que se mata por partido / Sem razão e sem noção / Chamando políticos ridículos de mito."

Também no Rio, o MC **Marechal** venceu lançando apenas *singles* pontuais, sempre muito bem-feitos, como "Espírito independente", "Vamos voltar à realidade" e "Viagem", em que critica a própria cobrança para que lançasse um álbum ("Eu faço um som por ano / E você não fica uma semana sem ouvir"). Sempre acreditando no rap como mensagem, ele que só conseguiu estudar até a sexta série do antigo primeiro grau e debutou no rap aos 13, criando a banda **Consciência Armada**, continuou na contramão da massificação da música estritamente comercial e fraca de conteúdo, pensando no coletivo. Esteve à frente de duas iniciativas vitoriosas. Em 2007, criou a Batalha do Conhecimento, estimulando duelos em que MCs não se atacam (como nas "Batalhas de Sangue"), mas discorrem criticamente sobre algum tema proposto, transformando aquilo em ensinamento à plateia em forma de rima e arte, e, em 2012, o *Projeto Livrar*, para distribuir livros de autores independentes pelo país em seus shows, fortalecendo a literatura.

Na mesma linha, houve um impressionante projeto de educação nada careta através do rap, o **Matéria Rima**, que começou como grupo em 2002, e depois desenvolveu um trabalho inovador em escolas da rede pública, com sede em Diadema (SP), além de apresentações em praças e palcos do país e até da Europa.

A grande reviravolta do movimento, porém, se deu novamente por São Paulo a partir de 2011, quando se consagraram dois nomes que desbancaram os **Racionais MC's** como únicos grandes modelos do gênero — Leandro de Oliveira e Kleber Gomes, ou melhor, **Emicida** e **Criolo**. Ao contrário da postura "nós contra eles" do quarteto do Capão Redondo, os dois adotaram outra estratégia para lidar com a indústria e a imprensa. A ideia era ampliar o mercado, sem perder a contundência crítica dentro e fora dos palcos. Se muitos artistas da primeira geração do rap sequer chegaram a terminar o ensino médio, **Emicida**, que começou a carreira no início dos anos 2000, nas batalhas de rap *freestyle* no metrô Santa Cruz, já tinha diploma de curso técnico de design. Aliás, muitos dos novos *rappers* que começavam a dar o ar da graça a partir de então já haviam concluído o ensino médio, outros fizeram faculdade ou escola técnica (caso de **Emicida**) e tiveram acesso à internet em casa ou em lan houses, pois eram fruto de um Brasil com aumento da escolaridade e acesso a bens de consumo ocorrido na virada do século, potencializado no período do governo Lula (2003-2011). Isso fez nascer nesses jovens novos ideais e referências — para o bem e para o mal.

Emicida começou em batalhas de MCs. Era tão forte e invencível nas rimas (ganhou onze vezes consecutivas a de Santa Cruz e doze a Rinha dos MC's) que era chamado de "homicida". Daí MC + homicida deram origem a seu apelido. Foi aos poucos manejando bem suas gravações no MySpace, YouTube e repercutindo-as na rede social Twitter. Visionário, percebeu que era preciso uma organização maior do rap como movimento em sua estrutura de produção e criou com seu irmão, também cantor, **(Evandro) Fióti** e vários amigos, a produtora Laboratório Fantasma, passando a pautar o mercado não só do rap, mas da música brasileira em geral, numa nova forma de construção de negócio na música, aglutinando outras áreas, como a moda, e catapultando a carreira de novos artistas, como **Rael** (da Rima), **Kamau**, **Mão de Oito** e nomes femininos, como **Akua Naru** e **Drik Barbosa**.

Assim como o colega **Criolo** soube fazer muito bem, **Emicida** ampliou o diálogo do rap com a música brasileira, do samba de breque aos repentistas nordestinos, começando a ser notado em 2008 ainda de maneira caseira, com o *single* "Triunfo" (Emicida/Felipe Vassão), que repercutiu na internet e foi incluído no ano seguinte na mix-tape *Para quem já mordeu um cachorro por comida, até que eu cheguei longe...*: "Não escolhi fazer rap não, na moral / O rap me escolheu porque eu aguento ser real / Como se faz necessário, *tiozão* / Uns rima por ter talento, eu rimo porque eu tenho uma missão / Sou porta-voz de quem nunca foi ouvido / Os *esquecido lembra* de mim porque eu lembro dos *esquecido*", e prosseguia: "*Nóis* quer mulher sim, quer um *dim* também / Quer *vê* todos neguinho lá vivendo bem / Só que aí pra mim a luta vai além / Quem pensar *pequeninin*, tio, vai *morrê* sem", para desembocar no refrão: "Na pista pela vitória, pelo triunfo / Conquista, se é pela glória, uso meu trunfo, tio / A rua é *nóis* (...) onde *nóis* brigamos por *nóis*." Mandou o recado e todo mundo entendeu.

Em 2011, **Emicida** já ganhava o prêmio de Melhor Artista e Clipe do Ano ("Então toma", dele com **Renan Samam**) do VMB, da MTV, enquanto o colega **Criolo** se consagrava com Melhor Álbum, *Nó na orelha*, lançado gratuitamente na internet, que misturava hip-hop a reggae, *afrobeat*, bolero, samba e soul, como na Melhor Canção (e seu primeiro hit), "Não existe amor em SP" ("Os bares estão cheios de almas tão vazias / A ganância vibra, a vaidade excita / Devolva minha vida e morra afogada em seu próprio mar de fel / Aqui ninguém vai pro céu"), trazendo ainda "Freguês da meia noite" (também autoral), que seria em breve regravada por **Ney Matogrosso**, com uma letra algo gay sobre alguém que cultivava o hábito de se oferecer em prazeres na calada da noite, no Largo do Arouche, no Centro da cidade de São Paulo.

Era a coroação de um trabalho iniciado desde os 12 anos com o nome de **Criolo Doido**, enquanto descolava um troco como vendedor nas Lojas Americanas, na sapataria DIC ou na rua, vendendo cocada e roupas de porta em porta.[105] Em 2006, criou com o **DJ Dandan** as Rinhas de MC's, batalha em que os mesmos rimavam de improviso. Nessa época, após disponibilizar faixas avulsas no MySpace, lançou o primeiro álbum, sem maior alarde. Entretanto, cinco anos depois, ao gravar o consagrado CD *Nó na orelha*, já dera por encerrada sua carreira no rap. Só inseriu alguns por insistência dos produtores, como o futuro hit "Sucrilhos", de sua autoria:

"Eu tenho orgulho da minha cor / Do meu cabelo e do meu nariz / Sou assim e sou feliz / Índio, caboclo, cafuso, criolo! / Sou brasileiro!" Aos 35 anos, enfim, chegava ao sucesso.

Pouco após o lançamento do primeiro álbum, em 2011, foi citado por **Chico Buarque** num show, ao cantar o clássico "Cálice" com as mesmas mudanças na letra feitas pelo *rapper*: "Pai, afasta de mim a *biqueira* / Afasta de mim as '*biate*' / Afasta de mim as '*cocaine*' / Pois na quebrada escorre sangue." **Criolo**, cuja performance nos palcos é intensa e arrebatadora, soube unir, com reverência, artistas e estilos de vários nichos, sem o teor separatista dos desbravadores do gênero. Chegou a embarcar numa turnê com **Ivete Sangalo** cantando **Tim Maia**, em 2015, a gravar um disco autoral só de sambas, nitidamente influenciado por **Cartola** (aliás, mostrou-se um ótimo cantor de "MPB" quando se dispõe a abraçá-la) e um EP de quatro músicas com **Milton Nascimento**, *Existe amor* (2020), cujo título é uma referência à canção que consagrara o rapper dez anos antes, "Não existe amor em SP", incluindo uma longa versão do clássico "Cais", de Bituca e Ronaldo Bastos. Seguiu, contudo, no caminho do rap, como no álbum *Convoque seu Buda* (2014), e em outro ao vivo com **Emicida**.

Este, por sua vez, começou a gravar uma série de *singles*, como "Dedo na ferida", e álbuns consecutivos, como o de 2013, *O glorioso retorno de quem nunca esteve aqui*, destacando "Levanta e anda" (com **Rael**), "Zóião", "Hoje cedo" (com **Pitty**) e "Ubuntu fristaili" (com **Fabiana Cozza, Tulipa Ruiz, Juçara Marçal** e **Rael**). Dois anos depois, após conhecer diversos países e suas raízes africanas em Cabo Verde e Angola, lançou o álbum *Sobre crianças, quadris, pesadelos e lições de casa...*, destacando a comovente "Mãe", rebobinando sua história familiar: "Não esqueci da senhora limpando o chão desses cuzão / Tanta humilhação não é vingança, hoje é redenção / Uma vida de mal me quer, não vi fé / Profundo ver o peso do mundo nas *costa* de uma mulher / Alexandre no presídio, eu pensando no suicídio / (...) De onde cê tirava força?" Em 2018, comemorava *10 anos de Triunfo* em forma de CD ao vivo, cujo maior hit foi "Madagascar",[106] seguido de *AmarElo* (2019), elogiadíssimo pela crítica.

Emicida e **Criolo** abriram caminho para outros que renovaram o hip-hop nativo, conquistando espaços inéditos na grande mídia e ampliando seu leque rítmico e temático. José Tiago, o **Projota**, cujo nome é uma mistura de "Pro" (de profissionalismo) com "Jota" (inicial de seu primeiro nome, José), assim como **Emicida**, é paulista e foi revelado em batalhas de MCs, sendo tetracampeão na de Santa Cruz e tri na Rinha de MCs. Desde o final da década anterior, seu nome foi crescendo na internet, popularizando raps românticos no YouTube ("Acabou", em 2008) e no MySpace ("Pelo amor" — esta dando um recado ao futuro sogro, que não estava gostando dele: "Sou o que sua filha quer, doutor / Cê prefere um engravatado que maltrate / Ou um vagabundo cheio de amor?). Até que a partir do hit "Mulher", em 2013, ele começava a estourar: "Se eu demorar, me espera / Se eu te enrolar, me empurra / Se eu te entregar, aceita / Se eu recusar, me surra."

Visivelmente, sua diferença para os demais era, além dos temas de relacionamento com um pano de fundo social e mensagens de força, tratar com suavidade a figura da mulher e ser simpático a artistas de outras tribos musicais fora do hip-hop, citando-os em suas letras — de **Djavan**, **Chico Buarque** e **Elis Regina** a **Péricles**, **Belo** e **Jorge & Mateus**. Logo foi contratado pela EMI, que em 2014 já estava no processo de ser incorporada pela Universal Music, e vieram os hits "Cobertor" (em dueto com **Anitta**), "Desci a ladeira" (em versão ao vivo) e "Ela só quer paz" (música-tema oficial dos Jogos Olímpicos Rio 2016, com o pagodeiro **Thiaguinho**, alías a única a frequentar a lista das dez mais tocadas em serviços de *streaming* naquele ano fora do nicho "sertanejo"). No ano seguinte, foi autobiográfico em "Muleque de vila", questionando o tribunal virtual maniqueísta, e muito romântico em "Linda" (com **Anavitória**).[107] Iniciou também a carreira de ator na série *Carcereiros*, da Globo (2017), e a seguir no filme *Sequestro-relâmpago*, de Tata Amaral (2018). Viveu, entretanto, um inferno astral após sua saída do Big Brother em 2021. Devido à sua postura agressiva imperativa com outros colegas da casa, foi eliminado com 91,89% de rejeição dos expectadores, o que influenciou seu trabalho posterior, *A saída está dentro* (2022).

Antes da fama, **Projota** se chamava **Jotatê** e chegou a ter um grupo de pouca expressão com outro *rapper* igualmente adolescente, Michel Costa, à época **Moska**, que também conquistaria a fama nesta década, devidamente rebatizado de **Rashid**, um nome árabe que significa "justo", "honesto" ou "corretamente guiado". Como **Emicida**, **Rashid** também formou a sua empresa, administrando sua carreira e uma marca de roupas e assessórios. A partir de 2016, seu hip-hop de múltiplas levadas e rimas ricas encantou o público, com hits como "Bilhete 2.0" (com o carioca **Luccas Carlos**, que seguiu uma linha mais romântica unindo r&b e rap) e "Não é desenho" (em 2019): "Eu não quero que você pegue minha visão / Quero te fazer pensar pra que desenvolva a sua / Maloca de volta, acabando com as *mosca* no caminho igual aracnídeo / Pra deixar meu som tão quente que *cês* vão ter que escutar lá no *Xvideos*" Encerrou por cima a década, discutindo a relação com a sua contemporânea **Duda Beat**, num azeitado dueto em "Sobrou silêncio" e se reunindo com os colegas **Emicida** e **Lukinhas**, jovem rapper egresso da comunidade carioca de Asa Branca (Jacarepaguá), em "Pipa voada".[108]

Por sua vez, o quarteto paulista **Haikaiss** é um bom exemplo de grupo que conquistou milhares de admiradores via internet sem o empurrão da grande mídia. Inicialmente ligado aos ensinamentos da filosofia oriental Haikai ("com o mínimo você pode ter o suficiente"), e depois se abrindo a novas mensagens, popularizou o romântico "Sem graça" e a verborrágica "A praga". Em 2020, chegou ao Top 10 do *streaming* com a cantada inteligente "Pra te convencer", ao lado de **Projota**.[109] Mas grande feito mesmo da banda foi ter conseguido entrar para o *Guiness Word Records* no ano seguinte, graças a um "speedflow" de um de seus integrantes, **Spinardi**, no rap "King Kong". Se em 2017 com "Raplord" ele havia quebrado um recorde com 5,78 palavras por segundo, agora dizia 226 palavras em 30 segundos, ou seja, inacreditáveis 7,53 palavras por segundo, num total de 379 sílabas. Quebrou assim o recorde de rap em língua portuguesa mais rápido do mundo, batendo até mesmo o astro americano **Eminem**, em "Godzilla", de 2020.

Outros MCs que se abriram a fusões com outros gêneros musicais também se destacaram no fim da década de 2010, como **Fabio Brazza** e **Rincon Sapiência**, que por coincidência começaram como jogadores de futebol. Gravando também com **Anitta** e **Thiaguinho**, **Fábio**, que é neto do poeta concretista carioca Ronaldo Azeredo, se destacou com letras existenciais, incluindo a apoteótica "De volta para o futuro", de sua lavra: "Perdemos a essência daquilo que nos faz humanos / O dinheiro e a tecnologia nos tornou insanos / Quando foi que a gente perdeu as rédeas do mundo? / Como a gente pôde, deixar esse buraco ficar tão fundo? / Como podem chamar isso de evolução? / Se os prédios crescem... mas o amor não."

De um jeito diferente, oriundo da zona leste paulistana, **Rincon** se fez munido de uma performance poderosa, irônica e letras autorais numa poética muito rica, influenciada pela literatura de cordel, que valoriza a afrodescendência (como "Ponta de lança", "Afro rep", "Meu bloco" e "Elegância"), e bases com elementos de samba, ciranda e capoeira, lançando o aclamado álbum cult *Galanga livre* (2017), que o levou à Europa numa turnê.

O ex-**Contrafluxo**, (Rodrigo) **Ogi** é outro *rapper* (e pixador, grafiteiro) paulista a iniciar a década de 2010 com prestígio em raps como "Corrida de ratos", sobre a obsessão da sociedade com o dinheiro, enquanto **Dexter** (ex-**509-E**) comemorava a saída da prisão em 2011 e mandava ver num monte de raps de sucesso, tipo "Como vai seu mundo", sampleando e recriando no refrão o velho sucesso de **Gilson** nos anos 70, "Casinha branca": "Através das grades olhei pro céu azul / Um pássaro voava do norte pro sul / Me emocionei, pensei: como é lindo a liberdade / (...) Caindo, levantando, superando seu limite / Passo a passo na fé, na vontade, no apetite / Acredite, assim que é, vagabundo / Pergunte a si mesmo irmão / Como vai seu mundo?"

E as "manas" do rap feminino (e feminista) começavam finalmente a ter mais visibilidade, com **Flora Matos**, de Brasília, que vinha da década anterior ("Pretin", "Como faz", "Preta de quebrada"), as cariocas **Nega Gizza** (o competente álbum *Na humildade*, em 2002) e **Kmila CDD** (irmã de **MV Bill**) e as paulistas **Lurdez da Luz** (ex-**Mamelo Sound System**) ("Andei"), **Tássia Reis**, misturando rap, "MPB" e soul e jazz ("Meu rapjazz", "Se avexe não"), **Dani Nega** (com seu parceiro, o **DJ Craca**) ("Papo reto"), **Preta Rara**, de Santos, professora de história e ex-empregada doméstica, lutando contra a subalternalização da categoria (destacando a demolidora "Falsa abolição"), **Clara Lima** ("Sem medo de ser feliz") e especialmente com a paranaense **Karol Conká**, em nível mais nacional, numa ponte com a música pop, em hits como "Tombei" e "É o poder" ("Juiz de internet caga / Se espalhando feito peste"). Participante do *Big Brother Brasil* em 2021, rivalizou com **Projota** em rejeição do público por sua postura pouco "sister" com os coleguinhas confinados, perdendo milhares de "seguidores" nas redes sociais e contratos publicitários. A seguir, voltou com um documentário e um novo hit, "Dilúvio".[110]

Todas elas foram aparecendo mais para o final da década de 2010, quando ficou flagrante o crescimento vertiginoso do rap nativo, superando velhos preconceitos de gênero, inclusive entre os LGBTQI+, que lançou seu primeiro rapper assumido, o já referido **Rico Dalasam**, cujo primeiro single, "Aceite-C" foi lançado em 2014 e o primeiro álbum, *Orgunga*, dois anos depois. Alguns de seus hits foram "Fogo em mim" e o romântico "Braille" ("Fecha o olho / E me lê em braille").

O crescimento se refletiu na pluralidade de regiões que consagragram novos rappers. Chegaram na cena MCs como o cearense **Don L**, que formou o grupo **Costa a Costa** na década anterior, num som mais alegre e dançante, mas não menos corrosivo nas letras, com o hit "Costa Rica". De Brasília, veio o **Tribo da Periferia**, formado em 1998, estourado a partir de 2005, com "Carro de malandro", mesmo ano que começava o conterrâneo **Hungria Hip Hop**, na verdade Gustavo da Hungria Neves, emplacando do meio para o fim da década "Lembranças", "Não troco" e "Amor e fé". Os dois gravaram juntos a agridoce "Insônia" em 2014, que com o tempo virou uma das mais ouvidas de ambos na internet, enquanto **Hungria** chegava à virada dos anos 2020 acumulando hits como "Um pedido" e a **Tribo** com "Imprevisível" e "Nosso plano". Todos raps autorais.

Fechando a década, mais uma porção de nomes. O intenso pernambucano **Diomedes Chinaski** exorcizou sua história triste de vida num bairro violento de Recife em raps virulentos, e mais três MCs se impuseram com a bandeira do movimento negro, mas também com alguns raps românticos. O carioca Abele Bilkila, vulgo **BK**, foi um deles, com raps como "Caminhos" e "Planos". Outro foi o baiano Diogo Álvaro, o **Baco Exu do Blues**, que também surgiu via internet e em pouquíssimo tempo ganhou um público expressivo, com apresentações lotadas e hits na web entre 2017 e 2018, às vezes intercalando romantismo com angústias existenciais, como na faixa que o revelou, "Te amo *disgraça*", confirmado no álbum *QVVJFA?* [*Quantas vezes você já foi amado?*] (2022). Nesse meio-tempo, o videoclipe de seu "Bluesman", discutindo como o racismo é enraizado na cultura brasileira, conquistou o Grand Prix na categoria "Entertainment for music" do Cannes Lions 2019, o prêmio máximo do festival internacional de criatividade, considerado o mais importante do mercado publicitário do mundo.

Finalmente, Gustavo Marques, o **Djonga**, surgiu no circuito alternativo mineiro nos anos 2010, mas despontou com os álbuns *Heresia* (2017), *O menino que queria ser Deus* (2018) e *Ladrão* (2019), destacando-se, neste último, com a autoral "Leal". Do berço do hip-hop, São Paulo, ainda apareceu neste fim de década o enérgico **Edgar**, da região de Guarulhos. Ele se notabilizou no CD *Deus é mulher*, de **Elza Soares**, na faixa "Exú nas escolas", de 2018, mesmo ano de seu álbum de estreia, *Ultrassom*. Celebrizou-se por uma performance visceral no palco, não convencional, com figurinos mesclados à linguagem dos quadrinhos em seu rap caótico-eletrônico.

Em termos de sonoridade, uma novidade apareceu nos anos 2010. Trata-se do subgênero trap — em inglês, "armadilha da música", mas também uma gíria americana para "locais perigosos" —, misturando a batida do rap com música eletrônica e barulhos repetitivos, a vertente digamos mais pop do rap. O que falta em harmonia, sobra em melodia. Mal comparando, é como o funky melody estava para o funk carioca. Começou a se popularizar por aqui em 2012 com o clipe de "Harlem shake", do (americano) **DJ Bauuer**, influenciando artistas pop e produzindo fenômenos, como o trapper/compositor cearense criado durante alguns anos na Califórnia, **Matuê**, que se tornou o artista de trap mais ouvido do país, no nível dos funkeiros e "sertanejos", chegando a entrar em paradas mundiais do estilo, e ostentando apenas de 2016 a 2021 mais de 1 bilhão de visualizações no YouTube. Tudo isso graças a um som que mescla batidas climáticas de trap, auto-tune, refrões grudentos e letras algo hedonistas, como as autorais (algumas com parceiros) "Quer voar", "Anos luz", "Kenny G", "M4" e a faixa-título de seu primeiro álbum "Máquina do tempo".

Também são dignos de nota o coletivo paulista **Recayd Mob** ("Plaqtudum")[111] que começou na mesma época do colega. Vieram ainda **Kawe**,

Teto, **Sidoka**, **Jovem Dex**... e mais um batalhão bebendo nessas águas, como o carioca **Poze do Rodo**, lançado como o "Pitbull do Funk" em 2019 com "Tô voando alto", mas que enfileirou sucessos costurando o jeito de cantar do funk carioca (proibidão) com as novas batidas do trap, com direito inclusive a letras sexuais e a cultura da ostentação. Seus maiores hits já em seu novo estilo explodiram em 2021: "Vida louca" e "A cara do crime (Nós incomoda)"[112] — esta com participações de **Bielzin**, **PL Quest** e **MC Cabelinho**. Este último também participou na faixa "Montblanc" do EP de estreia — *ATG Tape* — do **MD Chefe**, rapper carioca de 21 anos egresso da comunidade do Fallet-Fogueteiro, em Santa Teresa, que até então já participava de batalhas de rimas com o nome de Madruginha. Convertido ao trap-funk, caiu no gosto do público com seu estilo de interpretação suave, cantando em tons muito graves, longe da agressividade que costuma marcar seu gênero de origem.

Foi uma das grandes revelações do trap em 2021, cujo EP com "Rei Lacoste", "Tiffany" e "Fragrância" ("Pelo cheiro do homem tu sabe o quanto ele é qualificado") foi um dos mais ouvidos do segmento. O dado pitoresco fica por conta de sua paixão por whisky — é um especialista na bebida. Autointitulado "favelado chique", o whisky se soma a joias, roupas de grife, carros importados e perfumes na preferência do trapper, renovando a apologia da "ostentação", já tão propalada no hip-hop internacional e no funk paulista, agora rebatizada de "lifestyle". Seu parceiro **DomLaike** em "Rei Lacoste" é um dos novos astros dessa mesma cena que revelou ainda **TZ da Coronel** ("Anota placa"), **Borges** ("Ak do Flamengo", com **Flacko**), **NGC Daddy** ("Bag de grife"), **BIN** ("Rolex") e **MC Maneirinho** ("Debochando da mídia").[113]

Mas, sem dúvida nenhuma, o grande impulsionador do rap nativo para fora do seu nicho tradicional de público, nessa virada de década, foi o fenômeno *Poesia acústica*, produzido pela gravadora Pineapple Store. Iniciado em 2017 e estourado durante a pandemia do coronavírus entre 2020 e o início de 2022, o projeto reuniu uma série de artistas jovens numa mesma faixa (de estilos diferentes de rap e eventualmente com participações de outros do "funk" e do pop), cuja duração podia ultrapassar dez minutos, isto numa sociedade em que o público de menos idade é cada vez mais imediatista e arisco para conteúdos longos. Pois o projeto chegou em suas primeiras onze edições a somar 2 bilhões de visualizações no YouTube e 1 bilhão de plays nas plataformas de música. E até onde se sabe, de forma orgânica, pois, diferentemente do "sertanejo", não tem recursos para investir nesse tipo de marketing. Algumas músicas podem, no máximo, ganhar um impulso graças a vídeos gaiatos com trechos das mesmas no TikTok — afinal, até mesmo a veterana funkeira **Deize Tigrona** viu seu hit "Sadomasoquista" acrescido do sampler de "S&M", da americana **Rihanna** voltar às paradas em 2021 graças a esta rede social.

Xamã ("Malvadão 3"), **L7NNON** ("Freio da blazer"), **Orochi** ("Amor de fim de noite"), **Cynthia Luz** ("Me negaram amor", em parceria com os **MC Davi, Gaab, Pedro Lotto** e **Paiva Prod**) e principalmente **Filipe Ret** ("Invicto") são alguns dos rappers cariocas impulsionados nesse "rolê" da *Poesia acústica*. **Filipe Ret** também abriu seu próprio selo, Tudubom, que vem se destacando, assim como Mainstreet, Medellin e 30PRAUM (este do trapper **Matuê**).

O fato das batalhas de rimas, em que dois rappers disputam improvisando versos, estarem no YouTube foi outro fator exponencial para popularizar o hip-hop para além do gueto, influenciando a própria linguagem do rap contemporâneo, cuja temática das letras incorpora temas também alheios ao movimento original do hip-hop, de conscientização política, inclusive da negritude, abusando de sexo, romance, ostentação e drogas. Isto já se refletiu no mundo real, de público presencial. No Rio de Janeiro, o REP Festival em sua terceira edição reuniu em fevereiro de 2022 mais de 80 mil pessoas que assistiram a mais de 60 shows e 50 DJs, todos nacionais.

Apesar de alguns novos expoentes continuarem com suas críticas contundentes ao sistema e levantando suas bandeiras, o pioneiro **Mano Brown**, dos **Racionais**, ao completar 47 de vida e 30 anos de carreira, em 2018, agora já falando com a imprensa, e ainda bastante atuante, gravando com muitos astros das novas gerações e lotando shows, dava a entender que o público-alvo dos seus raps politizados mudou. E, embora endossasse o trabalho de vários manos e minas para os quais abriu caminho, mostrava-se um tanto cético em relação aos novos tempos, explicando as mudanças ocorridas no país e na música. "Quando os **Racionais** surgiram, lutávamos para ter liberdade para falar, para ter espaços que não tínhamos. Passaram-se 30 anos e alguns fãs da banda se tornaram conservadores. (...) Nossos pensamentos já não batem mais. Não sou contra gay, contra punk, contra candomblé, como pessoas que eram fãs da banda demonstram ser."[114]

Quando começou, **Brown** sabia que havia muita gente em depressão nas periferias, sem vontade de viver, dentro de um barraco ou de uma cela de cadeia e seus *raps* traduziam essa realidade e procuravam denunciar o sistema que os engolia. "Com aquele discurso que tínhamos em 1990, hoje, os **Racionais** seriam engolidos pela periferia. Seriam rejeitados. Porque, depois de dois governos Lula e de um governo Dilma (Rousseff), mudou a mentalidade da periferia", diz, referindo-se à melhoria das condições de vida de boa parte desse estrato social durante esses governos — ainda que na fase Dilma o país tenha fracassado, especialmente nas áreas da economia e segurança e, enfrentando denúncias de corrupção e sabotagens, acabou sendo derrubado.

Logicamente, a periferia paulista nessa altura não era um todo homogêneo e ainda havia muitos que continuavam a consumir discursos mais inclusivos, porém, como o público do rap aumentou consideravelmente, virando um poderoso produto de mercado, tornou-se mais heterogêneo, perdendo um pouco da sua força como fenômeno de classe. Seus fãs apresentavam visões de mundo nem sempre fiéis aos ideais que o movimento propalava originalmente, motivando mesmo certos nichos de rap de direita radical que reproduziam discursos conservadores e autoritários, veiculados por "influenciadores de internet". O **MC Reaça** era um deles, que, ao se suicidar em 2019, aos 25 anos (após espancar uma mulher com quem mantinha um caso extraconjugal, logo levada a um hospital), ainda teve nota de pesar oficial do presidente Bolsonaro — ao contrário de **João Gilberto**, **Beth Carvalho**, **Moraes Moreira**, **Bibi Ferreira**, **Elza Soares** e outros baluartes da música e cultura nacionais que morreram durante seu governo.

Mano Brown criticava em 2018 esse Brasil periférico do fim da segunda década do século, cuja população mais carente foi acolhida por algumas ações vitoriosas de inclusão social e racial, porém desacompanhadas de uma conscientização política em si. "Hoje, a luta que as pessoas dizem ter é individual. Não vejo mais luta de classes. A luta é por conforto. A periferia está pedindo segurança, votando em polícia, se escondendo dentro de igreja e atrás de pastor, não assumindo a parte que lhe cabe. (...) Os discursos se misturaram. A extrema-esquerda, hoje, virou direita, de tão à esquerda que está. A gente vai ter de rever os conceitos. Você pega os pensadores do movimento (hip-hop): eles estão neutros. Porque, hoje, você é apedrejado (...) é linchado na internet, junto à opinião pública", diz ele, referindo-se à incrível polarização que ocorreu a partir de 2016, entre os que acreditavam em políticos mais progressistas, abertos às pautas sociais, e outros que acreditavam no radicalismo, na política armamentista e no "fim da corrupção", como se a mesma fosse exclusiva do partido que estava no poder, acabando por eleger Jair Bolsonaro no final daquele ano, um governo conservador, moralista e militarista — que negligenciou a Saúde, os movimentos ambientais, sociais e o próprio pensamento "racional", sabotando sistematicamente a Ciência, a Educação e a Cultura. Embora refutado pela maior parte do meio artístico, no meio musical, ganhou o apoio inicial (declarado) sobretudo dos jovens astros "sertanejos" e alguns expoentes do novo pagode e do funk paulista, ou seja, justamente figuras dos gêneros mais massivos ligados à música-padrão do entretenimento da década de 2010, então no topo das paradas.

A situação do negro (pobre), onipresente no discurso do rap, é algo que, segundo **Brown**, estava se transformando. "Vivi vários momentos e vi o Brasil muito mal. Já vi o negro neste país mal a ponto de alisar o cabelo, de clarear a pele, afinar o nariz. Mal a ponto de esconder onde morava, ter vergonha da mãe. A gente não vive mais isso. Hoje, o negro vive o orgulho, e o branco vive a vergonha do que fez. E muitas vezes as pessoas se confundem por isso." Outro ponto de divergência entre os ideais do velho discurso dos **Racionais** para o atual é que o consumismo e conforto acabaram virando a grande meta da população em ascensão social. "A geração atual é mimada, vive de computador, com seus telefones caros, tênis caros, roupas caras. Está preocupada com outras coisas, menos profundas. (...) A maioria quer iPhone, tênis, segurança, internet. Não é como nos anos 1990, quando faltava comida nas mesas. Hoje as pessoas estão obesas, estão comendo demais, consumindo e bebendo lixo, ouvindo lixo, assistindo lixo, curtindo lixo na internet, a vida dos outros, vida de celebridade. E deixam de lutar por si. Mudou o tempo."

"Até a música hoje é dispensável. Música, hoje, é para consumir, chapar, ficar louco e já era. Você pode falar: nem todos são assim. Mas vê os números. Grandes artistas, grandes pensadores estão sendo esquecidos, apagados, varridos do mapa", lamentava. Apesar de realista em relação à música massificada de então, via alguma luz no fim do túnel com parte da nova geração de artistas que vieram de sua mesma origem periférica. "A melhor fase do rap é agora. Os melhores letristas da música brasileira estão no rap. (...) É uma geração emergindo das trevas, do esquecimento, do abandono, do racismo. O inferno da vida de uma pessoa é o abandono. Essas pessoas estão emergindo do inferno, onde elas morreriam anônimas, como muitos morrem, sem reconhecimento, sem valor. A nova música popular brasileira são essas pessoas."

Acima de qualquer critério étnico, social ou sexual, o desafio dos artistas mais conscientes à beira de 2020 parecia estar na tentativa de vencer um sistema mercantilista cada vez mais hostil à sensibilidade. Ao longo de cinco séculos de história, a música brasileira construiu um legado de extrema diversidade que nesse momento se equilibrava entre a fragmentação em guetos consumidores dos mais variados estilos e a massificação em escala industrial do "sertanejo", "funk" (e seus derivativos), o novato "piseiro" e uma fatia bem razoável de "louvores" de doutrina evangélica. Vale, por isso, entender por que tudo isso aconteceu. Vamos ao epílogo.

Epílogo

Uma fase de transformações bruscas na produção, divulgação, consumo e do próprio conceito de "música" (2008-2022)

O Brasil chegou ao início dos anos 2020 vendo a consolidação de uma grande mudança no modo de produzir, divulgar e consumir música. Para começar, trocando drasticamente o suporte físico pelo consumo digital. O mercado fonográfico, que até meados da década anterior estava em crise, se reaqueceu, se equilibrando entre tecnologias de serviços *streaming* interativo de áudio, como Spotify, Deezer e Apple, que decolaram em 2017, remunerados principalmente por subscrições pagas, mas também por publicidade.[1] Segundo a IFPI — Federação Internacional da Indústria Fonográfica —, o país chegou a 2018 como o décimo mercado do mundo em música gravada. Apesar dos artistas independentes serem numerosos, economicamente falando já representavam algo em torno de 53,5% do mercado, considerando o Top 200 diário do Spotify. Em relação aos serviços de consumo digital, estima-se que 60% do catálogo disponibilizado até esse momento nessas plataformas ainda pertença às grandes gravadoras, pois elas inseriram ali boa parte de seu acervo criado em mais de um século.

No Brasil, as principais gravadoras se resumiram nos anos 2010 a quatro grandes corporações e, a partir de 2021, a apenas três multinacionais. A Sony Music (que já foi CBS/Columbia) incorporou a BMG (que já foi RCA Victor) em 2004; a Universal Music (ex-Sinter, CBD, Phonogram, Philips e

Polygram) em 2013 comprou a EMI Music (ex-Odeon, que por sua vez já havia adquirido o catálogo da Copacabana em 1992 e da Marcus Pereira na década anterior); a Warner Music (que adquiriu em 1994 o catálogo da Continental e Chantecler) e a nacional Som Livre (que incorporou a RGE em 2000, mas que em 2021 foi comprada pela Sony). Elas viraram as maiores potências do mercado.

Em função da crise que se abateu sobre essa indústria entre 2000 e 2015, reduziram de tamanho e desaceleraram grandes investimentos nos artistas, mudando seu tipo de negócio, atuando bastante como licenciadoras de fonogramas e distribuidoras de álbuns que já vinham prontos para eles (sem custo com sua produção, pagando apenas um percentual das vendas aos artistas-produtores). Por essa época, reformularam inclusive seu tipo de atividade. Não eram mais apenas empresas para gravar músicas. Criaram contratos "360" (em que investiam nos artistas, mas com participação percentual em tudo na carreira de seu contratado, como shows, direito de imagem em propagandas etc.). Isso a ajudou a reerguê-las. Quando o mercado voltou a se aquecer, a partir de 2015, a estratégia seguiu e suas receitas eram complementadas pelo consumo digital/*streaming* (daí a importância delas tentarem comprar cada vez mais catálogos de selos menores para fazer caixa), execução pública, sincronização (utilização de seu catálogo em campanhas e anúncios), "eventos proprietários" (festivais), além de associações com marcas em novos negócios. Neste momento, a multinacional do disco virou uma empresa de conteúdo, mídia e entretenimento, e com capacidade de negociar acordos mais rentáveis com as plataformas digitais.

O meio digital também facilitou a caça aos talentos. Até a virada do século, o artista era indicado por meio de alguém que trazia uma fita *demo* ou era a própria gravadora que ia ao seu show para conferir um burburinho que algum artista estava fazendo. Vinte anos depois, seus executivos já passaram a ficar ligados nas estatísticas do Spotify e em curadorias personalizadas. Antes, pegava-se o artista, aplicava-se nele toda uma direção artística criativa em torno de seu trabalho para então se gravar o disco. Depois, fazia-se o marketing e vendia-se o álbum, e ainda havia um suporte para a manutenção de sua imagem (incluindo figurinos, maquiagem etc.)

e muitas vezes até para a produção de seus shows de lançamento. Hoje, se ele der certo logo de cara, torna-se um bom presságio comercial, passando a ser visto também como uma marca a ser desenvolvida a curto e a longo prazos, podendo eventualmente trazer empresas que tenham o poder de viabilizar a execução de seu próprio trabalho. O tamanho do produto depende muito do aporte da empresa agregada.

A gravadora passou então a indicar para cada tipo de artista o que seria mais conveniente: se investir para estar em diversas *playlists* ou criar um videoclipe caprichado; se editar álbum, clipe, EP ou eventualmente até lançar um suporte físico, como CD e DVD — algo que ficou cada vez mais raro a partir de 2015 —, ou até LP, cujo revival vem abarcando um nicho de aficionados. A facilidade é que no mundo digital um erro é mais barato do que na época em que as mídias físicas predominavam. Se um *single* não der certo, faz-se outro. É diferente de gastar dinheiro com prensagem, material gráfico e distribuição em lojas de algo que não caiu bem no gosto do público. Mas também não significa que estourar um artista seja barato.

A diferença crucial para o século anterior é que, para os executivos de grandes corporações musicais, o artista passou a ser cada vez mais visto como um produto, um número para o mercado, que precisa ser rentável e de assimilação imediata. Entretanto, é um fenômeno mundial que não se pode culpar apenas as multinacionais do disco, empresários ou artistas, pois trata-se de uma engrenagem bastante complexa. No caso brasileiro, a virada de mesa das regiões mais interioranas do país em relação ao Sudeste que sempre reinou como "curador cultural" até poderia ser um dado positivo, porém, ao se fazer um levantamento das 100 músicas mais executadas no país a partir de 2008, é chocante observar a massificação progressiva do chamado sertanejo desde que seu formato "universitário" se sacramentou (por volta de 2004/2005). Em 2016, das 20 mais, 19 chegavam a ser desse gênero. Em 2019, tomando como exemplo uma semana do mês de abril no Top 10 do *streaming*, tivemos sete "sertanejos", dois funkeiros paulistas e um hit de Anitta.[2] É impossível acreditar que o Brasil inteiro só goste essencialmente de um estilo musical por mais sucesso que ele faça. Ainda que no passado a parada fosse baseada num outro tipo de gosto nem sempre totalmente fidedigno à preferência de tais regiões (e também tivesse sua dose de manipulação),[3] mesmo esse gosto abrangia estilos mais diversificados e jamais de uma maneira tão homogênea. Essa foi a tendência da segunda década do século XXI, uma parada massificada de hits quase sempre fabricados e de teor um tanto adolescente.

O novo sertanejo passou a seguir o velho esquema que associa gravadoras, meios de comunicação e empresariado, porém desenvolvendo uma indústria própria poderosa diretamente proporcional ao crescimento do PIB do "agronegócio", que tem até representação no Congresso Nacional e viu nesse gênero musical, agora mais pop e "jovem", um parceiro poderoso. Não só na veiculação de sua narrativa de poder, como na forma de atrair público às suas festas de agropecuária, tradicionais em cidades do interior, cujos artistas são o ponto alto entre as apresentações de produtos e exposições do segmento. Isto vem desde os anos 1990, quando o *boom* do country abriu espaço para a música "sertaneja" nesses locais como shows principais, antes restrita a palcos modestos. As grandes duplas dos 90 eram contratadas com cachês altíssimos, mas só nos anos 2000 é que as feiras passaram a ser negócio, transformando em produtos não apenas a música, mas também os artistas, alguns já pertencendo a agências que trabalhavam com várias delas e as vendiam como um pacote.

Nessa mesma época, a cidade de Goiânia, que também teve um *boom* de roqueiros entre 2002 e 2006, acumulou know-how e se firmou como o principal centro irradiador do "sertanejo", com grandes estúdios e produtoras, e sediando os principais festivais de música do país.[4] Se desde 1995 já havia o eclético Goiana Noise e depois o Bananada, na mesma linha, a partir deste momento, o sertanejo universitário e as tendências subsequentes do estilo eram priorizados no Caldas Country — criado em 2006 na vizinha Caldas Novas, onde também passaram a ser realizados o Verão Sertanejo (mais eclético) e muitas vezes o Festeja —, no Goiânia Rodeo Festival e principalmente no Villa Mix, desde 2011, que além das edições locais, já esteve até no Paraguai, tornando-se o maior evento de música "sertaneja" do Brasil. Isto sem falar em eventos de vaquejada e rodeios, como na tradicional Festa do Peão de Barretos (SP).

Além disso, muitos empresários do agronegócio passaram a investir em passes de cantor "sertanejo", como se fosse um mercado de ações. Em troca, ganhavam uma parte da receita arrecadada e o prazer de usufruir de perto um pouco do glamour do showbiz. O resultado disso é o pagamento muitas vezes do triplo do que uma multinacional do disco pagaria para tocar no rádio um artista de outro estilo musical. Em 2017, por exemplo, esses valores podiam chegar de 400 a 500 mil reais para que uma música estourasse nacionalmente numa ação de três meses.[5] Isso quando não compravam horários inteiros e, se calhar, o controle geral das próprias emissoras para facilitar ainda mais seus negócios — e até mesmo pagando jabá para não tocar as canções do gênero musical concorrente, a fim de se manterem mais facilmente sozinhos no ranking das mais tocadas. Num país em que as concessões de emissoras radiofônicas são públicas, trata-se de um caso de polícia que ninguém tem coragem de enfrentar.

No passado também havia "jabás", pagos especificamente aos programadores (e não aos donos de emissoras), nem sempre em dinheiro, mas em forma de agrados. A divulgação de um artista era completada com a distribuição de discos aos chamados "disc jockeys" das boates mais importantes do eixo Rio-São Paulo, pois muitos sucessos podiam ser fomentados diretamente do entretenimento noturno, e dali migrar para as próprias rádios, virando mania nacional. A conferência das músicas tocadas nas emissoras AM e FM de cada praça importante era feita inicialmente por funcionários de cada gravadora por meio de "rádio escuta". Eles anotavam, uma por uma, as músicas veiculadas das companhias de discos para as quais trabalhavam.

Somente em 1997 chegou ao Brasil a multinacional Crowley Broadcast Analysis, que unificou este trabalho de gravação e monitoração das nossas rádios. Criada em 2013, a Playax passou a complementá-lo decisivamente, contabilizando também as plataformas e redes virtuais e, mais para o final da década, virou uma espécie de bíblia do setor — o que explica o foco dos investidores num público cada vez mais jovem, preponderante no engajamento das novas mídias. É bom que se diga também que o Brasil, cujo alcance da maioria dos artistas é local, é um dos países mais viciados em redes sociais, a ponto de alguns astros e estrelas dos EUA, que têm fãs no mundo inteiro, no auge do sucesso terem números de seguidores semelhantes ou até menores nas redes sociais que alguns dos nossos.[6] Em relação ao "jabá", desde o final do século anterior, as negociações passaram a ser feitas diretamente com o financeiro das emissoras com emissão de nota fiscal — é como se você estivesse comprando espaço publicitário, daí a dificuldade de fiscalização e punição dessa prática.

A partir principalmente dos anos 2010, boa parte do dinheiro de divulgação passou a ser investido em clipes bem produzidos e toda a cadeia virtual por onde serão veiculados, além de, no caso dos artistas mais massificados do "sertanejo" e dos cabeças de área de outros gêneros extremamente populares, também escoado numa incrível estrutura de som, iluminação e cenários para seus *megashows*. A propósito, outro mercado em ascensão, o do "funk", investiu mais pesado em produções no YouTube, com canais de público cativo, como o paulista Kondzilla, que virou um dos três mais vistos do mundo, atraindo poderosos parceiros comerciais. O corte de palavrões, armas e alguns "excessos" nos seus vídeos em 2016 fez com que em três anos o canal atingisse a cifra de 50 milhões de inscritos, ou seja, 42% de todos os usuários de YouTube no Brasil, 24% de nossa população inteira ou 100% da de qualquer país da América do Sul e também Canadá.[7] Seis anos depois, já alcançava 65,5 milhões contra 37 da vice-colocada, a GR6 Explode, ambas também produzindo clipes de artistas do "funk" de outros estados. Fato é que, ao menos em termos de audiovisual, o "funk" já supera o "sertanejo" desde esse tempo e a parada de sucessos de 2021 e início de 2022 indicava que ele e o então novato "piseiro" juntos já começavam a disputar com a hegemonia "sertaneja".

Sem empresários com muito dinheiro para investir, fica difícil estourar um hit em nível nacional que chegue a todas as idades e classes sociais — algo que até a década de 1980 era comum, pois as gravadoras faziam esse papel e tinham um elenco mais diversificado, apesar de todos os seus pecados (que não eram poucos, como o de serem muitas vezes impositivos em relação às escolhas de repertório de seus elencos). Entraram em ação também as "fábricas de hits" — que já existiam nos EUA desde os anos

1970, chegaram ao mundo do samba-enredo nos anos 2000 — mas que agora se sofisticaram. Grupos que produzem diariamente canções baseadas em fórmulas, sobretudo ao segmento "sertanejo", e as enviam aos artistas por WhatsApp. Além de ganharem os *royalties* autorais após serem gravadas, os autores cobram um preço alto pela exclusividade da canção.

O brasileiro neste momento passou a ouvir música basicamente no celular pelas plataformas de *streaming* ou por *playlists* postadas no YouTube. A lista das 50 mais tocadas — e sobretudo as 10 mais — do Spotify funciona como clímax comercial na Bolsa de Valores dessa nova indústria e as gravadoras se matam para estar com seus artistas nesse "chart".[8] Se um novo artista/produto não bater essa meta logo no ano de seu lançamento, passa a não interessar mais, pois já faz tempo que as gravadoras investiam num talento a longo prazo, como fizeram com diversos nomes da "MPB". Além disso, quando renovam seus acordos com as plataformas a cada dois anos, elas ganham adiantamentos que são dados pelo valor de mercado que têm. Menos artistas no "chart", menos dinheiro em caixa.

Quando o artista consegue estar entre os 50 mais ouvidos de um Spotify, as rádios não podem mais ignorá-lo, daí que a estrutura de jabás também impera entre os donos das *playlists* importantes (e perfis com grande número de seguidores na plataforma), bem como nas empresas que criam robôs para aumentar as visualizações de seus contratados nos canais de vídeo, nas plataformas de *streaming*[9] e mídias sociais. Mesmo com toda a mudança na forma de ouvir música, o rádio ainda é um veículo fundamental para um artista que pretenda estourar um hit em nível nacional. E está cada vez mais caro.

Por que se chegou a este ponto? Podemos especular algumas causas, como a economia neoliberal, que visa apenas o lucro em primeiro lugar; e o advento da globalização como nunca antes visto, trazendo via internet em tempo real, todos os modismos da poderosa indústria musical anglo-americana. Isto somado a uma cultura mundial de valorização de subcelebridades e, sobretudo no Brasil, de negação da intelectualidade, avessa a qualquer fagulha de sofisticação — a não ser no quesito tecnológico. Finalmente, há de se considerar que não houve nos últimos anos políticas públicas eficientes para o setor cultural e de comunicação que pudessem evitar a massificação irrestrita de dois ou três gêneros, ajudando a promover a diversidade, ainda mais num país como o Brasil tão extenso e com culturas locais — e músicas locais — tão particulares.

Já foi o tempo em que as mídias tradicionais — rádio, TV e imprensa escrita — eram as únicas peças-chave no sucesso de um artista da música. O papel (eternamente maldito, muitas vezes equivocado, mas em outras pertinente) do crítico musical também perdeu bastante sua relevância frente às opiniões dos consumidores postadas nas redes sociais em tempo real e aos chamados "influenciadores digitais", sem compromisso com qualquer critério artístico, legislando puramente em torno de seu senso comum. A nova crítica confunde curadoria com tietagem e precariedade. É uma conjuntura em que a música propriamente dita tem menos relevância que o lado de culto à "celebridade", conjugado ao aspecto estético-comercial envolvido no trabalho, especialmente quando há em jogo um videoclipe.

No caso da onipresença do "sertanejo" nas últimas décadas, este conquistou grande aceitação pelo público jovem urbano, pois soube misturar outros ritmos ultrapopulares sem temer a concorrência (e se aliar aos artistas dos mesmos em inúmeros duetos ou trios) para aumentar seu predomínio no país, e ao uso de todos os artifícios possíveis na produção de melodias e letras que pudessem chegar mais facilmente a seu público alvo. Este supermercado "atacadão" de novos estilos massificados (e, não nos enganemos, mesmo dos mais bem-sucedidos da cena alternativa) não se orienta mais por razões meramente artístico-musicais. Hoje não interessa só a música, mas a festa, o show e a economia simbólica gerada por eles. Isto inclui uma boa manipulação das novas tecnologias, inclusive as de comunicação, como as redes sociais, uma flexibilização autoral e, como já foi dito, muito investimento financeiro. No caso da cena alternativa, com menos volume de capital investido, o apelo sexual do artista e/ou do videoclipe, "meme" no TikTok e algum tipo de engajamento numa pauta identitária (de raça, sexo ou gênero) dentro de seu segmento tornou-se fundamental.

A produção musical contemporânea reflete os novos valores da juventude brasileira com tudo que há de positivo e negativo, potencializados por uma lógica cada vez mais imediatista do livre mercado. Só para ficar no novo sertanejo, no forró eletrônico e no "funk", conforme já vêm estudando alguns críticos e historiadores, isto significa o discurso de exaltação da ostentação, do sexo como conquista, não amor, e da individualidade em oposição ao valor comunitário.[10] Alguns estilos musicais acabam ficando em baixa por parecerem mais difíceis ao empresariado de associar seus produtos a essa juventude consumista. A "MPB" na última década, praticamente, só teve apoio de empresas como Natura e Nívea, e em termos de shows, do Sistema S, além de palcos célebres, como Circo Voador e Fundição Progresso, no Rio de Janeiro, e alguns esporádicos centros culturais pelo país. E o samba, de marcas de cerveja, que, entretanto, no carnaval acabam mais por atrapalhar do que por estimular essa cultura, com sua propaganda ostensiva por toda parte e vendedores ambulantes impelidos a empurrar seus isopores com bebidas aos foliões a todo custo nos blocos. Isto para não falar no vexame da folia carioca de 2022, durante os desfiles das escolas de samba, quando o som altíssimo de seus camarotes patrocinados atrapalharam agremiações e até os jurados do evento.

A padronização

Com raras exceções, embora competente e muitas das vezes bem produzida e executada, a nossa música em si se rendeu às artimanhas do pop globalizado, seja na hiperssexualização dos videoclipes, na impostação vocal e tonalidade puxando para as notas agudas, com exibicionismo vocal dos cantores (não raro com inflexões e melismas típicos do soul/gospel/r&b, difundidos também em programas de calouros estilo *The Voice Brasil*) e até mesmo nos temas abordados, geralmente, mais superficiais, o que já ocorria há várias décadas nas letras do pop de lá, e que passou a imperar progressivamente por aqui também, seja no pop romântico e dançante, "sertanejo", pagode, forró eletrônico, "brega" ou no mercado religioso evangélico. A exceção, em termos rítmicos, fica por conta do "funk", que conseguiu criar uma música eletrônica com uma cara própria, e do hip-hop nativo, cujas letras costumam versar sobre política e comportamento periférico, ainda que muitas vezes sua estética e performance sejam inspiradas em astros e estrelas do similar norte-americano. Fora isso, restam jovens artistas da cena "MPB" e pop indie, que tentam reinventar nossas tradições musicais, misturando-as às referências estrangeiras, fugindo à mera cópia, ainda que muitos também não escapem da padronização às avessas, tentando repetir velhos chavões da incrível geração que se revelou pós-Era dos Festivais, nos anos 60 e 70, ou na esteira de artistas conceitualmente pops e *cool*, como **Marisa Monte**.

Essa padronização e "cópia", sobretudo do modelo internacional, não têm se dado apenas nos quesitos gravação e videoclipe, mas na concepção estética dos shows que os artistas dos mais variados gêneros musicais em voga vêm ostentando. Todos muito semelhantes entre si — do cenário ao jogo de luzes e ao som potente —, criando um homogêneo ambiente festivo, de forte impacto visual. Isso se dá porque o poder financeiro de certos gêneros musicais que tem recursos para "comprar" uma alta tecnologia estrangeira, o faz de forma a se inserir num contexto globalizado-internacional, sem se preocupar com uma marca autoral, muito menos com uma suposta originalidade veiculada a seu país de origem. Assim, alguns mega festivais "sertanejos", estilo VillaMix ou Festeja, lembram os palcos com a estética *kitsch* megalomaníaca do Festival Tomorrowland, de música eletrônica, realizado em cidades da Bélgica e França.

Da mesma forma, é flagrante no show das bandas de pagode **Revelação** (*360º ao vivo*, 2012) e **Sorriso Maroto** (*15 anos*, 2012), que viraram DVDs, uma estética visual um tanto semelhante à *360º Tour* da banda irlandesa **U2** (2009/2011), deixando para trás a estética do "fundo de quintal à sombra da tamarineira" ou dos pagodes de mesa de botequim. Igualmente, **Chitãozinho & Xororó** importaram a tecnologia dos mega shows da música country americana para conseguir entrar pela porta da frente nas arenas dos grandes rodeios, e o conjunto de forró **Mastruz com Leite** teve de inventar um som mais pop e industrial para fazer frente à potência de mercado da axé-music, que, curiosamente, antes de derrocar, foi um de nossos raros gêneros que ainda conseguiram aliar identidade brasileira e certa originalidade, sem se apegar excessivamente à tradição ou virar um mero arremedo do pop internacional. Além disso, **Bruno & Marrone**, **Fernando & Sorocaba** e outros "sertanejos" se apropriaram da estética *Acústico MTV*, chegando em muitos casos a uma sonoridade próxima a de roqueiros como os **Titãs**.

O astro "sertanejo" **Luan Santana** chegou ao fim da década de 2010 num invólucro cada vez mais próximo do ícone pop **Justin Bieber**, incluindo até mesmo remixes (!) de algumas de suas faixas, algo impensável no tempo que o sertanejo se pautava pelas modas de viola. Para se afirmar fora do gueto do funk carioca, **Anitta** lançou mão da dança do *styletto* e da postura "empoderada" de palco popularizadas por **Beyoncé**. Soma-se a isso a contratação dos *personal stylists* que cuidam das imagens dos artistas de todos os estilos musicais, deixando-os em dia com as "tendências" da moda planetária e... muito parecidos. Não que o resultado disso seja de todo negativo, mas a padronização que se proliferou no *showbusiness* uniformizou todos os gêneros de sucesso, deixando tudo, não raro, com a mesma cara e o mesmo apelo sonoro, típicos da linha de montagem fabril. Um artista de pagode, do forró eletrônico, do axé, do "sertanejo", do "funk" ou do pop dançante muitas vezes se veste e canta do mesmo jeito, tem estruturas de show de apelo semelhante e discursos nas letras (e até nas entrevistas) igualmente muito similares.

Desde o final do século XX, fica nítida a tendência da música popular a se alinhar cada vez mais ao entretenimento e desprezar progressivamente um som que exija uma dose maior de concentração, conhecimento técnico e harmônico mais aprofundado dos músicos, nuances interpretativas, estilo próprio ou poesia mais depurada nas letras — com a exceção, neste último caso, como já foi dito, dos artistas da cena hip-hop. As exceções, claro, existem em todos os estilos, mas apenas para confirmar a regra. Prevaleceu cada vez mais em praticamente todas as cenas musicais importantes do país três elementos: o ritmo; a imagem progressivamente copiada do padrão pop internacional — seja nos figurinos, no estilo de *performance*, de apresentações e videoclipes — e as sensações — de curtir a música e os shows dos artistas mais como um evento. É mais importante filmar, fotografar, dividir o tempo com o celular ou conversando, pulando ou bebendo muito, do que atento, concentrado, ou numa catarse coletiva puramente em função da música. Foi-se o tempo em que o artista brasileiro só podia contar com um palco "liso", com poucos recursos, uma luz branca "de serviço" e no máximo algumas gelatinas para variar as cores nos refletores. Era uma época em que ele precisava realmente se garantir basicamente na sua voz, seu instrumento (se tocasse) e seu carisma junto ao público.

Essa hiperatividade do público em relação a outros fatores que não a música vem se dando de maneira agressiva e exagerada, mesmo em apresentações nas quais o entretenimento é a tônica. Só para ficar num exemplo, em fevereiro de 2017, numa divertida *performance* do **BaianaSystem** no Museu do Ritmo, em Salvador, seu vocalista **Russo Passapusso** precisou implorar à plateia que parasse de filmar com seus celulares e participasse efetivamente das coreografias por ele comandadas. É também cada vez mais comum o show de um artista massificado estar embutido num ingresso de um evento maior, uma festa, em que a pessoa vai passar não uma hora e meia, mas até oito horas, garantindo sua diversão num dia ou numa noite inteiros.

Aliás, o número de shows por artista em cada praça também mudou. Se até os anos 1990, um mesmo artista ficava em temporada por semanas e às vezes meses num mesmo palco, a partir da década seguinte, ele passou a se limitar na maioria das vezes a uma apresentação ou no máximo duas por cidade. E isto não importava se ele fosse de pequeno, médio ou grande apelo popular. Com raras exceções, se você perdesse o espetáculo dele naquele dia e fosse um grande sucesso, era preciso esperar que no final daquela turnê ele voltasse para mais... uma única e nova apresentação.

Um modelo ainda desigual

Obviamente, a internet abriu um mercado independente de possibilidades infinitas, dando chance a artistas — inclusive das periferias e de comportamentos fora dos padrões normativos dominantes (de sexualidade, gênero, raça etc.) — de se expressarem ou se lançarem. Alguns conseguiram formar seus nichos de público, suas bolhas, apresentando-se e pagando suas contas com esse público, e nem fazem questão de terem sucessos na boca do povo em nível hegemônico, ou seja, de chegarem ao *mainstream*. A maioria, entretanto, sofre para conseguir bancar seus próprios álbuns, suas próprias bandas, os ensaios, a divulgação e a parte estética de seus trabalhos, pois tudo custa dinheiro, especialmente, se optarem por gêneros fora do padrão musical e da estrutura industrial dominante. Por isso, dificilmente ouvirão suas músicas dentro de um Uber, de um shopping, um aeroporto ou um grande restaurante.

Se o mercado independente começou o século se autogerenciando nos canais de música My Space e Soundcloud, caminhou nesta última década alinhado inexoravelmente à imagem, sendo substituído por outros de vídeo, como YouTube e VEVO, sendo o videoclipe uma peça fundamental de divulgação a qualquer artista — dos gêneros massificados aos alternativos — e cuja promoção se dá pelas redes sociais Facebook, Instagram, Twitter e TikTok. Entretanto, com 30 a 40 mil fonogramas por dia subidos nas plataformas digitais, dificilmente um tipo de música menos pop, de um artista mais comprometido com outros valores — mais musicais e menos "comportamento" ou do puro entretenimento, ou até de engajamento musical mais politizado, para além das pautas identitárias — consegue "viralizar" minimamente suas produções. E é bom lembrar que a estrutura da internet a partir de fins dos anos 2010 passou a ser totalmente diferente da praticada em seu início, à época sim, bem mais democrática. Os algoritmos mudaram para pior e cada vez mais se fez necessário investimento financeiro para que as "viralizações", inclusive musicais, acontecessem.

E mesmo um vídeo bem visto no YouTube não resolve a vida financeira de seu artista e nem é garantia de que o mesmo terá a partir de então uma carreira regular. O sucesso também é cada vez mais efêmero. Um nome se manter por uma década inteira é mais do que nunca um grande feito no mundo contemporâneo. E quanto mais o artista se ligar aos ritmos tradicionais brasileiros, mais difícil se torna a sua absorção (inclusive nos videoclipes), pois aí ele esbarra em outro problema: a desvalorização da imensa e diversa cultura brasileira — e isto nada tem a ver com nacionalismo, mas com o fato de termos algo diferente e forte que por acaso só existe em nosso território — e da própria intelectualidade do país. Ocorre então uma curiosa inversão de valores, não só apontando para o apreço excessivo ao padrão pop internacional em nossas produções (mesmo em titmos considerados nacionais), como para a supremacia do "brega" nativo, que, apesar de rico, interessante e também fazer parte de nossa cultura, se incutiu de forma nunca antes vista em todos os estilos musicais, virando inclusive também um gênero à parte, assumido, no Nordeste.

O "brega", leia-se música romântica de sentimentalismo exacerbado, com letra direta, sem grandes compromissos com a linguagem poética culta (às vezes propositalmente caricata, mas nem sempre) e harmonia simples, foi outrora combatido, mas virou dominante até em trabalhos mais cult, o que é positivo, pois é uma cultura legítima e não exclui o gosto do povo que o consome, que sempre foi grande e hoje não para de crescer, pois não há mais patrulhamentos estéticos nesse sentido. Porém, curiosamente, hoje se dá praticamente o inverso. Um preconceito ou a desvalorização de uma música que exija outro tipo de sensibilidade, letras com figuras de linguagem mais elaboradas ou mensagens que visem a reflexão de temas mais profundos ou que se baseie em outros elementos da cultura musical brasileira e planetária, que não apenas a estética hiperbolicamente sentimental (e sexual) — legítima ou paródica. Não raro esse tipo de música/cultura é chamada de "elitista".

Não há hoje qualquer estímulo do mercado à utilização de uma linguagem harmônica e poética mais acurada, difundida em paralelo às canções "bregas", como aconteceu dos anos 1930 aos 80, em que ambas as correntes tinham sucesso e vendiam discos. O problema é que essa outra estética necessita de mais tempo para ser assimilada. E para lucrar mais, os empresários e toda a cadeia produtiva do setor musical preferem se alinhar à velocidade da vida cotidiana contemporânea. O discurso tem que ser rápido, direto e focar preferencialmente no jovem hiperativo com a mão sempre ao alcance de uma tecla que possa, à menor faísca de desinteresse, mudar para outra canção ou vídeo de maior apelo visual/sensorial e, não raro, como já foi dito, sexual.

Então, como é que um choro de harmonia sinuosa, uma roda de partido alto com rimas ricas, uma toada de boi, um xaxado bem marcado, uma música de orquestra ou uma canção politizada com versos incômodos, ainda mais se for em ritmos fora do padrão pop, vão interessar ao sistema? Ou mesmo esses ritmos mesclados a sons pops, eletrônicos e elementos jazzísticos, como vem acontecendo na cena brasileira em diversas partes do mundo? Como competir com clipes de jovens com pouca roupa envoltos em ritmos e assuntos que falam diretamente aos pré-adolescentes e adolescentes em si na nova aldeia global — já que são eles que majoritariamente dão logo de cara os cliques mágicos para viralizar as novidades musicais, sem que haja investimento em outros estímulos paralelos? Será que mesmo o hip-hop consciente, mais politizado, chegará ao topo da parada nacional no país ou terá que apelar a assuntos mais palatáveis?

É lógico que cada época tem seu modismo e o mundo está em constante mudança. Contudo, se não há uma cultura em que se estimule a apreciação de outros tipos de som que reciclem a nossa própria memória musical, é muito difícil que o consumidor, sobretudo o jovem criado com referências cada vez mais escassas de nossa pluralidade cultural, vença o apelo fácil dos vídeos e canções sugeridos pelos algoritmos das plataformas digitais, que monopolizam o mercado.

Não se trata de uma campanha contra os modismos contemporâneos, mas de aventar a possibilidade de uma convivência um pouco mais sadia com a cultura musical absurdamente rica do Brasil, uma particularidade que raríssimos países conseguiram criar, e que muitos artistas ainda teimam em fazer, mas que pode sucumbir, caso o consumo se paute exclusivamente pela lógica globalizada e capitalista do mercado. Temos a nosso favor o fato de sermos, no mundo, o país que mais ouve a própria música, dentre todos os outros, e que as canções que chegam ao topo das paradas aqui tendem a não aparecer na dos outros países — segundo levantamento com base nos hits do Spotify, publicado pelo DeltaFolha, em outubro de 2019.[11] Ou seja, mesmo ouvindo uma música sem tanta diversificação e muitas vezes difundida numa estrutura comercial perversa, o brasileiro gosta mesmo é de consumir o próprio cancioneiro, na sua língua pátria, sendo esta uma potência no campo de nossa história musical que se mantém inalterada em relação ao século XX.

Porém, chegamos ao início da terceira década deste novo século decretando uma certa falência de uma "parada de sucessos" mais fidedigna. Tudo ficou tão descartável e focado na figura dos artistas e suas redes sociais que se tornou difícil listar com clareza os melhores álbuns ou *singles* digitais no ranking das mais expressivas do ano — as canções são lançadas, têm em média uma semana de vida útil e somem com a mesma rapidez. Como bem definiu reportagem de Thales de Menezes, na *Folha de S. Paulo*, "o artista que lota shows não é obrigatoriamente aquele que tem mais canções nas infinitas *playlists* dos *smartphones*. Quem tem os clipes mais assistidos no YouTube pode não conseguir o mesmo desempenho em mídias mais antigas que preservam sua funcionalidade, como as rádios, alternativa de consumo musical ainda forte fora das grandes cidades". E vai além: "o kit de exposição do artista engloba número de seguidores, fotos na rede, declarações calculadamente controvertidas, presença em eventos e shows — este sendo o único item que ainda se relaciona com a música que o artista produz".[12] Como já foi dito, a música em si para o mercado do entretenimento é cada vez mais um detalhe.

Realidade paralela

A partir dos anos 1990, entretanto, com toda a massificação da música-entretenimento, houve uma realidade paralela. Era possível viver um outro Brasil dentro do Brasil. Bastava ter a paciência de pesquisar e descobrir centenas de artistas com pouca visibilidade que vêm insistindo em cunhar um trabalho longe da padronização desses modismos, sem passar pelo filtro das velhas gravadoras ou dos novos ditadores do som. Inclusive também de jovens periféricos que gostam de sons para além daqueles que lhes são sempre atribuídos como únicas opções hegemônicas.

Esta obra em dois volumes é uma tentativa de mostrar o quão inventivo e produtivo tem sido o brasileiro nesses mais de cinco séculos de história musical, mesmo com as eventuais armadilhas do mercado, e de facilitar a busca de referências interessantes sobre o nosso passado musical. Se a grande vitória do mundo digital foi a democratização da distribuição, o fim da limitação do "metro quadrado físico", incluindo a liberdade irrestrita de criação e veiculação, agora o limite é a atenção do novo consumidor, pois existe mais oferta que demanda. Como a internet é ao mesmo tempo generosa e perversa com os artistas e conosco, enquanto não há uma reviravolta na estrutura de consumo de música na sociedade contemporânea, o único jeito de se ter uma visão mais rica e diversa do que vem sendo produzido no país (e no mundo) é cada um virar pesquisador, sair em busca da *playlist* perfeita e compartilhá-la com o maior número possível de amigos, criando uma rede paralela de divulgação. Sendo assim, mãos à obra, pois o trabalho é duro!

Notas

1. A "MPB" *SENSUALIZA* E CRUZA COM O POP, O SOUL E O ROCK (1978-1985)

1. ALEXANDRE, Ricardo. *Dias de luta: O rock e o Brasil dos anos 80*. 2. ed. Porto Alegre: Arquipélago Editorial, 2002, p. 40.
2. MARTINS, Franklin. *Quem foi que inventou o Brasil? Volume II — de 1964 a 1985*. Rio de Janeiro: Nova Fronteira, 2012, p. 218.
3. Ibidem, p. 220.
4. Todas da dupla Rita/Roberto (inclusive as do parágrafo seguinte), exceto "Baila comigo" e "Doce vampiro", só de Rita Lee.
5. O título original da canção de Jorge Ben é "Curumim chama Cunhatã que eu vou contar".
6. Compositores: "Lá vem o Brasil descendo a ladeira" (com Pepeu Gomes), "Forró do ABC" (com Patinhas); "Meninas do Brasil", "Coisa acesa", "Pão e poesia", "Bloco do prazer" e "Santa Fé" (com Fausto Nilo); "Grito de guerra" (com Toni Costa/Antonio Risério); "Festa do interior" (com Abel Silva); "Vida, vida" (com Zeca Barreto/Guilherme Maia); "Promessas demais" (com Zeca Barreto/Paulo Leminski), "Olhar de cobra" (com Antonio Risério).
7. Composições "Pegando fogo" e "Onde está o dinheiro", ambas de Francisco Mattoso/José Maria de Abreu, a última também com Paulo Barbosa.
8. Compositores: "Pequenino cão" (Caio Silvio), "Um desejo só não basta" (Francisco Casaverde) e "Você é real" (Piska) — as três com letra de Fausto Nilo; "Amor no coração" (Almir de Araújo/Balinha/Marquinho Lessa/Hércules Corrêa/Carlinhos de Pilares).
9. SEVERIANO, Jairo e MELLO, Zuza Homem de. *A canção no tempo*. v. 2. São Paulo: 34, 1998, p. 279.
10. Compositores: "Clarear" (Octávio Burnier/Mariozinho Rocha), "Bem simples" (Ricardo Feghali/Mariozinho Rocha), "Canção de verão" (Luiz Guedes/Thomas Roth),

"Sapato velho" (Mu/Cláudio Nucci/Paulinho Tapajós), "Anjo" (Renato Corrêa/Dalto/Cláudio Rabello), "Whisky a go-go" (Michael Sullivan/Paulo Massadas), "Dona" (Sá/Guarabyra), "Seguindo no trem azul" (Cleberson Horsth/Ronaldo Bastos), "Sonho" (Serginho/Nando) e, a partir de "Linda demais" (Kiko/Tavinho Paes).

11. ALEXANDRE, Ricardo. *Dias de luta: O rock e o Brasil dos anos 80*. 2. ed. Porto Alegre: Arquipélago Editorial, 2002, p. 23.
12. Compositores de canções ainda não citadas: "Banho de cheiro" (Carlos Fernando), "Tô que tô" (Kleiton/Kledir), "Brincar de viver" (Guilherme Arantes/Jon Lucien) e composições de Robson Jorge e Lincoln Olivetti: "Eva" (com Ronaldo), "Aleluia" e "Babilônia rock" (com Guto Graça Mello e Naïla Skorpio).
13. SEVERIANO, Jairo e MELLO, Zuza Homem de. *A canção no tempo*. v. 2. São Paulo: 34, 1998, p. 302-303.
14. CASSOLI, Camilo, AGUIAR, Luiz Antonio e AGUIAR, Rodrigo (concepção). *Frevo, 100 anos de folia*. São Paulo: Timbro 2007, p. 56.
15. Ibidem, p. 59
16. Ibidem, p. 59.
17. Compositores: "Pagã" (Javier Losada/María R. Ovelar/Ernesto Baquero — v: Patrycia Travassos), "Amor de matar" (Roberto Mendes/Jorge Portugal) e "Dança do amor" (João Donato/Moraes Moreira).
18. Foi com essa nomenclatura que a dupla se fixou na maior parte de sua carreira.
19. Compositores: "Senta aqui (Sientate)" (José Luis Perales — v: Fábio Júnior/Roberto Halbouti).
20. SEVERIANO, Jairo e MELLO, Zuza Homem de. *A canção no tempo*. v. 2. São Paulo: 34, 1998, p. 297.
21. Após uma carreira solo de sucesso relativo na segunda metade da década, Evandro voltaria anos depois com a Blitz com outras formações.
22. Compositores: "Mais uma de amor" (Ricardo Barreto/Antônio Pedro/Bernardo Vilhena), "O romance da universitária otária" (Evandro Mesquita), "Weekend" (Evandro/R. Barreto), "Betty Frígida" (Patrycia Travassos/Antônio Pedro/R. Barreto/E. Mesquita), "A dois passos do paraíso" (Evandro/R. Barreto) e "Egotrip" (Evandro/A. Pedro/ R. Barreto/P. Travassos).
23. Compositores: "Garota dourada" (Wander Taffo/Lee Marcucci/Nelson Motta), "Dentro do coração" (Taffo/Marcucci/Willye), "Sanduíche de coração" (Taffo/Marcucci), "Um amor de verão" (Taffo/Marcucci/Cláudio Rabello) e "Eva" (Giancarlo Bigazzi/Umberto Tozzi — adapt: Marcos Ficarelli).
24. ALEXANDRE, Ricardo. *Dias de luta: O rock e o Brasil dos anos 80*. 2. ed. Porto Alegre: Arquipélago Editorial, 2002, p. 93.

25. Compositores: “Sou boy” (Aguinaldo/Gaz) e “Tic-tic nervoso” (Antônio Luiz/ Marcos Serra).
26. Compositores: “Mamma Maria” (C. Minellono/D. Farina — v: Kamargus [Paulinho Camargo]) e “Meu ursinho blau-blau” (Sérgio Diamante/Paulo Massadas).
27. Compositores: “Por que não eu” e “Educação sentimental II (ambas de Leoni/P. Toller/ Herbert Vianna), “Nada tanto assim” (Leoni/Bruno Fortunato), “Alice” (Leoni/P. Toller/B. Fortunato), “Fixação” (Leoni/Beni/Paula Toller), “Lágrimas e chuva” (Leoni/Fortunato/George Israel), “Os outros” (Leoni) e “Garotos” (Leoni/P. Toller).
28. ALEXANDRE, Ricardo. *Dias de luta: O rock e o Brasil dos anos 80*. 2. ed. Porto Alegre: Arquipélago Editorial, 2002, p.155.
29. Todas as canções citadas são de Herbert Vianna, sendo “Romance ideal” dele com Martim Cardoso.
30. Compositores: “Eh! Oh!” (Cícero Pestena/Ricardo Zimetbaum); “Serão extra” (Ricardo Zimetbaum); “Tudo pode mudar” (Joe/Ronaldo Santos), “Beat acelerado” e “Johnny Love” (ambas de Vicente França/Yann/Alec).
31. Compositores: “Sonífera ilha” (Tony Bellotto/Carlos Barmak/Ciro Pessoa/ Branco Mello/Marcelo Fromer), “Insensível” (Sérgio Britto) e “Televisão” (Arnaldo Antunes/M. Fromer/T. Bellotto).
32. A diretora de Censura, Solange Hernandez.
33. Compositores: “Tédio” e “No mundo da lua” (ambas de Bruno Gouveia/Sheik/ Miguel/Álvaro) e “Timidez” (dos quatro citados e Coelho).
34. Compositores: “Pronta pra estudar” (Newton Rangel), “Náufragos do amor” (Cecelo/ Nelson Motta), “Choveu no meu chip” (Guilherme Jardim/Luciana Araújo/Manfredo), “Não me iluda” (Fábio Fonseca/Polaca), “Mais que um sonhador” (Rogério Rego/Wagner Gomes), “Emoções baratas” (Rodrigo/Sérgio/Paulo) e “Ligeiramente grávida” (Cláudio Barreto).
35. Compositores: “Humanos” (Andrés/Supla/Bidi), “Mão direita” (Bidi/Supla/Rocco/ Rogério Naccache/Dagomir), “Garota de Berlim” (Rodrigo Andrade), “Romântica” (Supla/Bidi/Marcelo Z); “Bete morreu” (Marcelo Nova/Robério Santana), “Negue” (Adelino Moreira/Enzo de Almeida Passos) e “Eu não matei Joana D’Arc” (Marcelo Nova/Gustavo Mullen).
36. ESSINGER, Silvio. *Punk: Anarquia planetária e a cena brasileira*. São Paulo: 34, 1999, p. 115.
37. Ibidem, p. 100.
38. Ibidem, p. 108.
39. A loja Wop Bop ficava na rua Barão de Itapetininga, região central de SP, entre 1975 e 93, e entre 1986 e 90 teve um selo fonográfico. A Baratos Afins abriu em 1978 como loja e em 1982 como selo.
40. ALEXANDRE, Ricardo. *Dias de luta: O rock e o Brasil dos anos 80*. 2. ed. Porto Alegre: Arquipélago Editorial, 2002, p. 85.

41. Compositores: "A galinha magricela (La gallina papanatas)" (Monreal), "O trenzinho (Cin cin pon pon)" (A. Gorassini/A. Baroncini), "Superfantástico" (Ignacio Ballesteros/Difelisatti), "É tão lindo" (Al Kasha/Joel Hirschhorn), "Amigos do peito" (Erik Vonn/Memo Mendez Guiu) — todas vertidas por Edgard Poças.
42. Compositores: "Vamos à la playa" (S. Righi/La Bionda — v: Paulo Camargo), "Tipo one way" (Joe/Tavinho Paes), "Companheiro" (L. Ceroni/N. Lelli/Enrique del Pozo — v: Edgard Poças).
43. Compositores de rocks ainda não citados: "Eclipse oculto", "Podres poderes" e "Vaca profana" (Caetano Veloso); "Pessoa nefasta" (Gilberto Gil), "Ela é demais" e "Barrados na Disneylândia", ambas de Baby & Pepeu, a última também com a filha Riroca Cidade Gomes; "Não faz sentido" (Pedro Baldanza/Marcelo Sussekind/Sérgio Telha Araújo).
44. "Elis, Elis" (Estevan Natolo Jr./Marcelo Simões).
45. Compositores: "Bicho feroz" (Tonho/Cláudio Inspiração), "Malandro rife" (Otacílio/Ary do Cavaco), "Defunto caguete" (Adelzonilton/Franco Teixeira/Ubirajara Lúcio), "Pai véio 171" (Luiz Moreno/Geraldo Gomes) e "Minha sogra parece sapatão" (1000tinho/Tião Miranda/Roxinho).
46. Compositores: "Raça brasileira" (Elaine Machado/Mathias de Freitas/Zé do Cavaco), "Ingrata paixão" (Mauro Diniz/Ratinho/Adilson Victor) e "Pedra no caminho" (Pedrinho da Flor/Baiano).
47. "Maria Sapatão" e "Pacotão" (ambas de Kelly assinadas com Leleco/Don Carlos/Chacrinha).
48. "E por falar em saudade", de Almir de Araújo/Balinha/Marquinho Lessa/Hércules/Carlinhos de Pilares.
49. A dupla Rei do Gado e Boiadeiro participou de um programa que Tonico e Tinoco mantinham na TV Bandeirantes, e por terem tipos físicos parecidos com indígenas, Tonico os incentivou a mudarem de nome para Cacique e Pajé, os levando à Chantecler. Cacique, um bom contador de histórias, inventou uma nova biografia para a dupla, dizendo serem de fato, "índios autênticos" nascidos numa tribo às margens do Rio Vermelho, em Rondonópolis (MT). E que devido a uma epidemia de febre amarela foram entregues pelo padre a dois boiadeiros que passavam por ali numa comitiva levando a boiada, daí foram achados e encaminhados ao interior paulista. Tudo cascata. Mas a mentirinha foi boa, porque eles começaram uma carreira vitoriosa, retomando o sertanejo de raiz, com viola e temas campestres.
50. Compositores: "Telefone mudo" (Franco/Peão Carreiro), "Barco de papel" (Reinaldo Queiróz/Pandiá/Marlipe), "As andorinhas" (Alcino Alves/Rossi/Rosa Quadros), "Homem de cor" (Roceri/Barrerito/Paulo Roberto Aiello), "O doutor e a emprega-

da" (Roniel/Augusto Alves Pinto), "Noite maravilhosa" (Paraíso), "Assino com X" (Gilmar/Vadinho) e "Capa de revista" (Gilmar/José Homero).

51. Compositores: "Fim de noite" (Juliano/Navarro Gomes/Compadre Lima).
52. Zezé Di Camargo desde 1980 grava em dupla com Zazá e a seguir dois discos solo sem qualquer repercussão.
53. ALONSO, Gustavo. *Cowboys do asfalto*. Rio de Janeiro: Civilização Brasileira, 2015, p. 222.
54. "Bicicleta envenenada" (Valmir Pinto/Isabel Cristina/Júnior Sobrinho), 1983.
55. Compositores: "Pedágio" (Moacyr Franco), "O milagre da flecha" (Moacyr/Marcos Silvestre), "Aparências" (Cury), "Folha seca" e "Meu ex-amor" (ambas de Amado Batista/Reginaldo Sodré), "Te amo, que mais posso dizer? (More than I can say)" (Jerry Ivan Allison — v: J. Oliveira), "Última carta" (Marcos Roberto/Vicente Dias), "Anúncio de jornal" (Graciela Corrêa/Paulo Ricardo) e "Pequenina (Chiquitita)" (B. Anderson/B. Ulvaeus — versão: Perla e Wally Bianchi).
56. Compositores: "Meu negócio é peixe (A piranha)" (Chico Xavier/Nem), "Gozar a vida" e "Garota" e "Decisão" (Alípio/Marcelle), "Tira a calcinha" (Alípio) e "Oh! Darcy" (Alípio/Jésus Couto), "Vamos dançar mambolê" (Lucas Robles/Hélio Santisteban/Ann Chris), "Transas e caretas" (Michael Sullivan/Paulo Massadas/Miguel Plopschi), "Elas por elas (Coisas da vida)" (Augusto César [Guto Graça Mello]/ Nelson Motta), "Guerra dos sexos" (A. César [Guto]/Miguel Plopschi/Cláudio Rabello) "Ah! Como eu amei!" (J. Velloso/Nei Velloso), "Amigo do sol, amigo da lua" (Benito Di Paula/Márcio Brandão Carneiro) e "A vida é dura" (Michael Sullivan/ Paulo Massadas).
57. Compositores: "Vem fazer glu-glu" (Sérgio Mallandro/João Plinta) e "Baile dos passarinhos (Tchip tchip, el Baile de los pajaritos)" (W. Thomas/T. Rendall — v: Edgard Poças).
58. Compositores: "Sonho colorido" (Jorge Cardoso/Sol), "É bom para o moral (C'est bom pour le moral)" (D. Vangarde/J. Kluger — v: Carlinhos Borba Gato) e "Massagem for men" (Tony Blue/Carva).
59. Wando registrou a autoria de "Fogo e paixão" como Rose, um presente para sua esposa à época.
60. Compositores: "Bacurinha" (D.P. — adapt: Jorge Gambier), "Julieta" (Roedil Caetano/F. C. Santos/Enoque Gomes), "Velho sapeca" (Zé Duarte/Severino Dias), "Toco cru pegando fogo" (Marivalda/Pinto Costa), "Por debaixo dos panos" (Cecéu), "Primeiro de abril" (Antonio Brasileiro/Antônio Hernandes), "Homem com H" (Antônio Barros) e "Pra virar lobisomem" (Cecéu).
61. DREYFUS, Dominique. *Vida do viajante: A saga de Luiz Gonzaga*. São Paulo: 34, 1996, p. 275.

2. A "MPB" RUMO AO "BREGA", ROCK DE PROTESTO E NOVOS CARNAVAIS (1986-1991)

1. ALEXANDRE, Ricardo. *Dias de luta: O rock e o Brasil dos anos 80.* 2. ed. Porto Alegre: Arquipélago Editorial, 2002, p. 265.
2. Em matéria do *Jornal do Brasil* em 10/1/1981, a coluna de Tárik de Souza diz que, devido ao agudo sintoma da recessão fonográfica, a ABPD mudava as regras em relação ao Disco de Ouro, passando de 150 a 100 mil cópias. A matéria alerta também que já havia grande pirataria de fitas K7.
3. ALEXANDRE, Ricardo. *Dias de luta: O rock e o Brasil dos anos 80.* 2. ed. Porto Alegre. Arquipélago Editorial, 2002, p. 280. Antes do RPM, apenas Roberto Carlos havia chegado a vendagem semelhante, na casa dos 2 milhões em alguns álbuns. Há indícios de que seu álbum de 79 tenha sido o mais vendido, mais de 2,5 milhões. Mas infelizmente no Brasil não há dados 100% confiáveis a respeito de vendagem de discos. São sigilosos.
4. Segundo levantamento da Abramus, em 2022, o álbum *Rádio Pirata ao vivo*, com o tempo, chegou a 3 milhões de unidades vendidas, tornando-se o quarto colocado no ranking dos mais vendidos de todos os tempos.
5. PESSOA, Isa. *O Globo*, Segundo Caderno, 5 out. 1986.
6. ALEXANDRE, Ricardo. *Dias de luta: O rock e o Brasil dos anos 80.* 2. ed. Porto Alegre: Arquipélago Editorial, 2002, p. 323.
7. Ibidem, p. 290-291.
8. LIMA, Denise. "Os Titãs dão adeus ao amor e só cantam temas políticos." *O Globo*, 19 set. 86.
9. Compositores: "Igreja" (Nando Reis), "Família" (Arnaldo Antunes/Tony Bellotto), "Polícia" (Tony Bellotto), "Homem primata" (Sérgio Britto/Marcelo Fromer/Nando Reis/Ciro Pessoa) e "Bichos escrotos" (Arnaldo Antunes/Sérgio Britto/Nando Reis).
10. "Comida", de Arnaldo Antunes, Marcelo Fromer e Sérgio Britto.
11. Compositores: "Comida" (Arnaldo Antunes/Marcelo Fromer/Sérgio Britto), "Lugar nenhum" (Arnaldo/Charles Gavin/Fromer/Britto/Tony Bellotto), "Desordem" (Britto/Fromer/Gavin), "Go back" (Sérgio Britto/Torquato Neto) e "Marvin (Patches)" (R. Dunbar/G. N. Johnson — v: Sérgio Brito e Nando Reis), "Miséria" (Arnaldo/Paulo Miklos/Britto) e "Flores" (Gavin/ Bellotto/Miklos/Britto).
12. Compositores: "Alagados" (Herbert Vianna/João Barone/Bi Ribeiro), "A novidade" (Herbert/Bi/João Barone/Gil) e "O beco" (Hebert/Bi Ribeiro).
13. Composições de Herbert Vianna: "Perplexo" (com João Barone e Bi Ribeiro), "Lanterna dos afogados", "Quase um segundo", "Uns dias" e "Caleidoscópio". E ainda: "Você" (Tim Maia) e "Natureza humana (Human nature)" (Steve Porcaro/John Bettis — v: Jorge e Waly Salomão).

14. Composições de Renato Russo: "Tempo perdido", "Eduardo e Mônica", "Eu sei", "Monte Castelo" e "Índios" (solo); "Daniel na cova dos leões" (com Renato Rocha), "Quase sem querer" (com Dado Villa-Lobos e Renato Rocha), "Vento no litoral", "Meninos e meninas" e "Pais e filhos" (as três com Dado e Marcelo Bonfá), "Angra dos Reis" (com Renato Rocha e Bonfá).
15. Composições de Cazuza: "Solidão, que nada" e "Brasil" (ambas com George Israel e Nilo Romero), "O nosso amor a gente inventa" (com João Rebouças e Rogério Meanda), "Blues da piedade" (com Frejat), "Burguesia" (com George Israel e Ezequiel Neves) e "Faz parte do meu show" (com Renato Ladeira).
16. Depoimento do produtor e amigo pessoal de Renato Russo, Luiz Fernando Borges, ao autor deste livro.
17. Compositores: "Pense e dance" (Dé/Frejat/Guto Goffi), "Quem me olha só" (Frejat/Arnaldo Antunes), "Pobre paulista", "Envelheço na cidade", "Dias de luta" e "Flores em você" — todas de Edgard Scandurra.
18. Lançada pelo grupo Hanoi, Hanoi, de Arnaldo Brandão, em 1986, sem maior êxito.
19. Compositores: "Blá, blá, blá... eu te amo (Rádio blá)", de Lobão, Tavinho Paes e Arnaldo Brandão, "Décadence avec élégance", só de Lobão, e todas as demais dele com Bernardo Vilhena.
20. Composições de Roger Moreira: "Sexo!" (com Maurício Fernando), "Pelado" e "Eu gosto de mulher".
21. Compositores: "Silvia" (Marcelo Nova/Robério Santana), "Simca Chambord" (Marcelo Nova/Karl Hummel/Gustavo Mullen/Marcelo Cordeiro), "Deus me dê grana" e "Só o fim" (ambas de Nova/Hummel/Mullen).
22. Compositores: "Nem Sansão nem Dalila" (Arnaldo Brandão/Cazuza), "Totalmente demais" (Brandão/Robério Rafael/Tavinho Paes); "O que que ela tem que eu não tenho?" (Emilinha); "Lágrimas de crocodilo" (Leandro/Barmarck), "Romance em alto-mar" (Leandro/Ronaldo Bastos), "Universotário" (Leo Jaime), "Banana split" (Erasmo Carlos/Bernardo Vilhena), "Matinê no Rian" (Dodô Ferreira/Big Abreu/Van Santos) e "S.O.S. Miquinhos (Merdley)" (adaptação (paródias) de Van Santos e Selvagem Big Abreu).
23. Compositores: "Música urbana" (Fê Lemos/Flávio Lemos/André Pretorius/Renato Russo), "Psicopata" (Flávio/Loro Jones/Felipe Lemos/Pedro Pimenta), "Fátima" (Flávio/Renato Russo) e "Independência" (Dinho Ouro Preto/Loro/Bozzo Barretti/Flávio e Fê Lemos) e "Vida" (Maria Juçá/Roger Kedyh).
24. Compositores: "Agora eu sei" (Guilherme Isnard/Freddy Haiat) e "Formosa" (Isnard/Freddy Haiat/Eduardo Amarante).
25. Canções de Humberto Gessinger: "Toda forma de poder", "Segurança", "Somos quem podemos ser", "Pra ser sincero" (com Augusto Licks), "Terra de gigantes", "Refrão de bolero", "Infinita Highway" e "O papa é pop". E ainda: "Era um garoto que como eu amava os Beatles e os Rolling Stones (C'era um ragazzo che come

me amava I Beatles e I Rolling Stones)" (Migliacci/Luisini — v: Brancato Júnior). "Tô de saco cheio" (Carlos Caramez/Bebeco Garcia), "Camila, Camila" (Thedy Corrêa/Sady Homrich/Carlos Stein), "O astronauta de mármore (Starman)" (David Bowie — v: Nenhum de Nós), "Popozuda rock'n'roll (Cavaleiro de Jedi)" e "Nega bom-bom" (Flávio Basso).

26. Compositores: "Pros que estão em casa" (Flávio Murrah/Rômulo Portella), "Carne e osso" (Humberto Effe/Luiz Gustavo/Caíca/Abílio Azambuja) e "Só pro meu prazer" (Leoni/Fabiana Kherlakian), "No meio da rua" e "Amanhã é 23" (George Israel/Paula Toller), "Agora sei", "No seu lugar" e "Grand hotel" (todas de George, Paula e Lui Farias).
27. Compositores: "Ainda é cedo" (Ico Ouro Preto/Dado Villa-Lobos/Renato Russo/Marcelo Bonfá).
28. ALEXANDRE, Ricardo. *Dias de luta: O rock e o Brasil dos anos 80*. 2. ed. Porto Alegre: Arquipélago Editorial, 2002, p. 358.
29. Compositores: "Carta aos missionários" (Cal Galvão/Marcelo Hayena/Nilo Nunes), "Viagem ao fundo do ego" (Arthur Maia/Pedro Gil/Francisco Frias/José Rubens/Nando Chagas), "Uma barata chamada Kafka" (Paulinho Moska/Luiz Guilherme/Marcelo Marques) e "Adelaide (You be illin)" (Joseph Simmons/Jason Mizell/Raymond White — v: Luiz Guilherme), "The best" (Luni/Roberto Firmino), "Rap do rei" (Luni) e "Atropelamento e fuga" (Akira S/Pedreira Antunes).
30. Bezerra da Silva participa do LP "Quatro coiotes" do RPM na faixa "O teu futuro espelha essa grandeza".
31. O RPM ainda voltaria em shows de *revival*, com diversas formações. Seu vocalista, Paulo Ricardo, também tentou diversos caminhos em carreira solo, mas jamais voltou ao sucesso dos áureos tempos, o que ocorreu também a Evandro Mesquita, até que o mesmo retomou a Blitz com nova formação em 1994.
32. Compositores: "Mordida de amor (Love bite)" (Clark/Collen/Savage/Elliott/Lange/R. Allen — v: Robertinho do Recife), "Anjo (Angel)" (Steve Tyler/Desmond Child — v: Robertinho do Recife) e "Fica comigo" (Thomas Roth/Arnaldo Saccomani).
33. Fonte: relatórios da Nopem.
34. Compositores: "Meu homem (Nobody does it better)" (Carole Bayer Sager/Marvin Hamlisch — v: Fafá de Belém).
35. Compositores: "Em flor (Too Young)" (Sid Lippman/Sylvia Dee — v: Ronaldo Bastos), "Brigas" (Evaldo Gouveia/Jair Amorim), "Apaixonou (Till I Loved you") (Maury Yeston — v: Ronaldo Bastos) e "Disputa de poder" (Almir de Araújo/Marquinho Lessa/Hércules Corrêa/Balinha).
36. Embora no selo do disco a composição esteja assinada por Sandra e Mirna, na verdade trata-se de uma canção de Michael Sullivan.
37. Após meados dos anos 1990, fez muitas tentativas de retomar o sucesso em diversos estilos musicais e, em 2010, mudou o nome para Rosanah Fienngo.

38. Compositores: "O amor e o poder (The Power of love)" (J. Rush/G. Mende/M. Applegate/S. Derouse) e "Vício fatal (Let's stay together)" (Al Green/Mitchel/Jackson) — ambas versões de Cláudio Rabello.
39. "Do Leme ao Pontal", bem como "Amiga", já haviam sido lançadas de forma independente por Tim Maia em 1981, mas só estouraram ao serem regravadas na Continental nesse tempo.
40. Compositores: "Felicidade (Gente di maré)" (Giancarlo Bigazzi/Umberto Tozzi/Raffaele Riefoli), "Quando gira o mundo (Que no se acabe el mundo)" (Rosa Girón), "Sem peso e sem medida (Ajúdame a ser tuyo)" (M. Perez/C. Gomes/J. Morato), "Vida" (M. Perez/R. M. Girón) — todas em versão de Cláudio Rabello — e "Sem limites para sonhar" (Rosa Girón/M. Perez Garcia — v: Jeremy Brick e Cláudio Rabello).
41. "Obsceno", de Wando, Marquinhos, Gilson Mendonça e J. Ribamar, 1988.
42. Compositores: "Meu mel (Music)" (Frederic Leibovitz/Sam Choeka — v: Paulinho Rezende).
43. Compositores: "Por ela (Por ella)" (José Manuel Soto — v: Biafra e Aloísio Reis).
44. Compositores: "Cabecinha no ombro" (Paulo Borges) e "Meu primeiro amor (Lejania)" (Herminio Giménez — v: José Fortuna e Pinheirinho Jr.).
45. Todas as canções de Ivan Lins citadas são parcerias com Vitor Martins. Composições de João Bosco: "Desenho de giz" e "Quando o amor acontece" (ambas com Abel Silva), "Memória da pele" (com Waly Salomão) e "Jade" (solo).
46. Compositores: "Boca do balão" (Moraes Moreira/Zeca Barreto/Fred Góes), "Vem ficar comigo" (Dominguinhos/Nando Cordel), "Felicidade urgente" (Cláudio Zoli/Antonio Cícero), "Imaculada" (Ary Sperling/Aldir Blanc). Todas as canções citadas do repertório de Djavan são autorais, exceto "Vida real (Déjame ir)" (Chico Novarro/Michael Ribas — v: Nelson Motta).
47. Compositores: "Demais (Yes, it is)" (John Lennon/Paul McCartney — v: Zé Rodrix e Miguel Paiva), "Tudo que se quer" ("All I ask for you") (Andrew Lloyd Webber/C. Hart/R. Stilgoe — v: Nelson Motta) e "Todo o sentimento" (Cristóvão Bastos/Chico Buarque).
48. Neste álbum de Montreux, da Polygram, o irmão Dori não participou. Os demais foram um de estúdio em 86 e um ao vivo em 87, editados pela EMI.
49. Compositores: "Bem que se quis (E po che fa)" (Pino Daniele — v: Nelson Motta), "Lenda das sereias, as rainhas do mar" (Vicente Mattos/Dionel/Arlindo Velloso), "Vamos dançar" (Ed Motta/Rafael Cardoso), "Manuel" (Fábio Fonseca/Márcia Serejo) e "Solução" (Ed Motta/Bombom).
50. Ver mais sobre a carreira internacional de Baden no vol. 1 deste livro, p. 243.
51. CD "Tim Maia interpreta clássicos da bossa nova", Vitória Régia, 1991.
52. O CD "À flor da pele" vendeu 280 mil cópias, tendo sido superado apenas por "Ney Matogrosso", de 1981, com hits como "Homem com H", que chegou a 350 mil — que para a época era um estouro.

53. MACIEL, Nahima. "Biografia de Raphael Rabello narra a trajetória do gênio do violão", *Correio Braziliense*, 27 mai. 2018.
54. Ver página 357, do primeiro volume.
55. Compositores: "Patota de Cosme" (Nilson Santos/Carlos Senna), 1987; "Manera, mané" (Beto sem Braço/Serginho Meriti/ Arlindo Cruz), 1988; "Minha fama ninguém tira" (Tio Hélio/Nílton Campolino), com Osvaldo Luís, 1991; "Talarico, ladrão de mulher" (Zeca Pagodinho/Serginho Procópio), "Maneiras" (Silvio da Silva) e "Fiquei amarrado na sua blusinha" (Barbeirinho e Rode do Jacarezinho), ambas de 1992.
56. Compositores: "Só pra contrariar" (Arlindo Cruz/Sombrinha/Almir Guineto), "Ô Irene" (Geovana/Beto Sem Braço), "Do fundo do nosso quintal" (Jorge Aragão/ Alberto Souza), "O show tem que continuar" (Arlindo Cruz/Sombrinha/Luiz Carlos da Vila), "A batucada dos nossos tantãs" (Sereno/Adilson Gavião/Robson Guimarães), "Só quero te namorar" (Leci Brandão), "Olodum, força divina" (Betão/ Tonho Matéria), "As coisas que mamãe me ensinou" (Leci Brandão/Zé Maurício), "Coisa de pele" (Jorge Aragão/Acyr Marques), "Ontem" (Jorge Aragão), "Papel de pão" (Cristiano Fagundes), "Sorriso negro" (Adilson Barbado/Jorge Portela/Jair Carvalho), "Esse mundo tá todo mudado" (Édson Show/Wilsinho Saravá) e "Gueri gueri" (Anacleto/Noval do Império).
57. Compositores: "Dança no ar" (Jorge Aragão/Sombrinha), "Fria solidão" (Zé Roberto/ Adilson Victor/Adalto Magalha), "Perfume cabochard" (Turma de Brasília) — com Pedrinho da Flor; "José" (Paulo Diniz/Carlos Drummond de Andrade), "Tímida tentação", outra de Aragão, "Querubim (Rosa Flor mulher)", de Serginho Meriti — com Mauro Diniz; "Falsa consideração" (Eros Fidélis/Liebert/Marquinhos Satã) e "Me engana que eu gosto" (Marquinhos Satã/Nivaldo Duarte/Marquinhos do Cavaco) — com Marquinhos Satã.
58. Compositores: "Corda no pescoço" (Almir Guineto/Adalto Magalha), "Sonhando eu sou feliz" (Arlindo Cruz/Marquinho PQD/Franco), "Dor de amor" (Arlindo/Zeca Pagodinho/Acyr Marques), "Fogo de saudade" (Sombrinha/Adilson Victor), "Além da razão" (Sombrinha/Sombra/Luiz Carlos da Vila), "Pagode da saideira" (Gracia do Salgueiro/Duque do Surdo), "Madalena do Jucu" (Bandas de Congo da Serra de Duas Barras — adapt: Martinho da Vila), "Pagode do gago" (Gracia do Salgueiro/ Gaguinho) e "Louca" (Agepê/Canário).
59. Compositores: "Malandragem dá um tempo" (Adelzonilton/Popular P/Moacyr Bombeiro) e "A semente" (Walmir da Purificação/Tião Miranda/Roxinho/Felipão).
60. Compositores: "Quem usa antena é televisão" (Pinga/Celsinho da Barra Funda), "Meu bom juiz" (Beto Sem Braço/Serginho Meriti), "Se não fosse a ajuda da rapaziada" (Rabanada/Bolão "Sax Tenor"), "Compositores de verdade" (Romildo/Edson Show/Naval), "Sequestraram minha sogra" (Rode & Barbeirinho do Jacarezinho/ Sarabanda), "O preto e branco" (Carlinhos Russo/J. Laureano), "O bom pastor"

(Pedro Butina/Regina do Bezerra), "Se não avisar o bicho pega" (Jorge Carioca/Marcinho/Marquinho PQD), "Cachorrinho de polícia" (Pedro Butina/Pinga/Rode do Jacarezinho), "Candidato caô", caô" (Walter Meninão/Pedro Butina), "Eu sou favela" (Noca da Portela/Sérgio Mosca), "Violência gera violência" (Grilo/Sérgio Fernandes/Reinaldo), "Quando o morcego doar sangue" (Cosme Diniz/Rosemberg), "Partideiro sem nó na garganta" (Franco Teixeira/Adelzonilton/Nilo Dias) e "Não é conselho" (Dário Augusto/Nilciléa Gomes).

61. A novela "Tieta" (1989), por ter a trama passada no interior da Bahia, baseada na obra de Jorge Amado, não teve trilha internacional. Da mesma forma que "Roque Santeiro", quatro anos antes.
62. ALONSO, Gustavo. *Cowboys do asfalto*. Rio de Janeiro: Civilização Brasileira, 2015, p. 311-312.
63. Sérgio Reis na novela "Ana Raio e Zé Trovão" fazia apenas participação especial.
64. MARTINS, Franklin. *Quem foi que inventou o Brasil? A música popular conta a história da República. Volume III — de 1985 a 2002*. Rio de Janeiro: Nova Fronteira. 2012, p. 23.
65. "Quando um amor se acaba (Lambada do Tibúrcio) (Melô do Tibúrcio)", de Aldo Sena.
66. Compositores: "Eu tenho pena de você" (José Orlando/Tetê), "O andarilho" (José Orlando), "Lambada do galo gago" (Betto Douglas/Fernando Artur) e "Lambada brasileira" (Betto).
67. Compositores: "Bom barqueiro" e "Remador" (Carlos Santos/Pedro Américo), "Não chore não" (C. Santos/Jomil), "Só pra você" e "A carta" (C. Santos/Sullema), "Brincar com meu amor" (José Orlando/Tato Junior), "Só vai dar você" e "Cheiro no cangote" (Alípio Martins/Marcelle), "Ovelha desgarrada" (Francis Dalva), "Fim de semana" (Ari Santos/Davi Santos), "Ti-ti-ti" (Fernando Lelis/Jacinto José), "Forró fogoso" (J. Michiles) e "Melô do piripipi" (Mister Sam).
68. Compositores: "Lambamour" (Loalwa Braz/Jacques Arconte), "Dançando lambada" (Zé Maria) e "Lambada" — esta última no disco saiu creditada a C. de Oliveira. Após um processo judicial, tudo se esclareceu. Na verdade, a canção é uma versão de uma canção boliviana, "Chorando se foi (Llorando se fué)" (Ulises Hermosa/Gonzalo Hermosa — v. Márcia Ferreira e José Ari).
69. Compositores: "Abraçando você" (Zequinha/Raimundo Soldado), "Melô da Ângela" (Sandro Becker), "Garotinha" (Fernando Luiz/Iranilson), "Vamos Fazer Tchi Tchi" (Alberto Kelly), "Americana" (Frank Carlos), "Surra de amor" (José Orlando/Cassiano Costa), "Segredos" (Reginaldo Régis/Bella Maria), "Pra lá de Bagdá" (Borba de Paula), "Levantando poeira (La pollera colora)" (Choperena/Medera/Vrs. Kakau Góis/Vrs. Édson Vieira/Vrs. Sergio Freitas) e "A Paloma (La paloma)" (Adolfo Echeverria — versão: Kakau Góis).
70. GUERREIRO, Goli. *A trama dos tambores*. 2. ed. São Paulo: 34, 2010, p. 71.

71. Ibidem, p. 73.
72. Ibidem, p. 33-37.
73. Ibidem, p. 40.
74. Ibidem, p. 43.
75. Ibidem, p. 44.
76. Informações do site oficial do Olodum.
77. GUERREIRO, Goli. *A trama dos tambores*. 2. ed. São Paulo: 34, 2010, p. 24.
78. Ibidem, p. 45.
79. "A terra tremeu" foi gravada pelo Trio Novos Bárbaros (com grande sucesso), depois por Maria Bethânia e Simone Moreno.
80. GUERREIRO, Goli. *A trama dos tambores*. 2. ed. São Paulo: 34, 2010, p. 57.
81. Ibidem, p. 58.
82. Ibidem, p. 60.
83. Compositores: "Marcha nº 1 do Vassourinhas" (Matias da Rocha/Joana Batista Ramos).
84. Em 1942, Dodô e Osmar assistiram ao recital do violinista clássico carioca Benedito Chaves em Salvador, que tocava uma espécie de violão elétrico — no qual era encaixado um pequeno microfone, mas, a cada aumento de volume, havia uma microfonia inconveniente. Logo descobriram que evitavam o fenômeno encostando o mesmo contra o próprio corpo. Compraram então um violão barato, quebraram o instrumento, retiraram a caixa de ressonância e usaram apenas o braço de madeira maciça. Assim nascia o "pau elétrico", que mais tarde seria aperfeiçoado, gerando a chamada guitarra baiana. (*Revista Monitor A&V* — n. 2, maio/junho 1993). Em tempo: durante muitos anos, muito por causa do LP "Jubileu de prata" (1975), álbum de estreia do Trio Elétrico Dodô e Osmar e que comemorava os seus "25 anos", acreditou-se que a fundação do Trio havia se dado no ano de 1950, mas foi somente em 51.
85. GUERREIRO, Goli. *A trama dos tambores*. 2. ed. São Paulo: 34, 2010, p. 121.
86. TELES, José. *Do frevo ao manguebeat*. 2. ed. São Paulo: 34, 2012, p. 31.
87. "Bloco do prazer" foi lançada pelo Trio Elétrico Armandinho, Dodô e Osmar em 1979, mas virou grande sucesso somente a partir do fim de 1982, devido à regravação de Gal Costa.
88. Dicionário Cravo Albin. Disponível em: <http://dicionariompb.com.br/chiclete-com--banana/dados-artisticos> Acesso em: 06 jul. 2019.
89. Depoimento do jornalista baiano Eduardo Bastos.
90. GUERREIRO, Goli. *A trama dos tambores*. 2. ed. São Paulo: 34, 2010, p. 97.
91. Compositores: "Rala o pinto" (Folclore baiano — recolhido por Cristóvão Rodrigues).
92. GUERREIRO, Goli. *A trama dos tambores*. 2. ed. São Paulo: 34, 2010, p. 229.
93. Compositores: "Marmelada (Bas moin laia)" (George Decimus — versão: Vilator Valakiá).

94. GUERREIRO, Goli. *A trama dos tambores*. 2. ed. São Paulo: 34, 2010, p. 156.
95. Compositores: "O Ti-ti-ti do Sapoti" (Darcy do Nascimento/Djalma Branco/Dominguinhos do Estácio) e "Bota a camisinha" (João Roberto Kelly/Chacrinha/Leleco).
96. Compositores: "Liberdade, liberdade, abra as asas sobre nós" (Niltinho Tristeza/Pedro Joia/Vicentinho/Jurandir), "Ratos e urubus... larguem minha fantasia" (Betinho/Glyvaldo/Zé Maria/Osmar), "Festa profana" (J. Brito/Bujão), "Vira, virou, a Mocidade chegou" e "Chuê chuá... As águas vão rolar" (ambas de Toco/Jorginho Medeiros/Tiãozinho da Mocidade).
97. Sucessos de Angélica: "Vou de táxi (Joe le taxi)" (Franck Langolff/Étienne Roda/Gil — versão Biafra e Aloysio Reis) e "Eu digo sim" (Ed Wilson/Paulo Ricardo/C. Pedro) (ambas de 1988) e "Blue jeans" (Evandro Mesquita/Vinicius Cantuária) (esta já em 1992).
98. Compositores: "Manequim" (J. C. Nieto — v: Edgard Poças) e "Com todos, menos comigo (Komm doch noch mal)" (G. Vitale — v: Edgard Poças).
99. Compositores: "Coração de papelão (Puppy love)" (Paul Anka — v: Edgard Poças), "Quatro semanas de amor (Sealed with a Kiss)" (Gary Geld/Peter Udell — v: Carlos Colla), "Vem brincar comigo" (Renato Corrêa/Alceu Maia), "Não faz mal" (Arnaldo Saccomani/Thomas Roth) e "Curumim iê iê" (Robertinho do Recife) e "Dá pra mim (Ámame hasta con los dientes)" (Guillermo Méndez Giu — v: Edgard Poças).
100. Compositores: "Fada madrinha" (Tito Costa/Borges Machado).

3. O IMPÉRIO POP "BREGA", A FORÇA DOS TAMBORES E AS RESERVAS DE TRADIÇÃO MARANHENSE E GAÚCHA (1991-2000)

1. ALEXANDRE, Ricardo. *Dias de luta: O rock e o Brasil dos anos 80*. 2. ed. Porto Alegre: Arquipélago Editorial, 2002, p. 323 e 387.
2. Compositores: "Viola em bandoleira" (Guará/Renato), "A coisa mais linda" (Fernando Paz/Paulinho), "Tamarineira" (Zeca Pagodinho/Bandeira Brasil); "Homem das Ruas" (Alamir/Arino Ganga/ Muniz), "Seja mais você" (Délcio Luiz/Acyr Marques/Geraldão), "Papel machê" (João Bosco/Capinan); "Sentimento de posse" (Adilson Victor/Zé Roberto), "Inigualável paixão" (Adilson Victor/Zé Roberto).
3. FERREIRA, Mauro. "Abriram o túmulo do samba." *O Globo*, 5 mar. 1993.
4. Compositores: "É o amor" (Zezé Di Camargo), "Será" (Dado Villa-Lobos/Renato Russo/Marcelo Bonfá), "É tarde demais" (Luiz Carlos/Elias Muniz), "Quando te encontrei" (Luiz Carlos/Gabú), "Me leva junto com você" (Gabú) e "Maravilha" (Luiz Carlos/Elias Muniz).
5. Compositores: "Tanajura" (Netinho/Charlles André/Hugo Montenegro/Buddy Kaye).
6. Composições de Salgadinho: "No compasso do criador" (com Mito e Papacaça), "Recado à minha amada" e "Inaraí" (ambas com Juninho).

7. Tendo ainda como parceiros Dedé Paraíso ("Coral de anjos") e Luiz Cláudio Picolé ("Pra gente se encontrar de novo"), esta última já com vocalista Marquynhos Sensação, substituindo Luizinho SP.
8. Compositores: "Eu menti" (Pedrinho da Flor/Adalto Magalha), "Naturalmente" (Villanova), "Poderosa" (Kaê/Ferrinho), "Olha pra mim" (Kaê), "Vergonha na cara" (Nanni/Pedrinho da Luz), "Fruto dos deuses" (Nanni), "Pra sempre na minha vida" (Luiz Cláudio Picolé/Wagner Bastos), "Lá vem o negão" (Zelão), "Brilho de cristal" (Délcio Luiz/Netinho), "Pela vida inteira" (Charlles André/Riquinho), "Meu casamento" (Délcio Luiz/Marquinho PQD), "Volta pra mim" (Dhema), "Minha princesa" (Dhema/Nilton Ribeiro), "Sempre sou eu" (Elias Muniz/Luis Carlos), "Só faltava você" (Elias Muniz) e "Tudo passa" (Arnaldo Saccomani/Ricardo Anthony).
9. MIGUEL, Antonio Carlos. "Isto é pagode pop — Mistura de samba com soul e funk cria nova sonoridade e conquista o grande público." *O Globo*, 29 mai. 1999.
10. Compositores: "Distância" (Fabinho Mello/André Souza/Edu Camargo).
11. VIANNA, Luiz Fernando. "Herança maldita?" *O Globo*, 14 set. 2011.
12. Ibidem.
13. Compositores: "De bar em bar, Didi, um poeta" (Franco), "Peguei um ita no Norte" (Demá Chagas/Arizão/Bala/Guaracy/Celso Trindade), "Atrás da verde e rosa só não vai quem já morreu" (David Correia/Paulinho Carvalho/Carlos Senna/Bira do Ponto), "Gosto que me enrosco" (Noca da Portela/Colombo/Gelson) e "Verás que um filho teu não foge à luta" (Aluízio Machado/Lula/Beto Pernada/Arlindo Cruz/Índio do Império).
14. Compositores: "Na aba do meu chapéu" (Maria da Paz/Nino Xypolitas), "Um homem quando ama (Have you ever really loved a woman?)" (Bryan Adams/M. Kamen/R. L. Lange — v: Darci Ross e Maurício Pereira), "Ela não vai mais chorar (She's not crying anymore)" (Billy Ray Cyrus/Buddy Cannon/Terry Alan Shelton — v: Chitãozinho & Xororó) e "Palavras (Words)" (Barry, Maurice & Robin Gibb — v: Eduardo Luis).
15. Compositores: "Os meninos do Brasil" (César Augusto/Antônio Carlos de Carvalho/José Homero), "Brincar de ser feliz" (Maria da Paz/Nino), "Página de amigos" (Alexandre/Rick), "Alô" (Feio/Fátima Leão), "Até que te conheci" (J. Gabriel — versão: Chitãozinho & Xororó), "Bailão de peão" (Maria da Paz/Nino) e "Coração sertanejo" (Neuma Morais/Neon Moraes).
16. Compositores: "Dig, dig joy" (Feio/Zé de Henrique), "Imortal (Immortallity)" (Barry, Maurice & Robin Gibb — v: Feio) e "As quatro estações" (Álvaro Socci/Cláudio Matta/Sandy).
17. "Paz na cama" (Edson Mello/Rhael) ganhou duas versões em espanhol, sendo gravada em mais de 20 países, obtendo grande sucesso sobretudo no México nas vozes de Fidel Rueda e Ana Gabriel.

18. Compositores: "Temporal de amor" (Cecílio Nena), "Mexe, mexe" (Nazildo/Altair Menezes), "Mulher brasileira" (César Augusto/Piska), "Cumade e cumpade" (Rivanil), "Cerveja" (César Augusto/César Rossini).
19. Composições de César Augusto: "Festa de rodeio" (com Cesar Rossini e Reinaldo Barriga), "Não olhe assim" (com César Rossini), "Dor de amor não tem jeito" e "Um sonhador" (ambas com Piska) e "Deu medo" (com Cecílio Nena).
20. Compositores "Eu só penso em você (Always on my mind)" (John L. Christopher Jr./Mark James/C. Thompson — v: Jerry Adriani e Lilian Knapp).
21. Compositores: "A mulher em mim (The woman in me)" (Robert John "Mutt" Lange/ Shania Twain — v: Cláudio Rabello).
22. Compositores: "Olha, amor" (Paulo Henrique/Pinocchio), "Eu busco uma estrela (Yo busco una estrella)" (Miguel Spindola/Rick Orozco — v: Gian/Giovani) e "Amor de verdade" (Waldir de Lazzari/Geraldo Meira).
23. Chamamé é um ritmo criado na fronteira do Paraguai com Mato Grosso do Sul.
24. Compositores: "Estou apaixonado (Estoy enamorado)" (Donato Poveda/Estefano — v: Carlos Colla), "Te amo cada vez mais (To love you more) (David Foster/Edgar Bronfman — v: Roberto Merli).
25. Compositores: "Cara-de-pau" (Alexandre/Roberto Merli), "Muleca" (Waldir Luz/ Yonara Nascimento), "Nós tropica, mas não cai" (Rick/Alexandre) e "Nos bares da cidade" (Rick).
26. Compositores: "Pé de bode — Pisa no freio, Zé" (Praense/Feiria) e "Nóis é caubói (Nóis é xiki nu úrtimo)" (Edson Fernandes).
27. Compositores: "Tira a roupa" (Rick/João Paulo/Alexandre) e "Mulher que não dá, voa" (Rick/Pinocchio/Gino).
28. Compositores: "A noite mais linda" (José Augusto/César Augusto/Paulo Sérgio Valle), "Querer é poder" (José Augusto/Carlos Colla), "Minha tentação" (Altay Veloso), "Safada" (Wando/Chico Anysio), "Gostosa" (Wando), "Tô fazendo falta" (Álvaro Socci/Lucca Ferreira), "Alma gêmea" (Peninha), "Ai que saudade d'ocê" (Vital Farias), "Só você" (Vinicius Cantuária) e "Garçon" (Reginaldo Rossi).
29. Compositores: "I'm not dog no (Eu não sou cachorro, não)" (Waldick Soriano — v: Falcão e Tarcísio Matos) e "Holliday foi muito" (Falcão/Tarcísio Matos).
30. Compositores: "Noite fria" (Miltinho Rodrigues/Orlando Gomes).
31. Compositores: "Sem você não dá" (Jânio Alves/Eliane do Forró), "Brilho da lua" (Rita de Cássia) e "Amor ou paixão" (Eliane do Forró/Natinho da Ginga).
32. MARCELO, Carlos e RODRIGUES, Rosualdo. *O fole roncou*. Rio de Janeiro: Jorge Zahar, 2012, p. 367.
33. Compositores: "Minha verdade", "Meu vaqueiro, meu peão", "Eu, você e o amor" e "Saga de um vaqueiro" (todas de Rita de Cássia), "Parceira de forró" e "Timidez" (ambas de Ferreira Filho/Rômulo César).

34. Compositores: "O bode" (Alaim Tavares/Carlinhos Brown) e "Jungle people" (em inglês, autoria não identificada), "Anjo querubim" (Petrúcio Amorim), "Sede de te amar" (Carlúcia Cardoso), "Pétalas neon (Hero)" (Mariah Carey/Walter Afanasieff), "Tarde demais" (Lanne Santos), "Estória de Corrinha" (Chiquinho Filho), "Me namora" (Edu Lupa/Marquinhos Maraial) e "Esse mundo gira" (Batista Araújo/Murilo Ferreira).
35. Compositores: "Forró e paixão" (Carlinhos Axé/Gonzaguinha do Baião) e "Pra te dar amor" (Gilvan Neves).
36. O cantor, compositor, percussionista e dançarino **Tião Carvalho** tornou-se o grande representante da música maranhense em São Paulo.
37. Compositores: "Xote dos milagres" e "Rindo à toa" (ambas de Tato), "Colo de menina" (Jorge Filho); "Nosso xote" (Janaína Pereira) e "Felicidade" (Ricardo Trip).
38. Depoimento do jornalista baiano Eduardo Bastos ao autor deste livro.
39. GUERREIRO, Goli. *A trama dos tambores*. 2. ed. São Paulo: 34, 2010, p. 237.
40. Compositores: "Swing da cor" (Luciano Gomes) e "O mais belo dos belos" (Guiguio/Valter Farias/Adaílton Poesia).
41. Compositores: "Cara caramba, sou camaleão" (Bell Marques/Wadinho Marques/Marquinhos/Pierre Onassis/Germano Meneghel), "Meu cabelo duro é assim" (Bell Marques/Wadinho Marques/Paulinho Camafeu), "Menina me dá seu amor" (Bell/Wadinho/Tonho Matéria), "Durvalino, meu rei" (Bell Marques/Tonho Matéria), "Foi por esse amor" e "Nana Banana" (ambas de Bell Marques), "Nana ê" (Wadinho/Alexandre Peixe/Leonardo Provedel), "Porto Seguro" (Durval Lélys), "Dia dos Namorados" (Durval Lélys/Tonho Matéria), "(Dança da) Manivela" (Jou Batá) e "Xô, satanás" (Durval Lélys/Marcelo Brasileiro/Genaro/Renato Galêgo).
42. Compositores: "Baianidade nagô" (Evany), "Crença e fé" (Beto Jamaica/Ademário), "Bateu saudade" (Dito/Jorge Zárath), "Estrela primeira (Amor eu fico)" (Jal/Pierre Onassis), "A vida é festa" (Dito), "Peraê" (Marquinhos Carvalho/Sissy de Mello/Lalá Carvalho), "Capricho dos deuses" (Jauperi/Jorge Zarath) e "Milla" (Mano Góes/Tuca Fernandes).
43. Compositores: "Levada louca" (Gilson Babilônia/Lula Carvalho/Alain Tavares), "Beleza rara" (Ed Grandão/Nego John), "Alô, paixão" (Jorge Xaréu), "Me abraça" (Jorge Xaréu/Roberto Moura) e a versão do velho hit italiano dos roqueiros do Rádio Táxi, "Eva" (Giancarlo Bigazzi/Umberto Tozzi — versão: Marcus Firelli).
44. Compositores: "Canto ao pescador" (Jauperi/Pierre Onassis), "Doce obsessão" (Cabral/Carlinhos Dias), "Pureza da paixão" (Carlos Cabral/Carlinhos Maia), "Vai sacudir, vai abalar" (Paulo Jorge/Pierre Onassis), "É demais, meu rei" (Paulinho do Reggae/Lucas Bonfim), "Adeus, bye, bye" (Guiguio/Jucy Pita/Chico Santana), "Eva (Eva)" (Giancarlo Bigazzi/Umberto Tozzi — adapt: Marcos Ficarelli) e "Carro velho" (Ivete Sangalo/Ninha).
45. Embora sem a mesma repercussão dos outros em nível nacional, Saulo Fernandes compôs alguns dos últimos exemplares expressivos do gênero, "Raiz de todo bem" e "Circulô".

46. Compositores: "Beija-flor" (Xexéu/Zé Raimundo), "Toneladas de desejo" (Alain Tavares/Carlinhos Brown), "Mimar você" (Alain Tavares/Gilson Babilônia), "Água mineral" (Carlinhos Brown) e "Margarida perfumada" (Carlinhos Brown/Cícero Menezes).
47. Compositores: "Na boquinha da garrafa" (Eleonor Sacramento/Willys).
48. Compositores: "É o Tchan (pot-pourri): Pau que nasce torto/ Melô do Tchan (Segura o Tchan)" (Cau Lima/Bieco do Tchan/Cicinho), "A dança do bumbum" (Sinhô Revolução/Gilmar do Samba/Otacílio/Ary), "Paquerei" (Jair/Beto Jamaica), "A nova loira do Tchan" (Dito/Cau Adan/Renato Fechine/Jorge Zarath) e "Ralando o Tchan (A dança do ventre)" (Dito/Beto Jamaica/W. Rangel/Paulinho Levi).
49. Compositores: "Liberar geral" (Edybinho/Reinaldo Nascimento), "Banho de chuveiro" (Julinho Carioca/Paulo Chamusca/Lazinho do Pandeiro/Cabo Rei) e "Carrinho de mão" (Jarbas Veiga/Julinho Carioca/Reinaldo Nascimento/Renan Duarte Ribeiro).
50. Compositores: "Vem, neném" (Bimba) e "Agachadinho" (Bimba/Bragada).
51. Compositores: "Rosa" (Pierre Onassis) e "I miss her" (Lázaro Negrume).
52. GUERREIRO, Goli. *A trama dos tambores*. 2. ed. São Paulo: 34, 2010, p. 154.
53. Em homenagem a São João, mas também a São Pedro e São Marçal, no caso do Maranhão.
54. GOLDSCHMIDT, Andrea. Festas Populares Brasileiras (site). Disponível em: <https://www.festasbrasileiras.com.br/post/2018/05/29/boi-bumb%C3%A1-e-bumba-meu-boi>. Acesso em: 5 set. 2021.
55. Compositores: "Nordeste brasileiro" (Concita Braga) e "Bela Mocidade" (Donato Alves/ Francisco Naiva).
56. Site Contato Cultural. Disponível em: <http://contatocultural.blogspot.com/2010/05/tambor-de-crioula.html>. Acesso em: 06 jul. 2019.
57. Compositores: "Lua cheia" (Luis Henrique Bulcão) e "Urrou meu boi" (José Carlos Muniz Lobato).
58. Compositores: "Gostosa", "Eu sou o Bicho", "Bicicleta", "Fogo de amor", todas de Luiz Henrique Bulcão, a última em parceria com José Ribamar Pereira.
59. Compositores: "Regueiros guerreiros", "Ruínas da Babilônia" e "Globalização — O delírio do dragão" (todas de Fauzi Beydoun).
60. Verso do reggae "Regueiros guerreiros".
61. Compositores: "Bebendo vinho" (Wander Wildner), "Amigo punk" (Marcelo Birck/Frank Jorge), "Detetive" (Mano Changes/DJ Chernobyl), "Mesmo que mude" (Carlinhos Carneiro/Rodrigo Pilla), "Dia especial" (Duca Leindecker), "O maior idiota do mundo" (Alexandre Nickel/Gigante) e "Melt" (Felipe Puperi/Rafael Rocha/ Tiago Abrahão).

4. A renovação do pop, as harmonias acústicas e a voz agressiva das periferias (1991-2000)

1. Barão Vermelho foi o primeiro a gravar o *Acústico MTV* e ter o programa exibido em 1992 (mas só foi lançado em DVD em 2006). Marcelo Nova gravou ainda antes, em 1990, apenas como piloto, sem nunca ter sido exibido na TV.
2. Com participações especiais de Alex Meirelles e Pier Francesco também ao piano.
3. Compositores: "É preciso saber viver" (Roberto & Erasmo Carlos).
4. Compositores: "Pata, pata" (Miriam Makeba/Ragovoy), "A maçã" (Raul Seixas/Paulo Coelho/Marcelo Motta) e "Unicamente" (Deborah Blando/Andrés Levin/Camus Mare Celli/Gordon Grody/Reppôlho/Erich Baptista).
5. Composições de Paulinho Moska: "A seta e o alvo" (com Nilo Romero) e "Me chama de chão" (com Fernando Zarif e Branco Mello).
6. A premiação inicialmente era conhecida pelos nomes de seus patrocinadores. Foi Prêmio Sharp, Prêmio Caras e Prêmio TIM de Música até assumir a denominação de Prêmio da Música Brasileira a partir de 2009.
7. Compositores: "Falar a verdade" (Ras Bernardo/Bino Farias/Da Ghama/Lazão), "A sombra da maldade" (Toni Garrido/Da Ghama), "Firmamento (Wrong girl to play with)" (Henry Lawes/Winston Foster — v: Toni Garrido/Lazão/Da Ghama/Bino Farias) e "Girassol" (Toni Garrido/Lazão/Da Ghama/Bino Farias/Pedro Luís) e "Liberdade pra dentro da cabeça" (Alexandre Carlo).
8. Compositores: "Qualquer bobagem" (Mutantes/Tom Zé) e "Ando meio desligado" (Arnaldo Baptista/Rita Lee).
9. Compositores: "Vapor barato" (Jards Macalé/Waly Salomão), "A feira" (Marcelo Yuka/O Rappa), "O homem-bomba" (Marcelo Yuka/Marcelo Falcão/Lauro Farias/Marcelo Lobato/Alexandre Menezes), "Hey Joe" (Bill Roberts — v: Ivo Meirelles e Marcelo Yuka), "Pescador de ilusões", "O que sobrou do céu", "Minha alma (A paz que eu não quero)" e "Lado B, lado A" (todas de Marcelo Yuka/Lauro Farias/Xandão/Marcelo Falcão/Marcelo Lobato).
10. TELES, José. *Do frevo ao manguebeat*. São Paulo: 34, p. 256 e 257.
11. Ibidem, p. 258.
12. Ibidem, p. 277.
13. Ibidem, p. 266.
14. Ibidem, p. 276-277.
15. Compositores: "Meu maracatu pesa uma tonelada" (Jorge Du Peixe/Nação Zumbi), "Foi de amor" (Jorge Du Peixe/Alexandre da Costa/Lúcio Maia/Romário Menezes) e "Quando a maré encher" (Fábio Trummer/Roger Man/Bernardo Chopinho).
16. Compositores: "Bolo de ameixa" (Fred 04/Xico Sá/Mundo Livre S/A), "Livre iniciativa" (Fred 04/Tony Montenegro), "Compromisso de morte" (Fred 04/Mundo Livre S/A) e "Musa da Ilha Grande" (Fred 04).

17. TELES, José. *Do frevo ao manguebeat*. São Paulo: 34, p. 321-322.
18. Compositores: "Nega Jurema" (Rodolfo), "Selim" (Cristiano Telles/Raimundos) e "Puteiro em João Pessoa" (Raimundos/Rodolfo), "Eu quero ver o oco" (Rodolfo/Digão/Canisso), "Esporrei na manivela" (Digão/Fred/Rodolfo/Guilheme Bonolo/Paulinho Mattos), "Me lambe" (Rodolfo Abrantes/Digão/Fred) e "Mulher de fases" (Rodolfo/Digão).
19. ESSINGER, Silvio. Texto do encarte do CD "Raimundos" da série "Warner 25 anos", 2001.
20. Compositores: "Uma pedra no meu caminho" (Pedro Knoedt/Baba Cósmica), "Marieta" (Alexandre Thai/B-Negão/Flávio Caguéte/Funk Fuckers), "Bagulho no bumba" (Beto Demoreaux/Henrique Lima), "Arrasa quarteirão" (Theobaldo Érico), "Proibida pra mim", "Os zóio de Lula" e "Te levar daqui" (Chorão/Marcão/Champignon/Thiago/Pelado), "O côro vai comê!" (Chorão/Pelado/Charlie Brown Jr.) e "Tudo que ela gosta de escutar" (Chorão/Marcão/Pelado/Charlie Brown Jr.).
21. Compositores: "Robocop gay" e "Vira-vira" (ambas de Dinho/Júlio Rasec) e "Pelados em Santos" (Dinho).
22. Compositores: "Encontrar alguém" (Rogério Flausino/Marco Túlio Lara), "Fácil" (Rogério Flausino/Wilson Sideral), "Você chegou" (Marcus Menna/Vitor Queiroz/Bicudo), "Cabrobró" (Antônio Júlio Nastácia), "Conto de fraldas" (Tom Zé), "Tropa de elite" (Egypcio/P.G./Roman/Baía/Léo/Jonny), "A cera" (Franklin/Jucian Carlos/Zé Wilclei/Reges Bolo) e "Teu beijo" (Lucas Lima).
23. Compositores: "Tendo a lua" (Herbert Vianna/Tetê Tillet), "Dos margaritas" (Herbert/Bi Ribeiro), "Uma brasileira" (Herbert/Carlinhos Brown), "Lourinha Bombril (Párate y mira)" (Diego Blanco/Baiano — v: Herbert), "O amor dorme", "Ela disse adeus" e "O amor não sabe esperar" (Herbert); "Eu tive um sonho", "Te amo pra sempre", "Eu só penso em você" (todas de George Israel/Paula Toller) e "Como é que eu vou embora" (Cris Braun/George Israel).
24. Compositores: "A promessa" (Humberto Gessinger/Paulo Casarin), "Piano bar", "Eu que não amo você" (ambas de H. Gessinger); "Perfeição" e "Giz" (ambos de Dado Villa-Lobos/Marcelo Bonfá/Renato Russo) e "Hoje a noite não tem luar (Hoy me voy para México)" (A. Monroy Fernandez/C. Villa de la Torre — v: Carlos Colla); "La solitudine" (P. Cremonesi/A. Valsiglio/F. Cavalli) e "Strani amore" (A. Valsiglio/R. Buti/Cheope/M. Marati).
25. Compositores: "Puro êxtase" (Guto Goffi/Maurício Barros), "Por você" (Frejat/Mauro Sta. Cecília/Maurício Barros) — Barão; "Zé Ninguém" (Álvaro/Bruno/Sheik/Miguel/Coelho), "Vento ventania" (Álvaro/Bruno/Sheik/Miguel/Coelho/Beni) e "Janaína" (Álvaro Birita/Bruno Gouveia/Carlos Coelho/Miguel Flores/André Sheik).
26. No Mackenzie, Corello proferiu a famosa frase "Chegou a hora do charminho, transe seu corpinho bem devagarinho", que acabou batizando o movimento "charme".
27. Compositores: "Mexa-se" e "Doidão", ambas de (Raffa/Marcos/Tubarão/Rossi Black), "Criança" (Marina Lima) e "Noite preta" (Vange Leonel/Cilmara Bedaque).

28. Compositores: "Rio 40 graus" (Fernanda Abreu/Carlos Laufer/Fausto Fawcett) e, mais tarde, "Garota sangue bom" (Fernanda/Fawcett) e "Veneno da lata" (Fernanda/Chacal/Marcos Suzano).
29. Compositores: "Toda noite" (Bernardo Vilhena/Torcuato Mariano), "Todo amor é bom" (Geo Benjamin/Bruno Nunes), "Boneca de fogo" (Fausto Fawcett/Fred Nascimento).
30. Compositores: "Espelhos d'água" (Dalto/Cláudio Rabello), "Ficar com você (I want a be where you are)" (Arthur "T-Boy" Ross/Leon Ware — v: Nelson Motta); "The rhythm of the night" (Bontempi Francesco/Giorgio Spagna/Gordon Annerley/Michael Gaffey/Peter Glenister).
31. Compositores: "No one to answer" (Marcelo de Alex).
32. Compositores: "O descobridor dos sete mares" (Michel/Gilson Mendonça) e "Dancin'days" (Ruban/Nelson Motta).
33. Compositores: "Minha menina" (Maurício Manieri), "Jeito sexy (Shy guy) (Diana King/Kingsley Gardner/Andy Marvel/Patrice Rushen/Karen Evans — v: Milton Guedes), "Eu não vou"(Paulo Santana/Flávia Santana/Karla Prietto), "Mania de você" e "Esperando pra te amar" (Ricardo Anthony), "Nada me faz esquecer (Wild world)" (Cat Stevens — adapt: Rick Bonadio e Sérgio Gil), "Garota nacional" (Samuel Rosa/Chico Amaral) e "Milla" (Tuca Fernandes/Manno Góes), "Love never fails" (Johnny Mosegaard Pederson/Karsten Dahlgaard/Julie Morrison/Jane Vaughn).
34. Compositores: "Os grilos (The crickets sing for Anamaria)" (Marcos e Paulo Sérgio Valle), "Aldeia de Ogum" (Joyce) e "Taxi driver" (Joyce/Jon Hendricks).
35. Compositores: "Carnaval (Pra você lembrar)" (Max de Castro), "Samba raro" (Max de Castro/Bernardo Vilhena), "Sambassim" (Fernanda Porto/Alba Carvalho), "Só tinha de ser com você" (Tom Jobim/Aloysio de Oliveira).
36. ALEXANDRE, Ricardo. *Dias de luta: O rock e o Brasil dos anos 80*. 2. ed. Porto Alegre: Arquipélago Editorial, 2002, p. 354.
37. Compositores: "Melô da mulher feia (Do wah diddy)" (J. Barry/E. Greenwich — v: Abdullah/Marlboro/Nirto), "Rap das aranhas (Rock das aranhas)" (Raul Seixas/Cláudio Roberto), "Melô do bicho" (J.R. Pinto/Marlboro/Guto Laureano/Nirto) e "Melô do bêbado" (Marlboro/Batata) e "Feira de Acari" (DJ Pirata/Marlboro).
38. Até então, Dercy só havia feito sucesso como cantora em 1964, com a hilariante "A perereca da vizinha", dela com Jonatan, e gravado uma ou outra faixa carnavalesca ou humorística esparsa.
39. Compositores: "Resposta das aranhas" (Malboro/DJ Pirata), "Melô do terror" (Marlboro/Regina Casé/Hubert) e "Rap da rapa" (Ademir Lemos/Pedro Paulo/Di Castro/Iraí Campos/Fábio Fonseca).
40. Compositores: "Melô do príncipe (Just another lover)" (R. Guell/T. Katas — v: Marlboro e Guilherme Jardim), "Me leva", "Só você", "Não adianta chorar" (as três

de Latino), "Eu amo você" (Arnaldo Saccomani/De Grammont), "Te namorar" (Humberto Mello/Latino) e "Vitrine" (Zanin/Ronaldo Monteiro de Souza).

41. Compositores: "Mel da sua boca" (Carlinhos Conceição/Rubinho), "A história do Sunda" e "Melô do Ricardão" (ambas de DJ Markão/Mr. Mu/DJ Edil) e "Rap da diferença" (MC Markinhos/MC Dollores).
42. ESSINGER, Silvio. *Batidão, a história do funk*. Rio de Janeiro: Record, 2005, p. 95 e 98.
43. Ibidem, p. 110.
44. Compositores: "Rap das montagens (História do funk)" (MC Galo (da Roça)/MC Rick/Danny/Endeverafter). As demais, autorais.
45. Mais tarde, em 1997, o MC Mascote faria sucesso com o mais ameno "Bate na palma da mão".
46. Compositores: "Garota nota 100" (Michael Sullivan/Paulo Massadas/Miguel). As demais, autorais.
47. Compositores: "Rap do Salgueiro", "Nosso sonho" (ambas de MC Claudinho/MC Buchecha), "Conquista", "Quero te encontrar" e "Só love" (todas de MC Buchecha), "Xereta" e "Fico assim sem você" (ambas de Abdullah/Cacá Morais).
48. Compositores: "A distância" (MC Márcio/MC Goró), "Atrevida" (MC Goró), "Ah!!! Eu tô maluco (Melô do desesperado)" (Bi MC/DJ's da Pipo's/Fat Boy/MC Maluco/MC Paulão).
49. ESSINGER, Silvio. *Batidão, a história do funk*. Rio de Janeiro: Record, 2005, p. 131.
50. Bambaataa, em 1977, criou a Zulu Nation, considerada a primeira organização comunitária do hip-hop. Tentou combater a violência entre gangues promovendo a competição por meio de quatro elementos: DJ, MC, break e grafite, depois defendendo ainda um quinto elemento, o conhecimento, na contramão da ideia desta cultura ser tão somente um produto de mercado, mas sim um instrumento de transformação. Esse "conhecimento" se encontra em raps pioneiros, como o "The Message", de Grandmaster Flash, em 1982, que narra a vida difícil num bairro pobre periférico dos EUA. Cinco anos depois, o Public Enemy dá nova virada, quando lança seu primeiro álbum (TEPERMAN, Ricardo. *Se liga no som: As transformações do rap no brasil*. São Paulo. Claro Enigma, 2015, p. 27).
51. Compositores dos primeiros raps: "Deixa isso pra lá" (Edson Menezes/Alberto Paz), "Melô do Mão Branca" (Barra/Carmem/Rocha), "Mas que linda estás" (Mister Sam) e "Vem fazer glú glú" (Sérgio Mallandro/João W. Plinta).
52. ALEXANDRE, Ricardo. *Dias de luta: O rock e o Brasil dos anos 80*. 2. ed. Porto Alegre: Arquipélago Editorial, p. 351.
53. Compositores: "Melô do Bastião (Sebastian Boys Rap)" (Cuca/DJ Ippocratis "Grego" Bournellis/Dynamic Duo) e "Nomes de meninas" (Pepeu/Naddo).
54. Compositores: "Corpo fechado" (Thaíde/Marcos Telesforo).

55. De Repent já interpretava "Hey DJ" no pioneiro EP "A ousadia do rap" (1987), porém ainda sem o vocal de Thula Mello.
56. Compositores: "Rap de arromba" (Naldinho), "Melô da lagartixa" (DJ Innovator) (Chubb Rock/Howie Tee/Naldinho/DJ Cuca); "Pega ladrão" (Billy), "Foi bom" (J. C. Silva/DJ Cuca), "Eterno amor" (Alam Beat/J. C. Beat).
57. Compositores: "Racista otários" (Mano Brown/Ice Blue) e "Tempos difíceis" (Edi Rock/KL Jay).
58. Compositores: "Sistemão" (Região Abissal/Athalyba).
59. Compositores: "Fim de semana no parque" (Mano Brown/Edi Rock), "Pânico na zona sul" e "Homem na estrada" (Mano Brown).
60. BOLDRINI, Angela. "Livro retrata mudanças no rap nacional." *Folha de S.Paulo*, 4 nov. 2015.
61. Compositores: "Filhos do Brasil" (Gabriel/Pig Richard/Eduardo).
62. Compositores: "Tô feliz (Matei o presidente)", "Retrato de um playboy (Juventude perdida)", "Loraburra", "Lavagem cerebral" (todas de Gabriel O Pensador), "FDP 3 'ao cubo'" (Gabriel/Jorge Tito), "2345 meia 78" (Gabriel, sobre "Good times", de Nile Rodgers e Bernard Edwards), "Cachorrada (You and I)" (Gabriel/Rick James/ Tiago Mocotó), "Nádegas a declarar" (Gabriel/Fernanda Abreu/Liminha), "Festa da música" (Gabriel/Marcelo Mansur [DJ Memê], "Cachimbo da paz" (Gabriel/ Marcelo Mansur [DJ Memê]/Lulu Santos).
63. Compositores: "Legalize já" e "Mantenha o respeito" (ambas de Marcelo D2/Rafael Crespo), "Queimando tudo" (Black Alien/Marcelo D2/Zé Gonzales) e "Eu tiro é onda" (Marcelo D2/Rodrigo Nuts/Zé Gonçalves).
64. Compositores: "Distração" (Rinaldo Emílio de Andrade), "Pule ou empurre" (W-Yo); "Tá na hora" (DJ Luiz Só Monstro/Preto Aplick/Wgi, do CD "'Enchergue' seus próprios erros", 95) e "Lembranças" (Adriano/WGI/Aplique); "Eu não pedi pra nascer", "Estrada da dor 666" e "Desculpa, mãe" (Eduardo Taddeo), "Isso aqui é uma guerra" (Alex Oliveira Silva, Itamar Araújo Prado/Ricardo José de Paula/ Washington Roberto Santana).
65. Os Racionais também têm uma linguagem *gangsta rap*, embora não assumam para si este rótulo, pois o mesmo trazia e ainda traz uma cobrança muito grande a um estilo que sempre foi visto como "marginal". Outros que de certa forma navegam nesta onda sem, no entanto, autointitularem-se assim foram 509-E, seus ex-integrantes Dexter e Afro-X, entre outros.
66. Compositores: "Oitavo anjo" e "Saudades mil" (ambas de Dexter) — 509-E; "Acho que sou louca (I should be so lucky)" (Stock/Aitken/Waterman — v: Tom Leão).
67. Ainda em 1962, Odete Amaral e seu filho Cyro Monteiro Jr. gravaram o LP *Do outro lado da vida*, idealizado pelo radialista Afonso Soares, que apresentava o programa homônimo entrevistando detentos. O álbum trazia 12 composições de presidiários dos estados da Guanabara (hoje Rio de Janeiro) e São Paulo.

68. Compositores: "Dia de visita" (Douglas); "Confidências de uma presidiária" (N. F.), "Irmã de cela" e "Do lado de fora da muralha" (ambas de Dina Dee).
69. LOUBACK, Joyce. "Esquecida é foda — Dina Di e as mulheres no cárcere." Disponível em: <https://medium.com/@joycelouback/esquecida-%C3%A9-foda-1-dina-di-e-as-mulheres-no-c%C3%A1rcere-9e43a7b17996>. Acesso em: 06 jul. 2019.
70. ALLUCCI, Fernanda, ALLUCCI, Renata e VALENCIO, Kett. "Mulheres de palavra: Um retrato das mulheres no rap de São Paulo." Governo do Estado de São Paulo. 2016. Disponível em: <http://mulheresdepalavra.com.br/ images/mulheresdepalavra.pdf>. Acesso em: 06 jul. 2019.
71. Compositores: "O menino do morro (virou Deus)" (Eduardo) e "A vingança" (Aliado G), "Bem-vindos ao inferno" (Doctor X/Easy Down/Kid Nice); "Política" (Athalyba/Man) — Athalyba e A Firma.
72. Compositores: "Tik tak" (Dog Jay/Icily/Smokey D).
73. Compositores: "Sub-raça" (Alexandre Tadeu Silva); "Fogo na bomba" (Bené/Bocão DRR/Lerap/Mago Abelha/Mikimba), "Corre-corre" (Dehco Murphy/PMC/Suave); "São todos manos" (Helião/Sandrão), "Pirituba" (Helião).
74. "Ideias de periferia" (Sonny [Jean Roberto dos Santos]) foi escrita em 1996 e lançada em 2000. O Rota de Colisão seguiu pelas décadas seguintes em outras formações com hits, como "Cotidiano" (Tchuck), em 2004, e "Tem que cantar com a alma" (Sonny), em 2015.

5. A "MPB" no Brasil e no exterior, o samba, os sons do Pará e as cenas pop indie e instrumental (2000-2022)

1. Inicialmente, assinava Totonho Villeroy.
2. Composições de Ana Carolina: "A canção tocou na hora errada", "Confesso" (com Totonho Villeroy), "Encostar na tua", "Pra rua me levar" (com Totonho Villeroy), "Carvão", "Mais que a mim" (com Chiara Civello), "Elevador (Livro do esquecimento)", "Eu comi a Madona" (com Mano Melo e Antonio Villeroy); "Entreolhares (The way you're looking at me)" (John Legend — v: Ana e Antonio Villeroy) e "Quem de nós dois (La mia storia tra le dita)" (Gianluca Grignani/Massimo Luca — v: Ana Carolina e Dudu Falcão).
3. Composições de Seu Jorge: "Moro no Brasil" (com Wallace Jefferson/Jovi Joviniano), "São Gonça", "A carne" (com Marcelo Yuka e Ulisses Cappelletti), "Carolina", "Mina do condomínio" (com Gabriel Moura/Pierre Aderne/Pretinho da Serrinha), "Burguesinha" (com Gabriel Moura/Pretinho da Serrinha), "A doida" (com Pretinho/Leandro Fab) e "Amiga da minha mulher" (com Gabriel Moura/Pretinho da Serrinha/Rogê).
4. Compositores: "A festa" (Milton Nascimento sobre adpt. de "La bamba"), "Encontros e despedidas" (Milton/Fernando Brant); composições de Arlindo Cruz: "Tá

perdoado" (com Franco), "Num corpo só" (com Picolé) e "Rumo ao infinito" (com Fred Camacho e Marcelinho Moreira).

5. Composições de Arlindo Cruz: "Meu lugar" (com Mauro Diniz), "Será que é amor" (com Babi/Júnior Dom) e "Chegamos ao fim" (com Pezinho).
6. Composições: "O penetra" (Zé Roberto), "Caviar" (Luiz Grande/Barbeirinho do Jacarezinho/Marquinhos Diniz) e "Alto lá" (Zeca Pagodinho/Arlindo Cruz/Sombrinha).
7. Compositores: "Além da cama" (Michael Sullivan/Carlos Colla), "Você me vira a cabeça" (Chico Roque/Paulo Sérgio Valle) e "Faz uma loucura por mim" (Chico Roque/Sérgio Caetano).
8. Desde muito tempo havia atores transformistas que se apresentavam em revistas e até emissoras de rádio ou pessoas que durante o carnaval faziam esse tipo de arte, com as respectivas divas da época. Mendez foi um que ficou famoso no meio radiofônico por cantar e se trajar ao modo de Leny Eversong, ainda nos anos 1950. É comum no meio gay e trans dizer-se que as cantoras que não têm fãs nessa comunidade não conseguem eternizar-se.
9. Compositores: "O Rio corre para o mar" (Arlindo Cruz/Carlos Sena/Elmo Caetano/Maurição), "Brazil com z é pra cabra da peste, Brasil com s é a nação do Nordeste" (Amendoim B-F/Lequinho), "Agudás, os que levaram a África no coração e trouxeram para o coração da África, o Brasil!" (Alexandre Alegria/Jorge Melodia/Rono Maia) e "O Império do Divino" (Aluízio Machado/Arlindo Cruz/Carlos Sena/Elmo Caetano/Maurição).
10. Compositores: "Você semba lá... que eu sambo cá: o canto livre de Angola" (André Diniz/Arlindo Cruz/Artur das Ferragens/Evandro "Bocão"/Leonel), "A Vila canta o Brasil, celeiro do mundo. Água no feijão que chegou mais um" (André Diniz/Arlindo Cruz/Leonel/Martinho da Vila/Tunico da Vila), "Axé, Nkenda! Um ritual de liberdade" (Adriano Ganso/Aldir Senna/Jorge do Finge/Marquinho Lessa/Zé Catimba), "A ópera dos malandros" (Francisco Aquino/Fred Camacho/Getúlio Coelho/Guinga do Salgueiro/Marcelo Motta/Ricardo Neves), "Iracema, a virgem dos lábios de mel" (Alan Vinicius/Betinho Santos/Bruno Ribas/Claudemir/Fábio Alemão/Maurição/Ronaldo Barcellos/Wilson Tatá), "Meu Deus, meu Deus, está extinta a escravidão?" (Aníbal/Cláudio Russo/Jurandir/Moacyr Luz/Zezé), "História para ninar gente grande" (Danilo Firmino/Deivid Domênico/Mama/Márcio Bola/Ronie Oliveira/Tomaz Miranda/Manú da Cuíca) e "Fala Majeté, sete chaves de Exu" (Arlindinho Cruz/Claudio Matos/Gustavo Clarão/Igor Leal/Junior Fragga/Thiago Meiners).
11. Ainda são dignos de nota os sambas de enredo da Beija-Flor "A Saga de Agotime — Maria mineira naê" (Cruso/Cleber/Deo/Osmar), 2001, e "Áfricas: do berço real à corte brasiliana" (Carlinhos Detran/Claudio Russo/Gilson DR/J. Velloso), campeã em 2007; da Mocidade: "As mil e uma noites de uma 'Mocidade' prá lá de Marrakesh" (Altay Veloso/André Baiacu/Dadinho/Fábio Borges/Gustavo Soares/J. Giovanni/Paulo César Feital/Thiago Meiners/Zé Glória/Zé Paulo Sierra), 2017, e

"Namastê... A Estrela que habita em mim saúda a que existe em você" (Alex Saraiça/Altay Veloso/Carlinhos da Chácara/Denilson do Rozário/J. Giovanni/Léo Peres/Paulo César Feital/Zé Glória), 2018, e Portela: "Bahia: e o povo na rua cantando... É feito uma reza, um ritual" (André do Posto 7/Luiz Carlos Máximo/Naldo/Toninho Nascimento/Wanderley Monteiro), 2012, e "Madureira... Onde o meu coração se deixou levar" (André do Posto 7/Luiz Carlos Máximo/Toninho Nascimento/Wanderley Monteiro), 2013.

12. Entre os criadores estavam também Álvaro Carrilho, pai de Maurício (que por sua vez é irmão do legendário Altamiro Carrilho), Jorginho do Pandeiro e Pedro Amorim, tendo como diretores num segundo momento Paulo Aragão, Jayme Vignoli, Cesar Carrilho (irmão de Maurício) e Celso Silva.
13. Compositores: "Pé na areia" (Rodrigo Leite/Diogo Leite/Cauíque).
14. O bar Semente foi fundado pela professora de estatística da UERJ Regina Weissmann. Antes, era apenas um restaurante de comida natural. A partir de 1998, virou um espaço para música. Por um período, foi gerido pelo psicanalista Osvaldo da Costa Rego, pai do pandeirista Sérgio Krakowski. Fechou em junho 2003, mas no verão de 2004, após um dia de *revival*, no aniversário de Osvaldo, e a recusa de um interessado em comprar o imóvel, Regina sugere que a então economista Aline Brufato, sua velha frequentadora, o assuma. Ele, enfim, é reaberto, inicialmente para um grupo de sócios-músicos e admiradores que contribuíam com dinheiro ou seus trabalhos musicais, e a partir de abril ao público em geral.
15. Compositores: "Malemolência" (Céu/Alec Haiat); "Só sei dançar com você" (Tulipa Ruiz), "Efêmera" (Tulipa/Gustavo Ruiz); "Pra você guardei o amor" (Nando Reis), "A noite" (Giuseppe Anastasi — v: Adriano Cintra/André Whoong/Rita Wainer); Te faço um cafuné" (Zezum) e "Eu menti pra você" (Karina Buhr).
16. Compositores: "Vem menina" (Curumin/Lino Krizz), "Moon" (Thiago Pethit), "Saga" e "Adoração" (ambas de Filipe Catto); "Tempo de pipa" (Cícero), "Bela flor" (Maria Gadú), "Quando fui chuva" (Caio Sóh/Luís Kiari) e "Quase sem querer" (Dado Villa-Lobos/Renato Rocha/Renato Russo).
17. Compositores: "Coisa linda" (Tiago Iorc/Léo Fressato), "Amei te ver" (Tiago Iorc); "Fica" (Ana/Matheus Aleixo) e "Trevo (Tu)" (Ana/Tiago Iorc).
18. ESSINGER, Silvio e Luccas Oliveira. "Good vibes — Pop sem glúten." *O Globo*, 13 jan. 2019.
19. Compositores: "Bem melhor" e "Deixa" (Pedro Calais), "Oi" (Francisco Jardim/Jorge/Júlio Andrade/Pedro Calais/Tio Wilson/Zani) e "Céu azul" (Chorão/Thiago Castanho).
20. Compositores: "O sol" e "A tal canção pra lua" (Vitor Kley), "Morena" (Bruno Martini/Victor Kley) e "Pupila" (Ana Caetano/Vitor Kley); "Dois corações" e "Meu abrigo" (ambas de Gabriela e Rodrigo Melim), "Ouvi dizer" (Diogo, Gabriela e Rodrigo Melim) e "Gelo" (Diogo/Gabriela/Rodrigo/Jhama/Juliano Moreira/Nanno).

21. Compositores: "Te liguei" (Dan Valbusa/Douglas Moda/Marcelinho Ferraz/Pedro Dash/Vitão), "Café" (Los Brasileiros/Vitão); "Vou morrer sozinho" e "Me beija com raiva" (ambas de Dan Valbusa/Jão/Marcelo de Araújo/Pedro Caropreso/Pedro Tófani) e "Imaturo" (Dan Valbusa/Jão/Marcelo de Araújo/Pedro Caropreso).
22. Compositores: "Bixinho" (Duda Beat/Lucas Antunes/Tomás Tróia), "Tangerina" (Roberto Pollo/Tiago Iorc), "Chega" (Duda Beat/Tomás Tróia) e "Nem um pouquinho" (Duda Beat/Lux Ferreira/Tomás Tróia/Trevo).
23. Compositores: "Princesa" (MC Marcinho) e "Louca" (F. Estéfano Salgado/José Luis Pagán).
24. Compositores: "Já sei namorar" (Arnaldo Antunes/Carlinhos Brown/Marisa Monte) e "Velha infância" (Arnaldo/Brown/Marisa/Davi Moraes/Pedro Baby); "A sua" (Marisa), "Depois" (Marisa/Arnaldo/Brown), "Ainda bem" (Marisa/Arnaldo), "Vilarejo" (Marisa/Arnaldo/Brown/Pedro Baby); "Se tudo pode acontecer" (Arnaldo/Paulo Tatit/Alice Ruiz/João Bandeira), "Paradeiro" (Arnaldo/Brown/Marisa), "Debaixo d'água" (Arnaldo), "Saiba" (Arnaldo) e "A casa é sua" (Arnaldo/Ortinho); "Epitáfio" (Sérgio Britto); "Amor pra recomeçar" (Frejat/Maurício Barros/Maurício Sta. Cecília), "Homem não chora" (Frejat/Alvin L) e "Segredos" (Frejat).
25. Compositores: "Dia perfeito" e "Sinceramente" (ambas de Marcelo Gross); "Mesmo que mude" (Carlinhos Carneiro/Rodrigo Pilla); "Meu sol" e "Mi vida eres tu" (ambas de Reginaldo Lincoln/Hélio Flanders) e "Eu chupo meu pau" (Rogério Skylab).
26. Compositores: "O passageiro (The passenger)" (Iggy Pop/R. Gardiner — v: Dinho Ouro Preto/Bozzo Barretti) e "Tudo que vai" (Alvin L/Dado Villa-Lobos/Toni Platão).
27. O Kid Abelha encerrou as atividades em 2016, com Paula Toller e George Israel seguindo seus projetos solo.
28. Compositores: "Reza vela" (Marcos e Marcelo Lobato/Rodrigo Vale/Marcelo Falcão/Xandão/Lauro Farias) e "Rodo cotidiano" (Marcos e Marcelo Lobato/Xandão/Lauro Farias/Marcelo Falcão) e "Anjos (Pra quem tem fé)" (Marcelo Falcão/Tom Saboia).
29. Compositores: "Um minuto para o fim do mundo" (Rodrigo Koala/Wally); "Olhos certos" (DJ Cleston/Fábio Brasil/Renato Rocha/Rodrigo Netto/Tchello/Tico Fontenelle/Tico Santa Cruz), "O dia que não terminou" (Detonautas Roque Clube/DJ Cleston/Fábio Brasil/Renato Rocha/Rodrigo Netto/Tchello/Tico Santa Cruz); "Você" e "Queda livre" (ambas de Dead Fish).
30. Compositores: "Ela roubou meu caminhão" e "Clube dos canalhas" (ambas de Donida); "Fale mal de mim" (Gabriel Thomaz); "O tempo" (Fernando Catatau); "Dois a rodar" e "Princesa" (ambas de Mauro Motoki); "Crua" (Otto); "Deixe-se acreditar" (Felipe S/Marcelo Campello/China) e "Papapa" (Felipe S/Francisco de Assis/Jr. Black/Marcelo Machado/Vicente Machado/Samuel de Faria).
31. Compositores: "Natiruts reggae Power" (Alexandre Carlos/Juninho/Luís Maurício), "Quero ser feliz também" (Alexandre Carlo/Natiruts), "Andei só" (Alexandre Carlo);

"Outra noite que se vai" (Armandinho/Charles Master), "Outra vida" (Armandinho), "Desenho de Deus" (Armandinho/Esdras Bedai); "Do lado de cá" (Fabrício Gambogi/Gisele de Santi), "Versos simples" (Sander Fróis); "Namorinho de portão" (Tom Zé) e "Esnoba" (Márcio Mello).

32. Compositores: "Na moral" (Marco Túlio Lara/Márcio Buzelin/Paulinho Fonseca/PJ/Play/Rogério Flausino/Wilson Sideral), "O sol" (Antônio Júlio Nastácia), "Só hoje" (Fernanda Mello/Marco Túlio Lara/Márcio Buzelin/Paulinho Fonseca/Paulo Diniz/Rogério Flausino), "Amor maior" (Marco Túlio Lara/Márcio Buelin/Paulinho Fonseca/Paulo Diniz/Rogério Flausino); "Amanhã não se sabe" (Sérgio Britto), "Carla" (Marcus Menna); "A dor desse amor" (A puro dolor) (O. Alfanno — v: Piska), "Minha timidez" (Piska/Juno), "Obsessão (Obsession)" (A. R. Santos — v: Kiko); "40 graus" (Cláudio Rabello/Carlos Toro Montoro/Alfons Weindorf/John O'Flynn); "Um anjo veio me falar (Angel in my heart)" (Elliot Kennedy/Suzane Shaw/Tim Woodcock — v: Rick Bonadio/Aline Wirley/Fantine Thó/Karin Hils/Patrícia Lissa/Luciana Andrade), "Ragatanga (Asereje)" (Francisco Manuel Roriz Gomez/v: Rick Bonadio); "Prometida (Guarerê)" (Carlos Alberto Vives/Ricardo Bonadio); "Musa do verão" (Cesar Mansueto/Karla Aponte).

33. Compositores: "Cedo ou tarde" e "Razões e emoções" (ambas de Di Ferrero/Gee Rocha); "Passos no escuro" (Renne Fernandes/Silvio Rodrigues); "Alguém que te faz sorrir" (Lucas Silveira) e "Desde quando você se foi" (Beeshop).

34. Compositores: "Let's make love and listen to death from above" (Adriano Cintra/Ferreira/Lovefoxxx/Luisa Matsushita/Matsushita); "Melô do tabaco" (prod. por DJ Chernobyl/DJ Gorky); "Baile de peruas" (Luca Lauri/Liana Padilha/André Lima/José Pedro); "Ode to my pills (Benflogin)" (Daniel Peixoto/Leco Jucá/Patrick Bachi/Ricardo Lisboa) e "Atendimento" (Claudia Wonder).

35. Compositores: "Tchubaruba" (Mallu Magalhães), "Levo comigo" (Pelu/Koba) e "Garota radical" (Diego Silveira/Kosaku Dan).

36. Compositores: "O amor não deixa (Love won't let me)" (Franne Golde/Jason Deere/Kasey Livingston — v: César Lemos) e "Tanta saudade (Heaven came down)" (B. Baker/Jason Deere — v: Dudu Falcão) e "Festa no apê (Dragostea din tei)" (Dan Balan/Dalmo Beloti — v: Latino).

37. Compositores: "Coisas que eu sei" (Dudu Falcão); "Tô nem aí" (Lara/Latino/Luka/Tausz); "Eu sei" (Fernando Pezão/Serginho Moah); "Você sempre será" (Alexandre Silveira de Castilho/Victor Pozas); "Papo de jacaré" (Carlinhos/Rivanil Cirino).

38. Compositores: "Acima do sol" e "Vou deixar" (ambas de Samuel Rosa/Chico Amaral), "Sutilmente" (Nando Reis/Samuel Rosa), "Dois rios" (Lô Borges/Nando Reis/Samuel Rosa), "Algo parecido" (Samuel Rosa) e Simplesmente (Chico Amaral/Samuel Rosa); "Papo reto" (Chorão/Marcão/Champignon/Pelado) e todas as demais citadas do Charlie Brown Jr. são de autoria de Chorão e Tiago Castanho. "Dias melhores" e "A voz do coração" (ambas de Marcos Túlio Lara/Márcio Buzelin/Paulinho Fonseca/Paulo Diniz/Rogério Flausino, sendo a última também com Rael).

39. Compositores: "Shake de amor (Whip my hair)" (Janae Rockwell/Ronald Jackson — v: Davi Sabbag/Mateus Carrilho/Mel Gonçalves), "Faz uó" (David Sabbag/Mateus Carrilho/Mel Gonçalves/Rodrigo Gorky/Pedro D'Eyrot), "Búzios do coração" (David Sabbag) e "I'm cool" (Rody).
40. Compositores: "Open bar (Lean on)" (Diplo/DJ Snake/Guess Steve/Karen Ørsted/Philip Meckseper), "Corpo sensual" (Maffalda/Rodrigo Gorky/Weber/Yuri Drummond), "K.O." (Maffalda/Pablo Bispo/Rodrigo Gordky); "Eviadescer", "Bixa preta" e "Absolutas" (todas de Linn da Quebrada); "Um doido caso" (Raquel Virgínia); "Bumbum de ouro" e "Coisa boa" (Gloria Groove/Pablo Bispo/Ruxell/Sérgio Santos), "Deve ser horrível dormir sem mim" (Gloria/Lucas Silveira/Manu Gavassi/Tiago Abrahão), "Bonekinha" (Gloria/Bispo/Ruxell) e "A queda" (Gloria/Lukinhas/Bispo/Ruxell).
41. Compositores: "Ama, sofre, chora" (Arthur Marques, Gorky, Maffalda, Pablo Bispo e Zebu).
42. Compositores: "Galera da laje" (Maderito/Joe Benassi), "Xirley" (Zé Cafofinho/Original DJ Copy/Chiquinho/Marcelo Machado/Hugo Gila), "Ex mai love" (Veloso Dias) e "Ela tá beba doida" (Romim Mahta).
43. Compositores: "A lua me traiu" (Beto Caju/Jairon Neves), "Pra te esquecer" (Batista Lima) e "Dançando calypso" (Carla Maués/Josiel Carvalho); "Tchic bum" (Ari Carvalho/Edu Luppa) e "Milk Shake" (Valdeci José) e "Não desligue o telefone" (DJ Daivid/DJ Leo).
44. Marabaixo é uma manifestação cultural do Amapá com origem na África, incluindo dança, canto e percussão ligada ao catolicismo popular, baseada no tambor de mesmo nome.
45. MACIEL, Antonio Francisco de A. *Carimbó, um canto caboclo.* Dissertação de mestrado em Linguística. Campinas: PUC, 1983, p. 119.
46. Ibidem, p. 66.
47. Compositores: "Cuidando de longe" (Marília Mendonça/Juliano Tchula/Júnior Gomes/Vinicius Poeta).
48. Compositores: "Amor geral" (Fernanda Abreu/Fausto Fawcett/Wladimir Gasper).
49. "Garota de Ipanema é a música brasileira mais gravada de todos os tempos." *O Estado de São Paulo*, 20 fev. 2022.
50. Nas páginas a seguir, citações sobre o sucesso de canções ou artistas brasileiros no exterior presentes no vol. 1 deste livro: 40; 91-93; 96; 101-102; 130-132; 158; 161; 163; 195; 199; 237 a 245; 270; 321; 338; 353; 355-356; 390; 429 e 437.
51. Versões respectivamente de Aloysio de Oliveira ("Abre-alas"), Paul Williams ("Love dance") e Marilyn Bergman ("The island"). Canções de Ivan Lins e Vitor Martins, sendo "Love dance" também com Gilson Peranzzetta.
52. GIRON, Luís Antônio. "Cantora cabo-verdiana dispensa luxo." *Folha de S. Paulo*, 21 abr. 1994.

53. Compositores: "É preciso perdoar" (Carlos Coqueijo/Alcivando Luz), "Regresso" (José Agostinho/Amílcar Cabral) e "É doce morrer no mar" (Dorival Caymmi/Jorge Amado).

6. A dominação "sertaneja" e "funkeira", os novos pagodeiros, forrozeiros, "bregas", religiosos e rappers (2000-2022)

1. MARQUES, Mário. "A fé nas paradas." *O Globo*, 2 nov. 1998.
2. Depoimento de Fabiana Batistela, diretora da SIM SP, evento que em 2017 reuniu 30 mil pessoas em painéis e shows, à matéria de Rafael Gregório na *Folha de S. Paulo*, 15 dez. 2017.
3. Compositores: "Festa" (Anderson Cunha), "Sorte grande" (Lourenço), "Céu da boca" (Ronaldo Marcell), "Flor do reggae" (Ivete Sangalo/Gigi/Fabinho O'Brian), "Abalou" (Gigi), "Berimbau metalizado" (Dória/Miro Almeida/Duller), "Cadê Dalila?" (Carlinhos Brown/Alain Tavares), "Acelera aê (Noite do bem)" (Magno Sant'Anna/Fabinho O'Brian/Dan Kambaiah/Ivete Sangalo), "A lua que eu te dei" (Herbert Vianna), "Quando a chuva passar" (Ramon Cruz) e "Deixo" (Sérgio Passos/Jorge Papapa).
4. Compositores: "Ilê pérola negra (O canto do negro)" (Guiguio/René Veneno/Miltão), "Olha o Gandhy aí" (Tonho Matéria/Jó Vieira) e "Maimbê Dandá" (Carlinhos Brown/Mateus).
5. Compositores: "100% você", "Não vou chorar" (ambas de Beto Garrido/Alexandre Peixe); "Anjo" (Leonardo Reis/Saulo) e "Não me conte seus problemas" (Camila de San Galo Nunes/Ivete Sangalo), "Toda linda" (Sinhô Maia/Ivan Brasil/Ivan Lawinscky), "Tão sonhada" (Gigi/Saulo) e "Samba da nega maluca" (Dinho San).
6. Compositores: "Praieiro" e "Ê saudade" (ambas de Manno Góes), "Colorir papel" (Levi Lima) e "Celebrar" (Manno Góes/Levi Lima); "Dias de sol" (Milena Castro) e "Pensa em mim" (Bernardo Faria/Conrado da Vila) e "Proposta indecente (Propuesta indecente)" (Romeo Santos — v: Henrique Marx).
7. Compositores: "Safado, cachorro, sem vergonha" (Alan Moraes/Alex Napolitano/Nino Bala/Cristiane Teles/Durval Luz/Luciano Pinto/Junior Seixas/Luizinho), "Bola de sabão" (Ramon Cruz), "Amor perfeito" (Sullivan/Massadas/Robson Jorge/Lincoln Olivetti), "Exttravasa" (Adson Tapajós/Jean Carvalho/Zeca Brasileiro/Sérgio Rocha); "Largadinho" (Duller/Fábio Alcântara/Samir), "Pássaros" (Mikael Mutti), "Pensando em você" e "Don Juan" (ambas de Henrique Cerqueira), "Beijar na boca" (Blanch/Tomich Rogério), "Baldin de gelo" (Matheuzinho/Cabrera/Tierry Coringa), "Então vem cá" (Jack Palace/Caio Sanfoneiro/Kaleb Junior/Felipe Amorim) e "Lacradora" (Topera/Tierry Coringa).
8. Compositores: "Nossa paradinha" (Bimba/Manoel Alexandre), "Desafio" (Duller/Tonho Copque/Fábio Alcântara/Xanddy) e "Daquele jeito" (Filipe Benteque/Tierry

Coringa); "Sambadinha" (Psirico/Serginho), "Lepo, lepo" (Magno Santanna/Felipe Benteke), "Elas gostam (Popa da bunda)" (OZ/Rafa Dias/Raoni Kanalha/Chibatinha) e "Rei Leão" (Fagner Ferreira/Felipe Benteke/Tadeu Ribeirox).

9. Compositores: "Rebolation" (Léo Santana/Nenel), "Tchubirabiron" (Leo/Nenel/OZ/Saulinho), "Madeira de lei" (Luã Freitas/Thierry Coringa), "Negro lindo" (Leo/Nenel), "Leite condensado" (Rodriguinho/Thiaguinho) e "Abaixa que é tiro" (Ed Nobre/Markos Lima/Rodrigo Martins).

10. PITOMBO, João Pedro. "Pagode baiano ultrapassa Ivete e domina Carnaval em Salvador". *Folha de S.Paulo*, 10 mar. 2019. Colaborou o jornalista Eduardo Bastos, de Salvador, em depoimento ao autor.

11. Compositores: "Solinho da rabeta" (Diego Ds/Léo Santana), "Abana (que papai tá mal)" (Fernando Frajola/Raphael Ribeiro) e "Crush blogueirinha" (David Mattos/Jefferson Ribeiro/Luciano Chaves/Mão Grande); "Tudo nosso e nada deles" (Igor Kannário/Jorginho/Rafinha), "Novinha pode pá" (Vinicius Amaral); "Fábio Assunção" (Bartz).

12. Compositores: "Parakundê" (Flávio Régis/Mug/Thiago Soares); "Se eu te pego, te envergo" (Nicco Andrade); "Luz, cama e ação" (Caramelo/Leandro Filé/Marcelinho TDP), "Lancinho" (Leiz); "Fora da lei" (Rodrigo Príncipe), "Papel de homem" (Príncipe/Fabiano dos Anjos) e "Fala baixinho" (Claudemir/Diney/Marquinho Índio).

13. Compositores: "Deixa acontecer" (Carlos Caetano/Alex Freitas), "Grades do coração" (Mauro Júnior/Xande de Pilares/João Carlos), "Aventureiro" (Xande/Claudemir/Diney), "Samba de arerê" (Xande/Arlindo Cruz/Mauro Jr.), "Zé do Caroço" (Leci Brandão), "Tá escrito" (Xande/Carlinhos Madureira/Gilson Bernini); "Patricinha do olho azul" (Evandro Mendes), "Curtindo a vida"; "Eu mereço ser feliz" (André Renato/Marquinho Índio), "Fala" (Allan Lima/Suel), "Mande um sinal" (André Renato/Felipe Silva), "Calma" (Claudemir/Felipe Silva), "Dom de sonhar" (Péricles/Celo) e "Fulminante" (Allan Lima/Suel).

14. Compositores: "Sonho de amor" (Rodrigo Príncipe), "Pele na pele" (Rodrigo Príncipe) e "Te levar pro altar" (Príncipe/Fabiano dos Anjos); "Você gosta" (Neném Chama/Julinho Santos), "Ligando os fatos" (Douglas Lacerda/Edgar do Cavaco/Rafael Brito); "Pretexto" e "Você não tem noção" (ambas de Ah! Mr. Dan/Thiaguinho); "Ainda gosto de você" (Riquinho), "Dependente" (Allan Lima/Suel), "Assim você mata o papai" (Nicco Andrade); "Eu nunca amei assim" (Arnaldo Saccomani/Cacá Moraes/Thaís Nascimento), "Sem radar" (Marcus Menna); "Toca um samba aí" (Marcelo Marrom), "Eu quero me casar" (Silvano Junior), "Tipo Fiona" (Jairinho Delgado/Faber Moraes) e "Vamo apostá" (Caco Nogueira).

15. Compositores: "Se eu pudesse" (Marcelinho Arte/Tiago Alexandre), "Deixa em Off" (Benício Neto/Junior Gomes/Vinicius Poeta) e "Cobertor de orelha" (Leíz/Rafinha RSQ).

16. Compositores: "Eternamente" (Regis Danese/Luiz Cláudio), "Quem será" (Belo/Aloysio Reis/Torcuato Mariano), "Perfume" (Júlio Borges/Umberto Tavares), "Do nada" (Jefferson Júnior/Anitta/U. Tavares), "Noites traiçoeiras (Deus está aqui)" (Carlos Papae) e "Pura adrenalina" (Fogaça/Prateado/Alexandre Lucas).
17. Compositores: "Vem me amar (Ámame)" (Cynthia Nilson/Dario Moscatelli), "Só por um momento" (Betinho Marques/João Junior), "Cigano" (Alexandre Pires/Luis Silva), "Usted se me llevó la vida" (Donato Poveda/Estefano Salgado); "Tua cara" (Arnaldo Saccomani/Thaís Nascimento), "O grande amor da minha vida" (Jefferson Farias/Nino Xypolitas); "Quer casar comigo?" (Valtinho Jota/Alex Culin); "Sonhos e planos (Sou eu)" (Pedro Felipe/Thiago Silva) e "Tarde ou cedo" (Douglas Lacerda/Filipe Duarte/Rodriguinho).
18. Compositores: "Insegurança" (Valtinho Jota), "Saudade arregaça" (Junior Gomes/Renno Poeta/Vine Show/Vinicius Poeta), "Nem de graça" (Filipe Labre/Hiago Vinicius/Juliano Tchula/Vine Show); "Livre pra voar (Quando a gente se encontrar)" (Rodriguinho/Thiaguinho), "Tá vendo aquela lua" (Pezinho/Thiaguinho), "Preciso desabafar" (Mauricinho); "Linguagem dos olhos" (André Renato/Charlles André); "Sou o cara pra você" (Thiaguinho/Gabriel Barriga), "Ponto fraco (Só vem)" (Fabinho Rodrigues/Gaab Fernando/Lucas Morato) e "A fila anda" (Ah! Mr. Dan/Dudu Borges/Thiaguinho).
19. Compositores: "Já que você não me quer mais" (James Lima), "Refém" (Pedro Felipe/Thiago Silva), "Péssimo negócio", "Sogra" (Dilsinho/Bruno Cardoso/Michel Fujiwara) e "Baby, me atende" (Igor Costa/Matheus Fernandes/Rodrigo Reys).
20. BRÊDA, Lucas. "Prazer, sou o Ferrugem." *Folha de S.Paulo*, 13 ago. 2019. Compositores: "Já que você não me quer mais" (James Lima); "Climatizar" (Tiee), "Pirata e tesouro" (André Renato/Marquinho Índio), "Pra você acreditar" (Cleitinho Persona/Lucas Morato), "Atrasadinha" (Diego Barão/Leo Brandão/Wynnie Nogueira) e "Dois copos" (Igor Califa/L7nnon/Papatinho).
21. Compositores: "Patricinha" (Valdo Rodrigues); "Mentirosa" (Antônio Rios Epifânio/Juan Ramón Ledesma/Marcos Daniel Bustamante) e "Teresa Bandolera" (Jeová de Carvalho); "Declaração de amor" (Chrystian Lima/Edu Lupa), "Dois amores, duas paixões" (Beto Cajú), "Manchete dos jornais" (Chrystian Lima/Ivo Lima) e "Por que te amo (Pride — in the name of love)" (U2 — v: Gilton Andrade).
22. MARCELO, Carlos e RODRIGUES, Rosualdo. *O fole roncou*. Rio de Janeiro: Jorge Zahar, 2012, p. 403.
23. Compositores: "Chupa que é de uva" (Elvis Pires/Richardson Maia/Rodrigo Mell); "Se não valorizar (Umbrella)" (Stewart/Carter/Harrell/Nash — v: Solange e Zélia Santt), "Se deu mal (Criminal)" (Martin/Shellback/Amber — v: Cristian Lima/Elvis Pires/Rodrigo Mell) e "Se deu mal" (Cristian/Elvis/Mell).
24. GIANNETTI, Cecília. "Os homens que copiavam." *Revista O Globo*, 27 mar. 2011.

25. BALLOUSIER, Anna Virgínia e SÁ PESSOA, Gabriela. "Respeita o Safadão." *Folha de S.Paulo*, 8 nov. 2015.
26. Compositores: "Ar-condicionado no 15" (Junior Gomes/Vine Show/Renno), "Só pra castigar" (Diego Silveira/Anitta/Henrique Castro), "Romance com safadeza" (Junior Angelim/Junior Pepato/Anitta/Rafael Borges/Thales Lessa), "Camarote" (Jota Reis/Neto Barros), "Aquele 1%" (Benício Neto/Vinicius de Oliveira), "Na cama que eu paguei" (Bruno Mandioca/Elvis Elan/Henrique Casttro/Maykow Melo), "Você partiu meu coração" (Jefferson Junior/Romeu R3/Umberto Tavares), "Coincidência não existe" (Nicco Andrade), "Pancadão frenético" (Jalbino/Marcelinho Black/Nilton Maia) e "Ele é ele, eu sou eu" (Dyeguinho Silva/Fabio Garrafinha/Lucas Almeida/Rod Balla).
27. Compositores: "Não deixo não" (Meirinho/Diego Ferreira/Everton Matos/Guilherme Ferraz/Thiago/Rafael Quadros/Ray Antônio/Sando Neto); "Quatro sorrisos" (Gabriel Agra/Philipe Pancadinha/Vitor Hugo), "Quem me dera" (Anderson Valente/Romim Mata/Thalison/Walber Cassio/Xuxinha); "Já era" (DJ Ivis/Dyeguinho Silva/Jack Pallas/Val Lima), "Um beijo pra você" (Django/Léo Targino/Rob Tavares); "Não era pra te amar" (Paula Mattos/Renato Moreno) e "Planeta de Cores" (Carlinhos Gabriel).
28. Compositores: "Moça do espelho" (Tierry Coringa), "Investe em mim" (Bruno Caliman/Dil Meireles/Wesley Santos); "Jenifer" (Junior Lobo/Allef Rodrigues/Juninho Avelar/Fred Willian/Thallys Gui/João Pala/Leo Sousa/Thawan Alves); "(Eu tô gostando de uma) Prostituta" (Yltinho Moreno); "Tá rocheda" (Felipe Amorim/Taciana Gomes), "Recairei" (Jimmy Luzzo/Lucianno Lima/Shylton Fernandes/Thiago Rossi), "Basta você me ligar" (DJ Ivis), "Amor da despedida" (Jeff da Sanfona/Kito/Matheus Junio); "Meia-noite" (Valter Danadão/Zé Malhada) e "Morena" (Felipe Pasoli).
29. Compositores: "Esquema preferido" (DJ Ivis/Jack Pallas/Samyr Coelho/Valter Danadão).
30. Compositores: "Acaso" (Luan Gaiato), "Não, não vou" (Jota Reis/Rafael Leal/Vitinho Poeta), "Cidade inteira" (DJ Ivis/Val Lima) e "Romance desapegado" (Ellen Nery/Mari Castro/Rafa Medeiros/Ruan Lima).
31. Houve ainda um precursor deles todos, o paraense Anormal do Brega, "o advogado-cantor", que costumava entrar em cena dentro de um caixão.
32. Compositores: "Batom" (Joe Dark Angel), "Milk shake" (Valdeci José) e "Estou apaixonado" (Louro Santos).
33. Compositores: "Baby doll" (Louro Santos), "Amor de rapariga" (Mesq/Rafaella Liz), "Vou calar sua boca" (Jorge Silva do Recife), "Obsessão" (Elvis Pires/Keka), "Me guardei pra você" (Esdras Dias/Léo Gomes), "Diário" (Zeca Pinheiro), "Ânsia" (Esdras), "Tentativas em vão" (Cabeção do Forró/Raniere Mazille/Zé Hilton), "Opinião" (Renato Moreno), "Primeira Vez" (Anselmo Ralph), "Homem é tudo igual" (Danadão) e "Romeu e Julieta" (Ivano Cosme).

34. Compositores: "Fase ruim" (MC Jorginho), "Só dá tu" (Elvis Pires), "Bateu a química" (Marcibrom) e "Minha mulher não deixa não (Vou não, quero não)" (Kleber Lapada/Reginho).
35. Compositores: "Sem ela saber" (Kayky Ventura) e "Onde estás" (George Carlos de barros/Lipinho Dantas/MC Farma/MC Tocha).
36. Compositores: "Tudo azul" (Jailton Barbosa), "Moreninha, meu amor" (Carlos Freitas/Lyon), "Minha Doblô" (Kardec/Franklin Fiuza), "Volte amor" (Waldômio) e "Arrocha" (Anjinho/Pedro Guedes).
37. Compositores: "Amor de carnaval" (Bruno/Felipe), "Vai dar namoro" (Chico Amado/ Dedé Badaró), "Ficar por ficar" (Everton Matos/Jairo Góes/Rivanil), "Amor não vai faltar" (Marco/Mário) e "Vidro fumê" (Kaliman Chiappini/Carlos Colla).
38. Compositores: "Leilão" (Chrystian Lima/Ivo Lima), "Tarde demais" (Dorgival Dantas), "Como um anjo" (Lucas Robles/Roberto Merli); "Chora, me liga" (Euler Coelho), "Deixaria tudo (Dejaria todo)" (Estafano Salgado/Lucas Robles), "Deixa a gente quieto" (Michel Alves/Rafael Torres/Ruan Soares), "Alô, ex-amor" (Blener Maycon/Humberto Jr./Montenegro/Moura/Tunico) — esta com a dupla Humberto & Ronaldo.
39. Compositores: "Tô de cara" e "Meteoro" (ambas de Sorocaba), "Escreve aí" (Bruno Caliman/Douglas César/Dudu Borges/Luan Santana), "Acordando o prédio" (Douglas César), "Vingança" (Douglas César) e "Quando a bad bater" (Luan Santana).
40. Compositores: "Sosseguei" (Thallys Pacheco), "Pergunta boba" (Nuto Artioli), "Amo noite e dia" (Humberto), "Tijolão" (Diego Silveira/Lari Ferreira/Rafael Silva), "Cheirosa" (Júnior Angelim), "Ranking" (Diego Silveira/Lari Ferreira/Rafael Borges/Thales Lessa), "Lance individual" (Diego/Lari/Junior Pepato/Rafa Borges); "Dói só de pensar" (Jonathan Felix/Michel Alves/Ruan Soares) e "Depois da briga" (Gustavo Moura/Matheus Mattos/Rafael).
41. Compositores: "Foi você quem trouxe (I want to know what love is)" (Brandoff/Mick Jones — v: Hudson/Eduardo Mota) e "Por te amar assim (Por amarte así)" (Alejandro Montalban/Eduardo Reyes — v: Marlon/Maicon/Lucas Robles).
42. JÚNIOR, José Flávio. "Sertanejo visionário." In: FERNANDO & SOROCABA. *Ainda existem caubóis: A saga da dupla que transformou o sertanejo no ritmo mais ouvido do país*. São Paulo: Paralela, 2017, p. 18 e 19.
43. BITTENCOURT, Bruna. "Mais pop, sertanejo domina o mercado." *Folha de S. Paulo*, 4 mai. 2010.
44. Compositores: "É tenso" (Caco Nogueira/Thiago Servo), "Terapinga" (Luiz Henrique/Vine Show/Mayara Prado/Willan dos Santos), "Só não divulga" (Felipe Kef/ Kaíque KeF/Rodrigo Marco/Sorocaba), "Bobeia pra ver" (Caco Nogueira/Sorocaba); "A fila andou" (Alexandre Peixe/Beto Garrido); "Ciumenta" (Tche do Swing), "Chora, me liga" (Euler Coelho) e "Paga pau" (Sorocaba).

45. JÚNIOR, José Flávio. "Sertanejo visionário." In: FERNANDO & SOROCABA. *Ainda existem caubóis: A saga da dupla que transformou o sertanejo no ritmo mais ouvido do país*. São Paulo: Paralela, 2017, p. 21.
46. LICHOTE, Leonardo. "Sertanejos, século XX." *O Globo*, 29 mar. 2010.
47. Compositores: "Humilde residência" (Fernando/Luiz Henrique/Malcom Lima/Tiago Marcelo), "Bará bará bere berê" (Dorgival Dantas) e "Chocolate quente" (Marco Aurélio/Paula Matos).
48. Compositores: "Fui eu" (Michael Sullivan/Paulo Massadas), "Mentes tão bem (Mientes tan bien)" (Leonel Garcia Nuñes/Nahuel Rodriguez — v: Luiz Cláudio), "Se for pra judiar" (Gusttavo Lima), "O defensor" (Dyliel/Marco Aurélio); "Roela do Eno" (Jovelino Lopes/Teodoro/Sampaio), "O pitoco" (Lourival Ferro/Agnaldo Moraes), "A gostosona" (João Gonçalves/José Victor), "Mulher chorona" (Vanderlei Rodrigo/Teodoro/Sampaio); "Meu chacundum" (Gino), "Boi do saco roxo" (João Marques/Gino); "Nóis não vive sem muié" (Bráulio Carvalho/Tarcísio Cardoso) e "Tá ruim, mais tá bão" (Gilberto/Gilmar).
49. Compositores: "Você mudou" (Boiadeiro/Sandro Lemes); "Caso indefinido" (Maraísa/Diego Damasceno/Junior/Paulo/Thales Lessa), "Balada" (Cassio Sampaio), "Apelido carinhoso" (Junior Angelim), "Homem de família" (Diego Ferreira/Everton Matos/Guilherme Ferraz/Gustavo Martins/Thiago/Ray Antônio), "Cem mil" (Gusttavo Lima/Tiery), "A gente fez amor" (Blener Maycon/Denner Ferrari); "Vai vendo" (Flavinho do Kadet/Lucas Lucco/Magno Sant'Anna/Tierry Coringa), "Mozão" (Luca Lucco/Wilibaldo Neto); "Oi" (Bruno Caliman); "Made in roça" (Dayane Camargo/Everton Matos/Gustavo Martins/Lara Menezes/Ray Antônio/Victor Gabriel/Henrique Batista); "Impressionando os anjos" (Dennis Andrade/Gustavo Mioto), "Com ou sem mim" (Edu & Renan Valim/Gustavo Mioto); "(Você merece) Cachê" (Jota Reis/Neto Barros/Conde Macedo); "Amor da sua cama" (Felipe Araújo/Thales Lessa/Waléria Leão); "Pronto, falei" (Eduardo Costa); "Perfeitinha" (Diego Barão/Jota Reis/Lucas Medeiros), "Só tem eu" (Gabriel Cantini/Lucas Medeiros/Marco Esteves/Shylton) e "Tijolinho por tijolinho" (Daniel Caon/Junior Gomes/Vinicius Poeta).
50. Compositores: "Liga lá em casa" (Ray), "Pergunte ao dono do bar" (Marquinhos Paz/Carlos Maia/Manoel Mello), "Laço aberto" (Darci Rossi/Serginho Sol/Alexandre/Carlos Eudardo) e "Um degrau na escada" (Carlos Colla/Zé Henrique/Serginho Knust/Marcelão).
51. AZEVEDO, Victória. "Aos 22, Marília Mendonça vira a artista mais ouvida do país." *Folha de S. Paulo*, 15 dez. 2017.
52. Compositores: "Eu sei de cor" (Junior Pepato/Elcio Di Carvalho/Danillo D'Ávilla/Anitta).
53. CALCAGNO, Victor. "Marília Mendonça, a Rainha da Sofrência", *Época*, 16 jul. 2018.

54. Compositores: "De quem é a culpa?" e "Amante não tem lar" (ambas de Marília Mendonça/Juliano Tchula); "Bebi, liguei" (Gabriel Agra/Philipe Pancadinha/Thales Lessa/Victor Hugo), "Todo mundo vai sofrer" (Diego Silveira/Junior Gomes/Lari Ferreira/Renno Poeta), "Supera" (Hugo Del Vecchio/Montenegro/Moura/Tunico) e "Graveto" (Edu Moura/Matheus Di Pádua)/Normani Pelegrini).
55. Compositores: "Meu violão e nosso cachorro" (Nivardo Paz/Simaria Mendes), "Regime fechado" (Vinicius/Jenner Melo/Juan Marcus/Natanael Silva/Samuel Alves/Thiago Alves), "Foi pá pum" (Daniel Caon/Juan Marcus); "10%" (Danillo D'Ávilla/Gabriel Agra), "Medo bobo" (Junior Pepato/Maraísa/Benício Neto/Juliano Tchula/Vinicius de Oliveira), "Aí eu bebo" (Alcebias Flausino/Arthur Castro/Kauã Rodrigues/Matheus Mattos/Paulinha Gonçalves); "Quem vê cara não vê coração" (Fábio Garrafinha/Paula Mattos); "Quero você do jeito que quiser" (Maiara/Maraísa/M. Mendonça); "A culpa é dele" (Marília Mendonça), "Quero do jeito que você quiser' (M. Mendonça/Simone & Simaria) e "50 reais" (Bruno Mandioca/Alex/Maykow Melo/Naiara Azevedo/Waléria Leão).
56. ESSINGER, Silvio. "Zé Neto & Cristiano desbancam feminejo." *O Globo*, 26 ago. 2018.
57. Compositores: "Seu polícia" (Junior Angelim), "Largado às traças" (André Vox/Victor Hugo/Philipe Pancadinha), "Derreter a aliança" (Rodrigo Reys/Willian dos Santos), "Mulher maravilha" (Nando Marx/Dayane Camargo/Douglas Mello/Victor Hugo/Flavinho Tinto/Lara Menezes/Philipe Pancadinha), "Status que eu não queria" (Emerson Coelho/Vinicius/Juliano Tchula/Juan Marcus/Natanael Silva), "Notificação preferida" (Junior Gomes/Vine Show/Alvino Alves), "Alô, Ambev" (Bruno Sucsso/De Ângelo/Gabriel Agra) e "Barzinho aleatório" (Cristhyan Ribeiro/Douglas Mello/Flavinho Tinto/Nando Marx).
58. "Vidinha de balada" (Diego Silveira/Lari Ferreira/Nycollas Damasceno/Rafael Borges), "Volta por baixo" (De Ângelo/Gabriel Agra/Thales Lessa), "Briga feia" (Cristhyan Ribeiro/Felipe Kef/Kaiue Kef/Rodrigo Marco) e "Liberdade provisória" (Elvis Elan/Henrique Casttro); "Que sorte a nossa" (Dyerys de Paula Mattos/Fernando Paloni/Luiz Henrique), "Vou ter que superar" (Pira/Vitor Ribas), "Quarta cadeira" (Leandro Rojas/De Ângelo/Nycollas Damasceno), "Litrão" (Matheus Aleixo/Diego Silveira/De Ângelo/Rapha Lucas) e "Nem docu" (Diego Silveira/Mateus Marcolino/Thales Lessa/Gabriel Agra/De Ângelo); "3 batidas" e "Pulei na piscina" (ambas de Douglas Mello/Flavinho Tinto/Gui Artioli/Nando Marx/Nuto Artioli), "Declaração pro bar" (Gui & Nuto Artioli); "Saudade nível hard" (Dayane Camargo/Lara Menezes/Philipe Pancadinha/Victor Hugo) e "Para, pensa e volta" (Allan Coração/Marcelo Campos/Yasmin Santos).
59. DINIZ, Pedro. "Você mudou." *Folha de S. Paulo*, 1º jul. 2017.
60. Ibidem.
61. RIBEIRO, Eduardo. A história do tamborzão, a levada que deu cara ao ritmo do funk carioca. Disponível em: <https://www.vice.com/pt_br/article/rjm9ak/a-histo-

ria-do-tamborzao-a-levada-que-deu-cara-ao-ritmo-do-funk-carioca>. Acesso em: 6 jul. 2019.

62. Compositores: "Cerol na mão" (DJ Alex/Leandrinho (Tigrão)/Marcão), "O baile todo" (Mãozinha/Leandrinho (Tigrão)/Umberto Tavares/Victor Junior), "Tchutchuca" (Leandrinho); "I feel vinho" (James Brown — adp: Jairo/Leco) e "Tradução" (Jorge/J. Patrocínio/Kleber Martiniano); "Pique tá" (MC Maikinho), "Três tenores" (Maicon); "Planeta dominado" (Carlos Lemos/MC Mazinho/Sandro Mora Mal).
63. ABREU, Gilberto de. "Bonde a toda velocidade." *Jornal do Brasil*, 18 fev. 2001; FILGUEIRAS, Mariana. "Pesquisador desvenda as lendas do funk." *O Globo*, 27 jul. 2014.
64. ESSINGER, Silvio. *Batidão: Uma história do funk*. Rio de Janeiro: Record, 2005, p. 202.
65. A música "Tapinha" é de MC Naldinho/Dennis DJ, lançado com MC Bela. Depois, hit com MC Beth.
66. PICHONELLI, Matheus e BÄCHTOLD, Felipe. "Para juiz, 'Tapinha' descreve humilhação contra a mulher." *Folha de S. Paulo*, 29 mar. 2008.
67. Compositores: "Vai, danada" (MC Pardal/Jullio Mixx/Heraldo DJ); "Dança da motinha" (Dennis DJ/MC Beth) e "Pikachu" (MC Vanessinha/DJs Disco Dance).
68. ESSINGER, Silvio. *Batidão: Uma história do funk*. Rio de Janeiro: Record, 2005, p. 216.
69. Canções citadas autorais de Mr. Catra, incluindo "Ô simpático" (com DJ Paulinho Cabeção e Rodrigo Jordão) e "Cachorro" (Marquinho).
70. NOVAES, Dennis. "Um ano sem Mr. Catra, o fiel", 9 set. 2019. Acesso em <https://kondzilla.com/m/um-ano-sem-mr-catra-o-fiel>. Acesso em: 06/05/2021.
71. Compositores de alguns citados: "Som de preto" (Amilcka/MC Chocolate/MC Baby); "Atoladinha" (Bola de Fogo/MC Sandrinho); "Vira de ladinho" (Andinho/MC Geleia), "Sabãozinho" (MC K9/Wagner/MC Tigão), "Bota o tambor pra tocar" (Dingo/Márcio G) e "Beijo na boca" (Luizinho Maluku/MC Cepacol).
72. Compositores: "Um pente é um pente" (MC K9/ Malvado/Mano Leo/Selminho DJ), "É o pente" (Tomzão/Yuri Hawaiano), "Sou foda" e "Sou delas" (ambas de Vitinho Avassalador).
73. Compositores: "Atola" (Bola de Fogo), "Conspirador" (DJ Marcos/MC Jack/MC Chocolate).
74. ASSEF, Cláudia. "Celebrada por Diplo e sampleada por M.I.A., Deize Tigrona trabalha como gari no Rio, mas quer viver da música", *Music Non Stop*, 14 jun. 2016. Disponível em: <https://musicnonstop.uol.com.br/com-faixas-lancadas-com-diplo-e-sampleada-por-mia-deize-tigrona-da-duro-como-gari-no-rio-mas-volta-com-musica-nova/>. Acesso em: 6 jul. 2019.
75. Compositores "Vem, neném" (MC Pardal), "Se marcar (eu beijo mesmo)" (MC Nem/ DJ Batata/ Wagner) e "Vem, Cristiano" (Pardal/Cula), "Um otário pra bancar" (Valesca), "Late que eu tô passando" (Fugico Jr/Coringa/Pardal/San

Danado) e "Agora eu tô solteira (Agora eu sou piranha)" (Pardal/Deejay Lucca), "My pussy (é o poder)" e "Quero te dar" (ambas de DJ Dedé Mandrake/Pardal), "Lanchinho da madrugada" (Os Magrinhos [Ricardo Barros]) e "Resposta do lanchinho" (Pardal).

76. CRONIN, Sarah. "A história do passinho e sua chegada às Olimpíadas de 2016." Trad. Fernanda Lima. *RioOnWatch*. Disponível em: <https://rioonwatch.org.br/?p=21737>. Acesso em: 14 ago. 2021.

77. Compositores: "Me ama — Mama" (prod. de MC Pardal), "Beijinho no ombro" e "Eu sou a diva que você quer copiar" (ambas de MC Pardal/André Vieira/Wallace Viana), "Bailão" (Jane), "Tremendo vacilão" e "Eu vou" (ambas de Mãozinha/R. Araújo/S. Marques).

78. Funks de MC Carol: "Propaganda enganosa" (com Diego Conceição/Leo Justi), "Meu namorado é mó otário", "Mamãe da putaria" (com Taty/Leo/MC Tchelinho), "Delação premiada" (com Leo Justi), "Desabafo", "100% feminista" (com Karol Conká/Leo/Laudz/Zé Gonzales) e "Não foi Cabral" (com Leo).

79. Compositores: "Fala mal de mim" (Ludmilla/MC Roba Cena), "Dona de mim" (Arthur Marques), "Vem amor" (Ludmilla), "Hoje" e "Bom" (ambas de Jeffesron Junior/Umberto Tavares) e "Morrer de viver" (Arthur Gaboardi).

80. Compositores de "Verdinha": Walshy Fire/Topo/Ludmilla/Helder Vilas Boas. A faixa é interpretada também pelos dois primeiros.

81. Compositores: "Eu vou ficar" (Dexter), "Meiga e abusada", "Bang", "No meu talento" e "Deixa ele sofrer" (todas de Jefferson Junior/R. Araújo/Anitta), "Cobertor" (Projota/Dan/Cine (Banda)/DJ Dash) e "No meu talento" (Anitta/Jefferson Junior/Umberto Tavares).

82. Compositores: "Loka" (Kayky Ventura/Rafinha/Simaria Mendes/Pirralhinha), "Você partiu meu coração" (Jefferson Junior/Umberto Tavares/Romeu R3), "Switch" (King/Kelly/Segerstad/Martin/Wallace/Hawkins/Owens/Simmonds), "Sua Cara" (Jong de Boaz/Giordano/Arthur Marques/Jefferson Junior/Umberto Tavares/Anita/Paulo Bispo/Rashid Badloe/DJ Gorky/Diplo), "Will I see you" (Baker Elijah Dog/Youri Stege Ter/Pooh (US 4) Bear/Anitta), "Is that for me" (Alesso/Pooh (US 4) Bear/Anitta), com o DJ; "Downtown" (Sky/J. Balvin/J. Quiles/Anitta) e "Vai, malandra" (Laudz/MC Zaac/Zé Gonzales/Anitta/DJ Yuri Martins).

83. Compositores: "Romance com safadeza" (Junior Pepato/Júnior Angelim/Anitta/Rafa Borges/Thales Lessa), "Fica tudo bem" (Silva), "Ao vivo e a cores" (Lucas Santos/Kauan/Rafael Torres). "Eu quero tchu, eu quero tcha" (Shylton Fernandes), "Adultério" (paródia de Mr. Catra para "Tédio", de Biquíni Cavadão), "Sou foda" (Vitinho Avassalador) e "Faz gostoso" (Mantus/Emanuel Sabino/Karla Rodrigues/Luiz Vieira/Madonna/Tyoz/Stego).

84. Compositores: "Faz gostoso" (Duarte Nuno Carvalho/Emanuel Oliveira/Karla Rodrigues /Madonna/Mateus Seabra/MC Zuka/Rodrigo Carmo).

85. Compositores: "Desce pro play (Pa pa pa)" (Arthur Marques/Bibi/Gorky/Maffalda/MC Zaac/Pablo Bispo/Tyga/Zebu), "Combatchy" (André Vieira/Pedro Breder/Romeu R3/Wallace Vianna), "Só depois do carnaval" (Anderson Brito/André Vieira/Pedro Breder/Wallace Vianna); "Braba" (Aisha/Arthur Marques/Diego Timbó/DJ Thai/Luísa Sonza), "Modo turbo" (Arthur Marques/Diego Timbó/Luísa Sonza/Rafinha RSQ), "Ao som do 150" (MC Lekão), "Repara" (Kevin O Chris/Lekão); "Sapequinha" (André Vieira/Pedro Breder/Wallace Vianna), "Bate palma" (Jefferson Junior/Romeu R3/Umberto Tavares), "Chama ela" (Lexa/Pablo Bispo/Pedro Sampaio/Ruxell/Sérgio Santos) e "Sentadão" (Felipe Original/JS/Pablo Bispo/Pedro Sampaio/Ruxell/Sérgio Santos).
86. RAVACHE, Guilherme. "Anita 'trapaceou' no Spotify tanto quanto outros grandes artistas", *Uol*, 17 abr. 2022. Disponível: <https://www.uol.com.br/splash/colunas/guilherme-ravache/2022/04/17/anitta-trapaceou-no-spotify-tanto-quanto-outros--grandes-artistas.htm>. Acesso em: 7 jul. 2022.
87. Canções 100% autorais, exceto "Megane" (Boy do Charme/Coruja BC1/Joker) e "É charme chave" (Boy do Charmes/MC 2N).
88. KÜCHLER, Adriana. "Moleque ostentação." *Serafina (Folha de S. Paulo)*, 29 jul. 2014.
89. Compositores: "Tumbalatum" (MCs Davi/Kevinho), "Olha a explosão" (MC E-Z), "Tá tum tum" (Kayky Ventura/Rafinha RSQ), "Rabiola" (MC Kevinho/André Vieira/Breder/Wallace Viana), "O grave bater" (JHEF), "As novinha tão sensacional" (MC Romântico/DJ Bambam), "Agora é tudo meu" (MC Kevinho/Junior/Gabriel Cantini/Kleber Paraíba), "Bumbum granada" (MC Zaac/Jerry Smith) e "Vai embrazando" (MC Zaac/MC Vigary).
90. KOTSCHO, Ricardo. "MC Fioti bate recorde com funk inspirado em Bach." *Folha de S. Paulo*, 16 out. 2018.
91. Compositores: "Piriguete" (Favela Blanco), "Água na boca" e "Química" (Romeu R3/Jefferson Junior/Ronaldo/Umberto Tavares).
92. Compositores: "Oh, Juliana" (MC Niack), "Na raba toma tapão" (MC Fioti/MC Niack/MC Pikachu), "Te prometo" (Dennis/MC Maike/Rodrigo Félix), "Vai ter que aguentar" (Diego Barão/Lucas Medeiros), "Liberdade (Quando o grave bate forte)" (Alok/Lucas Medeiros/MC Don Juan/Tinho Wt) e "Bipolar" (MC Davi).
93. Compositores: "Dois corações" (DJ Serginho/MC Metal), "Melô do amigo safado" e "Posição da rã" (ambas de MC Cego) e "Gera bactéria" (Biel XCamoso/Elloco/MC Lucy/Schevchenko).
94. Composições autorais, exceto "Amor falso" (Felipe Ennzo/MC Rogerinho/Walber Cassio), Surtada" (Dadá Boladão/Classa/Tati Zuqui), "Tome na pepeka" (Gabriel do Borel/Shevchenko), "Hit contagiante" (Felipe Original/Kevin O Chris), "Preta do cabelo cacheado" (Neto Koringa/MC TH CDM) e "Jogo do amor" (MC Bruninho/Léo Nascimento).

95. EIRAS, Yuri. "Como o 150 BPM se tornou o ritmo dominante do funk carioca", portal Vice, 12 jun. 2018. Disponível em: <https://www.vice.com/pt_br/article/ywexvx/como-o-150-bpm-se-tornou-o-ritmo-dominante-do-funk-carioca>. Acesso em: 6 jul. 2019.
96. BRÊDA, Lucas. "A todo vapor." *Folha de S. Paulo*, 6 mai. 2019 e "O ano do funk", 27 dez. 2019. Composições de Kevin o Chris: Vamos pra Gaiola" (com FB do Trem Bala); "Ela é do tipo", "Evoluiu" (com Sodré), "Hit contagiante" (com Felipe/JS/Sodré) e "Tipo gin".
97. Compositores: "Agora é tudo meu" (Junior/Gabriel Cantini/MC Kevinho/Kleber Paraíba) e "Hoje eu vou parar na Gaiola" (MC Pardal/MC Livinho/Ruan Marcos).
98. Compositores: "Indomável" (PK/Donatto/Umberto Tavares), "Do jeito que tu gosta" (PK/Ludmilla/Jefferson Junior/Umberto Tavares), "Escandalosa" (Dougie Ribeiro/Luciano Chaves/Rodrigo/Tiê Castro/Victor Reis), "Tudo de bom" (Romeu R3/Jefferson Junior/Umberto Tavares) e "Bala love" (DJ LV MDP/DJ PH da Serra/MC Anjim).
99. BALLOUSISIER, Anna Virgínia e BARBOBN, Júlia. "Prisão de DJ Rennan da Penha reabre debate sobre atrito entre funk e polícia." *Folha de S. Paulo*, 28 mar. 2019.
100. Compositores: "Bem nessa" (Baze/Thaíde/Gibs/Negro X/Fornazier), "Dr. Destino" (Baze/Da Guedes/DJ Deeley/Negro X/Niltro Di) e "Dona Maria" (Rappin Hood/Johnny M.C./Leci Brandão).
101. Compositores: "Se tu lutas, tu conquistas" (Cris/Sombra/Bastardo), "Senhorita" (Cabal/Lino Crizz/Humberto Arruda) e "Castelo de madeira" (Afari MC/Fe Paschoal/Francielle/Henrique Oliveira/Leo Cunha/Lola/Mary Jane/Raphael Braga/Auri).
102. Compositores: "Melô do piratão" (De Leve/DJ Castro), "Madruga!" (Shawlin/Matéria-Prima) e "Rap do calote" (Bruno Marcus/Shawlin/De Leve), "Eu rimo na direita" (De Leve/MC Marechal), "Largado" (De Leve/MC Marechal), "A lenda" (DJ Castro/De Leve/MC Marechal), "Temporada de caça" (Cabal/Danilo Vitorino/Mr. Bomba) e "Vai tomar no cu, Cabal" (Gutierrez/MC Marechal).
103. Compositores: "Naquela sala" (Cleber), "Na moral" (Rael/Apolo/DJ Kiko/Massao/Misário); "Envolvidão" (Nave/Rael), "Ela me faz" (Rael), "Sem jeito" (Deko/Gabriel Elias/Rael/Tales Mello de Polli), "Eu feat. você" (Diogo, Gabriela & Rodrigo Melim) e "Beijo B" (Rael).
104. Compositores: "Exército do rap" (DJ Primo/Junior Dread/Daniel Ganja Man/RZO/Negra Li).
105. PRETO, Marcus. "Depois de 20 anos no rap, Criolo lança primeiro álbum de canções." *Folha de S. Paulo*, 30 mar. 2011.
106. Composições de Emicida: "Dedo na ferida" (com Renan Samam), "Levanta e anda" (com Rael/K Salaam/Beatnick), "Zóião" (com DJ Zala/Felipe Vassão), "Hoje cedo" e "Ubuntu fristaili" (ambas com Felipe Vassão), "Mãe" (com Jacira/Leandro/Renan) e "Madagascar" (com Marcos "Xuxa" Levy).

107. Composições de Projota: "Acabou" (com Apolo), "Pelo amor" e "Desci a ladeira" (com Caíque), "Mulher" (com DJ Mayk Terceiro), "Ela só quer paz", "Muleque de vila" (com Dan/DJ Dash) e "Linda" (com Dan/DJ Dash/Vini Nallon).
108. Composições de Rashid: "Bilhete 2.0" (com Luccas Carlos/Nave), "Não é desenho" (com Skeeter), "Sobrou silêncio" (Pablo Bispo/Rashid/Ruxell/ Sérgio Santos) e "Pipa voada" (Emicida/Pablo Bispo/Rashid/Ruxell/Sérgio Santos).
109. Compositores: "Sem graça" (Pedro Qualy/Spivardi/Rodrigo Tuche/Spvic), "A praga" (Nox/Pedro Qualy/Spivardi/Spvic) e "Pra te convencer" (Pedro Qualy/Projota/Spinardi/Spvic/Wesley Camilo).
110. Compositores dos raps não exclusivamente autorais citados: "Corrida de ratos" (Rodrigo Ogi/Caíque), "Pretin" (Flora Matos/DJ LX/Leo Grijo), "Preta de quebrada" (Flora Matos/Willsbife), "Andei" (Lurdez da Luz/Marcelo Cabral/PG/Stefanie), "Se avexe não" (Tássia Reis/Dia/Casp/Robinho), "Papo reto" (Dani Nega/Felipe Julian), "Tombei" (Karol Conká/Laudz/Zé Gonzales), "É o poder" (os três últimos, mais Don Cesão/Duani) e "Dilúvio" (Carol/Tropkillaz).
111. Compositores: "Plaqtudum" (Derek/Dfideliz/Jé Santiago/Recayd Mob).
112. Compositores: "To voando alto" (Poze do Rodo), "Vida louca" (Poze do Rodo/Bielzin) e "A cara do crime" (Poze do Rodo/Bielzin/PL Quest/MC Cabelinho).
113. Compositores: "Montblanc" (CHF/MC Cabelinho/MD Chefe), "Rei Lacoste" (DomLaike/MD Chefe/Dr3w), "Tiffany" (Fp/MD Chefe), "Fragrância" (L7NNON/MD Chefe/Nagalli/PL Quest); "Anota placa" (Borges); "AK do Flamengo" (Borges/Flacko), "Bag da grife" (NGC Daddy), "Rolex" (BIN/OIK/Pep Starling/PL Quest) e "Debochando da mídia" (Ian Girão/L7NNON/MC Maneirinho). Ver matéria de ESSINGER, Silvio. "MCs atualizam o tema da ostentação em seus hits e garantem: 'Favelado também pode'." *O Globo*, 15 nov. 2021.
114. BALSEMÃO, Rafael. "Hoje a luta das pessoas é individual. Não vejo mais luta de classes", afirma Mano Brown, *Gaúcha ZH*, 1º nov. 2018.

Epílogo

1. Mercado musical mundial e brasileiro em 2018, relatório da Pró-Música Brasil, 09 abr. 2019.
2. Relatório da Pró-Música Brasil, Top 200 faixas em *streaming*, 09 abr. 2019.
3. Havia as paradas de sucesso criadas por empresas como A Grande Parada, do paulista Sebastião Ferreira da Silva, entre os anos 1960 e 80, as da Nopem, entre os 70 e 90, e outras de TV, como a de programas, como Globo de Ouro (TV Globo), que muitas vezes eram fabricadas em conluio com executivos das gravadoras, porém havia certos limites. Algo que salta aos olhos nas paradas mais antigas, por exemplo, é o ecletismo de tendências musicais que abrangem gostos de várias faixas etárias e sociais.

4. ZOCCHIO, Guilherme. "Nova música sertaneja pega carona na alta do agronegócio no Centro-Oeste." *Folha de S. Paulo*, 22 mar. 2018.
5. Entrevista de Fernando & Sorocaba ao programa Conversa com Bial, TV Globo, 27 jul. 2017.
6. Em 2022, uma artista como a popstar Lady Gaga tinha 52 milhões de seguidores no Instagram, enquanto Wesley Safadão, que só é conhecido basicamente no Brasil, tem 36 milhões e Anitta 62.
7. Anúncio feito por Kond em seu Instagram, em 22 jun. 2019.
8. Ranking das músicas mais tocadas.
9. Em 2020, para evitar os robôs, o Spotify criou o Marqee, uma ferramenta de recomendações patrocinadas exibidas em tela cheia.
10. FRANÇA, Vera Regina Veiga e VIEIRA, Vanrochris Helbert."Sertanejo universitário: expressão e valores de jovens urbanos no Brasil contemporâneo." In: GREGÓRIO, Rafael. "De Norte a Sul, por que afinal ouvimos tanto o que ouvimos?" *Folha de S. Paulo*, 15 dez. 2017.
11. BRÊDA, Lucas. "Brasileiros são os que mais ouvem a própria música entre todos os países", *DeltaFolha/Música Sem Fronteiras*, 14 out. 2019.
12. MENEZES, Thales de. "A parada de sucessos morreu." *Folha de S. Paulo*, 8 dez. 2019.

Bibliografia

ABI-RIHAN, Hilton. *Sambas enredos que marcaram o Brasil.* Rio de Janeiro: Luneta, 2001.

ALENCAR, Edigar de. *O carnaval carioca através da música.* v. 1. 5. ed. Rio de Janeiro: Francisco Alves, 1985.

ALEXANDRE, Ricardo. *Dias de luta:* o rock e o Brasil dos anos 80. 2. ed. Porto Alegre: Arquipélago Editorial, 2002.

ALONSO, Gustavo. *Cowboys do asfalto.* Rio de Janeiro: Civilização Brasileira, 2015.

ANDRADE, Mário de. *Dicionário musical brasileiro.* São Paulo: Instituto de Estudos Brasileiros da USP/Edusp, 1989.

ARAÚJO, Paulo Cesar. *Roberto Carlos em detalhes.* São Paulo: Planeta, 2006.

ASSEF, Claudia. *Todo DJ já sambou:* a história do disc-jóquei no Brasil. São Paulo: Music No Stop, 2017.

BAHIANA, Ana Maria. *Almanaque Anos 70.* Rio de Janeiro: Ediouro, 2006.

______. *Nada será como antes:* MPB Anos 70—30 anos depois. Rio de Janeiro: Senac Rio. 2006.

BOTTESELLI, João Carlos (Pelão) e PEREIRA, Arley (coordenação). *A música brasileira deste século por seus autores e intérpretes.* v.1 8. São Paulo: Sesc SP, 2003.

CABRAL, Sérgio. *Antonio Carlos Jobim:* uma biografia. Rio de Janeiro: Lumiar, 1997.

______. *Elisete Cardoso:* uma vida. Rio de Janeiro: Lumiar, 1994.

CABRERA, Antonio Carlos. *Almanaque da música brega.* São Paulo: Matrix, 2007.

CARLOS, Erasmo. *Minha fama de mau.* Texto final de Leonardo Lichote. Rio de Janeiro: Objetiva, 2008.

CASSOLI, Camilo, AGUIAR, Luiz Antonio e AGUIAR, Rodrigo. *Frevo, 100 anos de folia.* São Paulo: Timbro, 2007.

CASTRO, Ruy. *A onda que se ergueu no mar:* novos mergulhos na bossa nova. São Paulo: Companhia das Letras, 2001.

CAYMMI, Stella. *Dorival Caymmi:* o mar e o tempo. São Paulo: 34, 2001.

CAZES, Henrique. *Choro:* do quintal ao Municipal. São Paulo: 34, 1998.

DOLORES, Maria. *Travessia:* a vida de Milton Nascimento. Rio de Janeiro: Record, 2006.

DREYFUS, Dominique. *Vida do viajante:* a saga de Luiz Gonzaga. São Paulo: 34, 1996.

______. *O violão vadio de Baden Powell.* 2. ed., revista e ampliada. São Paulo: 34, 2020.

ENCICLOPÉDIA DA MÚSICA BRASILEIRA: popular, erudita e folclórica. 2. ed. São Paulo: Art Editora/Publifolha, 1998.

ECHEVERRIA, Regina. *Gonzaguinha & Gonzagão:* uma história brasileira. São Paulo: Leya, 2012.

ESSINGER, Silvio. *Batidão:* uma história do funk. Rio de Janeiro: Record, 2005.

______. *Punk:* anarquia planetária e a cena brasileira. São Paulo: 34, 1999.

FAOUR, Rodrigo. *Angela Maria:* a eterna cantora do Brasil. Rio de Janeiro: Record, 2015.

______. *Bastidores: Cauby Peixoto:* 50 anos da voz e do mito. Rio de Janeiro: Record, 2001.

______. *A bossa sexy e romântica de Claudette Soares.* São Paulo: Imprensa Oficial do Estado de São Paulo, 2010.

______. *História sexual da MPB.* Rio de Janeiro: Record, 2006.

FERNANDO & SOROCABA. *Ainda existem caubóis:* a saga da dupla que transformou o sertanejo no ritmo mais ouvido do país. São Paulo: Paralela, 2017.

GUERREIRO, Goli. *A trama dos tambores:* a música afro-pop de Salvador. 2. ed. São Paulo: 34, 2010.

LEE, Rita. *Uma autobiografia.* São Paulo: Globo Livros, 2016.

LOPES, Nei e SIMAS, Luiz Antônio. *Dicionário da história social do samba.* Rio de Janeiro: Civilização Brasileira, 2015.

MACEDO, Suzana. *DJ Marlboro na terra do funk.* Coleção Radiografia Carioca, n. 3. Rio de Janeiro: Dantes, 2003.

MARCELO, Carlos e RODRIGUES, Rosualdo. *O Fole roncou:* uma história do forró. Rio de Janeiro: Zahar, 2012.

MARIA, Julio. *Elis Regina: Nada será como antes.* São Paulo: Masterbook, 2015.

MARTINS, Franklin. *Quem foi que inventou o Brasil? Volume II — de 1964 a 1985.* Rio de Janeiro: Nova Fronteira, 2015.

______. *Quem foi que inventou o Brasil? Volume III — de 1985 a 2002*. Rio de Janeiro: Nova Fronteira, 2015.

MAZZOLA, Marco. *Ouvindo estrelas:* a luta, a ousadia e a glória de um dos maiores produtores musicais do Brasil. São Paulo: Planeta, 2007.

MIDANI, André. *Do vinil ao download*. Edição revista e ampliada. Rio de Janeiro: Nova Fronteira, 2015.

MONTEIRO, Denilson. *Dez, nota dez!*: Eu sou Carlos Imperial. São Paulo: Planeta, 2008/ nova edição 2015.

MOTTA, Nelson. *O som e a fúria de Tim Maia*. São Paulo: Objetiva, 2007.

NEPOMUCENO, Rosa. *Música caipira:* da roça ao rodeio. São Paulo: 34, 1999.

NOVAES, Adauto (org). *Anos 70/1:* Música popular. Rio de Janeiro: Europa Empresa Gráfica e Editora, 1979-80.

PÊRA, Sandra. *As tais Frenéticas:* eu tenho uma louca dentro de mim. Rio de Janeiro: Ediouro, 2008.

PINHEIRO, Paulo Cesar. *História das minhas canções*. São Paulo: Leya, 2010.

SANTOS, Alcino, BARBALHO, Gracio, SEVERIANO, Jairo e AZEVEDO, M. A. de (Nirez). *Discografia brasileira 78 rpm — 1902-1964*. v. 1. Rio de Janeiro: Funarte, 1982.

SEVERIANO, Jairo. *Uma história da música popular brasileira: Das origens à modernidade*. São Paulo: 34, 2008.

SEVERIANO, Jairo e HOMEM DE MELLO, Zuza. *A canção no tempo*. v. 1. São Paulo: 34, 1997.

______. *A canção no tempo*. v. 2. São Paulo: 34, 1998.

SOUZA, Tárik de. *MPBambas:* histórias e memórias da canção brasileira. v. 1. São Paulo: Kuarup, 2016.

______. *MPBambas: Histórias e memórias da canção brasileira*. v. 2. São Paulo: Kuarup, 2016.

______. *Sambalanço:* a bossa que dança, um mosaico. São Paulo: Kuarup, 2016.

______. *Tem mais samba*. São Paulo: 34, 2003.

TELES, José. *Do frevo ao manguebeat*. 2. ed. São Paulo: 34, 2012.

TEPERMAN, Ricardo. *Se liga no som:* as transformações do rap no Brasil. São Paulo: Claro Enigma, 2015.

TROTTA, Rafael. *O samba e suas fronteiras:* pagode romântico e samba de raiz nos anos 1990. Rio de Janeiro: Editora UFRJ, 2011.

Artigos citados

ABREU, Gilberto de. "Bonde a toda velocidade." *Jornal do Brasil*, 18 fev. 2001.

ALONSO, Gustavo e VISCONTI, Eduardo. "Dominguinhos e a 'invenção' do Nordeste cosmopolita." *Teoria e cultura*, Juiz de Fora, v. 13, n. 2, p. 198-210, jul./dez. 2018.

AZEVEDO, Victória. "Aos 22, Marília Mendonça vira a artista mais ouvida do país." *Folha de S. Paulo*, 15 dez. 2017.

BALLOUSIER, Anna Virgínia e SÁ PESSOA, Gabriela. "Respeita o Safadão." *Folha de S. Paulo*, 8 nov. 2015.

BALSEMÃO, Rafael. "Hoje a luta das pessoas é individual. Não vejo mais luta de classes", afirma Mano Brown. *Gaúcha ZH*, 1º fev. 2018.

BITTENCOURT, Bruna. "Mais pop, sertanejo domina o mercado." *Folha de S. Paulo*, 4 mai. 2010.

BRÊDA, Lucas. "A todo vapor." *Folha de S. Paulo*, 6 maio 2019.

______. "Brasileiros são os que mais ouvem a própria música entre todos os países." *DeltaFolha/Música Sem Fronteiras*, 14 out. 2019.

______. "O ano do funk." *Folha de S. Paulo*, 27 dez. 2019.

CALCAGNO, Victor. "Marília Mendonça, a Rainha da Sofrência." *Época*, 16 jul. 2018.

DINIZ, Pedro. "Você mudou." *Folha de S. Paulo*, 1º jul. 2017.

ESSINGER, Silvio. "MCs atualizam o tema da ostentação em seus hits e garantem: 'Favelado também pode'." *O Globo*, 15 nov. 2021.

FERREIRA, Mauro. "Abriram o túmulo do samba." *O Globo*, 5 mar. 1993.

______. "Zé Neto & Cristiano desbancam feminejo." *O Globo*, 26 ago. 2018.

FILGUEIRAS, Mariana. "Pesquisador desvenda as lendas do funk." *O Globo*, 27 jul. 2014.

GIANNETTI, Cecília. "Os homens que copiavam." Revista *O Globo*, 27 mar. 2011.

GIRON, Luís Antonio. "Cantora cabo-verdiana dispensa luxo." *Folha de S.Paulo*, 21 abr. 1994.

GREGÓRIO, Rafael Gregório. "De Norte a Sul, por que afinal ouvimos tanto o que ouvimos?" *Folha de S.Paulo*, 15 dez. 2017.

KOTSCHO, Ricardo. "MC Fioti bate recorde com funk inspirado em Bach." *Folha de S. Paulo*, 16 out. 2018.

KÜCHLER, Adriana. "Moleque ostentação." *Serafina (Folha de S. Paulo)*, 29 jul. 2014.

LICHOTE, Leonardo. "Sertanejos, século XX." *O Globo*, 29 mar. 2010.

LIMA, Denise. "Os Titãs dão adeus ao amor e só cantam temas políticos." *O Globo*, 19 set. 1986.

MACIEL, Nahima. "Biografia de Raphael Rabello narra a trajetória do gênio do violão." *Correio Braziliense*, 27 maio 2018.

MENEZES, Thales de. "A parada de sucessos morreu." *Folha de S.Paulo*, 8 dez. 2019.

MIGUEL, Antonio Carlos. "Isto é pagode pop — Mistura de samba com soul e funk cria nova sonoridade e conquista o grande público." *O Globo*, 29 mai. 1999.

PICHONELLI, Matheus e BÄCHTOLD, Felipe. "Para juiz, "Tapinha" descreve humilhação contra a mulher." *Folha de S. Paulo*, 29 mar. 2008.

PRETO, Marcus. "Depois de 20 anos no rap, Criolo lança primeiro álbum de canções." *Folha de S. Paulo*, 30 mar. 2011.

PITOMBO, João Pedro. "Pagode baiano ultrapassa Ivete e domina carnaval em Salvador." *Folha de S. Paulo*, 1º mar. 2019.

VIANNA, Luiz Fernando. "Herança maldita?" *O Globo*, 14 set. 2011.

ZOCCHIO, Guilherme. "Nova música sertaneja pega carona na alta do agronegócio no Centro-Oeste." *Folha de S. Paulo*, 22 mar. 2018.

Trabalho acadêmico

MACIEL, Antonio Francisco de A. *Carimbó, um canto caboclo*. Dissertação (Mestrado em Linguística) — PUC, Campinas, 1983.

Encarte de álbum

ESSINGER, Silvio. Texto do encarte do CD dos Raimundos da série *Warner 25 anos*, 2001.

Referências de internet

ALBUQUERQUE, GG. O nascimento do brega-funk é a história de sobrevivência dos MCs do Recife. *Vice*, 22 jun. 2020. Disponível em: <https://www.vice.com/pt/article/vbxkk3/historia-bregafunk-parte-1>. Acesso em: 13 ago. 2022.

ALLUCCI, Fernanda, ALLUCCI, Renata e VALENCIO, Ketty. Mulheres de palavra: um retrato das mulheres no rap de São Paulo. Governo do Estado de São Paulo, 2016. Disponível em: <http://mulheresdepalavra.com.br/ images/mulheresdepalavra.pdf>. Acesso em: 6 jul. 2019.

ASSEF, Cláudia. Celebrada por Diplo e sampleada por M.I.A., Deize Tigrona trabalha como gari no Rio, mas quer viver da música. *Music Non Stop*, 14 jun. 2016. Disponível em: <https://musicnonstop.uol.com.br/com-faixas-lancadas-com-diplo-e-sampleada-por-mia-deize-tigrona-da-duro-como-gari-no-rio-mas-volta-com-musica-nova/>. Acesso em: 6 jul. 2019.

CRONIN, Sarah. A história do passinho e sua chegada às Olimpíadas de 2016. Trad. Fernanda Lima. *RioOnWatch*, [s.d]. Disponível em: <https://rioonwatch.org.br/?p=21737>. Acesso em: 14 ago. 2021.

DICIONÁRIO CRAVO ALBIN DA MPB. Disponível em: <https://www. dicionariompb.com.br>. Acesso em: 10 set. 2021.

FUNDAÇÃO JOAQUIM NABUCO. Disponível em: <http://bases.fundaj. gov.br/disco.html>. Acesso em: 10 set. 2021.

GOLDSCHMIDT, Andrea. Boi Bumbá e Bumba meu boi. *Festas populares brasileiras*, [s.d.]. Disponível em: <https://www.festasbrasileiras.com.br/post/2018/05/29/boi-bumb%C3%A1-e-bumba-meu-boi >. Acesso em: 5 set. 2021.

HEMEROTECA DIGITAL. Disponível em: <http://memoria.bn.br/hdb/ periodico.aspx>. Acesso em: 10 set. 2021.

INSTITUTO MEMÓRIA MUSICAL. Disponível em: <https://immub.org/>. Acesso em: 10 set. 2021.

LOUBACK, Joyce. "Esquecida é foda — Dina Di e as mulheres no cárcere." Disponível em: <https://medium.com/@joycelouback/esquecida-%C3%A9-foda-1-dina-di-e-as-mulheres-no-c%C3%A1rcere-9e43a7b17996>. Acesso em: 6 jul. 2019.

NOVAES, Dennis. Um ano sem Mr. Catra, o fiel. *Kondzilla*, 9 set. 2019. Disponível em: <https://kondzilla.com/m/um-ano-sem-mr-catra-o-fiel>. Acesso em: 6 mai. 2021.

RAVACHE, Guilherme. "Anita 'trapaceou' no Spotify tanto quanto outros grandes artistas". *Uol*, 17 abr. 2022. Disponível em: <https://www.uol.com.br/splash/colunas/guilherme-ravache/2022/04/17/anitta-trapaceou-no-spotify-tanto-quanto-outros-grandes-artistas.htm>. Acesso em: 7 jul. 2022.

RIBEIRO, Eduardo. A história do tamborzão, a levada que deu cara ao ritmo do funk carioca. *Noisey*, [s.d.]. Disponível em: <https://www.vice.com/pt_br/article/rjm9ak/a-historia-do-tamborzao-a-levada-que-deu-cara-ao-ritmo-do-funk-carioca>. Acesso em: 6 jul. 2019.

SOUZA, Jalaine. Evolução do brega-funk, o ritmo nordestino que ganhou o Brasil. *Culturadoria*, 2 abr. 2020. Disponível em: <https://culturadoria.com.br/evolucao-do-brega-funk-o-ritmo-nordestino-que-ganhou-o-brasil/>. Acesso em: 13 ago. 2022.

Agradecimentos

Agradeço a dedicação e a paciência de tantos amigos novos e antigos que me ajudaram pacientemente com seus esclarecimentos, revisões e sugestões para esta obra, pois sozinho seria impossível concluí-la. A saber: Adilson (Dil) Rodrigues, Adriano De Martini (pelas maravilhosas sugestões), André Piunti, Aline Brufato (pelas informações sobre a cena da Lapa), Ana Carolina, Aninha Franco, Aquiles (MPB-4), Arlon Souza, Armandinho, Armando Andrade, Beto Fae (pela leitura do livro), Branco P9 (rapper, ex-Pavilhão 9), Bruno Azevedo e Carlos Fernando Marrão (por informações da música maranhense), Bruno Maya (pela força nas cenas pernambucana e paraense), Carlos Almeida, Carlos Soares (de Portugal), Carlos Guthyerrez, Carlos Savalla (grande amigo e assessor de repertório, nas madrugadas), Cezar Sepúlveda, Chico Ribeiro (UBC), Cida Moreira, Diogo Cunha, DJ Marlboro, DJ Memê, Eduardo Bastos (por tirar dúvidas sobre a música baiana), Edvaldo Souza (por informações da música paraense), Edy Star, Erasmo Carlos, Fafá de Belém, Fernanda Abreu, Fernando de Carvalho (Maranhão), Flavio Venturini, Gabriel O Pensador, Gilles Bourgarel (Paris), (DJ) Greg Caz, Ivan Lins, Ivone Belém, Jacqueline Barbosa (Jobim Music), Jairo Severiano, Jane Duboc, João Bosco, João Donato, João Lins, João Roberto Kelly, Jorge de Altinho, Joyce Moreno, Júlia Bosco, Júlio Diniz (meu querido orientador na pós-graduação da PUC-Rio, pela leitura e dicas), Leandro Arraes (pelo maravilhoso projeto gráfico do encarte), Luciano Maia (pela colaboração inestimável na música gaúcha), Leci Brandão, Luiza Miranda, Luiz Fernando Borges, Maikel Monteiro (meu "professor" paciente e incansável de música caipira), Manoel Filho (único, incomparável, "expert"), Marcel Chapman (especialista em disco e dance music), Márcio Gomes (cantor e amigo), Marcelo Castello Branco (UBC), Marcos Salles (mestre do samba), Marcos Valle, Maria Bethânia, Maria Gurjão de Moraes, Martinho da Vila, Max Pierre, Mister Sam, Monica Loureiro, Moraes Moreira (*in memoriam*), Mosquito, Nei Lopes, Ney Matogrosso, Odair José, Paula Toller, Paulinho Rosa (O Canto da Ema), Paulo Cesar Pinheiro, Paulo Junqueiro, Pedro Alexandre Sanches, Pedro Paulo Malta (outro revisor atento, maravilhoso), Pierre Azevedo (pesquisador de carimbó), Rachel Valença, Renato Vieira, Rita Benneditto (pelas informações do Maranhão), Roberto Menescal, Rodrigo de Araújo, Rodrigo Nogueira (também revisor), Rody Martinez (informações sobre a dance music nacional e o pop contemporâneo), Rogério Augusto, Rosa Passos, Russo Passapusso, Ruy Castro, Sandra Pêra, Sebastião Ferreira da Silva (*in memoriam*), Silvio Essinger (por lembranças importantes), Sophie Bernard (Jobim Music), Tárik de Souza (pela revisão atenta e inúmeras dicas preciosas), Thiago dos Santos, Thiago Marques Luiz, Thiago Sacramento, Tiago Silva Marques (meu revisor de coração), Victor Berbara (*in memoriam*, primeiro a ler esta obra), Victor Leonardo Mendes, Wagner Lima, Xis (rapper), Zuza Homem de Mello (*in memoriam*), toda a equipe da Editora Record (Carlos Andreazza, meu antigo editor; Rodrigo Lacerda, o atual querido e atencioso, além de Duda Costa e Thaís Lima), meus pais, Leila e Fernando, pelo apoio irrestrito ao meu trabalho sempre, e todos os colegas da música brasileira com quem privei e aprendi em inúmeros papos informais e entrevistas em todos esses anos.

Índice onomástico

E

G

I

J

K

M

N

P

Q

R

S

T

U

V

W

Este livro foi composto na tipografia Minion Pro,
em corpo 11,5/15,5, e impresso em
papel off-white no Sistema Cameron da
Divisão Gráfica da Distribuidora Record.